이 책의 한국어판 저작권은 EYA(Eric Yang Agency)를 통해 케임브리지대학교 출판부(Cambridge University Press)와 독점계약한 (주)소와당에 있습니다. 저작권법에 의하여 보호를 받는 저작물이므로 무단전재와 복제를 금합니다.

Korean translation copyright © 2021 by SOWADANG
Korean translation rights arranged with Cambridge University Press through EYA(Eric Yang Agency)

CAMBRIDGE WORLD HISTORY: Volume V(PART 1-3)
Copyright © Cambridge University Press 2015

교역과 분쟁 1
글로벌 세계와 유라시아 문화

벤야민 케다르 · 메리 위스너-행크스 편집 / 류충기 옮김

기원후 500년 – 기원후 1500년

Cambridge World History
VOL. V PART 1-3

소와당

케임브리지 세계사 시리즈 소개

케임브리지 세계사 시리즈는 활발한 연구가 펼쳐지고 있는 세계사 분야를 새롭게 개괄하는 권위 있는 개론이다. 세계사 및 지구사의 최근 연구 경향을 반영함으로써 포괄하는 시간적 범위를 확대했으며, 문헌 기록 이후의 역사뿐 아니라 인류의 전체 역사를 대상으로 했다. 국제적으로 다양한 분과 학문에서 선도적인 연구 업적을 내는 필자들을 섭외했고, 200명 이상의 저자들이 참여하여 오늘날까지 인류의 과거를 종합적으로 설명했다. 세계사는 다양한 방법론을 통해, 그리고 다양한 시공간적 범위에서 검토되어야 한다는 인식이 성장하고 있음을 감안하여, 시리즈의 각 권에서는 지역별 연구, 주제별 연구, 비교 연구의 성과를 수록했으며, 사례 연구를 더하여 넓은 시각의 연구를 깊이 있게 들여다볼 수 있도록 기획했다. 바로 이런 점이 케임브리지 세계사 시리즈의 특징이라 하겠다.

시리즈 편집 총괄
메리 위스너-행크스(Merry E. Wiesner-Hanks)
- Department of History, University of Wisconsin-Milwaukee

편집위원회
그레이엄 바커(Graeme Barker)
- Department of Archaeology, Cambridge University

크레이그 벤저민(Craig Benjamin)
- Department of History, Grand Valley State University

제리 벤틀리(Jerry Bentley)
- Department of History, University of Hawaii

데이비드 크리스천(David Christian)
- Department of Modern History, Macquarie University

로스 던(Ross Dunn)
- Department of History, San Diego State University

캔디스 가우처(Candice Goucher)
- Department of History, Washington State University

마니 휴스-워링턴(Marnie Hughes-Warrington)
- Department of Modern History, Monash University

앨런 캐러스(Alan Karras)
- International and Area Studies Program, University of California, Berkeley

베냐민 케다르(Benjamin Z. Kedar)
- Department of History, Hebrew University

존 맥닐(John R. McNeill)
- School of Foreign Service and Department of History, Georgetown University

케네스 포메란츠(Kenneth Pomeranz)
- Department of History, University of Chicago

베린 셰퍼드(Verene Shepherd)
- Department of History, University of the West Indies

산자이 수브라마니암(Sanjay Subrahmanyam)
- Department of History, UCLA and Collège de France

스기하라 가오루(杉原 薫)
- Department of Economics, Kyoto University

마르설 판 데르 린던(Marcel van der Linden)
- International Institute of Social History, Amsterdam

에드워드 왕(Q. Edward Wang)
- Department of History, Rowan University

노먼 요피(Norman Yoffee)
- Departments of Near Eastern Studies and Anthropology, University of Michigan; Institute for the Study of the Ancient World, New York University

한국어판 영어판 분권 대조표

케임브리지 세계사 시리즈 영어판은 7권 9책으로 구성되어 있지만, 번역본 한국어판은 18권으로 출간한다. 그 이유는 분량 때문이다. 분량이 워낙 많은 데다 번역하는 과정에서 페이지 수가 더욱 늘어나 때로는 1000페이지가 넘는 경우가 생기므로, 부득이 영어판 각 1권을 한국어판 2권으로 나눴다. 다만 세계사 서술에서는 시대구분 문제가 중요한 주제 중 하나이며, 영어판의 구성 자체가 시리즈 기획자들의 의도를 담고 있으므로, 페이지 분량 문제로 한국어판에서 부득이 분권을 하더라도 영어판의 구성을 최대한 존중하고자 했다. 그리하여 각 권의 표지에서 영어판의 분권 체제를 명시했으며, 또한 아래와 같이 한국어판과 영어판의 분권 구성과 시대구분을 정리했다. - 옮긴이

영어판		한국어판
Cambridge World History Vol. I (to 10,000 BCE)	Part 1	케임브리지 세계사 01
	Part 2	케임브리지 세계사 02
Cambridge World History Vol. II (12,000 BCE~500 CE)	Ch.1~7	케임브리지 세계사 03
	Ch. 8~23	케임브리지 세계사 04
Cambridge World History Vol. III (4000 BCE~1200 CE)	Part 1~3	케임브리지 세계사 05
	Part 4~6	케임브리지 세계사 06
Cambridge World History Vol. IV (1200 BCE~900 CE)	Part 1	케임브리지 세계사 07
	Part 2	케임브리지 세계사 08

영어판		한국어판
Cambridge World History Vol. V (500~1500 CE)	Part 1~3	케임브리지 세계사 09
	Part 4~5	케임브리지 세계사 10
Cambridge World History Vol. VI (1400~1800 CE)	Part I Ch. 1~10	케임브리지 세계사 11
	Part I Ch. 11~18	케임브리지 세계사 12
	Part II Ch. 1~12	케임브리지 세계사 13
	Part II Ch. 13~18	케임브리지 세계사 14
Cambridge World History Vol. VII (1750~Present)	Part I Ch. 1~10	케임브리지 세계사 15
	Part I Ch. 11~23	케임브리지 세계사 16
	Part II Ch. 1~11	케임브리지 세계사 17
	Part II Ch. 12~21	케임브리지 세계사 18

케임브리지 세계사 VOL.V 소개

이 책에서는 기원후 500년에서 1500년 사이의 문화 교류와 정복, 그에 따른 지역 내 혹은 초지역적 국가·종교·경제 시스템의 성장을 살펴보았다. 세계적 차원에서 핵심적 주제와 과정의 대강을 섭렵했는데, 인간과 자연의 관계, 젠더와 가족, 사회적 위계, 교육, 전쟁 등의 주제가 포함되었다. 나아가 해상 네트워크와 육상 네트워크를 통한 농경 사회와 유목 사회의 원거리 교역, 그에 수반되는 문화, 과학, 기술, 텍스트 기반 종교의 전파 및 교류를 아울러 검토했다. 마지막으로 동반구와 서반구를 막론하고 중앙 집권적 지역 기반 국가 체제가 발달한 문제를 검토했다. 국제적 명성의 저술가들이 집필에 참여하여, 이른바 "원시-글로벌(proto-global)" 시대 1000여 년에 걸쳐 세계 여러 지역의 문화적·상업적·정치적 통합이 어떻게 진행되었는지를 보여주었다.

책임 편집 / 벤야민 케다르(Benjamin Z. Kedar)
예루살렘히브리대학교(Hebrew University of Jerusalem) 역사학과 명예교수. 저널 〈십자군(Crusades)〉 창간 편집자. 이스라엘 인문과학아카데미 부회장. 30여 권의 저서와 140여 편의 논문을 집필했으며, 십자군 전쟁과 라틴아메리카, 중세 유럽 기독교와 이슬람의 관계, 항공사진 활용 역사 연구, 비교사 연구에 중점을 두고 있다.

책임 편집 / 메리 위스너-행크스(Merry E. Wiesner-Hanks)
위스콘신-밀워키대학교(University of Wisconsin-Milwaukee) 석좌교수. 역사학과 학과장. 저서로는 A Concise History of the World(Cambridge, 2015)(《케임브리지 세계사 콘사이스》, 소와당, 2018), Early Modern Europe 1450-1789(Cambridge, 2nd edn 2013), Women and Gender in Early Modern Europe(Cambridge, 3rd edn 2008), Christianity and Sexuality in the Early Modern World: Regulating Desire, Reforming Practice and Gender in History: Global Perspectives(Routledge, 1999) 등이 있다.

09권 저자 목록
벤야민 케다르(Benjamin Z. Kedar), Hebrew University of Jerusalem
메리 위스너-행크스(Merry E. Wiesner-Hanks), University of Wisconsin-Milwaukee
요아힘 라트카우(Joachim Radkau), University of Bielefeld
수전 모셔 스튜어드(Susan Mosher Stuard), Haverford College, Pennsylvania
수전 레이놀즈(Susan Reynolds), University of London

린다 월튼(Linda Walton), Portland State University

클리퍼드 로저스(Clifford J. Rogers), United States Military Academy, West Point

패트릭 기어리(Patrick J. Geary), Institute for Advanced Study, Princeton

다우드 알리(Daud Ali), University of Pennsylvania

폴 앳킨스(Paul S. Atkins), University of Washington

마이클 쿠퍼슨(Michael Cooperson), University of California, Los Angeles

리타 코스타 고메즈(Rita Costa Gomes), Towson University, Baltimore

폴 더튼(Paul Dutton), Simon Fraser University, Burnaby, British Columbia

게르트 멜필레(Gert Melville), Technical University of Dresden

클라우디아 라프(Claudia Rapp), University of Vienna

카를-하인츠 슈피스(Karl-Heinz Spieß), University of Greifswald

스티븐 웨스트(Stephen West), Arizona State University

폴린 유(Pauline Yu), American Council of Learned Societies

비에른 비트로크(Björn Wittrock), Uppsala University

리처드 스미스(Richard Smith), Ferrum College, Virginia

미셸 발라르(Michel Balard), University of Paris / Panthéon-Sorbonne

히만슈 레이(Himanshu Prabha Ray), National Monuments Authority, New Delhi

다그마르 셰퍼(Dagmar Schäfer), University of Manchester

마르쿠스 포플로(Marcus Popplow), Technical University of Berlin

찰스 버넷(Charles Burnett), Warburg Institute, London

아나톨리 하자노프(Anatoly M. Khazanov), University of Wisconsin-Madison

10권 저자 목록

마이클 쿡(Michael Cook), Princeton University

미리 루빈(Miri Rubin), Queen Mary College, University of London

탄센 셴(Tansen Sen), Baruch College, City University of New York

요한 아르나손(Johann P. Arnason), La Trobe University, Melbourne

리처드 폰 글란(Richard von Glahn), University of California, Los Angeles

미할 비란(Michal Biran), Hebrew University of Jerusalem

장-클로드 쉐네(Jean-Claude Cheynet), University of Paris-Sorbonne

데이비드 콘래드(David C. Conrad), State University of New York at Oswego

마이클 스미스(Michael E. Smith), Arizona State University

사빈 맥코맥(Sabine MacCormack), Notre Dame University

디에고 올스타인(Diego Olstein), University of Pittsburgh

케임브리지 세계사 시리즈 서문

케임브리지 역사 시리즈는 오래전부터 역사학의 특정 주제를 선정하여 권위 있는 개론을 제공해왔다. 전문가들이 각 장별로 집필을 맡아서 여러 권으로 구성된 시리즈를 제작하는 방식이었다. 이런 방식으로 만들어진 첫 번째 시리즈는 〈케임브리지 근대사〉였다. 액턴 경(Lord Acton)이 기획을 맡았는데, 그가 사망한 직후 1902년부터 1912년까지 14권으로 출간되었다. 이는 이후 시리즈 구성의 모범이 되었다. 후속 시리즈로는 7권으로 구성된 〈케임브리지 중세사〉(1911~1936), 12권으로 구성된 〈케임브리지 고대사〉(1924~1939), 13권으로 구성된 〈케임브리지 중국사〉(1978~2009) 등이 있었다. 이외에도 국가별, 종교별, 지역별, 사건별, 주제별, 장르별로 전문화된 시리즈가 있었다. 이러한 시리즈들은 〈케임브리지 중국사〉가 표방했듯이 해당 주제에 대해서 영어로 된 "가장 방대하고 가장 종합적인" 역사서였고, 〈케임브리지 정치사상사〉가 주장했듯이 해당 분야의 "주요 주제를 모두" 포괄하고자 했다.

〈케임브리지 세계사〉 시리즈는 위대한 선배들의 업적을 본받았지만 동시에 차이도 있다. "가장 방대하고 가장 종합적인" 세계사 시리즈로서 "주요 주제를 모두" 포괄하려면 적어도 300권 규모가 필요할 것이다(시간은 100년쯤 걸리지 않을까?). 그 대신 이번 시리즈는 세계사 중에서 활발히 논의되는 분야를 개괄하고자 했고, 전체는 7권(volume) 9책(book)으로 구성되었다. 시간 범위는 문자 기록이 발달한 이후로 한정하지 않고 인류의 역사 전체를 포괄했다. 이러한 범위 설정은 최근 세계사 연구 경향을 반영한 것이다. 이처럼 폭넓게 시간 범위를 설정하면 고고학과 역사학의 경계가 모호해지고, 인류의 과거를 밝혀내기 위해 두 학문이 서로 보충적 관계에 놓이게 된다. 그래서 시리즈 각 권의 책임 편집에는 역사학자뿐만 아니라 고고학자도 참여했다. 이들은 미국, 영국, 프랑스, 오스트레일리아, 이스라엘 등지의 대학교에 재직하는 학자다. 또한 저자들의 연구 분야 역시 지역 범위 못지않게 폭이 넓다. 역사학, 미술사, 인류학, 고전학, 고고학, 경제학, 언어학, 사회학, 생물학, 지리학, 지역학 전문가가 참여했다. 이들은 오스트레일리아, 영국, 캐나다, 중국, 에스토니아, 프랑스, 독일, 인도, 이스라엘, 이탈리아, 일본, 네덜란드, 뉴질랜드, 폴란드, 포르투갈, 스웨덴, 스위스, 싱가포르, 미국 등지의 대학교에 재직하는 학자다. 연구를 통해 세계사 분야를 형성하는 데 기여한 원로 학자도 포함되어 있으며, 중견 및 소장 학자는 앞으로 세계사 분야를 만들어갈 사람들이다. 저자들 중 일부는 독립된 학문 분과이자 교육 분과로서의 세계사를 구축하는 데 긴밀한 노력을 기울였다. 학계에서는 이들의 활동을 지구사(global history), 초국사(transnational history), 국제사(international history), 비교사(comparative history) 등으로 일컬었다. (이들 분야는 서로 겹치거나 얽혀 있고 때로는 경쟁 관계에 놓여 있다. VOL. I 에 이 분야의 발전을 추적하는 글이 몇 편 수록되었다.) 대부분의 저자는 자기 분야의 전문가일 뿐이라고 생각하지만, 편집자들이 보기에는 폭넓은 대중에게 해당 분야를 가장 잘 설명할 수 있는 전문가, 혹은 자신에게 익숙한 영역을 넘어 새로운 영역으로 나아갈 수 있는 학자다.

세계사에 접근하는 길은 여러 갈래가 있고, 시공간적 범위를 다양하게 설정해야 한다는 인식이 날로 심화되고 있다. 이를 반영해서 각 권에는 다양한 분야의 글이 수록되었다. 지역 연구, 주제 연구, 비교 연구뿐만 아니라 사례 연구도 포함되었다. 사례 연구는 세계사 특유의 폭넓은 시야에 깊이를 부여해줄 것이다.

VOL. I (한국어판 01~02권)에서는 핵심적인 분석의 틀을 소개한다. 시대를 관통하는 세계사를 어떻게 서술할 것인지, 가장 중요한 접근 방법과 주제는 무엇인지 등에 대한 내용이다. 그리고 인류 역사의 95퍼센트를 차지하는 구석기 시대부터 기원전 1만 년까지를 다룬다. 이후로 각 권이 포괄하는 시간 범위는 갈수록 줄어들 것이며, 각 권별로 시간 범위가 다소 겹칠 수도 있다. 여기에는 복잡한 시대구분 문제가 반영되어 있다. 진정으로 글로벌한 역사를 다루려면 시대구분 문제가 복잡할 수밖에 없다. 편집자들은 겹치는 시간 범위를 억지로 조정하지 않았고, (예컨대 고전기, 근대 등의) 전통적 시대구분에 얽매이지 않았다. 이는 기존의 시대구분에 도전하고자 하는 의미도 있다. 또한 각 권별로 시간 범위를 조금씩 겹치게 함으로써 다양한 지역 간의 고립과 불균형, 서로가 서로에게 영향을 미치는 방식을 강조할 수 있었다. 각 권은 고유의 주제, 혹은 일정한 범위 내의 주제에 집중한다. 주제 선정은 편집자들이 맡았는데, 각 권에서 포괄하는 시대의 핵심인 동시에 세계사 전체를 이해하는 데 기본이 되는 주제들이 선정되었다.

VOL. II (한국어판 03~04권) "농업과 세계사(1만 2000 BCE~500 CE)"는 신석기 시대 이전부터 시작해서 이후 농업의 기원과 세계 여러 지역의 농경 공동체를 살펴본다. 더불어 유목 경제와 사냥·어로·채집 경제 관련 이슈들도 검토한다. 농업을 통해 형성된 더욱 복합적인 사회 구조 및 문화 양식의 공통점을 추적하고, 세계 여러 지역을 개관하며, 해당 지역의 사례 연구를 제시한다.

VOL. Ⅲ(한국어판 05~06권) "고대의 도시들(4000 BCE~1200 CE)"은 초기 도시에 초점을 맞춘다. 도시는 인류 사회 변화의 원동력이었다. 도시 및 공통 이슈 비교 연구를 통해 행정 및 정보 기술의 탄생과 전승, 의례, 권력의 분배, 도시와 그 배후지의 관계를 추적한다. 세계 여러 지역을 대상으로 도시의 발전과 일부 도시가 제국의 수도로 전환되는 과정을 살펴보기 때문에, VOL. Ⅲ이 포괄하는 시간 범위는 매우 폭넓다.

VOL. Ⅳ(한국어판 07~08권) "제국과 네트워크(1200 BCE~900 CE)"는 대규모 정치 단위와 상호 교환 네트워크가 형성되는 과정을 분석한다. 여기에는 "고대 문명"이라고 일컬어지던 내용이 포함된다. 그러나 세계의 다른 지역까지 포함하다 보니 시간 범위가 더 넓어졌다. 노예, 종교, 과학, 예술, 성차별에 대한 장을 포함해 사회·경제·문화·정치·기술 발전의 공통점을 분석한다. 또한 지역별 개관을 제시하는데, 지역별로 한두 군데 사례 연구도 포함되어 있다. 이는 해당 지역을 보다 깊이 있게 들여다보도록 하기 위함이다.

VOL. Ⅴ(한국어판 09~10권) "교역과 분쟁(500~1500 CE)"은 당시 1000년 동안 특징적으로 나타났던 무역 네트워크 및 문화 교류의 확장을 조명한다. 여기에는 경전 중심 종교의 확장과 과학, 철학, 기술의 전파도 포함된다. 사회 구조, 문화 제도, 환경, 전쟁, 교육, 가족, 법정 문화 같은 의미 있는 주제들이 전 지구적 차원 혹은 유라시아 차원에서 논의된다. 그리고 아시아, 아프리카, 유럽, 아메리카의 정치 및 제국 연구에서는 VOL. Ⅳ에서 시작된 국가 형성에 관한 논의가 계속 이어진다.

이상 VOL. Ⅰ~Ⅴ는 모두 각 1책(book)이다. 그러나 VOL. Ⅵ~Ⅶ은 각 2책이다. 기존의 시대구분으로 보면 근현대에 해당하는 부분이다. 최근 500년에 해당하는 이 시대의 특징은 갈수록 복잡해졌다는 데 있다. 전례 없는 세계화가 진행되었기 때문이다. 뿐만 아니라 그리 멀지 않은 과거이기 때문에 자료도 풍부하고 연구 성과도 많이 남아 있다.

VOL. Ⅵ(한국어판 11~14권) "세계화의 시대(1400~1800 CE)"는 갈수록 확대되는 생물학적·상업적·문화적 교류를 추적하고, 정치·문화·지성의 발달을 살펴본다.

VOL. Ⅵ 제1책(한국어판 11~12권)은 갈수록 상호 의존성이 심화되는 세계가 어떻게 만들어지게 되었는지 그 기초를 살펴본다. 여기에는 환경이나 기술 혹은 질병 등의 주제, 카리브해나 인도양 혹은 동남아시아처럼 특히 교류가 집중되었던 지역, 해양 제국이나 러시아 같은 육지 중심의 제국, 이슬람 제국, 대륙과 해양 모두 진출한 이베리아반도의 제국(포르투갈과 스페인) 같은 대규모 정치 체제 등이 연구 대상에 포함된다.

VOL. Ⅵ 제2책(한국어판 13~14권)은 전 세계적 혹은 지역적 이주와 서로의 만남을 검토한다. 이주를 일으킨 경제·사회·문화·제도적 구조를 살펴보고, 또한 이주를 통해 이러한 구조가 어떻게 바뀌었는지 검토한다. 여기에는 무역 네트워크, 법, 생필품 유통, 생산 과정, 종교 체제 등의 논의가 포함된다.

VOL. Ⅶ(한국어판 15~18권) "생산, 파괴, 접속(1750~현재)"은 세계가 화석 연료 사용 단계로 접어드는 과정을 추적하고, 인구 폭발과 세계화 과정을 통한 활발한 교류의 시대를 다룬다.

VOL. Ⅶ 제1책(한국어판 15~16권)은 인구 과잉의 지구가 만들어진 물질적 조건에 대해 논의한다. 여기에는 환경, 농업, 기술, 에너지, 질병 등의 주제와, 국가주의, 제국주의, 탈식민화, 공산주의 등 현대 사회를 만든 정치적 흐름, 그리고 몇몇 핵심 지역 연구가 포함된다.

VOL. Ⅶ 제2책(한국어판 17~18권)은 앞에서 논의된 주제들을 다시 검토한다. 가족, 도시화, 이민, 종교, 과학 등의 주제뿐만 아니라 스포츠, 음악, 자동차 등 이 시대에 특징적으로 나타난 글로벌한 현상, 냉전과 1989년 같은 변화의 특별한 계기 등에 대한 연구가 포함된다.

〈케임브리지 세계사〉 시리즈에는 모두 200여 편의 논문이 수록된 만큼 종합적이라고 할 수 있다. 그러나 결코 충분하지 않다. 각 권별 책임 편집자는 무엇을 포함하고 무엇을 배제할지 고심을 거듭했다. 이는 세계사 연구자라면 누구나 맞닥뜨리는 문제다. 2000년도 더 지난 과거에 헤로도토스(Herodotos)도 그랬고, 사마천(司馬遷)도 마찬가지였다. 각 권에서 논문의 배열 순서는 해당 시대의 특성을 고려하여 책임 편집자(들)가 판단했다. 그래서 각 권의 구성이 조금씩 다르다. 권별로 시대도 조금씩 겹치므로 어떤 주제는 여러 권에 걸쳐서 등장하기도 한다. 이는 각 권의 역사적 흐름을 이해하는 데 모두 중요하다고 판단되는 주제였기 때문이다. 특히 시리즈 편집자들은 중요한 요소의 발전 과정을 각기 다른 관점에서 살펴보는 것이 세계사 연구에 가장 적합한 방향이라고 생각했다. 각주는 다른 케임브리지 역사 시리즈들과 마찬가지로 상대적으로 가볍게 달았고, 처음 이 분야에 주목하는 독자들을 위한 배려로 각 장이 끝날 때마다 "더 읽어보기" 목록을 제시했다. 또한 이 시리즈는 이전의 시리즈들과 달리 전권이 한꺼번에 출간되었다(영어판의 경우—옮긴이). 시리즈를 출간하는 데 10여 년씩 걸리던 출판계의 여유로운 속도가 21세기 디지털 시대에 이르러 달라진 것인지도 모르겠다.

다시 말해 〈케임브리지 세계사〉 시리즈는 책이 기획 및 생산되는 시점의 시대상을 반영하고 있다. 〈케임브리지 근대사〉 시리즈도 이와 다르지 않았다. 케임브리지대학교 출판부의 설명에 따르면, 액턴 경이 기획한 것은 "세계사"였다. 그러나 실제로 그 시리즈에 수록된 수백 편의 글 중에서 주인공이나 사건 혹은 정치 단위가 유럽과 북아메리카를 벗어난 경우는 손에 꼽을 정도에 불과했다. 〈새로운 케임브리지 근대사〉(1957~1979) 시리즈도 마찬가지로 세계사를 자처했지만 지역 편중은 별로 개선되지 않았다. 이는 놀라운 일이 아니다. 1957년, 심지어 시리즈의 마지막 권이 출간된 1979년에도 유럽은 곧 "세계"였고, 근대의 모든 것은 유럽에서 비롯되었다고 믿었다. 이런 관점을 우리는 "유럽 중심주의"라 부른다. (다른 언어권에서도 세계사가 집필되는 해당 지역을 중심으로 세계를 바라보는 관점이 없지 않았다.) 20세기 중반에도 유럽 중심은 지속되었고, 세계사와 지구사 분야는 미약했다. 강연회, 학회, 학술지 등 신생 분야를 형성해간 주역들은 1980년대에 이르러서야 등장했다. 그중에는 시작된 지 10년도 안 지난 것들도 있다. 가령 〈세계사 저널(Journal of World History)〉이 1990년 처음 출간되었고, 〈지구사 저널

(Journal of Global History)〉이 2005년, 〈뉴 글로벌 스터디즈(New Global Studies)〉가 2007년 시작되었다.

    세계사 혹은 지구사의 발전은 다른 모든 학문 분과에서 치열한 자기 반성이 이루어지던 시대와 맥을 같이했다. 자신의 존재를 돌아보지 않고는 어떤 연구도 불가능했고, 기존의 모든 범주가 혼란스러워졌다. 포함과 배제, 다양성에 대한 우려가 역사학의 하위 분야에서 기본으로 자리 잡았고, 이러한 분위기에서 역사학 관련 교육이 이루어졌다. 그래서 이 시리즈의 편집자들은 균형을 추구하려고 노력했다. 전통적으로 세계사 분야에서 중점을 둔 것은 거대 규모의 정치·경제적 과정이었고, 정부나 경제 엘리트들이 주체가 된 역사였다. 이것과 문화적 요인, 사고방식, 의미 등 새로운 관심 주제들의 균형을 고려해야 했다. 뿐만 아니라 우리는 세계 여러 나라의 역사에서 중요한 주제들도 포함시키고자 노력했다. 저자의 구성에서도 지역적 안배와 세대별 안배를 고려했다. 〈케임브리지 근대사〉와 비교하자면 저자군의 지역적 범위가 훨씬 더 넓고, 저자의 성별도 더 균형이 맞는다. 그러나 우리가 원한 만큼 글로벌하지는 못했다. 현재 세계사와 지구사 연구는 영어권에서 압도적으로 많이 진행되고 있다. 그래서 학자들의 분포 또한 영국과 미국의 대학교에 편중되어 있다. 현대 세계의 여러 가지 불평등한 현실도 그렇지만, 세계사 연구의 이 같은 격차는 그야말로 이 시리즈에서 서술하는 세계사의 결과다. 그중 어느 시대가 핵심 요인이었는가, 그리고 어느 정도 비중으로 기원의 문제를 다룰 것인가 하는 문제는 저자마다 의견이 다를 수 있다.

    나는 다만 이 시리즈가 액턴 경의 시리즈만큼 편차가 크지 않기를 바랄 뿐이다. 가능하면 2권으로 구성된 〈케임브리지 인도 경제사〉(1982) 정도였으면 좋겠다. 〈케임브리지 인도 경제사〉의 편집자들(Tapan Raychaudhuri, Irfan Habib)은 서문에서 이렇게 말했다. "우리는 감히 우리의 노력이 새로운 지식을 형성하는 데 촉매가 되기를 바랄 뿐이다. 그래서 머지않아 새로운 지식이 이 책에 수록된 내용을 대체할 수 있기를 기원한다." 세계사와 지구사는 활발한 분야라서 머지않아 틀림없이 새로운 지식이 등장할 것이다. 다만 우리의 시리즈가 21세기 초라는 시점에 한해서나마 세계사 분야로 들어가는 문이 되고 전체를 조망할 수 있는 유용한 개론이 되기를 기대해본다.

메리 위스너-행크스(Merry E. Wiesner-Hanks)

In honor and memory of Shmuel N. Eisenstadt (1923 – 2010) and

Sabine MacCormack (1941 – 2012)

케임브리지 세계사 09 차례

케임브리지 세계사 시리즈 소개	4
한국어판 영어판 분권 대조표	7
케임브리지 세계사 VOL. V 소개	9
케임브리지 세계사 시리즈 서문	13

CHAPTER 1	서론	29

PART 1 세계의 발전

CHAPTER 2	인류와 환경: 긴장과 공진화	97
CHAPTER 3	여성, 가족, 젠더, 그리고 섹슈얼리티	145
CHAPTER 4	사회의 위계질서와 연대 의식	189
CHAPTER 5	교육 제도	229
CHAPTER 6	전쟁	277

PART 2 유라시아의 공통점

CHAPTER 7	궁정 문화: 서유럽, 비잔티움, 이슬람 세계, 인도, 중국, 일본	333
CHAPTER 8	문화적 결정화와 세계의 변혁(10~13세기)	375

PART 3 상호 교류의 증대

CHAPTER 9	아프리카-유라시아의 무역과 상업	417
CHAPTER 10	유럽과 지중해 무역 네트워크	457
CHAPTER 11	인도양 너머의 무역 파트너: 해상 무역 공동체	511
CHAPTER 12	교환 경제 네트워크의 확장 속 기술 혁신	551
CHAPTER 13	과학과 철학의 전파	601
CHAPTER 14	초원 유목민의 이주와 정복	639

케임브리지 세계사 10 차례

	PART 4 종교 시스템의 확산
CHAPTER 15	이슬람 문명의 중심성
CHAPTER 16	기독교 지역의 시스템
CHAPTER 17	불교의 전파

	PART 5 국가 체제의 형성
CHAPTER 18	국가의 형성과 제국의 건설
CHAPTER 19	중국의 국가 형성, 수나라에서 송나라까지
CHAPTER 20	몽골 제국과 문명 교류
CHAPTER 21	비잔티움 제국
CHAPTER 22	수단 서부 지역의 고대 정치
CHAPTER 23	후고전기 메소아메리카의 국가 형성
CHAPTER 24	잉카 제국의 국가 체제와 종교
CHAPTER 25	중간천년기의 "원시-글로벌화"와 "원시-글로컬화"

그림 목록

1-1. 세계지도〈혼일강리역대국도지도(混一疆理歷代國都之圖)〉, 1402년   34
1-2. 알 이드리시의 세계지도, 12세기, 방향 회전   39
1-3. 피에트로 베스콘테의 세계지도, 1321년경   43
1-4. 조반니 레아르도의 세계지도, 1448년   44
3-1. 아내를 방문한 겐지 왕자,《겐지 이야기》의 삽화   158
3-2. 실을 잣는 독일 가족, 16세기   160
5-1. 날란다 불교 대학 유적   242
5-2. 칼메칵에 입학하는 엘리트 계층의 소년들   267
6-1. 황금 물병에 새겨진 불가르인 전사   283
6-2. 몽골과 일본의 전투,〈몽고습래회사(蒙古襲來繪詞)〉일부   318
6-3. 빌다브레(Ville-d'Avray) 전투   327
7-1. 기원후 1000년 마흐무드 이븐 세북테긴(Mahmud ibn Sebüktegin) 이 칼리프 알-카디르 빌라(al-Qādir billāh)에게 명예의 증표로 옷을 받는 장면   348
9-1. 앙코르의 바이욘 사원 앞 시장 풍경   430
12-1. 중국의 물시계, 소송(蘇頌) 작, 1088년   579
12-2. 건축의 기하학적 형태, 아치 구조, 탑의 높이를 측정하는 사람 (종이에 펜과 잉크), 빌라르 드 온느쿠르(활동 1190~1235)   581

지도 목록

1-1. 동반구, 기원후 500년   89
1-2. 동반구, 기원후 1000년   90
1-3. 동반구, 기원후 1500년   91
5-1. 유럽의 대학들   249
9-1. 주요 교역로, 1300년경의 아프리카-유라시아 대륙   420
10-1. 13세기 유럽-지중해 무역   497
10-2. 15세기 유럽-지중해 무역   500
11-1. 구자라트 해안   516
14-1. 중앙아시아, 기원후 1000년경   649

표 목록

1-1. 주요 지역별 세계 인구, 500~1500년   60

그림 출처

〔그림 1-1〕 Pictures From History / Bridgeman Images. 〔그림 1-2〕 Bodleian Library, Ms. Pococke 375, fols. 3v-4a. 〔그림 1-3〕 Bodleian Library, Ms. Tanner 190, fols. 203v-204r. 〔그림 1-4〕 DEA Picture Library / Getty Images. 〔그림 3-1〕 The Art Archive / Alamy. 〔그림 3-2〕 Mary Evans Picture Library / Alamy. 〔그림 5-1〕 photograph by Tansen Sen. 〔그림 5-2〕 Ms palat. 218-220 Book ix. Biblioteca Medicea-Laurenziana, Florence, Italy / Bridgeman Images. 〔그림 6-1〕 Erich Lessing Culture & Fine Arts Archive. 〔그림 6-2〕 Pictures From History/ Bridgeman Images. 〔그림 6-3〕 Ms 659 f.271 r. Collection of the Earl of Leicester, Holkham Hall, Norfolk / Bridgeman Images. 〔그림 7-1〕 Ms Or 20 f.121r. Edinburgh University Library, Scotland. With kind permission of the University of Edinburgh / Bridgeman Images. 〔그림 9-1〕 photograph by Benjamin Kedar. 〔그림 12-1〕 School of African and Oriental Studies, London, UK / Bridgeman Images. 〔그림 12-2〕 Ms.Fr.19093 fol.20v. Bibliothèque Nationale, Paris, France / Giraudon / Bridgeman Images.

CHAPTER 1

서론

벤야민 케다르Benjamin Z. Kedar
메리 위스너-행크스Merry E. Wiesner-Hanks

* 책임편집자로서 이스라엘 고등연구원(Israel Institute for Advanced Studies, Jerusalem)에 감사의 말씀을 드리고자 한다. 고등연구원에서는 2011년에 개최된 이 책 필자들의 워크숍을 후원해주셨다. 워크숍을 통해 우리는 초고를 검토하고 각 장의 상호 관계를 연구할 수 있었다.

이번 책에서는 세계의 여러 지역 안에서, 혹은 여러 지역 사이에서 문화적·상업적·정치적 통합이 이루어졌던 주요 과정을 살펴보기로 한다. 시기는 기원후 제1천년기 중엽부터 제2천년기 중엽까지다. 이 시간 범위에 이름을 붙이자면 "중간천년기(Middle Millennium)"라 할 수 있는데, 유럽사에서 흔히 말하는 "중세(Middle Ages)"와 시기적으로 겹치기는 하지만, 우리가 이 시기를 하나의 시대 범주로 간주하는 것은 유럽 중심주의적 정서와 전혀 상관이 없다. 그보다는 오히려 이 시대 1000년의 시간이 지구 동반구(東半球)의 주요 정치 단위에서 역사적으로 구별할 만한 의미가 충분히 있음을 확신하기 때문이다.[1] 또한 서반구(西半球)의 역사에서는 제1천년기 중엽이라 하면 그리 뚜렷한 획기가 되지 못하지만, 제2천년기 중엽이라면 분명한 획기가 된다. 중간천년기에는 동반구와 서반구 양쪽에서 비슷한 과정들이 나타났다. 즉 무역 네트워크가 확장되고 성숙했으며, 문화와 문화 사이의 교류가 강화되었다. 이 시대가 끝나갈 무렵에는 동반구와 서반구 사이의 접촉이 초기 단계로 접어들었다.

1 자세한 내용은 〈케임브리지 세계사〉 시리즈 제10권 제18장 참조.

지도: 당시의 세계를 인식했던 관점의 표현

진정한 세계사는 근대의 산물이다. 기원후 1500년 이전의 사람들은 지구의 동반구(東半球) 혹은 서반구(西半球)라는 개념과 비슷한 생각도 해보지 못했을 것이다. 더욱이 당시 서반구에 살던 사람들은 지구의 형태나 범위를, 모호한 정도로라도 전혀 알지 못했다. 그러나 동반구에는 기존에 알려진 세계를 전체적으로 이해하고자 시도한 사람들이 있었다. 물론 그들이 생각한 전체라고 하는 것도 실제로는 동반구의 일부 지역이었을 뿐이다. 그러한 시도의 중요한 흔적이 이른바 세계지도라는 유물로 남겨졌다. 세계지도 유물이 포함하는 지리적 범위와 시대 흐름에 따른 지도의 발전 과정을 살펴보면, 중간천년기 사람들의 세계 인식이 어떻게 발달했는지 짐작할 수 있다.[2]

신유학자 권근(權近)은 1402년에 한국에서 세계지도 제작을 감독했던 인물이다. 그는 "문밖에 나가지 않더라도 진실로 세계를 알 수 있다(誠可不出戶而知天下也)"라고 호언장담했다.[3] 그의 말은 허사가 아니었다. 그가 감독한 지도는 동쪽으로 한국과 일본에서부터 서쪽으로 아프리카와 이베리아반도까지 전부를 포괄하고자 했다. 예컨대 서쪽 끄

---

2 전근대 문명의 지도 제작 관련 논의는 다음을 참조. J. B. Harley and David Woodward (eds.), *The History of Cartography*, 3 vols. in 6, Chicago and London: University of Chicago Press, 1987-2007; 몽골 제국 당시의 지도 제작 관련은 다음을 참조. Thomas T. Allsen, *Culture and Conquest in Mongol Eurasia* (Cambridge University Press, 2001), ch. 13; 지도, 문헌, 고고학에 기초한 중국-이슬람의 교류 문제는 다음을 참조. Hyunhee Park, *Mapping the Chinese and Islamic Worlds. Cross-Cultural Exchange in Pre-modern Asia* (Cambridge University Press, 2012).

3 이하 권근 관련 인용문의 출처는 다음을 참조. Gari Ledyard, "Cartography in Korea," in Harley and Woodward (eds.), *The History of Cartography*, vol. II, bk 2, 245.

트머리에는 마리석리나(痲里昔里那, Marseille)와 타라포로사(他刺布魯思, Tarābulus=Tripoli, Libya)라는 지명이 적혀 있다. 이 세계지도는 당시 중국과 일본에서 수입한 여러 지도를 바탕에 두고, 여기에 한국의 상세 지도를 덧붙인 것이었다. 아라비아반도, 아프리카, 지중해와 유럽 지역은 분명 이슬람 문화권에서 제작된 지도를 참조했을 것이다. 몽골이 통치하는 중국으로 이슬람의 지도가 전해졌고, 이후 중국에서 다양한 지도가 제작될 때 이슬람의 지도가 참고 자료로 활용되었으며, 중국에서 제작된 지도의 사본이 다시 한국까지 전해졌던 것이다. 권근의 1402년 지도에도 결점이 있었다. 예를 들면 한국을 아프리카 대륙보다 더 크게 그렸고, 일본은 중국 남부에 갖다두었으며, 인도와 중국을 하나의 땅덩어리로 합쳐놓았다(그림 1-1). 권근은 "불과 몇 척(尺)의 지면에 (세계를) 그리고자 한다면 상세히 표현하기 어렵다. 그래서 무릇 지도란 간략해야 한다(約而圖之於數尺之幅, 其致詳難矣. 故爲圖者率皆踈略)"라고 했는데, 이는 당연한 말이었다. 과연 이 지도는 "세계는 지극히 넓다(天下至廣也)"고 믿은 권근의 신념을 그대로 표현했을 뿐만 아니라, 동반구 세계의 주요 지리적 구성 요소를 거칠게나마 모두 포괄했다는 점에서 당시 한국인의 독보적 성취라 할 수 있다.

13세기 몽골이 유라시아 전역을 아우르는 제국을 건설하기 전까지는 동아시아에서 이와 같은 지도가 존재하지 않았다. 또한 몽골 제국이 소멸한 뒤에도 마찬가지였다. 몽골 제국 이후에도 이슬람의 지리에 관한 대략적 정보가 중국에 전달되었지만, 중국 중심적 중화 제국의 지도에는 제대로 통합되지 못했다. 1136년 비석의 양면에 새겨진 두 개의 유명한 중국 지도(〈우적도禹迹圖〉와 〈화이도華夷圖〉)는 거의 전적으로 중

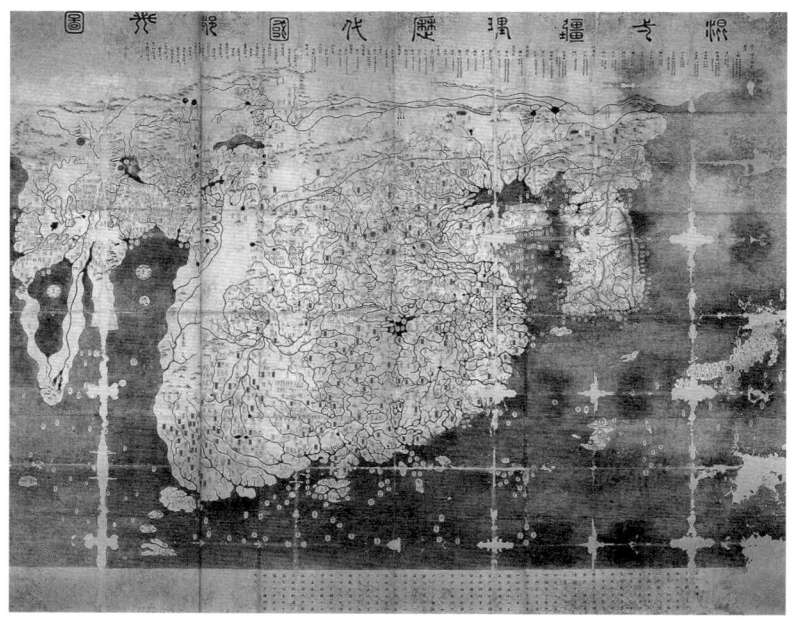

[그림 1-1] 세계지도 〈혼일강리역대국도지도(混一疆理歷代國都之圖)〉, 1402년
한국 제작, 일본 규슈 혼코지(本光寺) 소장본.

국에만 초점을 맞추어 중국의 해안선과 강줄기를 매우 정확히 표현했다(그중 하나는 거리와 면적을 계산할 수 있도록 격자 모양의 선이 그어져 있다). 그러나 대식(大食, Dashi, 이슬람의 영역)이라는 단어는 두 번째 지도의 서쪽 여백 주석란에 표기되고 말았다. 중국의 불교 지도학자들은 그들이 신봉하는 종교가 외국에서 들어온 것임을 잘 알고 있었다. 그들은 중국의 위치를 세계의 중심에 두지 않았고, 인도와 중앙아시아를 두드러지게 그렸다. 그러나 그들 또한 그 너머의 세계에 대한 정보는 거의 제공하지 못했다. 다만 대식(大食, 이슬람), 로미(盧眉, Lumei 또는 Rūm, 비잔티움), 백달(白達, B'wâng-d'ăt, 바그다드) 등의 지명을 지도의 서쪽 여백 가까이에 늘어놓았다. 일본에도 일본 전체를 그린 지도뿐만 아니라 불교도 지도학자들이 그린 불교 지도가 있었다. 불교 지도에서는 다섯 개 지역으로 구성된 인도에 초점을 맞추었고, 투르키스탄, 일본, 중국, 스리랑카 등은 주변의 여백 가까이에 배치해두었다. 15세기 후반에는 베트남에서도 지도가 제작되었는데, 대개는 베트남의 지역 범위를 넘어서지 않았다. 콜럼버스 이전의 아메리카에서 제작된 지도는 이들보다 훨씬 더 작은 지역 범위를 표현했다. 아즈텍 문명에서는 강줄기와 산맥 및 지명이 표시된 길 찾기용 약도와, 재산의 소유를 기록하기 위한 영역 지도가 있었다. 한편 잉카 문명에서는 돌에다 경관을 새겨두었는데, 실제 지역의 모습을 표현한 것으로 보인다.

몽골의 사정은 이와 달랐다. 그들은 역사상 유례가 없는 광대한 제국을 건설했다. 그들은 자신의 제국과 그 주변의 지리를 이해하고자 열정을 기울였다. 정복한 나라의 지도를 수집했을 뿐만 아니라 새로운 거대 영역을 지도로 그리기 위한 대형 프로젝트도 추진했다. 주도적 역할은 무슬림 학자들이 맡았다. 부하라(Bukhara) 출신의 천문학자 자말 앗 딘(Jamāl al-Dīn, 扎馬魯丁)은 1267년에 대칸 쿠빌라이(Qubilai, Kublai, Khubilai)의 명에 따라 지구의(地球儀)를 제작했고, 1286년에는 중국인-무슬림 학자들의 공동 참여 아래 방대한 분량의 지리 해설서 편찬에 착수했다. 여기에 지도도 포함되었다. 자말 앗 딘은 몽골의 대칸에게 다음과 같은 상소를 올린 적이 있었다.

이제 해가 뜨는 곳에서 해가 지는 곳까지 천하가 모두 우리의 땅이 되었습니다. 그러므로 상세한 지도가 없다면 그 머나먼 곳들을 어떻게 파악할 수 있겠습니까? 이슬람의 지도가 우리 손에 들어와 있으니, 그것을 중국의 지도와 합쳐서 세계지도를 제작하는 것이 어떻겠습니까?[4]

자말 앗 딘과 그의 동료들은 계획한 일을 1303년에 완수했다(《大元大一統志》 총 1300권 600책 - 옮긴이). 칸발리크(Khanbaliq, 북경)에 있는 황실 도서관(秘書監)에 수장된 무슬림의 지도를 참조하여 이슬람 세계와, 추정컨대 그 너머의 다른 지역까지 반영했던 것 같다. 그로부터 머지않은 시기에 첨사정(瞻思丁, 아랍어 이름은 Shams al-Dīn으로 추정)이라는 인물이 《서국도경(西國圖經)》을 제작했다. 그러나 그들이 제작한 지도는 전하는 것이 하나도 없다. 다만 1330년 몽골 궁정에서 제작한 《서북변지리도(西北邊地理圖)》는 몽골이 멸망한 이후까지 전해졌다. 이 지도는 중앙아시아에 초점을 맞추었지만 다마스쿠스와 이집트까지 표시되어 있다. 무슬림 지도 제작의 영향은 같은 시기에 제작된 이택민(李澤民)의 《성교광피도(聲教廣被圖)》에도 나타났으며, 여기에는 극서(極西, far west)에 관한 정보도 많이 담겨 있었다. 이 지도는 오늘날 전하지 않

---

4 Quoted by Park, *Mapping the Chinese and Islamic Worlds*, 103.
(如今日頭出來處, 日頭沒處都是咱每的, 有的圖子有也者, 那遠的他每怎生般理會的? 回回圖子我根底有, 都總做一個圖子呵, 怎生? - 《秘書監志》) 저자는 박현희의 영어 번역문을 인용했는데, 영어 번역 저본은 《秘書監志》다. 이는 몽골어를 한문으로 번역해둔 자료다. 박현희의 영어 번역 미주에서는 김호동의 한국어 번역과 미야 노리코(宮紀子)의 일본어 번역을 참고했다고 밝힌 바 있다. 세 사람의 번역은 대체로 비슷하지만 조금씩 차이가 있다. 참고로 김호동의 번역을 소개한다. "지금 해가 뜨는 곳에서 해가 지는 곳까지 모두 우리의 것이 되었는데, 어떤 곳은 圖冊(圖子)을 갖고 있는 듯합니다만, 그 먼 곳에 있는 그들을 어찌 다 알 수 있겠습니까. 무슬림들의 圖冊(回回圖子)은 우리들에게 있으니, 모두 합해서 하나의 圖冊으로 만들면 어떻겠습니까?(김호동, 《중앙아시아연구》, 2006, p. 102)" - 옮긴이

지만, 1402년 한국에서 권근이 세계지도를 제작할 때 이 지도를 참조했음에 틀림이 없다. 왜냐하면 이후 1541년 제작된 중국의 지도에 이택민의 지도를 바탕으로 제작했다는 기록이 있는데, 그 지도와 한국의 1402년 지도가 비슷하기 때문이다. 1368년 중국에서 몽골의 지배가 막을 내리고 명(明)나라가 성립한 뒤로는, 이슬람 지도 정보를 활용하여 세계를 더 명확히 그려내고자 했던 중국 정부의 노력도 끝이 나고 말았다. 정화(鄭和, 무슬림 출신의 명나라 환관)의 함대가 1405~1433년 서남아시아와 동아프리카까지 여행할 수 있었던 것도 몽골 제국 시기 모아둔 지식을 활용한 덕분이다. 그들은 남경(南京)-싱가포르 해협-벵골만-페르시아만-아덴-모가디슈-말린디(오늘날 케냐)에 이르는 독보적 항로를 개척했다. 1403~1425년에 발행된 중국의 동전이 2013년 케냐 앞바다의 만다(Manda)섬에서 발굴되었는데, 그것은 분명 정화 함대의 흔적일 것이다. 수차례에 걸친 그들의 항해는 갑작스럽게 중단되었고, 그들이 개척한 항로는 더 이상 발달하지 못했으며, 그들의 기록도 대부분 파괴되었다.

몽골이 이슬람의 지도와 제작 기술에 의지했던 것은 놀라운 일이 아니다. 당시 이슬람 지역에서 제작된 지도의 성과가 워낙 뛰어났으며, 몽골은 이슬람 권역의 대부분을 정복했기 때문이다. 이슬람 권역은 다른 모든 주요 문명권과 경계를 접하고 있었다(중국, 인도, 비잔티움, 라틴어권 유럽, 심지어 사하라 이남 아프리카까지). 이슬람 권역에서 제작된 지도는 그것을 참조해 한국에서 만든 지도보다 훨씬 상세했다. 다시 10세기로 되돌아가 보면, 발흐 학파(Balkhī school)에 속하는 지리학자들은 여러 장의 지도를 반복적으로 이어 붙여서 지상 세계를 표현하고자 했고, 그것이 곧 세계지도가 되었다. 지중해와 카스피해와 인도양의 지도, 그리고 무슬림 세계 17개 지역의 지도 모두가 선화(線畫)에 추상적 형태로 그려졌다. 이보다 훨씬 더 현실적인 장면이 등장하는 원 모양의 지도가 있었다. 12세기 무슬림 지도학자 알 이드리시(al-Idrīsī)가 제작한 지도로, 당시 그는 시칠리아를 통치하는 노르만 왕국의 왕 루게루(Ruggeru) 2세의 궁정에 봉직하고 있었다(그림 1-2).

알 이드리시는 이 지도에서 사람이 살고 있는 세상의 모든 지역을 그렸다고 주장했다. 장면에는 중국(al-Sīn)에서 모로코(al-Maghrib al-aqsā)까지, 폴란드(Balūniya)에서 소팔라(Sofāla, 오늘날 모잠비크)까지 등장한다. 스리랑카(Sarandīb)가 과장된 크기의 섬으로 그려졌고, 그 북쪽의 인도는 삼각형이 아니다. 다시 인도의 북쪽 산악 지대 사이로 티베트(al-Tubbat)가 보인다. 발흐 학파의 초기 지도에서는 사람이 거주하는 세계가 가운데 위치하고 그 주변을 둘러 바다가 있다. 그리고 아프리카 대륙이 거대하게 화면의 동과 서 양쪽 끝에까지 뻗어서 중국 근처에 도달했다. 이런 형태로 보아 프톨레마이오스(Ptolemaios, 전성기 c. 150 CE)의 영향을 짐작할 수 있다. 프톨레마이오스는 지도 제작자를 위한 지침서《지리학(Geōgraphikē Hyphēgēsis)》을 저술했는데, 아랍어 번역본이 9세기에 나왔다. 그러나 이러한 성과들은 이후 더 이상의 발전을 못 한 채 정체되었다. 그래서 알 이드리시의 세계지도는 특별한 수정 없이 복사를 거듭하며 전하다가, 14세기 이븐 할둔(Ibn Khaldūn)의《이바르의 책(Kitab al-'Ibar)》에도 거의 원형 그대로 수록되었다.

한편 비잔티움 제국에서는 1300년경 획기적인 사건이 일어났다. 막시무스 플라누데스(Maximus Planudes)는 프톨레마이오스의《지리학》에

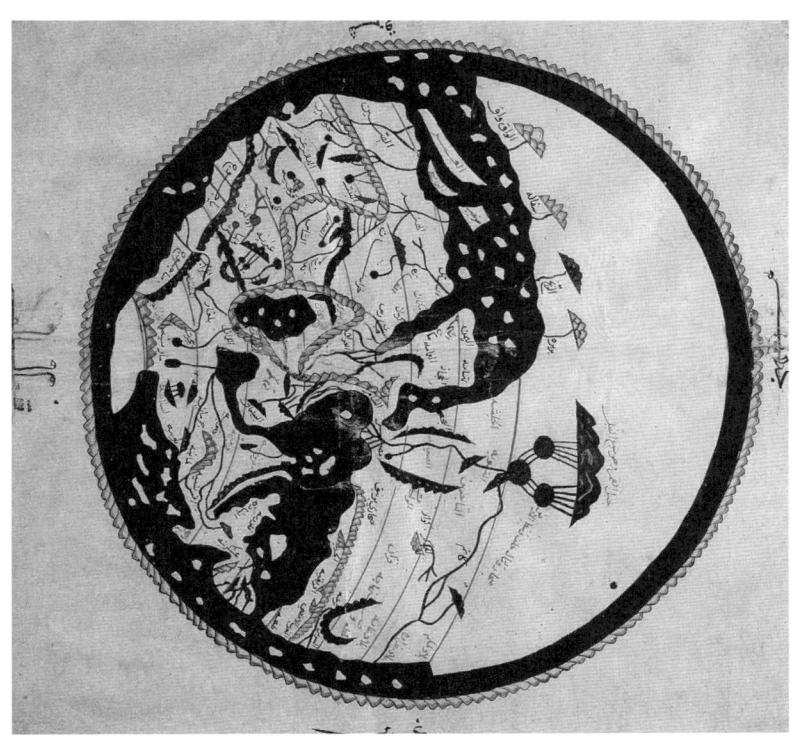

[그림 1-2] 알 이드리시의 세계지도, 12세기, 방향 회전

나오는 지침에 따라 세계지도와 26개 지역 지도를 제작했다. 그의 지도에서 세계는 사각형의 틀 안에 표현되었고, 사람이 거주하는 지역은 원뿔 모양의 경위도선에 맞추어 그려졌다. 경도선의 수렴 지점은 화면을 벗어나 있고, 위도선은 부채꼴 모양이다. 지중해, 유럽, 흑해, 페르시아만, 동남아시아 등이 12세기 알 이드리시의 원형 지도보다 훨씬 더 정확하게 그려져 있다. 그러나 여전히 중국의 형태는 불분명하며, 스리랑카

(지도에서 Taprobane)는 크기가 과장되었고, 아프리카의 동쪽 끝은 결국 중국과 연결되어 있다. 그래서 인도양이 육지에 둘러싸인 내해로 표현되었다.

1402년에 권근은 "지도를 보면 지역마다 멀고 가까움을 알 수 있고, 마땅히 국가의 통치에 도움이 된다(夫觀圖籍而知地域之邇邈, 亦爲治之一助也)"고 생각했다. 그보다 2세기 이전 중국의 궁정 관료 출신 교사인 장여우(章如愚)는 "지도는 나라를 다스리는 데 큰 도움이 된다. 왕국 초기에는 나라를 평정하는 데 도움이 되며, 이후에는 나라를 방어하는 데 도움이 되고, 잃어버린 땅을 되찾을 때는 더욱더 도움이 된다(興圖之有益於人國也尙矣. 創業之初, 有益於平定, 守成之後, 有益於備禦, 其在中興則, 又有益於恢復舊物者也)"고 생각했다.[5] 중국에서 현실적인 지도를 제작하고자 노력했던 사람들은 틀림없이 이와 같은 실용주의적 사고를 공유했을 것이다. 그래서 그들은 측량에 기초하여 지도를 제작했다. 지도를 수집하고 지도 제작을 후원한 몽골 제국의 통치자들도, 또한 베트남과 무슬림의 지도 제작자들도 이런 생각을 했을 것이다. 그러나 서유럽에서 지도 제작의 주요 목적은 성경의 역사에서 중요한 사건에 관련된 정보를 제공하는 것, 그래서 공간뿐만 아니라 시간을 표현하는 것, 혹은 공간 위에 시간을 중첩하여 표현하는 것이었다. 이는 다른 문명권에서 지방의 지도를 제작하는 방식과 비슷했다. "내가 보기에 만약 세계지도가 없다

---

5 Quoted by Hilde De Weerdt, "Maps and Memory: Readings of Cartography in Twelfth- and Thirteenth-Century Song China," *Imago Mundi* 61.2 (2009): 148. 저자에 따르면 1411년 여진(금나라)에게 북중국을 빼앗긴 후인 남송 시기에도, 더 이상 존재하지 않는 통일 제국을 그린 지도(대부분 인쇄본)가 제작되었다. 이는 분열된 중국의 현실과 재통일의 열망을 담고 있는 자료다.

면, 신학이나 세속을 막론하고, 노아의 아들들과 손자들, 4왕국(예언자 다니엘이 꿈속에서 보았던 4개의 왕국. 이후 그것을 세계사에 대입하여 성서적으로 세계사를 이해하려는 여러 이론이 등장했다. - 옮긴이), 기타 여러 왕국과 지방에 관한 이야기를 상상하거나 혹은 마음속으로 받아들이기가 어려울 것이고, 심지어 아예 불가능할지도 모른다."[6] 결과적으로 유럽의 세계지도는, 아담과 이브와 뱀이 등장하는 낙원을 동쪽에 그리거나, 혹은 예수의 열두 제자가 매장된 지역에 그들의 흉상을 그려 넣는 방식을 취했다. 물리적 정확성은 그들에게 중요한 목표가 아니었다. 성지(팔레스타인)는 과장되게 크게 그려서 화면 가운데 배치했다. 이와 달리 지도 제작자 본인이 사는 곳을 강조한 사람이 적어도 한 사람은 있었다. 프랑스 가스코뉴 지방에 위치한 생세베르(St. Sever) 수도원의 수도사 스테파누스 가르시아(Stephanus Garsia)였다. 그는 11세기 중엽에 라틴어 권역을, 당시로서는 가장 상세히 표현한 지도를 제작했다. 오늘날까지 전하는 그 지도는 우선 유럽을 강조했으며, 지중해의 남북 해안선은 거의 직선으로 표현했고, 인도는 날씬하게, 중국은 더욱 홀쭉하게 그려서 에덴동산의 남쪽과 이어지도록 했다. 이 세계지도에서 스테파누스는 자신이 거주하는 수도원 건물을, 도시 콘스탄티노폴리스를 상징하는 도상과 비슷한 크기로 그렸다. 콘스탄티노폴리스는 당시 기독교 권역 최대의 도시였다. 또한 파리(Paris)나 마르세유(Marseille)는 생략한 채 수도원 근처의 조그만 지역 6곳을 표시해두었다.

6 Latin text edited in Anna-Dorothee von den Brincken, "Mappa mundi und Chronographia. Studien zur imago mundi des abendländischen Mittelalters," *Deutsches Archiv für Erforschung des Mittelalters* 24 (1968): 127.

1096년 제1차 십자군이 예루살렘을 향해 출발할 당시, 수많은 이슬람의 세계지도는 유럽의 세계지도보다 훨씬 더 정확했다. 유럽에는 지리학을 전문으로 연구하는 학자들의 학파도 없었고, 표준화된 기본 지도 세트도 없었다. 예를 들면 이탈리아에 대해서, 당시 이슬람 문화권에서 제작된 지도를 보는 무슬림은 같은 시대 라틴어 문화권에서 제작된 가장 정확한 유럽 지도를 보는 기독교인보다 훨씬 더 현실적인 생각을 가질 수밖에 없었다.

그러나 상황은 변했다. 13세기 유럽인은 지중해와 흑해의 해안선이 매우 정확히 표현된 해도(海圖, portolans)를 그리기 시작했고, 나중에는 이러한 해안선 지도가 여러 세계지도에 통합되었다. 지도 제작자들은 점차 제작 기술을 향상시켜 이슬람과 비잔티움에서 이룩한 성과에 가까이 다가갔고, 다른 여러 자료를 모아 정보를 보충했다. 알 이드리시가 처음으로 채택했던 원 모양의 세계지도는 분명 이탈리아에도 전해졌을 것이다. 1321년 피에트로 베스콘테(Pietro Vesconte)가 그린 세계지도는 알 이드리시의 세계지도와 놀라울 정도로 비슷했다. 다만 해도가 번성한 여파로 지중해와 흑해가 알 이드리시 지도보다 훨씬 더 정확히 표현되어 있다(그림 1-3).

〈카탈루냐 지도첩(Atlas Catalán)〉은 "지도와 컴퍼스의 마스터"로 불린 유대인 크레스케스 아브라함(Cresqu es Abraham)이 1375년 스페인의 마요르카(Majorca)에서 제작한 세계지도다. 여기에는 중앙아시아와 동아시아에 관한 내용이 등장하는데, 팍스 몽골리카의 시대에 마르코 폴로 같은 여행가들로부터 얻은 정보였다. 한편 밝은색 점박이 말들이 대륙을 가로지르는 장면은 페르시아 지도의 영향을 받은 것이다. 1409년

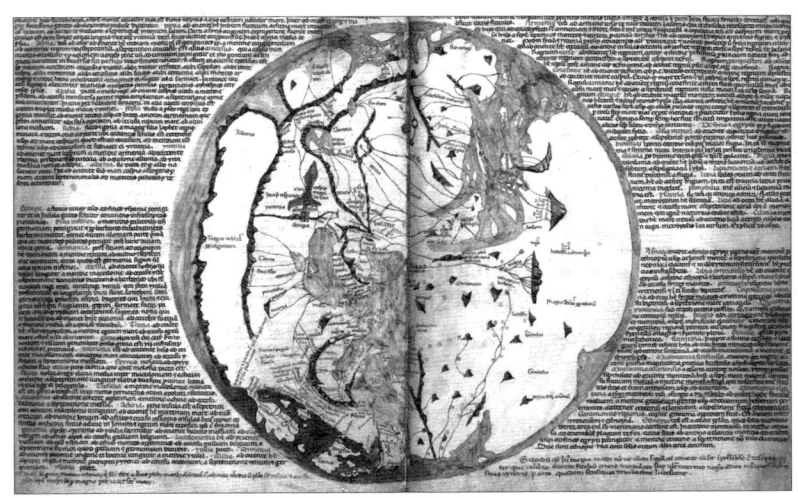

[그림 1-3] 피에트로 베스콘테의 세계지도, 1321년경

경 라틴어로 번역된 프톨레마이오스의 《지리학》은 곧 유럽의 세계지도에 영향을 미쳤는데, 그 결과가 1414년에 제작된 피루스 다 노하(Pirrus da Noha)의 지도에서 확인된다. 또한 포르투갈인의 아프리카 서부 해안 탐사의 영향도 엿보이는데, 1450년경 제작된 이탈리아의 성직자 프라 마우로(Fra Mauro)의 지도나, 베네치아의 지도 제작자 조반니 레아르도(Giovanni Leardo)의 지도 등을 예로 들 수 있겠다(그림 1-4).

이처럼 1500년경에 이르러 유럽의 세계지도는 같은 시기 다른 문명권에 비하여 훨씬 더 발달했다. 유럽인이 아메리카 대륙에 도착한 이후 그들의 눈에 신세계(New World)가 들어오기 시작했다. 1507년 세계지도에 처음 "아메리카"라는 단어를 표기한 사람은 마르틴 발트제뮐러(Martin Waldseemüller)였다. 그것이 가늘고 긴 신대륙의 이름이었다. 바

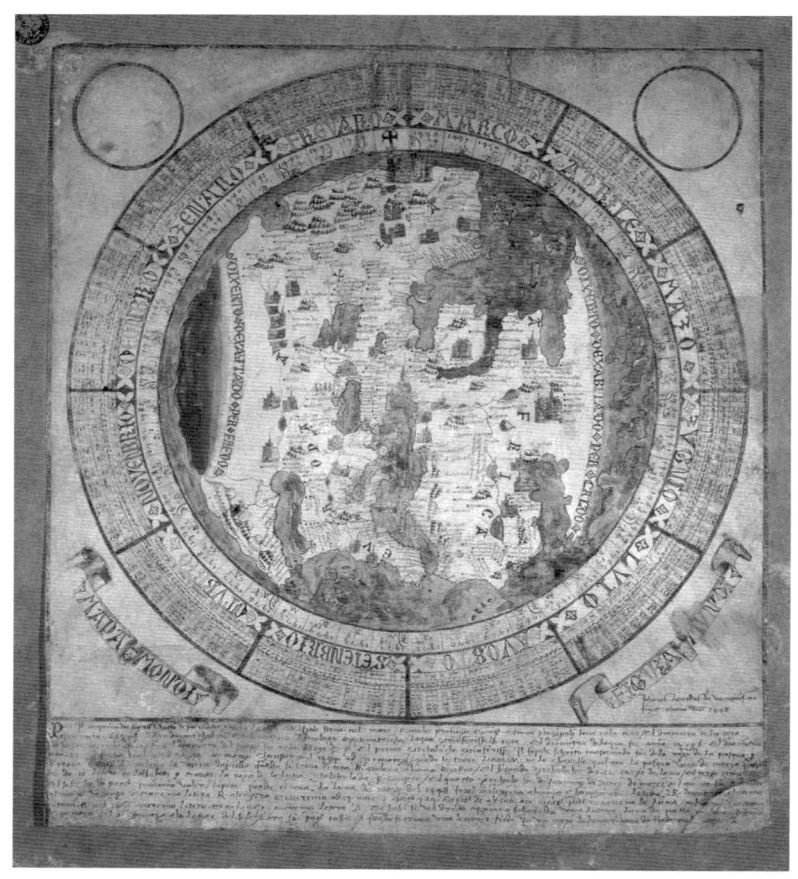

〔그림 1-4〕 조반니 레아르도의 세계지도, 1448년

다를 사이에 두고 신대륙의 동쪽으로는 아프리카와 유럽, 서쪽으로는 아시아가 있었다.

중간천년기 지도 제작의 역사를 전체적으로 훑어보았는데, 이는 곧 같은 시기 주요 문명들의 운명을 나타내는 비유일 수도 있겠다. 몽골의 영향으로 활짝 열렸던 중국의 시선은 다시 내부를 향했고, 당시로서는 가운데 위치하여 진정한 의미의 중국(Middle Kingdom)이었던 이슬람은 문명의 절정기를 지났으며, 아랍어권 국가들은 대부분 안정기에 접어들었다. 비잔티움은 고대 세계가 도달한 성과를 저장해둔 보고 같았고, 라틴어권 유럽은 처음에 뒤처져 있었지만 점차 주도적 위치로 올라섰다. 그리고 메소아메리카와 안데스 지역의 문명들은, 그들 사이의 교류 없이 각자 다른 경로를 걸어가고 있었다.

중간천년기 사람들의 관점 : 기록된 역사

지도는 문명의 경계를 넘어서기가 비교적 쉬운 편이다. 지도란 일정한 상징 기호를 이용하여 3차원 공간을 2차원 평면에 표현하는 것이므로, 그러한 상징 기호를 한번 이해한 사람은 다른 언어의 다른 상징 기호가 이용된 지도라도 범례가 있는 한 이해할 수 있다. 그렇기 때문에 한국의 지도 제작자들은 그들이 알지 못하던 "태서(大西, Far West)"라는 땅을 그들의 지도에 그려 넣을 수 있었다. 또한 스페인 정복자들도 아즈텍 사람들이 천 위에 그린 해안선 지도를 이해하고 이용할 수 있었다. 간단히 말해서 지도의 그림을 보면 해당 언어를 잘 모르더라도 어느 정도는 그 의미를 이해할 수 있다. 그러므로 지도 제작 기술이 문명의 경계를 넘어 전파되는 일, 그리고 자신이 그리는 세계지도에다 멀리 다른 곳에서 제작된 자료의 정보를 추가하는 일도 가능하다. 한편 역사 기록은 기본적으로 언어를 바탕으로 하는 것이기 때문에 문명의 경계를 넘어서기가 지도만큼 쉽지 않다. 그래서 오늘날까지 남아 있는 세계지도 유물은 많지만 세계사라고 일컬을 만한 역사 서술은 그렇지 않다. 또 하나의 이유를 들자면, 물리적 세계를 전체적으로 조망해보고자 하는 욕구는 비교적 컸던 데 비해, 과거를 살았던 다양한 사람들을 이해하고자 하는 관심은 비교적 덜했기 때문이기도 하다.

결과적으로 셀 수 없이 많은 중간천년기의 기록이 남겨졌고, 수없이 다양한 장르의 기록이 다양한 깊이로 역사의 기억을 담아내고 있지만, 그런 기록에는 한 가지 공통점이 있다. 바로 저자 자신이 소속된 국가 혹은 문명에 초점을 맞추었을 뿐 다른 집단, 다른 국가, 다른 문명 들은 저자가 속한 집단에 영향을 미친 경우에 한해서만 언급되었다. 수 세기에 걸쳐 왕국의 계보를 기록한 메소아메리카의 경우에도, 제국 성립 이전부터 계속해서 각 왕조의 역사를 기록한 중국 정사(正史)들도, 이슬람이나 비잔티움이나 서유럽의 연대기도 그런 점에서는 모두가 마찬가지였다. 서구의 기록은 인류의 시작부터 이야기하면서 보편성을 추구하는 듯하지만 곧이어 저자가 속한 문명과 자신의 직접적인 조상의 이야기로 국한된다. 중국을 지배했던 몽골 원나라 정사(《元史》)에도 이와 같은 자문화 중심주의의 징후가 나타난다. 《원사(元史)》는 중국의 오랜 전통에 따라 1368년 몽골이 멸망한 직후에 편찬되었다. 그러나 중국을 통치한 몽골에 초점을 두었을 뿐, 중국을 포괄하는 거대 몽골 제국 전체의 역사가 아니었다. 이와 거의 비슷한 시기에 저술된 피렌체의 프란체스코회 수도사 조반니 데 마리뇰리(Giovanni de' Marignolli, 사망 1358)의 연대기도 마찬가지다. 인도와 중국을 실제 방문한 적 있는 그의 연대기는 세계사를 표방했지만, 인도와 중국의 역사에 관해서는 전혀 아는 바가 없어 할 이야기가 없었다. 다만 극동 지역을 방문했던 자신의 경험에 비추어

성경의 첫 번째 책인 〈창세기〉를 해석하는 근거로 사용했다.[7] (구약성서에 등장하는 미지의 장소가 사실은 동남아시아라고 주장하는 식이었다. – 옮긴이)

이와 같은 전반적인 관심 부족에도 불구하고 몇몇 예외적인 사례는 있었다. 증거자 테오파네스(Theophanes the Confessor, 사망 818년)는 비잔티움 제국의 역사가들 사이에서 독특한 면모를 나타냈다. 그는 비잔티움 제국에서 일어난 일뿐만 아니라 적국인 칼리프국의 주요 영역에서 일어난 일도 기록했다. 연대기의 내용을 기술할 때는 서두에 비잔티움 제국의 황제 이름과 이슬람 제국 칼리프의 이름을 함께 기록했다. 더욱이 일부 내용은 오직 이슬람 제국의 영역에서만 일어난 일이었다. 870년대 초 아나스타시우스 비블리오테카리우스(Anastasius Bibliothecarius)가 로마에서 테오파네스의 저작을 라틴어로 번역했고, 그 덕분에 유럽인도 라틴어로 예언자 무아메드(Muamed, 즉 무함마드)의 등장과 아랍의 정복, 그리고 이후로 이어진 칼리프국의 역사와 아론(Aaron, 즉 하룬 알 라시드Hārūn al-Rashīd) 후손들의 왕위 계승 분쟁에 대해 알게 되었다. "아랍의 헤로도토스"라 일컬어지는 알 마수디(Al-Mas'udi, 사망 957)는 무슬림 가운데 테오파네스에 필적할 만한 인물이었다. 그는 다른 무슬림 저술가들과 달리 자신이 섬기는 왕조의 칼리프와 같은 시기에 재위한 비잔티움 황제를 기록했고, 비잔티움 제국 내부의 여러 사건에 관한 많은 정보를 담았으며, 그러한 일들이 칼리프국은 물론 다른 주변 나라

---

7 Anna-Dorothee von den Brincken, "Die universalhistorischen Vorstellungen des Johann von Marignola OFM. Der einzige mittelalterliche Weltchronist mit Fernostkenntnis," *Archiv für Kulturgeschichte* 49 (1967): 297-339.

들과 어떤 관계에 놓여 있는지도 서술했다. (서아시아, 인도, 동아프리카를 여행하기도 한) 알 마수디의 폭넓은 시각은 실제로 테오파네스보다 훨씬 더 넓은 영역을 포괄했다. 이슬람력으로 264년(877~878 CE) 항목에 중국의 "얀슈(Yānshū) 반란"을 상당한 분량으로 기록했고, 이후 중국에서 무질서와 분열의 시대가 오래도록 이어졌다는 사실도 언급했다.[8] 이 반란은 틀림없이 황소(黃巢)의 난(875~884)에 대한 기록으로, 당 제국이 결정적으로 쇠락하는 계기가 된 사건이었다. 그는 인도도 이런 식으로 서술했을 뿐만 아니라 투르크, 하자르, 루스, 슬라브 등의 민족에 대한 정보도 기록했다. 아프리카에서도 동아프리카의 잔지(Zanj), 서아프리카의 가나(Ghāna) 등 여러 민족을 언급했다. 알 마수디는 스페인 카탈루냐에 있는 도시 헤로나(Gerona)의 주교가 코르도바(Córdoba)에 주석한 칼리프의 후손에게 바쳤다고 하는 책을 이집트에서 우연히 얻게 되었다. 여기서 그는 프랑크 왕국 왕들의 이름을 추출해낼 수 있었다. 5~6세기의 클로도베쿠스 1세(Qlūduwīh로 기록, 유추하여 Qulūduwīh=Chlodowech, 프랑스어 Clovis)부터 10세기의 루도비쿠스(Ludovicus) 4세(Qārluh의 아들 Ludhrīq로 기록, Carolus Simplex의 아들, 프랑스어 Louis IV d'Outremer)까지였다.[9] 왕들의 계보는 혼란스럽고 파편적이지만, 그래도 방대한 이슬람 역사 기록물 가운데 서유럽 역사의 한 장면을 그려 보이고자 한 유일

---

8 Al-Mas'udi, *Les prairies d'or*, §329-35, ed. Charles Barbier de Meynard and Abel Pavet de Courteille, rev. Charles Pellat, vol. I (Beirut, 1966): 163-6; Al-Mas'udi, *Les prairies d'or*, §329-35, trans. Charles Barbier de Meynard and Abel Pavet de Courteille, rev. Charles Pellat, vol. I (Paris, 1962): 124-6.
9 Al-Mas'udi, *Les prairies d'or*, §914-6: text, vol. II, 147-8; translation, vol. II, 344-5.

한 시도였다.

　십자군의 시대에 적국의 역사를 기록하고자 시도한 인물은 두 사람뿐이었다. 그중 하나가 함단 알-아타리비(Hamdān al-Athāribī, c. 1071~1148)였다. 그는 와인을 즐기는 무슬림 시인이자 의사 겸 행정관으로, 처음에는 프랑크 왕국의 궁정에서 일하다가 나중에는 무슬림 주인을 섬겼다. 그는 아랍어로 프랑크 왕국의 역사를 서술했는데, 프랑크 왕국은 당시 이슬람의 영역을 침범한 적국이었다. 다시 말해 무슬림의 관점에서 1096~1099년 제1차 십자군 전쟁을 기록한 것이다. 또 한 사람은 윌렐무스 티렌시스(Willelmus Tyrensis, c. 1130~1186)였다. 그는 프랑크 왕국이 예루살렘에 설립한 예루살렘 왕국의 연대기 작가로, 예루살렘의 왕 아말리쿠스(Amalricus)의 명에 따라 아랍어 책들에 기초하여 라틴어로 동방 공국들(Princes of the East)의 역사를 서술했다. 즉 예루살렘 왕국의 입장에서 적국인 무슬림의 역사를 서술했던 것이다. 이와 같은 특이한 프로젝트는 처음부터 예외적 업적이었다. 이들 중 어느 결과물도 오늘날 전하지 않는 것은, 그 내용이 대부분 당시의 상식에 들어맞지 않았기 때문일 것이다. 다만 예루살렘의 왕 아말리쿠스가 후원했던 것에 필적할 만한 프로젝트가 13세기 유럽에서도 시행되었다. 저자는 톨레도(Toledo)의 대주교 로드리고 히메네스 데 라다(Rodrigo Jiménez de Rada, c. 1170~1247)로, 1212년 무와히드 칼리프국에 대항하여 십자군 운동을 촉구한 인물이었다. 그의 책에서는 스페인에서 펼쳐진 무슬림의 역사를 서술했는데, 범위는 8세기 초부터 12세기 무와히드 칼리프국의 도래까지였다.

　중간천년기에 동반구 전체를 거의 전부 아우른 역사서는 단 하나뿐이었다. 그것은 바로 라시드 앗 딘(Rashīd al-Dīn, c. 1247~1318)의 《집사(集史)》로, 페르시아어와 아랍어로 편찬되었다. 라시드 앗 딘은 유대인 의사였는데, 젊은 시절 이슬람으로 개종했다. 당시 이란을 다스리던 몽골의 통치자에게 신임을 얻은 그는 20여 년 동안 궁정 재상으로 봉직했다. 그의 저서에서는 두 사람의 통치자가 등장하는데, 일 칸국의 가잔(Ghāzān) 칸과 울제이투(Öljeitü) 칸이었다. 《집사》는 이들의 명에 따라 저술된 책이었다. 울제이투 칸은 이 책에 대해서 다음과 같이 말했다.

> 지금까지 어느 시대에도 세계 전역의 모든 사람과 갖가지 계층의 인류에 대한 정황과 설명을 기록한 역사서는 집필되지 않았다. … 이 시대에는 — 알라의 은총으로! — 지상의 여러 지방과 경역 — 키타이(Khitai, 북중국), 마친(Machin, 남중국), 인도(Hind), 카슈미르(Kashmir), 티베트, 위구르와 여타 튀르크 종족들, 아랍, 프랑크 등 — 이 칭기즈 칸 일족의 칙령을 받들고 있고, 각종 종교와 민족에 속하는 현자와 점성가와 학자와 역사가들이 하늘 같은 위용을 지닌 어전에 무리지어 모여 있다. 그들은 각각 자기 족속의 역사와 설화와 신앙에 관한 글들을 갖고 있다. … 그 역사와 설화의 자세한 내용으로부터 추출하여 그 의미가 완벽한 모음집을 짐의 이름으로 완성하라.[10] (인용문의 번역은 존경하는 김호동 선생님의 《집사》 번역을 참조했다. – 옮긴이)

---

10 Rashīd al-Dīn, *Rashiduddin Fazlullah's Jamiʻuʼt-tawarikh: Compendium of Chronicles. A History of the Mongols*, trans. Wheeler M. Thackston, vol. I (Cambridge, MA: Harvard University Press, 1998): 6.

울제이투와 그의 재상 라시드 앗 딘은《집사》같은 책이 전례가 없으며, 광대한 영토를 차지한 몽골 제국 덕분에 이와 같은 기회가 주어졌다는 사실을 잘 알고 있었다.

　그 결과로 탄생한 작품은 지역 범위 측면에서 필적할 만한 상대가 없는 엄청난 성과였다. 여기에는 몽골인, 무함마드와 칼리프들, 페르시아인, 튀르크인, 중국인, 유대인, 프랑크인, 인도인의 역사가 포함되었다. 일부 내용은 페르시아어(또한 아랍어)로 번역된 수입 역사서들을 참고하기도 했다. 라시드 앗 딘이 저술한 중국의 역사 부분에서는 불교 연대기를 참조하여 왕조와 통치자의 목록을 제시했는데, 그 불교 연대기의 원본이 무엇인지는 아직 밝혀지지 않았다. 또한 그가 저술한 프랑크의 역사(서유럽사) 부분은 대체로 마르티누스 폴로누스(Martinus Polonus)가 집필한《교황과 황제들의 연대기》의 어느 버전을 참고했다. 인도의 역사와 특히 상세한 붓다의 생애는 대부분 카말라슈리(Kamalaśrī)의 이야기에 근거했는데, 그는 불교 승려로 카슈미르 궁정에 불교 관련 내용을 소개한 인물이다. 몽골의 지식인이자 재상인 볼라드(Bolad)는 몽골의 역사와 대칸 쿠빌라이의 궁정에 관한 많은 정보를 제공했다. 라시드 앗 딘이 강조한 바로, 다양한 역사를 모두 검증하기란 불가능하기 때문에 오랜 전통에 기초한 "신뢰할 만한" 책에서 진실한 내용을 추출하는 것이 자신의 의무라 자처했다. 그러면서 "책임은 (원래의) 화자에게", 즉 내용의 책임(진위)은 자신이 아니라 원자료의 저자에게 있다고 주장했다.[11] 라시

11　Rashīd al-Dīn, *Compendium of Chronicles*, 7-9. See also *Die Geschichte der Kinder Israels des Rašīd ad-Dīn*, trans. Karl Jahn (Vienna: Verlag der Österreichischen Akademie der Wissenschaften, 1973): 21; *Die Indiengeschichte*

드 앗 딘이 자신의 책임을 거듭 부인한 이유는 아마도 스스로를 비-무슬림 민족의 역사적 주장과 분리하고자 한 데 있을 것이다. 그래야 보수적 무슬림 독자들이 교리에서 벗어난 내용이 있다고 공격을 하더라도 빠져나갈 수 있기 때문이다. 실제로 그는 서로 충돌하는 전통들 사이에서 어느 쪽으로 결정을 내리기가 쉽지 않다고 고백했다. 그럼에도 불구하고 그의 저술은 단순한 모음집 그 이상이었다. 일부 역사를 소개하는 부분에 그의 독창적인 주장들이 포함되었다. 예를 들면 최초의 한문 목판 인쇄 및 인쇄본의 유통에 관한 내용이라든가, 혹은 바브 만두(bāb mandū, 라틴어 mappa mundi, 즉 "세계지도"를 의미)에 그들 세계의 모든 나라, 섬, 산, 사막 들을 그리는 능력을 갖춘 프랑크인에 대한 해설 등이다.[12] 또한 그는 유대인의 독특한 역사를 강조했는데, 이는 스스로 성경과 여러 다른 서적을 참고하여 해석한 내용이었다. 라시드 앗 딘은 《집사》의 부록으로 지도를 첨부할 계획이었다. 그리고 실제로 그리했을 가능성도 충분히 있지만, 오늘날 그 지도는 전하지 않는다.

    라시드 앗 딘의 저술은, 특히 몽골인의 역사에 관한 내용은 이슬람 권역 동부, 즉 이란, 중앙아시아, 인도의 무굴 제국에 영향을 미쳤다. 그때까지 알려진 세계에서 그에 필적할 만한 경쟁자는 트란스옥시아나 출신의 무함마드 바나카티(Muhammad Banākatī)뿐이었다. 그는 1317년에

---

    des Rašīd ad-Dīn, trans. Karl Jahn (Vienna: Verlag der Österreichischen Akademie der Wissenschaften, 1980): 19.

12 *Die Chinageschichte des Rašīd ad-Dīn*, trans. Karl Jahn (Vienna: Verlag der Österreichischen Akademie der Wissenschaften, 1971): 24; *Die Frankengeschichte des Rašīd ad-Dīn*, trans. Karl Jahn (Vienna: Verlag der Österreichischen Akademie der Wissenschaften, 1977): 54.

《집사》로부터 내용을 추출하여 소략한 편집본을 제작했다. 《집사》는 물론 바나카티의 편집본도 17세기 말 오스만 제국과 유럽의 학자들이 바나카티의 책을 알게 될 때까지 이란 서쪽에서 별다른 영향력을 행사하지 못했다. 라시드 앗 딘 자신은 경쟁 관계인 다른 재상의 모함을 받아 일 칸국의 울제이투 칸을 독살했다는 누명을 썼다. 재판정에서 심문을 받는 과정에서 라시드 앗 딘이 유대인 출신이라는 점이 거듭 강조되었고, 칠순에 이른 노학자에게 사형 선고가 내려졌다. 그의 잘린 머리는 일 칸국의 수도 타브리즈(Tabriz)에 내걸리고 "신의 말씀을 경멸한 유대인의 대가리"라는 조롱을 받았다. 그로부터 90년이 지난 뒤 사람들은 무슬림 묘역에 안장된 그의 유골을 파내어 유대인 묘역에 갖다 묻었다.[13]

대부분의 역사가는 각자가 속한 문명의 경계를 넘어 다른 곳에서 무슨 일이 일어났는지 아무런 실마리를 제시하지 못했다. 순례 여행길에 오른 순례자나 전쟁 포로로 잡혀갔다 돌아온 사람, 상인, 여행가 들에 의해 멀리 떨어진 다른 나라의 소식이 전해졌다. 중국의 불교 승려인 현장(玄奘)은 629년 사마르칸트와 바미안을 거쳐 인도를 여행했다. (바미안에서 현장은 2개의 거대한 입상을 보았는데, 그 석불상은 2001년 탈레반에 의해 파괴되고 말았다.) 645년 수백 개의 산스크리트어 문헌을 가지고 중국으로 돌아온 현장은 중앙아시아와 남아시아에 관한 기록을 남겼는데, 그 책에는 인도의 카스트 제도에 관한 내용도 담겨 있다. 탈라스 전투(751)에서 무슬림에 포로로 잡혀간 중국인 가운데 두환(杜環)이라는 인

---

13 Walter Fischel, "Über Raschid ad-Daulas jüdischen Ursprung," *Monatsschrift für Geschichte und Wissenschaft des Judentums* 81 (1937): 145-53; Amnon Netzer, "Rashīd al-Dīn and his Jewish Background," *Irano-Judaica* 3 (1994): 118-26.

물이 있었다. 그는 쿠파(Kūfa, 이라크)에 위치한 아바스 왕조의 수도에서 10여 년을 지낸 뒤 중국으로 돌아와 초기 이슬람 및 아랍의 정복에 관련된 기록을 남겼다. 아슈켈론(Ashkelon, 이스라엘의 도시) 출신의 무슬림 하룬 야히아(Hārūn b. Yahyā)는 9세기 말에 포로로 잡혀 비잔티움 제국으로 끌려갔다가 콘스탄티노폴리스와 로마에 관한 많은 정보를 가지고 돌아왔다. 12세기에는 투델라의 벤야민(Benjamin of Tudela)과 이븐 주바이르(Ibn Jubayr), 13세기에는 마르코 폴로(Marco Polo), 14세기에는 이븐 바투타(Ibn Battūta)와 왕대연(汪大淵) 등의 여행가가 여행기를 남겨 머나먼 이국의 상황에 대해 훨씬 더 많은 내용을 전해주었다.

오늘날 역사학자들이 생각하는 중간천년기

앞에서는 중간천년기를 거치면서 세계에 대한 인식이 성장한 정황과, 기존의 역사를 대체로 자문화 중심주의적 관점에서 이해하는 경향에 관해서 전반적으로 살펴보았다. 지금부터는 오늘날의 연구자들이 당시의 역사를 어떻게 이해하고 있는지를 살펴보고자 한다. 오늘날의 역사 연구는 일단 범위의 측면에서 라시드 앗 딘의 업적과 완전히 다르다. 그보다 규모가 작았던 다른 역사서들은 말할 것도 없다. 당시의 역사서들이 거론한 범위는 주로 정치 및 종교적 사건이었으며, 여기에 혜성이나 핏빛 비 등의 특이한 자연현상을 조금 덧붙이는 정도였다. 반면 오늘날의 역사학은 생태와 기후, 가족과 젠더, 사회적 위계, 경제, 집단적 인식, 예술, 기술, 상호 교류 등의 주제를 통해 당시를 재조명하고자 한다.

오늘날 역사 연구의 주제가 다양한 만큼 그 해답을 찾기 위해 활용하는 자료의 범위 또한 과거에 비해 훨씬 더 확장되었다. 라시드 앗 딘의 《집사》는 "각 족속이 갖고 있는 유명한 서적"과 "신망 있는 식자와 현자가" 서술한 자료에 기초하여 편찬되었다.[14] 그러나 오늘날의 역사 연구에는 양피지나 종이에 기록된 문헌(법률과 칙령, 연대기와 시편, 상인의 계약서와 사적인 편지, 일기 등)뿐만 아니라 다른 종류의 보충 자료들이 갈수록 더 많이 동원된다. 예를 들면 비석이나 동전에 새겨진 글, 고고학 발굴 성과로 획득한 자료, 화분(꽃가루) 분석 결과 등이다.

지역에 따라서는 이런 자료들이 더 중요할 수도 있다. 예컨대 앙코르 시대(즉 9~15세기)의 캄보디아 역사 연구는 주로 돌에 새겨진 수많은 기록 자료에 근거하고 있다. 산스크리트어로 새겨진 글들은 운문으로, 왕과 권력자의 업적을 칭송하는 내용이다. 크메르어로 새겨진 글들은 산문으로, 가령 사원에 소속된 노예의 수와 이름 같은 세속적 내용이다. 앙코르 시대 캄보디아 사람들이 일상생활에서 문자를 사용하지 않은 것은 아니다. 1296~1297년 중국의 사신으로 앙코르를 방문한 주달관(周達觀)은 도시와 주민에 관한 기록을 남겨두었다. 주달관의 보고에 따르면, 그들은 사슴 가죽이나 그와 비슷한 양피지에 글을 쓰곤 했으며 무언가 관청에 탄원할 일이 있으면 전문 필경사를 고용했다.[15] 그러나 당시 일상생활에서 사용된 기록물 가운데 오늘날까지 전하는 것은 하나도 없다.

마야 연구도 사정은 비슷하다. 마야 연구는 대부분 돌에 새겨진 기록에 근거하는데, 그 수량이 방대하다. 이외에 목재 인방(문틀 위를 받치는 구조물)이나 토기에 새겨진 글도 있다. 한편 캄보디아의 크메르 유적과

---

14 Rashīd al-Dīn, *Compendium of Chronicles*, 8.
15 Chou Ta-kuan, *The Customs of Cambodia*, trans. J. Gilman d'Arcy Paul, 3rd edn (Bangkok: The Siam Society, 1993): 27.

는 달리 마야의 경우 나무껍질로 만든 종이를 이용하여 만든 책이 굉장히 많았다고 한다. 그러한 책의 대부분은 스페인 정복자들에 의해 불태워졌고, 그중 서너 책만 유럽으로 전해져 오늘날까지 남아 있다.[16] 돌에 새겨진 글이든 나무껍질 종이에 쓰인 글이든, 마야의 그림문자 해독은 특히 1970~1980년대에 발달했다. 그래서 오늘날 마야 문화에 대한 이해는 대부분 문자로 기록된 마야의 자료에 근거를 두고 있다. 잉카 제국을 연구하는 학자들은 오늘날 키푸(khipu) 유물을 해석하고자 노력하고 있다. 키푸란 여러 색깔의 밧줄에 매듭을 묶어서 정보를 기록한 유물인데, 기본적으로 수량을 기록하는 것이지만, 숫자 이외에 추가로 다른 정보를 기록했을 수도 있다. 만약 키푸 해독에 성공한다면 잉카의 수학, 회계, 기록 시스템에 대한 우리의 이해가 훨씬 더 깊어질 것이다.[17]

중간천년기 고고학은 오늘날 굉장히 빠르게 발전하는 분야 중 하나로, 전혀 새로운 증거가 계속해서 발굴되고 있다. 예를 들면 자작나무 껍질에 기록한 문서가 있는데, 1951년 노브고로드(Novgorod)의 진흙 속에서 출토된 이후 북서부 유럽 곳곳에서 발견되고 있다. 연구 결과 11~15세기에 주로 도시의 평민 남녀가 지역 방언으로 기록한 것으로 밝혀졌다. 이를 통해 당시의 가족생활, 상업, 소송, 신앙을 비롯해 많은 것을 알 수 있었다.[18] 또 다른 사례로 2013년 페루에서 발굴된 왕의

---

16 See for instance Robert J. Sharer, *The Ancient Maya*, 5th edn (Stanford University Press, 1994): 597-629.
17 이 문제는 〈케임브리지 세계사〉 시리즈 제5권 제9장과 제10장에서 자세히 논의.
18 간략한 개요는 다음을 참조. Simon Franklin, *Writing, Society and Culture in Early Rus, c. 950-1300* (Cambridge University Press, 2002): 35-45, 123-4.

무덤을 들 수 있다. 당시까지 도굴 피해가 없었던 그곳을 발굴함으로써 "우아리(Huari)"라고 하는 정치 단위를 밝혀낼 수 있었는데, 시기적으로 잉카 제국보다 앞서는, 그리고 몇 가지 측면에서 잉카 제국의 선조가 되는 정치체였다. 기록 자료가 많은 사회라고 해서, 고고학의 중요성이 기록 자료가 희박한 사회보다 덜한 것은 결코 아니다. 기록 자료가 많은 경우에도 기존의 기록에 나타나지 않는 주제를 연구할 때는 고고학이 꼭 필요하다. 또한 기존의 기록 자료가 많더라도 그 연구가 거의 진행된 곳에서는 고고학이 전혀 새로운 자료를 내놓기도 한다. 뿐만 아니라 이미 오래전부터 알려진 기록 자료라 하더라도, 고고학을 통해 밝혀진 새로운 관점 혹은 양적으로 더 많은 자료를 바탕으로 재해석할 경우 새로운 통찰을 얻기도 한다.

이와 같은 연구의 잠재력은 예루살렘 왕국에 대한 최근의 연구 사례를 통해 좀 더 구체적으로 이해할 수 있다. 프랑크 왕국이 제1차 십자군 전쟁(1096~1099) 직후에 설립한 예루살렘 왕국은 1291년 맘루크가 이스라엘의 도시 아코(Akko)를 정복하면서 막을 내렸는데, 고고학 발굴 성과와 더불어 지표면에 남아 있는 유적 조사를 통해 당시의 건축 양식을 밝혀낼 수 있었다. 도시의 주택 건축에서는 프랑크 왕국의 양식이 현지의 영향을 받았지만(특히 마당-건물 디자인에서), 시골에서 도로-마을-농장의 구조 설계를 할 때는 유럽의 양식을 그대로 따랐다. 다만 목재가 부족하여 석재로 대신한 정도의 차이는 있었다. 바둠 이아콥(Vadum Iacob)에서 국경의 성채가 발굴되었는데, 사원이자 요새인 성채의 정체성을 두고 논란이 뜨거웠던 유적이다. 1179년 살라딘이 그 성채를 파괴할 당시 그곳은 여전히 건축 중이었다. 건축 재료와 수많은 도구가 무더기로 쌓여 있었고, 성벽 건축이 미완성인 채로 중단된 사례도 발견되었다. 이 발굴을 통해 프랑크 왕국 당시의 건축 기술을 밝혀낼 수 있었다. 또한 프랑크 왕국 치하의 도시 아코(Akko)에서 13세기 화장실을 발굴했는데, 화장실 사용자 중 많은 수가 기생충에 감염되었던 사실이 밝혀졌다. 그 기생충은 그때까지 북유럽 지역에서만 발견되는 종이었기 때문에 화장실 사용자들은 틀림없이 유럽에서 온 십자군 혹은 순례자였을 것이다. 프랑크 왕국 치하의 도시 케이사리아(Keisarya)에서 발굴된 인골을 조사한 결과, 부러진 정강이뼈를 치유하여 똑바로 붙인 흔적이 발견되었으며, 이로써 도시에서 의학적 처치가 시행되었던 사실이 밝혀졌다. 6200명 규모의 개인 인명에 관한 양적 연구도 있었다. 예루살렘 왕국 당시의 문서에 등장하는 이름들이었다. 이름 연구 결과는 주택 건축 양식 연구와 같은 결론에 도달했다. 즉 연구를 통해 유럽인과 현지인의 교류 흔적을 발견할 수 있었다.[19]

요컨대 오늘날 중간천년기 연구 자료는 다양성의 범위가 날로 증대하고 있다. 이는 역사학자들의 창의성 덕분이며, 또한 직접 증거가 부재한 상황을 뛰어넘을 수 있는 능력에 따른 결과다. 간접적 지표와 근사치를 충분히 밝혀냄으로써 거꾸로 관찰 가능한 사실이 명확히 확인되는 경우도 있다.

---

19 상세한 논의는 이 글 말미에 수록된 〈더 읽어보기〉에서 Boas, Ellenblum, Mitchell et al.과 Shagrir의 저서 참조.

인구와 역사

로버트 로페즈(Robert Lopez)는 비교적 이른 시기의 세계사 연구자로서 다음과 같이 말하곤 했다. 즉 역사란 시간 속에서 인간을 탐구하는 것이므로, 어느 시대에 해당하든 그 시대를 연구해야 하는데, 시대를 연구할 때 첫 번째 질문은 과연 그때 얼마나 많은 사람이 살았는가 하는 점이다. 우리의 논의 대상이 되는 중간천년기에 대하여 같은 질문을 던져보자면, 합리적 근거에 입각한 가설이 많을 것 같지만 실제로는 그렇지 않다. 1979년으로 돌아가보면, 프랑스의 인구사 연구자 장-노엘 비라방(Jean-Noël Biraben)은 기원전 400년에서 기원후 1970년 사이의 세계 인구 추정치를 계산하여 표로 구성한 "인구 가설 표"를 발표했다. 그 중에서 우리의 연구 대상이 되는 중간천년기 시기의 인구 추정치를 발췌하면 [표 1-1]과 같다.

비라방의 가설에 따르면 500년에서 1500년 사이 세계 인구는 2억 700만 명에서 4억 6100만 명으로 늘었다. 비라방은 그 이전에 세계 인구가 최고점에 이르렀던 시기를 기원후 200년으로 계산했다(앞선 시기이므로 [표 1-1]에는 나타나지 않는다). 당시 인구는 약 2억 5700만 명이었다. 그런데 우리의 논의 범위에서 최초 500년 동안(즉 500~1000 CE)은 과거의 최고점보다 인구가 더 줄어든 것으로 추정했다. 541~750년 수차례에 걸쳐 대규모 전염병이 거듭 발생했는데, 그 여파가 비라방의 표에서 그대로 나타난다. 즉 기원후 500년부터 서남아시아, 유럽, 북아프리카의 인구가 급격히 감소했다. 그러나 11세기 이후로는 기준을 언제로 잡더라도 지구상 과거의 어느 시기보다 인구가 더 많았다. 가장 극적인 인구 성장은 12세기에 일어났다(2억 9900만에서 4억으로). 비라방

	500	600	700	800	900	1000	1100	1200	1250	1300	1340	1400	1500
중국	32	49	44	56	48	56	83	124	112	83	70	70	84
인도	33	37	50	43	38	40	48	69	83	100	107	74	95
서남아시아	41	32	25	29	33	33	28	27	22	21	22	19	23
일본	5	5	4	4	4	4	5	7	9	10	10	9	10
그 외 아시아	8	11	12	14	16	19	24	31	31	29	29	29	33
유럽	30	22	22	25	28	30	35	49	57	70	74	52	67
러시아	11	11	10	10	11	13	15	17	14	16	16	13	17
북아프리카	11	7	6	9	8	9	8	8	9	8	9	8	9
그 외 아프리카	20	17	15	16	20	30	30	40	49	60	71	60	78
북아메리카	2	2	2	2	2	2	2	3	3	3	3	3	3
메소-남아메리카	13	14	15	15	13	16	19	23	26	29	29	36	39
오세아니아	1	1	1	1	1	1	2	2	2	2	2	2	3
세계	207	208	206	224	222	253	299	400	417	431	442	375	461

Source: Jean-Noël Biraben, "Essai sur l'évolution du nombre des hommes," *Population* 34 (1979): 16.
aThe current estimates for China, based on adjustments to recorded census figures, are: 609–46, 754–75, 1003–60, 1110–125, 1225–140, 1290–68, 1393–73, 1630–192. Source: Ge Jianxiong, general ed., *Zhongguo renkou shi (A History of Chinese Population)* (Shanghai: Fudan University Press, 2000), vols. ii, iii, iv. Our thanks to Prof. Richard von Glahn for supplying these data.

[표 1-1] 주요 지역별 세계 인구, 500~1500년

은 특정 시기별 목록에 1250~1340년 구간을 추가하면서, 당시 몽골의 침략이 인구에 영향을 미친 것으로 추정했다. 특정 시기별 목록의 첫 번째 항목이 몽골의 침략이었고, 두 번째 항목이 그 뒤에 따라온 흑사병이었다. 이후 연구자들은 비라방의 추정치를 대체로 인정하는 편이었다.[20] 비록 상당 부분 추정에 근거를 두고 있기는 하지만, 우리의 논의에서도 그의 계산을 합리적 근사치로 평가하기로 한다.

    어떻게 보더라도 500~1500년 지구상의 인구는 오늘날만큼 고르게 흩어져 있지 않았다. 수렵채집인은 굉장히 방대한 지역, 즉 오스트레일리아의 전 지역, 아메리카의 대부분, 남부 아프리카의 상당 부분에 흩어져 살았다. 한편 유목민은 아시아 북부와 중앙아시아, 아라비아반도와 사하라 지역을 돌아다녔다. 농업도 이 시기에 확산되고 또한 강화되었다. 기원후 1500년에는 기원후 500년에 비해 훨씬 더 많은 곳에 농촌 마을이 존재했다. 서반구에서는 인구가 고도로 밀집된 문명 단위가 그리 많지 않았다. 주로는 메소아메리카와 안데스 지역, 그리고 푸에블로 인디언의 고향 정도였다. 반면 동반구에서는 북아프리카의 대서양 연안과 유럽에서부터 중국과 일본에 이르기까지 거대한 문명의 벨트가 형성되어 있었다. 지구상 세 개의 대양 중 가장 작은 인도양에서만 연안을 넘어서는 항해와 무역이 행해졌다.

---

20 See for instance Massimo Livi-Bacci, *A Concise History of World Population*, 4th edn (Oxford: Blackwell, 2007): 26; David Christian, *Maps of Time: An Introduction to Big History* (Berkeley: University of California Press, 2011): 344-5. 1000년과 1500년 당시 세계 인구의 또 다른 추정치가 있다. 결과는 앞의 연구(by Biraben)와 크게 다르지 않다. Angus Maddison, *The World Economy. A Millennial Perspective* (Paris: OECD Publications, 2001): Table B-1, 231.

우리는 당시의 거대 정주 문명에 대하여 많은 지식을 가지고 있다. 반면 멀리 외따로 떨어진, 때로 극히 소규모로 집단생활을 한 사람들에 대해서는 잘 알지 못한다. 그러나 오늘날 새로운 연구 방법론들이 발달하여 과거에 잘 몰랐던 그들의 역사에 대해서도 꽤 정확히 파악할 수 있게 되었다. 예를 들어 최근 1434건의 방사성탄소 연대측정 결과에 근거하여 동부 폴리네시아의 초기 역사에 관한 기존의 가설이 근본적으로 수정되었다. 기원전 800년경 사모아(Samoa)섬 정착지에 처음으로 사람들이 거주하기 시작한 뒤로 1800년 동안 새로운 개척 활동은 없었다. 그러다가 기원후 1025~1120년경 원거리 항해가 재개되어 사모아섬의 동쪽 소시에테(Société) 제도에 사람들이 정착했다. 그리고 마지막으로 불과 한 세기 동안(1190~1293) 항해자들이 확산되어 동부 폴리네시아의 가장 멀리 떨어진 섬까지 진출했으며, 북쪽으로 하와이, 동쪽으로 라파누이(Rapa Nui, 이스터섬), 남쪽으로 오클랜드 제도에 도달했다.[21]

문명 간 교류의 확산

메소아메리카 지역의 문명과 안데스 지역의 문명은 아마 직접 접촉이나 정기적 교류 관계가 없었을 뿐 아니라 서로의 존재 자체도 몰랐던 것 같다. 그러나 동반구의 문명들은 그렇지 않았다. 그들의 경계가 직접적으로 맞닿아 있거나, 혹은 적어도 멀리 떨어진 이웃 문명의 존재를 의

---

21 Janet M. Wilmshurst, Terry L. Hunt, Carl P. Lipo and Atholl J. Anderson, "High- Precision Radiocarbon Dating Shows Recent and Rapid Initial Human Colonization of East Polynesia," *Proceedings of the National Academy of Sciences of the United States of America* 108/5 (2011): 1815-20.

식하고 있었다. 문명 간 정기적 교류 관계는 구세계(Old World)에서만 존재했다. 우리가 논의하는 시기의 구세계에서는 과거에 비해 더 큰 지역 통합이 이루어졌는데, 그 과정에서 문명 간 교류는 무엇보다 중요한 일이었다. 그렇다고 해서 산발적 접촉이 역사적으로 의미가 없었다고 보아서는 안 된다. 정기적 교류 관계보다 오히려 산발적 접촉의 경우가 훨씬 더 널리 퍼져 있었을 것이다.

구체적인 하나의 사례를 보도록 하자. 프랑스 파리 출신의 금세공인 기욤 부셰(Guillaume Boucher)라는 사람이 있었다. 그는 1241년 헝가리에서 포로가 되어 몽골로 갔다. 몽골의 대칸 뭉케(Möngke)의 궁정에서 그는 황제의 명에 따라 네 가지 서로 다른 음료가 뿜어져 나오는 반(半)기계식 분수를 만들었으며, 음료는 칸의 궁정에서 일하는 신하와 몽골의 수도 카라코룸(Qara-Qorum)을 찾아온 손님에게 제공되었다.[22] 카라코룸의 궁정에 부셰라는 인물이 있었다는 사실은, 아마도 프란체스코회 수사 윌리엄 루브룩(William of Rubruck)이 아니었으면 까맣게 잊혔을 것이다. 루브룩은 1254년에 칸의 궁정을 방문했다가 부셰를 만났다. 루브룩이 방문했을 때 부셰의 양아들이 몽골어와 프랑스어를 통역해주었다. 당시 칸의 궁정에서는 여러 종교 간 토론이 개최되었다. 불교-이슬람교-네스토리우스파 기독교-라틴 기독교의 논쟁이었다. 루브룩도 토론자의 한 사람으로 논쟁에 참여했다. 나중에 그는 이 모든 일을 몽골 여행기로 남겼다.[23] 당시와 같은 종교 토론은 전례가 없는 일이었지만, 부

---

22 Pierre Bergeron's *Voyages faits principalement en Asie* (The Hague, 1735)에 기록된 설명에 따라 기계식 분수를 그린 그림이 오늘날 몽골의 지폐에 인쇄되어 있다.

셰의 양아들의 통역 실력 덕분에 토론이 가능했다. 그래서 라틴 문화권의 기독교와 불교 사이에 치열한 논쟁이 벌어졌다고 한다. 루브룩의 증언만으로 과연 부셰가 카라코룸의 지인들에게 서구의 관습과 기술을 전해주었는지는 알 수 없다. 그러나 루브룩이 이야기하지 않았다고 해서 부셰가 그런 일을 하지 않았다고 볼 수도 없다. 다른 사례들도 마찬가지겠지만 문헌이 언제나 현실과 일치하는 것은 아니다. 몽골인이 금광에서 일을 시키려고 데려간 게르만족 포로들의 경우도 마찬가지인데, 루브룩은 그들 사이에 섞여 있었던 적도 있었다. 동반구와 서반구를 막론하고 수많은 남성과 여성이 노예로 끌려갔고, 때로는 아주 멀리까지 이동했다. 그들 또한 문화 전파의 매개자였다. 경우에 따라서는 그들을 잡아간 사람들에게 출신지 문화의 몇 가지 요소를 전해주었겠지만, 그런 일이 기록으로 남겨지지는 않았다. 요컨대 문화 간 교류와 관련된 문헌의 이면에는 거의 흔적을 남기지 않은 회색 지대가 놓여 있었다고 보아야 한다. 그런 전제를 감안한다면 관련 자료가 간헐적으로 출현하더라도 당황할 필요가 없다.

이런 점을 감안하고 보자면, 때로는 산발적인 전파의 내용이 놀라울 정도로 정확하게 남아 있는 경우도 있다. 630년대 아랍의 정복 직후 지중해 동부의 어디인가로부터 어떤 이야기가 전해졌는데, 매우 흥미로운

---

23 See William of Rubruck, *The Mission of Friar William of Rubruck: His Journey to the Court of the Great Khan Möngke*, trans. Peter Jackson (London: The Hakluyt Society, 1990); Benjamin Z. Kedar, "The Multilateral Disputation at the Court of the Grand Qan Möngke, 1254," in Hava Lazarus-Yafeh et al. (eds.), *The Majlis. Interreligious Encounters in Medieval Islam* (Wiesbaden: Harrassowitz, 1999): 162-83.

사례가 아닐 수 없다. 이야기인즉슨 비잔티움 제국의 황제 헤라클리우스(Heraclius)가 점성술로 할례를 한 사람들이 그의 영토를 빼앗아 갈 것이라는 예언을 얻었고, 그래서 모든 유대인을 붙잡아 죽이든지 아니면 기독교로 개종시키라고 명했다. 그러나 정작 불행을 가져온 사람들은 유대인이 아니라 할례를 한 또 다른 사람들, 즉 아랍인이라는 사실을 나중에야 깨달았다. 동방에서 이 전설은 구전을 통해 수 세대에 걸쳐 전해지다가 150년이 지나서야 아랍어 문헌에 처음으로 기록되었다. 그러나 이미 658년경 갈리아 지역에서 라틴어 연대기에 이 이야기가 수록되었다. 갈리아라면 당시로서는 서쪽으로 상당히 멀리 떨어진 곳이었는데, 이야기의 전파 속도가 놀라울 정도로 빨랐다는 사실을 알 수 있는 사례다. 더욱이 이 이야기는 수 세기에 걸쳐 계속 복제되었고, 내용상 거의 혹은 전혀 변화가 없이 라틴어 연대기에서 또 다른 연대기로 전해졌다. 그리고 마침내 14세기 초에 이르러 라시드 앗 딘이 저술한 《집사》에서 프랑크인의 역사편에 수록되었다.[24]

그러나 이와 달리 전파되는 과정에서 근본적인 변화를 거치는 경우도 있었다. 보살(菩薩, Bodhisattva, 미래의 부처)의 이야기는 중앙아시아에서 마니교를 거치는 과정에서 주인공의 이름이 보디사브(Bodisav) 왕자로 바뀌었다. 이 이야기가 8세기 바그다드에서 아랍어로 기록되었다. 내용에는 이슬람 문화가 약간 가미되어 주인공의 이름이 부다사프(Būdāsaf)가 되었는데, 옮겨 적는 과정에서 실수로 유다사프(Yūdasaf)가

---

24 See Benjamin Z. Kedar, *Crusade and Mission: European Approaches toward the Muslims* (Princeton University Press, 1984): 27-8.

되기도 했다. 9세기에 이르러 아랍어 버전의 이야기가 조지아어로 번역되었다. 이때는 기독교 문화가 강하게 영향을 미쳤고, 주인공의 이름은 이오다사프(Iodasaph)가 되었다. 조지아 출신의 수도원장 에우티미우스(Euthymius, c. 955~1028)는 이 이야기를 다시 그리스어로 번역했다. 여기서 주인공의 이름은 이오아사프(Ioasaph)가 되었다. 그리스어에서 다시 고대 슬라브어, 아르메니아어로 번역되었고, 아랍 기독교도에 의해 아랍어로도 번역되었다. 아랍어에서 다시 에티오피아어로 번역되었고, 기독교적 요소를 빼고 히브리어로 번역되기도 했다. 11세기 중엽 이후에는 그리스어 버전이 여러 차례에 걸쳐 라틴어로 번역되었다. 라틴어 버전에서 주인공은 다시 요사파트(Iosaphat)가 되었다. 이후 라틴어 버전은 유럽의 여러 언어로 번역될 때 저본이 되었다. 이탈리아에서 아이슬란드까지, 포르투갈에서 러시아까지 번역되었으며, 이 이야기를 바탕으로 다른 이야기들도 계속해서 생산되었다. 예를 들어 보카치오(Boccaccio)의 《데카메론(Decameron)》에는 (금과 보석으로 장식되거나, 혹은 더러운 검댕이 묻은) 상자 네 개가 등장하는데, 그 안에서 다시 두 개의 상자가 발견되고, 그중 하나에는 왕관과 왕홀(王笏)과 구슬(寶珠)이, 다른 하나에는 흙이 가득 들어 있다. 셰익스피어의 《베네치아의 상인》에는 세 개의 상자가 등장하는데, 금과 은과 납이 들어 있다. 또한 두 마리의 쥐가 끊임없이 갉아먹는 나무를 꽉 잡고 우물에 빠지지 않으려 버티는 남자의 우화는 톨스토이의 영적 회심에 결정적 역할을 했다. 더욱이 요사팟(Josaphat, 그의 정신적 스승은 바를라암Barlaam)은 로마 가톨릭의 성자가 되어, 11월 27일이 그의 축일이다. 조지아에서는 "인도의 왕 이오다사프" 축일이 5월 19일이고, 그리스인은 8월 26일을 이오아사프 축일로 기념했다. 포르투갈의 역사학자 디오구 두 코투(Diogo do Couto)는 1612년경 요사팟과 붓다의 유사성에 주목한 바 있다. 그러나 서양의 학자들은 1860년경이 되어서야 비로소 왕자 출신의 은둔자가 성자가 되는 이야기가 인도의 위대한 스승 붓다의 이야기로부터 전파된 것이 명백하다는 사실을 확인했다.[25]

한편 산발적 전파의 증거가 오직 고고학의 발굴 성과로만 확인된다면, 과연 그것이 우연의 결과에 불과한 것은 아닌지 의문을 갖게 된다. 메소아메리카의 금속 제련 관련 기술이 정확히 그러한 사례라 하겠다. 메소아메리카와 안데스 지역의 구리 제련 기술을 비교 연구한 결과, 양쪽에서 동일한 기술에 의거하여 구리를 생산했음이 밝혀졌다. 안데스 지역에서는 그 기술이 1000년에 걸쳐 진화한 반면, 메소아메리카(즉 오늘날의 멕시코 서부)에서는 기원후 800년경부터 고도로 발달한 금속기 유물이 갑자기 출현하기 시작했다. 그러므로 안데스 지역의 금속 기술이 메소아메리카 지역에 영향을 끼쳤다고 추론하는 것이 합리적이다. 청동(bronze) 생산 기술이 안데스 지역에서 메소아메리카로 전파되었을 뿐만 아니라, 기원후 1200년경부터 메소아메리카 대부분의 지역에서 화폐로 사용된 T자 모양 도끼 또한 남아메리카 디자인을 따른 것이

---

25 이 전설은 "문학사에서 가장 주목할 만한 에피소드 중 하나"임에 틀림없다: Joseph Jacobs, *Barlaam and Josaphat* (London: David Nutt, 1896): viii; 이야기의 변이 형태에 관해서는 다음을 참조. David M. Lang, *The Wisdom of Balahvar: A Christian Legend of the Buddha* (London: Allen and Unwin, 1957): 9-65; David M. Lang, "Introduction," in St John Damascene, *Barlaam and Ioasaph*, ed. and trans. G. R. Woodward and H. Mattingly (Cambridge, MA: Harvard University Press, 1967): ix-xxxv; Wilfred C. Smith, *Towards a World Theology: Faith and the Comparative History of Religion* (London: Macmillan, 1981): 7-11, 19-20.

었다.[26] 한편 안데스 지역에서 청동은 일상생활에 필요한 도구를 만드는 재료로 사용된 반면, 메소아메리카에서는 주로 의례용 도구로 사용되고 엘리트 계층을 위한 물품을 제작하는 데 쓰였다. 더욱이 최근에 멕시코와 안데스 지역에서 각각 구리 원석과 유물을 가지고 납(lead)의 동위원소를 측정해본 결과, 완성된 물품이 아니라 제조 기술이 전파된 것으로 확인되었다. 이로 보아 실제 전파의 과정은 상당히 폭넓은 교류를 거친 결과였음을 알 수 있다. 또한 이러한 과정은 금속 기술뿐만 아니라 고고학적으로 흔적을 남기지 않는 다른 많은 주제에 대해서도 마찬가지였을 것이다.

정기적 문명 교류

산발적 접촉을 결코 간과해서는 안 되겠지만, 집중적인 대규모 문명 교류를 연구하거나 그들 사이의 의사소통 과정을 살펴볼 때, 주된 경향은 어디까지나 정기적인 상호 교류 쪽에 놓여 있다. 교류를 연구할 때 가장 중요한 주제라면 다음 세 가지 유형이 있다. 1) 국가의 성립으로 이어지는 전쟁과 정복, 2) 교역 네트워크의 발달, 3) 종교 문화권의 형성이다. 교류의 자발성과 강제성을 막론하고 위 세 가지 유형에 따른 상호 교류의 연구가 우리 책에서 논의할 핵심이 될 것이다.

첫 번째 유형은 정치적 관계에 놓여 있다. 우리 책에서 논의할 시간 범위에서 수많은 중앙 집권 제국은 방대한 지역을 통합하고자 하는 강렬한 열망이 있었다. 예를 들면 비잔티움 제국(4세기 제국의 설립 초기부

---

26 이 매력적인 연구의 배경에 관해서는 〈더 읽어보기〉에 수록된 Dorothy Hosler의 연구 참조.

터), 중국(589년 수나라의 중국 재통일 이후로), 전성기의 아바스 칼리프국, 아즈텍 및 잉카 제국(각각 1428년, 1438년부터) 등이다. 그중 오직 중국에서만, 물론 중간에 다소 틈이 생기기는 했지만, 우리가 논의할 시간 범위는 물론 그 이후까지 성공적으로 제국 체제를 유지했다. 비잔티움 제국의 경우 명목상으로는 1453년 오스만 제국이 콘스탄티노폴리스를 정복할 때까지 유지되었다고 하지만 이미 7세기에 제국의 주요 지방을 잃기 시작했고, 1203~1204년 제4차 십자군 전쟁 이후로는 계속해서 영토가 줄어들었다. 카롤루스 마그누스, 칭기즈 칸, 티무르의 제국은 이보다 훨씬 더 짧은 기간 동안 유지되었다. 이들 세 제국은 지속 가능한 중앙 집권적 행정 체제를 갖추지 못했다. 이보다 더 작은 정치 단위들, 예를 들면 일본, 캄보디아의 앙코르 왕국, 에티오피아, 잉글랜드 등에서는 왕조의 지속 기간이 훨씬 더 불안정했다. 그러나 잠시 불타오른 뒤 꺼져버린 제국들이라 할지라도 장기 지속적 연결성을 강화하거나 강력한 문화적 유산을 남길 수 있다. 카롤루스 마그누스와 칭기즈 칸의 제국이 그 대표적 사례다.[27] 칭기즈 칸의 제국은 심지어 유전자에도 분명한 흔적을 남겼다. 유명한 DNA 조사 결과에 따르면, 오늘날 우즈베키스탄과 중국 북동부 지역 사이에 거주하는 인구의 8퍼센트가 단 하나의 부계 유전자를 공유하는데, 그 유전자의 기원은 칭기즈 칸 및 그의 친척으로까지 거슬러 올라가는 것으로 확인되었다.[28]

정기적 상호 교류의 두 번째 유형은 지역 간 교역 네트워크로, 이는

---

27 몽골 제국에 관해서는 〈케임브리지 세계사〉 시리즈 제10권 제20장 참조.
28 See Tatiana Zerjal et al., "The Genetic Legacy of the Mongols," *American Journal of Human Genetics* 72.3 (March 2003): 717-21.

제국 체제보다 훨씬 더 보편적이었다. 동반구에서 교역 네트워크는 점차 긴밀히 확대되었고, 1250년경 몽골 제국의 팽창 이후에는 잉글랜드에서 중국까지 그 네트워크가 형성되어 약 한 세기 동안 유지되었다. 연구 성과에 따르면 당시의 교역 네트워크는 8개 구간으로 나뉘었다고 한다. 중국에서 믈라카 해협까지, 인도에서 믈라카 해협까지, 중국에서 흑해까지, 아라비아에서 동아프리카 및 인도 서부까지, 동부 지중해에서 페르시아만까지, 이집트에서 인도양까지, 그리고 지중해 전역과 서부 유럽까지가 각각의 구간이었다.[29] 아마도 여기에 사하라 이남 아프리카에서 마그레브(아프리카 북부 및 북동부)까지의 구간을 덧붙여야 할 것이다. 당시 교역 네트워크의 연결 관계를 분명하게 확인할 수 있는 자료로 1317년경 도미니크회 수도사 기욤 아담(Guillaume Adam)의 제안서가 있다. 그는 상품이 인도에서 이집트를 거쳐 유럽으로 흘러 들어가는 것을 막으려면 아덴만에 십자군의 갤리선 4척을 배치해야 한다고 주장했다.[30]

서반구에서도 교역 네트워크가 존재했다. 메소아메리카의 후고전기 말엽(Late Postclassic)에 4개의 교역 네트워크 구간이 확인되었다. 멕시코 서부, 아즈텍 제국, 마야 지역, 남태평양 해안 지역이었다.[31] 이외에도

---

29 See Janet L. Abu-Lughod, *Before European Hegemony: The World System A.D. 1250-1350* (New York: Oxford University Press, 1989). 몽골의 정복으로 은이 유라시아 전역에서 고급 화폐로 유통되었다. Akino bu Kuroda, "The Eurasian Silver Century, 1276-1359: Commensurability and Multiplicity," *Journal of Global History* 4 (2009): 245-69.
30 See William of Adam, *How to Defeat the Saracens*, ed. and trans. Giles Constable (Washington, DC: Dumbarton Oaks Research Library and Collection, 2012): 96-116; see also 9, n. 37.
31 Michael E. Smith and Frances F. Berdan, "Spatial Structure of the Mesoamerican World System," in Michael E. Smith and Frances F. Berdan (eds.), *The Postclassic*

메소아메리카에서 북아메리카 남서부에 이르는 교역 구간이 고고학 발굴 성과로 확인되었는데, 이 교역로를 따라 의례에서 중요하게 사용된 카카오와 금강앵무새가 북아메리카로 수출되었다. 금강앵무새가 자생 지역으로부터 500킬로미터 이상 멀리 떨어진 곳에서 사육된 증거가 적어도 한 군데 이상의 유적에서 발견되었다.[32] 잉카 제국의 교역이 분명하게 확인된 지역은 두 곳뿐이었다. 하나는 북방 경계 지역으로, 지방의 군장들을 위하여 금지 물품을 교역하는 상인들이 있었다. 또한 페루 중부의 친차(Chincha)강 유역을 근거지로 하는 상인들이 있었는데, 이들은 뗏목을 이용하여 과야킬만(Guayaquil Gulf, 에콰도르)까지, 그리고 육로를 통해 잉카 제국의 수도 쿠스코(Cuzco)까지 거래를 했다.[33] 그러나 이와 같은 교역 네트워크에도 불구하고, 우리 책에서 논의하는 500~1500년 시기 경제적 교역 관계는 동반구와 서반구를 막론하고 서로 다른 문화권의 사람들이 연결되는 계기의 측면에서 전쟁과 정복에 비해 부차적 지위에 놓여 있었다.

사람들을 연결한 세 번째로 중요한 계기는 종교였다. 불교, 기독교,

    Mesoamerican World (Salt Lake City: University of Utah Press, 2003): 29-30.
32 Patricia L. Crown and W. Jeffrey Hurst, "Evidence of Cacao Use in the Prehispanic American Southwest," *Proceedings of the National Academy of the United States of America 106/7* (2009): 2110-13; Andrew D. Somerville, Ben A. Nelson and Kelly J. Knudson, "Isotopic Investigation of Pre-Hispanic Macaw Breeding in Northwest Mexico," *Journal of Anthropological Archaeology* 29 (2010): 125-35.
33 Frank Salomon, "A North Andean Status Trader Complex under Inka Rule," *Ethnohistory* 34 (1987): 63-77; María Rostworowski de Díez Canseco, *History of the Inca Realm*, trans. Harry B. Iceland (Cambridge University Press, 1999): 159-62, 209-14.

이슬람교 문화권은 중간천년기 내내 지속적으로 확장되었다. 종교는 강력하고 지속적인 문화 통합의 장을 만들어 나갔다. 그중에서도 이슬람은 가장 넓은 지역을 차지했다. 이슬람은 7세기 아라비아반도 정복으로부터 시작해서 결국은 아프리카 서부와 스페인에서부터 동남아시아에 이르는 지역을 전부 포괄했다. 이슬람은 다른 모든 문화권과 경계를 접하는 유일한 종교 문화권이었으므로, 서로 다른 문화권의 소통에도 결정적 역할을 담당했다. 종교 문화권 사이의 경계는 고정된 것이 아니었다. 예를 들어 불교는 오늘날의 아프가니스탄을 이슬람에 넘겨주어야 했고, 이슬람은 스페인을 라틴 기독교 문화권에 빼앗겼다. 그럼에도 불구하고 종교 문화권은 (중국을 제외하고) 제국 체제보다 훨씬 더 지속적이었다.

거대 지역 단위 사이의 의사소통과 지식의 전파는 여러 가지 형태로 나타났다. 일부는 상세한 문헌으로 남겨졌다. 예컨대 8~9세기 바그다드나 12~13세기 스페인에서는 철학 및 과학 문헌을 번역하는 사업이 진행되었다. 한편 문학적 모티프의 전파를 확인하려면 힘겹고도 면밀한 문헌 조사 과정을 거쳐야 하는데, 이를 통해 서로 연관되지 않은 문헌들에서 공통된 모티프가 발견되곤 한다.[34] 마찬가지로 곡물이나 기술 확산을 연구하기 위해 문화 전파와 관련된 문헌을 뒤져보지만, 단순 명료하게 서술된 경우는 거의 없다. 대개 역사학자들은 직접 증거에 근거를 두어야 한다. 예컨대 시기별 곡물 혹은 기술의 지리적 전파 과정은 의문의 여지가 없는 명확한 근거에 기초해야 한다. 종이의 전파가 바로 그러

---

34 See for instance Sharon Kinoshita, "Translatio/n, Empire, and the Worlding of Medieval Literature: The Travels of Kalila wa Dimna," *Postcolonial Studies* 11 (2011): 371-85.

한 사례에 속한다. 3세기에 이미 중국에서 널리 사용된 종이는 개발된 이후 얼마 지나지 않아서 이슬람 문화권으로 전해졌고, 751년 이후로는 사마르칸트에서, 794년경에는 바그다드에서, 10세기에는 이집트에서, 그리고 11세기에는 하티바(Játiva, 무슬림 치하 스페인의 도시)에서 생산되었다. 12세기 말에 이르러서는 페즈(Fez, 모로코)에 종이 생산 공방이 472개나 존재했다. 이집트에서 생산된 종이가 인도로 수출되기도 했다. 유럽에서 종이는 기원후 1000년 이전에 처음 사용되었지만, 제조가 시작된 것은 13세기 이후였다. 비잔티움 제국에서는 종이를 만든 적이 없으며, 다만 11세기 이후로 수입한 종이를 사용했다. (메소아메리카에서 종이는 독자적으로 발명되었다.)

    종이의 확산은 지식과 기술이 확산되는 구체적 사례를 보여준다. 그러나 이를 통해서 확인되는바, 처음 발명된 곳과 나중에 전파된 곳에서 그 사용 방식이 같지 않았다. 중국에서 종이를 이용한 목판 인쇄는 8세기 이후로 확인되는데, 이 기술은 당시 매우 보편적으로 사용되었으며 일종의 정보 혁명을 가져왔다. 그러나 이슬람 문화권에서 종이는 필사의 재료로 널리 사용되었을 뿐 목판 인쇄로 서적을 제작하는 경우는 흔치 않았다. 서유럽에서도 종이가 수 세기 동안 사용된 이후 1440년경에 이르러서야 비로소 요하네스 구텐베르크(Johannes Gutenberg)에 의해 활판 인쇄가 발명되었다.[35]

---

35 See Tsuen-Hsuin Tsien, *Paper and Printing*, vol. V, part 1 of J. Needham (ed.), *Science and Civilisation in China* (Cambridge University Press, 1985); Jonathan M. Bloom, *Paper before Print: The History and Impact of Paper in the Islamic World* (New Haven, CT: Yale University Press, 2001).

디아스포라(diaspora)는 물품과 사상이 확산하는 데 중요한 역할을 담당했다. 9세기에 유대인 라단 상인(Radhanites, 혹은 al-Rādhāniyya)은 프랑크 왕국에서 중국까지 전체 구간에 걸쳐 상품을 유통시켰다. 12세기 이후 유대인 학자들은 아랍의 저술을 라틴어로 번역하는 작업에 참여했다. 그들이 번역 작업을 할 수 있었던 것은 이슬람 문화권에서 유대인(또한 기독교인)을 보호해주었기 때문이다. 기독교 문화권에서는 반복해서 유대인을 박해했지만, 적어도 교리상 기독교 진리의 증인으로서 그들의 존재 자체는 인정하는 편이었다. 서아프리카와 동남아시아에서 무슬림 상인 디아스포라는 그 지역의 이슬람화에 기여했다. (서유럽에는 그와 같은 무슬림 디아스포라가 없었다. 이는 서유럽이 상업적으로 별로 중요하지 않은 지역이었기 때문일 것이다. 또한 후대에 서유럽이 상업적으로 중요해진 뒤에는 기독교 교리가 무슬림의 존재를 인정하지 않았다.) 남아시아와 동남아시아에서는 대중적 불교 문화 가운데 중국인 디아스포라 공동체가 자리 잡을 수 있었다.

정복과 상업, 그리고 종교는 다양한 교류의 네트워크를 확장했으며 순례자, 상인, 외교 사절뿐만 아니라 사상가와 호기심 넘치는 사람들까지 육로와 해로를 통해 여행했다. 라시드 앗 딘 같은 특별한 위인들의 업적은 문명 간의 인식 수준을 극적으로 높여주었다. 하지만 같은 시대를 살아간 평범한 사람들이 당시의 그와 같은 발전을, 현실적 삶의 맥락에서 과연 얼마나 알고 있었는지는 알 수 없다. 사람들의 인식의 지평은 대체로 자신이 살고 있는 인근 지역과 익숙한 관습의 범위를 벗어나지 못했을 것이다. 당시 교류의 네트워크가 점점 두꺼워지고 있다는 사실을 체감하는 사람은 거의 없었겠지만, 그럼에도 불구하고 그들의 현실적인 삶은 그로부터 점점 더 큰 영향을 받고 있었다.

내용 개요

이번 권(한국어판 09~10권)은 5부로 나뉘며(제1~3부는 09권, 제4~5부는 10권 - 옮긴이), 마지막으로 결론에 해당하는 장이 배치된다.

제1부 "세계의 발전"은 여러 챕터로 구성되는데, 기본적으로 글로벌한 관점에서 구조와 제도 및 과정에 초점을 맞춘다. 이들은 모두 중간천년기가 도래하기 훨씬 전부터 발전해왔고, 이후로도 계속되어 오늘날의 세계사를 형성하게 된 주제들이다.

제2장에서 요아힘 라트카우(Joachim Radkau)는 인류와 자연환경 사이의 상호 작용을 검토했는데, 공진화(co-evolution)의 과정에서 인류가 자연을 만들어간 동시에 자연이 인류를 만들어간 방식에 주목했다. 그는 인간과 자연의 관계가 농민과 유목민의 경우 각각 어떻게 달랐는지를 검토한 후 자연과 인간의 다양한 관계를 재평가했다. 환경 파괴와 사회 붕괴를 초래한 어리석은 개발이 있었는가 하면, 강력한 회복과 지속 가능성을 만들어낸 사례도 있었다. 중간천년기에는 인류가 만들어낸 자연환경 변화가 점차 가속화되었다는 것이 그의 결론이다. 다만 그러한 현상은 오늘날과 달리 몇몇 지역에 국한되었으며, 환경 훼손을 일으킨 사람들이 그 환경의 영향을 받는 사람들과 같은 사회 집단에 속해 환경 변화의 결과와 함께 살아갔다.

제3장에서 수전 모셔 스튜어드(Susan Mosher Stuard)는 여성, 가족, 젠더, 섹슈얼리티 문제를 다루면서 결혼 패턴과 가족이 사회를 구성하는 방식의 지역별 차이에 주안점을 두었다. 특히 가부장제와 가족주의

젠더 관습이 형성되는 데 있어 종교의 역할에 주목했다. 더불어 가정 내 노예와 상속 문제도 다루었는데, 이는 중간천년기에 더욱 강화된 상거래 시스템이 남성 및 여성에게 서로 다른 영향을 미친 대표적 사례였기 때문이다. 젠더 구분의 실상을 통해 성적 대상과 재생산(출산) 문제를 살펴보았으며, 에로틱 문학, 법전, 의학 전문서, 과학 저술 등에서 섹슈얼리티의 개념을 검토했다. 결론적으로 저자는 중간천년기에 다양한 젠더 시스템이 존재했지만 다양하고 유동적인 상황은 시간이 갈수록 엄격해지는 경향을 보였고, 그것이 특히 여성에게 더욱 가혹하게 적용되었음을 지적했다.

제4장에서 수전 레이놀즈(Susan Reynolds)는 사회의 위계질서와 연대의식을 검토했다. 중간천년기에 기록을 남긴 사회는 정도의 차이가 있을지언정 모두 불평등 사회였다는 전제로부터 논의가 시작된다. 그러나 불평등 사회라 할지라도, 통치자를 포함해서 위계의 가장 꼭대기에 있는 사람도 올바르고 정당하게 행동해야 한다는 믿음이 있었다. 정부는 복잡한 계층으로 구성되었고, 부가 증대하고 경제 구조가 복잡해지면서 새로운 유형의 엘리트 계층이 형성되었으며, 통치·법률·관료 체제의 구조가 갈수록 복잡해졌다. 지역 사회나 보다 큰 규모의 사회를 막론하고, 비록 허구일지라도 계보, 기원 신화, 공통의 관습, 공통의 관심사 등을 내세워 연대 의식을 도모했다. 그러나 저자의 주장에 따르면, 그러한 연대 의식이 위계질서 안에서의 정의 이외에 사회적 평등의 확대로 나아간 적은 거의 없었다.

제5장에서 린다 월튼(Linda Walton)은 가정 밖에서의 교육 제도를 논의했다. 특히 유교, 불교, 기독교, 이슬람과 관련된 교육 제도(기관)에 초

점을 맞추었으며, 더불어 유대교나 아즈텍과 잉카 제국의 교육 기관도 살펴보았다. 교육은 종교적 지식을 습득하는 과정인 동시에 세속을 다스리는 통치자의 수요에 맞춘 법률·행정 지식을 습득하는 수단이기도 했다. 두 가지 서로 다른 방향 때문에 가끔은 긴장이 초래되는 경우도 있었다. 결론적으로 어느 지역에서나 교육 기관과 지식의 전수는 문화적 가치와 전통을 반영했다. 또한 교육 제도는 국가와 국가의 관계도 바꾸어놓았다. 서로가 지식을 활용하고 또한 통제하고자 했기 때문이다. 더불어 엘리트 계층의 관계도 그에 따라 바뀌었다. 지식의 획득과 전수 과정에서 맡는 역할에 따라 그들의 사회적 지위가 달라졌기 때문이다.

제6장에서 클리퍼드 로저스(Clifford J. Rogers)는 전쟁을 논의했다. 싸운 이유를 검토하고, 누가 어떻게 싸웠는지 살펴보았다. 병사의 모집, 장비, 무장 조직뿐만 아니라 전략, 전술, 보급에 대한 문제도 논의에 포함되었다. 전쟁에서의 조공 수입과 노예 약탈 문제도 검토했는데, 특히 유라시아의 유목 사회와 농업-도시 문명의 투쟁 패턴에 주목했다. 즉 유목 사회는 왜 그토록 자주 승리했는지, 인구와 자원의 한계에도 불구하고 어떻게 농업-도시 문명을 압도할 수 있었는지를 탐구했다. 저자에 따르면 중간천년기 말엽에 오스만 제국과 유럽이 정복 전쟁에 승리하고 광대한 영토를 차지할 수 있었던 핵심 비결은 바로 화약 무기였다.

제2부에서는 "유라시아의 공통점"을 논의했다. 지리적 범위를 다소 좁게 잡는 대신, 중간천년기 유라시아의 수많은 지역에서 동시에 등장한 문화·정치·경제·사회적 발전 과정을 분석했다.

제7장에서는 패트릭 기어리(Patrick J. Geary)의 주도로 연구팀이 참여하여 서유럽, 비잔티움, 이슬람 세계, 인도, 중국, 일본의 궁정 문화를

검토했다. 모든 지역에서 궁정은 권력의 중심이었고, 특화된 전문 집단이 권력의 집행과 관련된 기능적 사무를 수행했으며, 동시에 궁정 내부인과 외부인을 대상으로 하는 문화 양식과 의례 절차를 만들어냈다. 세계 각지의 궁정은 그 규모와 조직의 복잡성, 공간 배치, 물리적 안정성, 구조, 위계 등의 측면에서 굉장히 다양했지만, 유라시아 어디에서나 권력과 왕의 은총을 향한 치열한 경쟁이 벌어졌다. 그 과정에서 특정 행동 양식이 발달하게 되었다. 그것은 궁정의 사람으로서 살아남고 더 높이 오르기 위한 방편이었고, 또한 궁정 생활에 참여하는 사람과 궁정 밖의 사람을 구분하는 기제가 되었다. 유라시아의 궁정은 과시와 소비를 위해 새로운 고급문화를 서로 교환했으며, 다른 궁정의 관행과 가치를 직간접적으로 활용했다. 그래서 권력을 행사하고 표상하는 유라시아의 시스템이 만들어졌다는 것이 연구팀의 결론이었다.

제8장에서 비에른 비트로크(Björn Wittrock)는 11~13세기 유라시아의 여러 문화권에서 등장한 문화적 변화, 혁신, 개혁을 검토했다. 검토 결과 당시의 경제·정치·사회 변화에 직면하여 핵심 전통과 문화유산이 재해석 및 재구성된 사실이 밝혀졌다. 논의는 유라시아 전반을 다루었지만 특히 중국, 일본, 서구 기독교 문화권에 주안점을 두었다. 저자의 주장에 따르면 당시의 혁신에 "문화적 결정화(cultural crystallization)" 과정이 포함되었다고 하는데, 이를 통해 각각의 문화권은 특징적 형태를 갖추었고 다른 문화권과 확연히 구분되었다. 여기에는 문화적 질서, 우주론의 중점, 역사의식, 기타 일상생활의 측면에서 스스로 생각하는 이미지와 다른 사회에서 바라보는 이미지가 모두 포함되었다.

제3부는 "상호 교류의 증대"를 논의했다. 원거리 무역 네트워크, 농

업 사회와 유목 사회의 이주, 그에 수반되는 지식과 기술의 전파 및 교류 등이 논의의 중점이었다.

제9장에서 리처드 스미스(Richard Smith)는 중간천년기 아프리카-유라시아 세계의 무역과 상업을 종합적으로 개관했다. 저자에 따르면 "기원후 1500년의 아프리카-유라시아 세계는 다양한 상품을 대량으로 거래하는 전문 상인 계층이 형성되어 있었고, 수많은 지역에서 원거리 교역이 가능했다. 다시 말해 광범위한 소비자를 대상으로 상거래가 성행했다. 기원후 500년 즈음에는 상상도 못 할 일이었다." 저자는 광대한 지역 범위를 세 가지로 분류했다. 즉 중국이나 이슬람 중심지 같은 생산, 소비, 교환의 중심지는 엔진(engines) 지역, 중앙아시아나 동남아시아 해양 루트 같은 곳은 중간 통로(passageways) 지역, 유럽이나 서아프리카 같은 곳은 최종 종착(cul-de-sacs) 지역에 해당된다. 몽골의 침략이나 전염병의 확산 같은 대격변의 경로뿐만 아니라 기술 혁신과 정치적 결정의 경로를 추적해본 결과, 바로 그러한 경로의 변화에 따라 어느 지역이라도 상업적 엔진 지역이 되거나, 또는 엔진 지역으로 유지 및 존속될 수 있는 잠재력을 갖게 되었다.

제10장에서 미셸 발라르(Michel Balard)는 아프리카-유라시아 권역의 북서부, 즉 북으로 발트해에서 동으로 지중해에 이르는 유럽 지역을 논의했다. 이를 위해 저자는 상인과 그들의 협회, 자본을 형성하거나 관리하기 위해 개발된 상업적 기법, 새로운 형태의 종이 화폐와 금속 화폐, 선박과 해양 루트의 변화, 박람회와 시장의 확장, 정부의 보호를 얻어내는 방법, 사치품에서 생필품, 원자재, 인력 등에 이르는, 상인들이 취급했던 광범위한 상품의 유통 등을 검토했다. 저자의 결론에 따르면 15세

기에 이르러 지중해와 북유럽은, 비록 정도의 차이는 있었지만 강력한 경제 성장을 공유하게 되었고, 그것은 최초의 국제 무역이라는 이름에 걸맞은 차원이었다.

제11장에서 히만슈 레이(Himanshu Ray)는 아프리카-유라시아 권역의 또 다른 부분, 즉 활발했던 인도양 해상 무역 공동체를 검토했다. 검토 결과 지역별 수요와 어로 공동체 및 해상 운송 공동체가 꾸준히 중요한 역할을 담당했던 것으로 확인되었다. 힌두교, 이슬람교, 불교, 유대교 등의 종교 기관과 다른 지역에서 건너온 상인들도 무역에 참여했다. 종교적 연대와 민족적 인연으로 무역 파트너십이 형성되었고, 그에 따라 해안 도시와 다른 도시는 물론 원거리 무역 중심지도 연결되었다. 인도 남부 지역에서는 상인 협회가 상거래를 주도하고 사원을 건립했으며, 사적으로 군대를 고용하기도 했다. 저자는 물론 역사 문헌과 고고학 자료도 활용했지만, 전체론적 해석은 지양했다. 특히 해양 문화 교류를 이해할 때는 성직자와 순례자, 무역상과 선원, 순회공연을 하는 이야기꾼과 예능인의 구전을 포함하여 다양한 소통 경로를 고려하는 것이 중요하기 때문이다.

이 3부에서는 무역이 아닌 다른 분야의 교류 문제로 넘어간다.

제12장에서 다그마르 셰퍼(Dagmar Schäfer)와 마르쿠스 포플로브(Marcus Popplow)는 교환 경제의 네트워크가 확장되는 와중에 나타난 기술 혁신의 문제를 탐구했다. 저자들에 따르면 기존의 역사 서술에서는 신기술의 갑작스런 출현을 강조하는 경향이 있었지만, 사실 기술의 변화는 지속적으로 이루어지는 것이다. 사람들은 새로운 자연환경이나 상황에 적용하기 위해, 혹은 재미 삼아, 아니면 취향이나 소비 패턴의 변화

에 따라 새로운 도구, 기계, 설계, 방법, 과정을 개발하기 때문이다. 국가나 엘리트 계층의 관심이 기술 혁신을 촉진하는 계기가 된 경우도 많았지만, 전문 장인과 일상적 관행이 기술 지식의 형성 및 유통에 기본 바탕이 되었다. 저자들에 따르면 기술 혁신과 전파의 동기는 단순하지 않았으며, 어떤 문화도 기술에 적대적이거나 기술을 무시하지 않았다. 기술은 개혁이나 전통의 유지, 양쪽 모두에 쓰임새가 있었다.

제13장에서 찰스 버넷(Charles Burnett)은 순수 이론의 문제로 넘어가 과학과 철학의 전파를 논의했다. 저자에 따르면 중간천년기의 학자들이나 오늘날의 학자들은 모두 과학 지식의 문화적 기원 문제를 중요하게 취급했다. 학문의 전파와 관련된 중간천년기의 전설은 일정 정도의 현실을 반영했다. 특정 궁정이나 도시가 학문과 지적 교류의 허브 역할을 했으며, 모두 악의 무리에게 지식이 넘어가지 않도록 경계했음에도 불구하고 그곳으로부터 책이나 인재를 통해 새로운 아이디어가 전파되었다. 저자의 결론에 따르면 학문이 전파된 경우 그 학문은 이동한 지역의 새로운 상황에 맞게 변용되었고, 적어도 몇몇 경우에는 종교나 기타 유형의 경계를 뛰어넘기도 했다.

제14장에서 아나톨리 하자노프(Anatoly M. Khazanov)는 중간천년기에 특히 선명했던 하나의 경계를 검토했다. 그것은 바로 초원 유목민의 이주와 정복 문제였다. 저자는 중간천년기 초원 유목민 이주의 정치 경제적 이유를 분석했으며, 아프리카-유라시아 권역 내에서 1) 유라시아 스텝의 반사막 및 사막 지역, 2) 근동과 중동 및 북아프리카 지역, 3) 인도 지역 등 세 지역의 유사성과 차이점을 비교했다. 저자에 따르면 유목민의 정복은 중요한 문화적·경제적 변화를 가져왔다. 튀르크어의 확

산과 원거리 무역을 통한 사상 및 상품의 교류 등도 중요한 변화였지만, 무엇보다 유목 사회의 사회정치적 구조가 완전히 혹은 영원히 바뀌게 되었다. 유목민 통치자들은 정복지에서 기존의 제도적 인프라 구조, 행정 관리 방식, 종교적 상황에 적응할 수밖에 없었기 때문이다.

제4부 "종교 시스템의 확산"은 확산에 매우 용이한 종교로 검증된 세 종교에 초점을 맞추었다. 이들은 중간천년기가 끝나갈 무렵 그야말로 명실상부한 "세계 종교"가 되어 있었다.

제15장에서 마이클 쿡(Michael Cook)은 "이슬람 문명의 중심성" 문제를 탐구했다. 15세기에 이르러 이슬람은, 동-서로는 동남아시아에서 서아프리카까지, 남-북으로는 볼가강 만곡부에서 마다가스카르까지 이르렀다. 이슬람과 교류하며 이전의 문명과 문화적 형태를 이슬람으로 대체한 폭넓은 지역 범위를 전체적으로 조망하면서, 저자는 그 속에 존재한 내부적 차이로부터 논의를 시작했다. 그리고 이슬람 문명권을 하나로 묶어준 공통 요소를 강조했는데, 제도와 학문 전통 및 언어가 그러한 요소에 포함되었다. 마이클 쿡의 주장에 따르면, 세계 종교인 동시에 세계 문명이기도 한 종교는 이슬람이 유일했다. 저자는 이를 이슬람 초기 전파 당시 강력했던 아랍의 민족적·종교적·정치적 정체성과 비옥한 초승달 지대의 세련된 문자 문화 전통이 상호 보충적으로 혼합된 결과로 보았다.

제16장에서 미리 루빈(Miri Rubin)은 기독교 권역의 지역 체제를 검토했다. 먼저 기독교인의 일상생활 문제를 검토했는데, 의례와 성인 숭배, 그리고 성모 마리아 숭배, 주교와 성직자, 공동 예배 등의 문제를 살펴보고, 이것이 정치와 공동체 및 개인에 미치는 영향을 논의했다. 조사

대상은 기독교인 통치자가 다스렸던 지역, 기독교인이 다수를 차지하며 종교적 관용 정책이 실시되었던 지역(대개 통치자는 무슬림), 그리고 더 멀리 동쪽에서 기독교인이 소수였던 지역 등이다. 저자는 기독교 권역들 사이의 연결을 강화한 몇몇 움직임을 특히 강조했는데, 예를 들면 무역, 십자군, 선교 활동 등이다. 결론적으로 기독교 조직과 교리는 잠재적으로 통합과 배제의 가능성을 동시에 내포했다. 다양성을 인정하는 경우도 있었지만, 때로는 정치를 추동하여 사회적 박해를 뒷받침하기도 했다.

제17장에서 탄센 센(Tansen Sen)은 "불교의 전파"를 조사했다. 저자가 주목했던 지점은 복합적으로 뻗어 나간 여러 방향의 과정이었다. 전파의 과정에는 종교의 교리뿐만 아니라 예술 양식, 문학 장르, 의례 물품, 지리학적 지식, 기술 등이 포함되었다. 저자에 따르면 불교 전파의 역사에서 두 차례의 획기가 있었는데, 그중 하나는 5세기였다. 이때 이후로 수마트라, 일본, 한국 등이 불교 권역에 포함되었다. 또한 지역마다 고유의 필요와 가치에 부응하여 다양한 불교 교리가 등장했다. 또 한 차례의 획기는 10세기였다. 이때 이후로 불교의 중심지가 여러 곳에 형성되었으며, 각각의 영향력과 교류로 나름의 권역을 형성했다. 불교의 전파가 활발한 상업 교류와 문화권의 범위를 넘어서는 교류를 촉진했다는 것이 저자의 결론이다. 불교는 이란에서 일본에 이르기까지 아시아의 다양한 지역을 통합했으며, 아시아 대부분 지역에서 수많은 사람의 세계관, 정치·문화적 정체성, 종교적 풍경, 사회 생활을 바꾸어놓았다.

제5부의 제목은 "국가 체제의 형성"이며, 지역권의 중심에 국가와 제국 체제가 발달하는 과정을 탐구했다.

제18장에서 요한 아르나손(Johann P. Arnason)은 국가 형성과 제국

건설을 전반적으로 개괄했는데, 이 과정을 앞서 논의한 종교 문제와 연결했고, 특히 중간천년기 국가 형성은 어디서나 종교 문화 및 종교 기관과 긴밀히 연결되어 있었음을 강조했다. 저자는 아프리카-유라시아 전역, 더불어 일부 아메리카 지역까지 일어났던 변화의 양상을 통해 중간천년기는 하나의 시대구분으로 설정할 충분한 근거가 있다고 보았다. 그중에서도 유라시아의 내륙 지역과 외곽 지역의 상호 작용은 정치사에서 특히 중요한 부분이었다. 그러나 국가 건설의 패턴이 초원 유목민 혹은 정주 사회 일방으로 흘러가지는 않았다. 오히려 제국 체제가 하나의 패턴으로 등장했다. 제국 체제는 유라시아의 모든 문명권에서 나타났으며, 각 제국의 수준과 지속성의 정도에 편차는 있었지만, 제국 체제가 국가 체제의 기본적 혹은 공통적 형태였다. 제19~24장은 세계 여러 지역에서 국가 체제가 성립하는 과정을 탐구했다.

제19장에서 리처드 폰 글란(Richard von Glahn)이 주목한 것은 6세기 수(隋)나라가 중국을 다시 통일하는 데 성공하면서 통일 제국 체제가 중국에서 정치적 이상형으로 자리 잡는 과정이었다. 이후로 매우 짧은 기간의 분열이 없지 않았지만 중국 역사에서 통일 제국 체제는 꾸준히 이어졌고 중국의 이웃 지역이 추구하는 모델이 되었으며, 이웃 지역에서도 중앙 집권이 더욱 강화된 "민족 국가" 체제가 성립하게 되었다. 결국 동아시아에서는 다국가 체제의 정치 질서가 만들어졌고, 그것이 오늘날까지 이어지고 있다. 그러나 중국 체제의 정치·문화적 우월성에도 불구하고 안팎으로부터 도전이 없지 않았고, 그 결과 중국에서도 극적인 변화의 과정이 이어졌다. 제국의 권위와 관료 체제에서 유교식 모델이 다시 활성화되었다거나, 세금과 임대료 등의 화폐 지불 관행이 급속도로

확대되었다거나, 혹은 부분적으로 정부가 개입하는 경제 체제의 특성 등이 모두 그러한 변화 과정에서 나타난 일들이었다.

제20장에서 미할 비란(Michal Biran)은 몽골을 연구했다. 사람, 상품, 사상의 전례 없는 이동이 몽골에 의해 시작되었고, 그 결과 단절 없이 이어진 영토를 기준으로 세계 최대의 제국이 건설되었으며, 제국 체제의 행정과 문화가 만들어졌고, 그들이 통치하는 다양한 백성의 문화 요소가 몽골인의 규범으로 흡수되었다. 몽골이 자행한 파괴 행위 또한 제국 건설 과정의 일부였지만, 저자는 문명의 경계를 넘어서는 교류를 촉진한 칭기즈 칸과 그 후예들의 역할을 강조했다. 이를 통해 유라시아의 통합이 강화되었으며, 몽골인과 그 이웃들의 접촉면이 확대되었다. 몽골의 유산은 단순하지 않았다. 저자에 따르면 그들이 촉발한 문화의 활력은 장기적으로 지속되었으며, 예술과 학문의 교류를 촉진했고, 국제 무역의 활황을 가져왔다. 또한 종교적·민족적·정치적 변화의 기원이 되기도 했다.

제21장에서 장-클로드 쉐네(Jean-Claude Cheynet)는 비잔티움 제국을 논의했다. 유럽과 지중해 지역을 통틀어 고대에 형성된 국가 중에서 중간천년기 내내 살아남은 유일한 국가가 비잔티움 제국이었다. 그러나 그들의 지정학적 위치는 이동하는 모든 민족이 거쳐 갈 수밖에 없는 곳이었고, 황제의 승계 또한 불안정해서 내부 귀족들의 도전이 끊이지 않았다. 그럼에도 불구하고 그토록 오랫동안 살아남을 수 있었던 것은 비잔티움 제국만의 몇 가지 유리한 점이 있었기 때문이다. 예를 들면 로마의 전통, 종교적 위계질서의 영향, 방어 시설이 충분히 갖추어졌던 수도 콘스탄티노폴리스, 비교적 안정적이었던 금융 시스템 등이다. 뿐만 아

니라 비잔티움 제국의 적응력 또한 중요한 요인이었다. 저자에 따르면, 공식 역사서에서는 비잔티움 제국 체제가 안정적 이미지로 묘사되었고, 이후의 역사가들이 그러한 이미지를 받아들인 것도 사실이지만, 실제로 비잔티움 제국의 체제는 새로운 상황에 맞추어 정기적으로 변화를 거친 것이었다.

제22장에서 데이비드 콘래드(David C. Conrad)는 8세기 말엽에서 1500년까지 수단 서부 지역에서 등장한 여러 정치 단위를 연구했다. 소닌케인의 왕국 와가두/가나(Wagadu/Ghana), 말리(Mali) 제국, 가오(Gao) 왕국과 그로부터 이어진 송가이(Songhay) 제국, 기타 여러 소왕국이었다. 이들 모두를 뒷받침한 힘은 상당 부분이 원거리 교역과 사하라 관통 무역에서 나왔다. 금, 구리, 철제 도구와 무기, 노예, 소금, 기타 상품이 그들의 교역 네트워크를 통해 거래되었다. 저자는 고고학적 성과와 금석학, 언어학, 문헌 자료 연구와 더불어 구술 전통을 역사 자료로 활용할 수 있는 혁신적 방법론을 동원했다. 이러한 자료들을 통해 수단 서부 지역의 왕국들이 식량 생산의 효율을 어떻게 높여 나갔는지, 수공업품, 농산물, 광물 자원을 어떻게 통제해서 무역 중심지를 장악하고 정치적 주도권을 형성해 나갔는지를 검토했다.

제5부의 마지막 2개 장에서는 대서양을 건너 아메리카 대륙을 연구했다. 중간천년기 아프리카-유라시아와 비슷한 경제적·정치적·사회적 과정이 등장했던 곳이 아메리카 대륙에서도 여러 곳에 존재했다.

제23장에서 마이클 스미스(Michael E. Smith)는 후고전기(8~15세기) 메소아메리카의 국가 형성을 검토했다. 당시 메소아메리카 사회는 붕괴와 시골화 및 정체기를 마감하고 새로운 성장이 시작되는 시기였다. 사

람들의 이주가 늘어났고, 상업 네트워크가 확장되었으며, 거대 품목들도 증대되었다. 제국 규모의 국가 체제와 도시국가들이 일어났다 다시 사라져갔고, 사상과 유행이 널리 유통되었다. 그사이 메소아메리카 전역에서 공동적으로 사용되는 독특한 예술 양식과 상징 체계도 등장했다. 저자는 후고전기 메소아메리카가 정치적으로 매우 활발했으며 다양한 정치적 경로를 거쳤다고 강조했다. 그러나 일반적으로 당시 형성된 국가들은 고전기에 비해 규모가 작았고, 존속 시기도 짧았으며, 압제도 약화되었다. 다만 거대 아즈텍 제국과 타라스칸 제국은 당시의 시대적 경향과는 반대되는 방향으로 발달했다.

제24장에서 사빈 맥코맥(Sabine MacCormack)은 잉카 제국의 성립과 관련하여 국가와 종교가 서로 연결된 방식을 분석했다. 잉카 제국은 콜럼버스 이전 아메리카 최대 규모의 제국이었고, 전성기의 영토는 남아메리카 태평양 해안을 따라 4000킬로미터나 뻗어 있었다. 잉카의 통치자들은 다양한 방식으로 자신의 권력과 영토를 확대해 나갔다. 이웃한 지역 군주와 혼인 동맹을 맺기도 하고, 약탈한 재물로 인건비를 지출하며 전쟁을 하기도 했으며, 새로운 영토를 병합하기도 했고, 도로 시스템을 확장하고 중간에 휴게소를 설치했으며, 외교와 협력 관계를 맺기도 했다. 이와 같은 실용적 방법들을 강화하는 수단으로 신화와 기타 여러 가지 전설이 만들어졌다(이는 후대에 스페인 사람들의 손으로 기록되었다). 신화와 전설 속에서 잉카의 통치자들은 안데스 문명의 창시자로 등장했으며, 우주를 창조한 창조신의 역할과 마찬가지로 인간 사회에 질서를 부여한 장본인을 자처했다. 또한 피지배 백성의 종교에 잉카의 통치자가 직접 참여한 것도 그러한 권력 강화의 수단이었다.

마지막 장에서는 전체적으로 책의 내용을 요약했다. 디에고 올스타인(Diego Olstein)은 앞에서 논의한 사회, 경제, 문화, 지식, 정치의 발달 과정을 지역 통합과 교류의 관점에서 요약했다. 그리고 이 과정을 곧 슈무엘 아이젠스타트(Shmuel N. Eisenstadt)가 말한 "원시 세계화(proto-globalization)"의 개념으로 이해했다. "원시(proto)"라는 말을 붙인 이유는, 전체 지구를 포괄하지 못하고 부분적 흐름으로 그쳤기 때문이며, 개별 지역의 흐름이 세계적 흐름을 압도하는 경우가 많았기 때문이다. 저자는 이러한 지역의 경향성을 "원시-글로컬화(proto-glocalization)"라 일컬었다. 이는 애초 경제학에서 글로벌 상품이 현지의 조건과 기준에 적응하는 과정을 일컬을 때 사용했던 개념이다. 글로컬화 개념이 강조하는 바는, 어느 주어진 사회의 구조와 변화 과정에서 지역 자체 논리와 외부 세계에서 유입된 논리의 대립과 긴장이 형성되는 것, 그리고 그러한 과정에서 비롯된 모든 긴장 관계의 문제다. 따라서 저자는 지역의 문제를 먼저 검토한 뒤, 당시 아프리카-유라시아 지역 사회를 전체적으로 바꾸어놓은 외부의 영향이 무엇이었는지를 살펴보았다. 예컨대 제국의 건설, 무역 네트워크의 확장, 종교적 개종 등이 모두 지역을 초월하는 흐름과 연계된 과정이었다. 저자는 이러한 흐름이 현지화되는 다양한 방식, 즉 사상, 기술, 젠더 패턴, 궁정의 전통, 법률, 의례, 교육 제도 등이 현지의 사정에 맞게 변화하는 과정 등을 조사했다. 세계화를 가로막는 지역별 제한 조건과, 그럼에도 불구하고 지역 사람들의 생활 속으로 강력히 파고든 외부 흐름의 영향력이 합쳐져서 결국 교류와 정복의 그물망이 확대되었고, 그 결과로 중간천년기가 "원시-세계화"의 시대가 되었던 것이다.

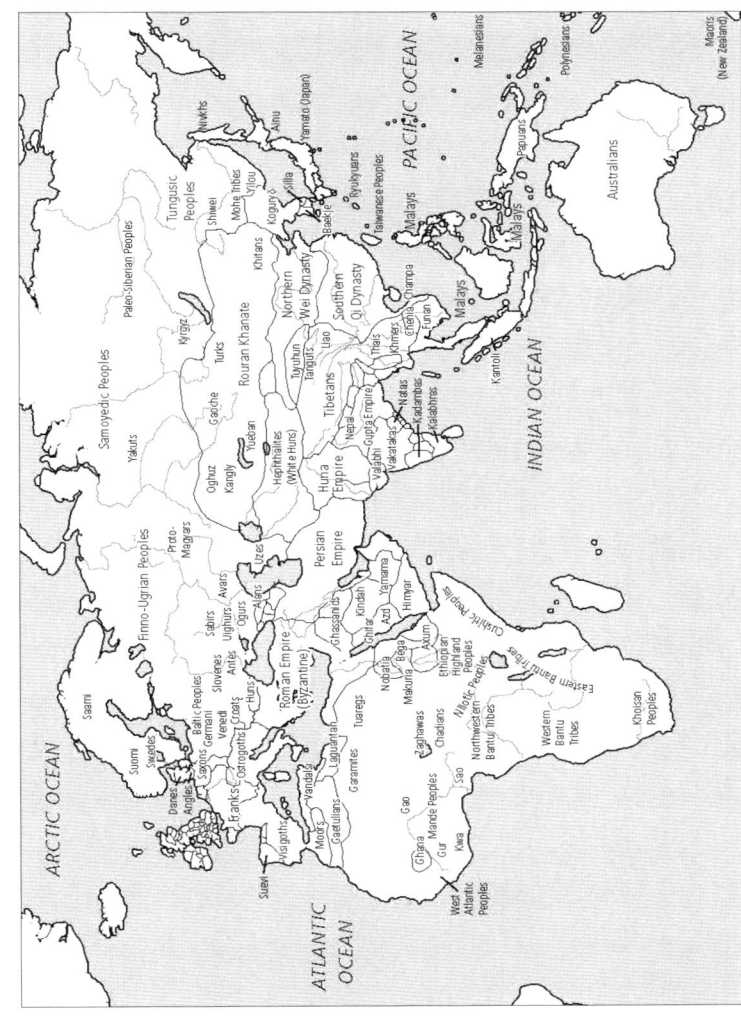

[지도 1-1] 동반구, 기원후 500년

CHAPTER 1 - 서론

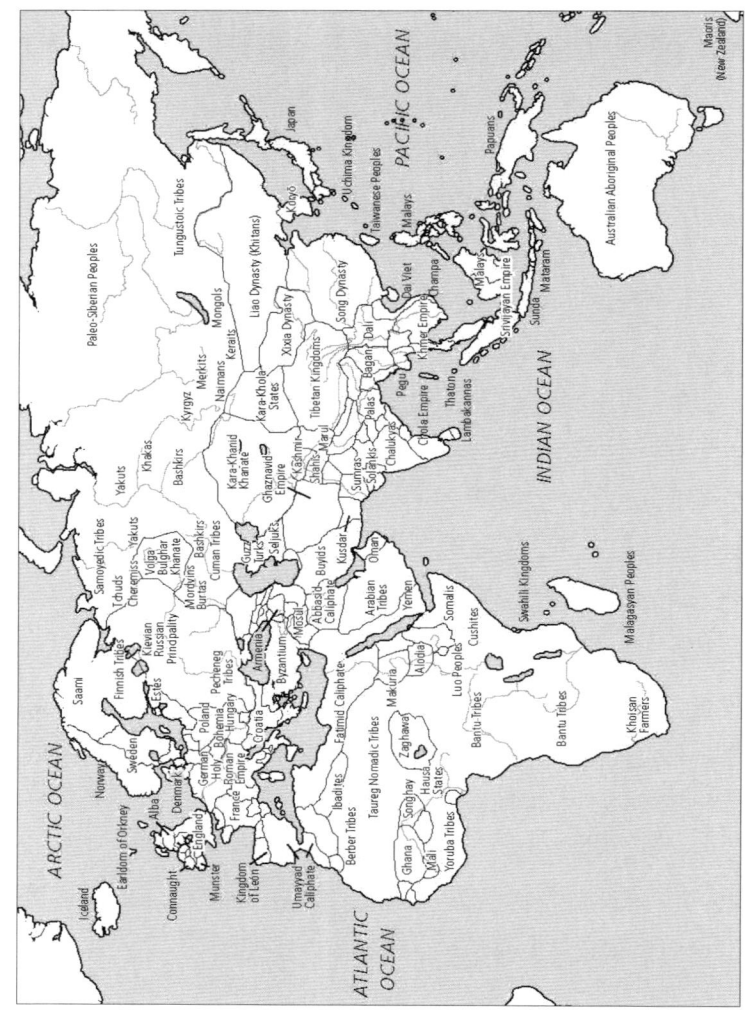

[지도 1-2] 동반구, 기원후 1000년

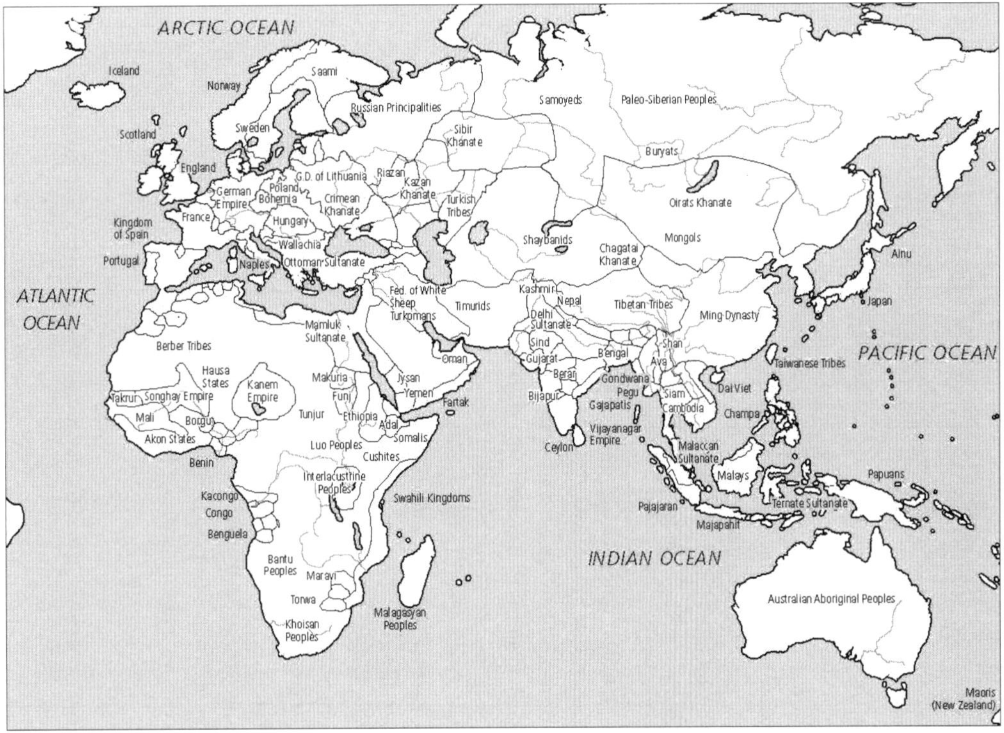

[지도 1-3] 동반구, 기원후 1500년

CHAPTER 1 - 서론

더 읽어보기

Abu-Lughod, Janet L. *Before European Hegemony. The World System A.D. 1250-1350*. New York: Oxford University Press, 1989.

Allsen, Thomas T. *Culture and Conquest in Mongol Eurasia*. Cambridge University Press, 2001.

Beasley, W. G. and E. G. Pulleyblank (eds.), *Historians of China and Japan*. London: Oxford University Press, 1961.

Bentley, Jerry H. "Hemispheric Integration, 500-1500 CE." *Journal of World History* 9 (1998): 237-54.

Biraben, Jean-Noël. "Essai sur l'évolution du nombre des hommes." *Population* 34 (1979): 13-25.

Bloom, Jonathan M. *Paper before Print: The History and Impact of Paper in the Islamic World*. New Haven, CT: Yale University Press, 2001.

Boas, Adrian J. *Domestic Settings. Sources on Domestic Architecture and Day-to-Day Activities in the Crusader States*. Leiden: Brill, 2010.

Brentjes, Sonja. "Revisiting Catalan Portolan Charts: Do They Contain Elements of Asian Provenance?" In Philippe Forêt and Andreas Kaplony (eds.), *The Journey of Maps and Images on the Silk Road*. Leiden: Brill, 2008: 181-201.

Chandler, David P. *A History of Cambodia*. Boulder, CO: Westview Press, 1983.

Christian, David. *Maps of Time: An Introduction to Big History*. Berkeley, CA: University of California Press, 2011.

Cook, Michael. *A Brief History of the Human Race*. New York, NY: W. W. Norton, 2003.

Edson, Evelyn. *The World Map, 1300-1492: The Persistence of Tradition and Transformation*. Baltimore, MD: The Johns Hopkins University Press, 2007.

Edson, Evelyn and Emilie Savage-Smith. *Medieval Views of the Cosmos: Picturing the Universe in the Christian and Islamic Middle Ages*. Oxford: Bodleian Library, 2004.

Ellenblum, Ronnie. *Crusader Castles and Modern Histories*. Cambridge University Press, 2007.

Harley, J. B., and David Woodward (eds.) *The History of Cartography*, 3 vols. University of Chicago Press, 1987-2007.

Hosler, Dorothy. "Ancient West Mexican Metallurgy: South and Central American Origins and West Mexican Transformations." *American Anthropologist* 90 (1988): 832-55.

_____. *The Sounds and Colors of Power. The Sacred Metallurgical Technology of Ancient West Mexico.* Cambridge, MA: MIT Press, 1994.

_____. "Metal Production." in Michael E. Smith and Frances F. Berdan, eds., *The Postclassic Mesoamerican World.* Salt Lake City, UT: University of Utah Press, 2003: 159-71.

Hosler, Dorothy, and Andrew Macfarlane. "Copper Sources, Metal Production, and Metals Trade in Late Postclassic Mesoamerica." *Science* 273, 5283 (1996): 1819-24.

Kedar, Benjamin Z. "Reflections on Maps, Crusading and Logistics." In John H. Pryor (ed.), *Logistics of Warfare in the Age of the Crusades.* Aldershot: Ashgate, 2006: 159-83.

Krawulsky, Dorothea. *The Mongol Īlkhāns and their Vizier Rashīd al-Dīn.* Frankfurt: Peter Lang, 2011.

Lang, David M. *The Wisdom of Balahvar: A Christian Legend of the Buddha.* London: Allen and Unwin, 1957.

Livi-Bacci, Massimo. *A Concise History of World Population*, 4th edn. Oxford: Blackwell, 2007.

Lopez, Robert S. *Civilizations, Western and World: From Prehistory to the End of the Old Regime.* Boston, MA: Little, Brown and Co., 1975: 1-319.

Marcus, Joyce. *Mesoamerican Writing Systems. Propaganda, Myth, and History in Four Ancient Civilizations.* Princeton University Press, 1992.

Mitchell, Piers D., Evilena Anastasiou, and Danny Syon. "Human Intestinal Parasites in Crusader Acre: Evidence for Migration with Disease in the Medieval Period." *International Journal of Paleopathology* 1 (2011): 132-7.

Olschki, Leonardo. *Guillaume Boucher: A French Artist at the Court of the Khans.* Baltimore, MD: The Johns Hopkins Press, 1946.

Park, Hyunhee. *Mapping the Chinese and Islamic Worlds. Cross-Cultural Exchange in Premodern Asia.* Cambridge University Press, 2012.

Ptak, Roderich. "Images of Maritime Asia in Two Yuan Texts: *Daoyi zhilue* and *Yiyu zhi."* *Journal of Sung-Yuan Studies* 25 (1995): 47-75 [*The Daoyi zhilue* is the account by Wang Dayuan, based on his voyages in the 1330s].

Rostworowski de Díez Canseco, María. *History of the Inca Realm.* Trans. Harry B. Iceland, Cambridge University Press, 1999.

Shagrir, Iris. *Naming Patterns in the Latin Kingdom of Jerusalem.* Oxford: Linacre College, Unit for Prosopographical Research, 2004.

Sharer, Robert J. *The Ancient Maya*, 5th edn. Stanford University Press, 1994.

Shboul, Ahmad M. H. *Al-Masʿūdī and His World. A Muslim Humanist and his*

Interest in Non- Muslims. London: Ithaca Press, 1979.

Tedlock, Dennis. *2000 Years of Mayan Literature.* Berkeley, CA: University of California Press, 2010.

Tsien, Tsuen-Hsuin. *Paper and Printing.* Vol. V, part 1 of Joseph Needham (ed.), *Science and Civilisation in China.* Cambridge University Press, 1985.

Xuanzang. *The Great Tang Dynasty Record of the Western Regions.* Trans. Li Rongxi, Berkeley, CA: Numata Center for Buddhist Translation and Research, 1996.

CHAPTER 2

인류와 환경: 긴장과 공진화

요아힘 라트카우 Joachim Radkau
토머스 던랩 Thomas Dunlap 번역*

---

* 이 글은 독일어에서 영어로 번역되어 시리즈에 수록되었다. 한국어 번역은 영어본을 저본으로 했다. – 옮긴이

요한 하위징아(Johan Huizinga)는 《중세의 가을》 서문에서 이렇게 썼다. "세계가 지금보다 500년 더 젊었을 때, 모든 사건의 윤곽은 오늘날보다 더 분명했다. 슬픔과 기쁨 사이, 행운과 불행 사이의 간극은 오늘날 우리가 느끼는 것보다 훨씬 더 컸다. 모든 경험은 직접적이고 절대적이었다. 마치 어린 시절 마음속으로 기쁨이나 슬픔을 느낄 때와 같았다. … 질병과 건강은 오늘날보다 더 강렬하게 대비되었다. 악은 더 구체적인 외양을 띠고 있었다. 살이 에이는 듯한 추위와 을씨년스러운 겨울밤의 어둠, 그것이 악의 드러난 모습이었다."[1] 인간과 자연의 관계도 이와 같았다. 기본적으로 양자의 관계는 매우 직접적이었다. 이후 시대에 비하면 둘 사이를 매개하는 기술도 없었고, 행정 체제도 없었으며, 돈이 개입하는 일은 더더욱 없었다. 이븐 바투타(Ibn Battuta, 1304~1368/9 혹은 1377)가 중국의 풍요로움을 이야기할 때 가장 먼저 칭송한 것은 풍성한 자두와 서양의 거위 알보다 더 큰 계란이었다.[2] 카를 마르크스는 상품의 교환 가치보다 사용 가치에 더 관심을 기울였다. 사용 가치란 다시 말해

---

[1] Johan Huizinga, *The Autumn of the Middle Ages*, trans. Rodney J. Payton and Ulrich Mammitzsch (University of Chicago Press, 1996): 1, 22.
[2] Ibn Battuta, *Travels in Asia and Africa 1325-1354*, trans. H. A. R. Gibb (Varanasi: Pilgrims Publishing, 2007): 282-3.

자연 조건에서 상품이 주는 만족의 가치였다.

인간을 둘러싼 자연은, 인간이 살아가는 밑바탕이면서 때로는 인간을 위협하기도 하는 그 자연은 엄청난 다양성에도 불구하고 그때는 매우 구체적인 현실이었다. 그러므로 "환경(environment)"이라고 하는 추상적 개념이 비집고 들어갈 틈이 없었다. 자연은 에너지와 생기로 가득했다. (유럽 서부와 동아시아를 막론하고) 북쪽 지방 사람들은 봄이 되면 행복했다. 건기가 있는 남쪽 지방 사람들은 비가 오면 행복했다. 인구가 늘어났고, 더 많은 사람이 샘물에서 멀리 떨어진 곳에 정착할 수밖에 없게 되자, 생존에 필요한 깨끗한 물의 가치를 갈수록 절실하게 느꼈다. 문화권을 막론하고 환경 정책의 주요 동기는 바로 그것이었다. 맑은 물의 생생한 기운을 가장 강렬하게 느낀 곳은 물론 건조 지대였다. 비잔티움 제국 시기 콘스탄티노폴리스에는 수백 개의 저수지가 건설되었으나,[3] 오스만 제국의 통치자들은 자연 물길을 우회시키기 위해 수로를 건설했다. 이슬람에서는 흐르는 물을 순수한 물로 간주했기 때문이다(이슬람에서는 순수한 물의 종류가 정해져 있다. 빗물, 바닷물, 강물, 우물물, 눈 녹은 물, 샘물 등이 그에 속한다. - 옮긴이).

문화권과 시대를 막론하고 인간과 동물, 식물, 넘쳐흐르는 샘물을 연결하는 셀 수 없이 많은 이야기가 있었지만, 그중 벌(bee)은 특히 중요한 의미를 지닌다. 베르길리우스(Vergilius)가 일찍이 그의 저서 《게오르기카(Georgica, 농학)》 제4권 전체를 벌에 할애한 바 있고, 베르나르 드 클레르보(Bernard de Clairvaux)는 벌이 성령(Holy Spirit)을 나타낸다고 믿었

---

3 Elif Ada Deniz, *A Tale of Water* (Istanbul: Unicon Consulting Group 2009): 81.

다. 근면 성실과 협력의 모범을 보여주기 때문인데, 날개 달린 이 생물은 꽃 하나하나를 찾아다니며 신중하게 꽃의 본질, 즉 꿀을 추출해낸다. 당시는 꽃의 생식에 있어 벌의 가루받이 능력을 알지 못할 때였다.[4] 막스 베버(Max Weber) 또한 기쁨의 직접적 체험을 거론할 때 벌을 언급한 적이 있었다. 막스 베버가 인용한 글은 8세기의 비석에 새겨진 시로, 브라만 왕자 쉬바가나(Sivagana)가 암자를 지을 때의 경험을 적어둔 것이었다. 그 내용에 벌떼의 윙윙거리는 소리와 에로틱한 전율이 뒤섞여 있다. 베버는 그것을 인도 "중세"의 행복과 구원의 희망으로 이해했다. "어디서나 벌떼의 윙윙거리는 소리가 들린다. 아리따운 여인의 눈빛은 그 무엇보다 강렬하게 그들의 사랑을 전해준다. 웃으며 반쯤 감은 눈을 서둘러 피하지만 눈썹의 떨림만은 속마음을 감추지 못한다. 순례자들의 아내는 망고나무 꽃으로 훤해진 대지를 바라보며, 취한 벌들의 콧노래 소리를 듣는다."[5]

초기 이슬람 신비주의 성직자인 이집트의 둔눈(Dhu'n-Nun, 사망 859)은 자연을 신의 증언자라 일컬었다. 세대를 막론하고 다른 종교에서 나타났던 범신론과 비슷한 관점이다. 그의 기도문 가운데 한 편에 이런 문구가 있다. "오, 신이시여, 저는 짐승의 울음소리나 나뭇가지의 바

4　Gerd Heinz-Mohr, *Lexikon der Symbole. Bilder und Zeichen der christlichen Kunst* (Düsseldorf: Eugen Diederichs, 1971): 51; May R. Berenbaum, *Blutsauger, Staatsgründer, Seidenfabrikanten. Die zwiespältige Beziehung von Mensch und Insekt* (Heidelberg: Spektrum Akademischer Verlag, 1997): 128-30.
5　Max Weber, *The Religion of India: The Sociology of Hinduism and Buddhism*, trans. Hans H. Gerth and Don Martindale (Glencoe, IL: The Free Press, 1958): 190.

스락거리는 소리, 물이 돌돌 흘러가는 소리나 새의 노랫소리, 바람이 내는 휘파람 소리나 천지를 울리는 우레 소리에 귀 기울여본 적이 한 번도 없습니다. 그럼에도 그 속에서 저는 유일신을 증언하는 그들의 목소리를 느꼈습니다."[6] 이론가들은 "자연"이 무엇을 의미하는지, 대여섯 가지 이상의 서로 다른 정의를 구분하며, 흔히 그러한 정의의 경솔함을 지적하곤 한다. 그러나 모호함에도 불구하고 "자연"이라는 개념 자체를 배제할 수는 없다.[7] 노르베르트 엘리아스(Norbert Elias)는 "자연"을 너무 이상적으로 생각하기보다는 "대단히 높은 수준을 종합적으로 상징하는 어떤 것" 정도로 이해하면 어떨까 하는 제안을 했다.[8] 이는 곧 오래고 필수적인 집단적 경험의 총합을 의미하는 것이다. 에드워드 윌슨(Edward O. Wilson)의 "바이오필리아(biophilia) 가설"도 마찬가지다. 그에 따르면 인간은 자신을 둘러싼 자연을 사랑하는 성향을 내재적으로 가지고 태어난다. 다만 에로스처럼 그 성향의 발현 양태가 다양할 뿐이다.[9]

중세 유럽에서 자연에 관한 깊이 있는 성찰로 가장 유명한 논문들(Albertus Magnus의 논문 〈De animalibus〉, 〈De vegetabilibus〉, 〈De creaturis〉)은 형식적으로는 아리스토텔레스 저작의 주석이지만, 내용상 생생한 지각이 특징적이다. 전하는 바에 따르면 알베르투스 마그누스(Albertus

---

6　Annemarie Schimmel, *Islam: An Introduction* (Albany, NY: State University of New York Press, 1992): 106.
7　'신비로운 자연의 재생(부활)의 힘'에 관해서는 다음을 참조. Joachim Radkau, *Nature and Power: A Global History of the Environment*, trans. Thomas Dunlap (New York: Cambridge University Press, 2009): 17-19.
8　Norbert Elias, 'Über die Natur', *Merkur* 40 (1986): 471.
9　Stephen R. Kellert and Edward O. Wilson (eds.), *The Biophilia Hypothesis* (Washington, DC: Island Press, 1993).

Magnus)는 북해에서 이탈리아까지, 오스트리아에서 브라반트(Brabant) 까지 수도원과 수도원을 오가며 몇 년에 걸쳐 걸인 생활을 했다고 한다. 자연에 관한 그의 글에는 고전 문학 지식뿐만 아니라 개인의 체험에서 비롯된 내용이 상당 부분 포함되어 있다.[10] 오늘날 세계은행의 농업 관련 보고서(2008)는 전 세계적으로 토양의 고갈을 경고한 바 있다. 이와 관련하여 〈식물에 관하여(De vegetabilibus)〉에서 알베르투스 마그누스의 통찰은 특히 주목할 만하다. 그는 방금 작물을 추수한 땅과 휴경지를 비교하며, 노화한 토양을 다시 재생시키는 방법으로 휴경법을 칭송했다. 이는 곧 토양을 하나의 생명체로 간주하는 것이었다. 화학계의 교황이라 일컬어지는 19세기의 인물 유스투스 폰 리비히(Justus von Liebig)는 그 말을 믿지 않았다. 물론 알베르투스의 가르침은 전문가에 의한 연구 결과가 아니라 삼포식(三圃式) 농법(유럽식 윤작 제도)을 경영한 농부의 경험을 반영한 것이었다. 서양에서는 카롤루스 왕조 시대에 삼포식 농업 관행이 확산되었다. 알베르투스 마그누스의 글에서 산간의 비탈 토양 손실에 대한 경고나 같은 깊이로 밭을 갈 것을 권고한 내용 등은 모두 이론 중심의 톱다운 방식이 아니었다. 미국의 루스벨트 대통령 당시 뉴딜 정책의 일환인 토양 보존 사업(Soil Conservation Service)에서 실시한 외곽선 경운(contour plowing)도 같은 취지의 일이었다. 모래폭풍(Dust Bowl)에 놀란 미국인이 고대 농업 문화의 가치를 재발견했던 것이다.

이처럼 경사지 농사의 기본 문제는 세계 어디에서나 크게 다를 바

---

10 Clarence J. Glacken, *Traces on the Rhodian Shore. Nature and Culture in Western Thought from Ancient Times to the End of the 18th Century* (Berkeley: University of California Press, 1967): 227-8.

없다. 그러므로 세계환경사(global environmental history) 연구에서는 폭넓은 현지 조사가 모든 지역을 포괄하지 않았다 해도 최소한 윤곽 정도는 그려낼 수 있다. 기본적으로 자연법칙(natural laws)이란 것이 작동하는 데다 인간의 본성이, 완전히는 아니지만 대체로 진화와 신체적 조건에 의해서 결정되기 때문이다. 그리고 "제2의 본성"이라고 하는 것도 연구를 통해 밝혀낼 수 있다. "제2의 본성"이란 생활양식(ways of life)에 의해 결정되는 것이며, 따라서 문화권마다 차이가 있다. 그러나 놀라운 회복력을 갖추고 있어서 단기적 부침에도 불구하고 금방 회복되는 경향이 있다.[11] 따라서 환경사 연구자로서는 인류학자의 연구 성과를 빌려 올 충분한 이유가 있으며, 어떤 방식으로 인간이 자연을 이용하는지, 동시에 그 자연에 의해 인간은 어떻게 변화되는지에 특별한 관심을 기울여야 한다. 방대한 지역 범위를 포괄하는 상세한 기초 연구가 없더라도, 이와 같은 연구를 통해 우리는 중간천년기의 몇몇 기본 특징을 도출할 수 있을 것이다.

지역 모델 세 가지

인간과 자연의 관계를 재구성하려면 인간 자체가 아니라 주도적 요인을 파악해야 한다. 즉 인간의 자연적 본성보다 "제2의 본성"에 주목해야 한다. "제2의 본성"이란 문화와 세대를 거치면서 생활양식에 따라 형

---

11 Joachim Radkau, 'Wendezeiten der Umweltgeschichte. Die Spuren der menschlichen Natur', in Ernst Peter Fischer and Klaus Wiegandt (eds.), *Die Zukunft der Erde. Was verträgt unser Planet noch?* (Frankfurt: Fischer Verlag 2005): 60-97.

성되는 것이다. 예컨대 전략적으로 미래를 계획하는 문화는 계절에 따라 추위나 가뭄이 닥치는 지역에서 발달했을 가능성이 크다. 그런 곳에서는 준비를 잘못할 경우 굶어 죽을 수도 있기 때문이다. 페르낭 브로델(Fernand Braudel)에 따르면 기본적으로 생명 유지의 관점에서 전 세계의 문명은 세 개 지역으로 나뉜다고 한다. 즉 밀이 지배하는 지역, 쌀이 지배하는 지역, 그리고 옥수수가 지배하는 지역이다. 그 기원은 선사 시대 역사의 심연에 가려져 알 수 없다. 역사학자들이 세 지역에서 대강의 윤곽선을 분명하게 그려낼 수 있는 시기는 중간천년기(Middle Millennium) 뿐이다. 그 윤곽선이 인간과 자연의 역동적 관계를 보다 분명히 밝혀줄 것이다. 나로서는 조금 다른 관점에서 세 지역을 구분하고자 한다. 1) 거대 관개 시스템이 발달한 지역, 2) 유목민 지역, 3) 자연 강우에 의존하는 천수 농업과 동물 사육을 혼합한 지역이다. 유럽은 대부분 세 번째 범주에 속한다.

거대 관개 시스템

존 맥닐과 윌리엄 맥닐(John R. McNeill and William H. McNeill)이 강조한 바에 따르면, 기원후 200~1000년 "남아시아에서 볏논의 확산이 사람들에게 다른 어느 시대의 변화보다 더 강력한 영향을 미쳤다."[12] 세계사를 통틀어 농업을 통해 인간과 환경의 관계뿐만 아니라 사회, 정치 행정 체제, 사유 방식에 이르기까지 전반적 변화를 가져온 대표 사례가

---

12 John R. McNeill and William H. McNeill, *The Human Web: A Bird's-Eye View of World History* (New York: W. W. Norton & Co., 2006): 96.

바로 거대 관개시설이었다. 그레고리 베이트슨(Gregory Bateson)의 저서 《마음의 생태학》은 환경론을 찬양하는 책이다. 그는 수년에 걸친 발리섬에서의 체험을 바탕으로, 온갖 종교 의례와 더불어 계단식 농업의 사회적 제약이 어떻게 "발리 사람들의 제2의 본성을 형성해가는지, 그래서 발리 사람들이… 실수를 하지나 않을까 계속 걱정하게 만드는지"를 설명했다.[13]

카를 비트포겔(Karl August Wittfogel)은 "수력사회론(hydraulic society)"으로 유명해진 동시에 악명도 높았다. 수력사회론은 다른 말로 "아시아적 생산양식론(Asiatic mode of production)"이라고도 알려져 있다. 초기에 그는 공산주의 이론에 입각하여 고대에 거대 관개시설이 집단 생산양식을 강제했다고 주장했으나, 나중에 반공주의로 돌아선 뒤에는 그러한 관개시설이 전체주의의 역사적 뿌리를 대표한다는 관점을 제시했다. 비트포겔의 입장은 환경결정론에 가까운 경향을 보였다. 따라서 정당한 비판이 뒤따랐다. 역사적으로 볼 때 관개시설이 중앙 집권 관료 체제를 강제했다는 주장은 결코 사실일 수 없다. 심지어 중국에서도 역사적으로 관개시설을 지방 단위로 관리했던 사례가 차고 넘친다. 고대 관개시설의 전형이라 할 수 있는 이집트에서조차, 전근대 커뮤니케이션 수단으로 과연 원거리에 위치한 권력의 중앙부에서 관개시설을 제대로 관리할 수 있었을지 의문이 제기되고 있다.

엘리너 오스트롬(Elinor Ostrom) 또한 수력 사회(hydraulic societies)에

---

13 Gregory Bateson, *Steps to an Ecology of Mind* (Northvale, NJ: Jason Aronson, 1972): 128.

주목했다. 그는 공동 관리를 통해 성공적으로 환경을 통제했던 사례들을 발견했다.[14] 하위징아(Huizinga)가 보기에, 수력 관리는 네덜란드에서 사회적 협력 구조의 가장 근본이었다. "우리나라처럼 물길로 지역이 여러 갈래로 나뉜 나라는 반드시 상당한 정도의 지방 자치 수단을 필요로 한다." 왜냐하면 오직 밑바닥으로부터 다져진 단결의 에너지가 아니면 둑과 운하를 유지할 수 없기 때문이라고 한다.[15] 그러나 이들의 주장처럼 관개시설이 설사 중앙 집권 관료 체제를 강제하지는 않는다 할지라도, 통치자의 야망을 불러일으키기에는 충분한 조건이 된다. 건조 지대 인근에서 강 유역을 다스리는 통치자는 주변의 건조 지대로 관개시설을 확장함으로써 권력과 세금 수입을 늘리려는 유혹에 빠지게 될 것이다.

그러나 그러한 시스템은 환경론의 관점에서 취약할 수밖에 없다. 더운 지역에서는 수증기의 증발이 많기 때문에 토양의 염분 농도가 갈수록 높아진다(토양 염류화鹽類化, salinization). 그래서 적절한 배수 시설로 때에 따라 염분을 씻어내야 한다. 수메르 시대부터 오늘날에 이르기까지 세계의 통치자들은 주로 관개시설에만 인력을 투자했을 뿐 배수 시설을 갖추는 일은 게을리했다. 세계 어느 지역에서나 천수 농업에 동물 사육을 겸하는 농부라면, 거름을 투입하여 토양을 다시 비옥하게 만들 수 있다는 사실을 알았다. 또한 거름이 잘 된 땅과 그렇지 못한 땅을 분명하게 구분할 줄도 알았다. 그러나 토양 염류화는 부지불식간에 진행되

---

14 Elinor Ostrom, *Governing the Commons. The Evolution of Institutions for Collective Action* (Cambridge University Press, 1990).
15 Johan Huizinga, *Dutch Civilization in the Seventeenth Century*, trans. Arnold J. Pomerans (New York: Harper and Row, 1969): 16.

는 경향이 있어서 농부들이 분명하게 인지하기 어려웠다. 그래서 대책이 제대로 마련되지 못하거나, 혹은 물이 부족해서 대책을 제대로 집행하지 못했다.[16] 그러므로 근대 같은 환경의 쇠락은 고대로부터 그 사례가 확인된다. 환경의 불안정성이 생산 방식 자체에 내재되어 있었기 때문이다.

이런 이야기는 고대 이집트의 경우에는 맞지 않는 듯하다. 이집트의 거대 규모 관개시설은 서양에서 가장 오래되고 가장 유명한 사례였다. 모든 세계사 책에서는 무려 5000년 동안 지속된 농업 경제의 가장 인상적인 사례로, 아스완(Aswan) 댐(1971년 준공)이 나일강의 영양분을 앗아 가기 전까지의 이집트를 제시해왔다. 그러나 이집트의 경우 비록 나일강의 물을 끌어들이는 수많은 운하 시설이 있었지만, 성공의 핵심 요인은 어디까지나 자연현상이었을 뿐 인공적인 시설의 문제가 아니었다. 나일강의 범람이 배수 문제를 해결했고, 인간의 특별한 노력 없이도 토양 염류화를 막아주었다. 메소포타미아의 경우는 이집트와 달랐다. 수메르 시대에 이미 토양 염류화 문제가 불거졌던 흔적이 있다. 그래서 당시 사람들은 밀 대신 염분 저항성이 높은 보리로 작물을 전환하려 했다.[17] 그 뒤에도 메소포타미아 지역에서는 1000여 년 동안 문명이 지속되었고, 결국 관개시설이 과도하게 연장되었다. 아바스 칼리프의 시대에 이르러서는 차츰 환경 문제에 취약해졌다.[18]

---

16 Peter Christensen, *The Decline of Iranshahr. Irrigation and Environments in the History of the Middle East 500 B. C. to A. D. 1500* (Copenhagen: Museum Tusculanum Press, 1993): 51, 73.
17 Radkau, *Nature and Power*, 95-6.
18 Christensen, *Decline*, 104, 252-3.

앤드루 왓슨(Andrew M. Watson)은 아랍 정복 이후 초기 이슬람 세계의 주요 개혁 정책을 연구했는데, 당시 노리아(noria, 水車)가 광범위하게 사용되면서 다양한 정원 문화의 기반이 되었다고 분석했다. 그의 연구에서 다음과 같은 사실이 확인되었다.

절정기에 이르러 새로운 농업은 극도로 취약해졌다. … 토양의 영양분과 수분을 보존하는 기술이 있었지만, 대개 막대한 노동력을 필요로 했다. 기후 변화에 즈음해서는 그것마저 소용이 없었을 것이다. 일부 관개시설이 유지되려면 지하수면이 일정 수준 이상으로 유지되어야 하는데, 이를 위해서 빗물이 과도하게 빠져나가지 않도록 관리하고, 지표수도 적절히 관리해야 했다.

앤드루 왓슨의 연구에 따르면, 이후 수 세기 동안 근동 지역의 농업에서 환경 쇠약의 여파가 나타났다.[19] 오스만 제국이 성립된 뒤에도 그 핵심 지역에서는 근대에 이르기까지 대규모 관개시설 공사가 실시된 적이 없다. 진보주의 농업 이론가들은 이를 애석해했지만, 사실 그것은 기대 이상의 행운을 가져다주었다.

우리는 일부의 사실에 입각해서 전체가 쇠락했다는 식의 이야기는 주의해야 한다. 예컨대 인도에서는 적어도 우리가 알기로 대규모 관개시설이 굽타 시대(320~550 CE) 이후로 등장했다. 그러나 인도에서 마

---

19 Andrew M. Watson, *Agricultural Innovation in the Early Islamic World: The Diffusion of Crops and Farming Techniques, 700-1100* (Cambridge University Press, 1983): 108, 139-41.

을 단위의 관개시설은 언제나 존재했고, 그중 어느 곳에서도 환경 위기와 관련된 징후가 나타난 적은 없었다.[20] 덥고 습한 기후의 남중국 지역도 마찬가지였다. 마크 엘빈(Mark Elvin)은 다랑논의 벼 재배가 급속도로 확산된 12~13세기를 "농업 혁명"의 시대로 일컬었다.[21] 그는 때로 "3000년에 걸친 지속적이지 않은 성장"을 중국 농업사 전체의 특징으로 제시하기도 했다.[22] 중국에서 명백한 환경 쇠약의 징후는 기껏해야 최근 300년 사이에 나타났을 뿐[23] 3000년 동안 그랬다고 보기는 어렵다. 오늘날 "지속 가능한 농업"이라는 구호 아래 "야간 토양(night soil)"(인간의 배설물을 의미하는 서양의 은어 - 옮긴이)으로 돌아가자는 논의가 조심스레 펼쳐지고 있다. 수백 년 동안 중국 농업에서 이어졌던 기본 방식이 재발견되어 "쓰레기를 자원으로(turning waste into treasure)" 이용하는 방식 중 하나로 이해되고 있다.

종공보(鍾功甫, Zhong Gongfu)는 중국의 주강(珠江) 삼각주에서 지속 가능한 논벼 재배 모델로 "뽕나무를 이용한 물고기 양식 연못"과 "사탕수수를 이용한 물고기 양식 연못" 방식을 제시했다(鍾功甫, 珠江三角洲的

---

20 Ranabir Chakravarti, 'The Creation and Expansion of Settlements and Management of Hydraulic Resources in Ancient India', in Richard H. Grove et al. (eds.), *Nature and the Orient. The Environmental History of South and Southeast Asia* (New Delhi: Oxford University Press, 1998): 97-102.
21 Mark Elvin, *The Pattern of the Chinese Past: A Social and Economic Interpretation* (Stanford University Press, 1973): 113-30.
22 Mark Elvin, '3000 Years of Unsustainable Growth: China's Environment from Archaic Times to the Present', *East Asian History* 6 (1993): 7-46
23 Peter C. Perdue, *Exhausting the Earth. State and Peasant in Hunan 1500-1850* (Cambridge, MA: Harvard University Press, 1987): 87-9, 131-3; John F. Richards, *The Unending Frontier: An Environmental History of the Early Modern World* (Berkeley: University of California Press, 2003): 130-1, 144.

"桑基鱼塘"与"蔗基鱼塘", 地理学报).[24] 관개시설을 통해 물을 댄 논에서 헤엄치는 작은 물고기가 농부의 식량으로 사용될 뿐만 아니라 거름도 공급하고, 말라리아 병원균을 퍼뜨리는 곤충도 잡아먹는다고 한다. 그러나 물고기가 곤충을 전부 잡아먹을 수는 없는 노릇이다. 중국의 일부 지역에서는, 관개시설이 많이 발달한 더운 지역의 나라만큼은 아니더라도, 역사적으로 습지성 열병(swamp fever)이 자주 발생하는 경향이 있었다. 이븐 바투타(Ibn Battuta)는 중국 곳곳을 여행한 뒤에 남쪽의 더운 지역이 북쪽보다 훨씬 더 위험하다고 말했다. 치명적인 전염병 때문이었다. 이런 상황이라면, 중국의 남방 진출이 말라리아 때문에 오래도록 늦추어졌을 것으로 추정해볼 수도 있겠다. 논벼 재배가 완숙한 단계로 발달한 시기는 주민들이 말라리아 항체를 충분히 보유한 이후였을 것이다. 혹은 말라리아를 달고 살다가 일찍 사망하는 일에 익숙해졌을 수도 있다.

아메리카의 고대 문명 가운데 잉카와 마야는 뚜렷한 대비를 이룬다. 잉카는 테라스형 농지를 조성했고(오늘날에도 같은 방식이 사용되고 있다),[25] 마야는 화전 농법을 집중적으로 이용했다. 이와 같은 방식은 그들의 도시 집중 경제와 공존할 수 없었다. 멕시코 고산 지대에 있는 파츠쿠아로(Pátzcuaro) 호수의 고토양을 연구한 결과, 아즈텍 시대부터 이미 토양 악화 현상이 확인되었다. 마빈 해리스(Marvin Harris)는 아즈텍 문

---

24 Zhong Gongfu, 'The Mulberry Dike-Fish Pond Complex: A Chinese Ecosystem of Land-Water Interaction on the Pearl River Delta', *Human Ecology* 10 (1982): 191-202.
25 J. Donald Hughes, *An Environmental History of the World: Humankind's Changing Role in the Community of Life* (London: Routledge, 2001): 99-104.

명의 식인 풍습이 단백질 부족이라는 현실적 이유에서 비롯되었다고 주장한 바 있다. 엘리자베스 도어(Elizabeth Dore)는 마빈 해리스와 같은 견지에서 더 포괄적인 의견을 제시했다. "서구의 정복 이전 원시 아메리카에 관한 수많은 연구와 신화에도 불구하고, 콜럼버스 이전 시대의 사람들이 그들의 사회를 지탱하는 환경 시스템을 제대로 유지할 능력이 없었다는 근거는 점점 더 많이 나타나고 있다."[26] 오늘날에 이르기까지 그들의 관개 시스템, 특히 테라스형 농지 조성은 환경론의 관점에서 지극히 양가적으로 평가되고 있다. 안정성과 불안정성이 서로 밀접하게 얽혀 있기 때문이다. 토양의 유실을 막으려면 나무를 심는 것이 가장 좋지만, 차선은 테라스형 농지를 조성하는 것이다. 다만 그것을 유지하기 위해서는 농민의 노력이 필수적이며, 굉장히 고된 노동을 필요로 한다. 유지·관리 시스템이 무너지는 순간 꼭대기에서부터 연속적으로 토양 유실이 일어나기 시작한다.

유목민 지역

유목은 하나의 독특한 생활양식으로서, 유목 생활을 통해 독특한 유형의 인간(유목민)이 만들어진다. 역사적으로 유목민의 최전성기는 중간천년기였다. 정주민 세력이 대포를 발명하여 폭풍처럼 몰아친 유목민의 급습을 격파하기 전까지 세계는 그야말로 그들의 세상이었다. 인도

---

26 Marvin Harris, *Cannibals and Kings* (New York: Random House, 1977); Elizabeth Dore, 'How Sustainable Were pre-Columbian Civilizations?' in Helen Collinson (ed.), *Green Guerillas. Environmental Conflicts and Initiatives in Latin America and the Caribbean* (Nottingham: Russell Press, 1996): 47.

북부를 지배했던 무굴 제국처럼 유목민 집단의 지도자가 정주 문화권의 통치자가 되기도 했다. 과거의 상식과 달리 유목은 단지 선사 시대 수렵 채집의 연장선에 불과한 일이 아니었다. 유목 경제가 가능하려면 승용 동물을 기르는 기술뿐만 아니라 정주 문화권을 대상으로 하는 교역 혹은 약탈의 수단이 전제되어야 했다.

생태 환경의 관점에서 유목은 무엇을 의미하는가? 오늘날까지도 환경사의 가장 큰 미스터리 중 하나는, 왜 사막과 스텝 지대의 자연 조건이 유목민의 기원지 내지 확산지가 되었는가 하는 문제다. 이 문제와 관련해서는 우리의 지식이 워낙 파편적인 데다 발견된 근거도 대부분 서로 다른 해석에 열려 있기 때문에, 정치적 혹은 이데올로기적 해석에 취약한 편이다. 다른 생태 환경 지대도 그럴 수 있겠지만 사막 지대를 연구하는 학자는 흔히 환경결정론에 빠질 우려가 있다. 그러나 거꾸로 유목이 주변 환경에 영향을 미쳤을 가능성도 충분히 있다.

이 문제에 관해서, 북아프리카에 진출한 프랑스 식민주의자들이나 월터 로더밀크(Walter Clay Lowdermilk) 같은 사람들은 선명한 입장을 보였다. 월터 로더밀크는 뉴딜 정책 당시 토양 보존 사업(Soil Conservation Service)에 참여한 적이 있는 인물로, 유대인 시오니스트들이 팔레스타인에 정착할 때는 그의 가설을 금과옥조로 떠받들었다. 그들이 보기에 유목민은 사막이 낳은 자식들이다. 유목민이 침략한 곳이면 어디든 사막으로 변하는 이유는 그들이 관개시설을 파괴하고 유지·관리를 방치했기 때문이다. 오늘날까지도 이러한 관점이 팽배한데, 흔히 내세우는 근거는 가축 떼로 인한 과도한 목초지 손실이다.[27]

그러나 이와 같은 이데올로기를 비판하는 사람들도 있었다. 비판적 입장에서는 관개시설이란 원래 유지·관리에 취약한 경우가 많다는 점, 그리고 유목민의 이동성 덕분에 과도한 목초지 손실을 피하여 오히려 환경에 도움이 된다는 점을 지적했다. 지리학자 호르스트 멘싱(Horst G. Mensching)은 북아프리카 지역 사막화의 역사와 유목민을 연구하며 부분적으로는 항공 사진도 근거로 동원했다. 그의 연구에 따르면 로마의 통치가 끝난 뒤 북아프리카의 상당 지역을 이동식 목축을 생업으로 하는 아랍 유목민이 장악했다. 그 이후 과거 관개시설을 기반으로 농장을 운영하던 시절보다 "환경 훼손이 더 줄었다. 그들은 한 장소에서 목초지가 지나치게 손상될 때까지 머무르지 않기 때문에 스텝 지대의 생태 환경이 회복되는 데 오히려 도움이 되기도 했다."[28]

전통적 관점에서는 유목민이 땅을 차지하면 과도한 남용으로 땅이 황폐화된다고 믿었다. 그러나 이제는 그런 관점도 도전에 직면하게 되었다. 전통적 관점이 정주 문화의 편견이라는 점이 너무나 명백하기 때문이다. 농민이 사용하는 땅은 황폐화되지 않는다는 보장도 없다. 오늘날 유목민을 연구하는 민족학자들은, 스텝 지대의 사람들이 가축뿐만 아니라 목초지의 식물에도 관심을 기울이는 사실에 놀라곤 한다. 대대적인 정복의 시대를 지나는 동안 이동식 생활이 생태 환경에 가져다

---

27 Bernard Campbell, *Human Ecology: The Story of Our Place in Nature from Prehistory to the Present*, 2nd edn (New York: A. de Gruyter, 1995): 157-8; David R. Montgomery, *Dirt-The Erosion of Civilization* (Berkeley: University of California Press, 2007).

28 Horst G. Mensching, 'Die Verwüstung der Natur durch den Menschen in historischer Zeit: Das Problem der Desertifikation', in Hubert Markl (ed.), *Natur und Geschichte* (Munich: Oldenbourg, 1983): 164-5.

주는 이익은 점차 줄어들었다. 스텝 지대 생태 환경은 작은 마을 단위로 생활할 때는 알맞았지만, 권력이 집중되는 대규모 주거지의 입지 환경으로 적당치 않았다. 권력의 집중으로 생활 환경과 그 주변 생태 환경 사이의 긴장이 높아져갔다. 스텝 지대의 희박한 식물 자원은 막대한 개체 수의 승용 동물을 먹이느라 금세 고갈되었고, 유목민은 이동성을 강화할 수밖에 없었다. 유목민의 공격성과 생태적 한계는 따로 떨어질 수 없는 문제였다.

인간과 자연의 안정적 균형은 당시의 전반적 상황과 어울리지 않았다. 이는 칭기즈 칸이나 티무르의 전사들에 한정된 문제가 아니었다. 심지어 지중해 지역에서도 같은 문제가 나타났다. 존 맥네일(John McNeill)은 아프리카 북부의 아틀라스(Atlas)산맥과 터키의 토로스(Toros)산맥 현지 조사를 통해 "불안정성은 목축 경제에 기본적으로 내재한 조건"이라는 결론에 도달했다.[29] 이와 같은 여러 가지 의견을 검토할 때 결코 간과해서는 안 될 지점이 하나 있다. 즉 세계사에 등장하는 유목민은 엄밀히 말해 대개 반(半)유목민이었다는 사실이다. 무굴 제국 최초의 통치자 바부르(Babur, 1483~1530)는 인도를 떠나 사마르칸트의 정원으로 돌아가고 싶은 마음이 굴뚝같았다. 그는 멜론을 자르면서 향수병으로 눈물을 흘리기도 했다. 또한 과거 기억 속의 자신은 (야생과 정원을 포함하여) 자연을 열정적으로 사랑한 인물이었노라 고백했다.[30]

---

29 John R. McNeill, *The Mountains of the Mediterranean World. An Environmental History* (Cambridge University Press, 1992): 279.
30 Stanley Lane-Poole, *Babar* (Delhi: Low Price Publications, 1997, original publication 1898): 12, 149.

천수 농업과 동물 사육이 결합한 유럽 방식

중서부 유럽에서는 작물 재배와 동물 사육의 결합이 특징적 양상으로 자리 잡았다. 관개시설을 통한 정원식 집약 농업과 기마 민족의 유목 경제를 모두 거친 뒤였기 때문이다. 이는 헤겔 철학에서 말하는 정반합의 종합과도 같은 것이었다. 그러나 무엇보다 중요한 점은 유럽에서 생태 환경의 조화를 어떻게 구축했는가 하는 문제다. 조르주 베르트랑(Georges Bertrand)은 프랑스 "농업의 3요소(triologie agraire)"를 강조했다. 그것은 바로 "농지(ager), 목초지(saltus), 숲(silva)"이었다. 그가 보기에 이들 세 요소가 생태 환경적 균형을 이루게 된 것은 18~19세기 농업 개혁가들에 의해 콩이 도입된 이후였다(콩이 토양의 영양분을 재생시키기 때문이다).[31] 그러나 이와 같은 윤작의 선조 격인 삼포식(三圃式) 농법이 중서부 유럽에서는 이미 중세 때부터 확산된 바 있었다.

이른바 "유럽만의 독특한 역사적 여정(Western Sonderweg)"은 근대기에 특히 성공을 거두었다. 그러나 그 기원을 따져보면 중세까지 거슬러 올라간다. 그렇다고 해서 중세에 이미 유럽의 경제 체제가 다른 지역에 비해 우위에 있었다고 볼 수는 없다. 영국의 농업사학자 마이클 포스탄(Michael M. Postan)은, 중세번영기(High Middle Ages)를 거치면서 유럽뿐만 아니라 잉글랜드에서도 농업이 "생태학적 덫(ecological trap)"으로 빠져 들어갔다고 주장했다. 즉 농업에 적절하지 않은 주변 지역까지 이용해야 했고, 토양의 영양분도 고갈된 상태였다. 영양을 보충하기 위하여

---

31 Georges Bertrand, 'Pour une histoire écologique de la France rurale', in George Duby and Armand Vallon (eds.), *Histoire de la France rurale* (Paris: Editions du Seuil, 1975), vol. I: 83-5.

거름을 주려면 동물이 필요했고, 동물을 기르는 데 필요한 목초지는 숲 속에 있었다(관개시설로 물을 끌어들이는 목초지는 근대 초기에 와서야 개발되었다). 농지 개간으로 숲이 밀려나면서 동물의 목초지도 더욱더 먼 곳으로 밀려났다.[32]

이와 같은 전통 농업 폄하는 근대 시기 농업 개혁가들의 관점을 반영할 뿐 폭넓은 현지 조사에 근거한 이론이 아니다. 조앤 터스크(Joan Thirsk)는 도처에 위기가 존재했다고 믿는 "전통 개혁파(Postan orthodoxy)"의 입장에 반대했다. 조앤 터스크는 동일한 기준을 적용한다면 중세 농민들의 세계는 매우 다양한 스펙트럼을 형성했었다고 주장한다. (대규모 가축 사육에서부터 집약적 원경園耕까지) 생활 경제의 다양성은 기후나 인구 증가 등으로 초래되는 위기에 대응하여 안정성을 확보하기 위한 방편이었다. 한 분야의 쇠퇴는 연쇄적으로 다른 분야의 쇠락을 불러일으킨다.[33] 그러므로 이 경우 한마디로 요약할 수 있는 줄거리는 존재하지 않았다.

막스 베버(Max Weber)는, 고대에서 중세로 이행하는 과정에서 결국 물물교환 경제로 회귀했고, 토양과의 관계가 재조정되면서 재생이 이루어졌다고 보았다. 한편 마르크 블로크(Marc Bloch)는 중세 초기에 고대 도시 문화가 붕괴된 이유가 기술 혁신 때문이었고, 그것이 근대로 직결

---

32 Michael M. Postan, *The Medieval Economy and Society* (London: Penguin, 1972): 26-7, 63-5.
33 Joan Thirsk, *Alternative Agriculture: A History from the Black Death to the Present Day* (Oxford University Press, 1997): 254-5; similarly, William Chester Jordan, *The Great Famine: Northern Europe in the Early Fourteenth Century* (Princeton University Press, 1996): 26-7.

되는 문제였다고 주장했다. 그 기술이란 소가 끄는 무거운 쟁기의 도입을 말하는데, 북유럽의 단단한 토양(heavy soils)에 적합한 도구였다.[34] 마르크 블로크가 보기에 이 기술 혁신은 연쇄적으로 모든 것을 바꾸는 방아쇠가 되었다. 지중해식 쟁기로는 접근할 수 없는 곳에서도 새로운 쟁기를 이용하면 농사를 지을 수 있게 되었다. 새로운 쟁기를 사용하려면 동물이 필수적이었기 때문에 농민은 동물을 길러야 했고, 대개는 공동으로 소를 사육했다. 마르크 블로크의 입장을 따른 린 화이트 주니어(Lynn White, Jr.)는 결정적 요인이 심리적 효과라고 보았다. 무거운 쟁기 때문에 "북유럽 농민은 자연을 대하는 태도가 바뀌었다. 오늘날의 우리도 마찬가지다. … 예전에 인간은 자연의 일부였다. 그러나 이제 인간은 개척자가 되었다."[35] 이와 같은 입장에서 린 화이트 주니어는 비관적 환경사학의 아버지가 되었다.

그의 논지는 무거운 쟁기에서 인간-자연 관계의 "거대한 변화(great transformation)"로 도약했다. 그의 연구는 깊은 통찰을 내포하지만 더 많은 입증을 필요로 한다. 그의 이론적 배경에는 미국의 경험이 놓여 있었다. 모래폭풍(Dust Bowl) 사건이 발생한 뒤, 전통 농업의 옹호자 에드워드 포크너(Edward H. Faulkner)는 1943년에 쟁기를 공격하는 책을 출간했는데, 도발적이었던 그 책의 제목은 《농부의 어리석음(Plowman's

---

34 Joachim Radkau, *Max Weber: A Biography*, trans. Patrick Camiller (Cambridge: Polity Press, 2009): 70-2; Marc Bloch, *Les Caractères originaux de l'histoire rurale française* (Paris: Armand Colin, 1952), vol. I.
35 Lynn White, Jr, *Medieval Technology and Social Change* (Oxford University Press, 1962): 56.

Folly)》이다. 풍화 작용이 그렇게 심하지 않았던 유럽에서는 이 문제가 미국만큼 큰 논란이 되지 않았다. 이 논쟁은 또한 토양을 대하는 과거 농민의 심리와 관습의 문제를 제기했다는 점에서 의의가 있었다.

중세 농업 관행 자체에는 생태 환경의 안정성이 담보되어 있지 않았다. 그래서 농지 이외에 환경 보존 지역이 별도로 필요했다. 숲뿐만 아니라 황무지 등 거름으로 사용할 잡초가 자랄 땅이 필요했기 때문이다. 이 문제는 나중에 "부자 아빠와 가난한 아들"이라는 말로 표현되었다. 농민이 땅을 과도하게 사용하고자 하는 유혹을 일컫는 말이었다.[36] 독일 북부의 사질토(모래 토양)에서 잡초를 거름으로 이용한 관행은 기원후 1000년경부터 확인이 된다. 이는 결국 진정한 "농업 혁명"을 불러왔다. 지속 가능한 농업의 가능성이 처음으로 확인되었기 때문이다.[37] 이런 상황은 두 가지 상반된 방향으로 이해될 수 있다. 첫째, 그 이전의 관행은 환경을 훼손하는 방식이었고, 자체 내에 지속 가능성이 부족했으며, 주변 환경을 개척하는 쪽으로 나아가려는 경향이 있었다. 둘째, 아시아 지역의 논벼 재배 관행과 달리 유럽에서는 무엇보다 환경 보존을 위한 유보지를 별도로 두어야 했기 때문에 식량 생산에 한계가 있었고, 그에 따라 인구 성장에도 한계가 있었다.

숲의 역사를 연구하는 학자들에 따르면, 중세의 농민이 숲을 목초지로 이용한 것은 숲을 본격적으로 훼손했던 명백한 증거다. 그러나 만약

---

36 Radkau, *Nature and Power*, 76; Marie Collins and Virginia Davis, *A Medieval Book of Seasons* (London: Sidgwick and Jackson, 1991).
37 Heinz Ellenberg, *Bauernhaus und Landschaft in ökologischer und historischer Sicht* (Stuttgart: Ulmer, 1990): 127.

숲을 목초지로 이용함으로써 목재 수확량이 줄어든다면, 그것이 숲의 생태 환경을 훼손했다고 볼 수는 없을 것이다. 이런 관점에 입각해서 오늘날의 수정주의자들은 삼림 보호를 다른 차원에서 이해하고자 한다. 즉 숲을 목초지로 이용하는 것이 자연환경을 회복하는 길이라는 입장이다.

덴마크의 경제학자 에스테르 보세루프(Ester Boserup)는 세계적으로 소규모 농업을 회복하고자 했다. 그는 텃밭 위주의 집약적 소규모 농업 방식이 인구 과잉을 막는 장치가 될 수 있으며, 동시에 인구 과잉의 상태가 소규모 농업을 강화하는 여건이 될 수 있다는 종합적 이론을 수립했다. 그러나 이 이론의 적용에는 한계치가 존재한다.[38] 인간과 자연의 관계가 어떤 식으로든 안정화되려면 손대지 않은 생태 환경의 유보지가 남아 있어야 한다. 또한 확실한 균형 상태도 흉년이 들거나 병충해 혹은 자연재해가 닥칠 경우 쉽게 무너질 수 있다. 예컨대 작물 재배와 동물 사육의 결합은, 특히 토양이 단단한 지역에서는 나름의 복원 능력을 갖춘 방식이었다. 그러나 근대기에 이른 뒤에야 그러한 잠재력이 온전히 발휘될 수 있었다.

기본 줄거리 세 가지

오늘날까지 인간과 자연의 상호 관계를 설명하는 가장 기본적인 이야기는 세 가지가 있는데, 그 연원은 모두 1000년을 넘어간다. 첫째, 인류학적 접근, 둘째, 종교-철학적 접근, 셋째, 기후학적 접근이다. 이들 세

---

38 Ester Boserup, 'Environment, Population and Technology in Primitive Societies', in Donald Worster (ed.), *The End of the Earth: Perspectives on Modern Environmental History* (Cambridge University Press, 1988).

가지 이야기는 중간천년기에도 모두 적용 가능하다. 다만 모두 가설이며 순수 이론적 요소를 대단히 많이 포함하고 있다는 점을 감안해야 할 것이다.

첫째, 인류학적 접근의 사례로 서점에서 베스트셀러를 기록한 인상적인 대규모 연구들이 있다. 예를 들면 재레드 다이아몬드(Jared Diamond), 팀 플래너리(Tim Flannery), 마빈 해리스(Marvin Harris) 같은 저자의 작품들이다.[39] 이들은 모두 공통적 특징을 갖추고 있다. 첫째, 고귀한 야만(noble savage)이라고 하는 이데올로기화된 구식 이미지에 도전하며 수정주의적 태도를 보인다. 고귀한 야만이라는 과거의 이데올로기는 심지어 오늘날에도 신환경론자(new environmentalist)들이 이상적인 생태 환경을 거론할 때면 되살아나는 경향이 있다. 둘째, 자료의 출처 문제로 지루하게 씨름하는 대신 세계사로 훌쩍 넘어가 읽는 재미를 준다. 셋째, 선사 시대 문화에서 근대 문명으로 손쉽게 넘어간다. 그래서 중간천년기는 그냥 건너뛰거나 설핏 눈길을 주는 정도에 그친다. 이와 같은 논리적 비약으로 이러한 저작물들이 그려 보이고자 하는 논점은, 자연 자원을 남용하여 파괴해버리는 경향이 기억할 수 없는 오랜 과거로부터 인간의 본성에 내재되어 있었다는 가설이다. 먼 미래를 심사숙고하는 성찰보다는 순간적인 물욕의 지배를 받고, (성적 자극을 통한) 끊임없는

---

39 Jared Diamond, *Guns, Germs and Steel: A Short History of Everybody for the Last 13,000 Years* (London: Jonathan Cape, 1997); Jared Diamond, *Collapse: How Societies Choose to Fail or Succeed* (New York: Viking, 2005); Timothy F. Flannery, *The Future Eaters: An Ecological History of the Australasian Lands and People* (Sydney: Reed Books, 1994); Harris, *Cannibals and Kings*.

인구 증가로 나아가는 것이 바로 그런 이유다.

그러한 기질이 실제로 인간에 내재되어 있다는 사실은 인정하지 않을 수 없는 현실일 것이다. 미래에 교황이 될 28세의 청년 에네아 피콜로미니(Enea Silvio Piccolomini)도 1433년 그의 아버지에게 이와 같은 본성을 토로한 적이 있었다. 즉 혼외자를 두었다는 고백이었는데, 변명의 이유로 본성(nature)을 들었다. "모든 연인에게 이와 같은 욕구가 끓어오르기 때문에 인류는 멸종하지 않고 지속될 것이다."[40] 중세에 "본성"이라 하면 곧 인간의 성적 본성을 의미했다. 본성에 이끌려 미래의 계획이나 자원의 한계에 대한 고려 없이 인구가 늘어나게 되어 있는 것이다.

둘째, 종교-철학적 접근으로는 린 화이트(Lynn White)의 1966년 크리스마스 강연 〈우리 시대 생태 위기의 역사적 뿌리(The Historical Roots of Our Ecological Crisis)〉가 가장 유명하다. 그의 강연록은 초기 환경사 연구의 경전이 되었다. 린 화이트는 기술사 연구에서 출발하여 환경 문제까지 나아갔고, 근대 환경 위기의 다양한 역사적 원인을 검토한 끝에 유대-기독교 전통에서 근본적 원인을 찾았다. 구약성서에서 신이 인간에게 온 땅을 지배하라고 명했고, 이 교리는 그리스 정교회보다 서구 기독교에서 더욱 강화되었다. "특히 서구적 형태의 기독교는 세계사에 등장했던 다른 어느 종교보다도 가장 인간 중심적(anthropocentric, 인간 편향적)인 종교였다."[41] 이러한 기독교 때문에 자연을 개발의 대상으로 보

---

40 *Reject Aeneas, Accept Pius: Selected Letters of Aeneas Sylvius Piccolomini (Pope Pius II)*, trans. Thomas M. Izbicki, Gerald Christianson, and Philip Krey (Washington, DC: The Catholic University of America Press, 2006): 160.
41 Lynn White Jr, 'The Historical Roots of Our Ecological Crisis', in David and

는, 세계사에서도 독특한 문명이 형성되었던 것이다. 기독교는 (그리고 같은 전통에 기반을 둔 이슬람교도 마찬가지로) 중간천년기에 세계 권력의 중심으로 부상했다. 그렇다면 논리적으로 근대 환경 위기의 토대는 중간천년기에 놓이게 된다.

그러나 린 화이트가 유명한 강연을 한 시점으로부터 얼마 지나지 않아서 클라렌스 글래큰(Clarence J. Glacken)이 필생의 연구 성과를 책으로 출간했는데, 지금까지도 이를 능가하는 업적은 제출되지 않았다. 바로 《로도스섬 해안의 흔적(Traces on the Rhodian Shore)》이다. 이 책은 자연과 긴밀히 결속되었던 과거의 사례들을 가리키는 풍부한 인용문으로 가득 차 있다. 예를 들어 "자연의 책(book of nature)"(자연을 책처럼 읽고 해석해야 할 대상으로 보는 관점 – 옮긴이) 개념은 (성서와 함께) 성스러운 계시의 원천이었고, 중세 신학 전통의 일부이기도 했다.[42] 가령 성 아우구스티누스(St. Augustinus)는 "인간이 자연과 가까이할 때 씨를 뿌리거나, 꺾꽂이(삽목)를 하거나, 관목을 옮겨심기하거나, 접붙이기를 하는 것만큼 놀랍고 불가사의한 일이 또 있을까?"라는 질문을 한 적이 있었다.[43] 니클라스 루만(Niklas Luhmann)은 린 화이트의 논지를 반박하면서, "그런 식으로 단순하고 순진하게 문제를 제기하자면" 그런 인용이 끝도 없이 계속되어 결론에 도달할 수 없을 것이라고[44] 말했다. 더욱이 환경사

Eileen Spring (eds.), *Ecology and Religion in History* (New York: Harper & Row, 1974): 24.
42 Glacken, *Traces on the Rhodian Shore*, 203-5.
43 Peter Brown, *Augustine of Hippo* (Berkeley, CA: University of California Press, 1967): 143.

연구자들은 인간의 일상생활이나 농부의 달력과 관행 혹은 경제생활의 규범에서 종교의 역할을 검증하는 것이 환경사 연구의 역할이라고 자처했지만, 종교와 환경에 관한 수많은 책과 글을 전부 뒤져봐도 그러한 연구 성과는 찾아보기 어렵다.

자비에 드 플라놀(Xavier de Planhol)은 "이슬람 역사의 문화-지리적 기반"을 주제로 오늘날 독특한 저서를 발표한 저자로서, "도처에서 이슬람의 부정적 역할"을 찾아내고 있다. 이슬람 자체는 사막의 종교로서 "비할 데 없는 방식"으로 "베두인-화(bedouin-ization)"를 만들어간다(베두인족은 유목민이므로 - 옮긴이). 그래서 숲과 농지를 스텝과 사막으로 만들고자 한다.[45] 이와 같은 논지에서 그는 유목의 부정적 측면을 강조하는데, 그가 제시한 풍부한 자료는 단순한 파괴라는 자신의 논지에 부합하지 않는다. 오늘날의 지구 환경에서 가장 크고 연속적인 공백이 이슬람 지역에 속한 것이 사실이지만, 이슬람 지역에도 풍성한 농업과 원경(園耕, horticulture) 문화가 포함되어 있기 때문이다.

세 번째 기본 줄거리는 기후학이다. 최근 수십 년 동안 기후 변화의 경고로부터 영향을 받아 "기후는 어떻게 역사를 만들어왔는가" 하는 개념이 유행하게 되었다. 그러나 역사 연구에서는 별로 도움이 되지 못했다. 이슈가 관심을 모으면서 기후사 연구자들이 인기를 얻기는 했지만, 그들의 논지는 역사적으로 현대가 지구온난화의 과정에 놓여 있다는 측

---

44 Niklas Luhmann, *Ecological Communication*, trans. John Bednarz, Jr (Cambridge: Polity, 1989): 5.
45 Xavier de Planhol, *The World of Islam: Le monde islamique: essai de géographie religieuse* (Ithaca, NY: Cornell University Press, 1959): 23.

과 그에 반대하는 측의 논란 사이에 끼어버리고 말았다. 양측 모두가 역사적 사실들의 일부를 근거로 끌어들였다. 기후사에서는 중간천년기를 하나의 단위로 간주하거나 극적 변화의 사이클로 보기도 하는데, 어떤 관점이든 중세번영기(High Middle Ages)의 온난기에 뒤이어 "소빙하기(Little Ice Age)"가 찾아왔다는 사실은 인정하고 있다. "하키 스틱" 모양 기후 곡선은 극적 위기로 이해되지만 중세 온난기 이론은 이를 오히려 약화시켰다. 왜냐하면 수 세기에 걸쳐 평균 기온은 비교적 변화가 작았고, 마지막 시기에 이르러서만 약간의 위기 징후가 나타났기 때문이다. 더욱이 대부분의 기후학자는 위기 강조파와 굳이 싸우려 하지 않는다. 이런저런 이야기를 다 들어보아도 결국 하는 말은 "중세 때보다 요즘 지구가 확실히 더 더워졌다"는 인상만 남기 때문이다.[46]

기후사 분야의 기본 문제는, 과거의 자료에서 분명하게 나타난 결과의 원인을 추적해보면, 장기적 기후 변화보다 단기적 날씨 변화였다는 사실이다. 자연환경은 수치나 통계가 아니라 감각으로 이해된다. 그래서 과거의 자료들은 거의 전부 기후가 아니라 날씨에 관련된 것들뿐이다. 이런 점에서는 1342년 극단적 습윤기에 발생한 독일 북부 지역 토양 훼손 "재앙"에 관한 연구가 특히 인상적이다.[47] 그러나 같은 시기 동아시아와 남아시아의 벼농사 지역에서는 관개시설 덕분에 날씨의 영향이 줄어들고 있었다. 기후 변화의 영향이 지역에 따라 굉장히 다르다는

---

46 Robert Kunzig and Wallace Broecker, *Fixing Climate: The Story of Climate Science-and How to Stop Global Warming* (London: Profile Books, 2008): 211.
47 Hans-Rudolf Bork, *Bodenerosion und Umwelt. Verlauf, Ursachen und Folgen der mittelalterlichen und neuzeitlichen Bodenerosion* (Braunschweig: Technische Universität, 1988): 34-6, 43-4, 47-8, 198.

점도 기후사 연구의 또 다른 문제다. 현재 연구 상황만으로 보자면, 서유럽의 "중세 기후 최적기(Medieval Climate Optimum)"가 세계의 다른 지역에서 무슨 의미가 있었는지 모호할 뿐이다. 오늘날의 기후 논의도 전 지구적 차원을 염두에 두고 전개될 뿐 지역 차이에는 별로 주목하지 않는다. 마찬가지로 과거 시점에 대한 연구 또한 지역에 국한된 자료를 근거로 일반화하는 경향을 보일 뿐 지역별 차이에는 그다지 관심을 기울이지 않는다.[48] 그런 점에서 로니 엘렌블룸(Ronnie Ellenblum)의 연구는 중요한 예외라 할 수 있겠다. 그는 중간천년기 세계의 여러 지역에서 서로 다르게 나타났던 기후 변화 현상을 연구하는데, 수많은 언어로 출간된 방대한 자료에 근거를 두고 있다. 연구 결과 유럽의 중세 온난기와 같은 시기에 지중해 동부 지역에서는 춥고 건조한 기근의 시대를 맞이한 곳이 많았으며, 이후 10~11세기 지중해 동부 지역 전반이 쇠락의 시대로 이어졌다.[49]

중간천년기를 위한 시나리오: 붕괴, 위기, 회복, 지속 가능성

오늘날에 이르기까지 문헌에 기초한 환경사 연구는 중간천년기 세계 전 지역을 포괄하지 못하는 산발적 연구였다. 환경사학계의 규모가 특히 1990년대 이후 급격히 확대되었지만, 연구의 중점은 대개 최

---

48 On this see Joachim Radkau, 'Exceptionalism in European Environmental History', and comment by John McNeill, *Bulletin of the German Historical Institute* 33 (2003): 23-52.
49 Ronnie Ellenblum, *The Collapse of the Eastern Mediterranean: Climate Change and the Decline of the East, 950-1072* (Cambridge University Press, 2012): 251-3. 그러나 그는 기후 변화에서 비롯된 "붕괴" 이론은 반대했다(위의 책, 258).

근 2~3세기에 놓여 있을 따름이었다. 이런 점에서 존 리처즈(John F. Richards)의 《끝이 없는 경계(The Unending Frontier)》는 하나의 예외라 하겠는데, 1500~1800년경의 환경사를 연구한 걸작이다. 제목에서 짐작할 수 있듯이 그의 책에서는 이전 천년기를 주로 부정적 관점에서 서술했다. 서구의 해양 세력이 대대적인 식민지 개척에 나서기 전, 그러니까 세계 경제가 등장하기 전에는 몽골의 침략에도 불구하고 실크로드가 작동했고 인도양의 해상 무역이 운영되었지만, 인류는 모두 매우 좁은 경계 안에서, 작은 세계 안에서 살아가고 있었다. 오늘날의 입장에서 과거를 회고하는 글로벌 히스토리는 대체로 세계의 상호 연결을 주제로 삼는 경우가 많다. 이와 달리 이전 시대의 특수성을 포착하려면, 환경사와 문화사를 막론하고, 수많은 작은 세계 안에서 작동했던 독립적 주제를 찾아보아야 할 것이다. 이런 입장이 과연 콜럼버스 이전 시대에만 해당되는 것일까? 페레그린 호든(Peregrine Horden)과 니콜라스 퍼셀(Nicholas Purcell)은 그렇지 않다고 말한다. 전근대 지중해의 역사를 다룬 760페이지에 달하는 거작을 통해 그들은 일반론에 대한 엄중한 반대 입장을 표명했다. 고대로부터 해상 무역을 통해 매우 긴밀하게 묶여 있던 지중해의 경우도 마찬가지다. 삼림 파괴의 결과로 지중해 지역 환경이 악화되었다는 이론이 널리 퍼져 있었지만, 그들은 특히 그러한 일반화에 반대했다. 이른바 범지중해론(Mediterraneism, 미국의 인류학자 Michael Herzfeld의 개념으로, 지중해 지역을 통틀어서 일컫는 이론들을 가리킨다 - 옮긴이)이 극단적 환경결정론에서 주로 채택되곤 하지만, 페레그린 호든과 니콜라스 퍼셀은 지중해 지역의 진정한 역사는 소규모 지역별로 따로 진행되었음을 보여주었다. 그들의 저작에 모토를 붙여주자면

크세노폰(Xenophon)의 격언이 적당할 것 같다. "온 동네가 한꺼번에 병에 걸리는 법은 없다."⁵⁰

모든 지역에서 역사는 제각기 다르게 흘러간다는 입장을 취하는 역사가들은 언제나 옳다. 그러나 전적으로 차이만 강조하는 연구는 결국 단편적 사실의 더미에 빠져들고 말 것이다. 중간천년기의 전 지구적 환경사를 연구하려면 모름지기, 스킬라(Scylla)와 카리브디스(Charybdis) 사이를 오가는 오디세우스처럼, 다원론과 환경결정론자의 전체론적 구도 사이를 헤맬 수밖에 없다.

중간천년기에 자주 적용되는 시나리오 중 하나는 바로 붕괴론이다. 다양한 고고학적 발굴 성과를 해석한바 티칼의 마야 문화, 그레이트 짐바브웨의 동아프리카 문화, 앙코르의 크메르 문화 등은 최소한 일부라도 틀림없이 환경의 과도한 긴장, 즉 부적절한 환경 관리의 여파가 있었다. 그레이트 짐바브웨 주변에서는 삼림 파괴에 따른 토양 유실의 흔적이 나타났다. 금속 제련을 위해 목재가 필요해서 남획한 결과였을 것이다. 가장 널리 알려지기도 하고 또한 가장 깊이 연구된 주제는 바로 마야 문명의 붕괴다. 8세기에서 9세기 사이 마야 문명은 짧은 시간 안에 무너진 것으로 보이지만, 외부 정복자의 흔적은 전혀 나타나지 않았다. 그렇다고 해서 마야의 사람들이 사라진 것도 아니었다. 이 문제를 연구한 학자들은 환경론이 유행하기 훨씬 전에 이미 해답으로 환경 문제를 제시했다. 인구 과잉, 삼림 파괴, 토양 유실, 영양소가 빈약한 열대 토양의 과

---

50 Peregrine Horden and Nicholas Purcell, *The Corrupting Sea: A Study of Mediterranean History* (Oxford: Blackwell, 2000): 329, 337.

도한 사용이 악순환되었던 것으로 추정된다. 마야의 붕괴와 관련하여 많은 논의가 오갔지만, 오늘날까지도 환경론적 설명이 상당히 설득력 있는 이론으로 평가되고 있다. 심지어 마야 문화의 등장과 몰락에 관한 주요 저작에서 반대의 단서를 찾아보고자 했던 독일의 지리학자 헤르베르트 빌헬미(Herbert Wilhelmy)가 보기에도 결론은 마찬가지였다.[51]

그러나 전체적으로 보자면, 티칼과 짐바브웨와 앙코르의 운명이 환경의 역사에 비추어 해당 시기 가장 암울한 사례는 아니었다. 더욱이 기존에 발견된 유적과 유물은 이중적으로 해석이 가능하다. 건물을 뚫고 자란 강력한 나무줄기를 보면, 이들 도시가 미완성이었을 수도 있다. 자연에 의해 파괴된 것이 아니라 다른 강력한 원인이 있었을 수도 있다. 유카탄반도에 있는 마야 유적지는 정글이 뒤덮고 있는데, 이것을 보고 아널드 토인비(Arnold Toynbee)는 "마치 보아 뱀이 먹이를 삼키듯, 숲은 말 그대로 유적을 삼켜버렸다"고 표현했다.[52] 앙코르의 유적은 원래 수도였다가 아마도 1440년경에 방치된 것으로 추정되는데, 이 유적을 본 작가 한소음(韓素音, Han Suyin)은 고대 도시를 소개하는 책의 서문에서 아널드 토인비와 비슷한 소감을 적었다. "나무가 자라나 돌과 조각상의 머리를 뚫었고, 앙코르의 숨통을 막아버렸다."[53] 앙코르 문화의 기반이

---

51 Herbert Wilhelmy, *Welt und Umwelt der Maya. Aufstieg und Untergang einer Hochkultur* (Munich: Piper, 1981); on this see Radkau, *Nature and Power*, 29-30; a 'classic' discussion in T. Patrick Culbert (ed.), *The Classic Maya Collapse* (Albuquerque: University of New Mexico Press, 1977).
52 Arnold Toynbee, *A Study in History*, abridged by D. C. Somervell (Oxford University Press, 1987), vol. I: 80.
53 Han Suyin, introduction to Donatello Mazzeo and Chiara Silvi Antonini, *Angkor* (Wiesbaden: Ebeling Verlag, 1974).

된 관개시설은 지형학적 조건(점토질 토양, 낮은 경사도, 열대성 기후) 때문에 상당히 불안정했던 것으로 보인다. 정치 권력이 약해지자 시설 관리도 약화되었고, 그로부터 연쇄 작용이 일어나 강물의 범람을 막지 못했으며, 물줄기의 흐름이 바뀌었다. 결국 관개시설 전체가 파괴되고 말았다. 그것이 표면적으로는 앙코르의 붕괴가 맞지만, 그러나 앙코르 문화는 회복력이 있었다. 더욱이 관개시설의 붕괴가 곧 자연환경의 악화를 의미하는 것은 아니었다. 숲과 물과 생물 다양성이 줄어들지는 않았기 때문이다. 뿐만 아니라 그곳 거주민의 기본적인 생활 자원도 전혀 줄어들지 않았다. 사실 대다수의 사람들은 이전보다 더 쾌적한 삶을 살았다. 앙코르의 중앙 권력이 무너져 의무가 가벼워졌기 때문이다. 제임스 스코트(James C. Scott)는 그것을 "지배받지 않는 기술(The Art of Not Being Governed)"이라 했는데, 이는 그의 책 제목이기도 했다. "남아시아 고산 지대 무정부주의의 역사(Anarchist History of Upland Southeast Asia)"라는 부제를 단 이 책은 동남아 환경사 연구의 선구적 업적이었다.[54]

기후 말고 다른 역사적 사실을 잘 모르는 역사 연구자들은 기후를 역사적 변화의 주요 요인으로 간주하기가 쉽다. 그러나 이후 오래도록 연구가 지속되면서, "중세 기후 최적기"가 끝난 뒤 1300년 직후부터 지속적인 한랭기가 이어졌다는 근거가 축적되었다. 아직까지는 "소빙하기"가 16세기부터 뚜렷해졌다고 보는 학계의 정설에 변함이 없다. 다만

---

54 James C. Scott, *The Art of Not Being Governed: An Anarchist History of Upland Southeast Asia* (New Haven, CT: Yale University Press, 2009). 저자는 이 "기술"이 고산 지대에서 인기가 있었음을 보여주었다. 반대로 저지대에 초점을 맞춘 논의는 다음을 참조. Victor Lieberman, *Strange Parallels. Southeast Asia in Global Context*, c. 800-1830 (Cambridge University Press, 2003), vol. I.

오늘날에 와서는 그러한 현상이 오직 중북부 유럽에서만 나타난 것으로 확인되었다.[55] 한랭기가 지중해 지역에 어떤 영향을 미쳤는지는 "아직도 거의 연구된 바가 없다."[56] 지중해보다 더 남쪽으로 내려가면 말할 것도 없이, "빙하기" 주제가 과거의 어떤 사건과도 연결되지 않는다. 시각적 효과는 빙하의 경계선 유적에서 가장 분명히 드러나게 마련이다. 그래서 오늘날까지도 바이킹의 정착지가 더 이상 사용되지 못했던 현상이 중세 소빙하기의 시작을 알려주는 가장 명확한 근거로 간주되고 있다. 재레드 다이아몬드는 《문명의 붕괴(Collapse)》에서 빙하기 환경 쇠락을 매우 극적인 과정으로 설명했지만, 최근의 발굴 성과에 따르면 실제로 그렇게 극적이지는 않았다. 이누이트처럼 바다에서 식량을 충당하는 방식으로 일부 전환되는 정도였을 뿐이다.[57] 이 문제에 대해서 최근에는 회복력 연구가 점차 대두되고 있다. 즉 기후 변화의 영향을 연구하는 방향이 자연과 문화 적응력을 발견하는 쪽으로 나아가고 있는 것이다.

현대 환경에 대한 문제의식은 곧 위기의식으로 등장했다. 그와 같은 맥락에서 환경사 연구자들 또한 과거의 위기를 찾으려 애쓴 것은 어쩌면 당연한 일이었을 수도 있다. 예를 들어 로버트 고트프리드(Robert S.

---

55 See Wolfgang Behringer, Hartmut Lehmann, and Christian Pfister (eds.), *Kulturelle Konsequenzen der "Kleinen Eiszeit" - Cultural Consequences of the 'Little Ice Age'* (Göttingen: Vandenhoeck, 2005).
56 Brian Fagan, *The Little Ice Age: How Climate Made History 1300-1850* (New York: Basic Books, 2000): xv.
57 Joel Berglund, 'Did the Medieval Norse Society in Greenland Really Fail?' in Patricia McAnany and Norman Yoffee (eds.), *Questioning Collapse. Human Resilience, Ecological Vulnerability, and the Aftermath of Empire* (Cambridge University Press, 2010): 45-70.

Gottfried)는 그의 저작 《흑사병(The Black Death)》에서 전염병을 "역사상 가장 혹독한 환경 위기"로 설명했다.[58] 그러나 환경 위기를 확인할 때 간과해서는 안 될 부분이 하나 있다. 즉 오늘날과 비교해보면 중간천년기 사람들의 삶의 형태도 무척이나 다양했지만 전반적으로 생태 환경의 안정화 요소 세 가지를 지니고 있었다. 첫째, 환경 훼손을 일으키는 사람들은, 환경 훼손이 주로 지역에 국한되어 발생했으므로 대개는 그로부터 영향을 받는 사람들과 같은 사회적 집단에 속해 있었다. 오늘날과 비교해서 이 점이 가장 중요하면서도 근본적인 차이점이었다. 둘째, 환경 훼손은 대개 회복 불가능한 것이었다. 다만 이런 경우는 구체적인 사례에 따라 면밀한 검토가 전제되어야 논의가 가능하다. 셋째, 전형적인 경우 인과관계가 투명했다(최소한 그렇게 보였다고 말할 수 있다). 그래서 어떤 식으로 조심해야 하고 대책은 무엇인지를 사람들이 알고 있었다.

숲의 역사와 관련된 연구는 대개 행정 관리 자료에 근거를 두고 있다. 목적의식적 숲 관리는 근대 이후로 이루어졌기 때문에, 이를 반영하여 숲의 역사는 시대를 크게 둘로 나눈다. 먼저 약탈적 개척의 시대가 있었다. 수 세기 동안 지속된 이 시대는 농부들이 아무런 계획도 없이 짧은 식견으로 숲을 함부로 다룬 악의 시대였다. 그 뒤 18세기부터 두 번째 시대가 이어졌다. 이때는 영광스러운 "뉴에이지(New Age)"로, 과학적으로 훈련된 전문 행정 관리들의 지도 아래 지속 가능한 숲의 관리가 중요했다. 그러나 자원의 관리 개념, 즉 미래 세대를 위한 천연자

---

58 Robert S. Gottfried, *The Black Death. Natural and Human Disaster in Medieval Europe* (New York: The Free Press, 1983): 161.

원의 지속 가능한 관리 개념이 정말로 근대 과학과 국가 관료 체제를 전제로 하는 근대의 발명이었을까? 우리는 개념의 역사와 실제 역사를 혼동하면 안 된다. 개념과 현실이 반대인 경우는 드물지 않다. 지속 가능성이 주요 국정 과제로 등장한 것은 오히려 모종의 위협이 두드러졌기 때문일 것이다. 지속 가능한 숲의 개념을 최초로 만든 사람이 독일 작센 주 광산 관리 행정관이었다는 사실은 우연이 아니다. 한스 카를 폰 카를로비츠(Hanns Carl von Carlowitz)는 1713년에 발표한 책(《Sylvicultura Oeconomica》)에서 이 개념을 처음 소개했다.[59] 시골에서 광산과 제련은 목재를 가장 많이 소비하는 산업 분야였다. 오늘날 흔히 지속 가능성 개념의 창시자로 일컬어지는 카를로비츠는, 자신의 개념이 사실은 가정생활의 규칙을 숲에 적용한 것뿐이라는 점을 잘 알고 있었다.[60]

일본에서도 이와 비슷한 상황이 있었다. 전근대 시기 지속 가능한 숲 관리를 제도화하고자 했던 일본의 시도가 비서구 국가로서는 유일한 사례다. 그러나 이 부분을 전문적으로 연구한 콘라드 토트먼(Conrad Totman)은 다음과 같이 말했다. "보호론자(rhetoricians)는 목재 보존보다 토양의 침식을 더 걱정했다. 그들은 목재의 최대 소비자였기 때문이다. … 여기서 말하는 숲의 보호란 숲의 약탈자가 선택한 수단이었다. 그 목적은 숲의 보호 그 자체가 아니라 숲에서 생산되는 이익에 접근할 통로를 보장하는 것이었다."[61] 국가가 규정한 지속 가능성이란 그 목적은 순

---

59 Joachim Radkau, *Wood-A History*, trans. Patrick Camiller (Cambridge: Polity Press, 2012): 173.
60 Hanns Carl von Carlowitz, *Sylvicultura Oeconomica* (Leipzig, 1713): 69, 'Der Hauswirt als Vorbild'. 이 책의 69쪽에서 단 한 번 "nachhaltend"(지속 가능성)이라는 단어가 사용되었는데, 그것 때문에 오늘날 그의 책이 유명해졌다.

수하지 않았다. 그것은 목재 소비자가 지역 통치자를 등에 업고 농민을 숲에서 쫓아내기 위한 분쟁의 수단으로 사용될 수 있었다. 1992년 브라질 리오(Rio)에서 개최된 환경회의 선언문 "지속 가능한 발전(sustainable development)"에서도 이와 같은 위험성이 지적된 바 있다.

정도의 차이는 있더라도 어쨌든 지속 가능성은 생활 방식에 내재되어 있어야 한다. 그래야 세계 정상이 모인 환경회의에서 추천하는 것과 같은 종류의 지속 가능성보다 훨씬 더 오래 지속될 수 있기 때문이다. 생활 속의 지속 가능성이 만들어지려면 미래를 내다보는 지도층의 설계가 필요하다. 그러나 중간천년기에 이런 설계와 비슷한 무언가를 찾는다면 헛수고가 될 것이다. 환경회의 비슷한 것이라면 어쩌면 과거에도 존재했을 가능성이 있다. 우리 글의 서두에서 인용했던 하위징아(Huizinga)의 말을 생각해보자. 간단히 말해서 구세계에 살던 대부분의 사람들에게 천연자원은 바로 눈앞에 놓여 있었고 농민은 숲이나 들판과 공생 관계에 놓여 있었기 때문에, 당시 사람들은 자연환경을 대할 때 모종의 지속 가능성을 내재적으로 염두에 두고 있었다. 자율성이 강한 마을일수록 지속 가능성도 더욱 강했다. 중부 유럽과 일본에서 최초로 확인되는 지속 가능한 숲 관리의 방식은 자못 충격적이다. 세계의 다른 어느 지역보다 이들 두 지역에서는 농민과 숲의 협력 관계가 특히 잘 기록되어 있었다.[62]

미국의 인간생태학자 개릿 하딘(Garrett Hardin)은 이른바 "공유지의

---

61 Conrad Totman, *The Green Archipelago. Forestry in Preindustrial Japan* (Berkeley: University of California Press, 1989): 97, 80.
62 Radkau, *Wood-A History*, 65-7, 295-7.

비극(tragedy of the commons)" 개념과 관련된 논문 때문에 명성(악명)을 얻었다. 이 개념은 상부 통제가 없는 공유지는 언제나 예외 없이 인간의 이기심 때문에 파괴되고 만다는 입장이었다.[63] 그의 논문은 논리적으로 "죄수의 딜레마"에 기초한 것이었다. 다시 말해서 모든 참여자의 의사소통이 차단된 고립 상태를 전제로 한 이론이었다. 그러나 이와 같은 가설은 오래된 마을의 사례에는 전혀 들어맞지 않는다. 그런 마을에서는 모두가 서로를 알고 지내며, 서로가 서로를 들여다보기 때문이다. 지중해 환경사와 관련하여 전투적 입장을 표명하는 그로브(A. T. Grove)와 올리버 래컴(Oliver Rackham)은 개릿 하딘의 논문을 비웃으며 이렇게 말했다. "그것은 경험도 없고 현실이 어떻게 움직이는지도 모르는 어떤 미국인이 만들어낸 해로운 개념일 뿐이다."[64]

엘리너 오스트롬(Elinor Ostrom)은 개릿 하딘과 반대되는 입장을 구축하기 위해 10여 년 동안 연구를 지속했다. 그리고 2009년 여성 최초의 노벨 경제학상 수상자가 되었다. 그는 지역사(local history)를 기반으로 한 경험적 지식과 이론적 모델을 결합하여, 천연자원의 지속 가능한 관리가 마을 단위로도 전혀 불가능하지 않음을 보여주었다.[65] 그의 이론은 중세 환경사 자료를 해석하는 데에도 매우 중요했다. 그러나 당시의 자료를 해석해보면, 그때도 인간과 자연의 조화가 그리 완벽하지 않았

---

63 Hardin's essay and accompanying discussion in John A. Baden and Douglas S. Noonan (eds.), *Managing the Commons*, 2nd edn (Bloomington: Indiana University Press, 1998).
64 A. T. Grove and Oliver Rackham, *The Nature of Mediterranean Europe: An Ecological History* (New Haven, CT: Yale University Press, 2001): 88.
65 Ostrom, *Governing the Commons*.

음을 알 수 있다. 물론 오스트롬의 이론에서도 자연과의 지속 가능한 상호 작용은 특정 조건 아래에서만 보장된다고 했다. 즉 인구 규모가 안정적으로 유지될 것, 외부자는 공유지에서 배제될 것, 일정한 규칙을 관리 감독할 수 있는 권위가 보장될 것 등이 그가 말한 조건이었다. 이 또한 인간이 본능적으로 지속 가능성을 지향한다는 입장은 아니었던 셈이다.

이 모든 점을 고려해볼 때 우리는 다음과 같이 말할 수 있다. 환경 위기는 산업화 시대의 특징적 요소지만 정도가 낮을지언정 중간천년기에도 그러한 요소가 없지 않았으며, 인간과 환경의 관계는 그때도 이미 굳건하지 못한 위험한 상태였다. 그러므로 시대적 전환을 고려할 때는 생태 환경의 영향이 있었는지를 살펴볼 필요가 있는 것이다. 물론 관련 지식과 자료가 매우 파편적이라 세계 전체를 포괄하거나 혹은 지역사에 국한하더라도 통사적 줄거리를 만들어보려는 시도는 아마 잘못된 방향일 것이다. 분명한 것은 우리에게 환경 쇠락의 증거뿐만 아니라 인간과 자연의 공생, 문화와 자연의 공진화 징후도 남아 있다는 사실이다. 그렇기 때문에 환경사 연구는 풍부한 발견과 경이로움이 충만한 분야라 할 수 있겠다. 다만 원시적인 순수한 자연을 기준으로 삼는 사람들에게는 인류 문명사 전체가 쇠락의 과정으로 보일 뿐이다.[66]

역사상 인간과 환경의 관계에서 나타났던 주기적 변화의 요소

중간천년기 환경사의 궤적은 하나의 거대한 선이 아니었다. 그보다

---

66 This is the tendency of Vito Fumagalli, *Mensch und Umwelt im Mittelalter* (Berlin: Wagenbach, 1992).

는 오히려 몇 가지 주기적 변화의 경향을 보여주었다. 첫 번째로 가장 두드러졌던 거대한 주기적 변화는 유목민의 팽창과 관련이 있었다. 밀물과 썰물처럼 그들이 밀려오고 밀려가는 과정에서 세계사와 환경사가 만나게 된다. 이 주기는 후기 고대(late antiquity)에 시작되어 초기 근대(early modern)가 되어서야 막을 내렸다. 기마 유목민의 공격이 1000여 년에 걸쳐 지속적으로 이어졌던 것이다. 이는 남아시아와 동아시아 정주민의 관개시설에 끊임없는 위협이 되었다. 서양과 달리 그곳의 농민은 말을 기르지 않았다. 정교한 관개시설이 파괴되면 그 자체로 환경 문제가 야기되었다. 예컨대 1128년 북송(北宋) 왕조의 어느 지방 총독은 여진족(몽골 제국 이후 패권을 장악한 기마 민족)의 위협에 직면하여 황하의 제방을 개방했고, 그 결과 강줄기가 바뀌어 강 하구가 수백 킬로미터 남쪽으로 이동했으며, 19세기까지도 그 상태가 그대로 지속되었다. 이 사건은 농민의 입장에서 "생태 환경의 재앙"이었지만, 당시로서는 관개시설의 유지보다 군사적 고려가 더 중요한 당면 과제였다.[67]

두 번째 주기적 변화는 중서부 유럽에서 뚜렷하게 나타났다. 세계 도처에서 그러했듯이, 처음 영토 주권이 확장될 때는 숲을 마음대로 제거하는 것이 곧 권력의 표현이었다. 갈수록 목재가 부족해지자 그것이 당시 이슬람 문명의 결정적 약점으로 작용하게 되었다. 그러다가 근본적인 변화가 찾아왔다. 영토 주권의 표현은 점차 정반대 방향, 즉 숲을 보

---

67 Christian Lamouroux, 'From the Yellow River to the Huai: New Representations of a River Network and the Hydraulic Crisis of 1128', in Mark Elvin and Liu Ts'ui-jung (eds.), *Sediments of Time. Environment and Society in Chinese History* (Cambridge University Press, 1998): 545-6.

호하는 것으로 대체되었다. 카롤루스 마그누스 황제가 벌목과 관련하여 내린 명령(《Capitulare de villis》)에 이미, "필요할 경우" 과도한 벌목을 금지할 수 있다는 내용이 포함되었다. 처음에는 왕실의 사냥 때문에 이런 칙령이 내려졌다(1066년 노르만족의 침입 이후 잉글랜드에서도 비슷한 제한 명령이 있었다). 그러나 나중에, 특히 중부 유럽에서 통치자들이 광산과 소금 생산에 관심을 가지게 되면서, 그리고 서유럽에서는 배를 건조할 목적으로 그와 같은 제한이 더해졌다.[68] 14세기가 시작되면서 알프스 산악 지대에서도 벌목이 제한되었다. 이는 산사태와 홍수를 방지하기 위한 조치였다.

사냥과 삼림 목초지는 아시아 문화에서 같은 역할로 인식되지 않았다. 그리고 온대 지방에서는 겨울에 난방을 위하여 막대한 양의 목재를 필요로 했다. 인도와 중국의 통치자들은 오랫동안 숲을 의심의 눈초리로 바라보았는데, 복속을 거부한 야만인이 숲속에 거주할지도 모르기 때문이었다. 서양 사람들 역시 숲을 적으로 간주했다는 주장도 종종 제기되었다. 통치권자가 임명한 숲 관리인이 일부러 그런 소문을 퍼뜨렸을 수 있겠지만, 농민이 숲을 다양하게 이용한 사실에 비추어 볼 때 서양에서 숲을 적대시했다는 주장은 받아들이기 어렵다. 따라서 중세 말엽에 시작된 공공 숲 관리의 맥락이 과연 당시 생태 환경을 개선했을지도 의문스럽다. 숲의 보호는 톱다운 방식으로, 즉 위에서 아래로 강제한 것으로 강한 반발을 불러일으켰을 것이다. 숲과 관련된 많은 분쟁에도 불구하고, 숲을 보호해야 할 필요성에 대해서는 통치자와 농부의 이

---

68 Radkau, *Wood-A History*, 57-112.

해가 일정 정도 공유되는 측면이 있었다. 결국 이와 같은 관심이 법률의 제정으로까지 나아갔으며, 숲을 둘러싼 분쟁이 나중에는 법적 분쟁이 되었다.

중간천년기에 특히 두드러졌던 자연의 주기적 변화는 전염병과 인구 문제였다. 이 문제가 처음으로 기록에 등장한 시기는 고대 말기 전염병이 대대적으로 확산될 때였다. 훈족과 아랍인 전사가 모두 천연두를 퍼뜨렸다. 전염병의 확산으로 재앙이 절정에 달한 때는 1350년경이었다. 이후 점차적으로 사람들 사이에서 항체가 형성되었다. 그 결과 근대가 시작될 무렵까지 인구가 꾸준히 성장했다. 중간에 수 세기 동안 여러 차례 유행성 질병이 확산되기도 했지만 인구 증가세가 꺾이지는 않았다. 그러나 신대륙에서는 정반대의 상황이 벌어졌다. 구대륙의 정복자들이 들어가면서 병원균이 퍼졌고, 라스 카사스(Las Casas)의 증언이 옳다면, 한때 "벌집처럼" 사람들로 북적이던 그곳에 전염병의 재앙이 들이닥쳤다. 그와 같은 상황에서 혹자는 "유스티니아누스 페스트"를 떠올릴지도 모르겠다. 이집트를 거쳐 541년 지중해로 유입된 페스트균이 고대 세계의 결정적 몰락을 가져왔고,[69] 이후 비잔티움 제국은 기력을 회복하지 못했으며, 아랍의 정복으로 이어지는 실마리가 이때 시작되었다. 중간천년기에는 인간과 환경의 관계를 나타내는 핵심 요소로서 인구 문제가 주기적으로 등장했다. 그러나 근대 시기에 비하자면 전반적으로 그 비중이 훨씬 낮았다.

---

69 Lester K. Little (ed.), *Plague and the End of Antiquity: The Pandemic of 541-750* (Cambridge University Press, 2007).

이 문제는 중국의 경우에도 학계의 논쟁거리가 되었다. 12세기의 중국 시 〈농민의 눈물(農家嘆)〉에는 이런 대목이 나온다. "산이 있으면 모두 보리를 심고, 물이 있으면 모두 벼를 심으리. … 우리네 일이란 기력이 남아나질 않는다네(有山皆種麥, 有水皆種秔. … 竭力事本業. – 陸游)."[70] 1980년대 중국 생태환경부 부부장을 역임한 곡격평(曲格平, Qu Geping)은 인구 과잉이 중국 천년의 병폐였다고 지적했다. 이는 맬서스의 인구론과 매우 비슷한 입장이었다.[71] 반면 로버트 마크스(Robert B. Marks)는 정반대 입장이었으며, "중국인이 실제로 출산을 조절할 능력을 충분히 갖추고 있었다"고 주장했다.[72]

존 맥닐(John R. McNeill)은 "전염병의 경험을 아마도 가장 혹독하게 치른 사회가 바로 중국"이라는 인상을 받았다고 한다.[73] 이는 상대적으로 높은 항체 형성률을 평가한 말이었지만, 중국의 역사가 전염병과 함께했던 것도 사실이다. 그러나 중국 역사학에서는 그것을 시대적 계기로 서술하지 않았다. 이와 달리 서양에서는 흑사병을 심각한 시대 전환의 계기로 인식했다. 공중위생 정책(처음 시작된 곳은 라구사Ragusa로, 오늘날 두브로브니크Dubrovnik)은 막대한 전염병의 트라우마 때문에 생겨

---

70 Vaclav Smil, *The Bad Earth: Environmental Degradation in China* (Armonk, NY: M. E. Sharpe, 1984): 3-4.
71 Qu Geping and Li Jinchang, *Population and the Environment in China*, trans. Jiang Bazhong and Gu Ran (Boulder, CO: L. Rienner Publishers, 1994).
72 Robert B. Marks, *The Origins of the Modern World. A Global and Ecological Narrative from the Fifteenth to the Twenty-First Century* (Lanham, MD: Rowman&Littlefield, 2007): 104.
73 John R. McNeill, 'China's Environmental History in World Perspective', in Elvin and Ts'ui-jung, *Sediments of Time*, 35.

난 것으로, 서구에서 국가 차원 환경 보호가 역사상 최초로 뿌리내리게 되었다. 위생과 환경 문제는 무엇보다 도시에 집중되었다. 서구에는 주로 자치 도시가 많았는데, 중세 말기에서 19세기까지 존재했던 각종 환경 정책의 능동적 주체가 바로 그들 도시였다.

결론

도널드 휴스(J. Donald Hughes)는 자신의 저서 《세계 환경사(An Environmental History of the World)》 중세편에서, 그때까지만 해도 황폐화되지 않은 땅이 오늘날 상상하기 어려울 정도로 많이 남아 있었다는 점에 주목했다. 그러나 "인류는 남아 있던 지구의 표면을 바꾸어 나갔고, 그 속도는 느렸지만 점점 빨라졌다. 그것은 일정한 속도가 아니라 시간이 갈수록 과거보다 빨라지는 추세였다."[74] 세계 전체적으로 보자면 중간천년기를 거치면서 역사가 점차 가속화되었고, 특히 과거를 돌이켜볼 때 인간에 의한 환경의 변화가 뚜렷하게 감지되었다. 그 과정에서 예를 들면 서양 물레방아의 승리를 확인할 수 있다. 동양에서는 관개시설 관리 정책이 발전을 지체시킨 면이 있었으나, 서양의 물레방아에는 이미 산업혁명의 씨앗이 잠재되어 있었을 수도 있다.[75] 더욱이 유럽 중세에는 개인의 혁신을 넘어 "발명의 발명"이 등장했던 것도 확인된다. 즉 영향력 있는 엘리트 계층의 사람들이 기술 혁신을 긍정적으로 보는 태도가 등장했던 것이다. 이는 신화 속 다이달로스(Daedalos)나 프로메테우스

---

74 Hughes, *An Environmental History of the World*, 83.
75 Jochim Varchmin and Joachim Radkau, *Kraft, Energie und Arbeit. Energie und Gesellschaft* (Reinbek: Rowohlt, 1981): 42-4.

(Prometheus)의 비극적 결말과는 정반대의 경향이었다.

그러나 이런 모든 이야기는 현대의 관점에서 봤을 때 그렇다는 말이다. 15세기 후반 유럽 대부분의 광산은 정체되어 있었다. 성장의 한계가 어떤 의미인지 알게 된 오늘날의 관점에서, 중세에 겪은 성장의 한계는 다만 극복해야 할 장애물이 아니라 인간과 자연의 관계를 재조정할 계기가 되었다는 점에서 어쩌면 다행이라고 할 수도 있다. 목재의 부족으로 극심한 고통을 겪었다면 물론 그것은 당시의 "에너지 한계"였겠지만, 대부분의 물품이 부족했던 그 당시는 아직은 억지로 성장을 밀어붙이는 경제 프로그램이 시작되지 않은 시기였다. 요한 하위징아의 말처럼 그 때는 단지 세상이 매우 구체적인 시기였다. 당시의 성장이란 오직 유기물(organic)에 한정된, 제한된 성장일 뿐이었다.

더 읽어보기

Bateson, Gregory. *Steps to an Ecology of Mind*. Northvale, NJ: Jason Aronson, 1972.

Behringer, Wolfgang, Hartmut Lehmann, and Christian Pfister (eds.), *Kulturgeschichte des Klimas. Von der Eiszeit bis zur globalen Erwärmung*. Munich: Beck, 2007.

Bork, Hans-Rudolf. *Bodenerosion und Umwelt: Verlauf, Ursachen und Folgen der mittelalterlichen und neuzeitlichen Bodenerosion*. Braunschweig: Technische Universität, 1988.

Campbell, Bernard. *Human Ecology: The Story of Our Place in Nature from Prehistory to the Present*, 2nd edn. New York, NY: A. de Gruyter, 1995.

Christensen, Peter. *The Decline of Iranshahr: Irrigation and Environments in the History of the Middle East 500 B. C. to A. D. 1500*. Copenhagen: Museum Tusculanum Press, 1993.

Diamond, Jared. *Collapse: How Societies Choose to Fail or Succeed*. New York, NY: Viking, 2005.

Ellenblum, Ronnie. *The Collapse of the Eastern Mediterranean: Climate Change and the Decline of the East, 950-1072*. Cambridge University Press, 2012.

Elvin, Mark. '3000 Years of Unsustainable Growth: China's Environment from Archaic Times to the Present', *East Asian History* 6 (1993): 7-46.

Flannery, Timothy F. *The Future Eaters: An Ecological History of the Australasian Lands and People*. Sydney: Reed Books, 1994.

Geping, Qu and Li Jinchang. *Population and the Environment in China*. Trans. Jiang Bazhong and Gu Ran, Boulder, CO: L. Rienner Publishers, 1994.

Glacken, Clarence J. *Traces on the Rhodian Shore. Nature and Culture in Western Thought from Ancient Times to the End of the 18th Century*. Berkeley, CA: University of California Press, 1967.

Grove, A. T. and Oliver Rackham. *The Nature of Mediterranean Europe: An Ecological History*. New Haven, CT: Yale University Press, 2001.

Horden, Peregrine and Nicholas Purcell. *The Corrupting Sea: A Study of Mediterranean History*. Oxford: Blackwell, 2000.

Hughes, J. Donald. *An Environmental History of the World: Humankind's Changing Role in the Community of Life*. London: Routledge, 2001.

Humphrey, Caroline and David Sneath (eds.), *Culture and Environment in Inner Asia*. Cambridge University Press, 1996.

Little, Lester K., ed. *Plague and the End of Antiquity: The Pandemic of 541-750*.

Cambridge University Press, 2007.
Luhmann, Niklas. *Ecological Communication*. Trans. John Bednarz, Jr, Cambridge: Polity Press, 1989.
McAnany, Patricia and Norman Yoffee (eds.), *Questioning Collapse: Human Resilience, Ecological Vulnerability, and the Aftermath of Empire*. Cambridge University Press, 2010.
McNeill, John R. *The Mountains of the Mediterranean World: An Environmental History*. Cambridge University Press, 1992.
Montgomery, David R. *Dirt-The Erosion of Civilization*. Berkeley, CA: University of California Press, 2007.
Radkau, Joachim. *Nature and Power: A Global History of the Environment*. Trans. Thomas Dunlap, New York: Cambridge University Press, 2009.
_____. *Wood - A History*. Trans. Patrick Camiller. Cambridge: Polity Press, 2012.
Richards, John F. *The Unending Frontier: An Environmental History of the Early Modern World*. Berkeley: University of California Press, 2003.
Scott, James C. *The Art of Not Being Governed: An Anarchist History of Upland Southeast Asia*. New Haven, CT: Yale University Press, 2009.
White, Lynn Jr. 'The Historical Roots of Our Ecological Crisis', in David and Eileen Spring (eds.), *Ecology and Religion in History*. New York, NY: Harper & Row, 1974.
_____. *Medieval Technology and Social Change*. Oxford University Press, 1962.
Wilhelmy, Herbert. *Welt und Umwelt der Maya. Aufstieg und Untergang einer Hochkultur*. Munich: Piper, 1981.

CHAPTER 3

여성, 가족, 젠더, 그리고 섹슈얼리티

수전 모셔 스튜어드
Susan Mosher Stuard

중간천년기 당시 세계의 정치 구조는 가족 구조를 모방했다. 대부분 지역에서 정치 구조의 특징은 당시로서는 굳이 새로울 것도 없는 부권 중심의 위계질서였다. 칼리프나 황제가 다스리는 제국 혹은 도시국가를 막론하고, 관리는 사적인 행동을 따르는 경향이 있었다. 정치 구조에는 가족 규범이 반영되었다. 때로는 거꾸로 정치가 가족 규범을 규정하기도 했다. 생산과 재생산의 기본 단위는 가족(family)으로 구성된 가구(家口, household)였다. 당시 전 세계 대부분의 지역에서 개인보다는 가구를 대상으로 세금을 매겼다. 그래서 가족이 곧 지역 국가나 제국 혹은 경제 체제의 밑바탕이 되었다. 이는 태평양에서 사하라 이남 아프리카와 유럽에 이르기까지, 그리고 대서양 너머까지도 마찬가지였다. 가족 안에서는 거의 예외 없이 젠더 구분이 존재했다. 남성과 여성, 사내아이와 계집아이에 따라 차별과 기대가 확연히 달라졌다. 대부분 지역에서는 아이가 약 7세가 될 때까지 양육의 책임이 여성에게 주어졌다. 또한 인구 추정 자료가 남아 있는 곳에서는 어디서나 남성보다 여성 인구가 더 적었던 것으로 확인된다. 이런 점들은 대체로 비슷했지만, 가족이 사회를 구성하는 방식은 매우 다양했다. 각 사회마다 결혼, 양육, 혼인 후 주거지(부계 거주, 모계 거주, 별도의 거주지 마련 등), 친족, 친족과 비슷한 연대 등 깊이 뿌리내린 고유 관습의 패턴이 있었다. 그래서 각 사회의 양태는 저마다 다르게 나타날 수밖에 없었다. 사회의 역동적 변화 또한 그러한 패턴에 따라 만들어졌기 때문에, 패턴이 다른 만큼 지역마다 발전의 잠재력도 달랐다.

여성의 삶을 연구하려는 역사학자들은 가족과 친족의 연대를 조사했고, 젠더 관습에 초점을 맞추었다. 젠더에 따른 기대, 가족 안에서의 역할 등이 남성보다 여성의 어깨에 더욱 무겁게 드리워졌다고 보기 때문이다. 남성의 역사는 그런 식으로 연구하지 않았다. 특히 남성이 권력과 권위를 차지한 사회에서는 젠더보다 권력이 인생을 좌우하는 관건이었다. 그렇다고 해서 젠더 문제가 굳이 여성 연구에만 국한될 필요는 없다. 젠더란 대개 타고나는 것이라기보다 사회적으로 만들어지는 것이기 때문에, 역사학의 분석 도구로서 젠더 연구는 남성과 여성 연구를 모두 포괄해야 할 것이다.

젠더에 대한 선입관은 사회 속 다른 분야의 일반 상식에 비해 훨씬 더 변화무쌍했다. 젠더 관념은 항상적이지도 않았고 체계화된 사상도 아니었으며, 그 특성상 상당히 변덕스러웠고 검증하기도 어려웠다. 그래서 역사학에서 젠더 연구는 굉장한 자산이기도 하지만 동시에 절망적인 면도 있는 것이다. 여성을 비하하는 젠더 선입관이 판치는 가운데서도 권력을 차지하는 여성들이 있었고, 그들은 여성의 잠재력을 보여주었다. 그러나 실제로 여성이 권력을 행사한 곳은 거의 없었다. 걸핏하면 여성의 능력을 거세하는 격언들이 튀어나왔다. 이 글이 주목하고자 하는 중간천년기에는 젠더 시스템이 대개 어느 정도 다양하고 유동적인 데서 점점 더 융통성이 줄고 엄격해지는 방향으로 변해갔다. 서유럽에서 나타난 양극단의 도식화된 젠더 개념은 당시 유행한 스콜라 철학에 뿌리가 닿아 있었다. 아시아, 북아프리카, 유럽 전역에 걸쳐 전쟁과 분쟁, 침략의 위협 때문에 여성의 종속성이 가속화되었고, 젠더 차별은 더욱 강화되었다. 당시 인구 밀도가 높아진 것도 (분쟁 혹은 차별의) 배경이 되었다. 다만 이와 같은 일반론을 아메리카와 사하라 이남 아프리카의 일부 지역까지 예외 없이 모두 적용하기는 어려울 것 같다.

여성과 가족: 이슬람권과 남아시아

중간천년기의 가족 패턴이 변화를 겪은 이유는 내부적 발달뿐만 아니라 종교와 무역의 확산, 사람들의 이동과 정복 전쟁 때문이었다. 알라와 예언자 무함마드의 이름으로 거행된 전쟁은 중간천년기 초기의 가장 극적인 정복전이었다. 이슬람의 정복으로 쿠란과 샤리아(shari'a) 율법이 도입되었고 개종이 이루어졌다. 이슬람 교리는 아내에게 줄 결혼 예물(mahr)을 명시하는 등 의도적으로 여성 보호를 요청했지만, 이슬람 문화는 여성의 복종을 선호했다. 중간천년기 말엽에는 동아프리카 사회에도 이슬람이 전파되었는데, 정복 전쟁보다 주로 무역을 통해 이슬람으로 개종하는 사람들이 많아졌고, 샤리아에 따라 신부에게 계약에 의거한 재산(dower, 寡婦産, 미망인이 되었을 때 독자적으로 사용할 수 있는 재산 – 옮긴이)을 지급했다. 알-안달루스(al-Andalus, 무슬림 치하의 이베리아)에서도 결혼 계약에 이와 유사한 과부산(寡婦産)이 포함되었으며, 나아가 남편이 거느릴 수 있는 아내의 수도 규정했다(일부다처). 유사한 관습이 이슬람 문화권 전역에서 유지되었고, 여성은 곧 가족의 명예로 인식되었다. 즉 여성을 베일로 가리고 격리해 은둔시키는 관습은 젠더의 문제라기보다 계급적 지위와 체면의 문제였다. 양떼를 돌보거나, 먼 거리를 오가는 일이나, 들판에서 하는 일 등은 여성을 격리하기 어려운, 그래서 가문의 체면을 유지하기 어려운 일이었다. 노동 집약적인 집안일에는 물론 여성과 소녀의 노동력이 사용되었다. 이슬람에서는 종교적 법률뿐만 아니라 우르프('urf), 즉 세상의 관습에 따라 가족이 만들어졌다. 이슬람법의 전통은 네 가지 원천(쿠란, 순나, 키야스, 이즈마)에 근거하는데, 아내는 육체적·재정적 학대를 당한 경우 이혼할 수 있었고, 이때 이웃과 친척이 증인이 된다. 남자의 경우 이혼은 자신의 의지에 달렸으며, "나는 그대와 이혼하노라"라는 문장을 세 번 반복하면 이혼이 성립된다. 이슬람 전역에서 딸들의 상속권이 인정되었다. 유산은 대개 아버지가 사망했을 때가 아니라 딸이 결혼할 때(주로 초경을 할 무렵에 나이 많은 배우자와 혼인시켰다) 분배해주었다. 딸에게 상속되는 몫은 아들의 몫보다 작았는데, 아들들은 아버지가 사망했을 때 균등하게 재산을 분배받았다. 그럼에도 불구하고 이슬람 문화권에서 여성은 정당한 재산의 소유자가 될 수 있었다. 일부 도시 지역에서는 여성의 몫을 제대로 보장하지 않아서 발생하는 소송 문제가 끊임없이 이어졌다.

무슬림 사회에서 가장 높은 지위에 있는 몇몇 소수의 여성은 강한 권력을 차지하기도 했다. 엘리트 여성은 이슬람의 영적 문화에서 배제되지 않았다. 메카 순례(hajj)에 참여하는 부유한 여성은 이슬람 문화권 전역에 존재했다. 이는 이슬람의 모범으로 권장되는 일이었다. 바스라의 라비아(Rabi'a of Basra, 713~801)는 이슬람 신비주의 종파인 수피즘의 존경받는 인물이었다. 여성을 위한 수도원은 12~13세기에 알레포(Aleppo)를 비롯하여 바그다드와 카이로에도 있었다. 부유한 여성의 업적으로 문학적 성과도 있었고, 부유한 가정에서는 가정교사를 들여 딸들의 문학 교육을 맡겼다. 13세기의 인물 다이파 카툰(Dayfa Khatun)은 알레포에 있었던 아이유브 술탄국에서 술탄의 아내이자 어머니이자 할머니였다(그리고 살라딘 대왕의 조카였다). 때로는 섭정으로 왕국을 직접 통치하기도 했으며, 왕국의 정치에 막강한 영향력을 행사했다. 아이유브 술탄국 궁정의 다른 여성과 마찬가지로 다이파 카툰 또한 종교 단체와 종교 건축의 후원자였다. 남성 학자를 위한 칸카 알-파라피라(Khanqah al-Farafira), 여성 수피를 위한 피르다우스 마드라사(Firdaws Madrasa)가 다이파 카툰의 발원으로 설립되었다. 다이파 카툰은 남성 비서 조직인 이크발(Iqbal)을 통해 정치적 의지를 드러냈다. 이크발은 그녀의 "높은 차양이자 침범할 수 없는 베일"로 알려져 있었다. 다이파 카툰은 신앙심이 깊은 공주로 정치적 결혼을 했다. 한편 이슬람 문화권의 신부들은 후손을 생산한 뒤에야 남편의 가문으로부터 얻게 되는 결혼한 여성의 권리를 확정받을 수 있었다.

이슬람의 정복으로 많은 가족이 아시아 전역에서, 심지어 동아프리카에서 인도 북부 지역으로 이주했다. 그러나 이주 이후에도 부유한 가문의 생활 패턴, 가족이 큰 집에 공동 거주하며 여러 세대가 서로 의지하는 생활은 계속되었다. 가문의 일원이 함께 사는 것은 가문의 체면에 관계된 일이었지만, 누가 가문의 일원이고 누가 하인인지 구별하기도 어려웠다. 더욱이 가문의 일원으로서 얹혀사는 사람들의 지위는 나이가 들어가면서 변화가 있었다. 소녀는 대개 10세 무렵에 결혼해서 남편의 가문에서 자랐고, 이혼은 매우 드물었다. 결혼해서 왕실에 들어온 여성도 사회적 의무의 전통을 따랐고, 개인의 재산(stridhana)으로 자선하는 것은 재량껏 마음대로 할 수 있었다. 무슬림 정복 이후에도 이슬람식 환대의 일환으로 문 앞에 음식을 두는 관행이 지속되었다. 같은 시기 불교 비석에 여성이 시주한 사례가 기록되어 있으며, 자이나교 비석의 시주자 명단에도 여성의 이름이 등장한다. 이슬람 정복 후의 인도 정치도 가족의 관습을 따랐다. 이슬람 정복 당시 인도의 도시에는 많은 인구가 밀집해 있었고, 서로 다른 종교를 가진 여러 집단이 공존하는 상황에서 가족 구조의 정치는 긴장을 완화하는 효과가 있었다.

인도 북부 지역에서 쿨리니즘(kulinism)이 도입되면서 여성의 사회적 지위에 획기적 변화가 있었다. 이 제도를 도입한 주역은 아마도 벵골의 라자 발랄라 세나(Vallala Sena, 재위 1158~1169)였던 것 같다. 쿨리니즘이란 일종의 혼인 제도로, 여성은 자신보다 아래인 계급과 결혼할 수 없었다. 다만 위로는 세 계급까지 결혼이 가능했다. 아마도 애초에는 그 여파까지 예측하지 못했겠지만, 결과적으로 브라만 계급 여자아이에 대한 영아 살해가 일어났다. 또한 승혼(昇婚, hypergamy)이 나타났는데, 이는 계급이 낮은 여성이 높은 남성과 결혼하는 관습을 일컫는 말이다. 신중히 선택한 첫 번째 아내와 사는 브라만 계급의 남성은 이후 추가로 낮은 계급의 여성과 결혼할 때 혼수(지참금)를 받았다. 물론 결혼을 아예 못 하는 경우도 있었지만, 일부다처제 관습을 통해 재산을 모을 수 있었다. 던컨 더레트(J. Duncan M. Derrett)가 조사한 바에 따르면, 인도 북부 지역에서는 "누구나 카스트를 믿었다."[1] 자이나교도 카스트가 되었으며, 심지어 계급 간 결혼을 옹호하는 시바교의 종파 린가야트파(Lingayats)

---

1   J. Duncan M. Derrett, "Law and the Social Order in India before the Muhammadan Conquests," *Journal of the Economic and Social History of the Orient* 7:1 (1964): 79-80.

도 같은 종파 내에서 혼인하는 관습이 있었다.[2] 한편 인도 동부 지역에서는 교차사촌혼 관습에 따라 여성의 지위가 유지되었다. 지참금 거래가 매우 밀접한 가문들 안에서 이루어졌기 때문이다. 이러한 패턴에는 모계제와 부계제의 양상이 동시에 포함되어 있었다. 불교 여승은 결혼하지 않고 독신 생활을 했다. 타밀 지역의 비석에 따르면, 인도 남부 지역에서 독신 여성이 사찰 건립을 후원하여 시주자로서 권위를 얻는 경우가 있었다. 카슈미르 지역에서는 통치자, 조언자, 시주자, 건립자 등의 역할을 한 여성이 있었고, 델리에서는 라디야 빈트 일투트미시(Radiyya bint Iltutmish) 공주가 1235~1240년 통치를 맡았다. 인도 지역 여성의 지위는 다양성이 그 특징이었다.

여성과 가족: 중앙아시아와 동아시아

프란체스코회 수사 윌리엄 루브룩(William of Rubruck, 1220~1293)은 1253~1255년 중앙아시아 선교 여행을 떠났다. 그는 이슬람으로 개종하기 전의 몽골인에 대해 다음과 같은 기록을 남겼다. "수레를 모는 일, 수레 위에 가재도구를 싣고 내리는 일, 소젖을 짜는 일, 버터와 응유(curd)를 만드는 일, 가죽을 손질하고 이어붙이는 일은 모두 여자의 일이었다."[3] 튀르크족 여성은 때로 남편과 함께 통치에 참여했으며, 남편이 수행하는 전쟁을 뒷받침하기 위해 자기 가문의 명성을 가져오기도 했다.

---

2 린가야트파(Lingayats, 혹은 Siasaivas)는 힌두교 스승 산카라(Sankara)와 라마누자(Ramajuja)를 추종했으며, 12세기 이후로 남인도 지역에서 번성했다.
3 *The Mission of Friar William of Rubruck: His Journey to the Court of the Great Khan Möngke 1253-1255*. Trans. Peter Jackson (London: Hakluyt Society, 1990): 90.

이 같은 강력한 아내 혹은 누이 혹은 딸은 야영지를 관리하고, 왕조의 부를 축적하며, 필요할 경우 가축과 민족을 보호하는 일까지 감당했다. 그러한 관습이 유지되면서 여성이 재산을 관리했고, 여성의 권위가 강화되어 필요할 경우 남성을 용병으로 고용하기도 했다. 다만 왕의 총애를 받는 후궁이나 노예가 그 같은 지위를 획득하는 일이 드물게 나타났을 뿐, 여성의 가문에서 여성이 그런 권위를 가지도록 뒷받침했던 것은 아니다. 중세 후기의 튀르크어 서사시 〈오구즈-나마(Oghuz-nama)〉는 전사 신부 이야기가 최초로 등장하는 문헌으로, 그 이야기에 등장하는 트라페준타(Trapezounta) 제국의 공주 살잔(Saljan)은 후대의 모범이 되었다.

> 무엇보다 그녀는 집안을 떠받치는 기둥이었다. 남편이 집에 없을 때 귀한 손님이 찾아오면 그녀는 손님에게 음식을 내주고 손님을 잘 대접한 뒤 가던 길을 배웅했다. 그녀는 아이샤(Ayesha)나 파티마(Fatima) 같은 사람이었다. 오, 나의 칸이시여! 칸의 가정에 그런 아내가 자리하기를, 그리고 그녀의 아이가 잘 자라기를 기원합니다.[4]

몽골 제국 일 칸국(Ilkhanate)의 가잔(Ghazan) 칸이 1295년 이슬람으로 개종한 뒤에도 높은 자리에 있던 몇몇 여성의 권력은 그대로 유지되었다. 무슬림 여행가 이븐 바투타(Ibn Battuta, 1304~1368/9 혹은 1377)는 1330년대에 금장 칸국(金帳汗國, Golden Horde) 우즈베크(Ozbek) 칸의 왕비들이 행사하는 권력을 보고 크게 놀랐다고 한다.[5]

---

4 *Book of Dede Korkut*, ed. Geoffrey Lewis (Harmondsworth: Penguin, 1974): 4.

중국에서는 결혼 지참금으로 딸에게 유산을 주는 오랜 전통이 있었다. 송나라 후기에 이르러 유산을 부계 혈통으로 상속하라는 법이 제정되었다. 그래서 아들들에게 균분상속을 하기 전에 먼저 딸이 시집갈 때 지참금으로 재산을 나누어주었던 것이다(딸은 14세, 아들은 16세에 결혼했다). 송나라(960~1279) 때부터 여성은 남성의 가문에 소속되었고, 이혼은 거의 불가능했다. 남자 형제 없이 딸만 있는데 결혼을 하지 않은 경우, 그 딸에게는 유산의 4분의 3만 상속되고 나머지 4분의 1은 부계 친족에게 돌아갔다. 몽골 제국의 원나라(1271~1368) 시기 쿠빌라이(Qubilai) 칸(재위 1260~1295) 치하에서는 딸들의 권리에 대한 관심이 훨씬 더 적었다. 이때는 (형이 죽으면 남동생이 형수와 결혼하는) 형사취수혼 관행이 있었는데, 다만 조건이 있었다. 바로 군역의 의무였다. 토지에 대한 권리와 군역의 의무가 밀접하게 연관되어 있었기 때문에, 여성 피상속자와 결혼하는 남성은 상속자에게 부과되었던 군역의 의무까지 물려받아야 했다. 이러한 제도는 중국 전역의 관습에 영향을 미쳤고, 재산을 상속받는 여성이 있는 한 그러한 가정들도 사라지지 않았다. 다만 군역의 의무를 감당해줄 남자와 결혼해야만 여성도 상속을 받을 수가 있었다. 1397년에 제정된 명나라의 법(大明律)은 공식적으로 당나라의 법(唐律, 624년 제정, 653년 개정)에서 규정한 가족 제도를 따랐다. 그러나 재산 관련 원나라의 제도도 이어받아서 같은 성씨의 남자 형제가 없을 경우에만 딸들이 상속을 받을 수 있었다.

---

5 *The Travels of Ibn Battuta*, trans. H. A. R. Gibb, vol. II (Cambridge: The Hakluyt Society, 1958): 480-9.

중국 가정에서는 직물이나 꽃신 등을 생산하여 많은 수입을 올리는 사례가 있었다. 이런 경우 여성은 하인들을 거느리며 생산 과정에서 상당히 중요한 역할을 맡았다. 국가의 관리이자 시인이었던 유기(劉基, 1311~1375)는 이런 기록을 남겼다. "큰 집을 지을 때는 많은 일꾼이 필요하지만 그중 대목수 한 사람은 있어야 하며, 누구도 감히 그의 뜻을 어겨서는 안 된다. … 사방의 백성이 한 사람의 군주에게 충성하면, 그 나라는 안정될 것이다. 백만 대군이 지휘관 한 명의 명을 따르면, 그들은 승리할 것이다(巨室者, 工雖多, 必有大匠焉. 非其畫不敢裁也 (…) 四海之民聽於一君, 則定. 百萬之師聽於一將, 則勝. -《誠意伯文集》)."[6] 남편이 죽으면 아내가 가정 내 생산 과정에서 주인의 역할을 했으며, 죽은 남편의 가문을 보존하기 위해 의무를 다해야 했다. 이처럼 유교에서는 일부 여성의 중요한 책임을 인정했다. 무슬림 직물공 가운데 중국으로 건너온 이민자들이 있었는데, 남자도 있고 여자도 있었다. 이들은 가족 단위로 직금(織金, 금실을 짜 넣은 비단) 생산 조직을 구성했다. 원나라의 통치자들이 이 기술을 보유한 가족들을 중국으로 데려왔던 것이다. 그들이 생산한 직금은 동일한 무게의 금과 가치가 같았다.[7]

송나라 때에는 국가 경제가 융성했다. 전통은 이후 원나라를 거쳐 명나라까지 이어져 몇몇 부유한 가문이 출현했다. 엘리트 계층의 여성에

---

6 Liu Ji, *Chengyi bo wenji*, cited in John W. Dardess, "Did Mongols Matter," in *The Song- Yuan-Ming Transition in Chinese History*, ed. Paul Jakov Smith and Richard von Glahn (Cambridge, MA: Harvard University Press, 2003): 132.
7 James C. Y. Watt and Anne E. Wardwell, *When Silk Was Gold: Central Asian and Chinese Textiles* (New York: Metropolitan Museum of Art, 1997).

게서 여가를 즐기는 문화가 발달했고, 그들의 문예 활동이 유행을 만들어갔다. 중국에서 11세기에 인쇄 기술이 발달하면서 황실은 여성 문학의 중심적 지위를 빼앗기고 말았다. 중국 전역에서 여성 시인의 작품이 쏟아져 나왔다.[8] 여러 가문의 여성들은 서로 시를 교환했고, 이러한 전통은 명나라 시기에 더욱 발달했다. 지식인 여성은 아들을 교육하는 데 도움이 되었는데, 아들이 과거를 통과하면 어느 가문이든 재산을 모을 수 있었다. 한편 일본에서도 여성들이 시와 산문을 창작했다. 무라사키 시키부(紫式部, 973~1014/31)의 위대한 작품 《겐지 이야기(源氏物語)》는 세계문학 사상 최초의 심리 소설로 일컬어지고 있다(그림 3-1).

중국에서 유교는 도덕 교육을 강조했다. 남자라면 적어도 인생에서 도덕적 완성을 추구해야 했다. 가족과 국가는 위계질서 안에서 모든 구성원이 정해진 의무를 제대로 알고 제대로 행할 때 번영할 수 있는 것이며, 국가는 남성과 여성 모두의 삶을 통치하되 가족을 부양하고 노인과 어린이를 보호하는 데 집중했다. 유교는 일반적인 큰 틀 안에서 다양한 관습을 허용했는데, 심지어 이혼도 가능했다. 중국에는 단일한 하나의 문화만 존재했던 것이 아니다. 가장 부유하고 지위가 높은 가문에서만 일부다처제 관습이 있었고, 불교가 확산되면서 자유를 얻는 여성들도 일부 있었다. 그들은 가족과 결혼의 의무에서 벗어나 승려가 되었다. 전족(纏足)은 송나라 때 궁중에서 시작된 풍습이었는데, 명나라(1368~1644) 시기에 사회 전반으로 확산되었다. 여성에 관한 젠더 선입

---

8 Wilt Idema and Beata Grant, *The Red Brush: Writing Women of Imperial China* (Cambridge, MA: Harvard University Press, 2004): 6.

〔그림 3-1〕 아내를 방문한 겐지 왕자, 《겐지 이야기》의 삽화

관과 여성에게 부여되는 역할은 다양했지만, 그렇다고 해서 유교 도덕성의 기본 원칙이 침해될 소지는 전혀 없었다.

여성과 가족: 유럽

중세 유럽은 지역별로 분열되어 있었기 때문에 중간천년기 초기에는 침략을 당하기 쉬운 상태였다. 또한 그래서 새로 이주해 들어온 사람들이 아시아에서처럼 기존 문화에 동화될 가능성도 더 적었다. 이런 상황에서 두 가지 가족 패턴이 등장했다. 지중해 지역에서는 로마 후기 교회법(Canon law)에 따라 대가족 단위를 장려했다. 비잔티움 제국, 이탈리아, 스페인 등지에 이러한 관습이 확산되었다. 한편 북부 지역에서는 소가족 패턴이 유행했다. 소가족 패턴은 새로 결혼한 부부가 새로운 곳에 거처를 마련하는 관습이었다. 여성과 남성의 결혼은 비교적 늦은 나이에, 그러니까 약 20세 정도에 이루어졌다. (남부 유럽에서는 남자 20세, 여자 14~18세 정도였다.) 교회법은 이혼을 금지했다. 그러나 권력 있는 사람들은 교회를 통해 혼인 무효 판결을 받을 수 있었다. 정당한 결혼을 위해서는 허가가 필요했지만 현실적으로 꼭 그런 것은 아니었다. 결혼을 통해 만들어진 새로운 가족은 미개척지를 개간하거나 물건을 만들거나 상거래에 종사했는데, 이러한 관습은 중세 유럽의 경제가 성장하는 데 밑거름이 되었다. 남부와 북부를 막론하고 신부값(morgencap, 혹은 그 변형) 관행이 있었다. 계약에 따라 신부는 남편 재산의 일부를 받아 소유하고 재량껏 사용할 수 있었다. 1140년 이후 이탈리아에서, 그리고 그 뒤에 스페인과 남부 프랑스 지역에서 신부의 아버지가 사위에게 지참금을 주는 관행이 생겨나 남편이 신부값을 지불하는 관행을 대체했다. 그에 따라 여성은 친정에서 유산을 받아가지고 결혼했으며, 남편이 마음대로 그 재산을 처리했다. 법적으로 남편은 아내의 지참금을 불리되 헤프게 쓰지 말아야 한다고 규정되어 있었지만, 현실적 상업 경제에는 위험이 수반되기 마련이었다.

잉글랜드는 영미법(common law)을 따랐는데, 페메 솔레(feme sole)라고 하는 미혼 여성의 지위가 법으로 정해져 있어 재산을 소유할 수 있었다. 그러나 결혼하면 소유권을 상실했다. 다만 과부가 되면 다시 소유권을 돌려받을 수 있었다. 여성의 재산권은 여성의 가족 및 경제적 역할에 상당한 영향을 미쳤다. 여성이 노동 수입을 가질 수 있거나 재산권을 가

[그림 3-2] 실을 잣는 독일 가족, 16세기

질 수 있는 곳에서는 여성 스스로 생산과 교역에 참여했다(그림 3-2). 로마의 지참금 정책이 12세기에 다시 남부 유럽에 도입되었다. 그에 따라 여성의 재산권이 제한되었고, 물품 생산에서 여성의 역할이 축소되었다. 이는 가족에게도 영향을 미쳤다. 여성이 결혼할 때 가져온 재산은 평생에 걸쳐 가족 가운데 여성의 지위를 좌우하는 문제였기 때문이다.

중세 유럽에서 여성은 대부분 결혼을 했다. 하지만 일부 독신 여성은 스스로 독립 가정을 이루거나, 혹은 재산을 들고 기독교 수도원으로 들어가기도 했다. 당시 존경받는 성인들 중에는 여성도 많았다. 교회는 폐쇄 수녀원을 운영했지만 경우에 따라서는 베긴회(Beguines) 같은 여자 수도원도 허용했다. 베긴회 수녀들은 도시에 살면서 공동체를 위한 사회사업에 종사했다. 종교 기관에서는 일부 여성에게 문필 능력을 기대했다. 수녀들의 문학 작품은 지금 우리에게도 전해지고 있다. 수녀원장이자 시인이자 작곡가이자 과학자였던 힐데가르트 폰 빙엔(Hildegard von Bingen, 1098~1179) 같은 인물도 있었다. 평신도 여성 가운데서도 다양한 작품을 남긴 인물들이 없지 않았다. 안나 콤니니(Anna Komnene, 1093~1153)는 11세기 후기에서 12세기 사이, 즉 십자군 시대의 비잔티움 제국 정치사를 다룬 주요 저작 《알렉시아스(Alexias)》를 저술했다. 또한 살레르노의 트로툴라(Trotula of Salerno)는 여성의 질병에 관한 유명한 글들을 집필했다.[9]

중세 유대인 가족은 흔히 무슬림 혹은 기독교 세계의 주변부에서 어려운 삶을 살았다. 당시 단정하지 못한 여성의 행동은 비난의 대상이었으며, 처형까지도 가능한 사안이었다. 중세 후기 유럽의 유대인은 정해진 복식을 입어야 했다. 예를 들면 신발의 색깔 같은 것도 정해져 있었다. 그렇게 해도 처형이나 추방을 피하지 못했다. 유대인 여성은 어린 나이에 지참금을 가지고 결혼을 했다. 유대인 여성과 남성은 모두 이혼을 제기할 권리가 있었다. 카이로에서 유대인 여성은 이웃의 무슬림 여성과 마찬가지로 단단히 폐쇄된 생활을 했다. 유대인 공동체에서 벗어난 인물과의 접촉은 남성보다 여성에게 훨씬 더 위험한 일이었다. 유대인 여성은 서양 기독교 또는 이슬람 여성에 비해 문자 교육을 받거나 직업을 가질 기회가 더 많았다. 12세기 카이로에 카리마(Karima)라고 하는 이혼 여성이 살았는데, 그는 수놓은 직물을 거래하는 중개상이었다. 그리고 윈체스터의 리코리시아(Licoricia of Winchester)라고 하는 여인은

---

9 *The Trotula: An English Translation of the Medieval Compendium of Women's Medicine*, ed. and trans. Monica H. Green (Philadelphia: University of Pennsylvania Press, 2001).

1277년에 살해되기 전까지 성공한 은행가이자 집안의 기둥이었다. 이슬람과 기독교 이웃의 후원을 받아 의사가 된 유대인 여성도 있었다. 경제 활동 가운데 종교적으로 꺼리는 일이 있었고, 거기에서 유대인 여성이 활동했다. 그래서 유대인 여성은 특히 유대인이 아닌 사람들과 사업을 하고 빚을 받아내는 등의 일을 지속했다.

종교와 여성

중간천년기의 주도적 종교는 모두 예외 없이 가부장적 문화를 받아들였지만 굳이 여성을 배척할 이유는 없었다. 교리에는 나름대로 여성의 권리를 보장하기 위한 최소한의 기준도 있었다. 그러나 지역마다 고유의 법과 관습 앞에 종교적 원칙은 손쉽게 무너졌다.

붓다(Buddha)는 남성과 여성 모두에게 열반의 길을 열어주었다. 그러나 붓다 사후에 얼마 지나지 않아서 남성 성직자들은 여성 성직자들의 지위를 격하시켰다. 기독교에서는 남성만 성직자가 될 수 있도록 했다. 왜냐하면 남성은 "예수 그리스도의 이미지"를 그대로 받았지만 여성은 그렇지 않기 때문이었다. 중세 탈무드 연구 학자들은 여성에 비해 남성이 우위에 있음을 논증했고, 여성을 "타자(other)"로 규정했다. 쿠란은 여성에게 다만 겸손하고 가족의 명예에 걸맞게 행동하라는 정도의 의무만 부과했지만, 이슬람 문화에서는 여성의 격리를 선호했다. 이슬람으로 개종한 사람들은 이슬람 문화의 관행을 따랐다. 하렘(harem)은 이슬람의 출현보다 훨씬 오래된 풍습이었지만, 이슬람 이후에도 지속되었다. 유대인, 기독교인, 불교인, 무슬림 등이 모두 여성을 격리하고자 했는데, 이는 남성 중심적 시각이었다. 즉 남성을 유혹으로부터 지키고자 하는 취지였다. 중세의 세계 종교는 모두 남성을 일반적 기준으로 삼았고, 그러다 보니 여성은 남성에 비해 가치가 미흡한 존재였으며, 그런 의미에서 남성에 비해 열등한 존재였다. 그러나 서양 기독교의 여성 신비주의자들은, 예를 들어 교황과 유럽의 통치자들에게 자신의 예언과 충고를 담은 편지를 보내곤 했던 시에나의 성녀 카테리나(Caterina da Siena)는 실천적 기독교의 대안을 밝혀줄 많은 글을 썼다. 그 내용은 당시의 주도적인 신학과는 분명히 차이가 있었다. 여성 성직자, 성인, 신비주의자를 숭배하는 문화는 여성의 사회적 소외를 어느 정도 만회해주는 계기가 되었다. 그러나 영적으로 그러한 권능을 가진 인물은 극히 드물었다.

서유럽에서 젠더에 관한 아리스토텔레스의 사상은 대학교를 비롯한 교육 기관에 다시 소개되었고, 13세기에 가장 집중적으로 연구되었다. 토마스 아퀴나스(Thomas Aquinas, 1225~1274)의 스콜라 철학에서는 "여성"을 하나의 보편적 범주로 설정하고, 극단적 대립 구조로 이를 설명하고자 했다. 즉 스콜라 철학에 따르면 여성은 수동적인 반면 남성은 능동적인 신의 이미지를 대신하는 존재였다. 이처럼 스콜라 철학은 근본주의적 입장에 기타 여러 가지 속성을 덧붙였다. 남성에게는 순수, 완성 지향, 홀수, 유일, 오른쪽, 정사각형, 휴식, 직선, 빛, 도덕적 선의 속성이 부여되었고, 여성에게는 물질, 완성 지향성 부재, 평범, 짝수, 왼쪽, 타원형, 이동, 곡선, 어둠, 악의 속성이 부여되었다.[10] 지나친 도식화로 나아가게 된 것이다.

---

10 Ian MacLean, *The Renaissance Notion of Woman: A Study in the Fortunes of Scholasticism and Medical Science in European Intellectual Life* (Cambridge University Press, 1980): 1-7.

아시아의 (개종을 강요하지 않는) 종교는 젠더와 관련해서 어떤 특별한 신념이나 도그마가 없었다. 중국에서는 일찍이 음(陰)과 양(陽)의 이원론이 출현했다. 각자는 상대방을, 즉 음은 일부 양의 속성을, 양은 일부 음의 속성을 포함하고 있는데, 외부와 내부가 성적으로 결합하여 하나가 된다. 이는 남성과 여성의 정체성과 관련해서 놀라울 만큼 유연하게 적용되었다. 아마도 서양과 달리 그들에게는 굳이 극단적 대립 구도를 만들어야 할 종교적 도그마가 없었기 때문일 것이다. 남아시아의 경우 배우자가 있는 여신은 이로운 신이고 배우자가 없는 여신은 위험하다는 인식이 있어서 젠더 관념에도 영향을 미쳤지만, 그것이 항상 부정적이지는 않았다. 인도에서는 금욕적 수도를 하는 남성이 존경받았지만 두려움의 대상이기도 했고, 그에 비해 여성은 삶의 에너지(sakti)를 지닌 존재로 인식되었다. 이는 극단적 고행을 방지하는 균형을 이루었다.[11] 남아시아의 타밀 지역에서는 여성을 혐오하는 견해가 있었지만 동시에 여성의 올바른 행실과 자비를 찬양하는 찬가가 균형을 맞추었다.

메소아메리카의 여러 민족 사이에서는 출산과 전쟁을 같은 선상에서 바라보는 문화가 있었고, 이를 태양신과 결부시켜 설명했다. 전쟁에서 죽은 자, 노동을 하다 죽은 자와 마찬가지로 출산하다 죽은 여인도 찬양의 대상이었다. "남편과 부모는 기뻐하리라. … 그녀는 죽음의 세계로 간 것이 아니라 하늘의 세계로, 태양의 집으로 간 것이기 때문에."[12]

---

11 Frédérique Apffel Marglin, "Female Sexuality in the Hindu World," in Clarissa W. Atkinson, Constance H. Buchanan and Margaret R. Miles (eds.) *Immaculate and Powerful: The Female in Sacred Image and Social Reality* (Boston: Beacon Press, 1985): 47.

중간천년기 북아메리카의 경우, 여성과 종교에 관련된 구체적 정보를 얻기란 쉽지 않은 일이다. 그러나 적어도 이로쿼이(Iroquois)-알곤킨(Algonquin) 연맹에 소속된 부족(Haudenosunee)들은 남성 중심적 패턴에서 벗어났던 것 같다. 5개(때로 6개) 부족 연합인 이로쿼이 연맹은 유라시아의 패권 세력이 그랬던 것처럼 정복 전쟁을 통해 영토를 확장해 나갔다. 그러나 그 과정에서 여성의 종속을 강제하지는 않았다. 이 시기에 간토위사스(gantowisas)라고 하는 여성 의회가 결성되어 남성 의회와 균형을 맞추었다. 당시의 부족 문화를 롱하우스(longhouse) 문화라 하는데, 모계제(matrilineality)가 특징이었고, 종교 의례가 이를 뒷받침했다. 간토위사스는 남성 의회에서 논의할 의제를 결정할 권한이 있었다. 외부의 적들에 대해서도 결코 호전성을 숨기지 않았던 간토위사스는 이로쿼이 연맹 부족들의 평화적 관계 형성에 기여했으며, 동맹을 공고히 하는 데 중요한 역할을 했다. 아마도 정부의 대의(代議) 체제 형성에도 비중 있게 참여했던 것으로 추정된다.

노예제와 젠더

중간천년기의 젠더, 가족, 섹슈얼리티(sexuality, 성별 구분)와 관련된 상식이 어떠했는지는 노예 문제를 통해 그 실체가 보다 분명하게 드러난다. 가정에서 거느린 노예와 그를 공급한 상거래 네트워크가 연구의 대상이다. 당시 세계 곳곳의 부유한 가문에서는 노예를 이용하여 생활

---

12 Rosemary A. Joyce, *Gender and Power in Prehispanic Mesoamerica* (Austin: University of Texas Press, 2000): 172.

의 안락을 도모했다. 마르크 블로크(Marc Bloch)는 서구 사회의 경우 9세기 이후로 더 이상 노예 문제와 관련이 없었다고 낙관적 견해를 피력한 바 있지만, 사실은 그렇지 않았다. 유럽의 노예제는 13세기까지도 살아남았다. 대개는 여성 노예였다. 당시 노예는 주로 집안일에 이용되었다. 다만 지중해 지역에서 전쟁이 벌어질 때나 인도 지역으로 무슬림이 팽창할 때 가끔 남성 노예 거래가 없지는 않았다. 유럽에서 이용한 여성 가사 노예는 외국에서 데려왔다. 아마도 종파주의자나 이단자, 이교도 등으로 지목된 사람들이었을 것이다. 제4차 라테란 공의회(Lateran Council, 1215)에서 이들의 자유권을 박탈하기로 했기 때문이다.

당시에는 가정의 일상생활이나 물품 생산에서 중노동이 필요한 경우가 많았다. 이를 해결할 대안이 바로 노예였다. 이외에도 계약 노동자, 임금 노동자, 숙식만 제공하는 조건으로 일하는 사람들, 함께 거주하지 않고 출퇴근하는 노동자 등이 있었다. 노예는 교역 시장에 내다 팔 물건을 생산했다. 다른 가족 구성원과 하인뿐만 아니라 가정에 종속된 인력이 모두 노예와 함께 일했다. 직물 생산 경험이 있는 여성 노예는 시장 가격이 올라갔다. 베네치아에서는 신발 제조 작업장을 비롯하여 숙련공이 필요한 곳에서 노예를 고용했다. 힘든 일은 주로 노예가 맡았고, 자유민 노동자는 고급 기술에 단가가 높은 일을 담당했다.

젊은 여성 노예는 가끔 첩으로 팔려 가기도 했다. 중국에서는 음악, 무용, 낭송을 잘하는 노예가 비싸게 팔렸다. 그래서 첩실로 들어갈 노예라면 이와 같은 기술을 익히고 문필 교육을 받아 주인을 기쁘게 해주어야 했다. 남성은 능력 있는 노예를 사고팔았으며, 선물로 주는 경우도 있었다. 11세기 바그다드에서 출간된 이븐 부틀란(Ibn Butlan)의 안내서에는 노예 소녀의 값을 어떻게 매겨야 할지 길게 설명하는 대목이 포함되어 있다.[13] 이슬람 가정에서 주인의 아이를 출산한 노예 여성은 주인의 사망 시점을 기준으로 노예에서 해방되었다. 이는 무함마드가 규정한 노예의 제한 조건 가운데 하나였다. 그러므로 여성으로서는 합법적으로 노예 신분에서 벗어날 수 있는 길이, 비록 비좁지만 없지 않았다. 그렇다고 해서 가족이나 하렘에서 벗어날 수는 없었다. 다만 노예 여성이 출산한 아이는 신분을 물려받지 않았으며, 심지어 술탄의 자리에 오른 인물도 있었다. 기독교 가정에서는 노예가 출산을 하더라도 신분에서 해방되는 일이 없었다. 그러나 주인의 의지가 있다면 불가능한 일도 아니었다. 이렇다 보니 예컨대 이베리아반도의 발렌시아(Valencia)처럼 두 종교가 공존하는 지역에서는 혼란이 빚어졌다. 그래서 1261년 도시의 기독교도 시민은 무슬림의 관행에 따라 법을 개정했다.

중국의 대규모 가정에서는 노예 계약 문서를 사용했다. 인도 북서부 지역 항구 도시에서도 마찬가지였다. 한편 서양에서는 도시 행정 기관에서 노예를 등록해두었다. 중국, 인도 북서부, 유럽은 자유민과 노예 인구를 법적으로 분명히 구분했다. 시민의 재산권을 관리하려면 기록 문서를 근거로 해야 했기 때문이다. 중국에서 노예 계약서는 7세기 당나라의 법률(唐律)에 근거를 두었고, 인도에서는 항구 도시의 법률을 기반으로 했으며, 유럽에서는 로마법(Roman law)과 이후 6세기 유스티니아누스 황제 시기에 편찬된 로마법대전(Code of Justinian)을 근거로 했

---

13 Murray Gordon, *Slavery in the Arab World* (New York: New Amsterdam, 1989): 66.

다. 중국과 유럽에서 비슷한 양상이 나타났던 점은 주목할 만한 일이다. 중국에서 731년에 11세 노예 소녀를 매매한 문서를 보면, 가격은 비단 40필로 적지 않은 금액이었다. 매매 계약서에는 노예와 증인의 이름을 비롯하여 필요한 모든 요소가 기록되었으며, 노예가 천한 계급 출신이란 사실도 적혀 있었다. 1281년 라구사(Ragusa, 두브로브니크)에서 흘룸(Hlum, 헤르체코비나) 출신의 젊은(어린) 여성 모이사(Moysa)를 터무니없이 비싼 가격(은화 7.5 grossi)에 거래했다는 기록도 있다. 모이사 같은 슬라브인은 유럽에서 노예로 매우 흔했기 때문에, "슬라브(Slav)"라는 민족 명칭이 유럽의 여러 언어에서 "노예(slave)"라는 단어의 어원이 되었다.

남아시아 가정에서는 예를 들어 음식 준비 같은, "불가촉천민"에게 맡길 수 없는 임무를 노예에게 맡겼다. 11세기 이후 이슬람이 진출하면서 이 지역에 전례 없이 많은 노예가 등장했다. 인도 북서부 지역에서 1000~1025년 마흐무드(Mahmud of Ghazni)가 통치하던 시기에 그에게 정복당하여 노예로 전락한 인도 사람들이 노예 시장에서 활발히 거래되었고, 그 결과 인도의 노예가 중앙아시아로 확산되었다. 델리 술탄국(1206~1556)에서 인도인 노예를 마음껏 사들였다는 기록도 있다. 기독교 문화권이나 다른 이슬람 문화권의 경우와 달리 인도 북부 지역에서는 노예에게 일정한 권리가 보장되었다. 예를 들면 결혼을 할 수 있었고, 여성 노예가 출산한 아이에게도 부계 혈통을 상속할 권리가 주어졌다.

대부분의 종교는 노예제를 용인했고 노예 거래의 정당성을 인정했다. 교황 인노켄티우스(Innocentius) 3세도 제4차 라테란 공의회에서 이를 승인했다. 예언자 무함마드는 "노예의 족쇄를 가볍게 하도록" 했고, 이렇게 노예 소유주의 절대 권한에 대한 일부 제한을 요구함으로써 이슬람에서 "노예제를 더 확고히 고정시켰다".[14] 인도에서는 집안에 노예를 거느린다는 사실 자체가 집안의 체면을 높여주는 일이었고, 노예 중개상이 활동했기 때문에 노예 무역과 외부 정복 전쟁이 특별한 관련은 없었다. 중국에서는 노예 시장이 세분화되어 있었다. 노예, 하인, 양아들을 구하는 시장이 서로 달랐다. 어려서 팔려 가는 여성 노예는 살다가 첩실이 되면 면천의 기회가 있었다. 집안에서 태어나는 모든 사람에 대하여 법적 정당성을 결정할 권한은 가장에게 있었다. 당나라의 법률에서는 노예 거래를 분명하게 규정했다. 즉 "노비(奴婢)는 돈이나 물건처럼 주인의 의지에 따라 처분할 수 있도록" 규정했고, 사회적으로 귀족과 평민, 그리고 노예 같은 하층민을 엄격히 구분했다.[15]

중간천년기의 어떤 국가나 제국의 경제가 어느 정도로 노예제에 의존했는지, 부유한 가정 중에서 얼마나 많은 가정이 노예를 거느렸는지를 확인하기란 쉽지 않다. 가족에 관한 법적 규정은 노예를 처리할 권한까지 포괄했다. 여성도 자신만의 노예를 소유했으며, 특히 중동과 유럽에서는 신부가 결혼할 때 노예를 함께 데리고 가기도 했다. 노예를 기꺼이 해방시키는 행위는 유럽과 이슬람 세계에서 모두 칭송할 만한 일로 여겨졌으며, 자발적 노예 해방이 중세 시대 노예제의 완화에 일정한 기여를 한 것으로 알려져 있었다. 그러나 냉정하게 볼 때 늙은 노예를 해방시키는 것은 노예를 먹여 살려야 할 주인의 의무를 덜어내는 일이기

14　Ibid., 19
15　James L. Watson, "The Chinese Market in Slaves, Servants and Heirs," in *Asian and African Systems of Slavery*, ed. James L Watson (Berkeley: University of California Press, 1980): 240-1.

도 했다. 로마법에 따르면 "나의 노예의 아이는 나의 노예"였다. 이 원칙은 유럽의 법률에도 그대로 전해졌으며, 13세기 유럽인이 크레타섬에서, 그리고 이후 대서양의 여러 섬과 마침내 아메리카 대륙 식민지를 개척하던 시기 플랜테이션 농장에서도 그대로 통용되었다.

중간천년기가 끝나갈 무렵 노예 시스템은 크게 확장될 준비가 되어 있었다. 처음에는 플랜테이션 농장에서 노예를 고용하는 시스템이 발달했고, 이후 지중해에서 노예가 노를 젓는 갤리선이 다시 등장했다. 14세기 오스만 제국은 전쟁에서 잡혀 온 기독교 소년 노예들로 유럽 최초의 상비군을 설치했다. 맘루크(mamluk) 군대에서는 이들을 예니체리(yeniçeri)라 했다. 이들은 결혼이 금지되었다. 중국에서 노예는 사치품의 일종으로 간주되었고, 유럽에서도 수 세기를 거치는 동안 노예의 값이 올라갔다. 가정에서 부리는 노예는 그 집이 부유하다는 표식이 되었으며, 그만큼 가정 경제가 평등하지 않았음을 알 수 있다. 주로 지역 내 전쟁의 결과로 노예가 생겨났지만, 가난한 부모가 직접 아이들을 노예로 팔아넘기는 경우도 많았다. 그러므로 노예는 한 사회 내에서의 불평등뿐만 아니라 무역 관계를 맺고 있는 지역 간의 불평등을 나타내는 지표로도 해석될 수 있다. 중간천년기에 노예는 세계 전반적으로 인정되고 있었으며, 거래 계약이나 강압적인 처우도 용인되는 분위기였다.

집안에서 일하는 노예는 대개 여성이었다. 그것이 중간천년기 동반구 노예제의 특징이었다. 노예 정책은 사회의 법적 체계에 포함되어 있었다. 이전 시대와 달리 중간천년기의 노예는 대개의 경우 기본적인 농업 노동에 필요한 존재가 아니었다. 그럼에도 불구하고 법적 체계에서는 이전 시대로부터 노예 관련 조항을 그대로 전수받아 사용했다. 주인은 유산으로 노예를 물려받았고 여성 노예가 출산한 자녀를 다시 주인의 노예로 소유했기 때문에, 시대는 변했지만 가정에서는 여전히 노예 시스템이 지속되었다. 노예는 하나의 재산(動産, chattel)이었기 때문에 여성 노예의 재생산은 사고팔 수 있는 것이었고, 이는 여성의 종속과 수동적 개념을 더욱 강화했다. 가정에서 노예를 거느리는 관행은 통치자나 소수 엘리트 계층의 전유물이 아니라 도시민에게 널리 통용되는 풍습이었다. 강제 처분 권한이 여전히 지속되었음에도 불구하고 가정 노예는 큰 틀에서 가족의 범주 안으로 편입되었다.

섹슈얼리티: 성적 구분

중간천년기의 섹슈얼리티(성별 구분)를 고려할 때 가장 두드러지는 주제는 젠더 문제다. 성별에 따른 사회적 반응과 출산 등의 주제는 젠더를 통해 이해되기 때문이다. 당시 여행가들의 증언을 들어보면 성별과 관련된 풍습에 얼마나 다양한 문화가 있었는지, 그리고 타문화의 관습을 얼마나 편협하게 받아들였는지 알 수 있다. 관찰자(고대의 여행가)는 남성의 시선을 가지고 있었기에, 여성을 남성의 욕망의 대상으로 전제했다. 마르코 폴로(Marco Polo, 1254~1324)는 몽골에서 목격한 일부다처제 풍습에 대해 이야기했다. 그에 따르면 쿠빌라이 칸에게는 네 명의 아내가 있었고, 각자에게 분리된 화려한 궁전을 주었다고 한다. 칸이 이용하는 하렘에는 웅구트(Ungut, 즉 위구르) 지방에서 선발한 400~500명의 여인이 있었는데, 당시의 웅구트는 미인으로 유명한 지방이었다. 그와 같은 규모는 마르코 폴로에게 인상적이었다. 마르코 폴로는 그곳의 젊은 여인들을 나중에 칸 수하의 귀족들에게 상으로 나누어 주었다는 증언도 덧붙였다.[16] 시리아의 아랍인 토후 우사마 이븐 문키드(Usama ibn Munqidh, 1095~1188)는 딸과 함께 티레(Tyre)의 목욕탕을 떠나는 프랑크인 아버지를 보고 왜 아이를 데리고 들어갔는지 물었다. 프랑크인 아버지는 "아이의 어미가 죽어서 머리를 감겨줄 사람이 없습니다. 그래서 내가 여자아이를 목욕탕에 데리고 가서 머리를 감겨주었습니다"라고 대답했다. 걱정을 덜어낸 우사마는 그 아버지에게 이렇게 말해주었다. "그렇다면 잘한 일이구나." 그는 마아라트 알-누만(Maʿarrat al-Nuʿman)의 목욕탕에서 프랑크인 남성을 보고 더욱 충격을 받았다. 그는 지역 풍습에 따라 무슬림 이발사를 시켜 음모를 깎았다. 너무 흡족했던 그는 아내까지 데려와서 음모를 깎도록 했다. 이발사가 아내의 음모를 깎는 동안 그는 기다리면서 그 장면을 지켜보았다. 프랑크인이 사생활을 쉽게 노출하고 성별에 따른 예의범절에 아랑곳하지 않는 모습을 보고 우사마는 프랑크인이 부끄러움이라곤 모르는, 그리고 다른 사람이 자신의 아내에게 가까이 가더라도 질투를 느끼지 않는 족속이라고 생각했다.[17] 인도 사람들은 흔히 관대하다고 알려져 있지만, 정부 관리나 하렘을 지키는 내시의 거세를 혐오스러운 관행으로 여겼다. 서구 기독교에서도 이와 비슷한 태도를 견지했는데, 다만 노래를 하는 사람들 가운데 카스트라토(castrato)는 예외로 보았다. 성별과 관련된 풍습은 타문화권 사람들

---

16 *The Travels of Marco Polo the Venetian*, trans. Willliam Marsden (Garden City, NY: Doubleday, 1948): 117-99.
17 Usama ibn Munqidh, *The Book of Contemplation: Islam and the Crusades*, trans. Paul M. Cobb (London: Penguin, 2008): 148-50. 그가 전하는 프랑크인 이야기의 사실성에 대해서는 논란이 있다.

이 볼 때 자못 충격적이었다.

이 시대에 여성의 신체는 대개 에로틱한 메시지로 이해되었다. 일본 회화에서는 욕망을 불러일으키기 위해 자극적인 누드화가 그려졌다. 페르시아 회화에서는 몸을 부분적으로 가리고 상대를 유혹하는 하렘의 여인을 즐겨 그렸다. 서구 기독교에서는 옷을 입은 여인의 성적 매력을 풍성한 옷자락과 장신구를 통해 표현했다. 르네상스의 고전적 부흥과 함께 에로틱한 그림풍에 누드화가 다시 추가되었다. 메소포타미아의 마야 회화에서 지위가 높은 사람들은 남녀를 막론하고 길고 직선적인 튜닉을 입었고, 남성 전사들은 세미누드로 생식기만 가린 허리띠를 착용했다.

과학 이론은 젠더의 시각으로 성적 문제에 접근하기도 했다. 예컨대 중국 의학에는 내외(內外)의 개념이 있었는데, 이를 통해 남녀의 성적 결합을 남성의 건강(활력) 관점에서 설명했다(저자의 설명에서 맥락이 지나치게 생략되어 보충하고자 한다. 중국 고대 의학에는 병이 겉으로 드러나면 병이 몸의 외부外部에 존재하고, 겉으로 드러나지 않으면 내부內部에 존재한다는 개념이 있었다. 이는 도교의 방중술에서 내단內丹과 외단外丹의 개념으로 이어졌다. 남녀 간의 성적 결합은 남성의 건강을 보조하는 내단술內丹術의 일종으로 설명되었다. 한편 중국 근대 의학에서 영어의 internal medicine을 內科, surgery를 外科로 번역할 때도 같은 개념이 적용되었다. *East Asian Science, Technology, and Medicine*, 17(2000), 15~65 참조 - 옮긴이). 한편 남녀의 성적 재생산은 음양(陰陽)의 개념으로 설명되는데, 세상 만물은 음양의 결합을 통해 다음 세대를 생산한다는 이론이다. 서구 기독교에서는 능동과 수동 개념으로 젠더를 구분했으며, 같은 맥락에서 아리스토텔레스의 단일정액이론(one-seed theory)을 지지했다. 또한 서양에는 이와 다른 전통으로 갈레노스(Galenos, c. 130~200/217 CE)의 체액이론(humoral arguments)이 있었는데, 출산에 관련된 신체기관과 그 기능, 성적 결합도 모두 그에 따라 설명했으며, 이중정액이론(two-seed theory)을 주장했다. 이후 이슬람이 이 전통을 계승했다. "단일정액이론"은 여성을 습하고 차가운 성질, 남성을 건조하고 뜨거운 성질과 연결하며, 남성만이 씨앗을 생산한다고 강조했다. "이중정액이론"은 여성도 정액을 생산하고, 여성의 정액 배출과 출산이 생리학적으로 관련된다고 믿었다. 또한 "씨앗(정액)"을 생산하기 위해 여성의 쾌락을 옹호했다.

인도에서는 성적 결합과 관련된 공식 논의가 거의 없었다. 아마도 성적 결합과 도덕적 죄악이 별로 관련이 없다고 믿었기 때문일 것이다. 유라시아의 다른 지역에서와 마찬가지로 인도에서도 "공적" 역할을 담당하는 여성에게 남성이 자유롭게 접근할 수 있었다. 그러나 대부분 가정에서는 조혼 풍습을 통해 신부에게 요구되는 처녀성을 통제하고자 했다. 카마(kama)란 쾌락을 뜻하는데, 여기에는 성적 쾌락도 포함되었다. 카마는 다르마(dharma, 의무와 운명), 아르타(artha, 부 혹은 재물)와 함께 인생에서 추구해야 할 세 가지 목표 중 하나였다. 카마를 가르치는 경전인 《카마 수트라》의 내용을 보면, 적어도 이론적으로는 남성보다 여성의 쾌락을 우선시했다. 성적 결합은 창조성, 생활의 활력과 연결되는 문제였다. 그러므로 성적 결합은 기본적으로 신성한 행위로 간주되었고, 가족들은 집안에서 그리고 사원에서 그 행위를 축복하는 의례를 거행했다. 이는 힌두교, 불교, 자이나교 전통에서 모두 마찬가지였다. 남아시아의 의학 이론에서는 신체와 마음과 영혼의 관념이 발달했고, 서로의 균형(ayurveda)을 강조했다. 남성의 경우 정액을 과도하게 배출하면 균형이 깨지는 원인이 되었으며, 성적 결합이 필요할 때는 생물학적 순환을 고려해야 했다. 밀교의 관습에서는 남성의 성적 흥분을 장려했지만, 더 높은 축복을 받으려면 내부로 시선을 돌려야 했다. 이와 같은 전통에서 이론적으로 여성은 품위를 손상시킨다기보다 도움이 되는 존재였다. 왜냐하면 성적 결합의 잠재력을 가진 존재이기 때문이다. 그러나 실제로 여성에게 보상을 했다는 증거는 거의 없다. 성적 결합을 둘러싼 의학, 종교, 철학 사상은 남성의 담론으로 만들어졌던 것 같다. 여성의 사회적·성적 생활과 직접적으로 연관되는 내용은 찾아보기 어렵다. 그러나 남녀가 옷을 바꾸어 입거나 혹은 여성에서 남성으로 변신했다가 되돌아오는 경우가 《리그베다》나 《우파니샤드》에서 발견되는데, 이는 남성뿐만 아니라 여성의 상상력에 따른 내용이었을 가능성도 있다.

정상과 비정상을 구분하는 관념은 성적 결합과 재생산에 관한 의학 내지 과학적 이해에 뿌리를 두고 있었다. 고대 산스크리트어 문헌에는 성적 취향과 관련된 기준이 있었는데, 《카라카(Caraka)》에서는 8가지 비정상을 분류했고, 조금 후대의 《수스루타(Susruta)》에서는 6가지 비정상을 기록했다(기원후 1~2세기). 레즈비언 가운데 남성적 성격의 여성에 대해서는 양쪽 문헌에서 모두 비정상으로 판정했다. 이외에는 모두 남성과 관련된 항목으로, 장애(굽은 성기, 불임) 혹은 성적 취향(관음증)이나 행동(동성애, 구강성교) 등이 포함되어 있었다. 성적 관습과 해부학적 비정상 및 불임은 서로 구분되지 않는 같은 종류의 문제로 취급되었다. 동성애 관습에 대하여 성적 결합에서 "수동적" 자세를 취하는 것은 타고난 것으로 간주되었고, 부모가 아니면 굳이 비난할 바가 없었다. 인도에서 동성애 관계의 수동적 남성은 정상 범주에 속했다. 다만 항문성교는 문제로 인식되었는데, 배변이 묻어 오염될 것을 우려했기 때문이다.

이슬람은 결혼할 신부에게 처녀성을 요구했고, 최소한 종교적 율법에서는 동성애를 허용하지 않았다. 하디스(hadith, 예언자 무함마드의 모범적 행동이나 언행 기록)에 따르면, 동성애자는 능동적 남성이든 수동적 남성이든 모두 돌로 쳐 죽이는 사형에 처해야 한다. 비잔티움의 법률에 따르면, 8세기의 에클로가(Ecloga, 황제 레온 3세가 726년에 편찬한 법전 - 옮긴이) 이후로 동성애 관계의 남성은 양측 모두 검으로 처형해야 한다. 1120년 나블루스(Nablus) 공의회에서 채택된 프랑크 제국의 법률은 비잔티움 법률의 영향이 매우 뚜렷한데, 동성애 관계의 남성을 화형에 처하도록 했다. 그러나 중동 지역 곳곳에서는 엄혹한 처벌과 동시에 에로틱한 동성애 사랑 시편도 남아 있다. 이슬람 문화권에서 술탄은 하렘에 여성뿐만 아니라 수많은 소년을 가둬두었다. 수피 신비주의 문학 중에는 남성 연인을 향한 사랑의 황홀경을 읊은 시편들이 있는데, 여기서 동성애는 신과의 결합을 상징하는 수단이었다. 연애시는 그 내용이 짝사랑에 대한 갈망으로 보이지만, 사회 전반적으로 인정받는 대중 문학 장르로 자리 잡았다.

중세 기독교에서 남자 동성애는 절대적 혐오의 대상이었고, 세속 권력 또한 이를 범죄로 처벌했다. 모든 종류의 간통에 대해서도 마찬가지였다. 처벌의 정도는 단순한 벌금형에서 사형까지 다양했다. 남성 대 남성이든 여성 대 여성이든 모든 동성애는 혐오의 대상이었고, 중세 후대로 갈수록 점점 더 무거운 처벌이 가해졌다. 동성애에 적용되는 법조문도 다양했다. 항문성교 금지 위반죄로 처벌할 수도 있었고, 이단죄를 적용할 수도 있었다.

기독교와 유대교는 남편 혹은 아내의 외도를 모두 간음의 죄로 간주했다. 고대 로마에서는 아내의 경우에만 외도로 처벌했다. 유대교와 달리 기독교는 독신을 매우 칭송했으며, 여성의 독신은 더더욱 그러했다. 12세기의 수도원 생활 교육서인 《처녀의 거울(Speculum virginum)》에 따르면 천국에 갔을 때 금욕에 대한 보상으로 결혼한 여성은 30배, 과부는 60배, 처녀는 100배의 보상을 받는다. 처녀에게 후한 상을 내린다는 관념은 중세 기독교에서 만들어진 것이다.[18] 참회기도문, 기독교 공의회의 결정, 11세기 그레고리우스 7세의 개혁안에서 모두 성직자의 순결을 강화했지만, 현실에서 결과가 언제나 말처럼 되지는 않았다.

중국에서 남자 동성애 문제는 그리 심각하지 않았다. 유교 윤리는 불교처럼 독신을 권유하지 않았다. 어쨌거나 양쪽 모두 결혼할 여성의 처녀성을 기대했다. 남자 동성애는 비정상으로 간주되었지만 가문의 수치까지는 아니었다. 도시에 남성 매춘부도 있었고, 일부 성도착자들이 세상의 관심을 모으는 경우도 있었다. 부유한 남성은 집안에서 동성애 관계를 맺기도 했다. 원하는 남자를 첩실로 들이는 방식이었다. 시 문학은 어렴풋한 언어로 동성애 감정을 표현하기도 했다. 도곡(陶穀)은 저서 《청이록(淸異錄)》에 이런 말을 남겼다. "오늘날 도성에는 몸을 파는 사람(鬻色戶)이 넘쳐난다. 남자도 돈을 받고 몸을 팔러 다니는데, 드나듦에 부끄러운 기색이 전혀 없다."[19] 중국에서 동성애는 때로 인기를 모으기

---

18 *Listen, Daughter: The "Speculum Virginum" and the Formation of Religious Women in the Middle Ages*, ed. Constant J. Mews (New York: Palgrave, 2001): 171.
19 Bret Hinsch, *Passions of the Cut Sleeve: The Male Homosexual Tradition in China* (Berkeley: University of California Press, 1990): 92.

도 했던 모양이다.

지역에 따라서 성적 결합과 젠더 문제가 뒤섞인 경우도 있었고 그렇지 않은 경우도 있었다. 중국에서는 남성 혹은 여성의 동성애가 서로 관련이 있다고 생각하지 않았고, "동성애"와 관련된 학문적 분류도 없었다. 동성애 관계에서 능동적이거나 수동적인 태도는 일탈로 간주될 뿐이었다. 인도에서 젠더의 특징적 행동 혹은 성격에서 벗어나는 남성은 문란하고 음란한 소녀 혹은 매춘부에 비견되었고, 그래서 제3의 성으로 간주되었다. 무슬림은 동성애를 죄악시한 교리에도 불구하고, 동성애를 찬양하지도 않았지만 특별히 혐오의 대상으로 증오하지도 않았다. 관련된 법적 규정도 없었고, 동성애자를 제3의 젠더로 간주하는 일도 없었다. 북아메리카에서는 남성이 여성과 같은 옷을 입고 여성적 행동을 하는 경우 제3의 성으로 간주되었으며, 그중 일부는 남편을 구하기도 했다(이를 후대의 유럽인은 "berdache"라 했는데, 오늘날에는 일반적으로 "two-spirit people"이라 한다). 서유럽에서 제3의 젠더 범주는 때로 독신자와 관련되었다. 독신 생활을 하는 모든 성직자와 수도승이 이 범주에 포함되었고, 여성은 성스러운 처녀로 신성시했다. 이성애자의 범주를 벗어나는 광범위한 행위가 모두 제3의 젠더에 포함되었다.

과거에는 여성과 성관계를 맺은 여성이 비난받지 않았을 거라고 믿었지만, 연구 결과 사실이 아니었다. 과거에 그렇게 믿은 이유는, 여성이 여성을 유혹하는 일이 남성이 그렇게 하는 일과 달리 사회 질서에 그다지 해를 끼치지 않는다고 생각했기 때문이다. 그러나 서양에서 그러한 여성은 비록 "조용한 죄인"이지만 어쨌든 죄인으로 처벌을 받았다.[20] 이슬람에는 여성의 동성애와 관련된 지식이 있었으나, 이를 지칭하는 어휘들(sahiqu, sahhaqa, musahiqa)은 감정보다 행위를 일컫는 것이었다. 아랍의 성애(erotic) 문학에서 레즈비언은 쾌락에 도달하는 방법을 서로에게 가르치는 존재로 등장했다. 종교의 율법에서 레즈비언 행위는 남성의 동성애에 비해 처벌 강도가 약했다. 인도의 의학 서적에서 남성적 여성이나 레즈비언은 비난의 대상이 아니었다. 다만 그 책임은 부모에게 귀속되었다. 중국의 명나라 시기 문학 작품에서 레즈비언은 일부다처제에 어긋남이 없었고, 오히려 남성의 환상으로 간주되었다. 서로 사랑하는 두 여성이 함께 한 남자를 상대하며 서로 질투하지 않기 때문이다. 경쟁심이 제거되었기 때문에 남성은 가정의 평화와 화목을 걱정하지 않고 오로지 쾌락에 몰두할 수 있었다.[21] 유라시아 전역에 걸쳐 남성에게는 여성이 동성애에서 쾌락을 찾을까 우려하는 면이 있었다.

당시는 어디서나 여성이 부족했고, 그래서 상대를 찾지 못한 남성들이 많았다. 그럼에도 불구하고 내밀한 관계는 핵가족(nuclear families) 안에서 통제되어야 하며, 그것이 남녀를 막론하고 성적 과잉이나 일탈을 막을 수 있는 가장 중요한 보루라고 믿었다. 당연히 미혼 남성이 모이는 곳에는 성매매가 번성했다. 이슬람은 일부다처제를 옹호하고 가족 내에서 첩실을 허용했다. 그렇게 하면 일부일처제에 비해 자식에게 주어지는 이익이 줄어들긴 하지만, 여성의 과도한 성적 일탈을 막기 위한 수단이 될 수 있다고 믿었다. 다른 문화권에서와 마찬가지로 무슬림 세계에

---

20 Louis Crompton, "The Myth of Lesbian Impunity: Capital Laws from 1270-1791," *Journal of Homosexuality* 6 (1980/81): 13-25.
21 See Tze-lan Deborah Sang, *The Emerging Lesbian: Female Same-Sex Desire in Modern China* (Chicago: University of Chicago, 2003): 49.

서도 남녀 성비는 여성에게 불리했다. 독신 남성 무슬림은 합법적 성생활을 할 수 없었다. 이는 이슬람에서 이해하는 완전한 남자다움을 위태롭게 하는 조건이었다. 일부일처제가 더 흔했던 서양에서는 종교와 행정 당국이 갈수록 가족의 성적 관계를 통제하려 했지만, 성적 결합과 관련하여 남성을 억제하거나 단속하는 데 성공하지는 못했다. 유대인 랍비들은 남편이 육욕을 억제하도록 강력히 권고했고, 기독교 성직자들은 사순절과 축일(祝日)에 성적 결합을 자제하라고 가르쳤다. 그 때문에 달력에 표시되는 날짜가 상당히 많았다.

결론

젠더와 관련된 선입관과 여성의 삶은 가족에게 변화가 닥쳤을 경우의 적응력, 손상을 입었을 경우의 회복 탄력성, 가족 구성원 모두가 잠재력을 온전히 사용할 가능성 등을 측정하는 리트머스 시험지와 같다. 중간천년기의 여성은 역동적인 역사의 흐름 위에 놓여 있었다. 이는 젠더에 따른 기대치가 여성에게 호의적이었다는 의미가 결코 아니다. 종교와 행정 당국은 가족을 통제하기 위해 가족 구성원을 엄격히 관리했고, 특히 여성에게 제한 조건을 부가하는 경우가 많았다. 남성의 경우 젠더에 따른 기대치는 거의 변함이 없었다. 유라시아 지역과 접촉이 없었던 극히 일부 지역을 제외하면 어디서나 가부장제가 만연했다. 중간천년기를 거치는 동안 남성 사이의 위계질서는 더욱 강화되었다. 부유하고 나이 많은 사람이 젊은 사람보다 위에 서는 방식이었다.

젠더는 문화의 산물이었다. 때로 젠더는 남성 혹은 여성의 삶을 혹독하게 혹은 관대하게 만드는 면이 있었다. 이는 처한 환경과 도덕관념에 따라 달랐다. 전쟁이나 정복 혹은 상실의 위협이 있는 곳에서 여성의 고립은 대개 더욱 강화되었다. 그러나 여성 전사의 전통, 즉 일본의 소녀 사무라이(女武者)에서부터 스칸디나비아의 방패-소녀(shield-maidens)에 이르기까지 다양한 사례에서 보듯이, 때로 여성이 젠더 선입관에서 벗어났고, 사회적으로 남녀가 동등한 능력이 있다는 사실을 인정받았다. 젠더에 대한 과학 이론은 대체로 성적 행위에 관련되었다. 이 점에 있어서는 중간천년기부터 근대에 이르기까지 별다른 변화가 없었다.

중국의 법률에는 결혼, 양육권, 상속 등에 관한 가족 공유의 내용이 충분히 담겨 있었고, 따라서 가족의 범위 또한 분명했다. 인도에서 오랜 세월을 거치며 형성된 친족 집단의 관습 또한 마찬가지였다. 이슬람의 정복 이후 샤리아 율법이 시행되자 인도, 동남아시아, 중동, 북아프리카의 가족 관습이 그에 따라 규정되었다. 그러나 이슬람 율법이 이 광대한 지역의 전통적 관습을 전부 몰아낼 수는 없었다. 유대인의 경우 법적 문서, 윤리적 설교, 지역을 담당하는 랍비 등이 가족을 규정하고 유대인 여성에게 복종을 요구했는데, 순종하는 사람들도 있었지만 반항하는 사람들도 있었다. 유럽 기독교는 예외적인 경우에 속했다. 데이비드 헐리히(David Herlihy)의 연구에 따르면, 유럽에서 "가족" 개념이 처음으로 온전히 생겨난 시기는 중세 이후였다.[22] 이후 일부일처제 가족이 발달했고, 가족 내 위계질서가 점차 강화되었으며, 시민법과 교회법 모두 가족의 삶에 점점 더 깊숙이 관여했다.

---

22 David Herlihy, *Opera Muliebria: Women and Work in the Middle Ages* (New York: McGraw Hill, 1990).

1500년을 기준으로 세계 전체를 살펴보면 일부일처제가 비교적 보편적인 결혼의 양상이었다. 유럽의 기독교인과 유대교인은 일부다처제를 거부했고, 중국의 평민도 일부일처제 풍습을 지켰다. 인도에서도 비슷한 양상이었다. 일부일처제는 노부모를 봉양하고 후손에게 집중적으로 투자할 수 있다는 장점이 있었다. 예를 들면 딸에게 결혼 선물을 넉넉히 줄 수 있었고, 아버지가 사망하면 아들에게 유산을 물려줄 수 있었다.

　서양에서는 상업 혁명의 초기 단계에 법률과 젠더 관습에 따라 여성의 경제 활동 참여가 허용되었다. 그러나 이는 갈수록 여성에게 불리해졌다. 부가 점차 소수의 사람들에게 집중되었기 때문이다. 여성에게는 주로 천시되거나 단조로운 업무가 주어졌다. 지중해 지역에서 유대인과 기독교인은 딸에게 지참금으로 돈을 주었다. 토지를 비롯한 다른 재산은 손대지 않고 두었다가 아버지 사망 이후 아들에게 분배되었다. 이후 법적인 연대(프라테르나fraterna, 즉 형제 간 계약과 소시에타스societas, 즉 연합 계약)를 통해 가족 연합 소유가 늘어났고, 예컨대 은행 가문 같은 집안 공동 사업이 지속되며 경제 성장을 촉진했다. 더욱이 13세기 잉글랜드와 프랑스에서 왕실이나 귀족의 지위가 장자 상속 시스템을 통해 이어졌는데, 이러한 풍습이 확대되면서 유럽 몇몇 나라에서 토지와 관련하여 무한정 인정되는 권리가 생겨났고, 그에 따라 부의 집중이 더욱 강화되었다.

　티머 쿠란(Timur Kuran)의 연구에 따르면, 대가족 소유권과 장자 상속권 덕분에 이슬람에 비해 서구 경제의 이점이 있었다. 샤리아 율법에 따르면 재산을 분할해야 하는데, 아버지가 사망하면 그 즉시 후손들 사이에 유산을 나누어야 했다.[23] 과거 무슬림은 서구인에게 계약에 근거한 사업 방식을 가르쳐주었다. 그러나 아이러니하게도 무슬림 기업은 오래 지속되지 못했다. 반면 서구의 기업은 사업 계약과 친족의 연대를 결합하여 보다 지속적인 계약 관계를 유지할 수 있었다.

중간천년기 공적 제도는 가족의 복지를 높이고자 했으며, 가족의 삶에 구체적으로 관여하기도 했다. 공공 복지에 관한 사적 통제 규정이 시작된 곳은 이슬람이었다. 예컨대 종교적으로 신심이 두터운 기부자의 재산을 바탕으로 하는 와크프 시스템(waqf system)이 있었는데, 학교도 그러한 제도의 일환이었다. 중국에서는 공적 학교를 비롯한 정부 주도 교육을 통해 가족들이 정치 관련 정보를 얻을 수 있었다. 서양에서는 예컨대 고아 등을 보호하는 종교 및 공공 단체가 등장했고, 학교가 설립되어 젊은이들에게 정보를 제공했다. 한편 노인 복지는 다른 사회 기관의 개입 없이 가족이 자체적으로 해결해야 할 문제로 남아 있었다.

유럽 북서부에서는 남녀를 막론하고 결혼을 늦게 했는데, 1500년을 기준으로 보자면 그러한 풍습이 경제에 도움이 되었다. 여성은 결혼 전에 남편과 마찬가지로 재산을 모을 여유가 있었고, 돈이 되는 기술을 배울 수 있었다. 그러나 가임 기간이 줄어들었기 때문에 가족의 인원수도 줄어들었다. 전염병과 전쟁은 인구 성장 면에서 적극적 억제(positive checks)의 역할을 했는데, 비단 유럽의 경우에만 그랬던 것은 아니다. 이 시기 교역망에 연결된 세계의 많은 지역에서 부가 성장하면서 가문이 번성했지만, 서양의 유대인과 기독교인은 1인당 소득이 높은 편이었다.

---

23 Timur Kuran, "Why the Middle East Is Economically Underdeveloped," in *The Development Economics Reader*, ed. Giorgio Secondi (New York: Routledge, 2008): 107-25.

동양에서는 서양보다 결혼 연령이 더 낮았고 출산율이 높았기 때문에 갈수록 인구가 더 늘어났다. 그 결과 근대기에 접어들 무렵에는 서양의 가족이 동양의 가족에 비해 보다 안전한 기반을 갖추고 있었다.

더 읽어보기

Primary sources

Le Lettere di Margherita Datini a Francesco di Marco, 1384-1410. Ed. Valeria Rosati. Prato: Cassa di risparmio e depositi, 1977.

Letters of Catherine of he Sienna. Trans. Suzanne Noffke, 4 vols. Tempe, AZ: Arizona Center for Medieval and Renaissance Studies, 2000-7.

The Mission of Friar William of Rubruck: His Journey to the Court of the Great Khan Möngke 1253-1255. Trans. Peter Jackson. London: Hakluyt Society, 1990.

Murasaki Shikibu. *The Tale of Genji*. Trans. Edward G. Seidensticker. New York, NY: Alfred A. Knopf, 1976.

The Travels of Ibn Battuta, A. D. 1325-1354. Trans. H. A. R. Gibb, 5 vols. Cambridge: Hakluyt Society, 1958-2000.

Secondary sources

Amer, Sahar. "Medieval Arab Lesbians and Lesbian-Like Women," *Journal of the History of Sexuality* 18, 2 (2009): 215-36.

Ardren, Traci, ed. *Ancient Maya Women*. Walnut Creek, CA: AltaMira Press, 2002.

Birge, Bettine. "Women and Confucianism from Song to Ming: The Institutionalization of Patrilineality," in Paul Jakov Smith and Richard von Glahn (eds.), *The Song-Yuan-Ming Transition in Chinese History*. Cambridge, MA: Harvard University Press, 2003: 212-40.

Bloch, Marc. *Slavery and Serfdom in the Middle Ages*. Trans. William R. Beer. Berkeley, CA: University of California Press, 1975.

Blumenthal, Debra. *Enemies and Familiars: Slavery and Mastery in Fifteenth-Century Valencia*. Ithaca, NY: Cornell University Press, 2009.

Boswell, John. *Same-Sex Unions in Premodern Europe*. New York, NY: Villard, 1994.

Brown, Carolyn Henning. "The Gift of a Girl," *Ethnology* 22, 1 (1983): 43-62.

Brundage, James. *Law, Sex, and Christian Society in Medieval Europe*. University of Chicago Press, 1987.

Bynum, Caroline Walker. *Holy Feast and Holy Fast*. Berkeley, CA: University of California Press, 1987.

Goitein, S. D. *A Mediterranean Society: The Jewish Communities of the Arab World as Portrayed in the Documents of the Cairo Geniza*, vol. III: *The Family*. Berkeley, CA: University of California Press, 1978.

Goldman, Robert P. "Transsexualism, Gender and Anxiety in Traditional India," *Journal of the American Oriental Society* 113, 3 (1993): 374-491.

Grossman, Avraham. *Pious and Rebellious: Jewish Women in Medieval Europe.* Trans. Jonathan Chipman. Waltham, MA: Brandeis University Press, 2004.

Gulik, Robert Hans van. *Sexual Life in Ancient China*. Leiden: Brill, 1961.

Hambly, Gavin R. G., ed. *Women in the Medieval Islamic World.* New York, NY: St Martin's Press, 1998.

Hansen, Valerie. *Negotiating Daily Life in Traditional China.* New Haven, CT: Yale University Press, 1995.

Hay, David. *The Military Leadership of Matilda of Canossa, 1046-1115.* University of Manchester Press, 2008.

Haynal, John J. "European Marriage Patterns in Perspective," in D. V. Glass and D. E. C. Eversley (eds.), *Population in History. Essays in Historical Demography.* Chicago University Press, 1961: 101-43.

Herlihy, David. *Opera Muliebria: Women and Work in Medieval Europe.* New York, NY: McGraw Hill, 1990.

Joyce, Rosemary A. *Gender and Power in Prehispanic Mesoamerica.* Austin, TX: University of Texas, 2001.

Karras, Ruth Mazo. *Sexuality in Medieval Europe: Doing unto Others*, 2nd edn, New York, NY: Routledge, 2012.

Ko, Dorothy, JaHyun Kim Haboush and Joan R. Piggott (eds.), *Women and Confucian Cultures in Premodern China, Korea, and Japan.* Berkeley, CA: University of California Press, 2003.

Maclean, Ian. *The Renaissance Notion of Woman: A Study in the Fortunes of Scholasticism and Medical Science in European Intellectual Life.* Cambridge University Press, 1980.

Mann, Barbara Alice. *Iroquoian Women: The Gantowisas.* New York, NY: Peter Lang, 2000.

Marglin, Frédérique Apffel. "Female Sexuality in the Hindu World," in Clarissa W. Atkinson, Constance H. Buchanan and Margaret R. Miles (eds.). *Immaculate and Powerful: The Female in Sacred Image and Social Reality.* Boston, MA: Beacon, 1985: 39-80.

Mews. Constant J. ed. *"Listen, Daughter". The Speculum Virginum and the Formation of Religious Women in the Middle Ages.* New York, NY: Palgrave, 2001.

Murray, Stephen O. and Will Roscoe. *Islamic Homosexualities.* New York University

Press, 1997.
Neel, Carol, ed. *Medieval Families: Perspectives on Marriage, Household, and Children*. University of Toronto Press in Association with the Medieval Academy of America, 2004.
Orr, Leslie C. *Donors, Devotees, and Daughters of God: Temple Women in Medieval Tamilnadu*, New York, NY: Oxford University Press, 2000.
Ramaswamy, Vijaya. *Walking Naked: Women, Society, Spirituality in South India*, 2nd edn, Shimla: Indian Institute of Advanced Study, 2007.
Rangachari, Devika. *Invisible Women, Visible Histories. Gender, Society and Polity in North India (Seventh to Twelfth Century CE)*. New Delhi: Manohar, 2009.
Rowson, Everett K. "The Categorization of Gender and Sexual Irregularity in Medieval Arabic Vice Lists," in Julia Epstein and Kristina Straub (eds.), *Body Guards: The Cultural Politics of Gender Ambiguity*. New York, NY: Routledge, 1991: 50-99.
Smith, Richard M. "Geographical Diversity in the Resort to Marriage in Late Medieval Europe," in P. J. P. Goldberg (ed.), *Woman is a Worthy Wight: Women in English Society c. 1200-1500*. Wolfeboro Falls, NH: Alan Sutton, 1992: 16-59.
Sweet, Michael J. and Leonard Zwilling. "The First Medicalization: The Taxonomy and Etiology of Queerness in Classical Indian Medicine," *Journal of the History of Sexuality* 5, 4 (1993): 590-607.
Trautman, Thomas R. *Dravidian Kinship*. Cambridge University Press, 1981.
Wiesner-Hanks, Merry E. *Gender in History: Global Perspectives*. 2nd edn. Oxford: Blackwell, 2001.

CHAPTER 4

사회의 위계질서와 연대 의식

수전 레이놀즈
Susan Reynolds

이번 장에서 우리가 다룰 주제는 불평등 문제다. 중간천년기의 사회들 가운데 자료가 남아 있는 사회는 모두, 정도의 차이가 있을지언정 다 불평등 사회였다. 자료에 근거해 보자면 당시 대부분의 사람들은 불평등을 당연하게 여겼다. 윗사람은 아랫사람을 사회적 정의에 입각해 대우했지만, 당시에는 불평등이 정의였다. 어느 사회든 계급과 지위의 차등이 있었다면, 그 사회에서는 위계질서 구조가 형성된 것으로 본다. 이는 곧 "전체를 구성하는 모든 개별 요소가 전체와의 관계에 따라 위계가 매겨지는 원리"를 말한다.[1] 이러한 사회에서는 "사회적 상호 작용의 네트워크 때문에 그 사회 내부와 외부(주변부) 환경이 서로 구분된다. … 사회 안에서는 상호 작용의 밀도가 비교적 높고 안정적이다. 다시 말해서 경계의 바깥과 구별되는 내부만의 패턴이 만들어지는 것이다."[2] 그런 사회가 독립적일 수도 있고 더 큰 정치 단위에 소속되었을 수도 있지만, 대개는 어떤 식으로든 정치 혹은 행정 단위와 관련이 있었다. 누군가 자신이 소속된 사회와 정치를 자연스러운 것으로 여긴다면, 그곳에서 사

---

1 Louis Dumont, *Homo Hierarchicus: The Caste System and its Implications*, trans. Mark Sainsbury (London: Weidenfeld and Nicolson, 1970): 66.
2 Michael Mann, *Sources of Social Power, 1: A History of Power from the Beginning to A.D. 1760* (Cambridge University Press, 1986): 13.

회적 연대의 정도는 강고할 것이다. 위계질서와 사회적 연대는 같이 가는 문제다. 사회적 연대가 강하다고 해서 내부 분쟁이 없다고 볼 수 없듯이, 위계질서가 있다고 해서 평등의 가치를 무시했던 것은 아니다. 각 계급에 속한 사람들끼리는 서로 평등해야 한다는 믿음이 있었고, 아주 가끔은 더 넓은 범위로 평등을 확대하자는 요구도 있었다. 그러나 가장 극단적인 평등주의자라 할지라도 그러한 평등을 여성이나 하인 혹은 노예에게까지 확대하자고 하는 경우는 극히 드물었다.

중세 유럽 전문가로서 중간천년기 세계사의 주제에 접근하려면 자료 부족 문제를 마주하게 된다. 유럽사 전문가들이 세계사를 주도하는 바람에 생겨난 가장 큰 문제는, 유럽의 시대구분을 세계사에 그대로 적용한 것이다. 중간천년기는 유럽사에서 중세(Middle Ages)라 하는 시대에 부합했다. 중세라는 이름표는 원래 유럽사의 것이었지만, 나중에는 아시아사에도 같은 이름표가 부여되었다. 그러나 이름만 중세로 같았을 뿐, 유럽 중세와 아시아 중세는 특징적 내용이 다르고 구체적 시기도 같지 않았다. 중세 유럽에 적용된 어휘나 패턴이 다른 지역에서도 중세라는 이름하에 그대로 사용되었으며, 지역 차에 따른 새로운 의미 규정을 제대로 하지도 않았다. 가장 명백한 사례는 봉건주의(feudalism) 개념이다. 18~19세기 역사학에서 두 개의 전혀 다른 개념을 봉건주의라는 용어 하나로 혼동해 사용했다. 하나는 지배 계급 안에서 봉건과 세습 영지 개념이 있었고, 또 하나는 마르크스와 엥겔스가 언급한, 지주 계급과 농민의 관계 개념이 있었다.[3] 유럽 중세 관련 자료를 봉건(feudal)이라는 틀

---

3 Susan Reynolds, 'The Use of Feudalism in Comparative History', in Benjamin

속에 욱여넣기란, 불가능하지는 않겠지만 쉽지 않은 일이다. 하물며 유럽도 그러한데 유럽 이외의 다른 사회를 봉건이니 봉토니 하는 등의 어휘들(fief, enfeoffment, feudatory, vassal)로 설명하기란 더더욱 어렵다. 그러니 각 사회 나름의 맥락과 구체적 시기는 깡그리 무시한 채 일반론적 의미만, 그 조차도 대개는 명확히 규정되지 않은 채로 적용할 수밖에 없는 것이다.

오해의 소지가 있는 어휘들은 이뿐만이 아니다. "마을(villages)"이란 시골의 정착지, 개척을 위한 전진 기지, 혹은 중앙 정부에 소속된 지방의 지역 단위 등 여러 가지 의미로 사용되었다. "길드(guild)"라는 어휘는 더욱 혼란스럽다. 오늘날 길드라 하면 간혹 북유럽의 수공업 조합을 의미하기도 하지만, 주로는 오락과 상호 부조를 겸하는 온갖 종류의 협회를 일컫는다. 그러나 역사학에서는 대체로 수공업 협회에 대해서만 길드라는 어휘를 사용했는데, 심지어 길드라는 어휘가 한 번도 쓰인 적 없는 이탈리아의 역사를 서술하는 데도 그대로 사용했다. "농노(serf)" 또한 유럽사의 곳곳에서 다양한 제한과 의무를 포괄적으로 지칭하는 의미로 사용되었기 때문에 분명하게 정해진 개념이라고 할 수 없다. 농업 사회의 하층민은 대개 억압을 받았겠지만, 그들이 유럽의 "농노제(serfdom)"와 같은 방식, 즉 토지에 대한 자유권(토지를 소유할 수 있는 권리)을 박탈 당하는 식으로만 억압을 받았던 것은 아니다. 중국사를 연구하는 영미권의 몇몇 학자들은 유럽사에 익숙한 개념을 중국사에 그대로 사용하는

Z. Kedar (ed.), *Explorations in Comparative History* (Jerusalem: Magnes Press, 2009): 191-217.

경향이 있었다. 예를 들면 재판관(sheriff) 같은 어휘들이다. 그러나 중국사에서 지방관(prefect), 지방관이 다스리는 지역(prefecture), 군사 지휘관이 통제하는 지역(commandery) 등의 어휘가 지칭하는 의미는 유럽과 같을 수가 없다. 중간천년기의 인도사를 연구하는 역사학자들은 소작료를 일컬어 "조세(cess)"라 하는데, 이 용어는 원래 유럽 중에서도 아일랜드에서만 사용되었다. 또한 "점유지(demesne)"라는 어휘도 사용되는데, 이는 유럽 중세사를 기술할 때 등장하는 어휘로, 애초에는 중세 이후 영국에서 사용된 법률 용어였지만, "토지 소유권(domain)"보다 해석하기가 (발음하기도) 더 어려운 말이었다. "장원(manor)"은 유럽사에서(특히 영국사에서) 근대 이후 굉장히 많은 변화를 거쳤기 때문에 유럽(영국)에서조차 명쾌하게 의미를 규정하기 어렵다. "신사(gentry)"란 특히 잉글랜드에서 특정 사회 집단을 지칭하는 의미였지만, 다른 지역에서는 낮은 귀족 계층을 일컫는 말로 이해되는 등 지역별 특수성이 있었다. 그런데 이를 그대로 프랑스에 적용하면 문제가 된다. 만약 중국에 적용하면 더 많은 문제가 발생한다.[4] 어휘가 번역되는 과정에서 이미 문제가 있는 만큼, 그러한 어휘를 사용한 연구 성과를 읽는 독자들은 더 많은 의문을 가질 수밖에 없을 것이다.

연구 결과까지는 아니더라도 연구에 필요한 아이디어와 어휘를 유럽사 연구로부터 차용하는 사정은 이해할 만한 일이다. 근대 역사학, 즉 자료 분석에 입각한 비판적(critical) 연구 및 전업 연구자에 의한 직업적

---

4 Ping-Ti Ho, *The Ladder of Success in Imperial China: Aspects of Social Mobility, 1368-1911* (New York: John Wiley, 1964): 34-40.

(professional, 전문적) 역사학이 시작된 곳은 유럽이었다. 이는 다른 지역의 역사 연구에서도 비판적이고 전문적인 역사 연구 경향을 촉진했다. 그러다 보니 얄팍한 유사성에 주목하게 되는 경향은 어쩔 수가 없었다. 이러한 연구 성과는 오히려 제대로 된 비교 연구를 지연시키는 결과를 초래했다. 그래서 중세 유럽에 근거한 아이디어에 맞지 않거나 유럽식 근거가 적용될 수 없는 부분들은 주목을 받지 못했다. 이번 장에서 우리는 그런 오해를 피했으면 좋겠다. 그래서 되도록 역사학 특유의 어휘가 아닌 일반적인 어휘를 사용하고자 하며, 특히 유럽사 해석에 동원되는 특수 어휘들은 새로운 것이든 오래된 것이든 가급적 사용하지 않으려 한다.

이른바 "유럽 부상(rise of Europe)"의 기원을 묻는 질문은 흥미롭지만, 이번 장에서는 기원후 1500년 이전 시기에서 그 기원을 찾는 목적론적 관점을 사양할 것이다. 그런 근거를 찾자면 찾지 못할 바는 아니나, 찾다 보면 활력이 넘치는 유럽과 시간이 멈춘 동양을 대비시키거나, 혹은 서구의 자유주의와 동방의 폭압 정치를 대비시키는 전통적 고정관념에서 벗어나기 어렵다. 이런 식의 대비는 다른 지역은 물론 유럽의 중간 천년기를 이해하는 데에도 별로 도움이 되지 않는다.[5] 더욱이 유럽이라 하더라도 지역별로 역사적 세부 내용이 워낙 달라서 옛날식 고정관념처럼 하나로 묶어서 이해하기가 어렵다. 그리고 최근 2세기 동안 국가별로 민족사(national traditions) 연구들이 별도로 진행되었기 때문에, 이를 결합해서 하나의 일반론을 도출하기란 더욱 어려운 일이 되어버렸다.

---

5 Jack Goody, *The Eurasian Miracle* (Cambridge: Polity Press, 2010).

유라시아는 북아프리카와 함께 중간천년기 세계에서 기록이 가장 잘 남아 있는 지역이다. 이번 장에서는 이들 지역에 초점을 맞출 것이며, 다른 지역은 비교적 간략하게 살펴보게 될 것이다.

유라시아 사회의 경제적 기반

13세기 중국과 유럽의 지식인들은 몽골의 정복을 부정적 시선으로 바라보았다. 그러나 저술과 기록은 다른 시대에 비해 몽골 정복기에 더욱 풍성하게 남겨졌다. 몽골이 그때까지 열리지 않았던 교통로를 새로 개통한 것은 없었다. 마르코 폴로가 여행했던 동방으로 가는 길은 이미 알려진 길이었다. 해상 교통도 마찬가지였다. 중간천년기가 시작되기 수백 년 전부터 중간천년기가 끝나갈 무렵까지, 연안 항로와 인도양 항로를 통해 사람과 상품과 사상이 유통되었다. 실크로드(Silk Road)로 알려진 육상 교통로의 사정도 비슷했다.

당시의 유라시아 사회들이 이 모든 교통로를 통하여 서로 접촉했음에도 불구하고, 더욱이 과거에 알고 있었던 것보다 더 많은 측면에서 유사성을 공유했음에도 불구하고, 사회적·경제적 구조와 관계는 각 사회별로 상당한 차이가 있었다. 다만 기록을 남긴 당시의 모든 사회는 정도의 차이가 있을지언정 공통적으로 불평등했다. 작고 가난한 사회일수록 불평등 정도가 낮았고, 정부 조직 체계상 계급의 구조가 단순했다. 과거의 몽골인이나 튀르크인처럼 유라시아의 일부 민족들에게는 농업 경제가 전혀 혹은 거의 없었고 오직 목축 혹은 수렵채집 경제뿐이었다. 젊은 시절의 칭기즈 칸에게 공격을 받았던 사람들은 표면상으로는 평등한 사회에 살았다. 그들에게는 "크고 작은, 좋고 나쁜, 높고 낮은 차별이 없었다."⁶ 그들은 단지 친족의 연대로 뭉친 사람들이었다. 그러나 기록되지 않은 계보나 친족의 관습은 언제나 조작 가능한 것이었다. 그들이 말하는 평등이란 것도 사실은 가정 안에서 나이 많은 남성들(혹은 텐트 주인들)의 평등을 의미할 뿐이었다. 그들이 실제 혹은 가상의 친족 관계의 정당성을 판정하고, 분쟁에 판결을 내리며, 관습을 강요하고, 공동체의 의사를 결정하는 주체였을 것이다. 오늘날의 시각에서 보자면 당시 아버지의 권위 아래 살고 있는 아들과 여성, 하인과 노예는 사회적으로 결코 평등하지 않았다. 이와 같은 작고 독립적인 사회들 가운데 일부는 중간천년기 내내 존속되었다. 그러나 대부분은 더 큰 정치·경제 단위로 흡수되었다. 특히 농업이 발달한 지역 혹은 그 인근에서는 더욱 그러했다. 다만 흡수되기 전까지는, 그 사회 내에서 강제력이 작동하고 정당성을 인정받는 권위 주체가 있을 경우, 무국적 사회라기보다 미니-국가로 간주되었다.

농업의 발달로 더 많은 인구와 더 많은 재산이 축적되었고, 불평등과 권력이 더욱 강화되었으며, 정부 조직의 복잡성도 심화되었다. 그 결과 분쟁도 늘어났다. 기원후 500년 이전에 이미 유라시아의 일부 지역에서 농업이 번성했지만 그 이후로는 더욱 확산되었고, 새로운 작물과 재배 기술이 보급되었으며, 많은 지역에 관개시설이 건설되었다. 때로는 통치자가 건설 사업을 주도했고, 수도원이나 사원 등에서 통치자로부터 토지를 위임받은 사람들이 사업을 맡기도 했다. 그러나 그들의 역할과 책

---

6 *Secret History of the Mongols*, ed. and trans. Igor de Rachewiltz, 2 vols. (Leiden: Brill, 2006): 1.7 (I § 35).

임이 과장되었을 수도 있다. 특히 황무지나 미개간 숲 지대가 남아 있을 경우, 실제 농사를 지을 사람들이 독자적으로 개간하는 사례가 많았다. 인구가 증가함에 따라 토지는 어디서나 부의 원천이었고, 상거래의 대상이 되는 상품이 되었다. 다만 지역 내 위계질서가 엄격히 갖추어진 중심부에서 토지의 관리도 더욱 엄격했으며, 목축 사회나 혹은 권력의 중심으로부터 멀리 떨어진 지역에서 농사짓는 사람들에게는 토지의 관리도 그만큼 느슨했다. 그러므로 전반적으로 중간천년기에 토지 경작자를 통제하는 관리 체계가 강화되었고, 그와 관련된 규칙 및 기록 수단이 증가했다고 말할 수 있다.

농업 생산의 증가는 시장, 도시, 지역 내 혹은 지역 간 교역의 활성화를 가져왔다. 또한 수공업 생산이 촉진되었고, 더 많은 사람이 공간적으로 또한 계층적으로 이동하고 뒤섞였으며, 일상품과 사치품을 막론하고 더 많은 상품이 발달했다. 지역 군주와 통치자는 통행료, 임대료, 세금 등을 거두어 이득을 취했다. 일부 도시들, 예컨대 로마 혹은 쿠빌라이 칸의 여름 궁전이 있었던 상도(上都, 콜리지Coleridge의 시에 나오는 Xanadu)는 정부의 중심지이자 소비 도시였다. 무역 혹은 생산의 중심지가 아니었다. 그러한 중심 도시들은 경제적·사회적·정치적 변화의 결과로 형성되었으며, 변화의 원인이 되기도 했다. 또한 그곳은 기록과 학문과 수학의 중심지였다. 12세기 잉글랜드의 재무 당국에서 사용했던 것과 비슷한 막대 도구가 그보다 4세기 전 티베트 제국에서 같은 용도로 사용된 사례가 있다. 유라시아의 인구는 도시와 시골을 막론하고, 기원후 500년보다 1500년에 더 많았다. 그러나 모든 지역에서 지속적으로 인구가 성장했던 것은 아니다. 기근과 전쟁이 만연했고, 무역로를 따라 주기적으로 전염병이 퍼져 나가면서 인구 성장이 억제되었다. 특히 6세기와 14세기에 상태가 매우 악화되는 시기가 있었다. 중간천년기가 끝나갈 무렵 실크로드 주변의 도시들은 쇠락해갔다. 다만 해상 교통이 그를 대체하여 남아시아 해안의 항구에서 교역량이 증가하고 있었다.

유라시아 사회의 위계질서와 정부 구조

중간천년기의 사회를 논하려면 그들이 속한 정부를 빼놓을 수 없다. 사회와 관련된 자료가 대체로 정부의 기록에서 나오기 때문이기도 하고, 정치적 위계질서와 사회적 위계질서가, 또한 정치적 연대 의식과 사회적 연대 의식이 서로 긴밀히 연결되어 있기 때문이다. 중국, 인도, 중동, 로마 지역의 제국에서는 정부 및 사회의 복합 구조가 오래도록 지속되어왔다. 이들 제국이 성장하면서 경제 구조의 복잡성도 더욱 확대되었고, 그에 따라 정부와 사회의 구조 또한 주변 지역으로 확산되었다. 월터 배젓(Walter Bagehot)이 "이해하기 쉬운 통치 구조(intelligible constitution)"라[7] 했던 군주제가 당시에는 가장 흔한 정부의 형태였다. 그러나 아무리 이해하기 쉽다 하더라도, 군주제는 후계 문제 때문에 백성이 불안해할 소지가 컸다. 법령이 불완전하거나 분할 상속을 선호하는 경우가 종종 있었기 때문이다. 혹은 고도로 조직화된 왕국이라면 중앙 권력을 쟁취하기 위해 싸울 가치는 충분히 있었다. 도시를 중심으로 하는 작은 국가들이 존재했고, 이들이 때로 집단 지도 체제로 운영되는 경우도 있었지만, 중간천년기에 저술을 남긴 저자들이 보기에는 대개 군

---

7 Walter Bagehot, *The English Constitution* (London: Chapman and Hall, 1867), ch. 2.

주제가 규범적인 정치 형태였던 것이다. 영어권 역사서에서 통치자를 지칭하는 말이 황제, 왕, 왕공, 족장, 군주, 지도자 혹은 그 밖의 다른 무엇이라 하더라도, 그것은 번역과 민족지 내지 역사학의 전통에서 비롯된 명칭일 뿐, 그러한 명칭의 차이가 반드시 그들이 통치했던 정부의 특성을 나타내지는 않는다. 각각의 사회를 비교할 때 서로 다른 어휘를 사용하면 비교 자체가 어려워진다. 이 글에서는 논란의 여지가 있는 "국가(state)"라는 어휘는 가급적 피하도록 하고, 통치자 내지는 그들이 통치하는 "나라(polity)" 혹은 "왕국(kingdom)"이라는 표현을 사용하도록 하겠다.

극히 작은 규모의 정치 단위를 제외하면 모든 정부에 위계가 존재했다. 공식 체계에 따라 지역 단위 혹은 더 작은 구역에 대해서 권한이 위임되었고, 지위가 높은 사람들이 정치 단위 안에서 자신의 구역을 별도로 다스리기도 했다. 인도나 중세 초기 유럽에서는 이런 경우에도 "왕"이라는 호칭을 사용했다. 그래서 때로 통치자가 토지 혹은 토지 관할권을 하사하는 경우, 권력의 층위를 구분하기 어려워지기도 했다. 중국과 유럽에서는 사원에, 인도에서는 사원과 상위 카스트 계급에게, 혹은 정부 내에서 지위가 높은 개인에게 토지를 하사했다.

규모가 아주 작은 사회의 지도적 가문에서부터 거대 정치 단위의 군주에 이르기까지, 모든 통치자는 소속된 사람들을 보호하고 그들을 정당하게 대우해야 하며, 자문할 위치에 있는 사람들로부터 조언을 구해야 했다. 인도에서 기원후 500년 이전에 저술된 《아르타샤스트라(Arthaśāstra)》에서는 "(군주가 행하는) 모든 행위는 조언을 거쳐야 하며", "왕의 행복은 백성의 행복 안에 놓여 있다"고 했다. 이는 당시 어느 왕국에도 비슷하게 적용되는 말이었을 것이다.[8] 통치자가 조언을 받았다고 해서 반드시 따를 필요는 없었지만, 위대한 인물로 구성된 자문의 과정을 거친다는 것 자체가 통치자로서는 일정한 제약이 되었다. 조언자는 예컨대 의사를 전달하는 통로 내지는 의사 결정을 강화하는 역할을 했다. 이들의 동의를 구하는 것이 통치자에게 안전장치가 되는 셈이었다. 통치자에게 정의를 수호할 의무를 부과하는 것, 때로는 가난한 자를 도와야 한다는 점을 명시하는 것, 통치자가 관습과 법을 따라야 한다는 것은 동양의 전제 군주나 절대 왕권과 다른 면모였다. 일부 저술가들이 이런 점을 지적한 바 있었다. 그들이 지적한 내용(정의를 추구하고 법을 따라야 한다는 내용)은 실제 통치의 결과라기보다 통치자에게 아첨하는 맥락에서 쓰인 자료일 것이다. 그들은 자신이 섬기는 통치자를 전 세계를 다스리는 통치자로 규정하고 오직 신만이 통치자에게 책임을 물을 뿐이라고 서술했다. 이와 같은 글에서도 현명한 통치자는 조언을 들어야 한다는 내용이 등장한다.

모든 통치자가 이러한 사상을 따르지는 않았다. 그 아래의 관리들도 마찬가지였는데, 다만 통치자보다는 관리들을 교육하는 편이 더 쉬웠을 것이다. 통치자는 정치적 위계상 최상위에 위치하기 때문에 그를 통제할 존재는 사실상 아무도 없었다. 위계질서가 강화되고 정부의 강제력이 확대될수록 통치자를 제한하기란 더욱 어려워졌다. 또한 그럴수록 저술가들은 통치자에게 아첨해야 할 필요를 강하게 느꼈을 것이고, 통치자에게 복종해야 할 의무를 강조했다. 그럼에도 불구하고 일부 통치

---

8 *The Kautilya Arthaśāstra*, 2, trans. R. P. Kangle, 2nd edn (Bombay: University of Bombay, 1972): 32 (1.15.1); 47 (1.19.34); cf. e.g. Ann K. S. Lambton, *Landlord and Peasant in Persia* (Oxford University Press, 1953): xix-xxx.

자들은 정당하다고 여겨지는 일을 해야 할 의무를 분명히 느꼈다. 통치자의 입장에서 가난한 사람들을 보호하는 것은 그보다 높은 지위에 있는 신하들을 통제하는 데 도움이 되었다. 그래서 역사적으로 기독교 왕국들뿐만 아니라 다른 왕국에서도 이를 통치자의 의무로 간주했다. 토지의 가치가 높아지면서 통치자는 권세 있는 신하들이 농민들의 땅을 사들이지 못하도록 제한하고자 했으나, 뜻대로 실현되지 않는 경우가 많았다. 중국의 당나라(618~907)에서는 농업을 진작하여 세금을 거두려는 목적으로 농민들에게 평등한 면적의 토지를 지급하려 했으나, 대토지 소유자들이 더 많은 토지를 사 모으는 행위를 막지 못했다.

단순히 조공품을 거두어들이던 군벌이나 그의 추종자들이 일정한 자원을 확보하게 되면 이후로는 보다 체계적으로 세금, 임대료, 통행료 등을 징수했다. 이들의 궁중 생활이나 의례 혹은 각종 후원금을 충당하기 위해 갈수록 더 많은 돈이 필요했다. 기원후 500년 무렵 서유럽에서는 문헌이나 행정 관리 기록이 보잘것없었다. 그러나 비잔티움, 이란, 티베트는 물론 중국에서도 체계가 잘 잡혀 있었다. 인도의 일부 왕조들도 위 목록에 들어가야겠지만, 문제는 그 근거가 당시의 직접적 자료가 아니라 다른 지역 저술가들의 글에 남겨진 인용문이라는 데 있다. 인도사 연구자들은 막스 베버(Max Weber)가 언급한 관료제의 특징에 부합하는 증거 자료가 무엇인지를 전혀 검토하지 않은 채, 인도의 왕국들을 관료제라고 서술했다. 실제로 마을이나 세관의 지명을 검토해보면, 또한 동판(銅板)에 새겨진 기록이나 사원 비문에 남아 있는 글들을 보면, 인도의 몇몇 왕은 전문적으로 기록 관리를 담당할 하인을 고용했던 것 같다. 우마이야 왕조(661~750) 치하의 이슬람에서, 그리고 그보다 한참 뒤인 아바스 왕조에서 과거 비잔티움과 페르시아 제국의 유산을 물려받은 기록 관리 시스템을 받아들여 더욱 발달시켰다. 한편 다양한 형태의 관료 체계에 따라 일본에서는 8세기부터, 유럽에서는 12세기부터 정부의 형태가 바뀌었다. 관료제를 통해 더 넓은 지역을 효율적으로 통치할 수 있었다. 그러나 궁중 생활이나 의례, 각종 후원, 통치자의 권위를 유지하기 위한 무력을 관료제가 대신하지는 못했다. 또한 외부 공격이나 내부 갈등 때문에 정치적 통제가 항상적으로 유지될 수 없었다. 비잔티움 제국의 통치자들은 제국이 최종적으로 멸망하기 훨씬 전부터 이미 제국의 여러 지역에 대한 정치력을 상실한 상태였다. 유럽의 카롤루스 제국은 889년에 해체되었다. 이슬람 제국은 1258년 바그다드의 칼리프국이 막을 내리기 훨씬 전부터 이미 정치적으로 분열되기 시작했다. 일본의 중앙 정부는 9세기부터 이미 권위를 잃어버렸다. 중국은 세계에서 관료제가 가장 뚜렷하게 발달했던 지역이며, 전통적으로는 역사를 거치면서 하나의 거대 제국이 형성된 것으로 알려졌지만, 우리가 논의할 중간천년기에는 중국의 상당 지역이 분열되어 있었다. 한편 도시국가나 기타 소규모 정치 단위에서도 효과적으로 관료제가 발달했던 사례가 있다.

전문 행정 기관은 사회·정치 구조에도 영향을 미쳤다. 토지를 소유한 귀족들뿐만 아니라 행정 기관에서 일할 새로운 엘리트 계층이 선발되었기 때문이다. 그래서 새로운 사회적 계층 이동의 길이 열리게 되었다. 중국에서는 관료 선발 시험이 7세기부터 실시되어 변화 및 간헐적 중단을 거치는 가운데 오래도록 지속되었다. 이런 중국에서조차 과연 그 시험이 사회적 계층 이동에 얼마나 기여했는지 논란이 없지 않다. 시험에 응시하려면 이미 관료인 사람의 추천을 받아야 하며, 현직 관료의 아들은 시험을 거치지 않고 바로 관료가 될 수 있었기 때문이다. 촌락 사회의 하층 계급은 시험 준비를 위한 기초 교육도 못 받을 형편이었다. 중국과 달리 예컨대 13세기 프랑스에서는 바닥부터 시작해서 관료체제의 꼭대기까지 올라간 사례가 많았다. 그럼에도 토지는 여전히 부와 사회적 지위와 권력의 중요한 근거로 남아 있었다. 땅을 가장 많이 가진 자가 최고 엘리트 계층이었다. 군대도 행정 관료 체제와 마찬가지로 갈수록 전문화되었기 때문에 사회적 지위가 높은 계층(역사학에서 주로 "귀족"이라고 부르는 사람들)이 군대에 복무하는 비중은 줄어들었다. 그럼에도 그들은 군인의 기풍을 그대로 유지했다. 중국의 경우에도 기존 역사학에서는 군사 엘리트와 행정 관료 엘리트를 구분했으며, 행정 관료에게는 군인의 기풍이 없었던 것으로 알려져 있었지만, 최근 이와 관련한 비판적 문제 제기가 있었다. 이슬람 군대는 사회와의 분리 정도가 훨씬 더 심했다. 무엇보다 아랍 군대의 주둔지가 그들이 정복한 도시에 조성되었기 때문이며, 나중에는 "노예 군인"들이 이슬람 제국의 외부에서 대거 충원되었기 때문이다.

유라시아 정치 단위 내부의 연대 의식

가까운 친족, 혹은 정착지에서 가까운 이웃들 사이의 연대 의식은 자연스럽게 존재하는 것이다. 그러나 정부의 통치 단위 안에서, 마치 자연적으로 고유의 집단성이나 민족성이 존재하는 것처럼 언급되는 이유는, 정치 행위를 통해 모종의 연대 의식을 불러일으켰기 때문일 것이다. 정치 단위의 규모가 작은 곳에서는 아마도 이와 같은 정책이 쉽게 작동했을 것이다. 중앙아시아의 유목민 정치 단위 같은 경우는 통치자가 다만 조공을 원했을 뿐, 행정 관리를 통해 많은 의무를 요구하지 않았다. 이런 식의 정치 단위는 오래 유지되지 못했다. 이슬람 대정복의 시대 이후 처음에는 아랍 정복자를 중심으로 정치적 연대 의식이 나타났지만, 그것은 종교와 달라서 항구적 연대 의식으로 발전하지 못했다. 나중에 정치적 분열이 일어난 원인의 일부도 이 문제로 설명할 수 있을 것이다. 관리 감독의 어려움에도 불구하고 수많은 정치 단위가 유지되었고, 그들 내부적으로 지역적 연대 의식도 강했다. 그랬던 이유는 이들을 포괄하는 중앙의 전제 권력이 강해서라기보다 지역 내 정치 단위, 위계질서, 다양한 층위의 연대 의식이 인정되었기 때문이다.

규모가 크든 작든 많은 정치 단위는 통치권의 정당성을 이야기할 때, 비록 허구일지라도 족보의 연결 고리를 일부 근거로 삼는다. 가상의 왕조를 내세우는가 하면, 백성이 모두 옛날 어떤 공동체의 후손으로 독특한 성향과 관습을 지닌 자연스러운 집단인 것처럼 이야기하기도 한다. 그 대표적인 예가 바로 프랑크인이었다. 혹은 왕의 이야기 속에 백성을 포함시키는 경우도 있었다. 야심에 찬 통치자들이 영토를 확장하게 되면 마치 원래 소속되어 있던 일부를 회복한 것처럼 이야기한다. 그래야 피정복지에 이미 형성되어 있던 연대 의식과 위계질서가 새로운 질서로 자연스레 편입될 수 있기 때문이다. 한때 왕국이었던 독일의 공국들(duchies) 같은 지역 정치 단위나, 혹은 유목민이었다가 몽골 제국 치하에서 중국으로 들어온 사람들처럼, 원래는 각각의 정체성이 따로 있었지만 나중에 통합된 뒤에는 하나의 이름(오늘날에는 이를 민족이라 한다)으로 남게 된 사례를 보면, 그들이 어떻게 주어진 공동체를 현실로 혹은 자연적인 것으로 받아들였는지 짐작해볼 수 있다. 18세기에는 그러한 공동체의 핵심을 언어로 보았지만, 실제로 언어가 민족 공동체를 합치거나 나누는 데 그렇게 중요하지는 않았던 것 같다. 이민자나 피정복민이 문화적으로 동화되기가 특히 어려웠던 경우는, 그들이 전혀 다른 생활 경제나 생활 문화(종교 포함)를 가지고 있거나, 혹은 정부에서 그들을 분리된 단위로 통치하며 기록을 남겨 차별을 지속했을 때다. 예를 들어 몽골 제국 치하 중국에서 그런 일이 있었다. 사람들은 네 부류의 민족 집단(몽골인, 색목인, 한인, 남인)으로 나뉘었고, 서로 다른 권리와 의무가 주어졌으며, 그중에서 몽골인이 가장 특권을 누렸다. 다양한 종류의 체계적 차별과 분리의 기록이 남겨졌다. 유럽에서는 유대인과 무슬림이, 이슬람 제국에서는 비-무슬림 인구가, 인도에서는 농사를 짓지 않고 숲 속에 거주하는 "부족들"이 그러한 대상이 되었다.

어느 정치 단위에서든 연대 의식을 가장 강하게 느끼는 사람들은 지도부의 구성원일 것이다. 그들은 질투나 야망 때문에 일시적으로 공동체에 위해를 가할 수도 있겠지만, 통치자와의 인간관계, 군대나 주요 회의 혹은 어떤 후원 사업에 함께 참여했던 인연, 그리고 적어도 나머지 다른 사람들을 통치하는 문제에 대한 관심을 공유함으로써 그들 나름의 연대 의식이 강화되었을 것이다. 유럽에서 국정 자문 회의나 의회 혹은 군대에 참여한 사람들은 전체 인구에 비해 소수였음에도 불구하고 마치 다른 모든 사람을 대표하는 것으로 간주되곤 했다. 위계질서상 낮은 계층의 사람들이 연대 의식을 느끼는 부분은 아마도 지역 연고였을 것이다. 관습에 따라, 또한 보호에 대한 기대와 질서의 필요성에 따라 사람들은 불평등을 받아들이고 신뢰를 가지게 된다. 그렇게 되면 정부가 힘이 있든 없든, 혹은 좋든 싫든 정부를 받아들이게 되는 것이다.

도시의 경우 내부적으로 분쟁도 있겠지만 특히 정치적으로 독립한 자유시의 경우, 기원 설화와 함께 강한 연대 의식이 발달했다. 때로는 많은 수의 이민자도 그러한 연대 의식을 공유했다. 물론 아주 크고 부유한 도시는 예외였겠지만, 대부분의 도시는 왕국에 비해 사회·경제적 위계질서의 층이 얇았다. 그러나 도시 사회를 구성하는 하인과 일용 노동자와 (경우에 따라) 노예, 남성과 여성은 결코 평등하지 않았다. 위계질서와 연대 의식은 왕국에서와 마찬가지로 도시에도 공존했다.

유라시아의 종교

대부분의 사회는 고유의 신과 종교적 관습으로부터 시작되었을 테고, 그 뒤에는 그들과 접촉하는 다른 사회에도 영향을 미쳤을 것이다. 불교, 기독교, 이슬람은 외부적으로 다른 사회에 영향을 미친 명백한 사례다. 이들의 영향으로 다른 사회가 어느 정도로 변화했는지를 말하기는 어렵다. 종교가 어떤 사회의 문화는 물론 구성원 개인에게까지 영향을 미치는 것은 분명한 사실이지만, 종교 또한 사회·경제적 위계질서에 적응해 나갔다. 기독교, 이슬람, 불교, 일부 힌두교 종파는 모두 평등주의 입장을 견지했지만, 그들을 둘러싼 사회는 불평등 사회였고, 정치·사회·종교적 위계질서를 받아들이면서 불평등은 더욱 강화되었다. 유럽이나 중동, 인도, 중앙아시아, 중국 등 모든 지역에서 교회, 수도원, 사원, 모스크 등은 대지주가 되었고, 대지주처럼 행동했다. 교회나 사원 혹은 수도원의 토지를 기반으로 생활한 사람들도, 언제나 그랬던 것은 아니지만 변화에 따른 고통을 감수해야 했다. 가장 화려한 종교 건물과 의례는 가장 복잡하고 또한 불평등이 강화된 사회에서 탄생했다. 왕실의 종교 기관 후원은 통치의 정당성을 강화하는 방편이었다. 종교 또한 정당한 통치에 복종하라는 가르침을 강화했다. 대부분의 사회가 마찬가지였다. 종교적 제약을 통해 정치·사회적 규범은 더욱 확대되었다. 특히 복종의 의무를 강화할 때 종교적 맹세가 동원되었다.

사원의 경제적·재정적·정치적 영향 이외에도 갖가지 종교의 다양한 설교와 예배 및 요구, 그들의 축제, 성직자 혹은 은둔자들의 특성, 사회와 격리되는 정도 등은 분명 그들이 속한 사회에 영향을 미칠 수밖에 없었다. 교회와 세속 국가의 분쟁은 유럽 특유의 현상으로 이해되는 경우가 많았다. 로마 가톨릭과 그리스 정교회의 위계질서는 세속의 황제와 교황 혹은 특히 성공한 군주들 사이의 분쟁을 초래했다. 그러나 다양한 이유로 많은 통치자가 그 지역의 종교와 분쟁에 휩싸였다. 중국의 통치자들은 불교 사원 때문에 세금과 노역이 줄어들 것을 우려하여 (또한 가짜 사찰이 기승을 부렸기 때문에) 주기적으로 사찰을 철폐하고 사찰이 소유한 토지를 몰수했다. 기독교에서는 특이할 정도로 내부적 분쟁이 잔혹했고, 이단에 대한 박해도 지속적으로 이루어졌다. 때로는 이교도를 강제로 개종시키거나 비-기독교인을 추방했고, 이슬람을 상대로 전쟁을 벌이기도 했다. 그러나 다른 종교에 비하여 기독교 연구가 더 많이 풍부하게 진행되다 보니 그러한 인상을 남기게 되었을 수도 있다. 유럽 바깥의 상당히 많은 거대 정치 단위들, 또한 유럽 안에서도 도시국가나 이베리아반도의 왕국들 같은 경우, 다양한 종교를 믿는 사람들이 뒤섞여 있었다. 그들은 오랜 시간 함께 접촉하면서 서로에게 영향을 미쳤고, 가끔 분쟁이 발생하여 종교적 박해가 뒤따르기도 했다. 기독교인이 유대인을 박해한 것과 비슷한 사건들이 있었다. 예를 들어 인도에서도 종교적 분쟁과 경쟁 관계가 존재했는데, 불가촉천민은 "종교적 박해"의 일종이었다. 그러나 종교적 적대 행위와 관련된 일부 관념들은 중간천년기가 아니라 근대 사상을 반영한 것이다. 예컨대 1026년 무슬림 가즈니 왕조의 술탄 마흐무드(Mahmud of Ghazni)가 솜나스(Somnath, 인도 구자라트)의 사원을 약탈했다는 이야기는 후대에 꾸며낸 것이다. 19세기에 이르러 이 이야기가 전성기를 맞이했는데, 힌두교인과 무슬림의 영원한 적개심을 설명해주는 근거로 간주되었다.[9]

유라시아의 법률

과거 유라시아의 법, 정치, 신학 저술 들을 보면 흔히 법이나 계급 관련 내용이 많이 포함되어 있는데, 책 속의 법은 현실보다 더 견고하고 복잡해 보이는 경향이 있다. 그러므로 증거에 비추어 저술의 내용을 검증할 필요가 있겠다. 특히 현실 속의 법 관행 자료들과 비교해보아야 한다. 실제 이루어졌던 법 관행에는 책에 서술된 내용이 반영되었을 것이다. 당시 저자들도 사회의 법 관념에 입각해서 책을 썼기 때문이다. 더욱이 그들은 책 내용에 나오는 범죄나 분쟁의 재판에서 직접 판결을 내렸던 사람들이다.

대부분의 사회에서 법의 출발은 문자로 기록되지 않은 관습법이었다. 법조문이 기록되지 않았기 때문에 시간과 장소에 따라, 심지어 같은

---

9 Romila Thapar, 'Imagined Religious Communities? Ancient History and the Modern Search for a Hindu Identity', *Modern Asian Studies* 23 (1989): 220, and Romila Thapar, *Somanatha: The Many Voices of a History* (New Delhi: Penguin, 2004).

정치 공동체 안에서도 그 내용은 언제든 바뀌는 경향이 있었다. 예컨대 상속이나 토지 사용과 관련된 법은 사회에 따라, 또한 사회 내에서도 계급에 따라 달랐고 다양하게 적용되었다. 기존 역사학에서는 동양과 서양의 차이, 혹은 같은 동서양 안에서도 국가별 차이를 확인한 바 있다. 사회에 따라서는 개인이나 친족의 원한을 당국에 신고하지 않고 스스로 해결하는 것을 허용하기도 했다. 그러나 현실적으로는 분쟁이 발생하면 법정이나 의회에 기소되는 경우가 많았고, 그에 따라 법적 판결을 내리거나 정부의 여러 업무 가운데 하나로 처리하기도 했다. 통치자는 법적 판결을 내릴 권한이 있었다. 현명한 통치자는 무엇이 관례적이고 옳은지 조언을 들은 뒤에 결정을 내렸다. 규모가 큰 정치 단위에서는 재판이 지역별로 이루어졌다. 지역 재판은 지역 군주나 왕실에서 파견된 관리가 맡았다. 이런 경우에도 현명한 재판관은 원로의 조언을 참고해서 판결을 내렸다. 원로라 하면 부유하고, 나이가 많고, 지역 내에서 명성이 높은 인물이었다. 그들은 지역 공동체의 관습은 물론 법 자체에 대해서도 잘 알고 있었다.

남아 있는 법률 자료 중 상당수는 토지권에 대한 내용이다. 특히 농업 사회에서 토지 소유자는 기록 문서를 원했다. 기존 역사학자들은, 동양의 전제주의 혹은 봉건 체제에서 모든 토지는 통치자에게 귀속되었기 때문에, 오늘날 개념으로 토지 소유권 같은 것이 통치자 이외의 누군가에게는 전혀 주어진 바가 없다고 알고 있었다. 그러나 왕국 전체가 왕에게 귀속된 나라에서도 백성 사이에 소송을 벌인 기록이 남아 있다. 유럽, 인도, 중국 등에서 그러한 사례가 확인된다. 이로 보아 백성에게도 주택이나 정원이나 경작지에 관하여 배타적인 모종의 권리가 주어졌던 것 같다. 관습에 따르면 통치자나 지주에게 임대료 혹은 노역을 제공한 사람들은, 물론 쉽지는 않았지만 자신의 권리를 주장할 수 있었다. 통치자나 지주에게 임대료와 노역을 제공할 의무가 있고, 마을의 모든 토지가 지주의 소유라 하더라도, 중간천년기에 그것은 어디까지나 일정한 의미에서의 소유일 뿐이었다. 토지에 관한 권리는 대개 중첩적으로 나뉘어 있다. 심지어 근대 이후의 사회에서도 마찬가지다. 다만 근대 법체계에서는 정부의 권리와 소유자의 권리를 나누고 있지만, 과거에는 이렇게 나누는 경우가 거의 없었다. 신분이 미천한 사람들이 통치자에게 호소해서 성공하는 경우는 거의 없었지만, 호소를 해보는 것은 허용되었고 실제로 호소하는 경우도 있었다.

일부 역사학자들은 모든 토지가 왕의 소유라고 주장했지만, 이와 달리 마을 단위로 혹은 농업 공동체 단위로 원래는 (그리고 적어도 중간천년기가 시작될 무렵까지는) 토지를 공동 소유했다고 생각하는 학자들도 있다. 지역 공동체가 황무지나 목초지에 대한 권리, 심지어 개인 소유지의 일부 권리를 갖는 경우가 흔히 있었다. 그러나 나중에는 이런 권리가 모두 정부의 소유로 넘어갔다. 오늘날에는 법인과 개인의 구별이 있지만 예전에는 그런 구분이 없었다. 농민이라 할지라도 체제 전복의 위협이 아니라면 집단행동은 허용되었다.

변호사나 판사가 어느 정도로 법률 전문가였는지는 역사학자들의 관심 밖이었다. 역사학에서는 법 관행보다 주로 저서의 내용에 더 많은 관심을 기울였다. 더 이상 관습법이 통용되지 않게 되면서, 그리고 법률 지식에 정통한 전문가 집단이 활약하게 된 뒤로 법의 사회적 영향은 변화가 불가피했다. 정부 구조가 체계적이고 관료적으로 변해갈수록 더 많은 왕실 판사가 지방 공동체로 파견되었다. 때로는 그들이 시행해야 할 규칙에 대한 지침과 심지어 법률에 대한 학식 있는 논문 지식으로 무장하여, 지역 엘리트들의 합의로 지켜지던 관습을 무시하는 경향이 있었다. 무슬림 세계에서는 이슬람 율법에 따라 재판을 하는 전문가가 있었다. 이른바 카디(qadi)라고 하는 그들은 (율법 문제에 관한 판단을 담당할 뿐) 세속의 범죄 행위까지 재판하지 않았다. 유럽에서 법과 관련하여, 특히 재산권을 전문으로 하는 변호사가 등장한 시기는 12세기 무렵이었다. 이후 현실적으로 변호사를 고용하는 관습이 형성되었고, 변호사를 고용하는 편에서 유리한 판결을 얻었다. 이외의 다른 지역에서 이와 비슷한 방식으로 전문 법률가가 등장했는지, 혹은 어떤 점이 달랐는지에 대해서는 향후 더 많은 연구가 필요할 것이다.

유라시아 지역 사회

연대 의식과 위계질서의 공존이 지역 사회의 차원에서는 분명하게 확인된다. 대부분의 사람은 대부분의 시간 동안 그러한 지역 사회에서 살았다. 지역 사회 안에서도 물론 좋고 싫음, 애정과 불화가 만연했지만, 당시의 연대 의식은 감성적일 뿐만 아니라 제도적인 것이었다. 지방 정부에서 자율성의 정도와 상부 기관의 감독 방식은 매우 다양했다. 다만 거의 언제나 지역 차원의 자문 회의를 거쳐 지역 사회의 의사 결정이 이루어졌다. 물론 그러한 회의의 틀 또한 다양했다. 인도에서 토지를 하사했던 몇 가지 사례와, 특히 10세기 남인도의 우티라메루르(Uthiramerur)에 있던 어느 마을과 관련된 법령을 보면[10] 인도의 통치자들도 유럽의 경우와 마찬가지로 때로는 지방 자치를 공식적으로 허용했다. 그러나 그것이 해당 지역의 민주주의를 의미하는 것은 아니다. 유럽에서는 마을이나 지방 혹은 귀족의 영지 안에서, 공식적인 자치 기구는 아니었지만, 그 안에서 부유하고 존경받는 사람들이 실질적인 의사 결정을 내렸다. 다만 그들보다 미천한 (남성) 이웃들의 동의가 필요했다. 이란의 경우에도 지방관이나 땅 주인에게 고용된 관리인이 이와 비슷한 과정을 거쳐 의사 결정을 내렸던 것 같다. 중국 송나라(960~1279)의 일부 지역에서는 주민을 9등급으로 나누었다가 나중에는 다시 5등급으로 구분했다(세금 징수 관련 - 옮긴이). 현실적으로 언제나 분명했던 것은 아니지만, 등급이 높은 사람들은 치안, 세금 징수, 소소한 분쟁의 판결 같은 공식적 임무도 맡아야 했다. 인도의 마을 단위 자문회의 구성원은 언제나 상위 카스트 출신으로 국한되었다. 카스트란 원래 변동이 불가능한 것이지만, 분류와 순위가 추가되는 경우는 있었다. 중간천년기가 끝나갈 무렵의 족보를 보면, 인도에서 개인의 카스트가 바뀌는 경우도 가끔 있었다. 유럽의 중세 초기에는 가난한 농민(이른바 농노)이 법적 자유를 박탈당한 채 일을 했다(일부 지역에서는 이후로도 오래도록 이러한 관행이 유지되었다). 그들 중 일부는 인정된 해방 절차를 통해 장벽을 넘었다. 위계질서에서의 상하 이동은 물론 대부분의 사회에서 발생했다. 운명에 도전할 수 있는 도시도 있었고, 정부의 통제가 미치지 않는 황무지도 있었다. 이 경우 지리적 이동이 곧 사회 계층 이동의 수단이 되었다. 생활경제가 목축이나 수렵채집에 의존하는 사회는 불평등이 덜했다. 그러나

---

10 K. A. Nilakanta Sastri (ed. and trans.), *Studies in Cōla History and Administration* (Madras University Historical Series 7, 1932): 169-75.

농업 경제가 발달하고 정부의 관할 아래에 있는 사람들보다 그들이 반드시 더 자유롭거나 안락한 것은 아니었다. 여성이나 농노의 경우는 물론이고, 이외에도 실질적으로 기본권이 보장되지 않는 사람들이 많았다. 노예제의 조건은 지역마다 달랐다. 그러나 집으로부터 멀리 팔려 가는 사람은, 아무리 잘 먹고 산다고 하더라도 일반적인 개념에서 노예라 할 수 있다. 많은 사회에서 노예제를 혁파하는 법적 장치를 마련했다. 특히 여성을 첩으로 들이는 관행이 혁파의 대상이 되기도 했다. 그러나 문헌에 기록된 종교적 가르침에 비해 실제로 노예를 해방시키는 경우는 그리 많지 않았다.[11]

기존에는 유럽의 도시가 민주주의의 요람이며 집단적 자유가 보장되는 독특한 공간이었고, 자유가 도시의 성장을 도왔다고 믿었지만, 이러한 상식이 모두 진실에 부합하는 것은 아니었다. 파리(Paris)를 비롯하여 일부 대도시에는 자치권이 없었고, 런던(London)은 언제나 왕실의 관할 아래 놓여 있었다. 이탈리아의 도시국가나 중세 후기의 독일은 유럽에서도 예외에 속했다. 실크로드 주변의 도시들 중에도 간헐적으로 독립을 획득한 곳이 있었다. 그러나 유라시아의 대부분 지역 사회는, 일 처리는 자체적으로 하면서 의무는 공동으로 부담하는 관행을 따랐다. 정치 단위에 따라 단일 통치자가 지배하는 경우도 있었고, 주도층에 속하는 시민, 상인, 수공업자, 이웃 혹은 구역으로 구성된 의회가 통치하는 경우도 있었다. 같은 종교를 믿는 사람들끼리, 혹은 심지어 누군가에게

---

11 Though S. D. Goitein and M. A. Friedman (eds.), *India Traders of the Middle Ages: Documents from the Cairo Geniza* (Leiden: Brill, 2008): 632-4, have an example.

고용된 사람들(혹은 일자리가 없는 사람들)끼리 집단행동을 하는 경우가 있었다. 그들에 대해서 정부는 주의를 기울이지 않을 수 없었지만, 때로는 정부의 입장에서 그들을 이용하기도 했다.

유라시아의 계급 투쟁

중간천년기 사회에서 일반적으로는 사회·정치적 위계질서와 연대 의식이 존재했다 하더라도, 조금만 더 깊이 들여다보면 그것이 전부가 아니었다는 사실이 금방 드러난다. 상류층의 분쟁은 문헌에 상세히 기록되어 있거니와, 이외에도 아주 작고 가난한 공동체에서조차 지주와 소작인, 혹은 고용주와 고용인 사이에 분쟁이 있었다. 기록에 남아 있는 농민들의 불평불만을 보면 이를 알 수 있으며, 때로는 그러한 불만이 반란으로 터져 나오기도 했다. 불만은 주로 토지 소유주가 소작료나 노역을 더 많이 요구하거나, 정부에서 세금이나 노역을 추가로 부과하는 경우에 제기되었다. 농민들의 고통이 심해지면 내전으로 이어졌다. 사실상 모든 기록이 반란 세력에 적대적인 태도를 취하므로 실제로 반란 세력의 요구가 무엇이었는지 정확하게 알기는 어렵다. 농민들은 당연히 받아야 할 자신의 몫을 주장하는 경우가 많았다. 사회의 하층민이 무슨 생각을 했는지 파악하기가 아무리 어렵다 하더라도, 문헌에 있는 내용 그 자체로 이해하자면, 그들은 주로 기존 사회에서 정의로 여겨지는 범위 내의 것을 원했고, 지주나 통치자에게 규칙을 따르라고 호소했다. 이라크 남부에서 염분이 많은 땅을 개간하는 일에 투입된 잔즈(Zanj, 동아프리카의 노예들)는 7세기에 두 차례 반란을 일으켰다. 9세기에 일어난 반란은 그보다 더 성공적이었다. 869년에서 894년 사이 그들은 이라크 남부에서 독립 정부를 유지했는데, 정부 구조는 당시의 주변 지역 정부와 크게 다르지 않았다. 그들의 지도자가 잔즈의 처우 개선 이상을 원했다는 증거는 없다. 14세기 중국에서는 민중 반란의 주동자가 스스로 황제의 자리에 올랐고, 이후로는 기존과 같은 정상적인 황제로서 통치를 이어 나갔다. 1426~1429년 남인도 지역에서는 새로 부과한 세금이 하층 카스트의 저항을 불러일으켰으나, 그들이 기존의 카스트 제도 자체에 도전하지는 않았다. 유럽에서 핵심적 요구는 대개 개인의 권리를 보장할 법적 자유와 관련된 내용이었다.

중간천년기의 일부 움직임은 혁명의 기운을 내포했다. 1381년 잉글랜드 농민 반란에서 내건 요구 사항은 왕을 제외한 모든 영주의 권리를 혁파할 것, 교회의 재산을 분배할 것, 단 한 명의 주교를 임명할 것 등이었다. 켄트(Kent)에서 일어난 반란의 구호는 "리처드 왕과 함께, 진실한 병사들과 함께(with kynge Richarde and with the trewe communes)"였다.[12] 도시의 분쟁은 대부분 고용주와 그들에 대항한 노동자 계급 사이에 일어났다. 중세 후기 유럽에서 이른바 "공예 혁명(craft revolution)"이 일어났지만 가난한 사람들의 지위를 향상시키지는 못했다. 그러나 1378년 피렌체에서 있었던 치옴피의 반란(Tumulto dei Ciompi)은 뜻하는 바를 거의 이루었고, 그래서 다른 도시들의 반란과 함께 민주주의의 여명으로 일컬어진다. 당시에 수립된 정부에는 직물 산업 노동자의 대표가 포함되었고, 반란이 지속되는 몇 년 동안 중요한 정치·사회적 개혁이 이

---

12 *Anonimalle Chronicle, 1333 to 1381*, ed. V. H. Galbraith (Manchester University Press, 1970): 139.

루어졌다. 그들은 정의를 실현하고 가난한 사람들을 보호하기 위해 전통적 위계질서를 전면적으로 갈아엎고자 했지만, 실제로 그렇게 하지는 못했다. 남아 있는 기록에 결함이 있다는 점을 감안하고 보더라도, 당시 억압받은 사람들의 대부분은 기존의 위계질서를 받아들였다. 그들은 다만 공식적으로 인정되는 규칙이 정당하게 운영되기를 바랐을 뿐이다.

아프리카와 아메리카

유라시아 대륙을 제외한 나머지 지역에서는 문헌이 극히 부족하기 때문에 우리의 논의가 간략해지는 것은 어쩔 수 없다. 고고학과 역사언어학을 비롯하여 인류학 현지 조사를 근거로 추론한 역사까지, 문헌이 부족한 지역의 전통과 계보에 대한 정보를 제공해주는 여러 분과 학문이 존재하지만, 여기서 제시되는 정보는 시기를 특정하기가 어렵고, 이를 근거로 과거 생활 경제나 사회 혹은 정치의 불평등 같은 주제는 거론할 수 있겠지만, 사회의 권력 구조나 정치사상에 대해서는 말할 수 있는 내용이 거의 없다.

사하라 이남의 아프리카에도 기록이 남아 있는 지역이 있다. 에티오피아와 더불어 무슬림이 방문하거나 정착한 지역 혹은 그들의 문헌에 언급된 지역이다. 현대의 학자들은 다른 지역의 자료에 기초하여 아프리카의 과거를 추정하는데, 이와 더불어 아프리카 일부 지역의 문헌을 분석함으로써 지역별 및 시대별로 다양한 위계질서의 패턴을 제시했다. 아프리카의 농업은 지역별로 상황이 달랐지만 모두 쟁기를 사용하지 않았다는 공통점이 있고, 대부분의 지역에서는 유라시아 대륙에 비해 생산성이 낮아서 사회·경제적 복합 구조가 출현할 기반이 마련되지 않았다. 일부 지역에서는 소 사육이 경제적 활력소가 되기도 했지만, 경제적 자극의 가장 중요한 요인은 무역이었다. 무슬림 상인이 도착하기 전에 이미 동아프리카 항구에서는 홍해와 인도양을 가로지르는 무역이 진행되고 있었다. 말리(Mali)의 제니-제노(Jenne-jeno) 유적에서는 정착의 흔적이 이른 시기부터 나타났는데, 아마도 9세기 무렵 사하라를 관통하는 무역의 거점으로 기능했던 곳으로 추정된다. 더 아래쪽의 유적지에서도 제철이나 기타 금속 가공 및 수공업의 흔적이 발견되는 것으로 보아, 매우 폭넓은 지역 네트워크가 형성되어 있었던 것 같다. 최초의 원거리 교역 상품은 금과 소금이었고, 나중에는 상아와 노예가 교역 품목으로 추가되었다. 빼어난 예술품으로 유명한 나이지리아의 이페(Ife) 청동 두상은 통치자 혹은 엘리트 계층의 인물을 본뜬 것으로 추정되는데, 당시에 전문 기술자가 출현할 수 있을 정도의 충분한 인구 기반이 형성되어 있었던 것 같다. 림포포(Limpopo)강을 따라 교역하며 충분한 이득을 취한 그레이트 짐바브웨(Great Zimbabwe)를 제외하고, 아프리카 중부나 남부 지역에서는 중요한 도시 유적이 거의 발견되지 않았다. 짐바브웨의 니앙가(Nyanga)에는 정교한 테라스형 농지와 석재를 쌓아 건축한 몇몇 유적이 남아 있다. 이로 보아 충분히 조직화된 사회가 형성되었던 것을 알 수 있지만, 위계질서가 어떠했는지를 알 수 있는 근거는 거의 발견되지 않았다.

    아프리카의 사회·정치적 구조와 관련된 논의는 기존의 "부족(tribe)"이나 "추장(chief)" 같은 관습적 어휘 때문에 오히려 방해를 받는 경향이 있었다. 유럽인이 말하는 부족 개념은 로마의 역사와 성경에서 전해진 문화적 유산과 결부되어 있다. 그래서 18세기 말까지는 정치 구조와 관련이 없는 "원시인"을 지칭할 때 부족이란 단어를 사용하지 않았다. 그러다가 북아메리카 원주민에게 이 개념이 처음으로 적용되었고, 그 뒤에는 아프리카에도 사용되었다.[13] 중간천년기에 규모가 작고 경제적으로 미분화된 수많은 아프리카의 사회 및 정치 단위에서 살던 사람들은 스스로가 속한 사회나 정치 단위에 정체성의 근거를 두었고, 아마도 왕국 같은 용어로 이를 표현했을 것이다. 정치, 계보, 조상 신화는 얼마든지 유연하게 적용될 수 있다는 사실을 감안할 때, 세계의 다른 지역에서와 마찬가지로 아프리카에서도 은유를 통하여 공동체의 정체성을 표현했을 것이다. 그러나 그들이 표방했던 정체성이 오늘날 그들을 지칭하는 민족 명칭과는 달랐던 것 같다. 대개 왕이나 왕공이나 황제보다 낮은 등급의 지도자를 지칭하는 "추장(chief)"이라는 단어 또한 이 글의 서두에서 밝혔던 것처럼 우리의 논의에서 거부한 여러 단어 중 하나다. 대신 우리는 모든 종류의 통치자를 모두 "통치자"라는 단어로 표현했다. 아프리카의 일부 "추장"은 유럽 중세 초기의 "왕"과 전혀 다를 바가 없었다.

많은 아프리카 소규모 사회에서는 심지어 단일 통치자(추장)가 없더라도 대부분 내부적으로 불평등 구조와 강제력은 유지되었고, "무국적(stateless)" 상태는 결코 아니었다. 여성과 하인을 포함해서 모두가 평등

---

13 John Iliffe, *A Modern History of Tanganyika* (Cambridge University Press, 1979): 8-10, 20, 323-4; Terence Ranger, 'The Invention of Tradition in Colonial Africa', in Eric Hobsbawm and T. Ranger (eds.), *The Invention of Tradition* (Cambridge University Press, 1983): 211-62; *Oxford English Dictionary*, 18. 503; Alain Rey (ed.), *Dictionnaire historique de la langue française*, 2 vols. (Paris: Robert, 1993): 2. 2166; Jacob and Wilhelm Grimm (eds.), *Deutsches Wörterbuch*, 16 vols. (Leipzig: Hirzel, 1854-1962): 10, col. 642-4.

한, 진정한 평등 사회는 극히 드물었을 것이다. 20세기 아프리카의 수렵채집인 중에는 상당히 평등한 사회가 일부 존재했다. 이들은 작은 집단을 이루어 살았고, 개인(여성 포함)이 원하는 대로 이동할 수 있었다. 그렇다고 해서 중간천년기의 수렵채집인도 이들과 마찬가지로 평등했을 것이라는 추정은 성급한 판단일 뿐이다.[14] 기원후 1500년 이전의 몇몇 사회는, 특히 소박한 주거지와 함께 기록 자료나 도시 혹은 요새 유적이 발견된 경우, 과거 그 지역에 통치 구조가 존재했을 것으로 추정되며, 역사학자들은 여기에 왕국이라는 위엄 있는 이름을 부여하여 추장 사회보다는 더 큰 규모를 나타내었다. 당시의 몇몇 통치자는 조공을 받는 이외에 거의 아무런 역할도 하지 않았고, 에티오피아에서는 지방 통치와 세금 징수를 개인 혹은 사원에 위임하기도 했다. 이븐 할둔(Ibn Khaldun, 사망 1406)은 말리의 왕 만사 무사(Mansa Musa)가 가졌던 재산과 관대함, 그리고 정의로운 통치에 관한 증언을 남겼다. 만사 무사는 1324~1325년 메카로 순례 여행을 다녀오기도 했다. 이 이야기와 더불어 후대에 말리를 통치했던 폭군에 관한 이야기도 있는데, 다른 누군가가 그를 폐위시키고 통치자가 되었다고 전한다.[15] 당시와 그 후대에 서아프리카 지역에서 번성한 다른 정치 단위들도 충분한 경제적 기반을 형성하고 있어서, 상당히 복잡한 위계질서와 아마도 그에 상응하는 정도의 연대 의식을 가지고 있었던 것 같다. 정치적 연대 의식은 "추장"의 존재 여부와 상관없이 규모가 작은 사회일수록 더 강했을 것이다. 이보

---

14 James Woodburn, 'Egalitarian Societies', *Man*, New Series 17 (1982): 431-51.
15 J. F. P. Hopkins and N. Levtzion (ed. and trans.), *Corpus of Early Arabic Sources for West African History* (Cambridge University Press, 1981): 334-6.

다 더 심화된 이야기를 하려면 유라시아 사회에 대한 연구 성과를 근거로 추론을 해보거나, 혹은 20세기 역사언어학과 인류학의 성과를 참조하는 수밖에 없다.

　북아메리카, 오스트랄라시아, 태평양 섬 지역의 사회나 정치 단위들은 규모가 작고 부유하지 못했다. 아마도 위계질서의 발달 정도도 낮았을 것이다. 그렇다고 해서 그들이 유라시아 대륙에서 규모가 비슷한 사회에 비해 평등을 더욱 신봉하지는 않았고, 그런 의미에서 더 평등한 사회였다고 말하기는 어렵다. 메소아메리카와 남아메리카에도 그런 정도의 사회가 많이 존재했는데, 중간천년기 그곳에서는 위계질서를 뚜렷이 갖춘 대규모의 복합 구조 사회가 발달했다. 그중 일부 지역에서는 농부들이 적절한 곡물을 재배하는 데 성공했다. 철기, 쟁기, 바퀴, 견인 동물은 없었지만 테라스 구조의 농지, 관개시설, 배수 시설 등을 건설하여 식량을 충분히 생산했고, 이를 기반으로 전문 수공업자들이 출현했으며, 대규모 통치 구조의 위계질서가 갖추어졌다. 화폐는 존재하지 않았지만 메소아메리카 지역에 시장은 분명히 있었고, 카카오콩과 기타 물품이 지불 수단으로 사용되었다. 남아메리카에서 지역별 및 지역 간 교역이 어떻게 이루어졌는지는 분명히 밝혀지지 않았다. 다만 물물교환 방식이었을 것으로 추정되며, 노역 동원 체제와 음식 저장고를 갖추었던 잉카 제국은 물론 그 외 다른 지역에서도 교역은 존재했을 것이다. 메소아메리카에는 문자가 있었다. 그러나 대부분 소멸했고, 다만 비문이 방대하게 남아 있을 뿐이다(그중에서도 일부만 해독이 가능한 상황이다). 잉카 제국을 비롯하여 남아메리카의 여러 사회에는 문자가 존재하지 않았다. 그들은 밧줄의 매듭을 이용하여 조공, 인구, 가축 등과 관련된 통계를 기록했다. 아즈텍이나 잉카 제국의 후기에 이르러서는 정부에서 기록을 관리했다. 이는 이들 사회가 베버가 언급한 관료주의 단계로 접어들었음을 의미한다.

정치적 연대 의식은 다른 저술에 남아 있는 인용문 정도로 유추해 내기가 어렵다. 그러나 잉카의 통치자들이 적절한 복장을 차려입고 다른 지역을 방문하는 의례를 거행한 점으로 보아, 연대 의식을 고취하려는 의도는 분명히 존재했다. 그러한 의례 관련 기록이 사원이나 기타 기념비적 건축물에 새겨져 있고, 또한 스페인 침략자들의 기록도 남아 있다. 다만 인간을 제물로 바치는 것이 어떻게 단결을 강화하는 수단이 되었는지 이해하기 어려울 뿐이다. 전쟁은 분명 연대 의식을 드높이는 계기가 되었을 텐데, 이는 아메리카나 구대륙이나 다를 바가 없었다. 또한 그들의 기원 신화는, 이를 듣고 기록하던 당시 스페인 작가들의 기대가 반영된 것일 수도 있지만, 통치자나 귀족들에 관한 이야기뿐만 아니라 민족 전체에 대한 이야기가, 어쩌면 정치적 연대 의식을 반영하는 내용일 수도 있다(이는 유럽의 사례와 다르지 않다). 아메리카의 경우 자문회의 같은 조직에 관한 정보는 거의 보이지 않는다. 그러나 아메리카의 통치자들이 유독 다른 대륙의 통치자들과 달리 자문의 의무가 전혀 없는 "절대적" 존재였을 것 같지는 않다. 더욱이 인류학과 고고학의 연구 성과에 따르면 통치자와 백성은 상호 의존적 관계로, 그들만의 독특한 질서 체계가 갖추어져 있었다. 다만 잉카의 정치에서 노역을 제공하는 것과 반대급부로 음식을 제공하는 것이 특히 분명하게 정해져 있었다 하더라도, 상호주의 원칙 혹은 통치자와 백성 상호 간의 의무 관계는 구대륙 정치의 근저에도 깔려 있는 것이었다. 통치자를 비롯하여 위계질서의 최상위에 위치하는 사람은 관대할 뿐만 아니라 정의로운 존재로 여겨졌다.

결론

이번 장에서 말하고자 했던 바는, 세계 모든 지역이 대체로 비슷했다는 이야기가 아니다. 대륙에 따라, 사회에 따라, 정치 단위들 사이에도 풍부한 다양성이 존재했다. 다양성의 원인은 지리적 차이 때문이었고, 또한 그에 따른 생활 경제의 차이 때문이었다. 각기 다른 사회에서, 그리고 사회의 각 분야에서 나름의 관습이 발달했고, 그 결과가 다양성으로 나타났다. 개별 사회를 전문적으로 연구하는 역사학자들은 수많은 관습을 연구한 성과를 보고했다. 친족, 결혼과 젠더 관계, 상속, 재산권에서부터 의례, 게임, 여가 시간 등에 이르기까지 폭넓은 관습들이 연구 대상이 되었다. 이번 장에서는 기존에 중간천년기 사회의 동일성이나 차이를 이야기할 때 같은 시기의 여러 다른 사회를 비교하지 않았던 문제, 혹은 비교하더라도 유럽과 나머지 세계를 비교하는 식으로 고정관념에 입각하여 비교했던 문제를 지적하고자 했다. 근대 세계의 기원 연구는 중간천년기 다른 지역의 역사뿐만 아니라 유럽의 역사 또한 왜곡하고 있다. 중간천년기가 끝나갈 무렵 유럽인의 항해술이 점차 원숙해져서 그들이 알지 못하던 세계, 혹은 간접적으로 전해 들어 조금 알고 있는 세계를 "발견"할 수 있을 정도가 되었다. 물론 그것이 유럽인에게는 "발견"이었지만, 원래 그곳에 살고 있던 사람들에게는 새삼스러울 것도 없는 일이었다. 그러나 그러한 발견이 당시에, 혹은 지금도 계속되고 있는 가장 중요한 변화였다고 보기는 어렵다. 인구의 증감은 계속되었고, 크고 작은 집단으로 나뉘어 짧거나 긴 거리를 이동하는 사람들이 계속 나왔다. 대부분의 이동 거리는 그리 멀지 않았다. 많은 사회의 사람들이 다른 사회로부터 새로운 기술과 사상을 배웠고, 때로는 스스로 개발하기도 했다. 새로운 종교가 확산되면서 한 사회의 일부 혹은 전체에 영향을 미쳤고, 그 종교의 신도만큼은 아니겠지만 그 사회의 다른 사람들도 그로부터 영향을 받았다. 무엇이 변하고 무엇이 변하지 않았는지를 살펴본다면, 굳이 그로부터 어떤 결과나 보상이 주어졌는지를 주목하지 않더라도 그 자체로 해당 시기 그 사회에 대해서 더 깊이 이해할 수 있을 것이다.

이번 장에서 살펴본 것처럼 중간천년기의 세계 어디에서나 비슷하게 사회적으로 위계질서와 연대 의식이 존재했다. 위계질서의 형태와 층위는 서로 달랐지만, 모두가 공통적으로 정치·사회적 불평등 구조를 가지고 있었다. 규모가 작고 가난한 사회일수록 불평등의 정도가 약했으나, 그렇다고 해서 그들이 여성, 어린이, 하인이나 노예, 이방인에 대한 평등사상을 가졌던 것은 결코 아니다. 종교는 개인의 가치를 존중했지만, 그러한 사상이 현실에서 그대로 적용되지는 않았다. 정치·사회 사상이나 선입견은 자연 상태의 평등한 개인에서 출발한 것이 아니라 기존의 공동체에서 형성된 것이 답습되었다. 이로부터 일종의 연대 의식이 생겨났는데, 연대 의식 덕분에 사람들이 불평등과 위계질서를 받아들이기가 더 용이한 면도 있었다. 모든 인류 사회에는 개인 간, 집단 간 분쟁이 있었던 것 같다. 중간천년기에 더 부유하고 구조가 복잡한 사회에서는 경제적(또한 정치적) 계층 사이에 이익을 두고 분쟁이 더 많이 발생했다. 일부 사회에서는 통치자가 암묵적으로라도 분쟁을 인지하고 있었고, 통치자에게는 부자와 힘 있는 자가 아니라 가난하고 약한 자를 보호해야 한다는 명분이 인정되었다. 통치자는 때로 관습에 따라, 그리고 사회 지도층 인사의 조언에 따라 통치하라는 명시적 요구를 받아들여야 했다. 공동체를 대표하는 사람들로부터 조언과 동의의 과정을 거쳐야 한다는 요구는 1789년 프랑스 혁명 이후로 새로운 진보주의 사상과 결합되는 경우가 많아서 평등과 민주주의 사상이 여기에 결합되었고, 혁명 이전 구체제의 절대주의 왕권에 맞섰다. 그러나 우리가 논의하는 시대적 범위에서는 이런 내용이 존재하지 않았다. 최상위 계층의 사람들에게도 위계질서에 따른 의무가 부과되었다. 물론 언제나 의무를 다했던 것은 아니다. 조언을 거친다고 해서 불평등과 위계질서가 사라지는 것은 아니었다.

위계질서상 맨 아래 계층에 있는 사람들은, 적어도 가끔은 자신의 몫이 부당하다고 느꼈다. 그렇지만 그들의 불만이 지난 2세기 백인 남성들이 가졌던 (그리고 최근에는 여성과 유색 인종에게도 확산되었던) 요구, 즉 평등한 시민으로서 평등한 참정권을 요구하는 데까지 나아가지는 못했다. 이번 장의 논의에 잠정적 결론을 내리자면, 중간천년기의 사회는, 당시의 정치·사회 사상적 배경이 우리 시대의 그것과는 전혀 닮지 않았지만, 우리의 기준이 아니라 당시의 배경을 고려할 때 더 깊이 이해될 수 있을 것이다.

더 읽어보기

Bailey, F. G. 'Decisions by Consensus in Councils and Committees; with Special Reference to Village and Local Government in India', in Michael Banton (ed.), *Political Systems and the Distribution of Power*. London: Tavistock Publications, 1965: 1-20.

Bush, M. L. (ed.) *Serfdom and Slavery: Studies in Legal Bondage*. London: Longman, 1996.

Cammarosano, Sandro. 'Social Mobility and the Middle Ages', *Continuity and Change*, 26 (2011): 367-404.

Chatterjee, Indrani and Richard M. Eaton (eds.), *Slavery and South Asian History*. Bloomington, IN: Indiana University Press, 2006.

Cohn, Samuel K., Jr. *Lust for Liberty: the Politics of Social Revolt in Medieval Europe, 1200-1425: Italy, France, and Flanders*. Cambridge, MA: Harvard University Press, 2006.

Di Cosmo, Nicola, ed. *Military Culture in Imperial China*. Cambridge, MA: Harvard University Press, 2009.

Fröhlich, Judith. *Rulers, Peasants and the Use of the Written Word in Medieval Japan*. Bern: Peter Lang, 2007.

Goody, Jack. *The Eurasian Miracle*. Cambridge: Polity Press, 2010.

Haldon, John, ed. *A Social History of Byzantium*. Oxford: Wiley-Blackwell, 2009.

Heitzman, James. *Gifts of Power: Lordship in an Early Indian State*. Oxford University Press, 1997.

Hodgson, Marshall G. S. *Rethinking World History*. Cambridge University Press, 1993.

Jeffcott, Colin. 'The Idea of Feudalism in China, and its Applicability to Song Society', in E. Leach and others (eds.), *Feudalism: Comparative Studies*. Sydney Association for Studies in Society and Culture, 1985: 155-74.

Kedar, Benjamin Z. 'Expulsion as an Issue of World History', *Journal of World History* 7 (1996): 165-80.

Kosambi, Damodar Dharmanand. *Introduction to the Study of Indian History*, revised 2nd edn. Bombay: Popular Prakashan, 1975.

Lapierre, Jean-William. *Vivre sans État? Essai sur le pouvoir politique et l'innovation sociale*. Paris: Éditions du Seuil, 1977.

Marlow, Louise. *Hierarchy and Egalitarianism in Islamic Thought*. Cambridge University Press, 1997.

Mundy, Martha. 'Ownership or Office? A Debate on Islamic Hanafite Jurisprudence

Over the Nature of the Military "Fief," from the Mamluks to the Ottomans', in Alain Pottage and Martha Mundy (eds.), *Law, Anthropology, and the Constitution of the Social*. Cambridge University Press, 2004: 142-65.

O'Leary, Brendan. *The Asiatic Mode of Production*. Oxford University Press, 1989.

Pomeranz, Kenneth. *The Great Divergence: China, Europe, and the Making of the Modern World Economy*. Princeton University Press, 2000.

Popovic, Alexandre. *The Revolt of the African Slaves in Iraq in the Third/Ninth Century*, trans. Léon King. Princeton, NJ: Markus Wiener Publishers, 1998.

Reynolds, Susan. *Fiefs and Vassals: The Medieval Evidence Reinterpreted*. Oxford: Clarendon Press, 1994.

─────. 'The History of the Idea of Incorporation or Legal Personality: A Case of Fallacious Teleology', in Susan Reynolds, *Ideas and Solidarities of the Medieval Laity: England and Western Europe*. Aldershot: Variorum, 1995, Study vi.

─────. *Kingdoms and Communities in Western Europe, 900-1300*, 2nd edn. Oxford: Clarendon Press, 1997.

─────. *The Middle Ages without Feudalism*. Aldershot: Variorum, 2012, Studies v, xv, vi.

Richards, John F., ed. *Kingship and Authority in South Asia*. New Delhi: Oxford University Press, 1998.

Schoenbrun, David Lee. *A Green Place, a Good Place: Agrarian Change, Gender, and Social Identity in the Great Lakes Region to the Fifteenth Century*. Portsmouth, NH: Heinemann, 1998.

Sing, Hira. 'Classifying Non-European, Pre-Colonial Social Formations: More Than a Quarrel Over a Name', *Journal of Peasant Studies* 20 (1993): 317-47.

Twitchett, Denis. 'The Composition of the T'ang Ruling Class: New Evidence from Tunhuang', in Arthur F. Wright and Denis Twitchett (eds.), *Perspectives on the T'ang*. New Haven and London: Yale University Press, 1973: 47-85.

Veluthat, Kesavan. 'Land Rights and Social Stratification', in Upinder Singh (ed.), *Rethinking Early Medieval India: A Reader*. New Delhi: Oxford University Press, 2011: 83-99.

Watts, John. *The Making of Polities*. Cambridge University Press, 2009.

Wickham, Chris. *Framing the Middle Ages: Europe and the Mediterranean 400-800*. Oxford University Press, 2005.

Wood, Ian N. *The Priest, the Temple and the Moon in the Eighth Century*. Brixworth: Friends of All Saints' Church, 2008.

Zuidema, R. Tom. *Inca Civilization in Cuzco*. Trans. Jean-Jacques Decoster. Austin,

TX: University of Texas Press, 1986.

CHAPTER 5

교육 제도

린다 월튼
Linda Walton

간단히 정의해 "교육(education)"이란 동시대는 물론 세대를 넘어서는 지식의 전달을 의미한다. 데이비드 크리스천(David Christian)이 주장했듯이, 집단 학습(collective learning) 능력과 세대를 넘어 이를 전달하는 능력 덕분에 인간이란 동물은 다른 생물학적 종들과 구별되었다.[1] 집단 학습이란 폭넓은 경험을 포괄하는 개념으로, 관습뿐만 아니라 구전과 기록으로 전달되어왔다. 넓은 의미로 볼 때 "제도(institution)"란 하나의 관습으로서 어떤 임무를 수행하기 위한 수단을 규칙화하는 것이다. 그렇다면 교육 제도(educational institution)란 "집단 학습을 전수하기 위하여 설계된 관습"이라 할 수 있겠다. 그래서 교육 제도라 하면 학교의 공식적 교육뿐만 아니라 비공식적 학습 패턴도 포함된다. 전 세계 어디에서나 일차적 교육 기관은 가정 혹은 가족이다. 아이들이 집안 생활에 필요한 기술, 물품 제조 방식, 거래 등을 배운다는 의미에서다. 가족이나 가정을 넘어서서 교육 활동을 조직하면 특정 집단이 형성된다. 교육 집단은 (문자의 사용을 포함한 여러 가지) 특별한 기술을 보유함으로써 사회의 다른 영역과 확연히 구분된다. 예를 들어 전문 분야의 훈련과 직

---

1 David Christian, "World History in Context," *Journal of World History* 14.4 (Dec., 2003): 445-6.

업 자격 증명을 받게 되는 대학 과정, 교역이나 수공업에서 노동력을 제공하고 전문 교육과 면허를 받게 되는 견습 과정 등이 여기에 해당한다. 이번 장에서는 "교육 제도"라는 주제 아래 포함되는 폭넓은 범위의 활동을 살펴보는 가운데, 특히 고등교육 제도에 초점을 맞추어보고자 한다. 우리의 질문은 다음과 같다. 가치 있다고 여겨지는 지식은 무엇이며, 그러한 지식은 어떻게 조직화되고 또한 전수되었는가? 조직화된 지식과 국가의 관계는 무엇이며, 국가는 어떻게 교육을 통제하고 제도화했는가? 끝으로 교육 제도를 통한 지식의 습득이 사회적 지위와 정치 권력에 어느 정도로 결정적인 역할을 했는가?

전 세계적 관점에서 중간천년기(500~1500 CE)의 교육 제도를 살펴보려면, 1차 자료와 2차 자료를 막론하고 심각한 자료의 불균형 문제에 맞닥뜨리게 된다. 유럽 대학교의 부상과 관련해서는 자료도 풍부하고 연구 성과 또한 상당히 오랜 시간 동안 축적되어왔다. 중국의 학교 및 시험 제도와 관련해서도 자료가 풍부한 편이며, 그 연장선상에서 중국의 영향을 받은 동아시아의 일부 다른 나라들, 예컨대 한국과 베트남의 자료도 많이 남아 있다. 불교 사원에 소속된 학교의 자료에는 불교가 남아시아, 동아시아, 동남아시아로 확산되는 과정은 물론, 불교가 종교와 교육에서뿐만 아니라 세속에서 담당한 역할까지 기록되어 있다. 마찬가지로 이슬람이 뿌리내린 지역에도 풍부한 자료가 남아 있다. 이슬람 사회에서는 종교적 지식의 전수가 매우 중요하게 인식되었기 때문이다. 그러나 식민지 시기 이전 아프리카 지역의 경우, 이슬람 문화권의 범위를 벗어나면 공식적 교육 제도에 관한 자료가 거의 없다. 아즈텍의 학교에 관한 스페인어 기록이 남아 있으므로 기원후 1500년 이전 아메리카에서도 공식적 교육 기관이 존재했음을 알 수 있지만, 자료는 희박한 편이다.

다양한 역사적 경험과 자료의 불균형한 상황에도 불구하고 세계적 관점에서 교육 제도의 역사를 분석하는 일은 가능하다. 이번 장에서는 지식의 조직화 및 전수가 다양한 문화적 가치 평가와 전통을 반영한다는 점, 국가 차원에서 지식을 이용하고 통제하기 때문에 국가에 따라서도 달라진다는 점, 지식의 획득과 전수에서 담당하는 역할에 따라 엘리트 계층의 사회적 지위가 달라지기 때문에 엘리트 계층의 관계가 교육에 반영된다는 점을 보여주고자 한다.

중간천년기에 지식의 가장 큰 잠재력을 담보한 기관, 또한 어디서나 가장 널리 확인되는 기관은 종교적이었다. 불교, 기독교, 이슬람은 모두 종교적 가르침을 확산하기 위해 교육 기관을 후원했다. 아프리카-유라시아 대륙 전역에 걸쳐 종교가 확산되면서 이러한 교육 기관은 점차 엘리트 계층에게 동경의 대상이 되었을 뿐만 아니라 국가 혹은 제국 차원의 정책적 목표가 되었다. 세계 종교가 침투해 들어가지 못한 지역, 예컨대 사하라 이남 아프리카와 아메리카에는 종교적 후원에 근거하고 성직자 엘리트 계층이 통제하며 국가의 수요에 부응하는 공식 교육 기관이 없었다. 중국에서는 국가와 엘리트 계층의 상호 의존 관계가 독특한 유교 정치 철학의 밑바탕이 되었다. 그 결과 과거 시험이라고 하는, 세계에서 가장 독특하면서도 오래도록 지속된 교육 제도가 만들어졌다.

동아시아의 유교와 교육 기관

유교 사상가들은 교육이 인간의 본성을 수양하는 데 필수적이라 여겼고, 학자가 통치하는 사회를 이상 사회로 간주했다. 사회적 지위와 권력의 지표로서의 교육은 국가가 운영하는 과거 시험을 통해 제도화되었다. 사회적 지위와 권력을 얻기 위해서는 지식에 접근할 수 있는 여건이 결정적이었다. 제국 체제의 학자-관료 엘리트 계층도 그에 따라 규정되었다. 유교 사상과 과거 시험 제도는 주변의 다른 나라에도 전파되어 한반도, 일본 열도, 베트남에서 모두 이 제도를 따랐다.

중국

체계적으로 과거 시험을 통해 관료를 선발하는 제도는 당(唐)나라(618~907) 때부터 시작되었다. 당나라의 통치자들은 과거 제도를 지렛대 삼아 당시의 유력 귀족 가문을 통제하고자 했다. 유교의 이상형인 유학자의 정부를 명분으로, 시험을 통한 관리의 선발을 정당화했다. 과거 제도로 기존의 세습 특권이 무너졌고, 궁중 내 직급 판정과 인사 과정을 국가에서 통제하게 되었다. 당나라의 과거 시험은 기본적으로 유교 경전의 이해 정도를 측정하고, 추가로 시와 논문 작성 능력을 평가했다. 당나라 국립대학(國子監)은 정부에서 필요로 하는 학문적 자료를 제공하는 동시에 장차 관료로 일할 인물들을 훈련하는 곳이었다. 수도를 벗어나면 대체로 사립학교나 불교 사원을 통해 교육이 이루어졌다(이후 다시 논의한다).

당나라 시기에는 현실적으로 과거 시험 준비에 필요한 재산과 여가 시간이 오직 귀족 가문의 자제들에게만 주어졌다. 그 뒤 송(宋)나라(960~1279)에 이르러 과거 시험은 상당한 사회 변화를 이끌었다. 국립대학 이외에도 정부는 전국에 있는 학교를 대상으로 토지를 하사하거나 유교 경전을 새긴 목판을 하사하는 등의 지원을 아끼지 않았다. 공립 학교뿐만 아니라 가문에서 운영하는 사립학교가 늘어난 데다 상업 인쇄가 발달하여 저렴한 교재가 출간되었다. 더 많은 사람이 과거 시험에 응시할수록 사회 계층 간의 이동성도 강화되었다. 송나라의 과거 시험은 3단계로 실시되었다. 주현(州縣) 단위에서 실시되는 해시(解試), 수도의 중앙 정부에 가서 응시하는 성시(省試), 황제 앞에서 시험을 보는 전시(殿試)가 있었다. 학생들은 먼저 출신지에서 시험에 등록했는데, 이때 가문에 대한 정보를 상세히 조사했다. 출신지에서 해시(解試)를 통과하면 중앙 정부로 올라가 성시(省試)를 보았고, 최종적으로 궁궐에 들어가서 전시(殿試)를 보면 황제가 직접 수험자의 성적을 평가하여 고위 관직에 배정했다. 시험의 내용은 유교 경전과 역사, 시, 정책에 대한 강조점에 따라 주기적으로 달라졌다.

　송나라 후반기 유교의 학문적 변화가 과거 시험에도 영향을 미치기 시작했다. 도덕적 정치에 중점을 두었던 기존의 유학을 확장하여 11세기 신유학(新儒學) 사상가들은 인간과 우주의 관계로 관심을 기울였으며, 형이상학의 영역으로 들어갔다. 주희(朱熹, 1130~1200)는 새로운 유교 경전 해석을 집대성했고, 서원(書院) 교육을 통한 개인의 도덕적 수양을 강조했다. 서원은 남송(南宋, 1127~1279) 시기에 번성했던 사립 교육 기관이다. 서원을 설립한 사람들은 과거 시험이 진정한 교육의 목적을 왜곡한다고 비판했다. 과거 시험 때문에 학생들이 진정한 자기 수양보다는 시험 통과에만 몰두하게 된다는 비판이었다. 그러나 서원에서도 과거 시험 준비를 하지 않을 수는 없었다. 다만 그들이 권장한 지식인의 자세는, 과거 시험 통과 여부와 상관없이 일정한 문화적 소양을 성취하여 일반인과 다른 삶을 살아가는 것이었다.

몽골이 통치한 원(元)나라(1271~1368) 치하에서도 교육 제도는 단절 없이 그대로 지속되었다. 원나라에서는 1315년 과거 시험을 복원하고, 정치적 통제를 위해 민족별로 일정한 비율의 할당제를 부가했다. 원나라 정부는 신유학의 경전 해석을 받아들였고, 주희의 가르침은 학교 교육은 물론 과거 시험 내용에서도 기본 토대로 채택되었다. 이방인 왕조를 마감하고 한족(漢族)이 정권을 회복하여 명(明)나라(1368~1644)가 수립되자, 정부에서는 과거 시험과 서원을 더욱 장려했다. 지역 공동체가 설립한 서원에서 사회적으로 더욱 폭넓은 범위의 학생들을 대상으로 교육의 기회가 확대되었다. 나중에는 첫 단계의 시험만 통과해도 일정한 자격이 주어졌으며, 더 높은 단계의 시험을 통과하지 않아도 교사나 낮은 직급의 공직에 출사할 수 있었다. 중간천년기가 끝나는 1500년 무렵이면 명나라 중엽에 해당하는데, 당시 과거 제도는 중국의 사회·정치·문화 곳곳에 깊이 스며들어 있었고, 사실상 모든 교육 기관이 개인의 문화적 성취와는 멀어질지언정 과거 시험 준비에 몰두했다.

한국

유교 사상은 7세기 중엽 신라(新羅)가 한반도를 통일하기 훨씬 전부터 이미 한국에 전파되어 있었다. 통일신라의 문화는 불교 중심이었지만 국가 체제는 중국의 당나라를 모방했다. 그래서 통일신라의 수도에는 관리를 양성하기 위한 국립학교(國學)가 설립되었다. 8세기 말엽에는 과거 시험도 도입되었지만 오래 지속되지 못하고 곧 폐지되었다. 통일신라를 계승한 고려(高麗) 왕조(918~1392)에서도 불교는 여전히 강세를 유지했지만 국가 차원에서 유교 사상을 권장했다. 고려 왕조는 정부의 관리를 선발하기 위해 중국식 과거 시험을 도입했다. 시험 내용에는 유교 경전과 함께 시 문학이 포함되었다.[2] 11세기 후반에는 공립학교뿐만 아니라 사립학교가 번성하여 과거 시험 준비를 도왔다.[3]

고려 왕조는 중국의 송(宋) 왕조와 밀접한 외교 관계를 맺고 있었다. 몽골의 침략으로 송나라가 분열되었다가 결국 몽골의 원(元) 제국으로 통합되자, 고려의 유학자들은 원나라의 지식인, 특히 신유학자들과 더욱 긴밀히 교류했다. 조선(朝鮮) 왕조(1392~1897)는 한반도에서 외세의 간섭을 몰아내고 자주권을 회복했다. 이후 국가 이데올로기로서 학교 및 과거 시험을 통해 신유학을 크게 장려했다. 과거 시험에는 전통적 신분의 영향이 깊게 뿌리내려 있었다. 시험에 응시할 기회 자체가 사회적 신분에 따라 규정되었다. 오직 양반(문관과 무관의 후손들)에게만 공식적으로 관리의 자격이 주어졌다.

일본

한국에서와 마찬가지로 일본에서도 중국의 사상과 교육 제도를 받아들일 때 그 밑바탕에는 귀족 사회의 신분 기반이 놓여 있었다. 일본 열도에 미친 중국의 영향은 7세기부터 본격화되다가 나라(奈良) 시대(712~784)에 절정에 달했다. 일본 열도에서 중앙 집권 국가 체제가 출

---

2 Peter H. Lee, *A History of Korean Literature* (Cambridge University Press, 2003): 1.
3 Martina Deuchler, *The Confucian Transformation of Korea: A Study of Society and Ideology* (Cambridge, MA: Council on East Asian Studies, Harvard University Press, 1992): 15.

현한 것도 이때였다. 일본의 통치자들은 종합적인 교육 체제를 구축했다. 중앙 대학(大學寮)이 설치되고, 과거 시험도 실시되었다. 과거 시험의 내용은 유교 경전이었으며, 특히 철학과 역사에 중점을 두었다. 유교 교육과 과거 시험 제도의 모델은 중국 당나라를 따랐다. 그러나 8세기 일본의 실정에 맞게끔 일정한 수정이 있었다. 대학 입학 자격은 주로 아버지의 계급에 의해 결정되었다.[4] 과거 시험은 당나라와 마찬가지로 대대로 상속되는 특권의 일부였고, 궁정 내에서 맡는 역할은 조상의 등급에 따라 부여되었다. 그래서 귀족의 후손들은 굳이 대학에 들어갈 필요가 없었고, 궁정의 하급 관리와 지방 관리의 자제들은 시험을 잘 보면 신분 상승의 기회를 잡을 수 있었기에 대학에 들어갔다. 그러나 중국과는 다르게 일본에서는 과거 시험이 사회적 변화를 일으킬 만큼 충분히 오래도록 지속되지 못했다.

헤이안(平安) 시대(794~1185)에는 궁정 귀족 문화가 부상하여 상대적으로 중국의 영향이 축소되었다. 헤이안 시대 후기에 이르면 대학이나 과거 시험이 명목상 유지될 따름이었다. 가마쿠라(鎌倉) 시대(1185~1333)와 무로마치(室町) 시대(1336~1573)를 거치면서 사회적으로 전사(戰士)의 입지가 강화되었고, 유교 교육은 더욱 인기를 잃었다. 이후로는 불교 사찰이 학문의 중심 역할을 담당했다.

---

4 Robert Borgen, *Sugawara no Michizane and the Early Heian Court* (Cambridge, MA: Council on East Asian Studies, Harvard University Press, 1986): 72-3.

베트남

한국이나 일본에서는 중국의 제도를 나름의 실정에 맞게 변형하여 받아들였지만, 베트남의 경우는 기원전 2세기에서 기원후 10세기 사이 중국의 제국 체제에 직접 편입되는 바람에 1000년이 넘는 시간 동안 중국 문화가 직접적으로 전파되었다. 동시에 정치적 통일성도 어느 정도는 유지되었다. 중국-베트남 왕조의 중심지는 홍하(紅河) 삼각주였다. 북부 출신의 관리들은 이 지역의 토호들을 제국의 체제로 끌어들여 직책을 부여했고, 중국 이민자들의 도움을 받아 중국식 교육 기관을 설립했다. 10세기에 이르러 대월(大越, Dai Viet) 왕국이 중국으로부터 독립했지만 중국식 과거 제도는 그대로 따랐다. 다만 시험의 내용에는 유교뿐만 아니라 불교와 도교도 포함되었다. 당시 불교는 상당한 영향력을 가지고 있었으며, 불교 사찰에서도 교육이 진행되었다. 그러나 유교식 교육 기관이 더욱 인기 있었다. 경제 성장으로 소농 계층의 형편이 나아졌고, 이들이 과거 시험을 통해 정부 관리가 될 기회를 얻고자 했기 때문이다. 대월의 지식인들도 신유학에 익숙했다. 중국 이민자들이나 서적을 통해 그 내용이 전해졌기 때문이다.[5]

명나라가 베트남을 침략하면서(1407~1427) 중국의 영향력은 더욱 커졌다. 이 무렵 지방 각지에서도 유교식 교육 기관이 처음으로 설립되었다. 과거 대월 왕국의 지식인들은 유교 고전 경전을 선호했지만 이때는 신유학 사상이 유행했다.[6] 명나라 세력을 몰아낸 뒤에도 명나라가 구

---

5 Victor Lieberman, *Strange Parallels: Southeast Asia in Global Context, c. 800-1830* (New York: Cambridge University Press, 2003): 357-62.

축해둔 행정 체계의 핵심은 그대로 유지되었고, 학교도 예외가 아니었다. 불교나 도교는 제외하고 신유학 경전만을 내용으로 하는 진정한 중국식 과거 시험이 대월에서 최초로 시행된 시기는 1440년대였다. 이때부터 신유학이 공식 국가 이데올로기로 자리 잡았다. 과거 시험은 정부의 관리를 선발하는 핵심 제도였다. 기원후 1500년 무렵, 3년마다 열리는 지역 단위 시험에 응시한 인원이 전국적으로 많게는 3만 명에 달했다. 지방 관리로 채용되려면 읽고 쓰는 능력이 필수였다. 관리가 되면 노역 등을 면제받았다.

아시아의 불교와 교육 기관

동아시아 전역에서 유교는 인문학의 최고 가치로 인정받았다. 유교 경전 학습을 통한 교양의 습득이 곧 정부 관리를 위한 훈련이었다. 그러나 중간천년기(500~1500)의 중국, 한국, 일본, 베트남은 동시에 불교 문화권에 속하는 지역이었다. 동아시아에서 불교는 결코 국가 권력에 도전하지 않았다. 그러나 불교적 가치가 유교적 가치와 경쟁하는 것은 어쩔 수 없었다. 또한 불교 사찰에 부속된 교육 기관이 유교 교육 기관을 보충하는 역할을 담당했다. 비구와 비구니를 상대로 수트라(경전)를 읽고 이를 평신도에게 전달하는 과정을 교육했는데, 이를 위해서는 상당한 정도의 교육 투자가 불가피했다. 히말라야 지역에서 처음 시작된 사찰 교육 기관은 불교가 전파되는 곳이면 어디서나 뿌리를 내렸다. 그곳은 종교적

---

6 John K. Whitmore, "Literati Culture and Integration in Dai Viet, c. 1430-1840," *Modern Asian Studies* 31.3 (1997): 666.

가르침과 동시에 사회적으로 요구되는 내용을 교육하는 기관이었다.

남아시아

남아시아의 교육 체제는 불교도와 자이나교도가 선도한 개혁 운동에서 비롯되었다. 기원전 6세기경 갠지스 평원의 북쪽 변경과 히말라야 산록에서 이와 같은 개혁 운동이 일어났다. 당시 주류 문화인 베다 종교는 베다를 비롯한 경전 교육이 교사로부터 학생에게 구전으로 전수되었으나, 새롭게 대두된 불교와 자이나교 같은 사원 중심의 종교는 사원 공동체를 통해 제도적으로 교리를 전수했다.[7]

사원에 기반을 둔 불교 교육 기관 가운데 가장 유명한 대학은 날란다(Nalanda)로, 5세기 중엽에서 6세기 중엽 사이에 설립되었다. 이후 13세기 무슬림의 정복 때까지 날란다의 번영은 계속되었다(그림 5-1). 하르샤(Harsha) 황제(재위 606~647) 등의 불교 후원자들은 기부를 통해 날란다 대학을 지원했다. 수천 명의 학생과 교사가 대학 안에서 숙식했는데, 이들의 생계와 대학을 지원하기 위해 세금 수입도 일정 부분 할당해 주었다. 날란다 대학에서는 대승불교뿐만 아니라 다른 불교 종파들의 교리도 가르쳤다. 이외에도 베다, 철학, 논리학을 비롯한 세속 학문, 산스크리트어 문법, 의학 등을 교육했다. 통치자를 비롯한 부유한 인사들이 날란다 대학뿐만 아니라 여러 불교 대학에 대규모 도서관을 헌정했고, 종교 및 세속 학문과 관련된 자료가 상당수 축적되었다. 또한 티베

---

7 Hartmut Scharfe, *Education in Ancient India* (Leiden: Brill, 2002). 자이나교 교육 관련 정보는 비교적 드문 편이라 여기서 자세히 논의하기 어렵다.

[그림 5-1] 날란다 불교 대학 유적

트, 중국, 한국, 일본 등지에서 수많은 학생이 이곳으로 모여들었다.

베다 교육의 제도화 또한 사찰에 부속된 불교 교육의 모델을 따랐던 것으로 보인다. 베다를 가르치는 대학이 많은 사원에 부속으로 건립되었고, 통치자들이 이를 후원했으며, 농촌을 통째로 사원에 기부하여 거기서 나오는 세금을 기부하도록 했다. 이외에 부유한 사람들의 지원도 있었다. 그러나 베다 교육 기관에서는 구술 전통을 강조했으며, 스승-학생의 관계를 중시했다. 이로 보아 베다 교육의 중심은 여전히 상위 브라만 계급이 장악하고 있었다. 그러나 13세기에 이르러 신에 대한 개인적 헌신을 중시하는 바크티(bhakti) 운동이 확산되면서 카스트 계급의 구분을 거부했고, 브라만 계급이 주도한 베다 교육 기관 또한 쇠퇴했다. 바크티 사원에서도 교육 내용은 비슷했지만 학생들의 출신 계급이 확대되었다.

불교 교육 기관이나 베다 교육 기관 모두 공통적으로 통치자의 교육 수요를 충족시켜주는 면이 있었다. 즉 학생들에게 남아시아의 국가 혹은 제국 행정 관리에 필요한 세속의 기능도 가르쳤던 것이다. 통치자들은 헌금을 통해 이와 같은 교육 기관들을 후원했지만 현실적인 목적도 없지 않았다. 제국 차원에서 불교 교육 기관을 후원한 것은 동아시아에서 국가, 종교, 교육이 서로 관계 맺은 방식과도 비슷했다.

동아시아

기원후 500년경 불교는 이미 중국에 확고히 자리 잡고 있었고, 불교의 교육 기관도 번성하기 시작했다. 다른 종교도 그랬듯이 불교 교육 기관 또한 승가(僧伽), 즉 승려들의 공동체가 중심이었다. 남성(비구)과 여성(비구니)의 공동체가 분리되어 있었는데, 어디서든 새로 들어온 승려는 불교 경전, 의례, 사찰 생활 규칙을 교육받아야 했다. 승려 공동체 이외의 불교 사찰에서는 일반인을 상대로도 교육이 진행되었다. 교육 내용에는 교리 설교는 물론 기본적인 문자 교육도 포함되었고, 불교 경전(sutras)과 함께 유교 경전 교육도 이루어졌다.[8] 당시 중국에서 불교 승려는 유교 지식인과 함께 학문 엘리트 계층에 포함되었다. 국가 차원에서 경전 해석 시험을 보는 승과(僧科)가 있었는데, 이는 관리를 선발하는

---

8 Erik Zürcher, "Buddhism and Education in T'ang Times," in Wm. T. de Bary and John W. Chaffee (eds.), *Neo-Confucian Education: The Formative Stage* (Berkeley: University of California Press, 1989): 19-56.

과거 시험을 모방한 제도로 당나라 시기부터 도입되었다. 승과를 통해 당국은 승가(승려 공동체)의 규모를 통제할 수 있었고, 불교 입장에서는 종교 전문가로서 성직자의 권위를 확보할 수 있었다.

불교는 교육 일반에도 중요한 영향을 미쳤다. 인쇄 기술의 발달에 중요한 역할을 담당했기 때문이다. 사찰에는 필사를 담당하는 승려들이 있어서 필사본 장서가 보관되었는데, 목판 인쇄 기술이 발달하면서 복제본의 수량이 확대되었고, 덕분에 불교의 가르침이 더 많은 대중에게 전파되었다. 불교 교리를 전파하고자 하는 신념은 인쇄 기술의 발달을 촉진했고, 그 결과 붓다의 가르침이 더욱 널리 확산될 수 있었다. 불교와 인쇄의 관계는 기독교에서 개신교와 인쇄의 관계와 비슷했다. 인쇄 기술 덕분에 마르틴 루터를 비롯한 종교개혁가들의 사상이 구술이나 필사본으로 전달되는 것보다 더 빨리, 더 멀리 전파될 수 있었다.

11세기에 이르러 불교 종파 가운데 선불교(禪佛敎)의 영향이 중국 불교 교육에 나타나기 시작했다. 선불교의 교육 목적은 주로 수행자 개인의 노력을 통해 깨달음에 도달하는 것이어서, 예컨대 명상 같은 방법이 이용되었다.[9] 선불교를 따르는 사람들은 경전의 교리 학습보다 직접적인 수행에 더 많은 관심을 기울였고, 텍스트라 하더라도 본인의 깨달음에 직접 도움이 되는 부분에 집중했다. 이러한 경향에 힘입어 특정한 장르의 문헌이 탄생했는데, 예를 들면 조사어록(祖師語錄), 전등록(傳燈錄), 청규(淸規) 등의 장르였다. "조사어록"과 "전등록"은 선불교 대가들

---

9 Yü Chün-fang, "Ch'an Education in the Sung: Ideals and Procedures," in de Bary and Chaffee, *Neo-Confucian Education*, 60.

이 제자들에게 가르쳐준 깨달음의 경험을 대대로 전수하는 내용이었다. "청규"는 사찰 생활을 위하여 맑고 깨끗하게 생활하는 방법을 기술한 내용이었다. 이러한 생활은 승려들의 깨달음에도 도움이 되는 수련 방법이었다.

중국 송나라 시기 선불교 이념은 한국과 일본으로도 전파되어 사찰 교육의 근간이 되었다. 가마쿠라 시대 일본의 선(Zen)불교 사찰은 중세 유럽의 수도원과 비슷한 학문의 중심이 되었으며, 정부의 오른팔이 되었다. 무로마치 시대에도 불교 사찰은 여전히 학문 활동의 중심지였고, 불교 및 유교 사상의 전수가 사찰 교육 기관을 통해 이루어졌다.

동남아시아

중간천년기 동남아시아에서는 어지러울 정도로 다양한 문화와 민족, 국가가 혼재했다. 그러나 모두가 불교의 영향권 아래 있었고, 교육 기관도 주로 불교와 관련이 있었다. 파간(Pagan) 왕국(c. 950~1300)에 테라바다(Theravada) 불교가 전파된 것이 동남아시아 불교 교육 기관의 시초였다. 사찰 도서관에는 수많은 필사본이 수장되었고, 사찰의 책임 아래 필사본이 제작되었다. 비구와 비구니의 교육 이외에 평신도 교육도 이루어졌다. 평신도들은 짧은 기간이나마 의무적으로 사찰에 거주하며 교육을 수료해야 했다.[10] 교육 기관에서 사용된 언어는 버마어(Burmese)였

---

10 U Sein Maung Oo, "The Development of Burmese Writing and Monastic Education in the Pagan Period," in Yoshiaki Ishizawa and Yasushi Kono (eds.), *Study on Pagan: Research Report* (Rangoon and Tokyo: Institute of Asian Cultures, Sophia University, 1989): 138-44.

지만 불교 경전 해석을 위해 산스크리트어와 팔리어 교육도 실시되었다. 인도의 불교 대학 날란다(Nalanda) 출신의 승려들이 건너와서 대승불교를 전해주었고, 더불어 의학, 천문학, 연금술 등의 내용을 담은 산스크리트어 필사본도 전해졌다.

파간 왕국에서와 마찬가지로 크메르 제국(Khmer Empire, c. 800~c. 1400)에서도 종교적으로는 불교뿐만 아니라 힌두교도 번성했지만, 교육은 불교 사찰이 독점했다. 승려들은 공부를 위해 자주 여행했다. 13세기부터, 그리고 이후 14세기 중엽부터 16세기까지 태국, 버마, 몽족, 크메르 출신의 더욱 많은 승려들이 동남아시아와 스리랑카의 사찰에서 공부했고, 동남아 전역에 불교의 가르침을 전파하여 새로운 신자들을 확보했다.[11] 태국 북부에 있었던 란나(Lan Na) 왕국의 수도 치앙마이(Chiang Mai)는 15세기 무렵 동남아시아 불교 교육의 중심지였다.[12] 치앙마이에 있는 왓수안독(Wat Suan Dok) 사원은 1371년에 설립되어 산하에 주요 고등교육 기관 및 불교 대학을 거느렸다. 1454년에 설립된 왓프라싱(Wat Phra Singh) 사원은 동남아시아 각지로부터 순례자들을 끌어들이는 불상이 조성되어 있으며, 1488년 사원 도서관이 건립된 이후로는 필사와 필사본 수장의 중심지가 되었다.

남아시아와 동남아시아에서 모두 불교는 교육 기관의 발달에 크게 기여했다. 처음에는 종교 교육을 목표로 했지만 나중에는 기본적인 문

---

11 Lieberman, *Strange Parallels*, 260.
12 Justin McDaniel, *Gathering Leaves and Lifting Words: Histories of Buddhist Monastic Education in Laos and Thailand* (Seattle: University of Washington Press, 2008): 69-75.

자나 세속 학문도 가르쳤다. 왕국 혹은 제국의 통치자들이 그러한 교육을 필요로 했기 때문이다. 그런 점에서 동아시아와는 차이가 있었다. 동아시아에서는 정부 관리 양성을 목적으로 유교 교육을 권장하고 또한 지원했으며, 불교 교육 기관은 그를 보충하는 정도에 그쳤다.

기독교와 유럽 대학의 부상

아시아에서 불교 사찰이 그랬던 것처럼, 유럽에서 기독교 수도원은 초기 단계의 교육 기관을 담당했다. 서양에서 로마 제국이 무너진 이후의 일이었다. 서유럽에서는 누르시아의 베네딕투스(St. Benedictus Nursiae, c. 480~544)가 몬테카시노(Monte Cassino)에 수도원을 설립하고 《베네딕도 규칙서(Regula Benedicti)》를 저술한 이후로 수도원이 번성했다. 수도원에는 독서와 교육 기관이 부설되어 있었다. 과거 로마 제국의 영역이었던 지역에서 기독교 수도원이 확산되자, 카롤루스 마그누스(Carolus Magnus) 황제(재위 768~814)는 수도원 안의 교육 기관을 국가적 자원으로 활용하고자 했다. 독일의 아헨(Aachen)에 위치한 그의 궁전에도 학교가 있었지만 이외에도 모든 수도원과 성당에 학교를 설치하여 학업 능력이 있는 소년은 누구든 무상으로 기본 교육을 받게 했다. 모든 학교가 그랬던 것은 아니지만 성당 부속 학교의 기원은 당시의 명령에 있었다. 카롤루스 마그누스의 후원에 힘입어 라틴어 교육이 다시금 활성화되었다. 이를 후대의 학자들은 "카롤링거 르네상스(Carolingian Renaissance)"라 일컬었다.

카롤링거 시대에 라틴어 교육이 부흥했다면 이른바 "12세기 르네상스"(c. 1060s~1160s) 시기에는 새로운 지식의 유입이 두드러졌다. 새로운 지식은 이탈리아와 시칠리아를 통하기도 했지만 주로 이베리아반도를 통하여 유입되었다. 아랍어 및 그리스어 문헌이 라틴어로 번역되자 유럽의 학자들은 기존에 알지 못했던 플라톤, 아리스토텔레스, 에우클레이데스, 갈레노스, 프톨레마이오스의 저작들을 읽을 수 있었다. 한편 유스티니아누스 황제의 《학설휘찬(Digesta)》(로마법 대전의 핵심을 요약 편찬한 내용 - 옮긴이)이 재발견되어 로마법 연구가 새로운 단계로 나아가게 되었다. 이와 같은 새로운 지식들은 중세 유럽의 교육 환경을 크게 바꾸어놓았고, 이로써 대학교가 부상할 수 있는 무대가 마련되었다.[13]

유럽의 사회·경제적 변화는 대학 발전의 또 다른 주요 요인이었다(지도 5-1). 상업이 발달하고 인구가 도시로 집중되면서 학생들의 숫자도 늘어났다. 중세의 대학은 애초 학생 연합 혹은 학생과 교사 연합체에서 출발했다. 중세 대학이 교회 및 행정 당국으로부터 처음 특권을 인정받은 시기는 13세기였다. 대학(universitas)이라는 용어가 처음 사용된 때는 1215년이었다. 당시에는 새로운 저작 발표를 위해 모인 교사와 학자의 모임을 대학이라 했다. 대학에서는 교회나 정부 기관에 고용되기를 원하는 사람들, 혹은 변호사나 의사가 되고자 하는 사람들을 위한 교육의 기회를 늘려 나갔다.

13세기 초엽을 기준으로 당시 유럽에는 세 개의 주요 대학이 존재했다. 볼로냐(Bologna) 대학은 시민법과 교회법 연구로 유명했고, 파리(Paris) 대학은 논리학, 철학, 사변신학(speculative theology)에서 최고였다.

---

13 Hunt Janin, *The University in Medieval Life, 1179-1499* (Jefferson, NC and London: McFarland and Company, 2008).

[지도 5-1] 유럽의 대학들

그리고 옥스퍼드(Oxford) 대학은 수학과 자연과학에서 앞서갔다. 유럽의 다른 지역에서도 점차 대학들이 늘어났다. 한편 비잔티움 제국에서는 수도 콘스탄티노폴리스에서 동방정교회와 국가의 보호 아래 세속 학문 및 종교적 고등교육이 시행되었다. 그러나 그곳의 교육은 13~14세

기 정치적 혼란과 분열의 직접적 희생양이 되고 말았다.[14]

볼로냐 대학과 파리 대학의 학생 단체는 국제적 면모를 지녔으며, 출신 "국가" 단위로 조직이 세분되어 있었다(예를 들면 파리의 영국 학생, 볼로냐의 독일 학생 등).[15] 이탈리아에서 대부분의 학생은 평민 출신이었다. 그러나 북서부 유럽에서는, 사제 서품을 받지 않은 사람들도 있었지만, 대부분 성직자였다. 대학에 진학하려면 상당한 라틴어 구사 능력을 갖춰야 했다. 성당 부속 학교에서 라틴어를 배우든지, 부유한 집안 자제의 경우 가정교사를 초빙하여 라틴어를 배워야 했다. 학생들은 배우고자 하는 교수를 찾아가 인터뷰를 하고 입학 허가를 받았다. 공부를 잘하는 학생들에게 신학이나 교회법 전공 학위는 북유럽 교회에서 높은 자리로 갈 수 있는 지름길이었다. 시민법(로마법)이나 의학 학위도 신분 상승의 좋은 수단이었다. 여성은 교회법에 따라 성직자가 될 수 없었으므로, 결국 대학생도 될 수 없었다. 그러나 여성 가운데 일부는 수녀로서 혹은 가정교사를 초빙할 만큼 부유한 집안의 딸로서 수준 높은 교육을 받기도 했다.

학생들은 성직자로서의 지위를 가지고 있었고, 그렇기 때문에 교회의 법적 권위 아래 놓여 있었지만, 성직자 신분은 경제적으로 유리한 면도 있었다. 학생들에게는 성직자로서 급여를 받을 자격이 주어졌다(일반적으로 성직자는 헌금 중 일부를 급여로 받았다). 성직자 지위 덕분에 법적

---

14 C. N. Constantinides, *Higher Education in Byzantium in the Thirteenth and Early Fourteenth Centuries, 1204-Ca.1310* (Nicosia: Cyprus Research Centre, 1982).
15 Olaf Pedersen, *The First Universities: Studium Generale and the Origins of University Education in Europe* (Cambridge University Press, 1997).

으로 보호를 받는 학생들과 도시의 공권력 사이에 가끔 충돌이 벌어지기도 했다.

교회와 대학의 관계 또한 당시에는 문제가 많았다. 예를 들어 1231년 교황은 칙서로 대학의 권리를 인정하여, 대학은 스스로 독립 기업을 만들 수 있고 파업을 할 수도 있었다. 이는 주교나 교구의 행정관(chancellor) 등이 장악한 교회 권력을 약화시키는 결과를 가져왔다. 교구 행정관은 성당 부속 학교의 당연직 임원이었고, 리첸티아 도첸디(licentia docendi, 교사 자격증)를 수여할 수 있는 특권을 가지고 있었다. 대학 학위의 원래 형태가 바로 리첸티아 도첸디였다. 교황의 지지를 배경으로 대학교에서는 교구 행정관을 거치지 않고 바로 학위를 수여할 수 있었다. 다만 학생들은 학위를 받기 위해 험난한 시험을 통과해야 했다.[16]

대학은 학과 체제로 나뉘어 있었고, 선출직 교육 행정관을 통해 자율적으로 사무를 처리했다. 처음에는 대학 자체 건물이라는 것이 없었다. 방을 빌려서 수업을 진행하거나, 더 많은 인원이 모여야 할 때는 교회 강당을 이용했다. 학생들은 종교 조직에 속해 있었고, 때로는 수도회에서 특별히 마련해준 거처에서 생활했다. 최초의 학생 기숙사는 1220년대에 건립되었다. 프란치스코회 혹은 도미니크회 소속 학생들이 사용하는 기숙사였다. 수도원에 소속되지 않은 학생들은 방이나 호스텔을 빌려서 생활했다. 평신도 학생들을 위하여 교사의 지도 아래 학생들이 함께 생활하는 기숙형 대학교가 설립되기 시작했고, 토지나 재산 기부를

---

16 Walter Rüegg, "Themes," in Hilde de Ridder-Symoens (ed.), *A History of the University in Europe* (Cambridge University Press, 1997 [1992]).

바탕으로 설립된 재단이 그런 학교를 후원했다. 이와 같은 기숙 학교의 최초 사례는 1257년에 설립된 소르본(Sorbonne) 대학교였다. 얼마 지나지 않아 옥스퍼드와 다른 곳에서도 그와 같은 대학교들이 설립되었다.[17]

대학교의 커리큘럼은 7개 교양 과목으로 구성되었다. 트리비움(trivium, 기초 3과목: 문법, 수사학, 변증법적 추론)과 콰드리비움(quadrivium, 기초 4과목: 음악, 천문학, 기하학, 수학)을 수료하고 나면, 세 가지 전공과목(의학, 법학, 신학) 가운데 하나를 이수했다. 졸업 시험은 4학년에 응시했고, 이를 통과하면 바칼라우레우스(baccalaureus, 월계수의 영광을 의미) 학위를 취득했다. 교수들은 강의와 토론으로 수업을 진행했고, 학생들도 토론에 능동적으로 참여했다. 피에르 아벨라르(Pierre Abélard)가 저술한 《시크 에트 논(Sic et Non)》(예-아니오를 의미 – 옮긴이)은 변증법적 교수법의 기초였다. 또한 토마스 아퀴나스(Thomas Aquinas)가 저술한 《신학대전(Summa Theologiae)》은 교육적 문답의 모범 사례를 담고 있었다. 아벨라르와 아퀴나스의 저서는 스콜라 철학의 기초가 되었다. 스콜라 철학은 아리스토텔레스가 이론적으로 발전시킨 변증법적 추론(正-反-合)에 기초한 엄격한 학문적 방법론을 추구했다. 추론(reason, 이성)은 신앙을 표현하는 수단이었다. 신은 합리적 질서(rational order)를 창조했고, 인간의 합리적 추론은 신이 만든 질서를 이해할 수 있다는 믿음(신앙)을 전제로 한 것이기 때문이다. 스콜라 철학은 신학을 넘어 다른 많은 학문 분야로 확산되었다. 기독교 신앙뿐만 아니라 모든 지식에 그들의 방법론이 적용될 수 있다는 입장이었다.

---

17 Janin, *The University in Medieval Life*, 33.

유대교의 예시바와 교육

유대교에서 공부는 곧 신을 향한 헌신이었다. 교육의 가장 중요한 목표는 개인을 종교-윤리적으로 훈련하여 유대인 공동체의 일원으로 만드는 것이었다. 적어도 이론상 모든 유대인은 토라(Torah), 즉 구약성서의 모세5경을 공부하도록 되어 있었다. 그다음 단계는 탈무드 교육이었다. 탈무드는 법, 윤리, 관습, 역사에 대한 유대교 랍비들의 논의를 기록한 책이었다. 공부를 완전히 이수한 사람은 랍비, 즉 교사가 되었다. 랍비는 유대인 공동체에서 높은 지위에 올라 지식을 보유하고 타인에게 이를 전수하는 역할을 담당했다.

7세기 아랍의 팽창 시기부터 11세기 중엽 사이에는 유대인 공동체들이 대부분 이슬람 세력 범위에 놓여 있었다. 그 시기가 유대인의 종교·문화적 르네상스와 겹치는데, 유대인은 이를 가온 시대(Gaonic period, 589~1038)라 일컫는다. 가온(Gaon)이란 유대인의 학교, 즉 예시바(yeshiva)의 영적·학문적 지도자를 일컫는다. 학자들은 예시바에 모여 토라와 탈무드를 주제로 토론을 벌였고, 유대인의 법적 문제가 제기될 때는 권위 있는 해석(responsa)을 내놓았다.[18] 바빌론 예시바(유프라테스강 변의 도시 수라와 품베디타에 위치, 나중에는 바그다드로 이전)와 팔레스타인 예시바(예루살렘에 위치, 나중에는 티레로 이전)는 가온 시대 유대인의 지식 및 종교 생활의 중심이었다. 이슬람 이전 시기 랍비들의 토론 결과는 지리적 위치 때문에 바빌론 탈무드와 팔레스타인 탈무드로 나뉘

---

18 S. D. Goitein, *A Mediterranean Society, ii: The Community* (Berkeley: University of California Press, 1971): 171-211. 이 책에서는 한 소절을 할애하여 교육 문제를 논했다. 관심 있는 독자들에게는 매우 추천할 만한 글이다.

었다. 이들은 이후 유대인 학교의 주요 연구 대상이 되었다. 가온에게는 예시바를 운영하기 위하여 세금을 부과할 권한, 공동체의 관리를 지명할 권한, 전 세계 유대인 디아스포라에서 제출된 신학적·세속적 질문에 답변을 제시할 권한이 있었다.[19] 가온에게 질문하고 답변을 듣는 과정은 일종의 "편지를 통한 교육"이었다. 이 과정을 통하여 유대인의 전통과 교육에 대한 권위 있는 자료가 가온으로부터 나왔고, 아프리카-유라시아 대륙에 흩어져 있는 모든 유대인이 여기에 의존했다.

가온 시대가 지난 뒤에도 여러 나라에 설립된 지역별 예시바에서는 계속해서 고등교육이 이루어졌다. 프랑스 북부, 독일, 잉글랜드 지역의 유대인은 기독교를 신봉하는 통치자들의 손에 처형당하는 사례가 점차 늘어났다. 그 시작은 제1차 십자군 전쟁(1096) 때였다. 그럼에도 불구하고 프랑스와 독일의 유대인 구역에서는 탈무드와 할라카(halakha, 종교법 전집 포함)의 주석서가 편찬되었다. 이를 통틀어 토사폿(tosafot) 장르라 했다. 이는 랍비 문학의 연구에 혁명을 불러일으켰다. 유럽 북부의 여러 예시바에서 학문의 중심은 탈무드 주석가(Tosafist)에게로 넘어갔다. 이는 기독교 세계에서 교육의 중심이 수도원 학교에서 성당 부설 학교로 넘어간 것과 비슷한 상황이었다. 내용적으로는 경전의 기계적 암기에서 분석적 연구로 넘어가는 계기가 되었다.[20]

토라 학습은 모든 유대인에게 권장되었지만, 여성은 히브리 문자

---

19 A. Blinderman, "Medieval Correspondence Education: The Responsa of the Gaonate," *History of Education Quarterly* 9.4 (1969): 472.
20 Ephraim Kanarfogel, *Jewish Education and Society in the High Middle Ages* (Detroit, MI: Wayne State University Press, 1992): 70-1.

를 배우지 못했다. 여성은 대중적 예배 시간에 참여할 수 없었기 때문이다. 몇몇 중세 시대의 랍비는 여성의 토라 연구를 금지하기도 했다. 문자를 이해하면 여성이 부도덕한 방향으로 흐를 수도 있다는 우려 때문이었다.[21] 다른 사회에서도 그랬듯이 일부 유대인 여성은 그럼에도 불구하고 교사가 되기도 하고 높은 학식을 인정받기도 했다는 증거가 있다. 12세기 카이로에 살았던 어느 여성 교사는 남편의 명령에 따라 성공적인 교사 경력을 포기하고 싶어 하지 않았다.[22] 한편 12세기 바그다드에 살았던 바빌론 가온의 딸은 유명한 아버지의 예시바에서 강의를 맡았다.[23] 16세기 랍비의 주석에 따르면, "15세기 초에 남부 독일에서 많은 유대인 여성이 학문적 성과로 주목을 받았다. … 이들은 유명한 랍비들과 토론을 벌였으며, '여성 랍비들'의 의견이 인정되는 경우가 흔히 있었다."[24]

중세 이슬람 세계의 모스크와 마드라사

무슬림 또한 그들의 유대인 형제들과 마찬가지로 "책의 민족"이었다. 무슬림은 모든 신자에게 학습, 즉 경전과 함께 윤리적 행동 규범을 공부하도록 권장했다. 종족 내지 문화적 정체성을 뛰어넘는 종교적 정체

---

21 Avraham Grossman, trans. Jonathan Chipman, *Pious and Rebellious: Jewish Women in Medieval Europe* (Waltham, MA: Brandeis University Press, 2004): 154-7; 160-2.
22 Renee Levine Melammed, "He Said, She Said: A Woman Teacher in Twelfth-Century Cairo," *AJS Review* 22.1 (1997): 19-35; cf. Goitein, *A Mediterranean Society II*: 185. (다만 Goitein은 카이로 여교사의 사례가 아니라 여성 교사 전반에 대해 논의했다.)
23 Grossman, *Pious and Rebellious*, 162.
24 William Chomsky, "Jewish Education in the Medieval Period," *Gratz College Annual of Jewish Studies* 4 (1975): 37.

성은 교육에 달려 있었다. 구술로 전해지는 종교적 가르침은 종교적 텍스트 못지않게 중요했다. 구술이든 텍스트든 아랍어 지식은 필수였다. 7~8세기 칼리프국의 성장과 함께 이슬람이 널리 확산되자, 많은 사람이 새로운 종교를 받아들이기 위해 아랍어 기초 지식을 공부해야 했다. 모스크에서 가까운 텐트나 때로는 개방된 마당에서 "문자 교육장"이 열려 아랍어를 가르쳤다. 교육 내용은 쿠란 암송, 독서, 작문, 수학 등이었고, 기도하는 법과 기타 종교적 의무도 가르쳤다. 남자아이들은 지위가 낮은 교사에게 기초 교육을 받았고, 고등교육은 울라마('ulama), 즉 무슬림 성직자가 담당했다. 고등교육에서는 경전의 내용을 차근차근 배워 나갔고, 경전 해석을 통해 윤리·도덕적 행동 규범을 도출했다. 전문가들은 경전 해석과 관련된 집단적 의견에 기초하여 법적인 문제에 대해서 판결을 내리기도 했다. 이런 점에서 이들의 문화는 유대인 가온과 비슷했다(앞 소절 참조).

　초기 이슬람에서 모스크는 예배의 장소일 뿐만 아니라 고등교육의 현장이었다. 쿠란과 기타 전문 분야의 지식을 갖춘 학자들을 중심으로 학생들이 모여 단체를 결성했다. 학자들 중에는 하디스(hadith, 예언자 무함마드의 말씀이나 행동 사례 모음집), 법, 신학, 아랍어와 문학, 심지어 종교적 이슬람과 관련 없는 학문(논리학, 의학)의 전문가도 있었다. 학생들은 당시 주도적인 학자들로부터 다양한 지식을 배워서 장차 교사가 되고자 했다. 나중에 교사로 인정받으려면 이자자(ijaza)라고 하는 문서를 발급받아야 했다. 이자자는 스승으로부터 책을 전수받은 학생이라는 권위를 공식적으로 인정하는 문서였다. 학생들의 기숙사는 때로 모스크에 부속되어 있었지만, 10세기에 이르러 모스크와 기숙사가 결합된 마드라사(madrasa, 학문의 전당)가 생겨났다. 당시로서는 새로운 교육 기관이었다. 최초의 마드라사는 아마도 호라산(Khorasan)에 있었던 것 같은데, 후대의 모델이 된 마드라사는 니자미야(Nizamiyya)였다. 1065년 셀주크 제국의 재상 니잠 알-물크(Nizam al-Mulk)가 바그다드에 설립한 마드라사였다. 이후 무슬림 세계 곳곳에 마드라사가 건립되었다.

모스크에서 그랬던 것처럼 마드라사에서도 교육 내용은 쿠란이 근본이었고, 이와 관련된 여러 학문의 교육이 이루어졌다. 법학과 그 하위 분야에 관한 교육이 특히 강조되었다. 학생들은 매일 쿠란 암송 수업에 참가했으며, 전업 학생 신분으로 학업에 몰두했다. 학생들이 학문적 토론에 참여하려면 암기와 암송은 필수였다. 토론 과정에서 경전의 문구를 있는 그대로 인용할 수 있어야 했기 때문이다. 이슬람 율법에는 전통적으로 네 개의 학파(Ḥanafī, Ḥanbalī, Mālikī, Shāfiʻī)가 있었는데, 마드라사는 그중 하나 혹은 그 이상을 전문으로 했고, 더하여 법률 텍스트와 기타 교과 과정, 즉 경전 해석, 아랍어 문법, 철학, 신학, 수학, 천문학, 의학, 심지어 수피즘(이슬람 신비주의)까지 포괄하는 경우도 있었다.[25] 마드라사의 교수직은 급여와 사회적 지위가 보장되는 인기 있는 자리였다.

마드라사는 정부의 고위 관료에 의해 설립되곤 했지만 정부의 지원을 받는 것은 아니었다. 기부(waqf)를 통해 마드라사가 운영되었는데, 재력가가 마드라사를 후원하고 운영의 책임을 맡았다.[26] 마드라사 후원

---

25 Wadad Kadi, "Education in Islam: Myths and Truths," *Comparative Education Review* 50, 3 (2006): 311-24.
26 Said Amir Arjomand, "The Law, Agency, and Policy in Medieval Islamic Society: Development of the Institutions of Learning from the Tenth to the Fifteenth

자는 재상 내지 칼리프처럼 권력이 있는 유력자, 그리고 부유한 자선 사업가였다. 기부 품목에는 가게, 방앗간, 주택, 토지 등이 포함되었고, 심지어 마을 전체를 기부하는 경우도 있었다. 기부한 재산에서 나오는 수익금으로 마드라사의 운영 비용과 교수 급여 및 학생 장학금을 충당했다. 마드라사는 교육-자선 복합 구조의 일환인 경우가 많았다. 하나의 재단에 모스크, 병원, 심지어 묘지가 포함된 경우도 있었다. 예컨대 중세 말기 카이로에서 설립된 교육 복합 기관 아슈라피야(Ashrafiyya)는 1425년경 술탄 알 아슈라프 바르스바이(al-Ashraf Barsbay)의 기부로 세워졌다. 여기에는 수니파 이슬람 율법을 가르치는 학교 네 곳이 포함되었고, 학생 기숙사, 분수 공원, 초등학교, 설립자 가족을 위한 무덤방과 경배의 장소를 상징하는 첨탑이 설치되어 있었다. 교직원은 급여를 받았고 학생은 장학금을 받았다.[27] 이와 같은 복합 교육 기관에 기부를 함으로써 바그다드, 카이로, 다마스쿠스 같은 도시의 엘리트 계층은 스스로 교육을 후원하며 공동체를 위해 자선을 베푼다고 과시할 수 있었다. 재산을 내어주는 대신 사회적 명예와 지위를 획득하는 방식이었다.

이슬람 세계에서 마드라사는 종교적 목적과 세속적 수요를 모두 충족했다. 북아프리카와 지중해로부터 중앙아시아와 남아시아에 이르기까지 이슬람 문화권 전역에서 공통되었다. 마드라사를 통해 시아파가 주도하는 지역에서도 수니파 이슬람 교리를 강의할 수 있었다. 또한 마드라사는 인도의 델리 술탄국 같은 새로 정복한 지역에서 이슬람이 확

Century," *Comparative Studies in Society and History* 41.2 (1999): 263-93.
27 Jonathan Berkey, *The Transmission of Knowledge in Medieval Cairo: A Social History of Islamic Education* (Princeton University Press, 1992): 47.

산하는 데 기여했다. 수니파를 신봉했던 살라딘(Saladin, 살라흐 앗 딘)은 1170년 카이로 최초의 마드라사를 설립하고 수니파 교리를 복원했다. 그의 후계자들은 물론 맘루크 술탄국의 치하에서도 이집트와 지중해 동부 곳곳에서 마드라사가 번성했다. 아나톨리아 지역에 마드라사가 전파된 시기는 11세기 말엽부터였다. 이른바 "이슬람 패키지"의 일환으로서 마드라사와 더불어 모스크, 칸카, 병원, 여인숙, 호텔, 식당 등도 모두 이 무렵에 함께 도입되었다.[28] 칸카는 리바트(ribat) 혹은 자위야(zawiyah)라는 기관과도 비슷한데, 애초 수피즘 공동체를 위한 건물이었다가 나중에는 수도원과 교육 기관으로 기능하는 경우가 많았다. 여기서 수피(Sufi) 교수들이 제자들을 양성했다.

이슬람 문화권 전역에 걸쳐 모스크부터 마드라사와 칸카에 이르기까지 다양하게 존재했던 교육 기관을 통해 종교적 지식이 전수되었다. 지식의 전수가 다양한 교육 기관에서 이루어질 수 있었던 이유는, 공부 자체가 신앙 행위였기 때문이다. 교사의 개인적 권위만 분명하다면 어느 기관에서 교육하는가 하는 것은 문제가 되지 않았다. 수많은 교육 기관을 통해 전례 없이 많은 사람에게 종교적 지식이 전파되었다. 또한 종교적 지식은 학교를 넘어서도 전파되었다. 가정교사와 공부 모임을 비롯하여 공식·비공식의 통로가 만들어졌다. 경로가 다양했기 때문에 특히 여성도 경우에 따라서는 교육에 접근할 수 있었다.

---

28 Gary Leiser, "The Madrasa and the Islamization of Anatolia before the Ottomans," in Joseph E. Lowry, Devin J. Stewart, and Shawkat Toorawa (eds.), *Law and Education in Medieval Islam: Studies in Memory of Professor George Makdisi* (Chippenham: E. J. W. Gibb Memorial Trust, 2004): 175.

엘리트 계층의 여성은 마드라사를 비롯한 여러 기관에 기부했고, 기관의 행정 관리에서 직접적 역할을 하기도 했지만, 학생이나 교사의 신분으로 참여할 수는 없었다. 그럼에도 일부 여성은 하디스(hadith)를 연구하여 교수가 되었다. 특히 가족 구성원 가운데 학자가 있는 경우 집에서 그를 통하여 연구를 하거나, 혹은 모스크에서 교수를 초빙하여 공부 모임을 만들기도 했다.[29] 하디스 전수는 공인 자격이 있는 전수자에 의해서만 가능했고, 텍스트 암기 능력을 입증해야 했다. 이것이 가능하다면 남성뿐만 아니라 여성도 하디스 전수자가 될 수 있었다. 14세기 다마스쿠스 출신의 여성 아이샤('Aisha)는 알레포, 하마, 나블루스, 헤브론 등지의 학자들에게 하디스를 배우고 이자자(ijaza), 즉 교수 자격을 인정받았다. 그녀의 명성이 알려지면서 많은 학생이 찾아와 배움을 청했다.

무슬림 학자에게는 교육 기관 못지않게 리흘라(rihla, 지식을 탐구하는 여행)도 중요했다.[30] 우리는 그 사례를 역사학자이자 철학자였던 이븐 할둔(Ibn Khaldun, 1332~1406)에게서 확인할 수 있다. 마그레브 태생의 이븐 할둔은 페즈(Fez)와 그라나다(Granada)에서 공부한 뒤 1387년 카이로에 새로 건립된 알-자히리야(al-Zahiriyya) 마드라사의 교수 자리를 얻었다. 메카 순례 여행을 다녀온 뒤 그는 또 다른 마드라사에서 교수로 취임했고, 동시에 바이바르스 칸카(khanqah of Baybars, 술탄 바이바르스 2세가 자녀 교육을 위해 오늘날 카이로에 설립했던 칸카 - 옮긴이)의 수장으

---

29 Berkey, *Transmission*, Chapter vi.
30 William Granara, "Islamic Education and the Transmission of Knowledge in Muslim Sicily," in Lowry, Stewart, and Toorawa (eds.), *Law and Education in Medieval Islam*, 151.

로 임명되었다. 그곳은 이집트에서 가장 중요한 수피즘 수도원이었다. 교육 기관들(모스크, 마드라사, 칸카) 사이의 차별성이 약화되면서 이슬람에서는 특정 교육 기관보다 교사-학생의 관계가 더 큰 의미를 가지게 되었고, 국가의 교육 개입도 거의 없었다. 어느 종파든지 무슬림은 다양한 교육 환경 아래 학문에 접근할 수 있었다. 비공식적 공부 모임은 물론 모스크나 마드라사를 통해서도 교육이 가능했다. 명성 있는 교수의 권위는 학생들에게 이자자(ijaza), 즉 교수 자격증을 수여하는 것으로 나타났다. 이는 교육 기관을 통해 부여되는 것이 아니었다. 그리하여 1500년 이전의 이슬람 교육은 비공식적 교수 체계가 특징이었다. 이는 교사와 학생의 개인적 관계에 기반을 두는 것으로, 유럽의 대학 체제에서 진화한 교수 및 시험 제도와는 형식적으로 차이가 있었다.

아프리카의 이슬람 및 교육 기관

이슬람이 도래하기 전의 아프리카 전통은 구술로 전해졌다. 아프리카의 여러 곳에서 전문 구술자들은 자신이 배운 전통과 역사를 이야기함으로써 사회의 집단적 기억을 보존했다. 일부 지역에서 그들은 이와 같은 전통 지식을 근거로 백성을 대신하여 통치자에게 항의하기도 했다. 서부 아프리카에서 목격된 그리오(griot)라는 사람들도 이런 구술 전승 전문가였다. 알-바크리(al-Bakri) 같은 무슬림 관찰자들의 기록에 따르면, 1068년 가나 왕의 궁정에서 그리오를 한 사람 보았다고 한다. 그 자신이 베르베르인이었던 여행가 이븐 바투타(Ibn Battuta)는 14세기 말리(Mali)의 궁정에서 일하는 여러 그리오에 대하여 최초로 상세한 기록을 남겼다.[31]

12세기에 이르러 아프리카의 북부에서 서부로, 아라비아반도에서 동아프리카로 이슬람이 전파되었다. 사하라 관통 무역로를 통해 가나와 말리에 이슬람이 전해졌고, 해안 루트를 통해 킬와, 말린디, 몸바사 같은 동아프리카 해안 도시에 무슬림 상인이 진출했다. 12~13세기에 예멘의 아랍 부족들이 모가디슈로 이주했고, 이들에 의해 모가디슈는 이슬람 교육의 주요 중심지로 명성을 얻게 되었다.[32] 북동부 아프리카 일부 지역은 14세기까지 이슬람의 영향을 받지 않았고, 에티오피아는 지금까지도 이슬람이 전해지지 않았다. 누비아 왕국의 기독교인 통치자들은 누비아가 맘루크 술탄국에 정복되기 전까지 학문 연구와 전승의 중심지로 기독교 수도원을 후원했다. 1400년 이후 누비아는 이슬람으로 개종했고, 아프리카의 이슬람 문화권에 편입되어 그곳의 교육 전통을 따랐다.

  쿠란 교육 체제는 카넴-보르누(Kanem-Bornu) 궁정에서 정착되었다. 카넴-보르누 제국은 8~19세기 오늘날의 차드(Chad)에서 리비아 사막에 이르기까지 니제르강을 따라 뻗어 있었던 이슬람 왕국이다. 11세기 무렵부터 사하라 사막 남서부 오아시스 도시나 유목민 캠프에서도 마하드라(mahadra)라는 교육 기관을 통해 고등교육이 실시되었고, 수피즘 신도의 공동체도 무슬림 교육의 중심이 되었다.[33] 1500년경에 이르

---

31 Thomas A. Hale, *Griots and Griottes: Masters of Words and Music* (Bloomington: Indiana University Press, 1998): 73-4; 79. See also the chapter by David Conrad in this volume.
32 Randall L. Pouwels, *Horn and Crescent: Cultural Change and Traditional Islam on the East African Coast, 800-1900* (Cambridge University Press, 1987): 22-6.
33 Ghislaine Lydon, "A Thirst for Knowledge: Arabic Literacy, Writing Paper, and Saharan Bibliophiles in the Southwestern Sahara," in G. Krätli and Ghislaine

러 카넴-보르누 제국의 풍경에는 시골의 쿠란 학교가 점점이 분포해 있었고, 여기에 교사의 가족까지 모여 살았다. 다양한 연령대의 많은 학생이 그곳에서 교사의 가사와 농장 일까지 도와주었다. 유목민 혹은 반(半)유목민 집단의 생활양식에 따르는 학문 공동체도 있었다. 교사와 학생으로 이루어진 이들의 캠프는 정해진 여정을 순회하는 생활을 했다. 서부 사하라의 투아레그인(Tuareg, 베르베르인 유목민의 일파) 사회에서는 이런 사례가 흔히 발견되었다.[34]

서부 아프리카의 가나(Ghana, c. 600~1250)와 말리(Mali, 1200~1450) 왕국 지역에서 최초의 이슬람 교육 중심지는 오아시스 도시 왈라타(Walata)였다.[35] 1200년 이후 무역로가 서부에서 동부로 이동했으며, 그에 따라 도시 왈라타도 쇠락했다. 니제르강 내륙 삼각주(Niger Inland Delta, 니제르강 중류)의 서쪽 끄트머리에 위치한, 금과 소금 시장의 중심지 젠네(Jenne)가 중요한 교육 중심지가 되었다.[36] 무역을 통해 도시는 번성했고, 글쓰기와 법률에 대한 전문 지식을 갖춘 학자들이 그들의 지식을 필요로 하는 이 도시로 모여들었다. 그들은 종교적 교리를 가르치는 교사인 동시에 의사였으며, 이슬람뿐만 아니라 의학, 역사, 천

Lydon (eds.), *The Trans-Saharan Book Trade: Manuscript Culture, Arabic Literacy, and Intellectual History in Muslim Africa* (Leiden: Brill, 2011): 40.
34 Stefan Reichmuth, "Islamic Education and Scholarship in sub-Saharan Africa," in Nehemiah Levtzion and R. L. Pouwels (eds.), *The History of Islam in Africa* (Athens: Ohio University Press, 2000): 422-3.
35 Ghislaine Lydon, "Inkwells of the Sahara," in Scott Steven Reese, *The Transmission of Learning in Islamic Africa* (Leiden: Brill, 2004): 45.
36 Albrecht Hofheinz, "Goths in the Lands of the Blacks," in Reese, *The Transmission of Learning in Islamic Africa*, 161.

문학도 가르쳤다. 무슬림 통치자들은 이슬람 교리 교육을 권장했으며 모스크, 학교, 도서관 등을 후원했다. 유명한 말리의 통치자 만사 무사(Mansa Musa, 재위 1312~1337)는 팀북투(Timbuktu)와 가오(Gao)에 모스크와 마드라사를 건립했다. 그 시기는 그가 1324년 메카 순례를 다녀온 직후였다.

비옥한 니제르강 삼각주와 사하라 사막 사이에 위치한 팀북투는 지리적 위치 덕분에 15세기에 경제적 번영을 누렸고, 이후로 이슬람 교육의 중심지인 니제르강 중류 지역의 젠네는 쇠락했다.[37] 수많은 학교와 사립 도서관이 있는 팀북투는 이슬람 문화권 전역에서 명성이 높았다. 그곳은 이슬람 학문의 모든 분야에서 중심지라 할 만했다. 팀북투의 상코레(Sankore) 모스크에서는 학자들 사이의 교류를 위한 포럼이 개최되었고, 동시에 자격이 주어진 모든 학생을 위한 강좌도 열렸다.[38] 다른 지역에서는 부유한 가문이 도서관을 후원했지만, 팀북투에서는 부유한 가문 출신의 울라마('ulama, 학자)가 자신의 사회적 지위를 유지하기 위해 사적으로 도서관을 유지했다.[39] 무슬림 문화권의 다른 사회에서는 출신 배경과 상관없이 학자가 되고자 하는 사람은 누구나 책과 강의를 접할 수 있었으나, 팀북투의 울라마는 세습 엘리트 계층으로서 교육을 장악하고 있었다.

---

37 Hofheinz, "Goths," 161; Elias N. Saad, *Social History of Timbuktu: The Role of Muslim Scholars and Notables*, 1400-1900 (Cambridge University Press, 1983): 58-60.
38 Saad, *Social History of Timbuktu*, 62.
39 B. D. Singleton, "African Bibliophiles: Books and Libraries in Medieval Timbuktu," *Libraries and Culture* 39.1 (2004): 9.

아메리카

이슬람이 본격적으로 전파되기 전 아프리카의 모습이 이슬람 무역상이나 여행가의 기록으로 남은 것과 마찬가지로, 콜럼버스 이전의 아메리카는 주로 외부자의 기록을 통해 들여다볼 수밖에 없다. 그 외부자란 스페인 성직자들로, 이들이 16세기에 마야, 아즈텍, 잉카에서 목격한 일을 기록으로 남겼다. 스페인 연대기 작가들은 메소아메리카 사람들에게 전해지는 암송의 전통과 그 전문가들의 중요성을 확인해주었다. 그러나 마야와 아즈텍 모두 고유의 문자가 있어서 스스로 문자 기록도 남겼다. 고고학적 발굴 성과와 더불어 그들의 기록에 근거하여 아즈텍과 마야의 사회를 재구성할 수 있다. 마야의 도시국가들은 서로 끊임없이 전쟁을 벌였다. 그럼에도 불구하고 전사 교육은 그리 수준 높은 교육으로 인정되지 못했다. 그보다는 오히려 성직자나 행정 관료를 위한 교육을 높이 평가했는데, 이런 교육은 귀족 계층에 국한되었다. 마야의 귀족(남성)은 그림문자를 읽고 쓰는 법을 배웠고, 신비로운 문자 지식 덕분에 평민과 구분되는 특별한 지위를 인정받았다.

교육 기관과 관련해서는 메소아메리카의 다른 어느 곳보다 아즈텍에 가장 많은 근거가 남아 있는 편이다. 12~15세의 아즈텍 어린이들은 쿠이카칼리(cuicacalli, "노래의 집")에 다녔다. 그곳은 아이들이 속한 지역별 친족 집단(calpulli)에서 설립한 학교였다. 모든 어린이가 학교에 다녔다는 자료도 있고, 엘리트 계층의 남자아이만 다녔다는 자료도 있다. 학교에서 아이들은 노래와 구술 전통을 배웠고, 아즈텍 달력에 따라 거행되는 주요 종교 의례에 참여할 준비를 했다. 성스러운 노래와 이야기를 배우는 과정에서 아즈텍의 우주론과 아즈텍 사람들이 살아가는 지역에

대한 교육도 이루어졌다.⁴⁰

　15세에서 20세 사이의 교육은 사회 계급에 따라 달랐다. 평민과 하위 귀족의 자제는 텔포치칼리(telpochcalli, "청소년의 집")에서 역사, 종교, 음악을 공부했다. 수도 테노치티틀란에는 구역마다 텔포치칼리가 있었다.⁴¹ 아즈텍 사회는 전쟁에 중점을 두었기 때문에 텔포치칼리의 학생들은 집중적인 군사 교육을 받았다. 실전 경험을 쌓게 하려고 학생들을 짐꾼으로 전쟁에 투입하기도 했다. 학생들은 밤에 텔포치칼리에서 잠을 잤다. 그러나 식사는 집에 돌아가 가족과 함께했다. 학교 수업 시간 이외에는 집에서 아버지의 일을 도우며 생업에 필요한 기술을 익혔다. 상급 귀족의 자제들은 테노치티틀란의 사원과 연결된 칼메칵(calmecac, "열 지어 늘어선 집들", 문자적 의미와 달리 학문 교육 기관을 일컫는다. - 옮긴이)에 입학해서 성직자들의 직접 통제를 받았다(그림 5-2).⁴² 그들은 학교에서 생활했는데, 그 학교는 사원과 연결되어 있고 종교 지도자들의 감독을 받았기 때문에 수도원과도 비슷한 분위기였다. 칼메칵에서도 군사 훈련이 실시되었다. 이외에도 교육의 내용은 텔포치칼리보다 더 다양하고 심화된 과정이었다. 예를 들면 종교, 천문, 역법, 글쓰기와 말하기, 역

40　David Cárrasco, *Daily Life of the Aztecs* (Westport, CT: Greenwood, 1998), especially Chapter 4.
41　E. Calnek, "The Calmecac and Telpochcalli in Pre-Conquest Tenochtitlan," in H. B. Nicholson, N. J. Jorge Klor de Alva, and Eloise Quinones Keber (eds.), *The Work of Bernardino de Sahagun: Pioneer Ethnographer of Sixteenth-Century Aztec Mexico* (Albany, NY, Institute for Mesoamerican Studies: The University at Albany, 1988): 171.
42　J. Marcus, *Mesoamerican Writing Systems: Propaganda, Myth, and History in Four Ancient Civilizations* (Princeton University Press, 1992): 50-1.

[그림 5-2] 칼메칵에 입학하는 엘리트 계층의 소년들
베르나디노 데 사아군이 저술한 플로렌티노(Florentino) 코덱스 수록.

사, 예술, 춤과 무용, 법, 수학, 통치, 건축 등이 포함되어 있었다. 이곳의 학생들은 교육을 이수한 후 성직자, 서기, 정부 관료, 군사 지도자, 재판관 등으로 일했다. 칼메칵에서 학생들은 역사와 종교 관련 자료를 암기하는 데 많은 시간을 보냈다. 엘리트 계층의 구성원으로서 아즈텍의 문화유산을 보존하고 전수해야 할 책임이 있었기 때문이다. 칼메칵의 수호신은 케찰코아틀(Quetzalcoatl)이었다. 케찰코아틀은 창조주로 "학문과 문화의 신, 고대 전승의 신, 문명의 신 그 자체"였다.[43] 텔포치칼리의 수호신은 전쟁의 신 테스카틀리포카(Tezcatlipoca)였다. 여학생들은 쿠이카칼리(cuicacalli)에서 학교 교육이 끝났지만, 귀족 가문의 딸들은 사원 부속 학교에서 심화 교육을 받을 기회가 있었다.[44]

잉카에서 대부분의 아이들은 학교 교육을 받지 못했다. 잉카의 수도 쿠스코(Cuzco)에는 귀족 가문의 아들을 위한 고등교육 기관이 있었다. 잉카 파차쿠티(Pacha Kutiq) 재위 기간(1438~1471) 지방 수령의 상속자들은 쿠스코로 불려와 교육을 받았다. 첫해에는 케추아어(Quechua)를 배웠고, 그다음 해에는 신학과 의례를 배웠으며, 3년차에는 행정 기관에서 사용하는 결승문자인 이른바 키푸(khipu)의 해석 방법을 배웠고, 4년차에는 키푸와 역사에 관한 심화 학습을 했다. 이 교육의 목표는 국가를 위해 일할 수 있는 인력을 양성하는 데 있었다. 매력적인 여성들은 따로 선발되어 태양의 사원 근처에 수녀원 비슷한 거대 공간에서 교육을 받았다. 제국 전역의 지방 중심지에도 그와 같은 교육 기관들이 있었

---

43 Brian Fagan, *The Aztecs* (New York: W.H. Freeman, 1984): 244.
44 Inga Clendinnen, *Aztecs: An Interpretation* (Cambridge University Press, 1991): 155-6.

다. 그곳에서 여성들은 천 짜기, 실 잣기, 요리 등 가정생활에 필요한 기술을 배웠다. 그동안 여성들은 처녀성을 유지해야 했다. 결혼 적령기가 되면 수도에 설치된 학교에서 4~5명이 영원한 태양의 신부로 선발되었고, 나머지는 잉카(황제) 혹은 지방 수령들의 아내가 되었다.[45]

마야, 아즈텍, 잉카 등에서 공교육은 국가 차원의 수요와 직접 연결되어 특히 군사 훈련과 성직자 교육에 집중했다. 국가 자체가 종교의 통제를 받았으므로 성직자들은 국가 운영에서 핵심 역할을 맡았고, 전사들은 국가의 팽창과 방어에서 중요한 인력이었다. 세계의 다른 지역에서와 마찬가지로 아메리카의 학교 교육은 실용적 기술이나 종교적 가르침을 막론하고 젠더와 사회 계급에 따라 엄격히 나뉘었다.

결론 및 비교

중간천년기 세계 인구의 대다수에게 지식이란 구체적인 일상생활에 관련된 지식, 아니면 대개 종교와 관련된 지식이었다. 종교 기관에서 교육을 제공하는 경우가 많았는데, 아시아에서는 불교 사찰이, 유럽에서는 기독교 수도원이, 이슬람 문화권에서는 모스크가 그러한 역할을 담당했다. 학문의 목적은 학문 그 자체가 아니라 종교적 지식에 도달하는 것이었다. 그러나 불교, 기독교, 이슬람이 국가 혹은 제국의 팽창과 맞물리면서 사찰이나 모스크에서 국가의 행정과 법질서에 필요한 기본 교육을 제공하는 기능도 담당했다.

기원후 1000년 이전의 유교는, 세계 종교의 확산에 기대었던 다른

---

45 Terence N. D'Altroy, *The Incas* (London: Blackwell, 2002): 187-91.

교육 기관들과 달리, 국가 체제의 직접적 수요, 즉 과거 시험에 부응하는 방식으로 교육 기관을 발달시켰다. 유교 경전에 근거한 학문의 이상은 거대한 관료 체제를 운영해야 하는 국가의 실용적 요구와 불가분의 관계에 있었다. 유교와 과거 제도의 영향은 동아시아에서 널리 확산되었다. 그 결과 동아시아에서는 유교 교육 기관이 불교 사찰 부속 교육 기관과 공존했다.

유대교와 이슬람에서는 모두 시너고그 혹은 모스크와 별도로 공식적 종교 교육 기관이 발달했다. 즉 유대교 사원 시너고그와 별도로 교육 기관 예시바가, 이슬람 사원 모스크와 별도로 교육 기관 마드라사가 있었다. 이슬람은 국가 혹은 제국의 공식 종교였다. 통치자와 백성이 모두 같은 종교를 신봉했다. 그러나 유대인의 디아스포라 상황 때문에 유대인 개인이나 공동체는 다른 종교가 지배하는 국가 혹은 제국에 들어가 있는 상황이었다. 이슬람은 종교적 리더십이 하나로 통합되지 않았다. 그러나 유대교는 가온 시대 말기에 해당하는 11세기 초에 통일적 지도 체제가 구축되었다. 올바른 경전 해석을 판정하는 일은, 유대교는 랍비, 이슬람은 울라마의 권위에 의존했다. 결과적으로 유대인과 무슬림의 세계에서는 다 같이 교사와 학생의 관계가 무엇보다 중요시되었다. 교육 과정의 핵심은 종교적 텍스트였으나, 교사의 해석이 가미된 강의가 학문의 전수에서 매우 중요한 요소였다. 특히 무슬림의 경우, 경전 해석의 권위자만이 제자들에게 교사 자격을 수여할 수 있었다. 그러므로 이슬람의 마드라사나 유대교의 예시바 같은 교육 기관이 번성했지만, 교육은 이런 기관보다는 교사 개인과 더욱 밀접하게 연결되어 있었다. 유대인과 무슬림에게는 다 같이 여행 교육 관행이 있었다. 유대교에서는 이를 비유적으로 "방랑 학자(wandering scholar)"라 했고, 이슬람에서도 리흘라(rihla, 지식을 탐구하는 여행)라고 하는 비슷한 의미의 관습이 있었다.

불교와 기독교 교육 제도에서는 교육의 이중적 가치 때문에 갈등이 존재했다. 종교적 내용뿐만 아니라 통치자에게 필요한 세속적 지식도 가르쳐야 했기 때문이다. 양자 사이의 긴장은 유교식 과거 시험 제도에도 내재했다. 인문학적 이상형과 행정 관리에게 필요한 내용이 혼재되어 있었기 때문이다. 이와 같은 충돌이 이슬람 교육에서는 존재할 이유가 없었다. 국가 체제 자체가 이슬람과 밀접하게 연결되어 있었기 때문이다. 그래서 국가를 위해 일할 때 필요한 지식의 내용과 종교적 지식의 내용이 분리되어 있지 않았다. 마찬가지로 사하라 이남 아프리카의 교육 제도는 이슬람이 도래하기 전후를 막론하고 국가 종교에 밀접하게 연결되어 있었다. 아메리카 대륙의 경우도 마찬가지였다. 따라서 세계의 다른 지역과는 달리 종교와 세속 지식의 충돌 같은 것이 발생할 여지가 없었다. 그러나 이러한 충돌이 유럽의 대학에서는 핵심 문제로 자리 잡았다. 지식의 탐구에는 통치자와 교황의 권력 투쟁이 깊게 새겨져 있었다. 또한 변화하는 현실에서 도시와 상업경제의 수요가 가파르게 상승하고 있었다. 그러나 유럽의 대학에서 지식은 기독교의 추구로 한정된 종교적 속박으로부터 분명하게 벗어나 있었다. 유럽 중세 대학의 기원은 수도원이나 성당 부설 학교에 닿아 있다. 그러나 그 이전에 그리스 로마 사상과도 연결되어 있으며, 아랍과 비잔티움 학문 전통까지 유입되어 더욱 풍부했다. 애초에는 합리성이 종교적 신념을 분석하는 도구로 연구되기 시작했지만, 합리성을 기반으로 한 지식이 더 이상 종교에 국한되지 않는 새로운 학문 풍토가 조성되었다.

이른바 "제도에 대한 맹신", 즉 비형태적 정황을 무시하고 형태적 구조를 중시하는 관점은 자칫 다양한 역사적 조건을 왜곡할 우려가 있다. "제도"라는 용어는 유동적 현실에 고정성을 부여하는 것이며, 혹은 유동적 현실을 "제도적"이지 않다는 이유로 무시하는 방식으로 사용될 우려가 있다. 아프리카-유라시아 세계를 벗어나 세계 종교가 지배하지 않았던 사회에 대해서 이러한 관점을 그대로 적용한다면 심각한 문제를 노출할 수밖에 없다. 사하라 이남 아프리카나 아메리카 대륙의 경우 형태적 교육 제도를 증언해줄 역사 기록이 극히 드물기 때문이다. 그런 곳에서 지식의 전수는 형태적으로 뚜렷이 구별되는 별도의 교육 기관보다는 일상생활과 훨씬 더 밀접하게 연결되어 있었다. 예컨대 서부 아프리카의 그리오(griot)나 아즈텍의 칼메칵(calmecac) 같은 형태적으로 구별되는 교육 제도가 없었던 것은 아니지만, 이들의 기능은 국가와 종교의 융합으로 만들어진 사회·정치적 질서에 밀접하게 연결되어 있었다.

국가와 종교의 관계는 아프리카-유라시아 전역에서 매우 다양하게 나타났다. 중국의 유교에서는 종교가 국가의 통제 아래 놓여 있었고, 유럽에서는 기독교와 국가의 긴장이 있었으며, 이슬람 세계에서는 국가가 사회를 대표함에도 종교를 통제하지 않았다. 결과적으로 아프리카-유라시아 세계에서 교육 기관의 기능은 국가와 종교의 관계가 얼마나 통합되어 있느냐에 따라 달라졌다. 중국이나 동아시아 일부 지역에서 학자이자 관료인 엘리트 계층은 유교의 영향을 받았고, 국가에서 실시하는 과거 시험에서 자신의 지식을 입증해 보임으로써 사회·정치적 지위를 획득했다. 무슬림 성직자나 유대교의 랍비는 종교적 텍스트와 법률 지식을 근거로 지위를 인정받았지만 국가 체제를 통한 인정은 필요치 않았다. 유럽의 학자들은 기독교과 국가 체제로부터 독립성을 인정받아 대학을 설립했다. 그들의 대학은 종교와 국가 모두에 봉사했지만, 양쪽 어디에도 종속되지 않는 지위를 보장받았다.

더 읽어보기

Arjomand, Said Amir. "The Law, Agency, and Policy in Medieval Islamic Society: Development of the Institutions of Learning from the Tenth to the Fifteenth Century," *Comparative Studies in Society and History* 41, no. 2 (1999): 263-93.

Baskin, Judith. "Some Parallels in the Education of Medieval Jewish and Christian Women," *Jewish History* 5, no. 1 (1991): 41-51.

Bednarski, Steven, and Andrée Courtemanche. "Learning to Be a Man: Public Schooling and Apprenticeship in Late Medieval Manosque," *Journal of Medieval History* 35, no. 2 (2009): 113-35.

Begley, Ronald B., and Joseph W. Koterski. *Medieval Education*. New York, NY: Fordham University Press, 2005.

Berkey, Jonathan P. *The Transmission of Knowledge in Medieval Cairo: A Social History of Islamic Education*. Princeton University Press, 1992.

Callan, Maeve B. "St Darerca and Her Sister Scholars: Women and Education in Medieval Ireland," *Gender & History* 15, no. 1 (2003): 32-49.

Calnek, Edward. "The Calmecac and Telpochcalli in Pre-Conquest Tenochtitlan," in H. B. Nicholson, J. Jorge Klor de Alva, and Eloise Quinones Keber (eds.), *The Work of Bernardino de Sahagún: Pioneer Ethnographer of Sixteenth-Century Mexico*. Albany, NY: Institute for Mesoamerican Studies, The University at Albany, 1988: 169-77.

Chamberlain, Michael. *Knowledge and Social Practice in Medieval Damascus, 1190-1350*, Cambridge Studies in Islamic Civilization. Cambridge University Press, 1994.

Cobban, Alan B. *The Medieval English Universities: Oxford and Cambridge to c. 1500*. Berkeley, CA: University of California Press, 1988.

Constantinides, C. N. *Higher Education in Byzantium in the Thirteenth and Early Fourteenth Centuries, 1204-Ca.1310*. Nicosia: Cyprus Research Centre, 1982.

de Bary, Wm Theodore, and John W. Chaffee (eds.). *Neo-Confucian Education: The Formative Stage*. Berkeley, Los Angeles, London: University of California Press, 1989.

Drijvers, Jan Willem, and A. A. MacDonald. *Centres of Learning: Learning and Location in Pre-Modern Europe and the Near East*. Leiden: Brill, 1995.

Getz, F. "Medical Education in Later Medieval England," *Clio Medica (Amsterdam)* 30 (1995): 76-93.

Goitein, S. D. *A Mediterranean Society, ii: The Community*. Berkeley: University of

California Press, 1971.

Gunther, Sebastian. "Be Masters in That You Teach and Continue to Learn: Medieva Muslim Thinkers on Educational Theory," *Comparative Education Review* 50, no. 3 (2006): 367-88.

Jaeger, C. Stephen. *The Envy of Angels: Cathedral Schools and Social Ideals in Medieval Europe, 950-1200*. Philadelphia, PA: University of Pennsylvania Press, 1994.

Janin, Hunt. *The University in Medieval Life, 1179-1499*. Jefferson, NC and London: McFarland and Company, Inc., 2008.

Kadi, Wadad. "Education in Islam: Myths and Truths," *Comparative Education Review* 50, no. 3 (2006): 311-24.

Kanarfogel, Ephraim. *Jewish Education and Society in the High Middle Ages*. Detroit, MI: Wayne State University Press, 1992.

Krätli, G. and Ghislaine Lydon. *The Trans-Saharan Book Trade: Manuscript Culture, Arabic Literacy and Intellectual History in Muslim Africa*. Leiden: Brill, 2011.

Lee, Thomas H. C. *Education in Traditional China: A History*. Leiden: Brill, 2000.

Leiser, Gary. "Medical Education in Islamic Lands from the Seventh to the Fourteenth Century," *Journal of the History of Medicine and Allied Sciences* 38, no. 1 (1983): 48-75.

Lowry, Joseph E., Devin J. Stewart, and Shawkat M. Toorawa (eds.). *Law and Education in Medieval Islam: Studies in Memory of Professor George Makdisi*. Cambridge: E. J. W. Gibb Memorial Trust, 2004.

Mahamid, Hatim. "Waqf, Education and Politics in Mamluk Jerusalem," *The Islamic Quarterly* 50, no. 1 (2006): 33-56.

Makdisi, George. *The Rise of Colleges: Institutions of Learning in Islam and the West*. Edinburgh University Press, 1981.

McDaniel, Justin. *Gathering Leaves and Lifting Words: Histories of Buddhist Monastic Education in Laos and Thailand*. Seattle, WA: University of Washington Press, 2008.

Pedersen, Olaf. *The First Universities: Studium Generale and the Origins of University Education in Europe*. Cambridge University Press, 1998.

Reese, Scott Steven. *The Transmission of Learning in Islamic Africa*. Leiden: Brill, 2004.

Reichmuth, Stefan. "Islamic Education and Scholarship in Sub-Saharan Africa," in Nehemia Levtzion and Randall Lee Pouwels (eds.), *The History of Islam in Africa*. Athens, Oxford, Cape Town: Ohio University Press, 2000: 419-40.

Ridder-Symoens, Hilde de. *Universities in the Middle Ages, A History of the University in Europe*, Vol. I. Cambridge University Press, 1992.
Saad, Elias N. *Social History of Timbuktu: The Role of Muslim Scholars and Notables, 1400-1900.* Cambridge University Press, 1983.
Scharfe, Hartmut. *Education in Ancient India.* Leiden: Brill, 2002.
Vaughn, Sally N., and Jay Rubenstein. *Teaching and Learning in Northern Europe, 1000-1200: Studies in the Early Middle Ages*, vol. VIII. Turnhout: Brepols, 2006.

CHAPTER 6

전쟁

클리퍼드 로저스
Clifford J. Rogers

이번 장에서는 전쟁이 세계 공동체 사회나 교류에 미친 영향보다 전쟁 그 자체에 대해서 주목해보려 한다.[1] 다시 말해 전쟁의 전략, 전술, 보급은 물론 누가, 어떻게 싸웠는가를 살펴보려는 것이다. 그러므로 징병, 무장, 군대 편제 등의 내용이 논의에 포함될 것이다. 오늘날 학계의 연구 성과나 활용 가능한 자료의 측면에서 시공간적 편차는 매우 큰 편이다 (광대한 범위를 살펴보자면 자료가 극히 적거나 아예 없는 경우도 있다). 그래서 우리의 논의에서 유라시아와 북아프리카 지역이 강조되는 것은 어쩔 수 없는 측면이 있다.

논의의 중심 줄거리는 유목 사회와 농업 문명의 투쟁 패턴이 될 것이다. 즉 인력과 자원 부족에도 불구하고 유목 사회가 농업 문명을 압도하는 일이 어떻게 그토록 자주 발생했는가 하는 문제를 추적해보려는 것이다. 우리의 논의는 초기 스텝 제국 건설로부터 시작될 것이다. 이후 중국, 페르시아, 비잔티움 등 세 곳의 주요 문명이 스텝 제국의 공격을 어떻게 상대해야 했는지를 살펴볼 것이다. 이로부터 교류의 매개 고리를 따라 지리적·시대적 주안점이 이동할 것이다. 각각의 새로운

---

[1] I owe thanks for comments on this chapter to Stephen Morillo, John France, Tom Nimick, and David Graff, in addition to my fellow contributors to this volume, especially Jean-Claude Cheynet, Anatoly Khazanov, and Benjamin Kedar.

사회를 마주칠 때마다 우리는 군사적 측면에서 가장 두드러진 특징이 무엇이었는지를 살펴보고, 이를 근거로 좀 더 일반적인 결론까지 도출해보려 한다.

대초원과 농업-도시 제국

유목민에게는 공문서 보관소 같은 기관이 없었다. 그들은 고고학적 흔적도 거의 남기지 않았으며, 대개는 역사적 기록을 생산하는 일도 별로 없었다. 그러나 유라시아 스텝 지대의 부족들이 주변의 농업-도시 문명과 자주 전쟁을 치렀기 때문에, 스텝 유목민과 그들의 전투 양상에 관해서는 오히려 적대 진영에서 생산된 수많은 기록이 고대 및 중세 시기부터 전해져오고 있다. 이를 근거로 볼 때 스텝 지대의 생활과 전쟁 방식은, 중간천년기가 시작될 때나 13세기 몽골이 부상할 때나 큰 변화가 없었던 것 같다.

유목민은 사냥을 하고 말을 비롯한 수많은 가축을 길러 고기와 우유를 얻었다. 그래서 가축을 먹일 풀이 충분한 곳을 찾아 끊임없이 이동 생활을 해야 했다. 유목민 남성은 어린 시절부터 말 등 위에서 대부분의 시간을 보냈고, 활을 쏘아 작은 동물을 사냥했다. 바로 그 활이 전쟁에서도 사용된 합성궁(合成弓, composite bow)이었다. 합성궁은 활대가 짧은데도 멀리까지 강력한 살을 날릴 수 있어 말 안장 위에서 쏘기에 안성맞춤이었다. 스텝 전사들은 멀리서도 순식간에 여러 발의 화살을 날릴 수 있었고, 달리는 말 위에서도 앞뒤좌우 방향을 가리지 않고 화살을 쏠 수 있었다.[2] 그들의 화살은 중무장 갑옷을 뚫지 못했지만, 철갑옷을 거의 혹은 전혀 입지 않았던 다른 유목민 전사나 말에게는 치명상을 입힐 수 있었다.³ 전투의 시작은 화살이지만 끝은 주로 창이었다. 패배자들의 "힘과 노동력"은 대개 승리한 쪽의 지도자에게 예속되었다.⁴ 때로 패배자들은 기존의 목초지를 버리고 멀리 달아나야 했다. 혹은 남자들만 흩어져 달아나거나 사살되었고, 여자들과 아이들은 정복자의 재산으로 편입되었다. 오랜 시간에 걸쳐 거듭 승리를 거둔 끝에 거대한 헤게모니가 형성되더라도 단 한 번 패하면 모든 것이 무너졌다. 일테리쉬 카간(Ilterish Khaghan, 阿史那骨咄禄, 재위 682~694)은 47번의 원정과 20번의 전투에서 승리하여 돌궐(突厥)제2제국을 건설했다.

> 권세 있는 자들의 권세를 빼앗고,
> 카간 있는 자들의 카간을 빼앗았다.
> 적은 그의 신하가 되었고,
> 무릎 있는 자들은 모두 무릎을 꿇었다.⁵

---

2 See Al-Jahiz, "The Virtues of the Turk," in *Nine Essays of al-Jahiz*, trans. William M. Hutchins (New York: Peter Lang, 1989).
3 철제 갑옷은 우리가 논의하는 시기의 초엽보다 말엽에 더 보편화되었다. 그러나 초기에도 지도자급은 우수한 갑옷을 입었다. 어느 전투에서 튀르크의 지도자 퀼 테긴(사망 731)의 말 세 마리가 죽었고, 그의 업적을 기록한 비문에 따르면 100개의 화살이 그의 갑옷에 닿았지만, 얼굴이나 머리에 상처를 낸 화살은 하나도 없어서 그가 살아남았다고 한다. *Kul Tegin Inscription*, trans. Stefan Kamola, at http://depts.washington.edu/ccalt/database/Bilghe-Qaghan/Kul-Tegin-Inscription.
4 이런 내용이 〈퀼 테긴 비문〉에서 반복적으로 등장한다.
5 Ibid. 몽골어와 튀르크어의 영어 표기는 관례에 따르지만 약간의 차이가 있다. 우리 책에서는 통치자를 khan(칸)으로, 그가 통치하는 나라를 khanate(칸국)으로 표기한다. 튀르크어 Khagan(때로는 qaghan 혹은 qagan) 혹은 몽골어 Qa'an은 최고 통치자 혹은 위대한 칸이라는 의미다.

통치권은 주로 형제가 이어받았다. 다음 세대로 바로 넘어가는 일은 흔치 않았다. 유목 제국의 정치 단위는 기회만 주어지면 쉽게 분열하는 경향이 있었다. 스텝 지역 바깥의 정주국들은 분열을 부추겨 내전에 개입함으로써 스텝 제국에 강력한 힘이 형성되지 못하도록 막았다. 스텝 지역이 통합되면 얼마나 강한 군사력이 생성되는지 정주국들은 잘 알고 있었고 이를 두려워했기 때문이다. 유목민 인구는 많지 않았다. 그러나 유목민 남성들은 모두 뛰어난 전사였으며, 말을 잘 다루었고, 굶주림과 목마름과 나쁜 날씨 등 혹독한 환경에 익숙했다. 그들은 두려움을 몰랐고, "뺨이 아름다운 여인과 엉덩이가 튼실한 거세한 말"을 빼앗기 위해 걸핏하면 적들을 공격했다.[6] (여자를 빼앗기 위한 침략은 13세기의 몽골인 사이에서도 워낙 흔한 일이라, 결혼식을 하기 전에 "폭력을 가장한" 납치 의례를 거행할 정도였다.[7]) 9세기 중엽 알-자히즈(al-Jahiz)가 남긴 증언에 따르면 "그들의 관심은 오로지 습격과 사냥과 승마, 그리고 경쟁 부족과의 전쟁"이고, "그들은 물건을 만들거나 장사를 하는 대신 다른 나라를 침략해서 필요한 것을 얻는다. 그것이 오직 그들의 기쁨이고 그들의 영광이며, 모든 대화의 주제다."(그림 6-1)[8]

한 명의 기수가 네 마리 이상의 말을 끌고 가는데, 그중에는 필요할 때 식량으로 사용되는 말도 있었다. 말 네 마리를 번갈아가며 타기 때

---

6 *The History and the Life of Chinggis Khan (The Secret History of the Mongols)*, trans. Urgunge Onon (Leiden: Brill, 1990), chapters 179, 197.
7 William of Rubruck, *The Mission of Friar William of Rubruck*, trans. Peter Jackson (London: Hakluyt Society, 1990): 92.
8 *Life and Works of Jahiz*, ed. Charles Pellat, trans. D. M. Hawke (Berkeley: University of California Press, 1969): 97.

[그림 6-1] 황금 물병에 새겨진 불가르인 전사
헝가리 너지센트미클로시(Nagyszentmiklós) 출토 보물.

문에 그들은 어디나 갈 수 있었고, 믿을 수 없을 정도로 빨랐다. 하루에 100마일(약 160킬로미터)은 충분히 진군했다. 9세기 중국의 공문서 기록에 따르면, 그와 같은 능력의 침략자들 때문에 기나긴 국경선을 제대로 방어할 수가 없었다고 한다. "우리가 군대를 동원하려면 최소 열흘에서 몇 주가 걸려야 합니다. 그러나 그들이 우리 백성과 동물을 잡아가는 데는 기껏해야 하루 아침 혹은 저녁이면 충분합니다. 제국의 군대가 현장에 도착할 무렵이면 오랑캐들은 이미 집에 돌아가고 없을 것입니다."[9] 보복 공격을 할 수도 있었다. 그러나 비용이 만만치 않았고, 망망대해처럼 펼쳐진 풀밭에서 이동하는 사람들을 찾기가 쉽지 않은 데다 적의 본거지인 초원에서는 궤멸적 패배를 당할 가능성도 컸다. 가장 좋은 대책은 "오랑캐들"에게 보호 자금을 지불하는 것이었다(대개는 금이나 은보다 비단, 곡식 혹은 기타 물품으로 지급했다). 싸우는 대신 결혼을 통해 달래는 방법을 쓰기도 했다.

선물을 바치는 정책은 그럭저럭 잘 유지되었다. 농업-도시 기반 정주 국가는 유목민에 비해 훨씬 더 많은 경제 자원을 가지고 있었다. 농업을 통해 훨씬 더 많은 인구를 부양할 수 있었고, 노동의 분업도 더 세분화되었다. 도시의 기술자들이 생산한 세련된 물품들은 스텝 지역의 통치자들에게 인기가 좋았지만, 그들이 원하는 구매 수량은 그리 많지 않았다. 유목민 인구도 많지 않은 데다 기대 수준도 그리 높지 않았기 때문이다. 그래서 정주 제국의 입장에서는 그들에게 물건을 선물로 바

---

9 *Hsin T'ang-shu*, in *The Uighur Empire, According to the T'ang Dyanstic Histories*, ed. and trans. Colin Mackerras (Columbia, SC: University of South Carolina Press, 1973): III.

치는 편이 더 안전하고 또한 비용도 적게 들었다. 정주 제국이 대규모 군대를 유지해야 할 이유는 많았다. 경쟁 국가의 공격을 방어하고, 정치 및 군부 지도층의 통치권을 뒷받침하고, 또한 유목민이 원하는 것을 제한 없이 마구 가져가지 못하도록 통제해야 했다. 앞에서 언급한 것처럼 유목민이 유리한 점도 있었지만 중국이나 비잔티움 제국 혹은 독일의 오토 왕조(Ottonen)에 이르기까지 준비된 상황에서는 기마 궁수 침략자들에게 심대한 타격을 입힐 수 있었고, 유목 민족끼리 서로 싸울 때 공격적 수단을 제공할 수도 있었다. 정주 제국 지역의 인구와 경제 규모가 훨씬 컸기 때문에 가능한 일이었다. 그래서 대개는 유목민보다 훨씬 더 큰 규모의 군대를 편성했다. 인구의 1~2퍼센트만 무장하더라도 병력은 충분했다. 또한 정주 제국에서는 병사들에게 막대한 자원을 투입할 여력이 있었다. 갑옷, 무기, 보급을 위한 수레와 선박을 충당하고 군사 훈련을 위한 시간을 투자했으며, 곡물을 충분히 먹여 말을 길렀다. 그러나 유목민은 일상생활에서 전쟁에 필요한 능력을 습득하는 반면, 정주 제국의 병사들은 별도로 비용과 노력을 투입한 뒤에야 유목민에 필적할 전사를 양성할 수 있었다. 만약 정주 제국의 "선물"로 국경 스텝 지대 지도자를 만족시킬 수 있다면, 그 편이 제국의 군대를 양성하는 것보다 훨씬 경제적이었다. 이외에도 국경 지대의 카간(혹은 카간이 될 사람)을 포섭해두면 알아서 자기 백성을 통제하여 침략을 방지했고, 더 멀리 다른 민족이 침입할 때 방패막이도 되어주었다. 또한 그들이 기마병을 공급할 수도 있었다. 이는 주로 보병 위주로 군대를 편성할 수밖에 없었던 정주 제국의 입장에서 군대의 균형을 맞추는 데 유리한 조건이었다.

기병, 보병, 제국

가장 효율적인 군대라면 기병과 보병의 균형이 맞아야 한다. 기병의 이동 능력이 극대화되어야 신속히 군대를 이동시켜 위협 증대에 대응하거나 기습 공격을 감행할 수 있다. 기병이 우세한 쪽에서는 적들의 이동 정보를 더 많이 확보할 수 있다. 그래서 언제 싸우고 언제 피할지 결정할 수 있고, 스스로를 보호할 뿐만 아니라 적의 보급선에 심대한 타격을 입힐 수도 있다. 적국의 시골을 약탈하고 황폐화시키며 포로를 인질로 잡거나 노예로 팔아서 전쟁 비용을 충당할 수 있고, 적의 통치 계층을 약화시키는 동시에 돈을 내고 평화를 사든지 아니면 항복하도록 압박을 가할 수 있다. 전투의 승패는 주로 기병 전투에 달려 있었다. 기병들끼리 싸워서 한쪽이 이기면 이긴 쪽에서 보병의 측면 혹은 후위를 치고, 그 뒤에는 승리가 확정될 때까지 대개 엄혹한 추격전이 펼쳐졌다. 보병은 전투 그 자체에서보다 대열이 깨졌을 때 막대한 손실을 입었다. 그러므로 중간천년기 유라시아와 북아프리카 전역에 걸쳐 가장 중요한 군대는 기병이었다(견해를 달리하는 일부 학자들이 없지는 않다). 9세기 아랍의 어느 저자는 이런 글을 남겼다. "기마 전사는 군대의 핵심이다. 영광의 나날, 가장 유명한 전투, 광대한 정복지가 모두 그들의 손에 달려 있다."[10] 그러나 그에 못지않게 보병도 중요했다. 보병은 편성, 훈련, 유지가 훨씬 더 쉬웠다. 그래서 대규모 군대의 대부분은 보병으로 채워졌다. 기나긴 국경 경비를 위해 많은 인원이 필요했고, 때로는 새로운 지역을 정복하고 유지하는 데에도 추가로 인원이 소요되었다. 중간천년기 전쟁

---

10 *Life and Works of Jahiz*, 95.

의 대부분은 공성전(攻城戰, 특히 성벽 도시를 정복하기 위해 요새를 공격하는 전투)이었다. 농업 지역을 장악하려면 지역 핵심부에 성벽을 쌓아 만든 성을 정복해야 했다. 공성전을 위해서는 성벽 너머로, 아니면 성벽 아래를 파거나 성벽을 뚫고 군대를 성안으로 들여보내야 했다. 그래서 사다리, 탑, 땅굴, 충돌용 충차, 투석기 등이 동원되었다. 성채는 방어군에서 훨씬 유리한 조건이었다. 사다리를 이용해서 성벽을 기어오를 수 있었지만 꼭대기에서 방어군 한 명이 바위를 굴리면 사다리를 오르는 공격군 6명 이상을 막을 수 있었다. 땅굴도 효과적이었지만 시간이 많이 걸렸다. 충차는 성문을 부수기에 효과적인 도구였지만 성벽이 튼튼한 경우 쓸모가 없었다. 그래서 직접적 공격보다 포위로 인한 굶주림이나 협상으로 성이 정복되는 경우가 훨씬 더 많았다. 그렇게 만들려면 성을 포위하고 주변과의 교통을 차단해야 했다. 대개는 수로를 판 뒤 방어군이 공격하지 못하도록 경비를 굳건히 하여 어느 지점도 뚫리지 않도록 했다. 이 작업을 위해서는 많은 병력이 필요했는데, 대개는 보병이 일을 맡았다. 기병은 공격군의 보급로를 보호하고 방어군이 성을 뛰쳐나와 전투가 벌어지면 제거하는 역할을 담당했다.

그래서 어느 사회든지 군대를 건설할 때는 기병과 보병 모두를 어떻게 적절히 수급해야 할지 골몰했다. 농업-도시 기반 문명에서는 내부 인력을 편성하여 기병 훈련을 시키기보다 이미 능숙한 기술을 갖춘 가난한 스텝 지역의 기마 궁수를 사 오는 편이 비용이 더 적게 들었다. 특히 그들은 필요할 때 "뽑아서 쓰고" 평화의 시대에 다시 천막과 가축이 있는 고향으로 보내면 그만이었다. 그러나 군대 편성에서 해결해야 할 문제가 또 있었다. 군대는 이방인 적들을 상대할 때만 필요한 것이 아니었다. 사회적으로나 정부 조직 차원에서나 내부 권력을 유지하기 위해서도 군대가 필요했다. 이런 면에서도 정주 제국의 황제들은 "이방인" 병사들을 선호했다. 그들은 국내에서 정치적으로나 가족적으로 연결 고리가 없었고, 문화적 연대 세력도 없었다. 황제 휘하의 장군들을 반란 세력으로 만들곤 했던 계기가 그들에게는 애초에 없었던 셈이다. 그래서 시간이 지날수록 정주 제국은 야만인 용병에 의존하는 정도가 점점 더 커지는 경향을 보였다. 전근대 사회에서는 무장 병력, 재산, 문화적 정당성(종교 포함) 등 힘과 권위의 근본적 원천을 하나의 집단이 모두 장악하는 것이 규범이었다. 그러나 때로는 부와 권위를 가진 사람들이 전쟁의 부담에서 벗어나고자 하는 경우가 발생했다. 사회학자 스타니스와프 안드레스키(Stanislav Andreski)가 주장했던 것처럼, 이런 상황은 불안정으로 이어지는 경향이 있다. 부와 권력을 가진 자들보다 무기를 가진 자들이 더 적은 몫으로 만족하는 시간은 그리 길지 않을 것이다.[11] 군사 엘리트 계층에서는 경제와 정치 엘리트 계층을 꺾고 스스로 통치 권력을 장악하려 할 것이다. 그들이 직접 나설 수도 있고, 그들에 대항하기 위해 "문민" 엘리트 계층이 다른 군대를 조직할 수도 있고, 혹은 그 과정에서 국력이 쇠하여 외부 세력이 정복자로 공격해 들어올 수도 있다. 어떤 경우든 군사력과 사회 권력이 분열되면 나라가 쇠퇴하거나 사라지게 될 것이다.

제국은 전쟁을 통해서만 제국이 될 수 있고, 반란이나 외부 침략을

---

11 Stanislav Andreski, *Military Organization and Society* (London: Routledge & Kegan Paul, 1968).

막아낼 군대가 없으면 제국은 유지될 수 없다. 그러나 제국 체제가 "작동"할 수 있는 핵심적 이유는, 즉 제국 체제가 인류 역사상 그토록 자주 등장한 이유는 그들이 팽창할수록 국경선의 길이가 늘어나는 것보다 제국의 면적이 늘어나는 속도가 더 빨랐고, 그래서 국경 방어 비용보다 자원 수급의 경제적 이득이 훨씬 빠르게 성장했기 때문이다. 정치 단위의 규모가 커질수록 그 안에 거주하는 사람들은 외부의 폭력으로부터 자유로워지고, 따라서 경제적으로 생산성도 증대된다. 또한 정치 제도의 안정성도 높아지므로 내부 분쟁의 고통도 훨씬 덜 겪게 된다. 그러므로 제국 체제의 성공 여부는 무력의 행사보다 압도적 권위를 내세워 국부를 중앙으로 집중시키는 효율적 시스템에 달려 있었다. 그리고 국경을 수비하는 무장 세력에 적절한 자원을 공급할 수 있어야 했다. 동시에 중앙에 강한 억제력을 보유함으로써 내부 반란을 미연에 방지하거나 발생했더라도 막아내고, 국경 수비대가 외부로부터의 특히 강한 압박에 처했을 때는 신속히 지원군을 보내 대응할 수 있어야 했다. 만약 전사-엘리트 계층이 권력을 잡으면 불안정한 환경이 초래되었다. 국내외의 문제에 대처할 때 권위에 의존하기보다는 무력을 과도하게 남용하는 경향을 보였기 때문이다. 그래서 경제적으로도 비용이 많이 들고 분란의 소지도 컸다. 결과적으로 보더라도 적당한 정도의 군사력은 보유하되 주로 무력보다는 권위에 의존한 문명이 역사적으로 안정되고 번성하고 성공적이었다. 통치의 정당성을 확보하기 위해 지적·문화적 발전을 특히 강조하는 것, 그것은 성공의 비결인 동시에 성공의 결과이기도 했다. 단지 용기와 공격성과 충성뿐만 아니라 행정 관리 기술, 정보, 교육에 가치를 부여함으로서 품격과 자발적 복종의 토대를 만들어냈다.

중국

중간천년기가 시작될 무렵, 내전과 유목민의 이주는 결국 서로마 제국의 멸망을 초래했다. 북중국에서도 비슷한 상황이 전개되었다. 중국에서 팔왕(八王)의 난(291~306)이 일어나 유목 전사들이 대거 용병으로 고용되었고, 그 뒤 304~316년 5개의 "오랑캐" 민족(五胡)이 북중국 지역을 실효 지배하게 되었다. 바야흐로 오호십육국(五胡十六國) 시대가 시작된 것이다. 439년에 이르러 유목 민족 선비(鮮卑, Xianbi)족이 세운 북위(北魏) 왕조가 북중국을 하나로 통합하는 데 성공했다. 그들이 성립한 군사 체제는 이후 수(隋, 589~618)나라와 당(唐)나라 초기에 그대로 사용되었고, 남중국까지 통일하는 데 기여했다. 초당(初唐) 시기 가족 단위로 국경 지대의 농지를 할당받은 사람들이 있었는데, 이들을 병호(兵戶)라 했다. 병호는 대부분의 세금을 면제받는 대신 동원령이 떨어지면 스스로 갑옷과 활이나 창 등의 무기를 갖추고 보병으로 군대에 참여해야 했다. 이와 같은 제도를 부병제(府兵制, 지역 기반 군대라는 의미)라 했는데, 이렇게 하면 수백 수천 명 규모의 군대를 유지하더라도 중앙 정부의 재정 지출이 별로 없었다. 그들이 국경 경비와 주요 야전군의 주력이었고, 1년에 한두 달씩 번갈아가며 수도 경비에 동원되었다. 황제의 기반이 된 정규군으로 부병 이외에 또 한 축은 궁궐을 수비하는 금군(禁軍)이었다. 호족과 한족 가운데 귀족 자제 출신 기병으로 편성된 황제의 친위대도 있었는데, 이들은 부병과 금군의 장교로 파견되기도 했다. 대규모 원정에 나설 때는 단기 복무 보병을 모집했다(行軍). 수·당 제국 병력의 마지막 요소는 스텝 지대의 동맹군 혹은 예속 기병이었다. 당 태종(太宗, 599~649)은 스텝 민족과 한족 혼혈로, 양쪽 문화를 모두 이어받은 인물이었다. 그는 중국의 황제일 뿐만 아니라 동부 스텝 지역 유목민의 카간이었다. 679~682년 튀르크는 기존에 전쟁이 아니라 "부드러운 비단과 달콤한 말", 즉 선물과 외교로 만들어진 중국의 지배 체제를 벗어던졌다. 당시 그들의 지도자는 일테리쉬 카간(Ilterish Khaghan, 頡跌利施可汗)이었다. 그는 추종자들에게 나누어줄 전리품과 노예를 확보하기 위해 중국으로 쳐들어가 궤멸적 타격을 입혔다. 결국 당나라도 화친에 응할 수밖에 없었다. 전리품과 달리 당나라가 바치는 선물은 모두 카간에게 귀속되었다. 카간은 이를 재분배함으로써 자신의 권력을 유지할 수 있었다. 일테리쉬 카간이 설립한 돌궐제2제국은 이후로도 2세대를 이어갔으나, 741년 그의 손자(Tengri Qaghan)가 사망한 뒤로 멸망의 길로 접어들었다(741년에 왕위 찬탈 사건이 일어났고, 744년 위구르에 의해 멸망했다. - 옮긴이).

한편 부병제는 급격히 무너졌다. 부병제의 근본은 토지 할당이었는데, 토지가 모두 귀족과 사찰의 소유로 넘어가버렸기 때문이다. 병역에서 특권은 갈수록 사라지고 부담만 남게 되었다. 중국에서는 유교가 군인을 무시하는 풍습이 언제나 문제를 일으켰다(이는 분명 중국 문명의 특징 중 하나지만, 그 정도가 현대 학자들에 의해 과장된 측면이 있다). 통치자가 무장 병력을 장악하고 명예직을 수여하는 것은 사회적 유대 관계를 맺는 중요한 방식이었다. 유교가 이 부분을 약화시킨 것이다. 명예직을 받지 못한 군인은 물질적 지원도 받지 못한다는 의미였다. 그런 상황에서 군인은 언제든 좀 더 좋은 대우를 해주는 새로운 주군의 편으로 옮겨 갈 여지가 있었다. 무측천(武則天, 재위 690~705)은 부병제의 약점을 보강하기 위해 금군(禁軍)을 강화했다. 그러나 나중에는 금군이 등을 돌려 그녀를 권좌에서 밀어내는 세력에 힘을 보탰다. 이후 당나라의 통치자들은 군대 규모를 줄이는 대신 보상을 충분히 하여 병사의 전문성을 높였고(이들을 健儿이라 했다) 호족의 기병을 활용했다.[12] 그리고 국경 지대에 거대한 성을 쌓은 뒤 유목 민족에 공격적 태도를 취했다. 뒤에서 다시 보겠지만, 군대의 중점을 양적 규모에서 질적 수준으로 전환했던 경향은 중국뿐만 아니라 비슷한 시기 세계의 여러 지역에서 목격된 사실이다. 중국의 경우 이러한 변화를 통하여 안정을 확보하고 북서부 지역에서 헤게모니를 장악하는 데 성공했다. 다만 그 상황이 그리 오래 지속되지는 못했다. 새로운 군대가 성공하면서 부병제는 749년에 공식적으로 폐지되었다. 751년 당나라는 동시에 세 방향으로 원정군을 출병시킬 만큼 자신감에 넘쳐 있었다. 북동쪽으로 거란, 남서쪽으로 티베트, 서역으로 타슈켄트를 향하여 원정군이 출발했다. 그러나 이는 오판이었다. 세 곳 모두에서 원정군은 심각한 패배를 맛보아야 했다.

페르시아와 비잔티움

탈라스(Talas) 전투는 서쪽으로 팽창하던 중국과 북동쪽으로 팽창하던 아랍이 서로 맞닥뜨린 사건이다. 지리적 위치는 타이가 아래쪽 구릉지대의 가운데쯤, 그리고 시기적으로는 초기 중세 시대 중엽(751)이었다. 사건의 배경을 이해하려면 먼저 서양과 중동의 농업-도시 기반 양대 제국인 로마와 페르시아를 살펴보아야 한다. 중국에서와 마찬가지로

---

12 David Graff, *Medieval Chinese Warfare*, 300-900 (London: Routledge, 2001): 209.

서양에서도 4~5세기는 침략과 내전의 격동기였다. 중화 제국이 북쪽 절반을 이민족 왕조에게 빼앗겼던 것처럼, 서양에서도 여러 이민족이 로마 제국의 서부를 장악했다. 고트인, 반달인, 랑고바르드인, 프랑크인 등 다양한 이주민 전사들이 그 주인공이었다. 6세기 초에 이르러 중국 양(梁)나라의 황제 무제(武帝)는 이민족을 내쫓기 위해 전쟁을 일으켰지만 곧이어 전세가 역전되어 북위가 남중국까지 진출하게 되었다. 당시 콘스탄티노폴리스에서 비잔티움 제국의 황제들 또한 더 이상의 침략을 막아내고 상실한 영토를 회복하기 위해 노력하고 있었다. 503~638년 비잔티움 제국은 아르메니아와 메소포타미아 지역에서 사산조 페르시아의 군대에 맞서 잇달아 전투를 벌였다. 동시에 발칸 지역에서는 슬라브인 경보병을, 도나우강 평원에서는 아바르인 스텝 기마병을, 남부와 서부에서는 거친 고트인, 반달인, 랑고바르드인 전사들을 상대해야 했다. 4세기에서 5세기 초 로마의 군대는, 당시의 남중국 군대와 마찬가지로 보병과 군사 기술 면에서 우위를 점하고 있었다. 이는 국경의 요새나 도시의 성벽을 방어할 때 매우 중요한 요소들이었다. 그러나 기병을 강화하는 데에도 큰 역점을 두고 있었다. 합성궁과 창으로 무장한 기병 부대가 준비되었고, 보병이 이들을 뒷받침했다. 보병은 장거리 행군이 가능했으며, 강력한 방어 전략에 익숙한 상태였다. 그들은 기나긴 국경을 방어하기 위해 이동 능력과 침략군이나 반란군을 상대할 기습 공격 능력을 갖추었다. 그들이 원정군의 선봉에 섰다. 비잔티움 제국 유스티니아누스(Iustinianus) 1세(재위 527~565) 황제 휘하의 장군들은 이탈리아, 북아프리카, 그리고 스페인 남동부 해안 지역의 잃어버린 영토를 회복했다. 그러나 서쪽에 너무 막대한 노력과 비용을 투자하는 바람에 제국의 동쪽에서 약점이 노출되었다. 540년에는 시리아의 수도이자 비잔티움 제국에서도 가장 큰 도시 중 하나인 안티오케이아(Antiocheia)가 일시적으로 페르시아 제국의 황제 호스로(Khosro) 1세(재위 531~579)에게 함락되었다.

페르시아 군대에는 분야별로 전문 병력이 많았다. 보병 가운데 궁수는 섬유질을 엮어 만든 방패(wicker shields)로 이동식 벽을 만들고 그 뒤에 숨어서 활을 쐈기 때문에, 힘은 강하지 못했지만 재빠르게 화살을 날릴 수 있었다. 이외에도 고도의 전문성이 필요하지 않은 병종이 많았고, 전투용 코끼리도 운용했다. 그 당시까지 페르시아 군대에서 가장 중요한 병종은 기병이었다. 페르시아 군대의 경무장 기병은 동맹 세력이나 예속민이 공급한 병력이었다. 그러나 페르시아의 핵심 전력은 중무장 기병이었다. 그들은 온몸을 완전히 가리는 철갑을 입었고, 충분히 훈련받았으며, 거대한 무장을 갖춘 말을 탔다. 이런 병력을 유지하려면 비용이 많이 들었다. 페르시아의 황제 호스로(Khosro)는 귀족이 아니더라도 복무할 수 있도록 중무장 기병들에게 점점 더 많은 영구 임대 토지를 보장하고 정부의 지원을 아끼지 않았다.[13]

페르시아나 로마 같은 거대 제국이 충돌할 때는 대개 공격하는 측에서 군사력을 집중하여 초반에 우세를 점하곤 했다. 그러나 분쟁 지역에는 수많은 성이 분포해 있는 데다 길어지는 보급로를 감당하기란 현실적으로 쉽지 않은 일이었다(특히 수비군이 충분한 기병으로 "베게티우스Vegetius"

---

13 Moshen Zakeri, *Sasanid Soldiers in Early Muslim Society* (Wiesbaden: Otto Harrassowitz Verlag, 1995).

전략을 선택할 경우, 보급로를 노려 칼이 아니라 굶주림으로 적을 몰아내고자 했다). 그리하여 초반의 우세는 그리 오래가지 못했다.[14] 호스로 1세도 안티오케이아를 점령했지만 오래 가지고 있지는 못했다. 또한 544년 비잔티움의 군대를 상대로 승리했음에도 에데사(Edessa)를 점령하지는 못했다. 573년 비잔티움은 니시비스(Nisibis, 오늘날 터키의 Nusaybin)를 거의 점령했지만 곧이어 다라(Dara)에 있는 국경 요새를 빼앗기고 말았다. 마지막 원정에서 호스로는 아나톨리아 지역으로 밀고 들어갔으나 카파도키아(Cappadocia)의 카이사레아(Caesarea)를 점령하지 못했고, 전투에서 심각한 패배를 당한 뒤 대오가 완전히 무너진 상태에서 후퇴했다. 국경은 밀려갔다 밀려오기를 반복했다. 양측에서 피와 돈을 쏟아부었지만, 수고의 대가는 허망하여 어느 쪽도 지속적 성공을 거두지 못했다.

전쟁이 좀 더 결정적인 단계로 접어든 시기는 7세기부터였다. 비잔티움 제국의 상황은 최악이었다. 랑고바르드인이 이탈리아를 공격했고, 아바르인-슬라브인이 발칸 지역에서 공세를 취했으며, 마우리키우스(Mauricius) 황제의 퇴위 이후 내전이 잇달았다. 페르시아의 공격에 비잔티움은 거의 무너지기 직전이었다. 609년 유프라테스 방어선이 무너졌고, 610년에는 에데사가 함락되었다. 617년까지 안티오케이아, 다마스

---

14 베게티우스 전략은 이 시대의 전쟁을 이해할 때 매우 중요한 개념이다. 다음을 참조. John Gillingham, "Richard I and the Science of War in the Middle Ages," in John Gillingham and J. C. Holt (eds.), *War and Government in the Middle Ages* (Woodbridge: Boydell Press, 1984); Clifford J. Rogers, "The Vegetian 'Science of Warfare' in the Middle Ages," *Journal of Medieval Military History* 1 (2003): 1-20; Stephen Morillo, "Battle Seeking: The Contexts and Limits of Vegetian Strategy," ibid., 21-42; and John Gillingham, "'Up with Orthodoxy!': In Defense of Vegetian Warfare," *Journal of Medieval Military History* 2 (2004): 149-58.

쿠스, 예루살렘, 알렉산드리아, 심지어 칼케돈(Chalcedon, 콘스탄티노폴리스에서 보스포루스 해협 바로 건너편에 위치)도 페르시아에 넘어갔다. 비잔티움 제국은 멸망의 벼랑 끝에 매달려 있었다. 그러나 절망적 상황에서 획기적 대책이 탄생했다. 수 세기 동안 콘스탄티노폴리스에 축적된 재물을 이용하여 기독교 문화권의 광기에 가까운 종교적 열정에 불을 붙였다. 622~625년 헤라클리우스(Heraclius) 황제는 몇몇 전투에서 승리를 거두었고, 적들을 유프라테스강까지 밀어낼 수 있었다. 626년 페르시아와 아바르 연합군이 반격에 나섰지만 콘스탄티노폴리스를 점령하지 못했다. 그리고 이듬해 하자르 튀르크와 동맹을 맺은 헤라클리우스 황제는 파도의 방향을 바꾸어놓았다. 니네베에서 벌어진 대규모 전투에서 또 한 차례 승리를 거둔 헤라클리우스는 이제 페르시아의 수도를 위협하기에 이르렀다. 비잔티움의 황제는 사산조 페르시아를 몰아붙여, "모든 것을 불태워버릴" 전쟁을 앞두고 평화 조약을 이끌어냈다.[15] 조약에 서명한 뒤 헤라클리우스는 승전군을 이끌고 의기양양하게 콘스탄티노폴리스로 되돌아갔다. 그러나 때는 이미 늦었다. 비잔티움과 페르시아 양대 제국에는 잿더미만 남았다. 누구라도 건드리면 쉽게 무너질 판이었다. 그런 상황에서 새로운 위협이 등장하자 한쪽은 완전히 무너졌고, 다른 한쪽은 절반만 살아남았다.

---

15 Walter E. Kaegi, *Heraclius, Emperor of Byzantium* (Cambridge University Press, 2003): 172.

아랍의 폭발적 성장

헤라클리우스 황제는 "신의 적들"에게 복수하기 위해 원정을 단행한다고 선전했고, 병사들에게는 하늘에서 보상을 내려줄 것이라 약속했다.[16] 비잔티움의 황제들은 정교회(Orthodox Church)를 오래도록 장악해왔으며, 이집트나 시리아의 단성론(Monophysitism) 기독교파를 "이단"으로 규정하고 그로부터 정교회를 보호했다. 그 대가로 종교 지도자들이 황제를 지원해주기를 기대했다. 이는 약간의 협상을 필요로 했다. 기독교는 (유교와 마찬가지로) 비교적 평화롭고 안정적인 제국 시대의 산물이었고, (유교, 도교, 불교와 마찬가지로) 전사의 에토스와 전사가 기대하는 부의 집중을 꺼렸기 때문이다. 기독교를 신봉하는 병사들은 전투 중 일어난 살인 행위조차 깊이 참회했고, 전쟁을 "악 중의 최악"으로 간주했으며, 다만 "적들이 우리의 피를 뿌리는 일을 그들의 기본 의무이자 최고의 미덕으로 삼기 때문에" 하는 수 없이 수행해야 할 의무로 여겼다.[17]

그 무렵 전쟁의 와중에 새로운 유일신 종교가 부상했다(무함마드가 메카에서 메디나로 달아난 때가 바로 헤라클리우스 황제가 최초의 승리를 거둔 해였다). 전쟁은 굴종보다 저항을 더 고통스럽게 만들기 위해서 하는 것이다. 저항과 굴종의 방정식을 이슬람은 매우 효과적으로 운용했다. 이교도와의 싸움은 그들이 "굴종의 의지를 내보이고 스스로 복종할 때까지" 계속되어야 하는데, 이는 승리의 미덕을 위해서가 아니라 종교적

---

16 Theophanes (the Confessor), *Chronicle of Theophanes*, ed. and trans. Harry Turtledove (Philadelphia: University of Pennsylvania Press, 1982): 16.
17 John Haldon, *Warfare, State and Society in the Byzantine World*, 565-1204 (London: Routledge, 1999): 22.

의무였다. 이교도와의 전투가 벌어졌을 때 도망치는 무슬림에게는 지옥불이, 싸우다 죽은 무슬림에게는 천국이 기다리고 있다.[18] 다른 한편으로 이슬람은 무슬림의 지배 아래 평화롭게 살아가길 원하는 기독교도와 유대인에게 관용을 베풀었고, 약자를 정의와 자비로 대하도록 권장했다. 이슬람은 제국의 건설을 위해 잘 다듬어진 종교 체제였다. 정치적 권위와 종교적 권위를 통합한 정복자에 의해 만들어진 종교였기 때문이다.

632년 무함마드가 사망한 해에 최초의 칼리프인 아부 바크르(Abu Bakr)는 아랍 통합 국가를 수립했다. 그의 군대는 낙타를 치는 유목민의 인내심과 이동성을 바탕으로 했다. 메디나와 메카 출신의 지도자 중에는 능력 있는 장군들도 포함되어 있었다. 그들에게는 이슬람의 통치 영역을 넓히고자 하는 확고한 의지가 있었다. 스텝 지대의 군대와 마찬가지로 아랍인의 군대 또한 농업-도시 기반 국가에 비하면 병사의 수가 많지 않았다. 기병이 중요했지만 처음에는 그 수가 태부족이었다. 철제 투구와 가죽 방패가 가장 흔한 장비였고, 주로 미늘 갑옷을 입었다.[19] 적들을 만나면 치열한 전투를 벌였고, 작전은 단순한 보병전이었다. 방어선에 참호를 파고 첫 공격은 화살, 그다음은 창, 마지막에는 칼로 싸웠다. "그게 전부였다."[20] 헤라클리우스 황제와 마찬가지로 초기의 칼리프들은 전투 중심으로 전략을 세웠다. 634~635년 무슬림이 네 차례에

---

18 Quran 9:29, 4:76; 8:15-16, 4:74, 4:95.
19 미늘 갑옷의 광범위한 사용에 관해서는 다음을 참조. Ibn Ishaq, *The Life of Muhammad*, trans. A. Guillaume (New York: Oxford University Press, 2002): 546 (p. 145), 619 (p. 411), 250 (p. 174), etc.
20 Hugh Kennedy, *The Army of the Caliphs: Military and Society in the Early Islamic State* (London: Taylor and Francis, 2001): 23.

걸쳐 승리를 거두자 팔레스타인과 시리아가 항복했다. 636년 야르무크(Yarmuk) 전투에서 비잔티움 제국을, 637년 카디시야(Qadisiya) 전투에서 사산조 페르시아를 꺾은 아랍은 양대 제국의 저항을 무력화시켰다. 642년에 이르러 페르시아와 이집트가 아랍의 통치 아래 놓였다. 참전 병사들은 정복한 지역의 세금 가운데 일부 현금으로 대가를 받았다. 세금 면제와 명백한 신의 은총을 감지한 정복지의 백성 가운데 많은 수가 이슬람으로 개종했다. 이로써 인력이 보충되면, 657~684년 두 차례의 내전이 있었음에도 불구하고, 더 멀리 원정을 떠날 에너지가 충전되었다. 730년대에 이르러 우마이야 칼리프국은 남부 프랑스에서부터 스페인을 거쳐 북아프리카와 중동 및 트란스옥시아나에 이르는 거대 제국이 되어 있었다.

 제국은 눈덩이처럼 팽창해갔다. 새로 정복한 지역에서 전리품을 획득하여 그다음 지역을 정복할 자원으로 사용했으며, 제국의 위엄과 힘을 과시함으로써 기존 권력의 균형을 무너뜨렸다. 멀리 떨어진 외곽 지역이라 하더라도 더욱 멀리까지 확장하기 위한 발판이 기꺼이 되어준다면 통제하기가 비교적 쉬웠다. 그러나 외부 정복이 멈춘다면, 군대는 변경 지역에 집중되고, 방향을 반대로 돌려 중앙을 공격할 수단과 명분을 찾게 된다(때로는 직전까지 맞서 싸우던 외부의 적들과 손을 잡는 경우도 있었다). 중국에서는 고구려를 공격하다 실패한 수나라가 무너지고 당나라가 수립되었다. 유럽에서는 카롤루스 황제의 정복이 한계에 이르러 더 이상 전리품을 획득하지 못하자 분열이 시작되었다. 당나라 또한 안록산(安祿山)이 국경수비대를 이끌고 반란(755~763)을 일으킨 뒤로 분열의 시대를 맞이했다. 북서쪽으로 너무 멀리까지 팽창한 우마이야 왕조는 732년에 이르러 아나톨리아 지역에서 비잔티움 제국의 벽에 부닥쳤다. 비잔티움 제국의 군대와 정부는 과거에 비해 훨씬 축소되었지만 개혁에 성공하여 능숙한 실력으로 방어전을 펼쳤다.

콘스탄티노폴리스의 거대한 성벽과 여전히 효율적인 해군은 717~718년 이슬람의 대대적인 공세를 막아냈다. 전쟁의 압박 속에서 비잔티움 제국은 민간 위주의 전략을 채택했다. 즉 각 지방 차원에서 장군들이 지역 방어뿐만 아니라 행정 관리도 자율적으로 했기 때문에 과거에 비해 훨씬 더 효율적인 시스템이 작동했다(군 사령관이 행정관을 겸하는 지방 단위를 테마thema라 했다. - 옮긴이). 지역별(테마별)로 기병 중심의 군사 구조가 형성되었는데, 이는 당나라의 지역 단위 군대 시스템과 상당히 유사했다. 군인은 전업 군인이 아니었고, 토지를 임대받는 대가로 말, 무기, 보급품을 스스로 구비해야 했다. 레오 3세 황제 재위 때부터 이와 같은 체제가 활력을 얻었다. 그 결과 레오 3세의 재위 기간에 처음으로 아랍과의 전투에서 승리를 거두었다. 739년 아크로이논(Akroinon) 전투였다. 그로부터 얼마 지나지 않아 지역 군부대의 반란이 일어나자, 콘스탄티누스 5세는 전업 군인으로 구성된 중무장 기병 부대(tagma)를 창설하여 군사력을 보강했다. 그들에게는 국가에서 토지와 임금은 물론 무장까지 직접 지급했다. 그들이 군대의 근간이 되었고, 중요한 작전을 수행할 때는 여기에 지역별(테마별) 군부대가 결합되었다. 북쪽에서 이슬람의 팽창은 제2돌궐제국과 중국의 당나라에 가로막혀 더 이상 진전되지 못했다. 서쪽에서는 당시 부상하던 프랑크 세력이 우마이야의 팽창을 저지했다. 동쪽으로는 사막과 고산 지대가 가로막혀 북인도의 라지푸트(Rajput) 왕국들로 접근하지 못했다. 더 이상 국경을 확장하지 못하게 된 군대는, 예상대로 중앙 정권에 실망하여 등을 돌렸다. 749/750년 아바스 왕조가 페르시아를 기반으로 권력을 장악했다(아바스에 밀려난 우마이야 왕조의 세력이 스페인으로 건너가 코르도바 칼리프국을 세웠다). 아바스 왕조는 즉시 원정에 나서 751년 당나라 세력을 물리쳤다. 그러나 더 이상의 제국 팽창은 불가능했다.

"프랑크 제국"

카롤루스 마르텔루스(Carolus Martellus)가 이끄는 프랑크인도 우마이야 왕조의 군대와 싸웠다. 721년과 726년 갈리아 지역에서 전투가 있었고, 732년 푸아티에와 투르 사이에서 훨씬 더 큰 규모의 전투가 벌어졌다. 승리는 프랑크의 것이었다. 736년 프랑크인은 랑고바르드인의 협조를 얻어 피레네산맥 이북 지역에서 이슬람의 발판을 거의 제거하는 데 성공했다.

게르만인이 갈리아, 스페인, 이탈리아 등지로 이주해 수많은 소왕국을 건설하기 시작한 때가 기원후 5세기였다(프랑크인은 게르만인의 일파 - 옮긴이). 다른 지역에서도 그랬듯이 게르만 소왕국에서는 자유민이 군사 계급을 형성했고, 농민이 그들을 뒷받침했다. 전사들이 특정 농지의 수입 일부를 나누어 받는 것이 전형적인 방식이었다. 게르만인은 로마 군대의 용병으로 복무하는 등 로마와 오래도록 교류한 역사가 있었다. 그래서 게르만 소왕국들은 가톨릭교회의 기반 시설과 지식인을 흡수하여 기본적 관료 체제를 유지했고, 로마인에게는 로마 법을, 게르만인에게는 게르만 법을 적용했다. 게르만 전사는 주로 방패와 창을 들고 전투에 나갔다. 그러나 로마 귀족과 통혼 관계를 맺은 게르만의 엘리트 계층은 중무장 기병으로 참전했고, 활보다는 칼과 창으로 무장했다. 논란이 분분하기는 하지만, 8세기 중엽 갈리아 지역에서는 아나톨리아나 멀리 중국의 경우와 마찬가지로 기병이 군대의 핵심 전력이었던 것 같다.[21]

게르만인 자유민은 군대에 참여할 때 스스로 무장을 갖추어야 했다. 8세기에 이르러 게르만인의 일파인 프랑크인의 카롤루스 왕조는 제국을 건설하는 데 성공했다. 그 과정은 다른 제국들과 크게 다르지 않았다. 즉 그들은 이웃 왕국을 병합하거나 반란을 제압하기 위해 매년 원정에 나섰다. 적진을 황폐화하고, 요새를 운영하며, 필요한 경우 전투를 벌였다. 전사들에게는 전리품, 토지, 여성(특히 재산이 있는 상속인)이 상으로 주어졌다. 정복된 사람들은 그다음 원정 때 군인으로 동원되었고, 차츰차츰 단일한 정치 단위로 통합되었다. 프랑크인의 통치 영역이 너무 넓어진 뒤에는 한 차례 원정을 끝마친 보병이 다음 원정을 위하여 다른 국경까지 걸어가기가 쉽지 않았다. 이런 문제에 전술적 문제가 겹쳐 (또한 등자의 발명이 계기가 되어) 카롤루스 제국에서는 갈수록 기병 자원을 중시하게 되었다. 그래서 왕과 유력자들은 부하들에게 토지를 선물하여 세습 영지를 만들어 주었다. 당나라에서 국경의 토지를 군인 가구에 할당하고 비잔티움 제국의 레오 3세가 "기병 군단"을 편성한 바로 그 시기

---

21 Bernard S. Bachrach는 전반적으로 반대 주장을 펼쳤다. 가장 중요한 논의는 다음을 참조. "Charles Martel, Mounted Shock Combat, the Stirrup, and Feudalism," *Studies in Medieval and Renaissance History* 7 (1970); compare Clifford J. Rogers, "Carolingian Cavalry in Battle: The Evidence Reconsidered," in *Crusading and Warfare in the Middle Ages: Realities and Representations*, ed. Simon John and Nicolas Morton (Farnham: Ashgate, 2014): 1-11. 7세기 중엽부터 시작된 비잔티움 제국의 "기병 우세"에 관해서는 다음을 참조. Haldon, *Warfare, State and Society*, 208.

에[22] 카롤루스 마르텔루스(Carolus Martellus)는 대규모 교회 토지를 자유민에게 재배당하여 중무장 기병을 양성하고자 했다. 그의 손자 카롤루스 마그누스(Carolus Magnus) 재위 시기에는 가난한 자유민 네 명이 비용을 모아서 원정에 참여할 한 명의 무장을 갖추어 주도록 했다.[23]

프랑크인의 카롤루스 제국은 9세기 중엽 최전성기를 맞이했다. 피레네산맥에서 잘레강, 북부 이탈리아까지 모두 그들의 영역에 들어갔으며, 동쪽으로는 슬라브 지역도 느슨한 지배 아래 놓였다. 외부 전쟁의 수익은 점차 줄어들었다. 전쟁을 주도한 지도자들은 부하들에게 적절한 보상을 지급하기가 쉽지 않았다. 내전이 잇달았고, 프랑크인의 부가 축적되는 동시에 상황은 악화되어갔다. 그러자 동부 스텝 지역의 마자르인, 북쪽 바다의 바이킹, 남쪽의 무슬림 등 온 사방에서 침략자가 모여들었다. 10세기에 이르러 지역별 군벌이 군사력의 핵심을 차지하고 공적 권위를 확보했다. 성채가 곳곳으로 확대되면서 지역 군벌의 세력은 더욱 강화되었다(군주가 거주하는, 전략적 요충지에 건설된 굳건한 성벽을 갖춘 성은 세계의 다른 어느 지역보다 유럽에서 흔히 볼 수 있었다).

당시 유럽은 인구와 경제의 급격한 성장기를 맞이했다. 농업 생산성과 광산 기술의 발달은 경제 성장에 속도를 더했다. 결국 도시가 확대되었고, 노동이 분화되었으며, 원거리 무역도 발달했다. 유럽의 전사-귀족 계층은 새롭게 획득한 재산을 투입하여 돌로 성을 쌓고 강력한 전마를

---

22 Ibid.
23 John France, "The Composition and Raising of the Armies of Charlemagne," *Journal of Medieval Military History* I (2002): 61-82, offers a balanced discussion.

구입했으며, 갈수록 무거운 갑옷을 선호했다. 그들의 무장은 같은 시기 비잔티움이나 이슬람의 갑옷보다 훨씬 더 강했다. 쇠뇌(crossbow, 중국에서는 이미 오래전부터 사용하던 것이지만 서양에서는 흔치 않았다)는 도시의 보병이나 선원이 널리 사용하는 무기가 되었다. 당시 도시 엘리트 계층에게서 자본주의적 사고방식이 성장했는데, 귀족은 그러한 사고방식을 전쟁에 적용하여 군사적 투자가 큰 이득으로 연결되기를 기대했다.

거대 정복 전쟁은 대개 내부 통합으로부터 시작되는 법이지만, "프랑크 제국"의 부상은 그렇지 않았다. ("프랑크 제국"이라는 용어는 13세기 모술의 위대한 역사가 이븐 알-아티르가 11~13세기 서유럽 세력의 확산을 일컫는 의미로 처음 사용했다.[24]) 사전에 카롤루스 제국의 재건 같은 사건이 일어나지 않았고, 심지어 분열된 왕국을 통합할 진정한 왕권 강화 현상도 보이지 않았다. 유럽 내부의 전쟁이 전혀 줄어들지 않은 상황에서 왕들보다는 공작이나 백작이 이끄는 군대에 소속된 프랑스인(특히 노르망디인)이 브리튼섬, 남부 이탈리아, 시칠리아, 나아가 안티오케이아, 예루살렘, 콘스탄티노폴리스로 진출했다. 이베리아반도의 소규모 왕국들은 점차 부유하고 강력해졌다. 처음에는 노예 군단을 이용하여 이웃한 무슬림 왕국으로부터 조공을 받아냈고, 그러다가 완전히 정복하기에 이르렀다. 게르만 소왕국의 통치자들은 고질적인 내전에도 불구하고 보헤미아 지역을 손에 넣었고, 게르만인 군대-종교 조직이 발트해 지역을 정복한 뒤 기독교를 전파했다. 심지어 피사(Pisa)나 제노바(Genova) 같은

---

24 John Gillingham, "An Age of Expansion, c. 1020-c. 1204," in Maurice Keen, ed., *Medieval Warfare: A History* (Oxford University Press 2000): 59.

해안의 도시국가들도 코르시카(Corsica)섬과 사르데냐(Sardegna)섬을 정복했고, 1087년에는 파티마 칼리프국의 도시 마흐디야(Mahdiya)를 약탈했다. 당시 이탈리아 함대를 중심으로 기독교 세력의 해군력이 성장했는데, 이는 라틴계 유럽인의 팽창에 매우 중요한 요인이 되었다. 8세기 말에서 10세기까지 비잔티움 제국과 칼리프국은 동부 지중해에서 팽팽하게 맞섰다(양측 모두 후기 로마 전통을 이어받아 전업 해군 조직을 갖추었고, 특수하게 설계된 전함으로 상대방의 배를 침몰시키는 전략을 구사했다). 서부 지중해에서는 북아프리카 세력이 우세했다. 그러나 11세기를 거치는 동안 서유럽의 항해가들이 상업 항해와 해군의 전함에서 모두 지중해의 주도권을 장악했다. 아프리카 해안에서는 북풍이 불었고 좋은 항구가 드물었다. 그래서 중간천년기가 끝나갈 무렵 오스만 제국의 해군력이 부상할 때까지는 유럽의 우세가 지속되었다.

"프랑크인"은 새로운 영토를 정복하면 대개 현지인을 그대로 두었다. 그들을 일꾼으로 부리면서 애초에 그 지역의 엘리트들이 가져가던 몫 정도만 효과적으로 흡수했다. 그러나 일부 사람들은 재산(고이 간직했던 보물이나 저장 식량, 가축, 건물, 토지 혹은 신체 통제권)을 빼앗겨야 했다. 이를 통해 다른 사람들에게 겁을 주고, 재물을 빼앗은 프랑크인에게 새로운 정복에 대한 열망을 불러일으키기 위해서였다. 서양의 전사들이 (또한 스텝 유목민들이) 자신의 본거지보다 더 부유하고 인구도 더 많은 지역을 정복할 수 있었던 이유가 바로 여기에 있다. 노르망디의 윌리엄(William) 공작이 잉글랜드의 왕 해럴드(Harold)를 공격하려 계획을 세우던 중 한 참모가 충고하기를, 해럴드가 윌리엄보다 훨씬 더 많은 자원을 가졌다고 말했다. 그러자 윌리엄 공작은 이렇게 대답했다. "적의 재산을 내 것처럼 쓸 줄 아는 과감한 자만이 적을 이길 수 있는 법이지."[25] 윌리엄의 말이 실현되려면(적의 재산을 내 것처럼 쓸 수 있으려면) 먼저, 1066년 헤이스팅스(Hastings) 전투에서 윌리엄이 해럴드의 군대를 궤멸했듯이, 약탈을 하더라도 저항이 없을 만큼 적군을 완전히 궤멸해야 했다. 혹은 적어도 병사들이 그럴 수 있다는 자신감을 가져야 했다.

서유럽인은 공성전에 능했고, 11세기에 이르러서는 해전 능력에서도 우위를 점했다. 이는 서유럽의 성공에 반드시 필요한 요인이었다. 그러나 그들이 실제로 경쟁자들과 싸워 성공한 경우는 주로 평야 전투였다. 제1차 십자군 전쟁(1096~1099)에서부터 분명한 사례가 확인되었다. 서유럽 군대는 튀르크, 아랍-시리아, 파티마 왕조 치하의 이집트 군대를 상대하여, 대개는 수적 열세에도 불구하고 일관되게 승리를 거두었다. 뛰어난 갑옷 덕분이었다. 비잔티움과 무슬림의 기록에 따르면 갑옷을 입은 기독교 기사들은 (그들이 타던 말은 아니고) 대개 화살을 맞아도 멀쩡했다.[26] 13세기에 이르러 서양의 기사들은 속에 갬버슨(누비옷)을 입고 그 위에 이중 갑옷을 걸쳤으며, 거대한 방패를 들었다. 이는 아마도 인류 역사상 가장 완벽한 보호 장구였을 것이다. 또한 서양의 기사들은 카우치드 랜스(couched lance, 긴 창을 겨드랑이에 끼고 돌격하는 기술)를 구사했다. 높은 안장과 등자를 이용하여 전투마의 강력한 운동에 너지를 더하면 인간의 팔심으로 휘두르는 것보다 훨씬 폭발적인 힘을

---

25 William of Poitiers, *Gesta Guillelmi*, in Stephen Morillo, ed., *The Battle of Hastings: Sources and Interpretations* (Woodbridge: Boydell, 1996): 8.
26 Clifford J. Rogers, *Soldiers' Lives Through History: The Middle Ages* (New York: Greenwood, 2007): 171-3, 205-6, 214-5, 228-30.

창 끝에 모아낼 수 있었다. 당시 이와 같은 기병의 공격을 막아낼 상대는 거의 없었다.

기마 궁수와 싸울 때 서양의 전술은 중국인의 그것과 비슷했다. 보병은 강력한 쇠뇌로 무장하고 때로는 경무장 기병을 이용하여 적들과의 거리를 유지하며 뒤에 있는 중무장 기병을 보호했다. 적들의 기마 궁수가 보병에 직접적 위협이 될 정도로 가까이 다가오면 그제야 중무장 기병이 돌격했다. 때로는 보병이 중무장 기병을, 또 때로는 중무장 기병이 보병을 보호했다. 이런 전술을 구사할 경우 중대한 실수를 하지 않는 한 군대를 궤멸하기가 매우 어려웠다. 서양 군대를 이길 수 있는 한 가지 방법은 일반적 교전을 피하는 전술이었다. 모든 식량을 가지고 성안으로 들어가고 성 밖에는 아무런 먹을 것이 남지 않도록 쓸어버리는 것이다. 그러면 적들은 좌절과 굶주림 때문에 물러갈 것이다. 이를 (병법서에 이 전술을 기록한 로마 후기의 저자 이름을 따서) "베게티우스(Vegetius) 전술"이라 하는데, 십자군 참여 당시 동서 유럽의 여러 군대가 이 전술을 자주 사용했고, 비잔티움 제국의 핵심 방어 전략도 이것이었다. 도시가 발달하지 않은 지역에서는 늪이나 숲이나 산이 성과 성벽을 대신하는, 변형된 베게티우스 전술을 응용했다.

12세기 말에 이르러 서유럽 기독교 세력의 경계는 어느 정도 정체기에 접어들었다. 1187년 하틴(Hattin) 전투 이후 살라딘(Saladin)은 예루살렘 왕국의 대부분을 회복했다. 1195년에는 공포의 군주인 무와히드 칼리프국의 아부 야쿱(Abu Yusuf Yaʻqub)이 북아프리카로부터 군대를 이끌고 카스티야 왕국을 공격하여 알라르코스(Alarcos) 전투에서 심대한 타격을 입혔다. 한편 1204년 서유럽 군대가 콘스탄티노폴리스를 점령했고, 1212년 스페인이 나바스 데 톨로사(Navas de Tolosa) 전투에서 무와히드 칼리프국을 무너뜨렸으며, 뒤이어 그라나다를 제외한 이베리아 반도 전역에서 무슬림을 몰아냈다. 그라나다는 카스티야의 보호국으로 남았다. 기존에 몰아쳐온 프랑크인의 기세도 여기까지였고, 이후 2세기 동안은 주춤했다.

더욱이 13세기 중엽에 이르러 양쪽에서 결코 만만치 않은 새로운 적수가 나타났다. 하나는 몽골이었다. 그들은 헝가리와 폴란드에서 궤멸적 승리를 거두었다. 다른 하나는 맘루크였다. 그들은 이집트를 정복하고자 대단한 노력을 기울인 루이(Louis) 9세를 물리쳤다. 맘루크는 1260년 아인잘루트(Ayn Jalut) 전투에서 몽골마저 꺾었고(이후 1281년과 1303년에도 승리를 거두었다), 마침내 레반트 지역에 남은 최후의 프랑크 왕국들을 제거했다.

맘루크과 몽골

맘루크 술탄국의 탄생은 이슬람 전쟁 기술이 축적된 결과였다. 그들의 시작은 747~750년 아바스 혁명 직후였다. 우마이야 왕조의 시대가 끝난 뒤로 칼리프국의 군대에 변화가 찾아왔다. 아랍의 지배력이 약화되었으며, 보병의 비중도 전에 비해 줄어들었다. 7세기 후기에 이르러 아랍인은 등자를 도입했고, 나무로 만들던 것을 개량하여 철로 만들었다. "창을 쓰는 기병이나 칼을 휘두르는 기병 모두 가장 중요한 마구는 등자였다." 등자가 없으면 창이나 칼을 휘두를 때 말 위에서 "몸을 지탱할 곳이 없었기" 때문이다.[27] 750년 자브강(Zāb River) 전투(우마이야 칼리프국과 신생 아바스 군대의 전투로, 우마이야의 최후가 여기서 결정되었다.

– 옮긴이)에서 시리아인은 "마치 쇠로 만든 산처럼" 말 등에 단단하게 붙어 있었다. 아바스 군은 말에서 내려 보병전을 이끌었는데, 이는 으레 그런 것이 아니라 치밀하게 계산된 전술이었다.[28] 820년대부터 미래의 칼리프로 등극할 알-무타심(al-Mu'tasim)은 최근 내전에서 활약한 튀르크인의 충성과 용기를 눈여겨보았다. 그들은 약 3000~4000명의 스텝 튀르크인으로 편성된 엘리트 기병대였다. 알-무타심은 돈을 주고 그들을 구입했다. 이는 당시로서 혁명적 방식이었으나 머지않아 보편적 방식으로 자리 잡았다. 튀르크인 소년들은 스텝 지역에서 불굴의 의지와 기마술, 궁술을 충분히 배울 나이가 되면 군사 공동체에 소속되어 자리를 얻을 수 있었다. 여기서 그들은 이슬람과 규율, 전투 기술과 더불어 주인에 대한 절대 충성을 배웠다. 주인은 노예 시장에서 그들을 구해준 사람이었다. 적어도 이론적으로는 그들의 충성이 가족이나 파벌 혹은 종파에 따라 달라질 일이 없었다. 실험은 대성공이었다. 나중에 9세기가 되어 튀르크인 노예(맘루크)는 칼리프에게 "천하무적의 갑옷" 같은 존재가 되었다. 10세기에 이르러서는 선봉대뿐 아니라 군대 본영에도 그들이 자리를 잡게 되었다.[29]

맘루크 시스템은 당시 많은 나라에서 공통적으로 맞닥뜨린 문제를

---

27 Hugh Kennedy, "The Military Revolution and the Early Islamic State," in Niall Christie and Maya Yazigi (eds.), *Noble Ideals and Bloody Realities* (Leiden: Brill, 2006): 199, quoting two ninth-century Muslim authors.
28 Ibid., 202.
29 Reuven Amitai, "The Mamluk Institution: 1000 Years of Military Slavery in the Islamic World," in Philip D. Morgan and Christopher L. Brown (eds.), *Arming Slaves: From Classical Times to the Modern Age* (New Haven: Yale University Press, 2006): 46, quoting al-Jahiz and al-Istakhri.

해결한 방안이었다. 통치자들의 입장에서 권력의 기반을 확대하려면 정복지로부터 재물을 획득하여 추종자들에게 선물을 넉넉히 나누어주어야 했다. 그러나 성장이 느려지거나 정체되면 전사들에게 나누어줄 자원이라곤 농업경제에서 비롯되는 잉여생산물로 한정될 수밖에 없다. 충성과 포상의 교환을 유지하기 위해 통치자로서는 농민과 상인으로부터 세금을 거두어 전사에게 재분배하는 수밖에 없었다. 그것이 불가능한 일은 아니었지만 비용이 많이 들었다(특히 많은 수의 기병을 보유하면 더욱 그랬다). 이런 상황에서는 행정 관료와 군사 엘리트 계층 양쪽 모두에게 포상을 내려야 했기 때문이다. 경기가 하락하거나 군사적 압박이 가해질 때는 지출을 줄일 수밖에 없었다. 그러면 자연스럽게 양쪽 엘리트 계층을 통합하자는 대책이 나오게 된다. 결국 군인들이 토지를 관리하고 세금을 수납하여 자신의 몫을 챙기거나, 지주들이 스스로 기병으로서 복무하게 된다. 전투가 없는 시기에 병사들은 농지를 따라 흩어져서 생활했고, 그러다 보니 소집에 늦게 응하게 되고 부대 전술을 익힐 기회도 줄어들었다. 그러나 지방에서 반란이 일어나거나 외부 세력의 침략이 발생하면 즉각 대응할 수 있다는 장점이 있었다. 더욱이 비용 면에서도 효율적이었다. 기병을 먹일 곡물과 건초 3000킬로그램을 가져다주기보다 기병이 움직이는 편이 더 효율적이었다. 이와 같은 시스템을 기본으로 삼고 나름대로 변형해서 사용하는 것이 어디서나 일반적이었다. 그 사례는 서양, 사산조 페르시아나 중국의 일부 정복 왕조, 헤이안 시대의 일본, 한반도의 신라와 고려, 이집트의 아이유브 술탄국이나 맘루크 술탄국, 비잔티움 제국의 테마(théma) 시스템 등에서 확인할 수 있다.

    세습 귀족 지주들은 그러나 자신의 재산을 태어날 때부터 자신의 것으로 알았으며, 통치자가 그들에게 선물로 준 것이라고는 생각하지 않았다. 군사 원정을 통해 추가적 이득이 주어지지 않으면 참전은 부담스러운 의무일 뿐이었다. 이와 같은 경향은 문화적 규범으로 어느 정도 해결될 수도 있었다. 즉 문화적으로 용기와 충성이 남자답고 또한 가치 있다는 인식이 있었다. 그러나 용기는 내전에서도 발휘될 수 있는 것이며, 세습 군사 귀족에게 충성이란 중앙의 궁정보다 지역 유력자에게 더 초점이 맞추어졌다. 통치자가 각 세대의 전사들마다 선물을 다시 준다면 아마도 체제는 더욱 안정적일 것이다. 유럽에서 세습영지(fief, 봉토)는 적어도 이론적으로는 여기에 부합하는 제도였다. 할당된 토지의 소유권은 언제나 주군에게 있어서, 상속 때는 언제나 주군이 토지를 회수했다가 다시 수여하는 모양새를 취했다. 비잔티움, 중국, 델리 술탄국을 비롯해 여러 다양한 제국에서 노예-환관을 장군이나 행정 관료에 임명했는데, 그렇게 하면 세습되지 않고 황제에게 회수된 관직을 다시 수여할 수 있었다. 이와 마찬가지로 맘루크는 토지를 상속하지 않았고 심지어 맘루크의 지위도 아들에게 물려주지 못했다. 새로운 통치자가 등극할 때마다 "먼지로부터" 새로운 자신만의 전사를 새로 건설했다. 젊은이들은 통치자에게 의존하며 그의 호의를 영광으로 알았다. 그들은 무술 능력과 전사의 가치관을 지녔는데, 이는 농업-도시 문명에서는 대개 귀족의 자제나 가질 법한 자질이었다. (급여를 넉넉히 받는 신분 높은 친위대의 사례를 보자면 비잔티움 제국의 타그마타tagmata, 중국 왕조의 금군禁軍, 중간 천년기 말경 프랑스의 콤파니 도르도낭스compagnies d'ordonnance 등이 있었다. 그들을 운영하는 원리는 어디서나 비슷했다. 다만 군사 훈련 방식이나 다른 신하들과의 분리 정도는 통치자에 따라서 달랐다.)

맘루크 시스템은 지속적으로 최고의 전사를 길러냈다. 무엇보다도 군사력을 중앙의 통제 아래 둘 수 있다는 장점이 있었다. 그러나 외부의 어떤 세력과도 연결되지 않은 맘루크라 할지라도 그들만의 이권이란 것이 존재했다. 그것이 때로는 주인의 욕망과 충돌하는 수가 있었고, 특히 주인의 후계자와 갈등을 빚는 경우는 더 많았다. 공동체에 폭넓게 뿌리를 두지 못했다는 사실이 맘루크를 신뢰할 수 있는 근거가 되었지만, 동시에 그 때문에 군대(그 수장인 칼리프)와 지역 엘리트 사이에는 일반적으로 고도의 긴장 상태가 유지되었다. 아바스 칼리프국의 권위는 861년부터 무너지기 시작했다. 과거 맘루크였던 튀르크인이 궁중 반란을 일으켰기 때문이다. 그럼에도 불구하고 9세기부터 실제로 모든 이슬람 통치자가 맘루크 병사를 고용했다. 통치자 스스로가 튀르크인인 경우, 즉 셀주크 같은 정복 왕조의 통치자도, 권력을 쟁취한 맘루크의 후손들도 마찬가지였다. 후자의 뚜렷한 사례로 963~1187년 슬라브계 튀르크인 병사들을 고용한 가즈나 왕조를 들 수 있다. 그들은 페르시아의 상당 부분, 트란스옥시아나, 아프가니스탄까지 영향을 미쳤고, 최초로 북인도 지역까지 무슬림 통치를 확장했다.

이집트에서 맘루크 엘리트 계층은 1249년 프랑스의 왕 루이 9세의 침략을 막아내는 데 중요한 역할을 했다. 그러나 쿠데타가 일어나 새로운 술탄을 처형했다. 그가 새로운 노예를 고용하여 과거의 친위대를 몰아내려 했기 때문이다. 새로 꼭두각시 술탄을 앉히는 대신 맘루크의 지도자 쿠투즈(Qutuz)는 직접 술탄의 자리에 올라 맘루크 술탄국을 건설했다. 이집트와 시리아를 장악한 맘루크 술탄국은 1517년까지 명맥을 이어갔다. 군대의 핵심은 여전히 맘루크였다. 그들은 어린 시절 스텝 지역에서 팔려 와 이슬람으로 개종한 뒤 성인이 될 때까지 훌륭한 환관 교관에게 엄격한 훈련을 받았다. 노예 신분에서 해방된 그들은 공적에 따라 계급의 상승이 가능했다. 장교들은 이크타(iqtāʿ)를 할당받았다. (이크타란 지정 토지로부터 세금을 거둘 수 있는 권리를 말한다. 할당받은 사람이 불명예를 저지르거나 사망하면 이크타가 회수된다. 비잔티움 제국의 프로노이아pronoia, 혹은 오스만 제국의 티마르timar도 같은 제도였다.) 장교들은 물론 그의 부하들도 할당받은 이크타로 먹고 살았다.[30] 맘루크가 낳은 아들은 기본적으로 맘루크가 아니라 자유민으로 인정받았다.

세계의 모든 군인이 그러했듯이 맘루크 기병 또한 훈련을 받고 기량을 갖추었다. 중세 전투의 승패는 기병 전투에 달려 있었다. 대개는 대규모 병력 대 병력이 맞붙는 것이 아니라 쌍방에서 최고 부대가 나와 싸웠다. 편제상으로는 주로 지휘관 직속 친위대였다. 친위대가 패하면 사령관의 목숨도 보장할 수 없었다. 깃발이 쓰러지면 그 군대는 붕괴된 것으로 보았다. 이런 관행에 비추어 보면 엘리트 군사 가문, 친위대, 맘루크 부대원에게 왜 그토록 사회적 관심과 재산이 집중되었는지 이해할 수 있다. 예컨대 10세기 비잔티움 제국의 황제 니케포로스 2세 포카스(Nikephoros II Phokas)는 수백 명으로 구성된 중무장 기병 특수 부대를 창설하고, 그들에게는 일반 기병에 할당하는 토지의 4배를 주었다. 그들에게 부여된 최우선 임무는 적군 사령관의 전신 갑옷을 직접 타격하는 것이었다.[31] 아인잘루트(Ayn Jalut) 전투에서 맘루크는 치열한 백병

---

30 On the iqtaʿ system, see Sato Tsugitaka, *State and Rural Society in Medieval Islam* (Leiden: Brill, 1997).

전에 돌입해 몽골의 장군 키트부카(Kitbuqa)를 죽였으며, 몽골군은 패퇴했다.

그것이 가능했던 것은 페르시아와 시리아를 휩쓸고 바그다드를 파괴한 몽골군의 주력이 이미 철수했기 때문이기도 하고, 아인잘루트 주변이 지리적으로 많은 수의 말을 먹이기가 쉽지 않다는 조건도 있었으며, 몽골의 대칸이 사망하여 몽골 내부의 정치적 문제가 불거졌기 때문이기도 하다. 이와 같은 상황은 또한 1242년 유럽을 전면전으로부터 구해주었다. 그럼에도 불구하고 몽골의 서구 침공을 순순히 막아낸 것은 결코 아니었다. 1241년 헝가리는 힘겨운 전투를 벌여야 했다. 모히(Mohi) 전투 이후 몽골은 "가장 멀리까지", "땅끝까지" 정복하라는 칭기즈 칸의 명령을 수행할 수 없었고,[32] 헝가리는 황폐화되었지만 정복되지 않았다. 헝가리의 서쪽에서 몽골은 더욱 힘겨운 상대를 만났다. 그곳은 개방된 지형이 아니었고, 더 튼튼한 성들이 더 많이 분포했다. 서양에서 성과 결합되어 요새화된 도시를 정복하기란, 몽골의 입장에서 쉽지 않은 일이었다. 그러나 서아시아와 중국에서, 물론 서양과는 다른 구조였지만, 현지 인력과 전문 기술을 활용하여 성벽을 갖춘 수많은 거대 도시를 함락했던 몽골이다. 특수한 사정이 없었다면 유럽이라고 해서 몽골이 정복하지 못했을 리 없다.

---

31 Warren Treadgold, *Byzantium and its Army*, 284-1081 (Stanford University Press, 1998): 174; Stephen Morillo, Jeremy Black, and Paul Lococo, *War in World History: Society, Technology and War from Ancient Times to the Present*, vol. 1 (New York: McGraw-Hill, 2008): 155.

32 *Secret History*, 185.

중국의 몽골인

우마이야 왕조와 마찬가지로 중국의 당(唐)나라에서도 750년경 국력이 최고조에 도달한 뒤에 대규모 반란이 터져 나왔고, 주도 세력 또한 국경수비대였다.[33] 그러나 아바스 왕조의 초대 칼리프로 등극한 아부 알-아바스(Abu al-'Abbas)와 달리, 당나라에서 튀르크-소그드계 장군이었던 안녹산(安祿山)은 결국 반란에 실패했다. 양쪽 제국 모두 대규모 반란이 벌어진 뒤로 지방 군벌의 시대로 접어들었다. 9세기 유럽에서 카롤루스 제국이 분열되었고(843년), 861년 맘루크의 반란으로 칼리프국의 국력도 심각한 손상을 입었으며, 중국에서도 황소(黃巢)의 난(875~884)으로 907년에 결국 당나라가 분열되었다. 960년에 송(宋)나라가 중국을 거의 재통일했지만, 북중국을 지배하던 유목민 출신 왕조 요(遼)나라를 몰아내지는 못했다. 뿐만 아니라 1005년부터 송나라는 매년 요나라에 조공을 바쳐야 했고, 1127년에는 수도 개봉(開封)이 금(金)나라에 정복되었다. 금나라는 거란의 뒤를 이어 북중국을 통합한 여진족이 세운 나라였다. 그럼에도 불구하고 한족(漢族)의 송나라는 보급과 공성전 및 해군력에서 금나라에 우위를 점하고 있었다(이르면 1132년부터 화약 무기가 부분적으로 사용되었다). 그러므로 중국의 대부분 지역은 한족(漢族)의 통치 아래 놓여 있었다.[34]

---

33 755년 안녹산의 난은, 734년 이후 세 번째로 일어난 국경 수비대의 반란이었다. Jonathan Karam Skaff, "'Barbarians at the Gates?' The Tang Frontier Military and the An Lushan Rebellion," *War and Society* 18 (2000): 33.
34 Peter A. Lorge, *The Asian Military Revolution* (Cambridge University Press, 2008), ch. I.

몽골은 페르시아와 동유럽을 침공하기 전 일시적으로 송나라와 동맹을 맺은 적이 있었다. 동맹을 바탕으로 몽골은 이웃의 여진족을 정복하여 흡수했다(1211~1234). 당시 몽골은 파괴적인 기습 공격 전술과 여진족 영입 전략을 구사했고, 마지막으로 공성전 기술을 동원했다. 그 이전에 몽골, 송, 여진은 군사력에서 삼각 균형을 이루고 있었다. 그러나 몽골이 북중국의 자원을 차지하면서 남중국은 현저히 불리한 입장에 놓였다. 1256년 송나라에 대한 침공이 시작되자 과거 금나라 지역이었던 북중국에서는 몽골을 위하여 식량, 무기, 보급 관리자, 해군, 대규모 병력(특히 보병)을 제공해야 했다. 몽골은 아랍-페르시아에서 공성전 전문가를 데려오기도 했다. 당시 몽골의 기술력으로는 강력한 송나라의 성벽을 깰 수 없었기 때문이다. 아랍-페르시아 전문가들은 성벽을 무너뜨리는 기술과, 거대한 돌을 날려 보내는 투석기 제작에서 독보적인 능력을 보유하고 있었다.

1279년 몽골이 중국 정복을 완수했을 무렵, 몽골 대제국은 4개의 칸국으로 갈라졌다. 칸국들의 최고 권위를 자처한 쿠빌라이 칸(Qubilai Khan)은 중국에 통치 기반을 두고 있었다. 중국으로서는 역사상 최초로 중국 전체를 통치하는 이민족 황제가 등장한 셈이었다. 송나라의 속담에 "좋은 철로는 못을 만들지 않고, 좋은 사람은 군인을 만들지 않는다(好鐵不打釘, 好漢不當兵)"라는 말이 있다. 이 속담에는 군사 문화의 번성을 꺼리고 비록 군사력이 약화되더라도 오로지 내부 통제를 목적으로 군대를 운영해야 한다는 관점이 반영되어 있다.[35] 송나라 이후 새로

---

35 Yuan-Kang Wang, *Harmony and War: Confucian Culture and Chinese Power*

들어선 원(元)나라는 중국 전통의 관료 체제를 그대로 유지했다. 그러나 여기에 더하여 이중적으로 몽골인의 군사-정치 조직을 운영했으며, 그 직책에는 철저히 전사들을 배치했다. 몽골인 남성은 노예 노동과 무거운 세금의 지원을 받으며 계속해서 군대에 복무했다. 몽골의 왕자들은 거대한 토지를 할당받았다. 군인은 (그리고 몽골인이 아닌 다른 스텝 민족이라도 기병 같은 특수 군종에 복무하는 경우) 국가로부터 작은 토지를 받았다. 북중국 군인에게는 농장이 지급되었고, 남중국 군인에게는 세금으로 급여가 지급되었다. 막대한 자금이 북경으로 통하는 대운하 확장 등의 공사에 소요되었는데, 대운하는 경제적으로도 매우 유용했지만 주로는 군사용 보급로를 확충할 목적으로 추진되었다.

국경 지역에서는 전쟁이, 중국과 몽골 및 중앙아시아 등지에서는 반란이 자주 일어났다. 1257~1288년 원나라는 베트남(大越)을 침공했다가 게릴라전과 청야 전술 같은 심각한 반격에 직면했으나, 결국 베트남과 참파 왕국이 원나라에 조공을 바치기로 하고 전쟁이 끝났다. 주요 해전으로는 1293년 자와 침공, 1274년과 1281년 일본 침공이 있었다(그림 6-2). 자와에서 몽골은 기존의 방식대로 현지 권력과 결탁하여 다른 세력을 쳐내려 했다. 그러나 몽골의 원조를 받고 공식적으로 몽골을 종주국으로 섬기기로 한 결탁 세력이 몽골 진영을 기습 공격했고, 중국에서 건너온 함대는 쫓겨날 수밖에 없었다. 일본도 방어에 성공했는데, 엄청난 행운 덕분이었다. "신의 바람(神風)"이라고 하는 폭풍이 몰아쳐서 몽골의 함대를 두 차례나 침몰시켰다. 또한 무사(武士, 귀족 전사 계층)의

Politics (New York: Columbia University Press, 2010): 16-17.

〔그림 6-2〕 몽골과 일본의 전투, 〈몽고습래회사(蒙古襲來繪詞)〉 일부
두루마리, 1275~1293년 제작.

효과도 있었다. 무사는 8세기 후기부터 일본 내전에서 주요 전력으로 활약한 사람들로, 세금 면제를 통한 특권층의 부상, 정권의 사유화, 부병제(府兵制)를 기반으로 한 중앙 군사 체제 쇠락 등의 결과로 만들어진 계층이었다. 중무장 기병 기술을 익히고 검술을 훈련한 무사는 몽골 군대와 맞서 싸우기에 손색이 없었다. 몽골이 패퇴한 뒤로 일본은 다른 외부 세력이 침략해 오는 경우도 없었고, 원정을 나가 이익을 도모할 일도 없었다. 즉 군이 통일이 강조될 계기가 마련되지 않았다. 그래서 지역 유지들은 목조로 건축한 성에 들어앉아 소규모 병력을 유지하며 점차 독립성을 강화했다. 상황은 중세번영기 유럽의 군사 환경과 비슷했다.

명나라와 인도양

원(元)나라 시기에는 놀라운 성취가 많았다. 몽골의 말을 먹이기 위해 북중국을 새로운 스텝 지대로 만든 일도, 북경에 새로 건설된 수도를 지원하기 위해 인력으로 대운하를 건설한 일도 있었다. 원나라의 군사 체제도 그에 못지않은 주목할 만한 업적이었다. 지속적인 외부 정복을 통한 수익 구조가 없다면 거대 규모의 군사 체제(100만 명 이상의 무장 병력)를 유지하는 비용을 일반 백성이 부담해야 한다. 내전으로 원나라 중앙 정부가 약해지면서 권력은 점차 지역별 군벌로 넘어갔는데, 이는 같은 시기 일본이나 아바스 칼리프국의 후기와도 같은 양상이었다. 또한 중국화를 방지하려는 노력에도 불구하고 몽골 군대는 시간이 갈수록 야성을 잃어갔다. 한족 군벌인 주원장(朱元璋)은 명(明)나라(1368~1644)를 설립하고 중국을 단계적으로 정복했다. 원나라 세력을 몰아내는 동시에 국내의 반란 세력과도 싸워야 했다. 결국 승리를 거둔 주원장은 막대한 토지 자원을 손에 넣을 수 있었다. 주원장은 휘하의 장수들에게 토지를 나누어주었고, 새로운 한족 출신 군사 귀족 계층이 만들어졌다. 또한 부병제와 마찬가지로 군부대에 토지를 할당하여 자급자족 체제를 구축했지만, 과거같이 국경 지대에 부대를 몰아두지는 않았다. 장군들이 왕권에 도전하는 것을 방지하기 위해, 새로운 제국의 황제는 일반 병사를 현지에서 차출했지만 그들을 이끌 지휘관은 다른 지역 출신을 파견했다. 이와 같은 체제는 군대의 단결이나 군사적 효율성 면에서 불리한 점이 있었으나, 정치적 이점이 그러한 단점을 상쇄했다. 주원장의 초기 업적은 이후 그의 군주 칭호인 홍무(洪武, 거대한 무력)에 반영되었다. 그러나 이후 명나라의 황제들은 무관에 비해 문관을 우선시했고, 그 정도가 거의 송나라에 비할 만했다.

 명나라는 외부 정복을 위해 군사력을 직접적으로 사용하지 않았다. 이런 점에서 명나라는 고대 중국의 이념을 그대로 따랐다. 즉 이웃 국가에 명목상 복종을 요구했으며, 그들이 "조공"을 바칠 경우 그보다 훨씬 큰 금액의 선물을 하사했다. 이와 같은 관행의 가장 극명한 사례는 환관이자 제독인 정화(鄭和)가 이끈 "보물선 함대"였다. 정화의 함대는 1405~1433년 멀리 동아프리카까지 항해했다. 정화가 남긴 기록에 따르면 "우리가 외국 땅에 도착했을 때 (복종을) 거부하고 명령에 따르지 않는 이민족 왕은 생포했고, (해적이 발견되면) 우리가 무찔렀다." 그러나 동남아시아의 대부분 지역에서는 굳이 강요할 필요가 없었다. 그 지역의 통치자들은 함대의 규모를 보고 경외감을 가졌고(함대에 소속된 배가 300척가량으로 그중 일부는 거대했으며, 선원과 해군이 2만 7000명이었다), 중국이 준비한 선물에 감격하여 명나라의 종주권을 인정하는 비석을 세워도 좋다고 흔쾌히 허락했다.[36] 동남아 지역에서 전쟁은 주로 해상 무역의 통제 및 세금과 관련이 있었다. 여기에 촐라(Chola)의 통치자들이 주장했듯이, "배를 불사를 때의 불꽃이 주는 … 약탈의 기쁨"이 더해졌다.[37] 명나라의 함대는 외교적 관계를 통해 전쟁의 위험을 피하고자 했고, 해상 무역과 관련해서 어떠한 금전적 대가도 요구하지 않았다.

함대가 서쪽으로 더 나아가서 마주친 보다 강력한 왕국(특히 남인도의 비자야나가라 제국이나 맘루크 술탄국)에서는 아마도 복종 관계를 요구하지 않았던 것 같다. 남인도를 지배한 비자야나가라 제국은 14세기 중엽 짧게나마 인도 거의 전역을 통치한 델리 술탄국이 무너져가는 와중에 형성되었다. 델리 술탄국은 무슬림인 구르(Ghur) 왕국(아프가니스탄

---

36 Wang, *Harmony and War*, 160, 164 (quotation).
37 G. W. Spencer, "The Politics of Plunder: The Cholas in Eleventh-Century Ceylon," *Journal of Asian Studies* 35 (1976): 405.

구르에 있던 튀르크계 소왕국)이 타라인(Tarain)에서 결정적 승리(1192)를 거두고 북인도를 정복한 후 1206년 설립되었다. 힌두교도인 라지푸트(Rajput) 왕국들은 전투용 코끼리와 많은 수의 비전문 보병을 운용했고, 소수의 전사 계급이 기병으로 참여했다. 그곳은 지리적으로 말을 대규모로 사육하기 어려운 지역이었다. 라지푸트 왕국들이 몇몇 전투에서 승리하기도 했지만, 주로 맘루크 기병으로 구성된 이슬람 군대를 상대하기에는 역부족이었다. 맘루크는 많은 말과 우월한 무기를 갖추었고, 투석기를 설치하는 등 공성전 전문 기술자들도 동원했다. 그러나 남인도 지역에서는 더운 열기와 지리적 여건 때문에 대규모 기병대의 공격이 쉽지 않았다. 그래서 비자야나가라 왕국은 1565년까지 강세를 유지할 수 있었다.

아프리카, 대서양, 노예 무역

정화의 함대는 동아프리카의 모가디슈까지 가서 조공을 받았다. 9~10세기 무슬림인 아랍-베르베르인 정복자들이 정착하여 사헬 지대와 아프리카의 뿔(Horn of Africa) 지역을 주도했다. 이들이 기병대를 몰고 들어오자 기병은 물론 제대로 훈련된 보병조차 없는 그 지역 토착민은 무슬림 정복자에게 별다른 저항도 하지 못했다. 거기서 좀 더 남쪽으로 내려가면 기후와 삼림 때문에 말은 거의 쓸모가 없어지지만, 그 경계 지역에서 기마술을 익힌 귀족 계층의 사람들이 건기에 노예 사냥을 하는 경우가 많았다. 노예를 팔아 번 돈으로 그들은 사하라 사막을 건너 수입해 오는 말과 무기를 사들였다.[38]

이 시기의 노예 공급이 전 세계적으로 전쟁을 매우 촉진한 측면이 있지만, 아직 이 문제에 대해서는 연구가 제대로 진행되지 못했다. 노예 가격은 편차가 매우 컸다. 전쟁이 끝나면 전쟁 포로가 대거 노예 시장에 유입되었기 때문이다. 노예 한 명을 데려와 팔면 군인은 대략 2개월치 봉급에 해당하는 돈을 벌 수 있었고, 외모가 아름다운 소녀 노예라면 그보다 훨씬 더 많은 돈을 받을 수 있었다. 1286년 튀니지 섬 케르케나(Kerkennah)의 주민 1254명을 노예 시장에 팔아서 받은 금은 대규모 함대가 2개월간 작전할 수 있는 비용으로 충분했다고 한다.[39] 그 무렵에 작성된 자료(1441)에 따르면, 서아프리카 해안에서 거의 무방비 상태의 마을들을 발견했는데, 수익성이 좋은 노예 사냥의 기회가 풍성하다고 좋아하는 내용으로, 포르투갈인의 "기쁨"을 강조했다.[40] 이후 그 지역에서 노예 사냥을 위한 전쟁은 급격히 증가했다. 해안 지역의 통치자들이 이웃 사람들을 잡아서 포르투갈 상인들에게 팔아 넘겼기 때문이다. 오스만(Ottomans) 또한 아나톨리아 지역에서 지속적으로 노예 사냥을 하면서 성장하기 시작했다. 그러다가 1402년 술탄 바예지드(Bayezid) 재위 때 몽골-튀르크계 정복 왕조 티무르(Timur) 제국의 공격으로 거의 붕괴 지경에 내몰렸다. 티무르 제국 건설 비용의 상당 부분은 수만 명의 전쟁 포로를 노예로 팔아 벌어들인 돈으로 충당되었다.

---

38 Roland Oliver and Anthony Atmose, *Medieval Africa* (Cambridge University Press, 2008): 7-8.
39 Clifford J. Rogers, "Medieval Strategy and the Economics of Conquest," in Manuel Rojas Gabriel, ed., *Estrategia en la édad media* (Cáceres: Imprenta de la Universidad de Extremadura, forthcoming).
40 E.g. Gomes Eanes de Zurara, *The Chronicle of the Discovery and Conquest of Guinea*, trans. Charles Raymond Beazley and Edgar Prestage, vol. I (London: Hakluyt Society, 1896): 50-1.

유럽의 군사혁명

오스만은 튀르크의 일파였다. 그러나 15세기 초엽에 이미 그들의 수도(Edirne 혹은 Adrianople)를 비롯하여 그들의 영토 상당 지역에서 유럽인이 주축이 되어 있었고, 오스만 제국의 핵심 영토 또한 과거 비잔티움 제국이 지배하던 아나톨리아 지역이었다. 기원후 900년 이후 대부분의 다른 무슬림 국가처럼, 오스만 제국에서도 엘리트 노예-병사를 고용했다. 그러나 군대의 주력인 기병 전력은 티마르(timar, 토지를 임대해주는 대신 필요 시 일정 수의 기병과 그에 필요한 무장 일체를 공급하는, 비잔티움 제국의 프로노이아pronoia 혹은 칼리프국의 이크타iqta'와 비슷한 제도 – 옮긴이)를 할당받은 자유민이었다. 그들의 무장과 전술은 맘루크와 상당히 비슷했는데, 인장력이 100파운드가 넘는 특히 강력한 합성궁을 사용했다.[41] 티마르 제도에 의해 동원된 병사를 티마리오트(timariot)라 했다. 티마리오트를 보조하는 소수의 상비군이 있었는데, 이들이 고도로 훈련을 받은 노예-병사(kapikulu)였다. 유명한 상비군 보병 부대 "예니체리(Janissary)"도 여기에 포함되었는데, 전투가 벌어지면 이들이 중심을 뚫고 들어가는 동안 기병이 측면을 둘러싸 적군을 포위했다. 오스만 군대에는 강력한 포병대와, 국경을 침범하다 잡힌 포로, 훈련 수준이 낮은 징집 보병 등이 포함되어 있었다.

중간천년기가 끝나갈 무렵 오스만 제국은 인류 역사상 아마도 가장 강력한 군대를 보유하고 있었다. 15세기 후반에 이르러 오스만 제국은

---

[41] Adam Karpowicz, "Ottoman Bows – An Assessment of Draw Weight, Performance and Tactical Use," *Antiquity* 81 (2007): 681-2.

콘스탄티노폴리스와 발칸반도 대부분을 정복했다. 1514~1529년 오스만은 사파비 왕조, 맘루크 술탄국, 그리고 보헤미아-헝가리 군대에 궤멸적 패배를 안겼고, 맘루크 술탄국과 헝가리의 상당 부분을 정복했으며, 나아가 빈(Wien, 오스트리아)을 포위했다. 동서양을 막론하고 오스만이 승리를 거둔 비결은 전술의 유연성, 충분한 병참 조직, 튀르크 군대의 뛰어난 훈련(특히 kapikulu)이었다. 우수한 보병과 화약 무기(머스킷 소총과 대포)로 오스만은 동양에서 군사적 우위를 확보했다. 중국에서는 이미 12세기부터 로켓, 불화살, 총 등의 화약 무기가 사용되었고, 14세기 즈음에는 아시아 전역에서 보편적 기술로 확산되었다. 그러나 15세기 중엽 유럽(오스만 포함)에서는 소총과 대포에 압축 화약을 사용하여 강력한 우위를 차지했다. 화약 에너지를 사용하는 이와 같은 무기의 발달은 공성전과 야전 전술에 혁명적 변화를 초래했다.

유럽인은 포격으로 견고한 성벽을 깨트릴 수 있게 되었다. 방어의 이점 때문에 중간천년기의 전쟁은 대부분 공성전의 양상을 띠었지만, 이제 그러한 이점은 크게 줄어들었다. "거대 도시는 예전 같으면 1년도 버틸 수 있었다. … 그러나 이제는 한 달도 버티기 힘들게 되었다." 이후로 전술은 "완전히 정반대로 뒤집어졌다."[42] 14세기 유럽은 세계에서 가장 많은 성채가 분포한 지역이었다. 직접적 전투를 피하는 청야 전술은 많은 나라가 선택하는 기본 전술이었다. 거의 모든 군대가 병사에게 일당

---

42 Bernáldez and Guicciardini, quoted in Clifford J. Rogers, "The Artillery and Artillery Fortress Revolutions Revisited," in Nicolas Prouteau, Emmanuel de Crouy-Chanel and Nicolas Faucherre (eds.), *Artillerie et fortification, 1200-1600* (Rennes: Presses universitaires de Rennes, 2011): 75.

을 지급했기 때문에 공격에 나서려면 매우 많은 비용을 감수해야 했다. 공성전에는 오랜 시간 많은 병력을 투입해야 했고, 기독교 국가들 안에서 전쟁이 벌어지는 경우, 승리했다 하더라도 패배한 측의 백성에게 전쟁 비용 부담을 지울 수가 없었다. 굳건한 의지의 체계적인 방어군을 만나면, 침략군은 돈이 떨어지고 보급품을 충당하지 못해 무너지는 경우가 많았다. 규모가 작은 나라들도 강력한 이웃에 저항할 수 있었고, 중앙 정부의 입장에서는 지방 귀족들을 함부로 다루기가 어려웠다. 새로운 무기 때문에 관성적으로 방어 전략을 선택하던 경향은 대단히 축소되었고, 침략군을 물리치려면 야외 전투에서 격파를 해야 했다. 새로운 군대, 즉 강력한 대포로 무장하고 엘리트 상비군이 선봉에 서는 군대를 보유한 나라들은 외부를 정복하거나 내부의 체제를 공고히 하기가 예전보다 훨씬 더 쉬워졌다. 예를 들면 샤를 7세의 프랑스, 오스만 제국, 페란도(Ferrando, 아라곤)와 이사벨(Isabel, 카스티야)의 스페인 같은 나라였다.

한편 야전에서는 14세기에 이미 기병 우선 전술(기습 공격만 가능)보다 보병 밀집 전술이 우세했다. 이는 공격보다는 방어 위주의 전술이었다. 14세기 후기 서양의 판금 갑옷은 기존의 어떤 무장보다 선진적인 보호 장구였다. 이외에도 유럽의 보병은 강철로 만든 합성궁과 영국식 장궁(English longbows)을 사용했는데, 이는 그때까지 역사상 가장 발달한 발사체 무기였다. 15세기 초 밀라노에서는 고탄소 강철 갑옷을 개발했는데, 기존 갑옷에 비해 강도가 2배로 더 단단했다. 인간의 근육을 사용하는 무기로는 이 갑옷을 뚫기가 거의 불가능했다. 이는 소총이 확산되는 동기가 되었다. 소총은 격발이 느리고 정확도가 떨어졌지만, 1400년 기준으로 가장 강력한 화살보다 운동에너지가 10배 더 높은 탄환을 발사할 수 있었다. 공성전뿐만 아니라 특히 창병이 대열을 갖추어 기병을 보호할 때, 혹은 참호를 파거나 전차를 쇠사슬로 묶어 방어선을 구축할 때 소총수가 유리하다는 사실이 갈수록 분명하게 확인되었다(그림 6-3). 15세기에 이르러 체코의 후스파(Hussites)와 오스만의 예니체리는 소총의 효과를 최초로 분명하게 보여주었다.[43] (손에 들고 쏘는 소총은 중국에서 오래전부터 사용되었지만 힘이 약해서 활보다 훨씬 가까운 거리에서 쏴야 했다.)

중간천년기가 끝나갈 무렵 유럽에서는 요새, 갑옷, 무기가 다 같이 발달하여 군사력이 세계 다른 어느 지역보다 강했고, 보병이 사용하는 발사체 무기도 다른 무엇보다 강력했다. 전함 또한 유럽의 전함이 가장 강력했다(크기는 중국 정화 함대의 "보물선"보다 훨씬 작았다). 그래서 유럽인은 사하라 사막 이남 아프리카뿐만 아니라 신대륙까지 진출할 수 있었다. 그곳은 예전 아프리카-유라시아 세계의 군사적 발전으로부터 완전히 분리된 지역이었다. 스페인 탐험가들이 마주친 사람들은, 무장의 측면에서 스펙트럼의 정반대에 위치했다. 특히 콜럼버스가 카리브해 원주민과 관련해서 남긴 최초의 기록에 따르면, 그들에게는 갑옷이나 금속 무기가 없었다. 아즈텍, 잉카, 마야 등지에서도 제한적 범위에서 청동이 사용될 뿐, 아메리카 원주민의 무기는 대부분 돌, 뼈, 가죽, 나무 등으로 만들어진 것이었다. 물론 아메리카에도 전쟁은 있었다. 이유는 정치-지리적 주도권, 노예의 획득, 복수 등으로 구대륙과 별로 다르지 않았다.

---

43 Clifford J. Rogers, "Tactics and the Face of Battle," in Frank Tallett and D. J. B. Trim (eds.), *European Warfare, 1350-1750* (Cambridge University Press, 2010): 203-35.

[그림 6-3] 빌다브레(Ville-d'Avray) 전투
1477년에 그려진 이 그림은 당시의 전투 장면보다는 무기를 정확하게 보여주고 있다. Meister der Maria von Burgund(fl. 1469~1483).

아메리카의 무기는 적군을 무력화하고 생포하는 데 적합하도록 발달해 있었다. 포로는 노예가 되거나, 입양되거나, 복수-고문을 위한 정교한 의례에 바칠 희생 제물이 되었다. 14세기까지는 유럽에서도 유럽인끼리 전쟁을 할 때 적의 무장 병력을 격퇴하고 포획하기도 했다(이는 인질을 잡아 이득을 취하려는 것이지 노예로 삼거나 고문을 하기 위해서는 아니었다). 그러나 합성궁, 장궁, 창, 특히 총은 이와 같은 목적에 부합하는 무기가 아니었다. 유럽인이 아메리카에 도착했을 때 그들은 포로를 잡는 데 별 관심이 없었다. 전투가 끝나고 적들이 도망쳐도 개의치 않았다. 유럽인의 "피가 쏟아지는" 전쟁 스타일,[44] 말과 총, 특히 철제 갑옷과 무기 때문에 아메리카 원주민에 비하여 유럽인의 군사력이 월등했다. 콜럼버스는 이 사실을 즉시 알아챘다. 그리하여 조그만 배 3척을 타고 온 그의 선원들만으로도 포르투갈 인구의 2배나 되는 거대한 지역을 충분히 정복할 수 있겠다는 결론에 도달했다.[45] 16세기 스페인은 일방적인 군사적 우위를 이용하여 아메리카로부터 막대한 부를 뽑아냈고, 그 재산의 대부분을 중세 후기 유럽의 특징인, 자본을 대단히 집중적으로 투입하는 방식의 전쟁에 투입했다. 이러한 자원이 이미 1500년 이전에 개발된 우수한 군사 기술과 결합하여, 그리고 이탈리아의 요새 등에 그 흔적이 남아 있는 약간의 혁신이 더해져서, 다가오는 세기에는 유럽의 군사적 우위가 더욱 확고해졌고, 나아가 유라시아의 다른 문화권에 비해서도 월등한 수준을 보여주게 되었다.

---

44 Roger Williams, *Key to the Language of the Indians of New England* (London, 1643): 235.
45 Christopher Columbus, *The Journal of Christopher Columbus (During His First Voyage, 1492-1493), etc.*, trans. Clements R. Markham (London: Hakluyt Society, 1893): 137-8.

더 읽어보기

Al-Jahiz, "The Virtues of the Turk," in *Nine Essays of al-Jahiz*, trans. William M. Hutchins. New York, NY: Peter Lang, 1989.

Amitai, Reuven. "The Mamluk Institution: 1000 Years of Military Slavery in the Islamic World," in Philip D. Morgan and Christopher L. Brown (eds.), *Arming Slaves: From Classical Times to the Modern Age*. New Haven, CT: Yale University Press, 2006: 40-78.

Bachrach, Bernard. *Early Carolingian Warfare*. Philadelphia, PA: University of Pennsylvania Press, 2000.

Barfield, Thomas J. *The Perilous Frontier. Nomadic Empire and China 221 B.C. to A.D. 1757*. Cambridge, MA: Blackwell, 1992.

Barua, Pradeep. *The State at War in South Asia*. Lincoln, NE: University of Kansas Press, 2005.

Bennett, Matthew, ed. *The Medieval World at War*. London: Thames and Hudson, 2009.

Crone, Patricia. *Slaves on Horses. The Evolution of the Islamic Polity*. Cambridge University Press, 1980.

France, John. *Western Warfare in the Age of the Crusades, 1000-1300*. Ithaca, NY: Cornell University Press, 1999.

Friday, Kar. *Samurai, Warfare and the State in Early Medieval Japan*. London: Routledge, 2004.

Graff, David. *Medieval Chinese Warfare, 300-900*. London: Routledge, 2001.

Haldon, John. *Warfare, State and Society in the Byzantine World, 565-1204*. London: Routledge, 1999.

Halsall, Guy. *Warfare and Society in the Barbarian West, 450-900*. London: Routledge, 2003.

_____. *The History and the Life of Chinggis Khan (The Secret History of the Mongols)*, trans. Urgunge Onon, Leiden: Brill, 1990.

Kaegi, Walter E. *Heraclius, Emperor of Byzantium*. Cambridge University Press, 2003.

Keen, Maurice, ed. *Medieval Warfare: A History*. Oxford University Press, 2000.

Kennedy, Hugh. *The Army of the Caliphs: Military and Society in the Early Islamic State*. London: Taylor and Francis, 2001.

_____. "The Military Revolution and the Early Islamic State," in Niall Christie and Maya Yazigi (eds.), *Noble Ideals and Bloody Realities*. Leiden: Brill, 2006.

Lorge, Peter A. *The Asian Military Revolution.* Cambridge University Press, 2008.

May, Timothy. *The Mongol Art of War.* Barnsley, England: Pen & Sword, 2007.

Morillo, Stephen, Jeremy Black, and Paul Lococo. *War in World History: Society, Technology and War from Ancient Times to the Present*, vol. I. New York, NY: McGraw-Hill, 2008.

Rogers, Clifford J. "The Military Revolutions of the Hundred Years' War," *Journal of Military History*, 57 (1993): 241-78.

_____. *Soldiers' Lives through History: The Middle Ages.* New York, NY: Greenwood, 2007.

Sandhu, Gurcharn Singh. *A Military History of Medieval India.* New Delhi: Vision Books, 2003.

Treadgold, Warren. *Byzantium and its Army, 284-1081.* Stanford University Press, 1998.

Zakeri, Moshen. *Sasanid Soldiers in Early Muslim Society.* Wiesbaden: Otto Harrassowitz Verlag, 1995.

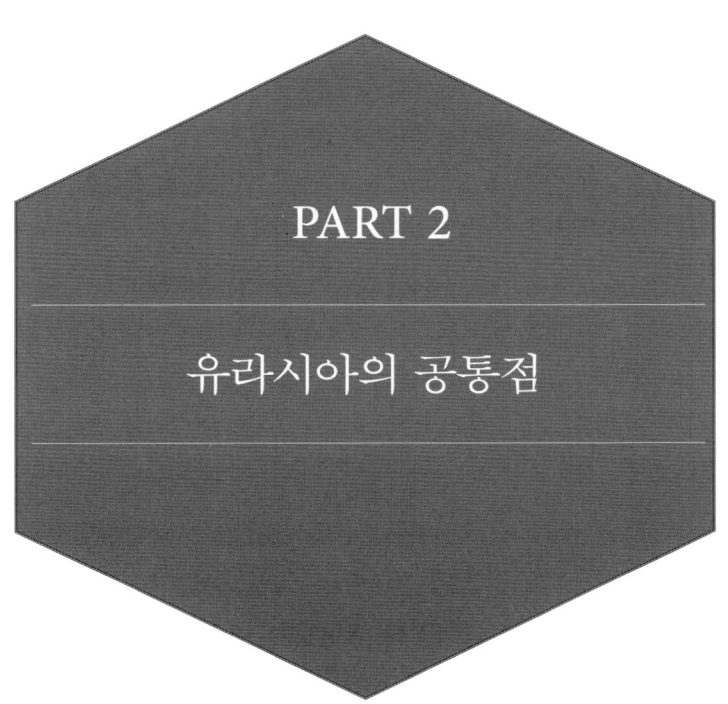

PART 2

유라시아의 공통점

CHAPTER 7

궁정 문화: 서유럽, 비잔티움, 이슬람 세계, 인도, 중국, 일본

패트릭 기어리Patrick J. Geary, 다우드 알리Daud Ali, 폴 앳킨스Paul S. Atkins, 마이클 쿠퍼슨Michael Cooperson, 리타 코스타 고메즈Rita Costa Gomes, 폴 더튼Paul Dutton, 게르트 멜빌레Gert Melville, 클라우디아 라프Claudia Rapp, 카를-하인츠 슈피스Karl-Heinz Spieß, 스티븐 웨스트Stephen West, 폴린 유Pauline Yu

종교 권력과 정치 권력을 막론하고, 권력의 중심은 궁정이다. 궁정은 특정 개인들의 공동체로, 권력을 집행하는 기관인 동시에 나름의 독특한 문화적 형태를 만들어낸다. 궁정 문화는 궁정 안팎의 사람들에게 중심이 어디인지를 분명하게 과시하는 기능을 한다. 통치자들의 입장에서는 궁정이 반드시 필요하다. 궁정이라는 틀 안에서 일상생활을 통해 특별한 사회적 지위를 드러내 보일 수가 있기 때문이다. 즉 일반 사람들과 떨어진 곳에서 통치자가 어떻게 사회와 우주의 질서를 주재하는지를 보여주는 것이다. 아시아 궁정 문화의 전통은 한(漢)나라(206 BCE~220 CE) 시기 중국에서 시작되었다. 이는 이후 일본에까지 그 영향을 미쳤다. 유라시아 서부에서는 로마 제국의 중앙 및 지방 궁정이 전형이 되었다. 비잔티움 제국의 궁정이나 교황의 궁정, 서유럽 이방인 왕국들의 궁정이 모두 그 영향을 받았고, 심지어 이슬람 궁정에도 부분적으로 영향을 미쳤다. 그러나 이슬람 궁정은 주로 사산조 페르시아의 전통을 따랐고, 인도의 궁정도 마찬가지였다. 유라시아 전역에 걸쳐 왕국의 중앙에는 물론 궁정이 있었지만 지방에도 종교적이든 행정적이든 사적이든 유력자 중심으로 궁정이 존재했다(지방 궁정은 정도의 차이가 있었지만 어쨌든 중앙 궁정을 모방했다).

권력과 장소

중간천년기(500~1500) 콘스탄티노폴리스(오늘날 이스탄불)는 세계에서 가장 안정적인 궁전이 있는 곳이었다. 콘스탄티노폴리스는 거의 1000년에 가까운 세월 동안, 즉 5세기 말부터 1453년까지 (중간에 십자군이 도시를 통치한 1204~1261년의 짧은 기간을 제외하고) 비잔티움 제국 황제의 거처였다. 교황의 궁전(교황청)은 로마 후기의 행정 체제에서 시작되어, 이 또한 콘스탄티노폴리스의 궁전과 마찬가지로 오랜 기간 동안 존속했다. 다만 1309~1376년에는 로마에서 아비뇽(Avignon)으로 옮겼고, 1378~1417년에는 두 교황이 한 명은 로마에서, 또 한 명은 아비뇽에서 각자 진정한 교황으로 인정받기 위해 경쟁했다. 칼리프국에서도 궁전의 위치는 상당히 오래도록 연속성이 있었다. 다마스쿠스에 있었던 우마이야 칼리프국의 뒤를 이어 아바스 칼리프국의 궁전이 762년 바그다드에 건설되었는데, 이후 1258년 몽골의 침략이 있을 때까지 그 자리에서 그대로 유지되었다.

어디에서나 왕조의 변화는 왕국 혹은 제국의 중심지 변화를 의미했다. 중국에서는 기원후 220년 한나라가 멸망한 뒤 분열의 시기가 찾아와 여러 도시에서 궁전이 건설되었다. 지역별 궁전은 저마다 황제의 궁전이라 자처했다. 그중에는 오늘날 성도(成都, Chengdu)에 위치했던 촉(蜀)나라의 궁전과, 건강(建康, Jiankang)에 위치했던 오(吳)나라의 궁전이 있다. 또한 한족이 아닌 이민족이 주도한 북중국 권력의 중심지에도 별도로 궁전이 있었다. 당(唐, 618~907)나라는 중국을 재통일하고 장안(長安, Chang'an, 오늘날 西安)에서 한나라 궁전의 전통을 부활하고자 했다. 이후 개봉(開封, Kaifeng)이 여러 가지로 이름을 바꾸어가며 중심 수도로 기능하다가, 마침내 몽골이 새로운 수도를 북경(北京, Beijing)에 건설했다. 일본의 궁전은 중국의 모델을 따랐다. 일찍이 아스카(明日) 지역(시대의 명칭은 飛鳥라고 표기하지만, 지명은 음이 같은 다른 한자인 明日로 표기한다. - 옮긴이) 여러 곳에서 궁전이 건설되었는데, 710년 마침내 나라(奈良)의 헤이조쿄(平城京)에 자리를 잡았다. 이후 784년 수도를 나가오카(長岡)로 옮겼으며, 그 서쪽 편이 지금의 교토(京都)다. 794년 다시 수도를 헤이안(平安)으로 옮겼는데, 그곳이 오늘날 교토다. 약간의 예외가 없지 않았지만 이후로는 거의 1000년 이상 궁전이 그대로 지속되었다(12세기에 잠시 후쿠하라福原로 이동한 적이 있었고, 14세기에 요시노吉野와 교토로 갈라져 천황의 계승을 다툰 적이 있었다).

이와 같은 거대 제국 궁전의 지속성은 인도나 서유럽의 경우와 뚜렷하게 대비된다. 로마 제국 이후의 서유럽이나 인도에서는 권력이 분산되어 있었다. 정치 단위로 나뉘어 수많은 작은 궁전이 있었다. 그들은 서로 연계되어 있었지만 관계가 불안정한 경우가 많았다. 서유럽과 인도 양쪽 모두 군주와 그를 따르는 궁정의 인물들이 다 같이 이동하는 경우가 잦았다. 의례에 따라 왕국을 순례하는 경우도 있었고, 군사 원정에 나서는 경우도 있었다. 인도에서, 그리고 유럽의 일부 지역에서도 이들의 행진은 매우 의례화된 행사였다. 그야말로 "이동식" 궁전인 셈인데, 원래 궁전 안에서 거행되는 왕실의 회합과 거의 같은 기능을 포함했다. 인도와 유럽 모두 왕들이 전쟁에 참여할 때는 이동식 궁전에서 수많은 왕령이 발표되었다. 특히 토지 하사 명령이 많았다. 왕궁이나 행정 중심지는 세대를 이어가는 동안 변화가 많았다. 대부분은 내부 파벌 싸움 때문이었다. 고정된 장소에 왕궁을 설치하려는 초기의 시도는, 예컨대 오스트로고트(동고트)의 통치자 테오도리쿠스(Theodoricus)가 라벤나(Ravenna)에 설치한 궁전이나 프랑크의 왕이자 황제인 카롤루스 마그누스가 아헨(Aachen)에 설치한 궁전은 예외적 사례였고 오래 지속되지 못했다. 파리(Paris)나 웨스트민스터(Westminster) 같은 고정된 행정 중심지들이 점진적 발달을 통해 형성되었다.

이와 같은 장소의 근본적 차이는 근본적으로 조직의 물리적 규모 차이에서 비롯되었다. 중국의 궁전은 많은 부서를 포함하는, 세계에서 가장 큰 규모였다. 내부도 격자식으로 엄격하면서도 가장 복잡한 구조로 만들어졌다. 당나라 궁전이 위치한 장안의 인구는 750년경을 기준으로 100만 명에 가까웠다. 도시는 엄격한 사각형 구조로 한 변이 각각 8.6킬로미터에 9.7킬로미터였다. 도시 내부는 격자식으로 엄격하게 나뉘었고, 황제의 궁전은 도시의 북쪽에 위치했다. 송나라의 수도 개봉과 항주(杭州, Hangzhou) 또한 거대 규모의 공사가 시행된, 활기차고 부유하며 인구가 많은 도시였다.

중국의 궁전은 성벽으로 도시의 다른 구역과 엄격히 구분된 반면, 비잔티움의 궁전은 콘스탄티노폴리스의 시내 도시 구조와 혼재되어 있었다. 궁전 지역은 콘스탄티노폴리스가 위치한 삼각형 모양 반도 지형의 남동부였고, 그래서 궁전 외곽선의 대부분이 물로 둘러싸여 있었다. 북쪽으로 대주교의 거처와 하기아소피아(Hagia Sophia) 대성당이 있었고, 서쪽으로는 극장이 있었는데 경마를 비롯한 여러 가지 행사가 개최될 때면 관중이 가득한 가운데 황제도 참관했다. 종교적 도상과 황실의 문양으로 장식된 청동문(Chalke)이 행사장으로 통하는 출입문으로, 이 문을 통과하면 궁전 구역으로 진입한다는 것을 알려주었다. 궁전 자체는 여러 건물의 집합으로 구성되었는데, 시간이 흐르면서 내부적으로 많은 변화가 있었다. 황실 가족과 경호대의 거처, 예배당, 연회장뿐만 아니라 황실 전용 항구, 정원, 폴로 경기장도 있었다. 경호대를 제외하고 궁전 안에서 일하는 사람들은 대부분 도시로 나가 생활했고, 필요할 때면 궁전에 출석하여 업무를 보았다. 궁전 안에서는 황실 가족에 속하는 남성과 여성 및 아이, 그리고 그들의 시중을 드는 하인만 거주했다. 하인의 남녀 거주 공간은 분리되어 있었다. 궁전은 제국 권력의 중심으로서 화려한 연회장이 여러 곳에 준비되어 있었다. 연회장에서 황실이 주최하는 행사가 개최될 때면 궁중의 인사가 참여했으며, 엄격한 위계질서에 따라 자리가 배치되었다. 비잔티움 제국의 황제는 지상에서 신의 대리인으로 간주되었으며 수많은 예배당과 소규모 교회 건물이 궁전에 딸려 있었지만, 종교 권력의 중심은 궁전이 아니라 그 근처에 있는 하기아소피아 대성당이었다. 그곳의 책임자는 대주교였으며, 황제는 마음대로 그곳에 행차할 수 있는 특권을 누렸다.

일본의 수도는 중국식 모델을 따라 건설되었다. 도시 구조는 격자 형태의 엄격한 틀을 갖추었고, 주요 불교 사찰과 신토(神道) 사원도 포함되었다. 인도의 궁전은 형태가 조금 덜 엄격한 편이었다. 왕이 거처하는 궁전에 여성의 공간(antaḥpuram), 왕자의 주택, 왕과 측근을 위한 정원 등이 포함되었다. 공간 구조가 가장 자유로운 사례는 서유럽의 궁전이었다. 궁전은 언제나 옮겨 갈 준비가 되어 있었다. 시골의 대저택에 주거 공간과 접견실, 예배당, 왕실 가족과 하인이 사용할 불특정 공간 등만 갖추어진 경우도 많았다. 왕이나 귀족의 권력이 강화되자 점차 요새 건축으로부터 깊은 영향을 받게 되었다. 외곽에 두꺼운 방어벽을 두르고 성벽 안은 왕의 거처, 접견실, 측근의 주택, 왕실 예배당 등으로 구성된 형태가 전형적이었다. 15세기 말까지만 하더라도 서유럽의 군주들은 아시아 왕국들에 비견될 만한 고정된 왕궁 건설을 시작한 경우가 거의 없었다.

구성원 및 기능

유라시아 전체로 볼 때 모든 왕궁이 정치 권력의 중심은 아니었고, 궁전의 구조와 구성원 또한 경우에 따라 엄청나게 달랐다. 그러나 중국이나 비잔티움 제국의 경우 궁전이 제국의 중심 그 자체였다. 황제의 가정, 대규모 행정 조직, 황제 개인의 시중을 드는 하인과 관료 등이 궁전에 연결되어 있었다. 그러나 유사성은 여기서 끝난다. 중국의 궁전은 고도로 구조화되어 있었는데, 구체적으로는 크게 네 개 영역으로 나뉘었다. 즉 행정 관리 조직, 군사 조직, 제국 관리 조직, 여성 구역이었다. 행정 조직은 궁전 내부는 물론 국내의 모든 지역을 아우르는 복잡한 조직이었고, 행정 조직의 수반은 황제였다. 행정부 최고 기관으로서의 궁전에는 세 개의 핵심 기관(三省), 즉 정책 입안 기관(中書省), 정책 검토 기관(門下省), 정책 집행 기관(尚書省)이 있었다. 이외에 황제와 관리의 명령이 제대로 수행되는지 감사하는 기관(御史臺, 諫院), 국가 재정 관리 기관(三司), 군사 관리 기관(樞密院) 등도 포함되었다(병기한 한자 명칭은 독자의 이해를 돕기 위해 역자가 추가한 것이다. 역사적으로 대표적인 기관의 예를 들었을 뿐, 시대에 따라 기관의 명칭은 변화가 있었다. - 옮긴이). 이러한 기관들의 사무실은 수도 안, 자금성 남쪽 입구에서 길 건너편에 위치했다. 또한 최고 집행 기관(상서성) 아래에는 6조(六曹)라고 하는 행정 기관이 있었는데, 이부(吏部, 관리의 임명과 인사 발령), 탁지(度支, 예산),

예부(禮部, 의례), 병부(兵部, 군사), 도관(都官, 형벌), 공부(工部, 공사) 등이었다. 여기에 더하여 9시(九寺)라고 하는 아홉 개의 기관이 있었는데, 광록시(光祿寺, 의례 및 행사 음악)와 종정시(宗正寺, 왕실 친족 관리) 등이 여기에 속했다(太常寺, 太僕寺, 太府寺, 衛尉寺, 鴻臚寺, 司農寺, 大理寺). 또한 5감(五監)이라고 하는 다섯 개의 기관이 있었는데, 국자감(國子監, 교육), 소부감(少府監, 물품 제조), 군기감(軍器監, 무기 제조), 장작감(將作監, 건축), 도수감(都水監, 수로 관리) 등이었다. 송나라 때는 (당나라의 제도를 이어받아 – 옮긴이) 황제 직속으로 한림학사원(翰林學士院)을 설치했다. 여기서는 황제의 칙서를 작성했을 뿐만 아니라 의사를 비롯한 여러 전문가가 소속되어 황제를 위해 봉사했다. 또한 국사원(國史院), 실록원(實錄院), 일력소(日歷所), 시정기방(時政記房), 천문원(天文院) 등의 기관이 소속된 비서성(祕書省)이 있었다. 이외에도 거의 50만에 가까운 병력이 도성 가까이에서 수도를 방어했으며, 금군(禁軍, 친위대)은 자금성과 도성 안에서 대기했다.

또한 중국의 궁전에는 수많은 환관이 거주했다. 환관은 황제와 그 가족, 특히 여성을 개인적으로 수발드는 역할을 맡았다. 그들은 주로 일상생활과 관련된 일을 했지만, 때로 황제에게 내밀한 조언을 하는 중요한 역할을 맡기도 했다. 황실 가족과 내밀한 관계에 있었기 때문에 건물 신축이나 수로 건설 같은 특정 임무의 책임자로 임명되는 경우도 많았다. 마지막으로 궁전 안에는 수많은 여성의 위계질서가 존재했다. 궁전 안 동쪽 편에 그들만을 위한 공간이 별도로 있었다. 태후, 황후, 후궁, 비빈, 시녀가 그곳에서 생활했다. 또한 왕자와 공주의 거대한 네트워크가 형성되어 있었는데, 왕자는 도성 안에 거주했으며 공주의 경우 결혼하면

궁을 나갔다.

당나라 때부터 궁전에 관료로 들어가려면 과거 시험을 통과해야 하는 경우가 점차 늘어났다. 과거 시험은 유교 경전 지식과 작문 실력을 보았는데, 시험을 통과하면 관직에 오를 수 있는 후보 자격을 얻었고, 관직 중에는 궁전 안에서 업무를 맡는 직책이 포함되어 있었다. 당나라 시기 고위직에 오른 인물들의 구성을 보면, 시험을 통과한 인물의 비중이 7세기 초 7퍼센트 정도였다가 한 세기가 지나는 동안 40퍼센트까지 올라갔다. 그럼에도 불구하고 당나라 전체 관료의 대다수는 과거 시험이 아니라 후원자의 추천을 통해 관직에 오른 사람들이었다. 그런데 송나라 때에 이르러 과거 시험의 비중이 월등히 높아졌고, 고위직과 중하위직을 막론하고 수천수만 명의 후보자가 시험에 응시했다. 그러나 시험을 통과하여 진사(進士)의 자격을 획득하는 사람은 1퍼센트가 채 못 되었다. 그들만이 임직을 맡아 궁전에 들어갈 수 있었다. 여전히 귀족의 후원과 족벌주의가 횡행했고, 궁전 내 관직의 절반 정도가 시험이 아니라 연고에 의하여 선발되었다.

다른 어떤 궁전도 중국의 궁전만큼 복잡한 조직과 큰 규모를 갖추지는 못했다. 일본에서도 8세기에 중국식 모델을 따라 과거 시험으로 궁전에서 일할 관리를 선발하려 했으나, 친족 관계와 사적인 연분이 워낙 크게 작용하는 바람에 얼마 못 가서 포기했다. 결국 궁전 안에서의 직위나 계급은 어떤 식으로든 세습되는 것을 막을 수 없었고, 상속자로 지명된 사람은 최종적으로 그의 아버지가 도달한 관직까지 승진을 기대할 수 있었다. 여성은 궁녀 혹은 시녀, 아니면 황제나 왕자의 후궁으로 궁전에 들어갔다. 궁전에서 일을 하려면(殿上人) 공식 허가를 얻어야 했고, 최고 관직 세 자리 가운데 하나에 오르는 사람은 고위 귀족(公卿)으로 인정되었다. 궁전에서 직위를 가진 사람은 일본의 사회 계층상 최상위에 위치했고, 이는 근대에 이르기까지 변함이 없었다. 그들이 정치·경제적 권력을 실제로 가지지 못하는 동안에도 그들의 지위는 유지되었다. 황실 종친은 엘리트 가문을 형성했고, 그에 속하는 남성은 섭정, 장관, 고문 등의 직위를 얻었으며, 여성도 후궁이나 궁녀 혹은 시녀로 일했다. 하위 귀족이나 귀족의 방계 혈통은 개인적으로 궁전이나 지방 통치 조직에서 관직을 얻었다.

일본은 또한 중국 궁전의 조직을 따랐지만 규모는 더 작았다. 형벌과 행정 체제를 내용으로 하는 두 개의 법령(律令)이 공포된 시기는 8세기 초였다. 이는 중국 수·당 왕조의 법령을 모델로 삼은 것이었다. 법령에서는 궁전 안에서 일하는 남성의 직급을 명기했는데, 정1위(正一位)부터 종8위하(從八位下)까지 나뉘었고, 중위 및 고위 귀족 가문의 자제는 종5위하(從五位下)부터 위계를 시작했다. 이론적으로는 위계(位階)에 따라 궁전 내 적절한 부서에 배치하도록 되어 있었다. 가장 높은 위계를 자랑하는 부서는 태정관(太政官, Dajōkan)이었다. 태정관에서 가장 높은 지위는 태정대신(太政大臣, Dajō-daijin)이며, 그 아래로 좌대신(左大臣)과 우대신(右大臣), 대납언(大納言), 중납언(中納言), 소납언(少納言), 내대신(內大臣) 등이 있었다. 궁전에서는 자체적으로 군대를 유지했다. 장래가 촉망되는 궁전 관리라면 친위대의 장교 자리도 맡을 수 있었다. 이 외에도 궁전 안에는 재무, 형벌, 의례, 지방 행정 등을 전문으로 하는 관리가 있었다. 시간이 지나면서 법령에 명시되지 않은 부서들도 생겨났다. 예를 들면 장인소(藏人所, Kurododokoro) 같은 부서로, 그 수장은 황제의 개인 비서이자 최고 관료의 임무를 맡았다. 황실 가족의 구성원도 예컨대 태후, 황후, 세자, 공주 같은 고유의 직책이 있었다. 궁녀도 직급에 따라 부서가 배정되었는데, 황제를 위해 어떤 임무를 맡느냐에 따라 직급이 결정되었다. 궁전에서는 정부의 책임자 및 교토(京都) 이외의 지방 행정을 책임질 관리를 임명했다.

비잔티움 제국의 궁전은 중국과 마찬가지로 일본처럼 지위가 세습되는 것은 아니었으나, 중국처럼 관리를 선발하는 공적 시스템은 없었다. 궁전 관리는 황제가 직접 원하는 인물을 임명하는 방식이었다. 그래서 힘 있는 황제의 측근이 영향을 미치는 경우가 흔했다. 관료는 임기가 정해져 있어 황제는 더 많은 사람에게 호의를 베풀 수 있었다. 9~10세기 특정 부서에는 여성만 임명되기도 했다. 궁전 관리는 연례행사에서 황제로부터 직접 상을 받았는데, 현금을 받는 경우도 있었고 직책에 따라 복장이나 휘장을 받는 경우도 있었다. 궁전의 관리로 임명될 때는 시험을 거치지 않았으며, 민족이나 신분의 제한도 없었다. 그럼에도 잘 발달한 사회적 네트워크를 통해 예상되는 인사 문제를 피할 수 있었다. 9세기에 이르러 신분이 낮은 몇몇의 여성이 황제의 배우자로 선발되는 사례가 있었다. 제국 전역에서 "신부 모집"을 한 결과였다. 이후로는 정치적 세력 연합을 강화하는 수단으로 (미래의) 황제와 외국 통치자의 딸이 결혼하는 사례가 많았다.

비잔티움 제국의 궁전에서 일한 사람들의 직책은 알려져 있지만, 실제로 그들이 무슨 일을 했는지는 잘 알려져 있지 않다. 비잔티움 궁전에서 가장 중요하고 영향력 있는 자리는 궁내부 장관(Grand Chamberlain)이었다. 그는 여성들의 구역에도 접근할 권한이 있었다. 이 직책은 전통적으로 환관이 맡았는데, 환관은 공적 영역에서도 중요한 역할을 했다. 의례 담당관(Master of Ceremonies)은 모든 행사를 책임졌다. 궁전 안의 여러 건물이나 극장 같은 시설에서 의례가 거행되었으며, 도시의 열린 공간에서 개최되는 행사도 있었다. 하기아소피아 대성당에서 거행되는 종교 의례도 의례 담당관의 관할이었다. 그의 임무 중에는 황실 연회에서 정교하게 계획된 좌석 배치를 감독하는 일도 있었다. 11세기 말부터 궁전 내 직책을 친족 관계에 따라 맡는 경우가 증가했다. 그러나 당시의 공식 임명이 명예직인지 실제 부서에 할당되는 직책인지는 지금으로서 파악하기가 어렵다. 궁전 내 직책 중에는 분명하게 업무 분장이 되어 있지 않은 경우가 워낙 많았기 때문이다.

인도에서 발견된 가장 오래된 정치 이론서는 기원후 2~4세기의 문헌이다. 여기에는 임용될 관리의 도덕성과 충성심을 검증하기 위한 치밀한 계략과 유혹을 거치는 "시험"이 언급되어 있다. 궁전 안에서 시종의 지위 및 왕을 보좌하는 직위는 "카스트"의 위계와 일치하지 않았다. 다만 브라만은 지성과 학문의 전문가로서, 궁전 내에서 전략 및 종교 관련 업무를 독점하는 경향이 있었다. 그의 지위는 전통적 신분상 왕의 지위보다 높을 수도 있었지만, 왕의 충성스러운 신하로서 정성을 다해 왕을 섬겼다. 궁전에는 종교와 상관없는 직책이 많았다. 야망을 품은 다양한 출신의 사람들과 지역 유력자들이 궁전에서 일자리를 찾고자 했다. 그들의 목적은 돈벌이, 명성, 재산일 수도 있었고, 전사나 명예직의 직책일 수도 있었다. 심지어 브라만이 군대에 들어가기도 했다. 요컨대 궁전은 적어도 카스트에 관한 한 유동적인 공간이었다.

왕이나 군주의 측근에는 가장 내밀한 조언자(mantrin)가 있었는데,

주로 재상이 그 역할을 맡았다. 뿐만 아니라 왕실 성직자(purohit) 혹은 영적인 스승(rājaguru)과 천문 점성가도 있었다. 또한 왕궁 전담 광대(vidūṣaka)도 있었다고 하는데, 주로 문학 작품에 등장하며 정치 이론서에서는 찾아보기 어렵다. 왕의 조언자들 중에는 "전쟁과 평화의 장관(mahāsandhivigrahaka)"과 궁내부 장관(mahāpratīhāra)이 있었다. 왕을 알현하고자 하는 사람들은 그들의 통제를 따라야 했다. 또한 궁전 내부를 통행할 때도 마찬가지였다. 궁내부 장관의 가장 중요한 임무 중에는 궁전 출입구를 관리하는 일과 왕의 접견실에서 좌석 구조 및 의례 절차를 관리하는 일이 포함되었다. 하급 관리는 대부분 특별한 직함 없이 궁전 안에서 거주했다. 여성 전용 구역을 관리하는 특별한 관리가 있었는데, 왕은 다른 궁인이나 신하를 대하는 것과 유사한 방식으로 매일 그곳에서 여인들을 만났다. 왕과 밤을 보낼 여성을 선택할 때는 정교한 의례 절차와 선물 교환을 거쳤다. 왕자들은 주로 "총독"으로 임명되어 지방의 수도로 부임했다. 재정 수입의 구조에서 왕궁의 관리와 지방 유력자의 관계는 특히 중요했다. 당시 상황의 전모를 오늘날 명확한 근거를 가지고 파악하기는 어렵지만, 지방의 상위 계층에게 왕의 영향이 직접적으로 미치는 경우가 많았다는 사실은 분명하다. 왕궁의 주요 기능은 입법이나 사법 기능이 아니었다. 대부분은 지방 차원에서 소송의 결론이 내려지는 가운데, 왕이 사법적 판단을 내리는 경우는 특별한 사례에 국한되었다.

　신하, 궁인, 기타 부속 인물들 사이의 위계와 호칭은 지역에 따라 달랐고, 오늘날 그 의미를 모두 분명하게 이해하기는 어렵다. 그러나 공통적으로 위계와 지위를 나타내기 위해서 장신구 착용을 강조했다. 위계가 높은 사람일수록 장식이 많이 부착된 관(冠), 팔찌, 가락지 등의 장신구를 착용했다. 여기에 더하여 비단 등으로 만든 허리띠(paṭṭa)도 지위를 표시하는 도구였다. 외부에서 왕궁을 찾아오는 외교 사절(dūtaka)은 특히 중요한 사무였다. 외교관을 신임하고 접대하는 일은 대개 정해진 절차를 따랐다. 다른 왕의 궁전을 방문하는 사신은 의례에 따라 원활하게 대화와 행동을 함으로써 의사소통을 해야 했다. 문자로 기록된 서신(대개 왕의 인장으로 서신이 진품임을 증명했다)을 지니고 가더라도 가장 중요한 내용은 다시 말로 전달할 수밖에 없었다.

아바스 왕조의 수도 바그다드(Baghdad)는 처음부터 계획에 따라 원형 도시로 건설되었다. 칼리프의 궁전과 모스크, 세관, 궁내부 관청, 기타 사무실들이 도시 설계에 포함되었다. 그러나 현실적으로 권력의 중심은 고정되어 있지 않았다. 초기 칼리프들은 원형 도시 밖에 복잡한 구조의 주거 공간을 새로 마련했고, 도시를 떠나 비잔티움 제국과의 국경 근처에서 오래 머무르기도 했다. 반대로 아바스 왕조 후기에는 지방의 궁전에 군사나 행정 관료들이 파견됨에 따라 칼리프는 주로 바그다드의 궁전에 머물렀다.

초기 아바스 왕조에서 최고위 관료로는 재상 혹은 행정 장관이 있었다. 또한 군사령관, 지방 총독, 재판관 등도 칼리프의 직속이었다(그림 7-1). 최소한 왕조의 초기에는 "일반 백성"이 민원을 처리하기 위해 고위직을 정기적으로 직접 만났다.

아랍의 문헌에 따르면 권력의 중심이 어디에 있든 궁전의 내부와 외부, 의례적 공간과 사적인 공간은 엄격히 분리되었다. 통치자 알현은 궁내부 장관이 통제했고, 여성의 공간을 감독하는 관리(qahramanah)가 별

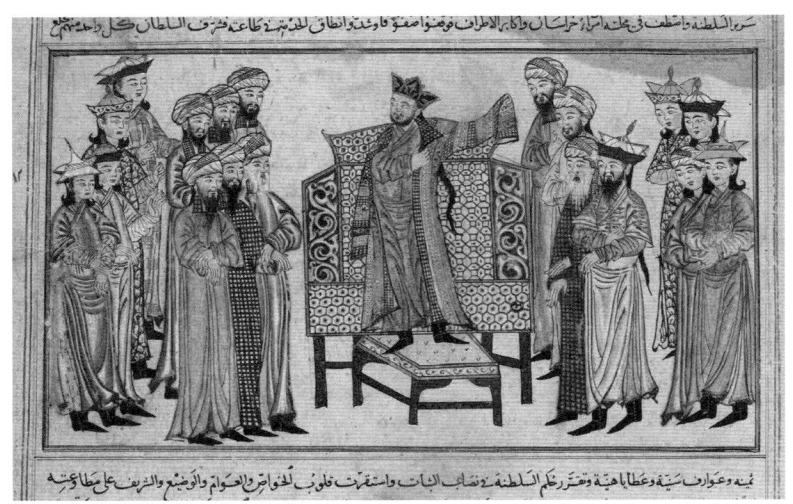

[그림 7-1] 기원후 1000년 마흐무드 이븐 세뷕테긴(Mahmud ibn Sebüktegin)이 칼리프 알-카디르 빌라(al-Qādir billāh)에게 명예의 증표로 옷을 받는 장면
라시드 앗 딘의《집사》수록 삽화, 1307년경(vellum).

도로 지정되어 있었다. 젠더 구분에 따른 경계를 넘어설 수 있는 권한은 통치자, 환관, 아이들에 국한되었다.

게르만인의 궁전과 카롤루스 왕조의 궁전도 위계에 따라 조직되어 있었다. 중요도에 따라 관리의 사무실과 관리들이 배치되었다. 왕비와 궁내부 장관, 궁전 관리인, 와인 관리인, 치안 관리인(통행 감독), 건물 관리인, 사냥 관리인, 매 관리인이 따로 있었다. 왕비는 궁내부 장관의 보조를 받아 궁전 내의 여러 활동과 하인들을 감독했다. 궁전에서는 재판과 청원 관련 업무도 처리했다. 궁전 내 종교 활동 감독관(archchaplain)도 따로 있었다. 그의 수하에는 왕의 법령과 허가를 기록하는 공증인과 서기관이 있었다. 업무 체계는 남성 중심적이었다. 그러나 왕의 아내와 딸들은 궁전에서 중요한 위치였고, 일정 부분 권력을 가지고 있었다. 왕이 이동하는 경우, 궁전에서 일하는 사람들은 대부분 함께 옮겨 다녔다. 효과적인 지방 통치를 위해 왕의 이동이 필요했지만, 동시에 여러 곳에 인력을 유지하기보다는 옮겨 다니는 편이 비용 면에서 경제적이었다.

카롤루스 왕조 이후 유럽에서 궁전의 구조는 세 가지 서로 다른 메커니즘의 결합으로 설명할 수 있다.

첫째, 추종자와 동맹의 정기적 회합 메커니즘(의례적 회식, 사법 기능, 정치적 집회)
둘째, 통치자 알현을 통한 배제와 통제의 메커니즘
셋째, 군주의 종교적 자율성과 관련되는 신성화 메커니즘

이러한 각각의 메커니즘에 대응하여 홀(aula)과 접견실(cubiculum)과 예배당의 공간이 존재했다. 예컨대 재무 관리는 왕의 알현(그러므로 접견실)이나 예배당과 관련이 있었다. 재무 관리 기관의 출현 자체가 아마도 이러한 기능에서 비롯되었을 가능성이 크다. 위 세 가지 기능은 세 가지 공간으로 나누어지지만, 모두가 통치자를 중심으로 조직되었다. 또한 각각의 기능이 유관 기관으로 발달했는데, 카롤루스 왕조 이후 대부분의 유럽 궁정에서 비슷한 기관들이 확인되었다. 왕비의 공식적 역할은 카롤루스 왕조에 비해 이후 왕조의 궁전에서 후퇴하는 경향을 보였다. 왕비 이외의 다른 여성들도 공적 기관에서 직책을 얻지 못했다. 다만 왕비의 부속실만은 남아 있었다. 그곳에서 근무하는 인원은 대부분 여성 공직자로 구성되었다. 서유럽의 궁전은 7세기까지도 한곳에 정착하지 않

고 여기저기 옮겨 다녔다. 이에 따라 궁내부 관리도 그와 같은 생활양식에 맞추어 발달했다. 궁전이 한곳에서 오래 머물수록 더욱 많은 사람과 협력 관계를 맺게 되고, 다른 주거지 혹은 권좌로 옮겨 갈 때는 구성원이 축소되는 경우가 많았다. 1200년대 이후로도 왕은 측근들과 함께 계속해서 이동했지만, 중앙 재판소, 궁내부 관청, 재무부 등은 한 장소에 고착되는 경향을 보였다.

유럽 귀족의 궁전은 일반적으로 네 개 직책으로 구성되었다. 비서, 시종장, 군사 지휘관, 식사 책임자(butler) 등이었다. 이러한 직책들은 가정생활에서 기원한 것이지만 대귀족의 궁전에서는 그들이 식량, 재정, 군사, 인사(수백 명에 달하는 궁전 관리 인력) 등의 책임을 맡았다. 나중에는 집사장이 모든 직원을 감독했다. 궁정의 여성들은 귀족 부인의 지휘 아래, 남성 궁인들의 접근이 제한적으로 허용되는 여성 전용 구역에 주로 거주했다. 그곳에 제한 없이 접근할 수 있는 사람은 오직 귀족뿐이었다.

경쟁과 행동 규범

엄격한 시험을 거치든 관습에 따라 직책을 세습하든, 궁정에서 일할 관리를 어떻게 선발하더라도 궁정 내부의 치열한 경쟁을 막을 수는 없었다. 위로는 통치자를 교체하려는 측과 후계를 옹위하려는 측이 서로 힘을 겨루었고, 아래로는 관리들이 어떻게든 통치자에게 영향을 미치기 위해 경쟁했다. 중국의 황제는 하늘의 아들(天子)이며 오직 하늘의 명령(天命)에 따라 통치한다고 믿었으므로, 군벌의 정복을 통해 왕조가 교체되는 것은 곧 과거 통치자의 잘못 때문에 천명이 새로운 통치자에게 옮겨 간 것으로 간주되었다. 왕조가 교체되지 않고 지속되는 경우, 왕위 계승은 아버지에서 아들로 이어졌다. 대개 형제간에, 혹은 왕비와 후궁 간에 선호하는 아들을 내세우기 위한 경쟁이 벌어졌다. 또한 궁정 내 권력 관계에 따라 벌어지는 경쟁도 일반적이었다. 환관, 유학자 관료, 귀족 대표, 군부 등이 각기 다른 세력을 형성했다. 일본에서 천황은 직접 통치하지 못하도록 막혀 있었다. 그럼에도 여러 비빈이 친생자의 왕위 계승을 위해 경쟁했다. 11세기 일본에서 형성된 인세이(院政)는 나이 어린 황제를 대신하여 이미 퇴위한 천황(혹은 나이 많은 친척)이 정사를 돌보는 관행으로, 이로써 기성세대 구성원 사이에 경쟁이 격화되었다. 14세기에는 왕위 계승을 두고 양대 세력이 각각 궁전을 운영했다(1337~1392). 남쪽에는 요시노(吉野), 북쪽에는 교토(京都)에 궁전이 있었다.

서유럽의 궁전도 언제나 경쟁이 치열한 곳이었다. 왕실 가족, 귀족, 교회, 궁녀 등이 모두 각기 세력을 형성했다. 독일 왕국(German kingdom)이나 교회(즉 주교와 교황을 포함한 종교 권력)의 계승 문제는 선출 과정을 거쳐야 했으나, 이외 군주정을 채택한 유럽의 다른 왕국에서 권력 이양은 기본적으로 상속의 법칙을 따랐다. 기원후 1000년 이후 유럽 대부분의 궁전과 왕국에서는 장자 상속이 우세했다. 남성 직계 상속인이 없을 경우 상속권은 여성에게 넘어갔고, 권력 또한 여성에게 이전되는 경우가 실제로 있었다. 아들들 사이에, 혹은 아버지와 아들 사이에 대립하는 경우가 흔하여 궁전 안에서 파벌 싸움이 벌어지기도 했다. 궁전 안에서는 개인적 경험에 따라(어릴 때 혹은 성년이 되어서 가까운 사이가 되거나, 혹은 개인의 카리스마와 능력으로), 혹은 특정 부서나 직책(대부분 세습직의 경우)에 따라 통치자에게 접근할 기회가 주어졌다. 궁전 내 부서의 운영은 왕의 마음대로 할 수 있었고, 궁전 내에서든 왕국 내에서든 권력과 영향력의 분배 또한 전적으로 왕의 선택이 원칙이었다. 그래서 서양의 궁전에 특수한 "도덕 경제(moral economy)" 관행이 생겨났다 (도덕 경제란 물질적 경제와 대비되는 개념으로, 이익과 손해보다는 도덕 원리에 따라 운영되는 경제 법칙을 의미한다. 근대 경제와 전근대 경제를 대비할 때 흔히 사용되는 표현 – 옮긴이). 그 핵심은 왕의 총애를 얻고 개인적으로 왕과 친밀해지는 것이었다. 그러나 경쟁이 언제나 특정한 지위나 직책에 국한된 것은 아니었다. 통치자의 "사랑" 혹은 "진노" 같은 여러 가지 표현들이 이와 같은 환경을 잘 표현해주는 것 같다. 즉 권력의 이동과 획득은 사적인 관계의 결과였다. 이전 시대에도 그러했듯이 인기 없는 정책 때문에 누군가 욕을 먹어야 할 때면 왕의 총애를 받는 사람, 특히 전통적인 궁전 관리가 아닌 외부에서 발탁된 사람에게 비난과 음해가 집중되곤 했다.

서양의 군주국에서도 그랬지만, 비잔티움 제국에서 황제에게 접근하거나 황제 앞에서 자유롭게 말할 수 있는 능력(parrhesia)은 그 자체로 대단히 높이 평가되었다. 권력을 잡기 위해, 혹은 권력의 계승을 위해 경쟁하는 일도 드물지 않았다. 왕위 계승을 위해서라면 소문, 거짓 정보, 폭력, 심지어 살인까지도 흔히 동원되는 방법이자 예상되는 패턴이었다. 통치자(augustus)는 대개 후계자(caesar)가 지정되면 안정적으로 권력을 이양하기 위해 신중을 기했다. 남성 후손이 없는 경우, 관료나 장군 중에서 후계자가 지명되었다. 수많은 황제가 반란을 통해 권력을 차지했고, 군대 혹은 귀족이 그를 뒷받침했다.

바그다드의 궁전에서는 후계 선정의 전통이 느슨했기 때문에 경쟁이 격화되는 경향이 있었다. 칼리프의 지위는 관습적으로 남성 친척, 즉 형제나 아들에게 계승되었고, 그 범위를 넘어서는 경우는 거의 없었다. 이론상 칼리프는 이 땅에서 신(나중에는 예언자)의 대리자였고, 특정 가문의 구성원에게만 자격이 주어지는 특권이었다. 그래서 칼리프가 군대의 어떤 강력한 파벌에 의해 옹립된 명목상 군주에 불과할지라도, 그를 완전히 배제하기란 불가능했다.

인도의 궁전에서 권력 다툼은 여러 차원에서 펼쳐지는 풍토병 같았다. 기본적으로 장자 상속이 인정되었고, 보충적으로 여성 상속도 가능했다. 정치적 동맹 관계를 맺기 위해 일부다처제가 실시되었고, 그 결과 경쟁이 격화되는 환경이 조성되었다. 왕실 가문에는 대개 같은 세대의 왕자가 매우 많았다. 최초의 정치 이론서에 해당하는 문헌을 보면, 여러 왕비와 여러 왕자는 정치적 권위에 도전하는 가장 심각한 내부적 위협 요소였다. 여러 왕비는 궁전 안에서 왕과 분리된 그들만의 공간에 거주했고, 누구든 나이 많은 여성 궁인의 검문을 충분히 받은 뒤라야 왕비를 방문할 수 있었다. 이론상으로는 나이 순으로 지위가 부여되었지만, 여러 왕비는 서로가 왕의 총애를 위해 경쟁하는 강력한 라이벌이었고, 왕의 관심을 끄는 후궁이나 다른 독신 여성도 언제든 경쟁의 대열에 합류할 수 있었다. 왕자들 사이의 경쟁은 잠재적으로 훨씬 더 위험했다. 어느 정치 이론서에 따르면, 그들은 "게" 같다고 했다. 즉 아버지를 잡아먹을 수 있는 존재라는 의미였다. 경쟁은 왕족에 국한되지 않았다. 제후나 궁의 관리, 하인도 경쟁에 참여했다. 궁전은 누가 권력의 핵심인 왕에게 혹은 주군에게 가까이 갈 수 있느냐에 따라 권력의 크기가 가늠되는, 독특한 하나의 세계였다. 이와 같은 관점에서 궁전의 모습은, 12세기의 어느 영국 궁인이 지옥으로 묘사한 궁의 모습과 별로 다를 바가 없었다.

강렬한 경쟁과 끊임없는 불안 때문에 유라시아의 궁전에서는 독특한 행동 양식이 발달했다. 이는 곧 궁전 안에서 사는 사람들의 생존 가능성을 높이고 험악한 환경을 헤쳐 나가는 데 도움이 되는 방향이었다. 유교에서 강조한 궁중 행동 규범은 엄격한 전통의 고수와 파벌보다는 원칙과 유교의 이상을 살릴 수 있는 개혁을 중시했다(이와 관련해서는 격렬한 논쟁이 벌어져왔다). 일본의 궁인들 또한 유교의 이상에 따라 인(덕행), 정의, 예의, 신뢰를 강조했다. 그러나 행동 규범의 대부분은 윤리보다 미학적 개념으로 발달했다. 이를 "미야비(雅)"라 하는데, 문자 그대로는 "공손함"으로도 번역되지만 "도회풍의 행동 양식(지방과 대립되는 의미에서)"을 뜻한다. 함축하는 의미는 절제, 세련, 깊이 있는 지식 정도다. 그러나 한편으로는 일본에서 발행된 옛날 한자 사전의 내용을 근거로 미야비를 조금 다르게 해석하는 경우도 있다. 그에 따르면 미야비는 고정관념에서 벗어난, 자유로운, 도시의 번잡한 세계로부터 벗어나는 등의 의미로 해석된다.[1]

인도의 전통에서는 매우 독특한 교훈 문학 장르가 있었는데, 대표적으로 《판차탄트라(Pañcatantra)》와 《히토파데샤(Hitopadeśa)》 같은 작품이 있다. 여기에는 궁인들이 어떤 윤리적 태도를 지녀야 궁전 내의 치열한 경쟁 세계에서 살아남을 수 있을지를 알려주는 내용이 등장한다. 즉 얼굴 표정은 어떻게 해야 하고, 내부의 경쟁자나 실력자는 어떻게 처리해야 하며, 어떻게 강자와 약자를 간파하여 정치적 기회를 포착할 것인지

---

1 For details, see Joshua Mostow (ed. and trans.), *At the House of Gathered Leaves: Shorter Biographical and Autobiographical Narratives from Japanese Court Literature* (Honolulu, HI: University of Hawai'i Press, 2004): 16-18.

에 대한 내용이다. 인도의 이상적 궁정 윤리는 중세 페르시아어로, 그리고 나중에는 아랍어로 번역되어 이슬람에서 아다브(adab)라고 하는 세련된 문학 장르가 출현할 때 영향을 미쳤다. 이상적 주인공은 주로 젊은 남성으로 설정되는데, 유쾌한 태도를 보이지만 옷차림이나 행동거지에 저속한 허세를 부리지 않으며, 아름다운 문장의 아랍어 시편, 쿠란, 역사, 의학, 기타 여러 분야의 지식을 갖추고, 절제되고 품위 있는 태도를 취하지만 필요할 때는 차례를 기다렸다가 재치 있게 대답할 줄 아는 인물이었다. 아다브 작품에서는 이상적 사랑을 위해서라면 누구라도 제한을 두지 않았다. 아직 수염이 나지 않은 소년이나 여성이라도 사랑을 나눌 수 있었다. 그러나 현실에서 아다브 문화는 후원자와 수혜자 상호 관계의 발달로 나타났다. 즉 막대한 후원을 과시하거나 수혜자의 감사를 드러내는 방향이었다. 이러한 관습은 독특한 위계질서의 관념을 표현하는 것이었고, 그 질서의 최고 정점에는 아낌없이 풍성하게 베푸는 존재로서 신이 위치했다. 아다브 문화는 사회적으로 이러한 위계질서 관념을 유지하는 기능을 담당했다.

서양의 궁전에서 권장한 행동 양식 또한 이상과 현실 양쪽 모두에 관련되어 있었다. 젊은 왕들은 〈왕자의 거울(Mirrors for Princes)〉이라는 안내서를 받았다. 〈왕자의 거울〉에는 궁정의 미덕과 악덕이 자세히 구분되어 있었고, 젊은 통치자가 신을 기쁘게 하고, 가족을 책임지며, 아내를 고르고, 경쟁자를 다스리고, 전쟁을 지휘하는 방법들이 나와 있었다. 12세기부터는 아마도 스페인이나 중동 지역을 통해 이슬람 궁정 규범의 영향이 전해졌던 것 같다. 서양의 궁정 문학에서 이상적 행동 양식으로 "궁중다움(courtliness, 정중함)"의 개념이 등장했다. 이론적으로 이러한 행동 규범은 군주와 신하의 행동거지를 강조했는데, 내용은 자기 절제와 세련된 감정, 우아한 말씨, 군주와 비빈에 대한 봉사 등이었다. 실질적 행동 양식은 연습을 통해 배워야 했다. 그래서 어린 나이(14세 무렵)에 궁전으로 들여보내 궁정 생활을 경험하도록 했다.

비잔티움 제국에서는 황제 개인의 취향과 선호도가 중요했다. 황제가 직접 궁인을 선발하고 그들과 교류했으며, 공식적인 "궁중 행동 규범" 같은 것도 없었다. 8세기 이후에 이르러서야 궁중의 행동 규범 혹은 행동 양식이 서유럽의 대귀족 가문과 비슷한 정도가 되었고, 황제에게 정치·윤리적 조언을 하는 〈왕자의 거울〉 같은 장르도 형성되었다(6세기의 수도사 Agapetus, 10세기의 황제 Constantinos, 11세기의 대주교 Theophylaktos 등이 그러한 저서를 남겼다). 11세기의 〈케카우메노스의 전략(Strategikon by Kekaumenos)〉이라는 소책자에서는 행정 기관이나 군대에서 위험을 헤쳐 나가기 위해 어떻게 행동해야 하는지를 가르쳐주었다. 외국에서 태어나 왕비로 황실에 들어온 여인들은 궁전 안에서 일하는 성직자나 나이 많은 여인들과 상담하며 미래의 역할을 준비했다.

궁정에서 만들어진 문화

거의 모든 궁정은 나름의 문화가 생산되는 현장이었다. 궁인들 스스로 만들어낸 문화, 혹은 궁인들을 위하여 만들어진 문화였다. 이렇게 형성된 궁정 문화는 궁정 바깥의 문화와 확연히 다른 모습이었다. 그러나 역설적이게도 바깥에서는 끊임없이 궁정 문화를 모방하려 애썼다.

중국처럼 궁정에서 일할 사람 가운데 상당수를 문학 시험을 거쳐 선발하는 경우, 충분히 예상할 수 있듯이 관료 가운데 문학 작품을 저작하는 사람들이 많았다. 뿐만 아니라 황실 가족이나 심지어 통치자 중에서도 문학가가 나왔다. 그들은 특히 시를 많이 썼다. 운문과 산문을 번갈아 진행하는 부(賦)라고 하는 문학 장르가 있는데, 이 장르는 기원전 2세기부터 시작해서 이후 전통 시대 중국에서 지속적으로 발달했다. 주로 유교 지식과 재치를 과시하는 내용이었다. 당나라 시기에는 새로운 시문학 형식이 출현했다. 당시(唐詩)는 절제된 구문의 형식(絶句)을 갖추고, 중세 중국어의 성조(四聲)를 맞추었다. 두보(杜甫, 712~770)는 당시의 가장 위대한 시인으로 일컬어지는 인물이다. 궁정 문화에는 시문학뿐만 아니라 음악, 서예, 회화 등도 포함되었다. 궁정과 궁인들은 궁궐 밖 도시의 예술가와 장인을 후원했다. 또한 송나라 때부터는 도시의 공연단을 후원하여, 이들이 도시 문화와 궁정 문화를 잇는 가교 역할을 했다.

일본 궁정의 대표적 문학 장르는 와카(和歌)라고 하는 시문학이었다. 31자로 5행의 구성을 맞추는데, 각 행에 글자가 5-7-5-7-7자가 들어간다. 궁인이라면 누구나 사랑, 계절, 종교, 축복, 슬픔, 기타 품격 있는 주제에 대하여 최소한의 시를 짓는 능력을 갖추어야 했다. 처음에는 연회나 낭만적인 회합이 있는 경우 등 특별한 일이 있을 때만 시를 창작했다. 그러나 12세기에 이르러 정해진 주제에 따라 줄거리를 구성하고, 시를 통해 줄거리가 제대로 표현되었는지를 심사 및 비평하는 시합이 펼쳐졌다. 또한 황제의 명령에 따라 905~1439년 21편의 시 모음집이 편찬되었다. 각각의 모음집에는 약 500~3000편에 이르는 작품이 수록되었다. 대부분은 궁정에서 창작된 시편이었다.

뿐만 아니라 궁인들, 특히 시녀들은 산문 작품을 남겼다. 자기 자신은 물론 궁정 생활에 관한 다양한 주제가 담겼다. 가장 유명한 작품은

11세기 초의 《겐지 이야기(源氏物語)》로, 대개 일본 문학사의 중심 작품으로 일컬어진다. 실제로는 후지와라(藤原) 가문의 세력이 상승한 시기의 작품이지만, 약 한 세기 전 황제가 직접 통치한 "황금기"를 배경으로 하고 있다. 작품의 주인공 히카루(光, 눈부신) 겐지는 황제의 아들이지만 평민 신분으로 강등된 인물이다. 작품은 히카루 겐지와 수많은 그의 연인을 뒤쫓으며 낭만과 음모의 이야기를 펼쳐 보인다. 음악도 매우 중요한 문화적 비중을 차지했다. 악기를 잘 다루는 능력은 많은 궁인이 갈망한 기술이었다. 일반적으로 궁녀들은 고토(箏)라고 하는 현악기를, 남성들은 피리(篳篥, 히치리키)를 연주했다. 일본 궁정 음악인 가가쿠(雅楽)는 중국과 한국의 음악에서 유래했는데, 신토(神道)의 의례용 음악도 가가쿠라 했다. 피리와 북과 다양한 관악기로 느리고 위엄 있는 멜로디와 리듬을 표현했는데, 가장 두드러지는 악기는 오보에 비슷한 소리를 내는 히치리키(篳篥)였다. 회화는 전문 화가와 아마추어 화가의 작품이 있었다. 초상화도 있었지만 선호하는 장르는 풍경화였다. 그림이 그려진 두루마리(絵巻)가 유행했으며, 서예가 회화보다 더 고급 예술로 인정받았다. 조각은 주로 불상(佛像)이나 불교 관련 주제를 표현했다.

    중간천년기 인도에서 문화적 중심은 세 곳으로 나뉘었는데, 궁전이 그중 하나였다. 나머지 둘은 브라만의 거처와 사원이었다. 이 시기의 대표적인 산스크리트어 고전 문학 장르는 카비아(kāvya)였다. 과학이나 종교적 내용도 일부 있었지만, 대부분은 궁인들을 위해 창작된 문학 작품이었다. 이외에도 종교는 물론 문학, 해석학, 법률 관련 주제의 많은 저술이 있었고, 이들이 모두 궁정에서 생산된 것은 아니었지만, 궁정에 몸담고 있는 계층의 관심사를 반영하는 경우가 많았다. 점성술, 점술, 성애

(에로티시즘), 보석, 향수 등과 관련된 전문 지식은 특히 궁인들의 관심을 끌었다. 시문학은 몇 가지 중요한 양식으로 발달했는데, 궁정 시인이 통치자인 왕을 찬양하는 시가 가장 보편적이었다. 당시 왕의 칙령이 새겨진 돌이나 동판 유물이 오늘날 수천 건 전해오는데, 그 첫머리에 그러한 시가 수록되어 있다. 시의 내용은 왕의 조상들과 영웅적이며 관대한 왕의 업적을 기념하는 것이었다. 시간이 지나면서 이와 같은 찬사는 더욱 정교하게 발달했고, 궁중의 후원에 힘입어 다른 여러 문학 장르(서사시, 산문, 드라마)와 결합되었다. 왕은 종종 시인들을 초빙하여 시적 기교와 학식을 겨루도록 했으며, 그중 최고의 점수를 받은 사람에게는 "시인의 황제"(kavichakravartin)라고 하는 명예로는 호칭을 내려주었다.

여러 이슬람 궁전에서 고위 관료들은 시인, 학자, 과학자 들에게 경쟁적으로 상을 내렸다. 몇몇 학자는 궁전 안에 집무실을 얻기도 했다. 물론 대부분의 창작은 집에서 했다. 중국으로부터 종이 제조 기술을 입수한 뒤 아바스 왕조에서 종이는 필사 재료로 널리 사용되었다. 시, 족보, 전기, 아랍어 문법, 쿠란의 주석, 하디스(예언자의 모범적 말씀과 행동 사례 모음집) 등이 책으로 저술되기 시작했고, 이후 내용의 범위와 규모가 엄청나게 확장되었다. 10세기에 이르러 바그다드에서 판매되는 책에는 시, 법률, 신학, 역사에서부터 농담, 외설, 허구적인 이야기까지 없는 것이 없었다. 칼리프와 칼리프의 주치의를 비롯한 여러 후원자에 힘입어, 네스토리우스파 기독교 및 사바 왕국의 학자들은 고대 그리스 철학과 의학 등 여러 문헌을 놀라울 정도로 정확히 번역해냈다. 가장 유명한 학문의 후원자는 칼리프 알-마문(al-Ma'mun, 재위 813~833)이었다. 그의 후원으로 대수학이 발견되었고, 세계지도가 그려졌으며, 기계 장치가 만들어졌다. 아바스 왕조의 궁전은 또한 음악의 중심지였다. (남녀를 막론하고) 가장 유명한 음악가들은 궁전 바깥에서 교육을 받고 집에서 연습했지만, 궁정에서 개최되는 축제에서 공연을 했다.

비잔티움 제국에서는 국가적 후원으로 건축, 기념비적 회화, 모자이크화, 상아 공예, 금은 공예, 칠기, 필사본 등이 제작되었다. 몇몇 황제는 문학 및 시 창작을 후원했다. 황제와 궁인 앞에서 공식적인 찬사를 낭송하는 시인에게는 막대한 보상이 주어졌다. 많은 역사가가 궁정 내 회합에 기꺼이 참여했으며, 궁인 중에도 역사가가 있었다. 그래서 황제의 직접적 지시를 받는 경우는 드물었지만 특권적 지위에서 역사를 서술했다.

서유럽의 경우 문화적 중심지로 거대 종교 기관이 있었지만, 궁정에서도 일본의 경우와 비슷한 문화적 생산이 이루어졌다. 초기 중세의 궁정에서는 로마의 전통을 이어받아 라틴어 시와 문학을 후원했지만 기독교적 특성이 뚜렷했다. 평신도와 성직자 신분의 학자 및 시인 들이 궁정에 들어가 활동했다. 초기 중세 유럽의 통치자들 가운데 스스로 문학 작품을 남긴 경우는 거의 없다. 다만 비지고트(서고트)의 왕 시세부투스 (Sisebutus, c. 565~620/621)만은 예외였다. 8세기 말에 이르러 프랑크 왕국의 카롤루스 대제는 국제적 학자 그룹을 초빙했다. 그들은 왕을 위하여 라틴어로 시를 짓고, 신학·문법·행정학 관련 저술을 남겼다. 당시 학자들이 서로, 그리고 왕과 주고받은 편지도 남아 있다. 카롤루스 대제의 손자인 카롤루스 2세 칼부스(Carolus II Calvus)는 궁정 학교를 설립했고 회화, 시문학, 신학을 장려했다.

카롤루스 왕조 이후로부터 13~14세기 이전까지 궁정은 문화적 생산의 중심지가 아니었다. 다만 몇몇 예외라 한다면 시칠리아 왕국 루제

루 2세(Ruggeru Ⅱ di Sicilia)의 궁정과 잉글랜드 헨리 2세(Henry Ⅱ)의 궁정 정도였다. 10~11세기 초 게르만 왕국의 궁정도 예외였다. 게르만 궁정에서는 과거 프랑크 왕국의 카롤루스 왕조나 비잔티움 제국의 전통을 이어받아 종교적 저술과 필사본 삽화 제작이 왕의 권위를 드러내는 업적으로 인정되었다(실제로 집행되지는 않았다). 왕의 궁정은 문화적 생산보다 소비의 공간이 되었다. 교회와 특히 수도원 환경에서 라틴어 성직자 문화, 즉 시각 예술(책의 삽화, 금은 공예)이 발달했다. 장인들은 궁전 근처에 살면서 궁정이나 귀족의 후원을 받았다. 당시 군주와 궁인들은 옷차림, 예의범절, 행동 양식을 통해 스스로를 평민과 차별화하려 했고, 같은 맥락에서 장인들이 만든 제품이 궁중에서 전시되었던 것이다.

　국왕의 궁전이 문화의 생산보다 소비의 장소가 되어갈 무렵, 주교의 궁전은 특히 라인란트와 게르만어 사용 지역에서 새로운 감각과 행동 양식이 발달하는 데 중요한 역할을 담당했다. 그 뿌리는 이전 시대의 고전 문화 및 기독교 문화였다. 12세기에 이르러 성직자 문화의 전통은, 아마도 이슬람 궁전의 영향을 받아 대귀족 궁전을 중심으로 독특한 궁정 문화로 발달했다. 앞에서 언급했듯 궁정식의 정중한 태도가 말과 행동, 대화, 춤, 식사 등에서 표현되었다. 궁정 문화의 핵심은 "세련된 사랑(courtly love)"이었다. 다시 말해서 이상화된 낭만적 결합이 그 지향점이었다. 이는 당시의 현실, 즉 가족의 이익을 기반으로 하는 냉혹한 결혼에 정반대되는 개념이었다. 라틴어가 아닌 현지어 문학이 12세기부터 등장했고, 이와 함께 궁정 문학이 출현하여 특정 귀족의 왕국 건설을 축하했다. 음악 또한 같은 목적으로 군주를 표현했고, 벽화와 필사본의 삽화 등도 마찬가지였다. 15세기에 이르러 새로운 표현 양식이 등장했다.

예컨대 군주의 초상화에서 드러나듯이, 처음에는 종교적 상징과 결합되어 있었지만 점차 특정 통치자나 위대한 군주를 독자적으로 묘사했다. 다만 예술 작품의 생산이나 전시는 개별 군주의 관심에 따라, 또한 개별 궁전의 경향에 따라 엄청난 차이가 있었다.

궁중 의례

궁정이 권력의 중심으로서의 역할과 정체성을 확립하는 데 필수적인 것은 왕과 그의 측근들이 거행하는 의례였다. 그러나 복잡한 의례의 구성은 경우에 따라 워낙 편차가 컸다. 중국 황제는 천명(天命)을 유지한다는 명분을 갖추기 위해 엄격히 정형화된 의례를 거행한 반면, 12세기 잉글랜드 궁정의 의례는 혼란스럽고 가볍기 그지없었는데, 몇몇 "대관식" 축하 의례를 제외하면 사실상 정형화된 형식이 없는 것 같았다.

중국과 일본의 궁정에서는 매년 신중하게 계획된 일정에 따라 다양한 의례, 축제, 예식을 거행했다. 궁정 생활은 매우 의례적이었다. 출생, 결혼, 사망, 즉위, 퇴위 등 수많은 행사에 의례가 수반되었다. 중국에서 개혁 운동은 과연 조상을 제사 지내는 의례에 잘못이 없었는지, 또한 계절의 변화와 생애 주기에 따라 필요한 의례에 소홀함이 없었는지를 조사하는 형식을 취했다. 황제는 정기적으로 수도의 수많은 사람 앞에 모습을 드러내었다. 화려한 행렬과 함께 도시를 통과할 때는 시민과 군인, 관료, 악사, 환관 등 수천 명이 참여했다. 행렬은 대개 새해맞이 행사 같은 연례행사와 연결되었고, 정부의 거대한 기획, 즉 황제의 힘과 권위를 과시할 뿐만 아니라 축제 행사의 일환으로 구성함으로써 궁정과 시민의 돈독한 관계를 도모했다. 일본에서는 황제의 즉위에 즈음하여 세밀하게 계획된 의례를 거행했다. 또한 고대로부터 매년 11월에 니이나메사이(新嘗祭)라고 하는 추수 감사 행사가 개최되었다. 행사 중에 황제는 그해 처음 수확한 쌀을 하늘의 신과 땅의 신에게 바쳤고, 황제 또한 그 쌀로 지은 밥을 먹으며 풍요로운 수확에 감사를 표했다. 각 황제의 즉위 첫해에는 이 행사를 대신하여 다이조사이(大嘗祭)라는 행사가 거행되었다. 음식을 제공하는 세련된 행사였다. 행사를 개최하기 전에 점을 쳐서 두 개의 논을 선정한 뒤 특별히 추수를 하기 전에 축성(祝聖)하는 과정을 거쳤다. 그리고 그 논에서 수확한 쌀은 새로 즉위한 황제에게 바쳤으며, 정화 의식을 거친 뒤 황제가 신과 함께 식사를 나누는 의례를 거행했다.

가톨릭의 전례력(典禮曆)에 따른 연례행사는 대주교와 교회의 성직자뿐만 아니라 비잔티움 황제와 황실 가족, 그리고 그 측근들의 일상을 지배했다. 크리스마스와 부활절은 물론 성인(聖人)의 축일 축제가 있을 때마다 궁인들은 궁전이나 하기아소피아 대성당에서 거행되는 행사, 혹은 도시를 가로지르는 행진에 참여했다. 황실 가족의 생애에서 중요한 사건(출생, 결혼, 사망, 즉위 등)마다 의례가 거행되었다. 의례에서 가장 중요한 요소는 기도, 낭송, 복식, 상징적 음식 나눔이었다. 중국이나 일본과 마찬가지로 비잔티움 제국에서도 연회는 궁정 의례의 중요한 부분이었다. 이런 행사는 고위 인사에게 보상을 주거나 외국에서 찾아온 방문객에게 깊은 인상을 남기는 역할을 했다. 거대 행사에서 좌석의 순서는 신중하게 조정되었으며, 이와 관련하여 몇몇 지침서가 지금까지 전하고 있다.

인도의 궁정에서 왕과 궁인들의 일생 의례는 상위 카스트의 의례를 따랐다. 새로 등극한 왕은 "목욕 의례"(rājyābhiṣeka)를 통해 왕으로 인정되었다. 결혼은 왕국의 동맹을 강화하는 중요한 의례였다. 힌두교를 신봉하는 왕들은 일부다처제를 따랐고, 여러 왕비에게는 등위가 매겨졌다. 가장 높은 왕비(paṭṭamahādevī)는 상속 문제에서 특권을 가졌다. (다만 현실적으로 장자 상속이 예외 없이 시행되지는 않았다.) 왕자들은 왕이 사망하거나 퇴위하기 전에 "후계자"로 지정되는 경우가 많았다. 대부분의 다른 유라시아 궁정에서와 달리 식사는 강고한 공동체의 유대 관계와 별로 상관이 없었다. 문헌에는 다 같이 식사를 하는 장면이 거의 없고, 다만 왕과 측근들이 함께 식사하는 장면이 드물게 언급된 정도였다. 연회 장면이 등장하지 않는 이유는 힌두교의 관습 때문일 텐데, 상위 카스트는 누구와 함께 식사를 할지 범위가 제한되어 있었다. 궁정에서 감각적 묘사는 미식(味食)보다 소리나 향기 혹은 빛의 이미지에 의존했다.

수많은 종교 의례가 인도 궁정에 있는 사람들에 의해 거행되었다. 거대 사원을 축성할 때나 개창할 때, 신격을 위해 행렬을 구성할 때 왕은 중요한 자리를 차지했다. 왕과 왕실 가족은 "가족 신격"(kuladevatā)으로 지정되어 민간에서 사적 숭배의 대상이 되었다. 사회·정치적으로 중요한 일을 앞두고 궁정 점성술가의 예언을 청취했고, 왕을 돕기 위해 위로와 예방과 저주의 의례가 거행되었다. 문헌에 등장하는 중요한 축제 가운데 "봄의 축제"(vasantotsava)가 있는데, 이때는 사랑의 신 카마데바(Kāmadeva)를 숭배하며 궁전 정원에서 환락의 잔치가 벌어졌다.

중세 초기 유럽의 궁정에서는 의례의 리듬이 울려 퍼졌다. 매주 예배가 개최되었는데, 대중이 참가하는 의례와 찬송이 포함되었으며, 왕도 참석했다. 왕은 최고 주권자로서 대중 앞에서 유력자들과 구두로 맹세했고, 이로써 유력자들은 왕의 신하가 되었다. 신하로 예속되는 의례의 절차는 매우 세밀하게 규정되었다. 신하는 왕 앞에 무릎을 꿇고 앉아 손을 들고 큰 소리로 맹세했으며, 성유물(聖遺物)을 앞에 두고 주군에게 충성을 바칠 것을 서약했다. 주군은 그의 손을 감싸 쥐고 신하의 서약을 수락했으며, 신하에게 서약의 대가로 땅을 하사하는 증표를 건네주는 경우가 많았다. 행사는 대중 앞에서 거행되었고, 시청각과 촉각이 동원되었다. 왕과 왕비가 즉위할 때나 관리들이 승진할 때 거행되는 공식 의례도 있었다. 왕궁에 지체 높은 손님이 도착했음을 알리는, 혹은 왕이 궁전을 떠나거나 도착했음을 알리는 행사도 있었다. 선물을 하사할 때도 공식적 의례가 거행되었는데, 신분이 낮은 사람들이 왕에게 경의를 표하는 의례였다. 연회는 정해진 형식이 따로 없었다. 그러나 카롤루스 마그누스의 궁전이나 루도비쿠스 1세 피우스의 궁전에서는 대중의 참여와 음주를 허용하지 않는 조용한 연회를 원했다.

　13~14세기 유럽의 궁정 의례는 일상생활에서 통치자와의 거리를 통제하는 수단이었다. 공식 행사는 특히 결혼식과 장례식에서 두드러졌다. 이런 행사에는 수천 명의 손님이 초대되었고, 귀한 선물과 화려한 볼거리, 희귀하고 특별한 음식이 제공되었다. 왕이 도시를 방문하는 행사는 갈수록 더욱 세련되어졌다. 신화와 영웅 문학 전통으로부터 통치자와 그 가족의 이미지를 연출했고, 백성을 위한 헌신을 강조했다. 15세기에 이르러 왕실 의례는 엄격히 규정된 행사로 굳어졌다. 1356년의 금인칙서(金印勅書, Golden Bull, 황제의 금색 인장이 찍힌 문서)에는 왕세자 즉위식의 행진 및 좌석 순서가 세밀하게 기록되어 있다.

　이슬람 궁정의 의례는 다른 궁전에 비해 차분한 편이었다. 새로운 칼리프의 즉위는 가문의 원로와 기타 고위 인사들이 충성 맹세를 하는 순서로 구성되었다. 이런 행사에는 대규모 군대가 동원되었지만 일반 대중이 참여했다는 기록은 없다. 아들의 출생이나 후계자 지명의 경우 축하연에서 축시가 낭송되었다. 외교 사절, 특히 비잔티움 제국의 사절은 군대 사열과 과시적 소비로 대접했다. 그러나 아바스 왕조의 궁전에는 사산조 페르시아나 로마 제국에서처럼 백성의 대표자를 불러 행진을 하는 등의 행사는 없었다. 세계의 지배자임을 과시하는 방편이라면, 지방에 군대를 보내거나 반란을 제압하고 수도로 돌아오는 군대의 행렬 정도가 전부였다. 후대의 칼리프들이 궁 밖에 모습을 드러내는 경우는, 긴 소매를 드리운 채 발코니에서 군중에게 인사를 하거나, 혹은 라마단이 끝날 때 기도를 인도하기 위해 1년에 한 번 나타나는 것이 전부였다.

궁정과 비평가들

궁정에서는 권력의 대표성 못지않게 군주와 그 주변을 둘러싼 사람들에 대한 비판도 중요했다. 이를 중국만큼 철저하게 밀고 나간 사례는 찾기 어려울 것이다. 중국의 궁정에서 어사대(御史臺)나 간원(諫院) 같은 기관은 황제의 판단과 통치를 교정하고 비판하는 업무를 전담하는 조직이었다. 그와 같은 비판은 시문학이나 공식 보고서 형태로 제시되었다. 중국의 궁정에서는 이를 워낙 중시했기 때문에 간혹 비판의 결과로 강등이나 추방, 심지어 처형이 집행되기도 했다. 그러나 일본의 궁정은 이와 극명하게 달랐다. 일본의 궁정, 특히 황제는 비판의 대상을 넘어서는 존재로 여겨졌다. 군벌이 실권을 장악했기 때문에 황제나 궁정에 대한 비판은 그리 중요한 문제가 아닐 수도 있었다. 궁정에 대한 비판이 제기될 때는, 역사서의 기록을 보자면, 중국의 경우 특히 고대 왕조와 비교하면서 간접적으로 표현하는 사례가 많았다. 이와 달리 인도의 궁정에서는 비판의 역사가 궁정만큼이나 오래된 것으로 보인다. 비평의 형태는 왕을 직접 비난하는 식이었다. 왕을 두고 "창녀"나 "방탕한 여자"처럼 변덕스러워 믿을 수 없다며 욕을 퍼부었다. 나아가 "왕의 재위" 전반에 대하여 상당한 분량의 비평서를 저술하기도 했다. 왕자들의 후원을 받는 브라만 계급의 저자가 이런 저술을 남겼다. 궁정의 후원을 받은 수많은 저자가 궁정 생활에 관한 상당 분량의 비평 문학을 남긴 사례들이 알려져 있다.

인도의 왕국들과 마찬가지로 콘스탄티노폴리스에서도 황제 개인이나 황제의 정치 혹은 고위 관료와 권력 남용에 관한 내부적 비판이 흔히 있었다. 대개 이런 비평서를 저술하는 사람들은 황제의 측근이었다. 6세기의 인물 프로코피우스(Procopius of Caesarea)는 《비밀스러운 역사》라는 특이한 저술을 남겼는데, 유스티니아누스 황제와 그의 궁전을 희화화하며 과도하게 비판하는 내용이었다. 14세기에는 정치 풍자가 하나의 장르로 굳어져서 궁정과 교회 모두 풍자의 대상이 되었다.

원시-수니파 무슬림은 초기 아바스 왕조를 합법적 왕조로 인정하지 않았다. 아바스 왕조 자체가 우마이야 왕조를 혁명으로 뒤옮고 성립했기 때문이기도 하지만, 초기 칼리프 가운데 학자들의 의견을 무시하고 경전 해석의 권위를 자처한 사례가 있었기 때문이다. 비평서의 내용은 궁정 벽에 대고 항의의 고함을 지르는 성자들, 설교를 통해 칼리프의 눈물을 쏟게 만드는 설교자들의 이야기다. 어떤 수행자들은 궁정과 그 안에서 일하는 모든 사람이 종교적으로 불결하다고 선언했다. 예컨대 하디스 연구자 이븐 한발(Ibn Hanbal, 사망 855)은 칼리프가 주는 선물을 거부했고, 대신 칼리프의 선물을 받은 아들의 집에는 그 뒤로 발걸음도 하지 않았다.

중세 초기 유럽 궁정을 비판한 비평가들은 주로 로마 기독교 출신이었다. 그들이 보기에 이민족 군주들은 생활 속에서 올바른 기독교도의 품행을 보여주지 못했다. 그들의 궁정은 폭력과 성적 문란, 자의적 권력의 남용이 판치는 공간이었다. 카롤루스 왕조 치하에서도 기독교, 특히 수도승들이 세속의 궁정을 비판하는 논조가 지속되었다. 궁정은 타락한 세속의 방식으로 영혼을 잃어버린 자들의 공간이었다. 820년대에 (수도승들이 저술한) 꿈의 문학(dream literature, 중세에 유행한 문학 양식으로, 꿈을 소재로 하는 환상 문학의 일종. visionary literature라고도 한다. – 옮긴이)은 방탕한 습관 때문에 사후 세계에서 고통을 받는 통치자들을 상상했다. 830년대와 840년대에는 보다 공개적인 궁정 비판이 등장했다. 어느 수도사가 궁정을 매음굴과 환영의 극장에 비유하면서, 가장 나쁜 악행이 흘러넘치고 왕은 현혹되어 흐리멍덩하며 점쟁이가 마음대로 판치는 곳이라 비난했다. 수준 높은 비평가라면 말없이 발걸음으로 평가를 하는 법이다. 궁정이 마음에 들지 않으면 다른 군주를 섬기러 떠나든가, 아니면 아예 궁정과 세상을 버리고 종교적 삶에 귀의했다. 후대의 유럽 궁정에서도 주로 성직자들이 비평가의 역할을 수행했으며, 비-기독교적인 행실과 경쟁하듯 벌어지는 궁중의 부도덕한 행태를 직접적으로 비난했다. 비난의 화살은 직접적으로 군주를 향하기보다 왕이 총애하거나 왕에게 자문하는 사람들을 노렸다. 그들이 군주에게 "사악한 조언"을 한다는 이유에서였다. 14세기에 이르러 더욱 근본적인 형태의 비평이 등장했다. 궁정이나 교회의 권력 중심부가 아니라 거기서 완전히 벗어나 있는 사람들로부터 제기되는 비판으로, 군주나 궁정뿐만 아니라 귀족 개념 그 자체를 비판하기 시작했다. "아담이 땅을 파고 이브가 실을 자을 때, 그때는 누가 귀족이었단 말인가?"

이처럼 5~15세기(중간천년기) 유라시아 전역에 걸쳐 정치권력의 중심은 규모, 물리적 안정성, 조직, 복잡성, 구조가 현저히 달랐지만, 그럼에도 불구하고 어느 정도 공통점이 있었다. 권력의 중심에는 언제나 치열한 경쟁이 있었고, 왕의 총애를 얻기 위해 경쟁했다. 그곳에서는 특정한 형식의 행동 규범이 발달했고, 이를 통해 경쟁을 통제했고, 동시에 그에 따라 궁중 생활이 궁 밖의 일반 생활과 차별화되었다. 모든 궁정은 문화적 생산과 소비 및 의례의 현장이었다. 더욱이 수많은 궁정은 서로 다른 궁정의 문화와 가치를 직간접적으로 차용했다. 지방 단위의 궁정은 중앙의 궁정을 모방했으며, 중앙의 궁정은 해당 시기의 지역 문화와 행동 양식에 적응했다. 중국의 궁정은 일본 등 동아시아 궁정의 모델이 되었고, 페르시아의 궁정과 이슬람 정복 이전 인도의 궁정 문화를 흡수한 비잔티움의 궁정은 서유럽 기독교 문화권의 궁정과 이슬람 문화권의 궁정에 영향을 미쳤으며, 이후 다시 서로 영향을 주고받았다. 서로 외교관을 받아들이는 등의 과정에서 유라시아의 궁정들은 과시와 소비의 측면에서 새롭거나 수준 높은 문화적 결과물을 수용하려 애썼다. 이를 통해 유라시아의 궁정은 권력을 집행 및 대표하는 과정에 직간접적으로 관여했던 것이다.

더 읽어보기

Comparative studies:

Beihammer, Alexander, Stavroula Constantinou and Maria Parani (eds.). *Court Ceremonies and Rituals of Power in Byzantium and the Medieval Mediterranean: Comparative Perspectives.* Leiden: Brill, 2013.

Duindam, Jeroen Frans Jozef. *Royal Courts in Dynastic States and Empires: A Global Perspective.* Leiden: Brill, 2011.

Knechtges, David and Eugene Vance (eds.). *Rhetoric and the Discourses of Power in Court Culture: China, Europe, and Japan.* Seattle: University of Washington Press, 2005.

Lin, Yaofu, ed. *Selected Essays on Court Culture in Comparative Perspective.* Taipei: National Taiwan University Press, 1999.

China

The Cambridge History of China, 13 vols. Cambridge University Press, 1979-2009, vol. I, eds Denis Twitchett and Michael Loewe; vol. III, ed. Denis Twitchett; vol. V, eds. Denis Twitchett and Paul Jacov Smith.

Chaffee, John W. *Branches of Heaven: A History of the Imperial Clan of Sung China.* Cambridge, MA: Harvard East Asia Center, 1999.

Cutter, Robert Joe, and William Gordon Crowell. *Empresses and Consorts: Selections from Chen Shou's Records of the Three States with Pei Songzhi's Commentary.* Honolulu, HI: University of Hawai'i Press, 1999.

Ebrey, Patricia and Maggie Bickford (eds.). *Emperor Huizong and Late Northern Song China: The Politics of Culture and the Culture of Politics.* Cambridge, MA: Harvard University Press, 2008.

Fisher, Carney. *The Chosen One: Succession and Adoption in the Court of Ming Shizong.* London: Allen and Unwin, 1990.

Knechtges, David. *Court Culture and Literature in Early China.* Aldershot: Ashgate, 2002.

_____. (trans.), *Wen xuan, or Selections of Refined Literature.* Princeton University Press, 1982-96.

Kuhn, Dieter. *The Age of Confucian Rule: The Song Transformation of China.* Cambridge, MA: Belknap Press of Harvard Press, 2009.

Li, Huishu. *Empresses, Art, and Agency in Song Dynasty China.* Seattle, WA: University of Washington Press, 2010.

McDermott, Joseph, ed. *State and Court Ritual in China*. Cambridge University Press, 1999.

McMullen, David. *State and Scholars in T'ang China*. Cambridge University Press, 1988.

Meyer, Christian. *Ritendiskussionen am Hof der nördlichen Song-Dynastie (1034-1093): Zwischen Ritengelehrsamkeit, Machtkampf und intellektuellen Bewegungen*. Sankt Augustin: Institut Monumenta Serica, 2008.

Owen, Stephen. *The Great Age of Chinese Poetry: The High T'ang*. New Haven, CT: Yale University Press, 1981.

Tsao, Kai-fu. *The Relationship between Scholars and Rulers in Imperial China: A Comparison between China and the West*. Lanham, MD: University Press of America, 1984.

_____. *The Poetry of the Early T'ang*. New Haven, CT: Yale University Press, 1977.

Wechsler, Howard J. *Mirror to the Sun of Heaven: Wei Cheng at the Court of T'ang T'ai-tsung*. New Haven, CT: Yale University Press, 1974.

_____. *Offerings of Jade and Silk: Ritual and Symbol in the Legitimation of the T' ang Dynasty*. New Haven, CT: Yale University Press, 1985.

Japan

Adolphson, Mikael S. *The Gates of Power: Monks, Courtiers, and Warriors in Premodern Japan*. Honolulu, HI: University of Hawai'i Press, 2000.

Brower, Robert H. and Earl Miner. *Japanese Court Poetry*. Stanford, CA: Stanford University Press, 1961.

Brown, Delmer M. and Ichirō Ishida, trans. *The Future and the Past: A Translation and Study of the Gukanshō, an Interpretive History of Japan Written in 1219*. Berkeley, CA: University of California Press, 1979.

Brown, Delmer M., ed. *The Cambridge History of Japan*, vol. I: Ancient Japan. Cambridge University Press, 1993.

Carter, Steven D. *Regent Redux: A Life of the Statesman-Scholar Ichijō Kaneyoshi*. Ann Arbor, MI: Center for Japanese Studies, University of Michigan, 1996.

Hurst, G. Cameron III. *Insei: Abdicated Sovereigns in the Politics of Late Heian Japan. 106-1185*. New York, NY: Columbia University Press, 1976.

Keene, Donald, trans. *Essays in Idleness: The Tsurezuregusa of Kenkō*. New York, NY: Columbia University Press, 1967.

McCullough, William H. and Helen Craig McCullough, trans. *A Tale of Flowering*

Fortunes: Annals of Japanese Aristocratic Life in the Heian Period. Stanford University Press, 1980.

Morris, Ivan, trans. *The Pillow Book of Sei Shōnagon.* New York, NY: Columbia University Press, 1967.

_____. trans. *The World of the Shining Prince: Court Life in Ancient Japan.* New York, NY: Knopf, 1964.

Mostow, Joshua, ed. and trans. *At the House of Gathered Leaves: Shorter Biographical and Autobiographical Narratives from Japanese Court Literature.* Honolulu, HI: University of Hawai'i Press, 2004.

Perkins, George W., trans. *The Clear Mirror: A Chronicle of the Japanese Court During the Kamakura Period (1185-1333).* Stanford, CA: Stanford University Press, 1998.

Piggott, Joan R. *The Emergence of Japanese Kingship.* Stanford, CA: Stanford University Press, 1997.

Shivley, Donald H. and William H. McCullough (eds.). *The Cambridge History of Japan*, vol. Ⅱ. Cambridge University Press, 1999.

Tyler, Royall, trans. *The Tale of Genji.* New York, NY: Viking, 2001.

Varley, H. Paul, trans. *A Chronicle of Gods and Sovereigns: Jinnō Shōtōki of Kitabatake Chikafusa.* New York, NY: Columbia University Press, 1980.

Yamamura, Kozo, ed. *The Cambridge History of Japan*, vol. III. Cambridge University Press, 1990.

Islamic courts

Abbot, Nabia. *Two Queens of Baghdad: Mother and Wife of Hārūn al-Rashīd.* University of Chicago Press, 1974.

Bennison, Amira K. *The Great Caliphs: The Golden Age of the Abbasid Empire.* London: Yale University Press, 2009.

Bowen, Harold. *The Life and Times of 'Alī ibn 'Īsà, 'the Good Vizier'.* Cambridge University Press, 1928.

Cooperson, Michael. *Al Ma'mun.* Oxford: OneWorld, 2005.

El-Cheikh, Nadia Maria, "Gender and Politics: The Harem of al-Muqtadir," in L. Brubaker and Julia M. H. Smith (eds.), *Gender in the Early Medieval World: East and West, 300-900.* Cambridge University Press, 2004: 147-61.

_____. "Revisiting the Abbasid Harems," *Journal of Middle East Women's Studies* I (2005): 1-19.

_____. "Servants at the Gate: Eunuchs at the Court of al-Muqtadir," *Journal of the*

Social and Economic History of the Orient 48 (2005): 234-52.
Gutas, Dimitri. *Greek Thought, Arabic Culture: The Graeco-Arabic Translation Movement in Baghdad and Early 'Abbāsid Society (2nd-4th/8th-10th Centuries)*. London: Routledge, 1998.
Lassner, Jacob. *The Shaping of Abbasid Rule*. Princeton University Press, 1980.
Kennedy, Hugh. *The Court of the Caliphs: When Baghdad Ruled the Muslim World*. Cambridge, MA: DaCapo, 2005.
Le Strange, Guy. *Baghdad during the Abbasid Caliphate: From Contemporary Arabic and Persian Sources*. Westport, CT: The Greenwood Press, 1983.
Osti, Letizia. "'Abbasid Intrigues: Competing for Influence at the Caliph's Court," *Al-Masāq* 20(2008): 5-15.
Sabi, Hilal al-. *The Rules and Regulations of the Abbasid Court*, trans. Elie A. Salem. Beirut: Lebanese Commission for the Translation of Great Works, 1977.
Sourdel, Dominique. *Le vizirat 'abbāside de 749 à 936 (132 à 324 de l'hégire)*. Damascus: Institut français de Damas, 1959-60.
Vadet, Jean Claude. *L'Esprit courtois en Orient dans les cinq premiers siècles de l'Hégire*. Paris: Maisonneuve, 1968.

Byzantine courts

Croke, Brian. "Justinian's Constantinople," in M. Maas (ed.), *The Cambridge Companion to the Age of Justinian*. Cambridge University Press, 2005: 60-86.
Maguire, Henry. *Byzantine Court Culture from 829 to 1204*. Washington, DC: Dumbarton Oaks, 1997.
McCormick, Michael. "Analyzing Imperial Ceremonies," *Jahrbuch der Österreichischen Byzantinistik* 35 (1985): 1-20.
_____. "Emperor and Court," in Alan K. Bowman, John B. Bury, and Averil Cameron (eds.), *Cambridge Ancient History*, vol. XIV. Cambridge University Press, 2000: 135-63.
Reiske, Johann Jacob, ed. *De ceremoniis aulae Byzantinae* [Book of Ceremonies, Greek with Latin translation]. Bonn: Eduard Weber, 1829-30.
Vogt, Albert, ed. *Le livre des cérémonies* [Book of Ceremonies, Greek with French translation]. Paris: Société d'édition 'Les Belles lettres', 1967.

Western Europe

Capellanus, Andreas. *The Art of Courtly Love*. Ed. and trans. John Jay Parry. New York: Columbia University Press, 1960.

Barber, Richard, and Juliet Barker. *Tournaments: Jousts, Chivalry and Pageants in the Middle Ages*. Woodbridge: Boydell, 1989.

Bumke, Joachim. *Courtly Culture: Literature and Society in the High Middle Ages*: Woodstock, NY: Overlook Press, 2000.

Cubitt, Catherine, ed. *Court Culture in the Early Middle Ages. The Proceedings of the First Alcuin Conference*. Turnhout: Brepols, 2003.

Fleckenstein, Josef, ed. *Curialitas. Studien zu Grundfragen der höfisch-ritterlichen Kultur*. Göttingen: Vandenhoeck & Ruprecht, 1990.

Hen, Yitzhak. *Roman Barbarians: The Royal Court and Culture in the Early Medieval West*. New York, NY: Palgrave Macmillan, 2007.

Hirschbiegel, Jan and Werner Paravicini (eds.). *Das Frauenzimmer. Die Frau bei Hofe in Spätmittelalter und früher Neuzeit*. Sigmaringen: J. Thorbecke, 2000.

_____. *Der Fall des Günstlings. Hofparteien in Europa vom 13. bis zum 17. Jahrhundert*. Ostfildern: Thorbecke, 2004.

Jaeger, C. Stephen. *The Origins of Courtliness: Civilizing Trends and the Formation of Courtly Ideals 939-1210*. Philadelphia, PA: University of Pennsylvania Press, 1985.

Jones, Sarah Reese, Richard Marks, and A. J. Minnis (eds.). *Courts and Regions in Medieval Europe*. Rochester, NY: York Medieval Press, 2000.

Kiesel, Helmuth. "Bei Hof, bei Höll." *Untersuchungen zur literarischen Hofkritik von Sebastian Brant bis Friedrich Schiller*. Tübingen: Niemeyer, 1979.

Map, Walter. *De nugis curialium: Courtiers' Trifles*. Ed. and trans. M. R. James. New York, NY: Oxford University Press, 1983.

Paravicini, Werner. *Die ritterlich-höfische Kultur des Mittelalters*. Munich: R. Oldenbourg, 1994.

_____, (ed.) *Zeremoniell und Raum*. Sigmaringen: J. Thorbecke, 1997.

Rösener, Werner. *Leben am Hof. Königs- und Fürstenhöfe im Mittelalter*. Ostfildern: Thorbecke, 2008.

Spieß, Karl-Heinz. *Fürsten und Höfe im Mittelalter*. Darmstadt: Primus Verlag, 2008.

Vale, Malcolm. T*he Princely Court: Medieval Courts and Culture in North-West Europe, 1270-1380*. Oxford and New York: Oxford University Press, 2007.

CHAPTER 8

문화적 결정화와 세계의 변혁
(10~13세기)

비에른 비트로크
Björn Wittrock

제1차 세계대전이 일어나기 전 약 반세기 동안 유럽은 경제·정치·문화적 주도권의 측면에서 역사적으로 도달한 적 없는 매우 높은 수준에 올라 있었다. 그러나 전쟁이 끝난 후에는 이런 상황이 더 이상 유지될 수 없었다. 이미 1920년대부터 세계사 연구에서는 회의적 시선들이 등장하기 시작했다. 즉 유럽의 헤게모니는 고사하고 비교 우위조차 과연 유지될 수 있을까 하는 의문이었다. 그로부터 수십 년이 흐른 뒤 또 한 차례의 세계대전이 일어났다. 유럽의 입지는 회복 불가능한 수준으로 뒤엎어졌다. 이후 수많은 사상가는 세계사의 기원을 유럽의 고대에 두지 않았고, 새로운 세계사 개념을 탐구하기 시작했다. 카를 야스퍼스(Karl Jaspers)도 그런 학자들 중 하나였다. 이후에 슈무엘 아이젠스타트(Shmuel N. Eisenstadt)와 로버트 벨라(Robert N. Bellah) 등이 뒤를 이었다. 그들이 주목한 지점은 고대 세계의 몇몇 고급 문화였다. 기원전 제1천년기 중반 무렵 몇몇 문화권에서 거의 동시적으로 새로운 사상이 출현했다. 모두가 공통적으로 반성적 사유(critical reflexivity)와 우주론(cosmology)을 기반으로 하는 사상이었다. 그들은 그 이전의 어떠한 종교나 철학보다 더 분명하게 현실 세계와 초월 영역을 구분했고, 저마다 시간성, 보이지 않는 섭리, 정체성(소속) 등의 개념 혹은 이론을 갖추고 있었다. 그러한 사상들이 출현한 고대 사회는 부족 사회나 더 큰 규모의 사회를 막론하고 신화적 사유를 특징으로 했지만, 그들의 이론은 이를 확연하게 뛰어넘는 측면이 있었다. 이는 반성적 사유의 비약적 발전을 가져왔고, 그 결과 인류 보편의 역사(human history) 개념이 등장할 수 있는 지적 토대가 마련되었다. 또한 인류 보편의 역사에 개입할 목적성을 부여하는 새로운 지평이 열리게 되었다. 그 시대는 이전까지는 상상할 수도 없었던 지적 성찰의 문을 열어젖힌 역사의 분기점이었다. 카를 야스퍼스는 고대 세계에서 공통적 사상들이 등장한 그 시대를 축의 시대(Achsenzeit, 영어 Axial Age)라 일컬었다. 독일어로 축(Achse)이라 하면 회전축이라는 의미와 함께 핵심이라는 의미도 있다.

축의 시대의 유산: 기원후 제1천년기 무렵의 결과 및 이율배반

축의 시대(여러 논의 끝에 기원전 800년에서 기원후 200년 사이로 설정) 개념은 구체적으로 다섯 개 지역(고대 이스라엘, 중국, 그리스, 인도, 이란)에서 일어난 세 가지 핵심적 발전을 일컫는다. 첫째, 거대 세계 종교가 출현하여 확산되었다. 그에 따라 새로운 종교 문화권(ecumene)이 형성되었다. 이는 광대한 지역 범위의 사람들을 포괄하는 상상의 공동체였다. 둘째, 새로운 형태의 정치 질서가 발달했다. 특히 제국과 통치의 개념이 새로워졌다. 새로운 개념에 따르면, 왕이나 황제는 하늘의 아들 혹은 하늘의 은총을 입은 자라고 주장할 수 있어도 본인이 스스로 신이라고 주장할 수는 없게 되었다. 셋째, 새로운 제국의 질서가 지역 내 혹은 지역 간 교역망을 더욱 발전시켰고, 교역로를 개척하는 데 직접적 도움이 되었다.[1]

그 뒤 기원후 200~800년에는 축의 시대에 형성된 문명의 변화가 더욱 뚜렷하게 눈으로 확인되었다. 이러한 문명권의 종교 경전은 모두 이단적 해석 가능성을 내포했는데, 우주적 전제와 세속적 질서의 관계를 어떻게 분석하느냐에 따라 이단이 될 수 있었기 때문이다. 경우에 따라서는 종교적 수행과 제국의 질서가 워낙 밀접하게 연결되어서 현실적으로 다양한 해석이 거의 불가능했고, 따라서 종교가 정치에 명확히 종속되는 결과를 가져오기도 했다. 그러나 기원후 제1천년기를 거치는 동안 모든 축의 문명에서는 내재된 활력이 더욱 강화되는 경향을 보였다. 그리하여 종교적 수행을 기존의 정치 체제에 가두기가 점점 더 어려워졌다. 통치자들의 종교-문화적 통제 시도는 갈수록 강화되었지만, 그럴수록 딜레마와 이율배반으로 곤경에 처할 뿐이었다.

특히 더 그랬던 이유 중 하나는, 종교-문화적 관행 가운데 다른 축의 문명 전통에서 수입되는 요소, 혹은 축의 문명에 속하는 것과 속하지 않는 것이 새로운 방식으로 결합된 요소가 많아졌기 때문이다. 제국의 통치자와 종교적 엘리트 계층의 관계가 특히 긴밀한 문화권에서도 이와 같은 현상은 마찬가지였다. 예를 들어 이란 지역의 사산 제국에서는 종교와 정치의 관행이 매우 밀접했다. 그럼에도 불구하고 7세기 사산 제국의 말엽에 이르러 종교-문화적 개혁 성향이 나타났다. 개혁 사상은 기존의 관습을 무시했고, 과거 같은 종교와 정치의 관계는 권력자들을 위한 도구일 뿐이라는 입장이었다.

중국에서는 수나라부터 당나라 초기까지 다양한 종교-철학-문화적 경향이 공존했다. 그들은 서로를 인정했으며, 각자 정치 권력의 지원을

---

1 축의 시대에 관한 보다 상세한 논의는 〈케임브리지 세계사〉 시리즈 제7권 제5장 참조.

받는 경우가 많았다. 그러나 시대에 따라 선호도가 바뀌거나 다양한 공존의 문화를 억압하려는 시도가 등장하기도 했다. 수나라 때에는 불교를 선호했지만, 도교나 다른 사상도 충분히 용납되었다. 그 뒤를 이은 당나라의 문화도 별반 다를 바 없었다. 당나라 초기에는 서양과 이란의 각종 종교, 예컨대 조로아스터교, 마니교, 네스토리우스파 기독교 등도 허용되었다.[2] 그러나 9세기에 이르러 네스토리우스파 기독교와 불교는 탄압을 받았다. 그 결과 네스토리우스파 기독교를 비롯한 동방 기독교의 여러 분파는 중국에서 더 이상 교세를 유지하지 못했고, 다만 제국의 서부 국경선 너머에서만 살아남을 수 있었다. 이와 달리 불교는 잠시 억압을 받기는 했지만 확고한 종교적 기반에 특별한 손상을 입지 않았다. 이미 중국에서 기원후 4세기부터 자리를 잡아온 오랜 전통이 있었기 때문이다.

일반적으로 무신론적 종교나 철학이 지배하는 문화권에서는 제국의 통치자들이 축의 시대 종교에 매력을 느끼기가 어려웠을 것이다. 유신론이 번성한 문화권과는 사정이 달랐던 셈이다. 축의 시대 종교를 심각하게 받아들이지 않음으로써 오히려 그에 내재된 갈등과 문제에 휘말리지 않는 장점도 있었다. 축의 시대 유신론적 종교를 신봉하는 측에서는 종교적 해석상 입장이 갈라져서 정치적 분란이 일어나고, 그러한 갈등이 폭력적으로 분출된 경우가 많았다.

그러나 종교-문화적 갈등의 심화에도 불구하고, 기원후 200~800년의 정치 문화는 큰 틀에서 보자면 고전적 정치 질서를 유지하고 모방하

---

2 Mark Edward Lewis, *China's Cosmopolitan Empire: The Tang Dynasty* (Cambridge, MA: The Belknap Press of Harvard University Press, 2009).

고 복제하려는 노력을 계속했다. 당시의 개혁 정치란 주로 새로운 통제를 더하는 방향이었다. 그러나 기원후 1000년에 가까워질수록, 새로운 사회·문화적 활력을 기존의 고전적 틀 속에 가두어두기가 점점 힘겨워졌다.[3]

문화적 결정화와 지역성의 초월

이번 장에서는 10~13세기 몇몇 문명권에서 나타났던 종교-문화적, 사회적, 정치적 관행의 복합적 구조 변화와 개혁을 검토하고자 한다. 이를 분석하기 위하여 "문화적 결정화(cultural crystallization)"라는 용어가 사용되는데, 이는 새로운 개념의 형성을 일컫는 말이다. 새로운 개념의 내용은 우주론, 시간성, 섭리, 정체성(소속감) 등 다양했다. 새로운 사회 체제가 등장할 때는 이들 새로운 개념이 대단히 심오한 의미를 내포했다. 축의 시대는 바로 그와 같은 문화적 결정화의 시대였다. 마찬가지로 사회 전반적으로 복잡다단한 근대 문화가 출현한 근대 시기 또한 문화적 결정화의 시대였다.

기원후 제2천년기 초기의 몇 세기 동안은 세계사적으로 볼 때 과거 3000년 범위에서 세 번째에 해당하는 주요 문화적 결정화의 시대였다. 이때는 축의 시대 유산이 세계 종교(world religion) 문화로 발현되어 있었기 때문에, 개혁의 내용은 곧 세계 종교의 개혁이었다. 그래서 문명권에 따라서는 해당 시기를 문화 개혁의 시대 혹은 르네상스의 시대였다고 말할 수도 있다. 그와 같은 개혁이 일어나게 된 배경에는 세계 교류

---

3 중세 시대 정치 변화에 관해서는 〈케임브리지 세계사〉 시리즈 제10권 제18장 참조.

의 증대가 있었다. 교류의 증대는 구세계 주요 문명권에서 사회 질서의 위기를 초래했다. 결과적으로 여러 곳에서 새로운 체제가 등장했다. 경우에 따라서는 원숙하지 못한 형태를 띠기도 했지만, 이후의 사회 제도는 결과적으로 그때 만들어진 체제에서 벗어나지 않았다. 시기적으로 중간천년기(Middle Millennium)의 시작은 비교적 분명하게 알 수 있다. 또한 중간천년기의 끝도 새로운 제도와 정치 체제의 출현을 통해 분명하게 특정할 수 있다. 우리가 이번 장에서 논의하고자 하는 10~13세기는 대략 중간천년기의 중엽에 해당하는데, 이 시기의 특징은 이후로 오래도록 지속될 사회 변화의 시작이었다. 우리가 중간천년기의 시작점을 비교적 분명하게 특정할 수 있는 이유는, 축의 시대에 만들어진 제도적 프로그램(institutional programmes, 아이젠스타트의 용어)이[4] 비록 기력을 완전히 소진하지는 않았더라도 분명한 한계에 부닥쳤고, 근본적 개혁 없이는 더 이상 앞으로 나아갈 수 없는 상황이 되었기 때문이다. 그래서 당시에 진행된 재구조화가 바로 우리 논의의 초점이 될 것이다. 거꾸로 근대부터 거슬러 올라가 보더라도 이야기는 마찬가지다. 근대 초기 및 근대 사회의 특징으로 평가되는 사회 관계 및 제도적 틀의 맹아는, 다양한 문명권에서 공통적으로 10~13세기에 출현했던 새로운 거시적 사회 제도다. 이를 통해 우리는 중간천년기 이후로 진행된 사회 저변의 제도적 변화를 구별해낼 수 있는 것이다. 그러므로 우리는 10~13세기 변

---

4 S. N. Eisenstadt, 'Introduction: Comparative Studies and Sociological Theory - From Sociological Theory to Civilizational Analysis: Autobiographical Notes', in *Comparative Civilizations and Multiple Modernities: A Collection of Essays by S. N. Eisenstadt*, vol. I (Leiden: Brill, 2003): 1-28.

화 중에서 거시적 사회 제도도 간과할 수 없다. 당시의 변화는 이후 상호 교류의 지속적 증가를 가져왔다. 그럼에도 서로 다른 문명권마다 발달 경로가 달랐고, 발전 도상에서 때로는 동일한 문명권이 분화되는 경우도 있었다.

몇몇 연구자가 지적한 바와 같이 "서구적 발전 패턴(자본주의와 민주주의)의 특징을 선입견 없이 설명하려는" 시도는 비교적 최근에, 예컨대 사이드 아미르 아르조만드(Said Amir Arjomand)나 케네스 포메란츠(Kenneth Pomeranz)를 비롯한 연구자들이 "문명 비교 연구"를 시작한 후에야 비로소 시작되었다. "중세번영기(High Middle Ages)의 발전 경로 분리"에 주목한 것도[5] 그러한 흐름의 일환이었다. 아마도 막스 베버(Max Weber)는 사회과학의 역사상 문명의 다양한 궤적에 대한 폭넓은 비교 연구의 필요성을 제기했던 가장 유명한 사례일 것이다. 거대 세계 종교의 사회학을 연구한 그의 세 권짜리 방대한 저서가 처음 출간된 때는 1920~1921년이었다.[6] 그의 저서에는 기존에 확인된 경험적 자료와 상호 비교의 관점이 풍부하게 포함되었다. 그러나 막스 베버가 명확하게 밝혔듯, 연구의 목적은 방대한 비교 연구 그 자체가 아니라 비-

---

5 Said Amir Arjomand, 'Transformations of the Islamicate Civilization: A Turning Point in the Thirteenth Century?' in Johann P. Arnason and Björn Wittrock (eds.), *Eurasian Transformations, Tenth to Thirteenth Centuries: Crystallizations, Divergences, Renaissances* (Leiden: Brill, 2004): 213-45; Kenneth Pomeranz, *The Great Divergence: China, Europe, and the Making of the Modern World Economy* (Princeton University Press, 2000).
6 Max Weber, *Gesammelte Aufsätze zur Religionssoziologie.* Ⅰ (Tübingen: J.C.B. Mohr (Paul Siebeck): 1920); Ⅱ. *Hinduismus und Budhismus* (1921); Ⅲ. *Das antike Judentum* (1920).

유럽의 맥락을 연구함으로써 "우리 서양의 종교 문화"와 비교할 지점을 발견하려는 것이었다.[7] 이러한 입장은 막스 베버에서부터 벤저민 넬슨(Benjamin Nelson), 볼프강 슐루흐터(Wolfgang Schluchter)에 이르기까지 변함이 없었다. 유럽을 연구할 때 필요한 범주를 유럽이 아닌 다른 지역에 그대로 적용하는 비교 연구(대표적으로 서유럽과 일본의 "봉건주의" 비교)는 오늘날 학자들의 연구 경향과 부합하지 않는 것 같다. 그래서 역사학 및 역사사회학에서는 새로운 연구 방법론 개발에 첫발을 내디뎠다. 유럽 중심적 범주를 피하면서도 문명 비교가 가능한 분석 틀을 찾아보려는 취지였다. 그 이전 19세기 말에서 20세기의 연구에는 유럽 위주의 개념들이 반영되어 있었다. 과거 주도적이었던 질문의 범주는 오늘날의 연구에서 더 이상 사용되지 않거나 간접적으로 사용될 뿐이다.

이번 장에서는 몇 가지 문명 비교 요소의 윤곽을 그려 보이고, 구세계 문명의 발전에서 공통되는 패턴에 주목하고자 한다. 이를 통해 중간천년기의 후반기 초엽에 구세계의 몇몇 지역에서 거대 사회 체제가 근본적으로 재규정되었다는 사실이 드러날 것이며, 이는 문명 비교의 측면에서 의미 있는 결과를 보여줄 것이다.[8] 이와 같은 변화는 세계의 여러 지역에서 발생했기 때문에, 우리는 당시를 "초지역적 재구조화

---

7 Ibid. vol. I, 15.
8 셸던 폴록(Sheldon Pollock)은 이와 같은 비교 연구를 옹호하며 실제로 연구 성과를 잇달아 발표했다. 다음을 참조. Sheldon Pollock, 'The Transformation of Culture-Power in Indo-Europe, 1000-1300', in Arnason and Wittrock, *Eurasian Transformations*, 247-78; Sheldon Pollock, *The Language of the Gods in the World of Men: Sanskrit, Culture, and Power in Premodern India* (Berkeley, CA: University of California Press, 2006): 497-565.

(transregional reorientations)의 시대"라 부르기로 한다. 구세계의 몇몇 문명권에서 거의 동시적으로 발생한 일련의 심각한 문제가 있었고, 당시의 변화는 그에 대한 나름의 반응이었던 것으로 해석된다.

당시의 다양한 재해석은, 과거 축의 시대 종교와 철학이 영향을 미쳤던 지역 범위에 비해 훨씬 더 광범위한 지역에 영향을 미쳤다. 유럽의 경우 한 가지만 예를 들자면, 기독교 문화권은 거의 두 배로 확장되었다. 신규 확장 지역인 유럽의 동부와 북부는 과거 축의 시대 문화권 바깥이었다. 그래서 신앙 생활과 의례의 측면에서 새로 전래된 기독교는 기존의 토착 문화와 절충할 수밖에 없었다.

11~13세기의 변화에 주목한 역사가들은 또 있었다. 그들 또한 당시를 심층적 변화의 시기로, 이후 장기 지속적으로 여파를 미친 변화가 그때 시작된 것으로 파악했다. 예컨대 유럽의 서부, 중부, 남부에서 일어났던 변화를 연구한 권위 있는 연구자로 토머스 비손(Thomas N. Bisson)을 들 수 있다. 연구의 중점은 "영주권(lordship)" 문제였다. 그는 당시 새로운 집단이 영주권을 통해 과거 귀족들이 가졌던 권리를 차지하고자 한 과정을 연구했다(그들의 시도가 언제나 성공했던 것은 아니다). 이와 같은 변화로 권력의 집중과, 집중된 권력의 광범위한 사용 내지 남용의 문제가 뒤따랐다. 영주권은 (기본적으로 토지에 대한 권리지만 – 옮긴이) 명령을 내리거나 집행할 수 있는 권리도 포함되었다. 그래서 영주권에 대한 도전은 밑바닥부터 혼란을 초래할 수밖에 없었다. 당시의 변화 때문에 구세계의 관습은 무너졌고, 새로운 통치 방식을 표방하는 새로운 정부가 등장했다. 비손의 표현에 따르면, "중세 유럽에서 권세를 얻으면 곧바로 통치자가 될 수 있었던 비결"이 바로 여기에 있었다.[9] 유럽의 반대

편에서 일어났던 비슷한 변화를 분석한 연구도 있다. 피에르 프랑수아 수이리(Pierre François Souyri)는 12세기 일본 사회가 비교적 짧은 기간 동안 급작스럽게 "전사의 시대"로 접어든 과정을 연구했다. 그의 표현을 빌리자면, 당시의 변화 때문에 일본에서는 "세상이 완전히 거꾸로 뒤집어졌다."[10] 중국의 송-원-명 교체기와 아바스 칼리프국 후기의 비교 연구에서는 전반적인 구조 재편의 유사성에 초점을 맞추었다. 다만 이후의 장기적 변화의 결과는 양쪽이 확연히 달랐다.[11] 다양한 패턴의 변화를 촉발한 당시의 원동력이 너무나 뚜렷했기 때문에, 일부 학자들은 그 원동력을 지칭하려면 "초기 근대성(early modernities)"이라는 용어를 사용해야 한다고 주장하기도 했다.[12]

세계사의 측면에서 당시는 매우 의미심장한 시대였다. 첫째, 20세기나 21세기의 관점에서 보면 그렇지 않을지도 모르겠지만, 이 책의 서론에서 논의한 것처럼, 실제로 그 시기에는 인류가 활약한 수많은 분야에

---

9 Thomas N. Bisson, *The Crisis of the Twelfth Century: Power, Lordship, and the Origins of European Government* (Princeton University Press, 2009): 17.
10 Pierre François Souyri, *The World Turned Upside Down: Medieval Japanese Society* (New York, NY: Columbia University Press, 2001).
11 Paul Jakov Smith and Richard von Glahn (eds.), *The Song-Yuan-Ming Transition in Chinese History* (Cambridge, MA: Harvard East Asian Monographs, 221; distributed by Harvard University Press, 2003); Said Amir Arjomand, 'Transformations of the Islamicate Civilization', 213-45. See also Said Amir Arjomand, 'Crystallization of Islam and Developmental Patterns in the Islamicate Civilization', in Said Amir Arjomand (ed.), *Social Theory and Regional Studies in the Global Age* (Albany, NY: State University of New York Press, 2014): 203-20.
12 Special Issue 'Early Modernities', *Daedalus* 127:3 (Summer 1998); reprinted as S. N. Eisenstadt, Wolfgang Schluchter and Björn Wittrock (eds.), *Public Spheres and Collective Identities* (New Brunswick, NJ: Transaction Press, 2001).

서 세계적 원거리 교류가 놀라울 정도로 발달했다. 둘째, 그 시기에 서로 다른 문명들의 발달 과정이 명확하게 나뉘었고, 거대 사회 체제가 형성되면서 문명권의 차이가 더욱 확고해졌다. 이러한 과정에서 우주론과 문화유산 및 전통이 재해석되고 또한 새롭게 표현되었다. 그런 점에서 문화권에 따라서는 당시를 엄청난 재구조화의 시대였다고 말할 수 있다. 셋째, 구세계 중간천년기 전체를 대표하는 사회적 특성이 만들어진 때가 바로 우리가 논의하는 그 시기였다. 그러므로 당시의 변화를 심도 있는 문화적 결정화의 과정이라 말할 수 있는 것이다. 이와 같은 현상에 속하는 어떤 요소를 분석할 때는 개념의 변화와 사회정치적 변화의 과정 혹은 혼란의 과정이 어떻게 연결되는지, 또한 당시에 출현했던 다양한 사회적 양태가 그와 어떻게 결부되는지를 주의 깊게 살펴보아야 한다.

농업-문자 문화 중심의 주요 문화권이 분명하게 형성된 시기는, 그리하여 스스로에 대한 인식이나 타문화에 대한 인식의 과정에서 서로의 경계가 분명하게 형성된 시기는 (축의 시대 혹은 거대 세계 종교가 출현한 시대라기보다) 오히려 제2천년기가 시작될 무렵이었다는 주장이 제기되어왔다. 이후의 특징적인 근대 사회를 형성하는 데 중대한 문화·제도적 패턴이 출현한 시기 또한 바로 그때였다.

변화의 맥락

기원후 제1천년기가 끝나갈 무렵, 축의 시대에 등장한 제국의 질서는 모두 기운을 다하여 근본적 변화를 맞이했다. 북반구 전역에서 도전과 응전의 과정이 펼쳐지는 가운데 기존 문화의 제반 요소에 대한 근본적 질문과 개혁이 제도적 변화로 나타났다. 세계 곳곳에서 지역의 지도자들은 종교적·제국적 질서를 다시 확립하려 노력했고, 이러한 시도는 도시 및 상업의 발달과 연결되는 경우가 많았다. 중국의 송나라, 이집트의 파티마 칼리프국, 서유럽의 오토 왕조, 마케도니아계 황제들이 주도한 비잔티움 제국의 부활 등이 모두 이와 같은 패턴이었다. 북반구 전역에서 벌어진 이와 같은 변화의 움직임에 모든 고급 문명에서는 실제적 도전뿐만 아니라 문명의 저변에 깔린 기본 상식과 우주론에 대한 도전에 직면했다. 새로운 도전과 도전의 확산에 즈음하여 각 문화권에서는 기존 정치 문화 질서의 핵심적 구성 요소를 개혁하고 또한 유기적으로 종합하는 과정을 거치게 되었다.

일부 문화권은 인근 지역 사람들이나 유목민의 개입으로, 체제 전복까지는 아니지만 상당한 위기 상황에 내몰렸다(아마도 가장 크게 위기가 닥쳤던 지역은 중국과 비잔티움 제국이고, 비교적 약소했던 지역은 일본과 서유럽인 것 같다). 로마나 중국의 한(漢) 제국, 혹은 마우리아 제국처럼 축의 시대와 함께 등장한 제국들은 이미 멸망한 지 오래였다. 심지어 파르티아 제국을 무너뜨리고 그를 계승한 사산 제국조차, 중앙아시아 유목민의 침략은 성공적으로 막아냈지만 이슬람의 군대를 만나 무너지고 말았다.

9세기에 이르러 아바스 칼리프국에도 위기가 찾아왔고, 이후 쇠약해진 아바스 제국의 세력은 오래도록 회복되지 못했다. 9세기 후반기에는 그때까지 역사상 중국 문화권을 최대로 확장한 당(唐) 제국이 마침내 무너졌다. 당 제국을 계승한 송(宋) 왕조는 외부의 도전과 내부의 변화를 동시에 겪어내야 했다. 송나라 때에는 학문과 새로운 경제 활동이 모두 번성했다. 이는 결국 중국 문화에 새로운 에너지 원천이 되었고, 부문에 따라서는 거의 산업혁명 수준에 가까운 정도로 경제가 발달했다. 학자들은 유교의 미덕이 정부의 통치 철학으로 회복될 수 있도록 신중한 노력을 기울였고, 사회 구조는 심도 있는 변화를 거쳤다. 이같이 새롭고 활력 넘치는 중국 문화는 13세기 중엽에 이르러 몽골의 침략으로 무너지고 말았다. 송나라의 뒤를 이은 원(元)나라는 새로 정복한 지역의 관습과 문화를 신속하게 받아들였다. 역설적이게도 송나라의 지식인들이 제기한 개혁 정책들을 실제로 채택하여 시행한 이들은 새로운 왕조인 원나라의 통치자들이었다. 더욱이 송-원, 그리고 한 세기 이후의 명나라까지 무언가 끊이지 않고 이어지는 연속성이 곳곳에 있었다.[13] 피터 볼(Peter Bol)이 분명하게 주장했듯, 송-원-명나라로 왕조가 변하는 동안 성리학(性理學, 신유학)은 일관되게 일정 정도의 학문적-제도적 자율성을 획득하고자 했고, 권력의 직접적 행사로부터 어느 정도 벗어난 지위를 추구했다.[14] 왕조의 교체를 넘어서는 그러한 연속성에도 불구하고 새로운 정치·문화·철학적 관행이 형성되었고, 이를 통해 중국 문화는 완전히 새로운 사회적 맥락과 세계적 환경에 대응하여 근본적으로 개혁되는 시기를 맞이했다.

---

13 See Smith and von Glahn, *Song-Yuan-Ming Transition*, and also Paul Jakov Smith, 'Eurasian Transformations of the Tenth to Thirteenth Centuries: The View from Song China, 960-1279', in Arnason and Wittrock, *Eurasian Transformations*, 279-308.
14 Peter K. Bol, 'Examinations and Orthodoxies: 1070 and 1313 Compared', in Theodore Huters, R. Bin Wong and Pauline Yu (eds.), *Culture and State in Chinese History: Conventions, Accommodations, and Critiques* (Stanford, CA: Stanford University Press, 1987): 29-57; Peter K. Bol, *Neo-Confucianism in History* (Cambridge, MA: Harvard University Asia Center and Harvard University Press, 2008).

서유럽에서 카롤루스 왕조는 고대 로마 제국의 질서를 회복하고자 시도했던 노력을 대표한다. 그러나 당시의 맥락은 로마 시대와는 완전히 달라져 있었다. 이후로도 수 세기 동안 반복적으로 개혁을 시도할 때마다 사람들은 카롤루스 왕조를 기억했지만, 실제로 카롤루스 왕조의 치세는 대단히 짧았고, 세계적 판도에서 보더라도 그들의 위상은 변방에 지나지 않았다. 카롤루스 왕조의 시대에는 제국 체제가 회복되기는커녕 오히려 정치 및 권력 구조의 다양성이 확대되었다. 시간이 지나면서 당시의 성과는 유럽식 다원주의와 혁신의 독특한 여정으로 평가되었다. 이와 같은 일이 일어나게 된 과정은 그리 단순하지 않았고, 대개는 의도적이라기보다 실수로 그렇게 되었던 것이다. 그중에서 하나만 예를 들자면, 라틴 기독교 문화 전통과 그리스 고전 철학 및 언어 전통이 대립하여 치열한 연구와 논쟁이 이어졌다.

중국에서도 비슷한 논쟁이 일어나 성리학(性理學, 신유학) 운동으로 이어졌다. 그들은 전통의 미덕을 회복하자고 주장했으므로, 결과적으로 중국 문명권이 문화와 언어의 측면에서 동질적인 하나의 권역으로 유지되는 데 기여했다. 즉 성리학 운동과 중국 전역을 포괄하는 정치 질서의 유지(여기서 원나라 시기는 짧았던 예외적 단절로 본다) 덕분에 문명권 전역에 걸쳐 단일 언어 환경이 지속적으로 유지되었다. 그러나 언어적 측면에서 서유럽의 경우는 중국과 전혀 다른 여정을 거쳤고, 인도의 경우도 언어 문화의 지역 분화가 이 시기에 첫걸음을 내디뎠다. 그러므로 당시 세계는 문화권별로 단일 언어 지역도 있었고 언어 분화 지역도 있었다. 이러한 차이는 이후 수 세기 동안 공존했지만, 근본적 변화가 등장했다는 측면에서 모든 문화권에 공통점이 있었다. 당시 유럽에서는 수도원 체제가 자리를 잡았다. 수도원은 지역별 공동체와 더욱 긴밀한 관계를 맺고 새로운 종교 문화를 이끌어갔다. 그러나 라틴 기독교 문화가 확장되면서 새로운 공통 문화가 만들어졌고, 수도원은 지역성을 강화하는 동시에 공통 문화의 틀 속에서 동질성을 만들어내는 기능도 담당했다. 예컨대 당시 북유럽과 동유럽은 기독교가 새롭게 개척한 지역이었는데, 그곳에서 활동한 시토(Cieaux) 수도회는 지역성과 공통성을 동시에 강화한 대표적 사례였다.[15]

기원후 제1천년기가 끝나기 전에 남아시아로 진출한 이슬람 문화와 정치 제도는 기존의 힌두 전통을 개혁하는 원동력이 되었다. 이슬람에 밀리지 않기 위해 힌두교 학자들은 경전의 해석을 더욱 발전시켰고, 종교의 보편적 의미를 강조했으며, 또한 산스크리트어의 강화 및 활성화를 도모했다. 당시 산스크리트어는 중앙은 물론 대부분의 지역 차원에 이르기까지 다양한 문화적 관습의 기반이었다. 12세기부터 이슬람 세력은 인도아대륙으로 더욱 깊숙이 진출했다. 초기에는 북서부 지역의 통치자들과 남부 및 벵골 지역의 상인들이 주축 세력을 형성했지만, 나중에는 북부 및 중부 지역의 통치 세력으로 확고하게 자리를 잡았다. 13세기 초 델리 술탄국의 성립으로 이슬람과 과거의 인도 전통 문화가 본격적으로 마주치는 공간이 형성되었다. 양자가 뒤섞이면서 인도-무슬림 문화 관습이 형성되었고, 나아가 인도-무슬림 문화권이 만들어졌으며,

---

15 See e.g. Gábor Klaniczay, 'The Birth of New Europe about 1000 CE: Conversion, Transfer of Institutional Models, New Dynamics', in Arnason and Wittrock, *Eurasian Transformations*, 99-130; and Gábor Klaniczay, *Holy Rulers and Blessed Princesses: Dynastic Cults in Medieval Europe* (Cambridge University Press, 2002).

이를 기반으로 16세기 이후로는 무굴 제국이 번성했다.[16] 남아시아의 언어와 문화적 관습도, 전부는 아니지만 대부분 산스크리트어 기반이었다. 산스크리트어 문화와 튀르크어 및 아랍어에 기원을 둔 문화가 만나면서 서로에게 영향을 미쳤다. 후자의 예를 들면 이란과 중앙아시아의 페르시아 문화권에서 성립된 고급 문화와 시문학 등이 있었다. 또한 서유럽에서와 마찬가지로 인도에서도 언어의 지역 분화 및 종교적 관습의 현지화 과정이 진행되었다. 서유럽과 인도에서 다 같이 문화적 동질성 강화와 지역별 언어 분화의 과정이 수 세기 동안 공존했고, 그 속에서 근본적 변화의 과정이 출현했다.

동남아시아에는 광대한 영역에 걸쳐 산스크리트어 기반 문화 공동체가 형성되었다. 윌리엄 맥닐(William McNeill)의 표현을 빌리자면, 그곳은 "문명의 인도화(Indianized) 현장"이었다.[17] 현지 문화는 산스크리트어 기반 보편 문화의 상상력과 분리 불가능할 정도로 긴밀하게 얽혀 있었다. 이러한 상상력은 중심부와 주변부 개념보다는 공간을 초월하는 힌두교 문화의 특성을 반영하는 것이었다. 그 결과 문화적-우주론적 상상력과 현지 문화가 합쳐져 독특한 융합의 양상이 나타났다. 그 범위는 인도아대륙을 넘어 아시아 지역에 광범위하게 확산되어 있었다. 또한 인도를 모델로 하는 제국들이나 기타 정치적 주체들은 정복 전쟁 등 여건의 변화에 따라 멸망했지만, 그들이 만들어낸 문화적 관습은 이후에도

---

16 16세기 무굴 제국의 가장 위대한 황제로 일컬어지는 잘랄 앗 딘 아크바르에 관해 간결하면서도 빼어난 평전이 있다. André Wink, *Akbar* (London: Oneworld Publications, 2008).
17 William H. McNeill, *A World History*, 4th edn (New York: Oxford University Press, 1999): 274.

수 세기 동안 살아남았다.

조건과 원인

13세기 구세계의 각지에서 몇 가지 서로 연결된 과정이, 비록 그 정도는 각기 달랐지만 동시에 진행되었고, 그것이 여러 지역에서 문화적 결정화(cultural crystallization) 및 개혁을 이끌었다.

1) 인구 성장이 확연했다. 이전 세기에도, 이후 세기에도 그 정도로 뚜렷한 인구 성장은 찾아보기 어려웠다. 중국에서도 그랬고, 인도아대륙과 유럽에서도 마찬가지였다.

2) 농업 생산력 증대가 뚜렷했다. 이는 토지 이용 방식의 변화뿐만 아니라 생산 기술 덕분이기도 했다. 예컨대 유럽에서는 새로운 유형의 쟁기를 사용했고, 새로운 곡물을 재배했다.

3) 농업 성장의 결과 새로운 도시와 새로운 유형의 도시 생활이 성장했다. 상인 조합(길드)과 장인 조합이 중국의 도시에서, 또한 중국보다 규모는 작았지만 유럽의 도시에서도 나타났다. 도시의 발달은 농민뿐만 아니라 도시민이 권리(rights) 개념을 분명히 하려 한 시도와 관련이 있었다.

4) 상업이 성장했다. 남아시아와 동남아시아에서 상업의 성장은 인도양과 그 주변까지 이어졌던 과거의 교역 네트워크를 기반으로 했다. 유럽의 맥락에서 상업의 성장은 지역별 교역의 발달이 주도했다. 그러나 무어(R. I. Moore)가 주장했듯이, 구세계를 가로지르는 교역로는 축의 시대보다 훨씬 더 비중이 커졌다.[18] 또한 상업의 성장은 교역에 대한 규제 완화의 배경이 되었다.

5) 대부분의 문명권에서 엘리트 계층이 형성되어 서로 경쟁했다. 주로 전통 가문이나 구귀족층 혹은 황제의 가문과 관련이 있는 사람들이었다. 군대나 관료 출신의 엘리트 계층도 등장하여 갈수록 영향력을 더했다.

6) 관료나 종교 엘리트를 육성하는 새로운 제도와 기관이 등장했다. 이들은 법률 비슷한 사법적 판단을 분석하는 능력을 길렀다. 대표적인 예로 중국에서는 성리학 교육 기관(書院)이 등장했고, 이슬람 문화권은 대부분의 지역에서 마드라사(madrasa)의 설립 및 육성을 지원했다. 유럽에서 최초의 대학이 설립된 시기는 11~12세기였다. 이는 당시 유럽 사회의 전반적 변화의 일환이었다.

7) 새로운 엘리트 계층의 등장은 사회 전반적으로 중요한 의미가 있었다. 정부 고유의 영역을 넘어서는 사회적 영역의 관행이 달라졌는데, 이는 말하자면 새로운 종류의 대중적 영역(public space)이라고 할 수 있다. 구세계 전역에 걸쳐 이와 같은 영역이 출현하거나 재조정되었다.

8) 엘리트 계층의 경쟁이 집중된 부분은 오늘날의 사회과학에서 말하는 국가 형성(state formation)과 관련되는 영역이었다. 그러나 보다 정확하게 말하면 정치 질서의 본질, 통치 방식, 통제권을 다툰 것으로 보아야 한다. 예컨대 토머스 비슨(Thomas Bisson)의 연구에 따르면, 당시 유럽의 발달은 다양한 정부 형태의 측면에서 이해할 것이 아니라, 그보다는 오히려 기존 사회에 내재하는 모든 권력, 그의 표현을 빌리자면 영주

---

18 R. I. Moore, 'The Transformation of Europe as a Eurasian Phenomenon', in Arnason and Wittrock, *Eurasian Transformations*, 77-98.

권(lordship)에 일정 정도 제한을 가하려는 시도, 일종의 통제 관행을 만들고자 했던 과정으로 이해해야 한다. 그러한 노력의 결과 정부와 의회가 서서히 등장했고, 마침내 권력의 직접적 표현이나 행사, 혹은 영주나 군주의 강압을 어느 정도 넘어서는 권력 구조가 만들어졌다.[19]

이러한 과정들이 합쳐져 구세계에서는 앞으로 오래도록 펼쳐질 기나긴 여정의 무대가 마련되었다. 바로 농업-문자 기반 사회의 여정이었다. 또한 세계적 상호 교류가 강화될 수 있는 조건도 형성되었다. 역사가들이 보기에 지역별로 상호 교류의 중요성은 상이하겠지만, 이후 실제로 지역 간 교류는 강화되었다. 중국 송나라의 심층에 자리한 변화를 분석한 폴 스미스(Paul J. Smith)는 이렇게 말했다. "중세 변화의 가장 중요한 엔진은 의심할 나위 없이 인구의 무게 중심이 (남중국으로) 옮겨 간 일이었다." 인구 변화는 결과적으로 벼농사의 생산성 증가를 촉진했고, 교역 네트워크를 자극하는 데까지 나아갔다. 또한 그의 주장에 따르면, 이러한 변화는 "4~9세기 중국 사회를 이끈 중세 권문세족의 붕괴와 관련이 있었다. 결정적 사건은 서쪽 스텝 지대로부터의 유목민 유입이었다. 이것이 누적되어 13세기 중엽 원나라가 성립했다."[20]

셀던 폴록(Sheldon Pollock)은 산스크리트어 문화권에서 일어난 지역별 언어 분화 과정을 분석하며 중국에서와 유사한 사실들을 확인했다. 신중한 그의 견해는 다음과 같다. "명백한 몇 가지 사실은 확인할 수 있다. 예컨대 제2천년기 초 교역 네트워크가 강화되면서 지역별로 권력이

---

19 Bisson, *The Crisis of the Twelfth Century*, 578-81.
20 Paul Jakov Smith, 'Eurasian Transformations'.

분산 집중되었거나, 서부와 동부 경계 지역에서 이슬람이 확장되면서 새로운 문화적 자극이 발생했던 일 등이다. 그러므로 지역별 언어 문화의 역사적 기원을 통합해서 하나로 설명하는 것은 불가능해 보인다." 물론 이와 같은 사례를 통해 문화와 권력을 이론적으로 설명하는 것이 불가능하다는 입장은 아니었다.[21] 토머스 비슨 또한 비슷한 측면에 주목했다. 12세기 유럽에서 인구 및 경제 성장의 결과 "사람들을 모으고 통제할 수단과 의지 또한 확장되었." 그리하여 과거 "몇 안 되는 귀족이 통치하던" 시대와는 전혀 다른 세계가 펼쳐지게 되었다.[22]

패턴의 분화 및 변화의 경로

앞에서 언급한 학자들의 연구 성과로 10~13세기 세계의 발전 과정에 따른 역사적 중심 이동 및 개혁의 면모가 드러났고, 동시에 무엇보다도 기존의 사회학 내지 역사학에서 암묵적으로, 때로는 노골적으로 횡행한 유럽 중심주의와 거리를 둘 수 있게 되었다. 이번 장에서 중점적으로 논의하고자 하는 변화는 물론 오랜 시간에 걸친 역사로, 이른바 축의 시대(Axial Age)라 불리는 문명과 심대한 영향 관계에 놓여 있다. 이 글에서 논의하고자 하는 문화권이 고대 이스라엘, 그리스, 중국, 인도, 이란 등지에서 형성된 축의 시대 문명과 직간접적 계승 관계에 놓여 있기 때문이다(앞에서 언급한 바와 같이, 물론 축의 시대와 단절 없이 직접적 연속 선상에 놓인 문화권은 없었다). 더욱이 축의 시대의 변화는 구세계의 일부

---

21 Pollock, *Language of the Gods*, 30.
22 Bisson, *Crisis of the Twelfth Century*, 7.

지역에 국한되었고, 그 이외의 지역들, 예컨대 메소포타미아나 이집트 문명권은 축의 시대와 상관이 없었다.

그렇다고 하더라도 축의 시대 문명의 영향은 발생지의 범위를 훨씬 넘어섰고, 시간적으로도 오래 지속되었다. 우리의 논의는 그중 일부만 검토하는데, 10~13세기의 변화 과정에서 축의 시대 영향이 남아 있는 지역을 모두 언급하려면 논문 한 편으로는 턱없이 부족하기 때문이다. 먼저 인도아대륙을 살펴보고, 그다음으로 중국과 일본, 그리고 서유럽 기독교 문화권을 검토한 뒤, 비잔티움 문화권에 대해 간략한 논평을 해 보고자 한다. 이 주제는 간단치 않으므로 이번 글에서는 조로아스터교나 마니교에 대한 내용도 지나칠 수밖에 없는데, 사실 이들이 수 세기에 걸쳐 지중해 문화권과 인도 및 중국 문화권에 미친 영향은 적지 않았다.

제2천년기 초기 구세계의 모든 주요 문명권에서는 권력과 문화의 개념을 개혁하지 않을 수 없었다. 셸던 폴록(Sheldon Pollock)이 말했듯이, "당시 유라시아 대부분의 지역에서는 범세계주의와 제국주의를 포기하고 지역별 문화와 권력의 분산을 지향했다." 이와 같은 "문화와 권력의 변화는 제2천년기가 시작될 무렵 인도와 유럽에서 동시에 나타났다. 이러한 경향이 점차 강화되는 과정을 거쳐 … 17세기에 이르러 양쪽 지역에서 범세계주의적 질서는 거의 완전히 지역주의로 대체되고 말았다."[23] 그러한 과정을 거치면서 구세계에서는 지역별 분화 현상이 두드러졌다. 폴록이 주목했듯이, 특히 인도와 유럽에서는 이러한 현상이 비슷한 시기에 출현했고, 심지어 사회적 맥락의 변화 과정도 유사했다. 예를 들면

---

23 Pollock, *Language of the Gods*, 30.

궁정 엘리트의 역할 변화 과정이 그러했다. 물론 차이도 있었다. "필사본 텍스트를 바탕으로 하는 구술 공연 전통"이 오래도록 단절 없이 이어져 온 것도 많은 차이 중 하나였다.[24] 덕분에 중간천년기의 산스크리트어 문화권은 "유라시아 세계의 3분의 1을 차지하는" 거대 문화권을 형성했다. 지역과 민족을 초월하는 산스크리트어의 특성 및 문법과 어휘의 안정성도 이와 같은 문화권을 형성하는 데 기여한 요소였다.[25] 산스크리트어 문화권은 인도아대륙뿐만 아니라 대륙동남아 및 섬동남아 지역까지 퍼져나갔고, 차림새와 지적 토양이 유사한 문화적 공동체가 형성되었다. 그러나 이를 아우르는 정치적 중심지 혹은 정치적 질서 같은 것은 없었다. 반면 유럽에서는 중간천년기 후반기에 이와 같은 정치적 질서가 출현했다. 이른바 토착 민족국가(nation-states)였다. 이는 "남아시아에서 등장했던 어떠한 정치 형태와도 다른" 형식의 정치 구조였다.[26]

중국에서도 같은 방향의 발전 과정이 나타났다. 인구가 남중국으로 대거 이동하면서 농업 생산성이 급격히 증대되었다. 도시의 성장 또한 시기와 규모 면에서 유라시아의 다른 어느 지역보다 앞섰다. 황실과 밀접하게 관련된 구귀족 엘리트 계층의 쇠락도 목격되었다. 이러한 경향은 (앞에서 언급했듯) 산업의 혁명적 발전과도 연관되는 문제였다. 사회·경제적 변화와 동시에 서부 및 북부 경계 지역에서는 정치적 위협이 강

---

24 Ibid., 233.
25 Ibid., 257.
26 Ibid., 29. See also Sheldon Pollock, 'Cosmopolitan and Vernacular in History', in Carol A. Breckenridge, Sheldon Pollock, Homi K. Bhabha, and Dipesh Chakrabarty (eds.), *Cosmopolitanism* (Durham, NC: Duke University Press, 2002): 15-53.

화되었다. 예전에 비해 더 조직화된 위협이 더욱 빈번하게 발생했다. 그 결과 엘리트 계층이 분열했고, 새로운 국가 체제가 형성되었다(다시 말하면 정치 질서의 재편과 자원 활용 구조의 효율화였다). 이로써 사회·문화적 변혁의 조건이 형성되었다. 당시 변혁의 가장 큰 특징은 관료 계층의 부상이었다. 그들은 엄격한 시험을 거쳐 선발된 사람들로, 정치 질서 참여를 최우선적 윤리로 인식했다. 제1천년기가 끝나갈 무렵 외부의 위협이 증대되는 가운데, 문인 관료 엘리트 계층은 그 어느 때보다 과감하고 능동적이며 종합적인 개혁 정책을 채택했다.

 그들의 학문을 이른바 성리학(性理學, 혹은 신유학) 혹은 도학(道學)이라 했다. 그들의 기원은 오래되었으나 특히 제1천년기 말엽에 이르러 중원(中原) 지역 상실에 따른 위기의식과 분노에 연결되었고, 나아가 제국의 통치 전반에 불만을 제기했다. 성리학은 또한 가족 구조와 유산 상속 문제에도 지대한 관심을 나타냈다. 재산 관리 방향은 가부장제를 강화하는 동시에 여성의 입지를 약화시키는 쪽이었다. 특히 이런 점에서는 같은 시기 서유럽과의 유사성을 떠올리지 않을 수 없다. 여성과 재산에 대한 그들의 입장은, 스스로는 비록 오랜 전통이라 주장했지만 사실은 상당히 새로운 경향이었다. 그들의 입장이 제도적으로 관철된 시기는 아이러니하게도 그들이 "오랑캐"라 일컬은 몽골의 중국 정복 이후였다. 이후 명나라 시기에 그러한 관행은 더욱 강화되었다.

 남송 말기에 비판 운동이 일어나자 권력의 중심부에서도 그들의 개혁안을 받아들이려 했다. 그러나 직접적 효과를 보기에는 이미 늦어버렸다. 이후 남송이 멸망한 뒤 지방 차원에서 학교나 서원 등지를 중심으로 개혁 운동의 명맥이 유지되었다. 지식인 엘리트 계층의 이데올로기인 성리학은 송나라가 멸망한 뒤 몽골이 지배하는 원나라 시기에 사회 전반의 주도적 이데올로기가 되었다. 사회·정치적 측면에서 중국의 지식인 엘리트는 왕조의 정치 질서와는 별도로 충분한 자율성을 획득했다. 그래서 이후 명나라와 청나라를 거치면서도 그들은 사회 지도층의 지위를 지켜낼 수 있었다. 그들의 사회적 지위와 정치 권력의 집행은 서로 뗄 수 없는, 독특하면서도 밀접한 관계에 놓여 있었다.

제2천년기 초엽에 시작된 일본의 발전 양상은 같은 시기 유럽과 중국에서 드러난 특징과 유사한 점이 많았다. 농업 생산력과 도시 생활이 가파르게 확대되었고, 국내 및 국외(중국) 교역도 증가했다. 동시에 전통 엘리트 계층의 구조도 바뀌었다. 기존에는 황실과 직접적 관계가 있는 사람들로 엘리트 계층이 구성되었다면, 심층적 변화의 결과 근본적 정치 질서가 바뀌었고, 그에 따라 대중적 영역(public space)이라 부를 수 있는 새로운 영역이 생겨났다.

그러나 미카엘 아돌프슨(Mikael Adolphson)이 강하게 주장했듯이, 정치 엘리트와 종교 엘리트가 서로를 강화하는 관계가 지속되었다.[27] 황

---

27 See Mikael S. Adolphson, *The Gates of Power: Monks, Courtiers, and Warriors in Premodern Japan* (Honolulu: University of Hawai´i Press, 2000); Mikael S. Adolphson, 'Social Change and Contained Transformations: Warriors and Merchants in Japan, 1000-1300', in Arnason and Wittrock, *Eurasian Transformations*, 309-37. Adolphson의 분석은 기존의 관점과 차이가 있다. 기존에는 헤이안 시대에서 가마쿠라 시대로 넘어가는 12세기 말엽 제국 질서의 변화를 분명한 단절로 보았다. 이와 같은 관점의 흥미로운 예는 다음을 참조. Souyri, *The World Turned Upside Down*. 일본 문명 분석의 흥미로운 사례는 다음을 참조. S. N. Eisenstadt, *Japanese Civilization: A Comparative View* (University of Chicago Press, 1998); and Johann P. Arnason, *The Peripheral Centre: Essays on Japanese History and Civilization* (Melbourne: Trans Pacific Press, 2002).

실과 직접 관계를 맺은 엘리트 계층 이외에 전사 계급이 등장했지만, 그들의 발전은 워낙 점진적이었다. 이후 15세기에 이르러서야 그들이 지배 계층의 주도권을 잡을 수 있었다. 이와 달리 전통적으로 연속성을 보인 패턴도 있었다. 예를 들면 황실의 질서는 헤이안(平安) 시대와, 정치-행정과 종교 및 군사 엘리트가 황실의 권력을 나눠 차지한 가마쿠라(鎌倉) 시대(12세기 후반에서 14세기 중반까지) 사이에 일정한 연속성이 있었다. 그러나 가마쿠라 시대에는 극심한 재정 압박으로 통치에 제약이 있었다. 교토의 황실 유지를 위해 여러 엘리트 계층에서 제공하는 자금은 과거에 비해 현저히 낮은 수준이었다. 이러한 소득 감소는, 전사 계급의 구성원이 예컨대 13세기 두 차례의 몽골 침략을 성공적으로 막아내는 등 필요한 역할을 다하더라도 기대하는 만큼의 보상을 줄 수 없는 현실을 의미했다. 당시 일본의 행정 및 사법 체제는 비교적 효율적이고 정당한 편이었지만, 그럼에도 불구하고 커져가는 불만을 감당하기가 점점 더 어려워졌다.

경제 발전의 결과로 새로운 도시 상업 엘리트 계층이 형성되었고, 이들은 전례 없는 부를 축적했지만 정치 권력으로부터 일관되게 소외되었다. 사회적으로 경제가 차지하는 비중은 작지 않았다. 제2천년기 내내 주요 변혁을 일으킨 세력은 정치 주도 집단이었지만, 그때마다 결정적 역할을 한 것은 상인의 이익과 상업에 대한 관심이었다. 예컨대 절대 군주제에 가까웠던 17세기 이후 쇼군의 시대에도 상업의 비중은 이전 시대와 마찬가지였다.

막스 베버가 설명했던, 근대로 이행하는 유럽의 독특한 여정은 언제나 의미 있는 해석으로 평가되어왔다. 베버의 설명에서는 제2천년기 초

에 일어난 네 가지 동시적 변화를 강조했다.[28]

첫째, 이른바 교황 혁명(Papal Revolution)이다. 그 뒤로는 사실상 교회 권력과 세속 권력의 분리가 점차 강화되었다. 서유럽의 정치 현실에서 이러한 분리는 두 가지 정치 질서의 발달로 흘러갔다. 하나는 신권(神權) 정치(theocracy), 다른 하나는 황제교황주의(caesaro-papism, 세속의 황제가 교황보다 높은 지위라는 의미다. - 옮긴이)였다. 이로써 사회에서 가장 중요한 문제가 경쟁 혹은 다원주의 상황에 놓이게 되는 제도적 기반이 만들어졌다.

둘째, 이른바 봉건 혁명(Feudal Revolution)이다. 여기에는 다양한 공공 영역에서 채택되는 다양한 권리와 의무의 명시가 포함된다. 그리하여 구술 판결이 아닌 법이 지배하는 사회가 처음으로 만들어지게 되었다(이는 스칸디나비아까지는 아니더라도 대부분의 유럽 사회에 익숙한 방식이었다). 권리와 의무가 문장으로 기록되어야 하고, 그에 대한 해석, 명료화, 경합에 따른 판결이 필요하다는 인식이 그 바탕이 되었다.

셋째, 도시 생활의 성장에 따른 도시 혁명(Urban Revolution)이다. 이

---

[28] 베버의 이론에 관한 상세한 논의는 다음을 참조. Wolfgang Schluchter, *Paradoxes of Modernity: Culture and Conduct in the Theory of Max Weber* (Stanford University Press, 1996), in particular chapter 4, 179-243. In two issues of the journal *Daedalus* - on the themes of *Early Modernities*, Summer 1998, vol. 127, No. 3; and *Multiple Modernities*, Winter 2000, vol. 129, No. 1 - results are reported from a long-term research programme that tried to look at global historical developments and to rethink key concepts in contemporary social theory; both issues have subsequently been reprinted in book format as Eisenstadt, Schluchter and Wittrock (eds.), *Public Spheres and Collective Identities;* and S. N. Eisenstadt (ed.) *Multiple Modernities* (New Brunswick, NJ: Transaction Press, 2002), respectively. See also Johann P. Arnason, *Civilizations in Dispute: Historical Questions and Theoretical Traditions* (Leiden: Brill, 2003).

는 교역 및 경제 활동을 촉진할 뿐만 아니라 다양한 범위의 도시 자치 정부와도 관련이 있었다. 신성 로마 제국의 일부 지역에서는 제국의 질서가 극히 약화되어 있었다. 예를 들면 이탈리아 북부 지역이 그랬다. 그에 따라 새로운 도시 자치 공화국 형태의 질서가 만들어졌다. 원래 일부 지역에서 공동 교역을 목적으로 하는 협회 비슷한 조직으로 등장했는데, 나중에 도시 공화 정부로 발전하여 유럽 정치 지형에 깊은 영향을 미치게 되었다.

그 결과 베버가 언급한 네 번째 혁명의 조건이 준비되었다. 즉 지식 혁명(intellectual revolution)이다. 이로써 학술 활동 그 자체는 물론, 이외에도 다양한 지식 활동이 가능해졌다. 당시 유럽 전역에는 서구 기독교 질서가 자리 잡고 있었는데, 정치 및 제도의 다양성이 확대된 조건이 곧 다양한 지식 활동의 가능성으로 이어졌던 것이다. 그 결과 유럽의 대학교(universities)는 일종의 자율적 조직으로 성장하여, 적어도 부분적으로는 교회의 판단에서 벗어나 자치권을 인정받았다. 유럽에서 대학교가 등장함에 따라 서구 기독교 전통과 고전 그리스 철학 전통이 대학교라는 공간을 통해 종합되었다. 또한 대학교는 수도원의 성장과 보조를 같이하여 수도원의 중요한 부속 기관으로 자리 잡았다. 그것이 지식 혁명의 기반이 되었던 것이다.

이러한 과정을 거쳐 정치적 다원주의와 학문적 다원주의가 등장했다. 우주론, 역사, 사회 질서, 그리고 인간 행위에 따른 세속의 가변성에 대한 개념도 그에 따라 만들어지고 또한 변화해갔다. 뿐만 아니라 이러한 변화는 유럽 경제의 변화에도 중요한 영향을 미쳤다. 예컨대 고리대금업을 근본적으로 재평가(혹은 평가절하)하여 도덕적으로 죄악시했다.

더글러스 노스(Douglass North)의 글에서 지적했듯이, 제도의 변화는 대부분 시장의 많은 문제점을 걷어내는 데 기여했다.[29]

11~13세기 유럽에서 엘리트 계층은 내외부적으로 폭력적인 재산 축적의 과정을 거쳤다. 재산권의 경계가 불분명했고, 유산의 상속 문제도 규정이 모호했기 때문이다. 그렇게 축적한 재산을 기반으로 그들은 점차 개혁을 통해 더욱 확고한 권력을 구축하고자 했다.[30] 토지 관련 권리와 경계에 대한 규제가 더욱 심화되고, 또한 농업 생산성이 높아질 가능성이 엿보이는 상황에서 엘리트 계층은 그들이 소유한 자산을 권리 관계가 분명한 부동산 자산으로 만들어갔다. 그들의 기반은 토지에서 나오는 수입이었다. 그리고 가족법을 통해 이를 안정적으로 유지하고자 했다. 가족법은 부계 및 장자 상속을 규정했고, 과거 정당한 유산 상속자로 인정받던 사람들도 철저하고 과감하게 제외시켰다. 그래서 딸이나 장자가 아닌 둘째 혹은 셋째 아들을 돌보아야 할 의무가 생겨났다.

기원후 제1천년기가 지나고 유럽의 기독교 문화권이 지리적으로 대폭 확대되면서 인구수나 지리적 공간이 확장되었을 뿐만 아니라 (중부 내지 서부 유럽에 상당한 위협이 되었던) 북쪽의 노르드인과 바이킹, 동쪽의 마자르인 등 여러 민족이 평화 체제 안으로 흡수되었다. 여기에는 교

---

29 Douglass C. North and Robert P. Thomas, *The Rise of the Western World: A New Economic History* (Cambridge University Press, 1973): 5ff.
30 An interesting account that focuses on the intellectual transformations is Marcia L. Colish, *Medieval Foundations of the Western Intellectual Tradition* (New Haven, CT: Yale University Press, 1997). An authoritative overview is Robert Bartlett, *The Making of Europe: Conquest, Colonization, and Cultural Change, 950-1350* (London: Allen Lane, The Penguin Press, 1993).

황의 적극적 노력이 있었다. 교황은 수도원 조직을 능동적으로 활용하며 교황의 상대적 지위를 강화하려 했던 것이다. 그 과정에서 수도원 조직 자체에도 변화가 있었다. 이와 유사하게, 또한 거의 동시적으로 비잔티움 기독교 문화권 또한 동유럽으로 영향력을 확대해 나갔다. 발칸반도의 여러 민족과, 특히 마지막에 루스 왕국(Kievan Rus)의 개종이 가장 중요한 문제였다.

요컨대 유럽의 라틴계 기독교 문화권에서는 새로운 유형의 사회 질서가 출현했고, 그 속에서 엘리트 계층은 무력을 통제할 능력을 갖추었으며 결혼, 상속, 순결 등과 관련된 새로운 규범을 통해 시간이 지나더라도 변함없이 부동산 관련 이권을 유지·보존할 수 있었다. 이러한 변화 과정에서 새로운 직업 계층이 출현했으니, 바로 전문 군사 계급인 기사(knight)였다. 기사는 지위가 높거나 낮은 봉건 영주에게 장기 혹은 단기로 복무하는 군인이었다. 그러나 궁극적으로 더욱 깊은 변화는, 관료 행정에 능통한 새로운 통치 계급의 형성이었다. 이후로 모든 통치자는 새로운 관료 엘리트 계층의 능력에 의존했다. 그들은 회계, 기록, 사법 행정에 필요한 전문성을 갖추고 있었다. 또한 그에 필요한 기술을 보유하고 교육할 교육 기관도 중요했다.

위에서 언급한 모든 지역(인도, 중국, 일본, 서유럽)을 비교해볼 때 놀라울 정도로 유사한 요소들과, 또한 흐름을 달리하여 갈라지는 요소들이 모두 확인된다. 이러한 유사성과 차이는 근본적으로 다른 결과를 만들어냈다. 예를 들어 집단의 정체성 형성 과정, 공적 공간의 특성, 언어적 관습의 발달은 서로가 완전히 달랐다. 유럽에서는 느리지만 지역별 세속 언어가 꾸준히 성장했으며, 동시에 제국의 질서는 민족별 정치 질서로 변해갔다. 인도 연구 성과에 따르면, 인도아대륙의 여러 지역에서도 지역(세속) 문학의 성장이 확인되었다. 그러나 이는 산스크리트어 문학을 대체하기보다 보충하는 정도였다. 그래서 셸던 폴록이 주장한 바 있듯이[31] 인도에서는 유럽과 같은 의미의 민족 혹은 정치 구조는 말할 것도 없고 지역 경계조차 분명하게 나타나지 않았다. 동아시아의 경우 우리가 주목하는 시대에 변화와 혼란이 겹쳤음에도 불구하고, 중국의 고전이나 제국적 질서의 이상에는 변함이 없었다.

지역을 초월한 방향 전환의 시대

10~13세기는 위기의 시대였다. 그러나 구세계 주요 문명권의 농업-문자 기반 사회에서는 문화적 유산을 재확인하는 계기가 되기도 했다. 제도적 발전의 측면에서 보자면 농업 생산력의 확대, 도시와 상업의 성장, 군사 기술의 혁신 등이 서로 얽혀서 엘리트 계층의 경쟁을 불러일으켰고, 그 결과 정치 질서를 재편하고자 하는 시도가 이어졌다. 이러한 과정은 여러 문명권에서 공통적으로 나타났지만, 문명권에 따라 문제의 해석과 정당성의 평가는 서로 달랐다. 저마다 오래도록 이어져온 문화적 유산의 틀에 비추어 문제를 바라보았기 때문이다. 당시의 변화는 단순히 관념의 변화에 그치지 않았다. 유라시아 세계에서 사회의 저변에 놓인 각기 다른 문화유산의 특징이 이때 더욱 뚜렷해졌고, 또한 제도적으로 확고하게 자리를 잡은 것도 이 무렵이었다.

문화 다양성의 정도는 문명권에 따라, 또한 문명권 안에서도 차이가

---

31 Sheldon Pollock, 'Transformation'.

있었다. 전체적으로 보자면 문화적 차이나 종교적 차이에 대한 관용은 동·서 유럽 기독교 문화권에서 비교적 낮았고, 중국과 일본, 인도, 그리고 나중에 성립된 몽골 제국에서 더 높았다. 이슬람 문화권의 중심부에서는 맘루크 왕조가 들어선 이후 관용이 축소되었다. 중국에서 유교와 도교는 축의 시대 이래로 중국 문화권의 일부로 정착되었고, 제1천년기 전반기에 대승불교를 비롯한 여러 불교 종파가 유입되었으며, 특히 밀교(라마교)도 있었다. 중국 문화권에서 현대를 포함해서 아마도 가장 유명하고 인기 있는 문학 작품이 당나라 시기의 서역, 즉 인도를 순례한 여행기라는 사실은 우연으로 보기 어렵다. 특정 시기(원나라 포함) 동안 "이란"의 종교들, 예컨대 네스토리우스파 기독교, 조로아스터교, 마니교 등도 중국 문화권에 유입되었고, 때로는 주도적 종교로 활동하기도 했다.

그러나 제1천년기가 끝나고 제2천년기가 시작될 무렵, 중국에서는 문화적 관용이 대단히 높은 환경이었음에도 불구하고, 외부에 뿌리를 둔 문화나 종교 및 학파 들은 토착화의 과정을 거치며 결국은 문화적 주류에 편입되는 결과로 이어졌다. 이런 점에서 일본의 경우는 흥미로운 사례를 보여준다. 일본에서는 중국화된 불교를 다시 재해석하여 일본 문화의 색채가 뚜렷한 양식으로 변화시켰는데, 예를 들면 젠(Zen) 불교도 그중 하나였다.

제도적 측면에서 관료 엘리트 계층이 부각되면서 핵심적으로 두 가지 분열의 가능성이 생겨났다. 하나의 가능성은 관료 엘리트와 정치 엘리트의 갈등이었다. 특히 관료 엘리트의 자율성이 문제가 되었다. 또 하나의 가능성은 사회 질서와 정치 질서의 갈등이었다. 특히 사회 집단이 정치 영역에서 권력을 행사 또는 배제하는 정도가 문제였다.

첫 번째 문제, 즉 관료 엘리트와 정치 엘리트의 갈등이라는 측면에서 유라시아의 주요 문명권을 비교해보면, 서유럽과 중국에서 모두 관료 엘리트는 엄격한 훈련의 대상이었고, 동시에 정치 권력으로부터 상당한 정도로 자율성을 누렸다. 제2천년기 초 콘스탄티노폴리스에서 새로운 관료 교육을 시도했지만 결국 실패로 끝났는데, 문제는 관료 엘리트와 전통적 사회 엘리트의 관계가 너무 밀접했기 때문이다. 그래서 콘스탄티노폴리스에서는 중국이나 서유럽에서 도달한 정도로 관료들에게 자율성을 부여하는 것이 불가능했다. 이에 못지않게 중요한 문제는 아마도 재정 여력이었다. 비잔티움 제국은 12세기 말엽에 이미 소아시아 지역의 대부분을 상실했기 때문에 재정이 극도로 악화된 상태에 놓여 있었다. 일본에서는 황실의 측근이나 지역별 군주가 같은 시대 유럽의 엘리트 계층만큼 예속된 지위가 아니었다. 그럼에도 서유럽이나 중국과 같은 정도로 관료 엘리트 육성을 위한 제도적 자율성이 확보되지 않았다.

두 번째 문제는 사회 질서와 정치 질서의 갈등이었다. 서유럽에서는 제국적 질서의 부재가 오래도록 지속되었다. 그사이 다양한 사회 집단이 권력을 공유했다. 도시의 엘리트와 전통적 엘리트가 모두 권력 집단에 포함되었다. 다만 이들이 공간적으로 어느 정도 분화되어 있는 정도였다. 기독교 교회는 어느 정도 제국의 유산을 자처했다. 그러나 교회를 제국의 질서로 인정하는 세력은 아무도 없었다. 아이젠스타트(Eisenstadt)가 언제나 축의 시대 문명에서 가장 중요한 특징이라고 언급해온 초월적 세계와 현실 세계의 간극이, 제도적으로 가장 분명하게 나타난 사례가 아마도 서유럽이었을 것이다. 현실에서는 그러한 간극이 교회 질서와 세속 정치 질서의 분리로 제도화되었고, 제도적 다양성의 공존을 지속 가능하게 만들었다.

이와 같은 다원성의 출현을 서유럽의 특징적 여정으로 보는 입장에서는, 그것이 나중에 서유럽이 부상하는 데 독특하면서도 결정적인 역할을 했다고 주장한다. 그러나 그렇게 본다면 다른 문화권의 중요한 활력을 간과할 우려가 있다. 예컨대 반대되는 사례로 중국을 보자면, 제국의 질서가 변함없이 최고 권력으로 유지되었음에도 불구하고, 중국 문화가 문화적·종교적 관용의 태도를 가장 높은 정도로 유지했다는 사실은 의심의 여지가 없다(물론 시대별로 정도의 차이가 있었고, 타문화가 결국에는 중국 문화에 동화되었다는 점은 감안해야 한다). 더욱이 중국의 정치 질서가 통일적이고 위계질서 구조를 갖추었지만, 이를 지탱하는 우주론에서 제시하는 명백한 조건이 있었다. 하늘의 명령(天命)을 대리하는 자는 반드시 유교적 전통을 따라야 했다. 천명은 언제든지 회수될 수 있는 것이며, 도덕적 가치나 능력이 없으면 초월적 정당성도 더 이상 주장할 수 없었다.[32] 제2천년기가 시작될 무렵, 문인 관료 계층의 자율성이 확대되면서 천명의 조건과 다원주의 및 경쟁이 제도화되었다. 그런 점에서 몽골의 정복과 원나라의 성립은 기본 패턴에 매우 심각한 단절을 가져왔지만, 그렇다고 회복할 수 없을 정도는 아니었다.[33]

---

32 정치 질서가 중국 철학(사상)의 중심이라는 주제에 관해서 간략하지만 중요한 연구 성과가 있다. Benjamin I. Schwartz, 'The Primacy of the Political Order in East Asian Societies: Some Preliminary Generalizations', in Stuart R. Schram (ed.), *Foundations and Limits of State Power in China* (London: European Science Foundation and SOAS, and Hong Kong: The Chinese University Press, Hong Kong, 1987): 1-10.

33 See also Bol, 'Examinations and Orthodoxies', 29-57.

시기적으로 몽골의 정복은 중국 문화권이나 이슬람 문화권에서 별 차이가 없었다. 아주 짧은 시간이 지난 뒤 정복자들은 바로 개종을 하는 등 각각의 종교와 문화권에 흡수되었다. 그러나 몽골의 정복이 미친 영향은 양쪽 문화권에서 현저히 달랐다. 모두 고유의 문화는 그대로 보존되었지만, 정치 질서의 특성은 중국 문화권에서만 과거와 같은 방식으로 지속되었다. 몽골의 정복이 바그다드와 이슬람 문화권 중심부에 미친, 전혀 예상치 못한 영향이 있었다. 비교적 관대한 몽골의 정책 덕분에 몽골 정복기에 네스토리우스파 기독교 및 단성설파(Monophysite) 기독교 세력이 이슬람 중심부에 유입되었고, 그 수가 적지 않았다. 그러나 무슬림은 그들을 의심의 눈초리로 바라보았다. 몽골 제국이 멸망한 뒤 기독교 인구를 개종시키거나 타지로 이주시키려는 정책이 펼쳐졌고, 바그다드와 이슬람 중심지에서 기독교 인구수는 급격히 줄어들었다.

중국에서와 마찬가지로 일본에서도 다양한 전통과 종교의 층위가 통일된 질서에 속해 있었다. 그러나 제2천년기가 시작되면서 일본의 사회·정치적 질서는 새로운 단계로 접어들었다. 변화의 핵심은 정치 질서의 경쟁 관계였다. 세 가지 서로 다른 질서, 즉 황제의 질서, 군대의 질서, 종교의 질서가 평행선을 그리며 각자 분리 구축되었다. 이와 같은 다양한 구조를 보면서 고전 사회학자들은 유럽의 봉건 체제를 떠올렸던 것 같다. 유럽 학자들의 관심을 끈 또 한 가지 요소는, 대중적 영역(public space)이라 할 만한 새로운 영역의 출현이었다. 여기서는 상업과 도시의 문제가 사회·문화적으로 중요한 역할을 했다. 그러나 이후 수 세기 동안 새로운 영역이 정치 권력으로 확장되지는 못했다. 그것이 유럽과 분명하게 다른 점이었다.

제2천년기가 시작될 무렵, 구세계의 주요 문명권에서는 공통적으로 새로운 사고방식이 출현하여 새로운 관습과 제도를 만들어갔다. 시간과 정체성(소속)에 대한 새로운 개념은 결국 세계를 이해하고 대처하는 방식을 바꾸어놓았다. 구세계의 여러 지역에서 새로운 사고방식은 도시 및 상업의 성장과 직접적으로 연계되어 있었다. 이는 곧 종교 및 우주론의 재해석으로 연결되었다. 자율성을 확보한 새로운 관료 계층의 출현도 이러한 사고방식의 변화와 관련이 있었다. 다양한 문헌의 해석이 가능하려면 제도적으로 정당성을 인정하는 체제가 뒷받침되어야 했다.

이러한 과정은 또한 새로운 유형의 정치 질서와 관련이 있었다. 유럽에서는 제국 모델 대신 현실로부터 새로운 정치 질서를 이끌어냈다. 도시국가의 공화정, 원시적 영토 기반의 군주정, 새로운 사회 집단을 대표하는 의회 등의 체제가 그것이었다. 새로운 지배 방식은 정당성을 확보해줄 나름의 근거를 필요로 했다. 산스크리트어 문화권에서는 정치적 질서와 종교적 정체성의 관계가 긴밀하고 필연적이라는 관념이 갈수록 약화되었다. 민족적 정체성은 더더욱 약했다.

구세계의 동쪽과 서쪽, 그리고 남쪽에서 저마다 서로 다른 문화적 결정화 및 개혁의 과정을 거쳤고, 결과적으로 인류의 공동체 생활과 공적 질서의 저변에 놓인 가장 근본적인 전제 조건이 지역별로 완전히 달라졌다. 그러나 다른 지역에 대한 관심과 호기심은 계속해서 커져갔다. 그 영향으로 근대 초기 유라시아의 서쪽 끝에서 정치 이론을 만들 때, 세 개의 거대 이슬람 제국, 즉 무굴, 사파비, 오스만 제국은 물론 중국과 일본은 어떻게 되었는지 매우 관심이 높았다. 지역을 초월하는 개혁의 시대, 문화권에 따라 몇 가지 제도적 관습과 여정은 각기 다른 방향으로 갈라졌다. 당시 여러 문화권의 교류와 영향 관계는 매우 밀접했고, 시간이 갈수록 더욱 그러할 운명이었다. 그럼에도 불구하고 그 이후의 시대에는 문화권에 따른 세력의 비대칭이 훨씬 더 심각해졌다.

더 읽어보기

Adolphson, Mikael S. *The Gates of Power: Monks, Courtiers, and Warriors in Premodern Japan*. Honolulu, HI: University of Hawai'i Press, 2000.
Arnason, Johann P. *The Peripheral Centre: Essays on Japanese History and Civilization*. Melbourne: Trans Pacific Press, 2002.
_____. *Civilizations in Dispute: Historical Questions and Theoretical Traditions*. Leiden: Brill, 2003.
Arnason, Johann P. and Björn Wittrock (eds.). *Eurasian Transformations, Tenth to Thirteenth Centuries: Crystallizations, Divergences, Renaissances*. Leiden: Brill, 2004.
Bartlett, Robert. *The Making of Europe: Conquest, Colonization, and Cultural Change, 950-1350*. London: Allen Lane, The Penguin Press, 1993.
Bisson, Thomas N. *The Crisis of the Twelfth Century: Power, Lordship, and the Origins of European Government*. Princeton University Press, 2009.
Bol, Peter K. *Neo-Confucianism in History*. Cambridge, MA: Harvard University Asia Center and Harvard University Press, 2008.
Colish, Marcia L. *Medieval Foundations of the Western Intellectual Tradition*. New Haven, CT: Yale University Press, 1997.
Eisenstadt, S. N. *Comparative Civilizations and Multiple Modernities: A Collection of Essays by S. N. Eisenstadt*, vol. I. Leiden: Brill, 2003.
_____. *Japanese Civilization: A Comparative View*. The University of Chicago Press, 1998.
_____, (ed.) *Multiple Modernities,* New Brunswick, NJ: Transaction Press, 2002: originally published as 'Multiple Modernities', special issue of *Daedalus*, 129:1 (Winter 2000).
Eisenstadt, S. N., Wolfgang Schluchter and Björn Wittrock (eds.). *Public Spheres and Collective Identities*, New Brunswick, NJ: Transaction Press, 2001: originally published as 'Early Modernities', special issue of *Daedalus* 127:3 (Summer 1998).
Klaniczay, Gábor. *Holy Rulers and Blessed Princesses: Dynastic Cults in Medieval Europe*. Cambridge University Press, 2002.
Lewis, Mark Edward. *China's Cosmopolitan Empire: The Tang Dynasty*. Cambridge, MA: The Belknap Press of Harvard University Press, 2009.
Pollock, Sheldon. *The Language of the Gods in the World of Men: Sanskrit, Culture, and Power in Premodern India*. Berkeley, CA: University of California Press,

2006.

Schluchter, Wolfgang. *Paradoxes of Modernity: Culture and Conduct in the Theory of Max Weber*. Stanford, CA: Stanford University Press, 1996.

Souyri, Pierre François. *The World Turned Upside Down: Medieval Japanese Society*. New York, NY: Columbia University Press, Asia Perspectives, 2001.

PART 3

상호 교류의 증대

CHAPTER 9

아프리카-유라시아의 무역과 상업

리처드 스미스
Richard Smith

무역과 상업의 측면에서 기원후 1500년의 아프리카-유라시아 세계는 기원후 500년 때와 확연히 달랐다. 다양한 상품을 대량으로 거래하는 전문 상인 계층이 형성되어 있었고, 수많은 지역에서 원거리 교역이 가능했다. 다시 말해 광범위한 소비자를 대상으로 상거래가 성행했다. 기원후 500년 즈음에는 상상도 못 할 일이었다. 교역을 통해 교류 관계는 더욱 밀접해졌고, 아프리카-유라시아 세계의 결속력은 더욱 강화되었다. 그럼에도 불구하고 상호 간 연결 고리는 주기적 변화를 겪었다. 발전과 쇠퇴, 통합과 분리, 부흥과 침체, 때로는 붕괴가 잇달았다. 그리하여 1500년경에도 상업 시스템은 여전히 취약했다. 사업의 성공과 실패는 경제적 요인뿐만 아니라 정치·사회적 요인으로 결정되는 경우가 워낙 많았다. 오늘날에 와서 당시의 생산, 유통, 소비의 연관 관계를 파악하기란 쉽지 않은 일이다. 지금으로서는 확인되지 않는 수많은 변수가 존재했을 것이다. 그러므로 그에 대한 역사학자의 연구는 계속되고 있다. 다만 간과하지 말아야 할 점은, 근대 이전 시대의 시장이 언제나 근대의 무역 이론처럼 작동하지는 않았다는 사실이다. 끝으로 대부분의 무역과 상업이 지방 혹은 지역 범위 안에서 이루어졌다는 사실도 기억해야 할 것이다. 다만 일부 연구자들이 주장하는 것처럼 원거리 교역이 그렇게 예외적인 경우는 아니었다. 또한 지방, 지역, 원거리 교역의 경계

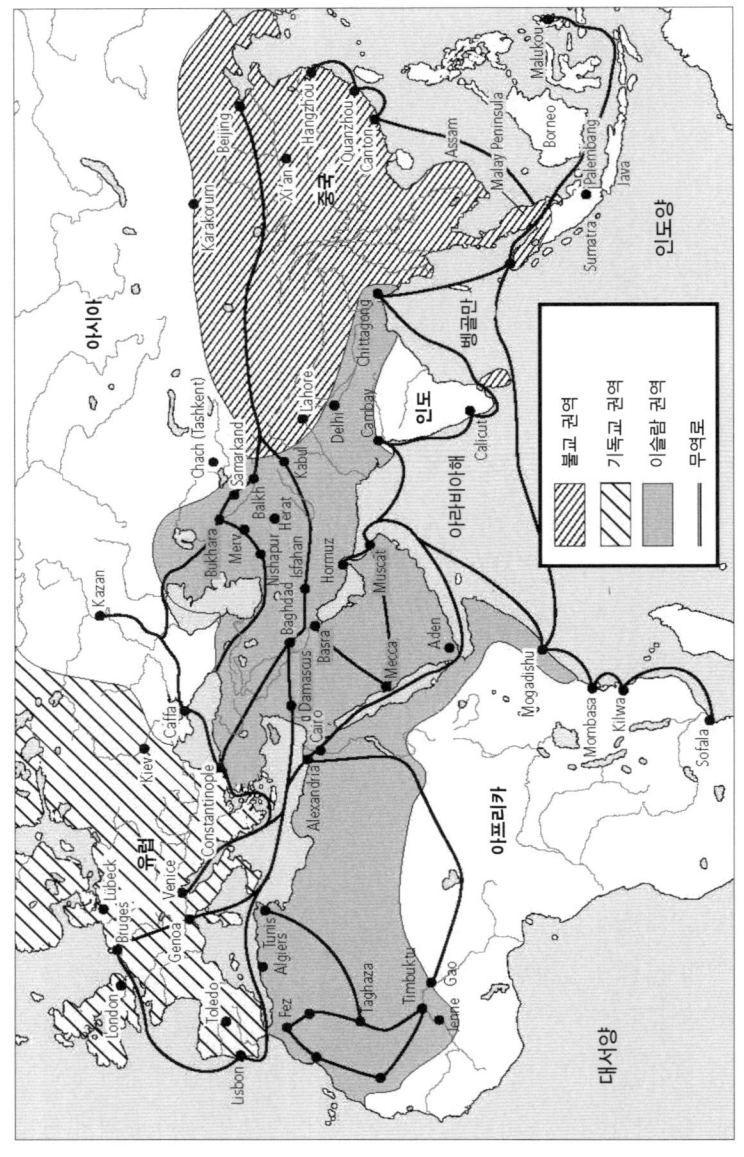

[지도 9-1] 주요 교역로, 1300년경의 아프리카-유라시아 대륙

교역과 분쟁 1: 글로벌 세계와 유라시아 문화

가 불분명할 때도 많았다.

중간천년기 무역과 상업을 체계적으로 이해하기 위해서 우리는 아프리카-유라시아 지역을 세 가지 범주로 나누어 보고자 한다. 엔진(engine) 지역, 중간 통로(passageway) 지역, 최종 종착(cul-de-sac) 지역이 그것이다. 엔진 지역은 생산, 소비, 교환의 중심지를 말한다. 공급이 결코 수요를 따라잡지 못한 시대에 엔진 지역은 세계의 원거리 교역을 이끄는 힘이었다. 모든 지역 범위에는 나름대로 원동력이 되는 엔진 지역이 존재했다. 다만 그 파급력이 상대적으로 차이가 있었을 뿐이다. 중간 통로 지역이나 최종 종착 지역은 지리적 여건에 따라 달라졌다(지도 9-1).

엔진 지역

가장 역동적인 엔진 지역은 중국이었다. 대륙의 가장자리에 위치한 중국은 최종 종착 지역에도 속했다. 세계에서 가장 높은 산맥과 가장 무시무시한 사막이 다른 주요 지역과 중국 사이에 가로놓여 있었다. 그럼에도 불구하고 중국의 자산은 막대했다. 풍부한 농업 기반을 비롯하여 혁신적인 산업 부문과 생산성 높은 노동력이 있었고, 운하와 도로 및 교량 등 풍성한 기반 시설은 최종 종착 지역의 불리한 지리적 여건을 상쇄하고도 남았다. 당나라(618~907)에서 송나라(960~1279)로 넘어가는 동안 중국의 인구는 두 배로 불어났다. 남송의 수도 항주(杭州, 항저우)는 당시 세계 최대의 도시로 인구가 100만 명에 달했으며,[1] 천주(泉州,

---

[1] Jacques Gernet, *Daily Life in China on the Eve of the Mongol Invasion 1250-1276*, trans. H. M. Wright (London: Allen and Unwin, 1962): 28.

취안저우)와 광주(廣州, 광저우)는 세계에서 가장 번화한 항구였다. 중국 내부 시장의 규모와 부가 워낙 거대해서 그 상업적 에너지의 영향은 유라시아 대륙에서 상당히 멀리까지 파급되었다.

중간천년기를 거치는 동안 중국의 인구는 북쪽에서 남쪽으로 이동하는 경향을 보였다. 이와 함께 중국의 대외 무역 패턴도 변했다. 실크로드를 관통하는 육로 기반에서 갈수록 인도양을 거치는 해상 무역으로 중점이 이동했던 것이다. 중국 정부는 규제, 감독, 과세 등의 수단을 통해 대외 교역에서 중심적 역할을 담당했다. 다만 개입의 정도는 시기에 따라 달랐다. 황궁에서는 대외 무역을 두고 치열한 논쟁이 이어졌다. 한편으로 대외 교역을 옹호하는 입장이 있었고, 다른 한편으로 이를 반대하는 엄격한 유학자들이 있었다. 유학자들은 외국의 상품과 사상과 사람을 중국에 들여놓지 않는 방식을 선호했다. 주로는 교역을 옹호하는 입장이 승리했다. 정부 운영에 재정이 필요했기 때문이다. 민간 무역을 규제하며 세금을 거둘 수도 있었지만, 때로는 정부가 직접 나서서 이익을 창출하기도 했다. 교역을 허용한 또 한 가지 중요한 이유는 사치품이었다. 궁중 및 엘리트 계층의 생활에 사치품이 필요했고, 이는 교역을 통해서만 입수할 수 있었다. 그러므로 그들은 결코 백성의 삶을 개선하기 위해 교역을 장려했던 것이 아니다. 또한 자본가 계층의 자본 축적이나 재투자와도 아무런 관련이 없었다. 유교적 가치관에서 상인은 실질적 부를 생산하지 않는 기생충 같은 존재로 간주되었다. 그러나 현실적으로는 유교 이데올로기를 극복하는 사례가 흔히 있었다. 경우에 따라서는 매우 부유한 상인이 출현했다. 상인은 아무런 정치 권력을 행사하지 않았으며, 사회적 영향력도 거의 없었다. 너무 부유해져서 정부 관리의 눈길을 끌게 되면 한순간에 재산을 몰수당할 수도 있었다.

송나라와 원나라(1279~1368)를 거치면서 대외 무역은 중국 경제 전체에서 상당한 비중으로 성장했다. 이들 두 왕조의 시대는 민간 상업의 황금기로 간주된다. 이후 명나라(1368~1644) 때는 규제가 강화되었다. 대외 교역은 조공 체제로 단일화되었다. 왕조에 따라 정도의 차이는 있었지만, 조공 무역은 과거 한나라(206 BCE~220 CE) 이후로 꾸준히 시행된 정책이었다. 조공 무역 체제 아래에서 교역을 하려면 먼저 외국의 사신들이 중국 황제에게 선물을 바쳐야 했고, 공식 사절단에 의거해서만 공적 무역이 이루어졌다. 선물을 가져온 외국의 사신에게는 "답례"가 주어졌는데, 대개는 애초에 가져온 선물보다 더 값비싼 선물이었다. 윗사람이 아랫사람에게 베푼다는 의미를 표현하고자 한 것이다. 이와 같은 교환 방식은 중국이 세계의 중심이라는 이데올로기를 강화하는 수단이었다. 중간천년기에 중국을 다녀간 사절은 무수히 많았다. 그들이 가져온 선물로는 야크 꼬리나 원숭이 가죽부터 공연 코끼리에 이르기까지 없는 것이 없었는데, 심지어 "해구신(海狗腎)"(물개의 음경과 음낭을 말린 약재 — 옮긴이)도 목록에 있었다.[2] 중국의 입장에서 조공 무역은 이익을 남기려는 의도가 아니었다. 물론 이는 왕조의 세력에 따라 어느 정도 달라졌다. 예컨대 송나라 때는 이익을 남겼지만 명나라의 경우 전혀 그렇지 않았다. 사절단이 도착하면 숙소를 제공하고 연회를 베풀며 개인적으로

---

2 Robert M. Hartwell, "Foreign Trade, Monetary Policy and Chinese Mercantilism," in Tsuyoshi Kinugawa (ed.), *Collected Studies on Sung History Dedicated to Professor James T. C. Liu in Celebration of His Seventieth Birthday* (Kyoto: Dohosha, 1989): 454, 469.

도 선물이 주어졌다. 사절단의 수행원들은 사무역에 참여할 기회를 얻을 수 있었다. 그래서 중국과 조공 관계를 맺지 못한 나라의 무역상들은 다른 나라의 사절단에 섞여 같이 가기도 하고, 심지어 방문국 통치자와 계약을 맺고 공식 사절단 수행원으로 참여할 수 있는 권리를 사기도 했다.

중간천년기 중국이 아프리카-유라시아 세계의 강력한 엔진이었다면, 그에 못지않은 또 하나의 엔진은 바로 이슬람이었다. 이슬람의 세력은 페르시아로부터 이라크와 시리아, 아나톨리아에 식량을 공급한 이집트를 거쳐 북아프리카와 그 너머 알안달루스(무슬림 지배하의 이베리아), 그리고 남쪽으로는 아라비아반도 해안에 이르기까지 단절 없이 연속적으로 펼쳐져 있었다. 유라시아와 아프리카 대륙이 만나는 곳에 위치한 이슬람 세력권은 양쪽에 인도양과 지중해까지 끼고 있어서 육로와 해로를 모두 갖춘, 중개 무역에 딱 알맞은 지리적 여건을 갖추고 있었다. 실크로드 시스템은 육로를 통해 페르시아와 중국을 바로 연결했고, 몬순 계절풍을 타고 인도에 도달할 수 있었으며, 지중해를 건너면 바로 유럽이었고, 흑해를 통해 러시아로 연결되는 강줄기에 접근할 수 있었으며, 낙타 카라반은 서아프리카와 이슬람을 연결했다. 이슬람의 중심지는 교역로가 서로 교차하고 맞물리는 중심 허브로서 수많은 교역로의 입구 및 출구가 연결되어 있었다. 육로와 해로의 거대한 연결망을 통해 막대한 중개 무역의 수익이 발생했다. 그곳에는 도시 기반 경제가 형성되어 있었다. 무려 4000여 년을 거슬러 올라가는, 능동적이며 경험이 풍부한 상인 계층이 활동했고, 지역 내 전문 장인들을 기반으로 수공업 산업이 활발했다. 이외에도 좋은 항구, 경험이 풍부한 선원, 폭넓은 무역 네트워크가 이미 자리 잡고 있었다. 게다가 그 지역에는 주로 무역에 의존하여 생활하는 사람들이 많았다. 거대한 지역이 황무지였고, 여전히 모든 거대 경제의 기반인 농업이 일부 지역에서만 가능했기 때문이다. 목재는 언제나 부족했고, 광물 자원도 거의 바닥났다. 또 한 가지 항상적으로 보충된 자원은 바로 인력이었다. 경제적 혹은 지정학적 역할에 비하여 현지 인구가 턱없이 부족한 지역이 워낙 많았다. 그래서 이슬람의 중심 지역은 이웃 지역에서 끊임없이 노예를 흡수했다.

이슬람 문화권의 중심지는 여러 측면에서 중국과 비슷했다. 양측은 중간천년기 전반기 내내 매우 적당한 균형을 유지했다. 중국 경제가 인적·물적 자원이 워낙 풍부해서 규모는 더 컸지만, 이슬람 중심지는 상업적 다양성과 전통 및 복합 구조가 잘 발달해 있었다. 중국에서와 달리 이슬람 중심지에서 상업은 고귀한 직업으로 평가되었다. 예언자 무함마드가 한때 상인이었고, 이슬람 왕조를 설립한 여러 가문이 상인 가문이었다. 상업의 법령과 교역에 통용되는 언어가 이슬람의 것이었고, 국제적으로 통용된 화폐도 무슬림의 디나르(dinar)였다. 중간천년기 전반기 대부분의 시기에 이슬람 중심지는 정치적으로 칼리프국 치하에 통일되어 있었다. 특히 새로운 소비 중심지가 등장했는데, 바로 바그다드(Baghdad)였다. 바그다드는 한동안 유라시아 상업의 중심지였다. 바그다드를 포함하여 드넓은 이슬람 문화권은 알안달루스의 대서양 해안에서 천주(泉州, 취안저우)의 무슬림 상업 거점이 자리한 태평양 연안까지 뻗어 있었다.

이슬람의 중심지라고 해서 무슬림 상인들만 출입하는 곳이 아니었다. 바그다드에서 금융은 유대인이 주도했고, 초기 칼리프국에서부터 종교적 관용의 분위기가 충만했다. 라단 상인(Radhanite)이라고 하는 유대인 상인들은 칼리프국의 정치적 통일을 십분 활용하여 알안달루스에서 인도까지 오가며 서쪽에서는 노예와 모피를, 동쪽에서는 사향(麝香, musk), 알로에, 장뇌(樟腦, camphor), 계피를 샀으며, 이외에도 우연히 마주친 값나가는 상품들을 사들였다. 그들을 상대한 무슬림 상인들도 해로를 이용하여 남중국까지 진출했다. 그러다가 878년 반란군이 광주(廣州, 광저우)의 항구를 약탈하고 이방인 상인들을 대량 학살한 뒤로 전통이 끊어졌다. 이후 유대인 라단 상인은 육로의 간선 루트에 집중했다. 당시 그들에게는 커다란 이점이 있었다. 즉 이슬람과 기독교의 분쟁 가운데 유대인은 중립적 입장으로 이해되었기 때문에 적대 진영에도 마음대로 드나들 수 있었다. 라단 상인은 공식적인 협회 조직을 갖추지 않았다. 그러나 무역로를 따라 형성된 유대인 공동체를 기반으로 느슨한 형태의 네트워크를 유지했다.

　이슬람 중심지의 황금시대는 8~10세기였다. 이후 아바스 칼리프국의 세력이 약화되다가 끝내 여러 왕조로 분열되고 말았다. 그때 등장한 왕국 중 가장 성공적인 왕조는 이집트의 파티마 칼리프국(969~1171)과 아이유브 술탄국(1174~1250)이었다. 이집트는 유라시아와 아프리카 대륙이 만나는 곳에 위치하여 전략적으로 가장 중요한 요충지였다. 파티마 칼리프국 치하에서 해상 교역로의 서쪽 끝은 페르시아만에서 홍해까지 확장되었다. 여기에는 아시아 상품의 소비 시장으로 유럽이 부상한 점도 일부 영향을 미쳤다. 정부는 무역에 세금을 부과했지만 직접 개입하지는 않았다. 결국 카리미스(Karimis)라고 하는 도매상이자 화물 선주의 협회가 무역을 독점하고 통제하기에 이르렀다. 이집트는 대량의 곡물, 목화, 설탕, 리넨, 유리를 생산하여 수출했다. 카이로는 금세 바그다드를 뛰어넘어 세계 무역의 중심지로 성장했다.

홍해나 페르시아만을 거쳐 인도로 가는 교역로는 가장 복잡한 교역의 공간인 동시에 거대한 상업의 엔진이었다. 북으로는 최종 종착(cul-de-sac) 지역이었고, 남으로는 해상 교역의 통로(passageway) 지역에 해당했다. 인도에서는 다시 여러 방향으로 다른 지역이 연결되었다. 북인도 지역은 중앙아시아와 페르시아로 연결되었지만, 인도 교역로의 끄트머리라 할 수 있는 벵골만과 구자라트 지역은 바다로 연결되었다. 인도 아대륙의 남부는 해안 지역과 내륙 지역으로 나뉘는데, 이들 두 지역은 서로 긴밀히 연결되면서도 동시에 상당히 독립적이었다. 인도아대륙의 해안 지역은 동부와 서부가 서로 달랐지만, 양쪽 모두 독특한 몬순 계절풍의 영향 아래 놓여 있었다. 말라바르(Malabar) 지역을 비롯한 서부 해안은 이슬람의 중심부와 마주 보고 있었고, 그 너머 유럽까지도 연결될 수 있었다. 코로만델(Coromandel)을 비롯한 동부 해안은 동남아시아는 물론 그 너머 중국과도 연결되었다. 다양한 상인 집단이 다양한 상품을 취급하며 다양한 조건과 기회와 도전에 직면했다.

중간천년기 초기 몇 세기 동안 북인도 지역의 경제 상황에 대해서는 여러 가지 해석이 제기되었다. 그중 한 이론은, 5세기 굽타 제국의 멸망으로 정치적 분열이 가속화되었기 때문에 당시를 "인도식 봉건주의" 시대라 일컬었다. 도시 시장 중심 경제가 자족적 마을 단위 경제로 대체되었고, 화폐가 사라졌으며, 무역로는 쇠퇴했고, 상인 계층은 행상으로 전락했다는 해석이다.[3] 이와 같은 상황은 13세기 델리 술탄국이 성립하면

---

3 R. S. Sharma, *Urban Decay in India (c. 300-c. 1000)* (New Delhi: Munshiram

서 북인도가 이슬람 문화권에 편입될 때까지 변함없이 지속되었다. 인도식 봉건주의 이론이 상당히 설득력 있기는 하지만, 동전 발굴을 비롯하여 쌓여가는 고고학적 성과들과 그 이론은 잘 들어맞지 않는다. 예컨대 화폐의 경우 북인도 지역의 동전이 기본 금속 또는 합금으로 주조되었던 것이 사실이지만, 일부 학자들은 이를 쇠락의 징후가 아니라 그 반대의 의미로 해석하고 있다. 북인도 지역에는 귀금속 매장량이 풍부하지 않았고 그중에서도 상당량은 사원에 비축되었기 때문에, 활발한 교환 경제의 수단으로 유통할 만큼 충분한 양의 금·은이 없었다는 주장이다.[4] 전반적으로 보자면 양측의 주장을 어느 정도 섞어서 이해해야 할 것 같다. 교역의 방향이 바뀌고 재정비되었으며, 새로운 패턴이 출현했고, 일부 지역은 쇠락했지만 다른 일부 지역은 또한 번성했을 것이다. 원거리 무역을 포함한 상업 경제는 지속되었고 일부 지역에서는 대단히 번성하기도 했다. 요약하자면 경제 성장과 번영이 정치적 중앙 집권, 심지어 정치적 안정과도 필연적 관계는 아니었다.

인도아대륙 가운데 굽타 제국에 속하지 않은 지역은 다른 방향으로 나아갔다. 대륙의 서쪽 말라바르 해안에서는 로마의 무역이 쇠퇴하면서 일부 항구에 부정적 영향을 미쳤으나, 같은 시기 스리랑카의 무역은 황금기를 맞이했다. 대륙의 동쪽 코로만델 해안과 동남아시아의 연결은 이르면 7세기부터 시작되어 9세기까지 번성했다. 당시 인도의 양측 해안 지역은 북인도나 남인도보다 해상을 기반으로 동남아시아와 같은 권

Manoharlal, 1987): 135-8.
4　John S. Deyell, *Living Without Silver: The Monetary History of Early Medieval North India* (Delhi: Oxford University Press, 1990): 2-5.

역에 속했다. 유라시아 대륙의 어느 한 곳에서 출발하여 해로를 통해 다른 지역으로 가려 한다면, 반드시 인도의 해안 어딘가를 거쳐야 했다. 후추와 향신료는 중간천년기 초기부터 원거리 무역에서 가장 중요한 동시에 가장 값비싼 상품이었다. 그러나 면화 직물 시장도 성장했다. 대중적 제품부터 고급 품질의 최상품에 이르기까지 다양한 상품이 인도양의 파도를 가르며 다른 육지로 유통되었다. 수입품은 중국산 도자기와 동남아시아산 주석부터 아라비아의 향수와 지중해의 유리까지 다양했다. 한편 헤아릴 수 없이 많은 말이 페르시아와 중앙아시아로부터 수입되었다. 혹은 아라비아 지역에서 배로 싣고 오기도 했다. 이렇게 수입된 말은 전투마나 권력과 지위를 나타내는 위신재로 사용되었다. 전체적으로 보자면 금·은의 대량 수입이 인도의 무역수지 균형을 맞추어주었다. 또한 인도는 중개 무역을 통해 이익을 챙겼다. 수익성이 가장 좋은 상품 중 하나는 서양으로 팔려 나간 중국산 비단이었다.

중간 통로 지역

인도에서 중국까지 연결되려면 중간에 한두 군데 중개 지역을 거쳐야 했다. 그곳이 바로 인도양의 동쪽 출입구에 해당하는 동남아시아였다. 혹은 중앙아시아도 있었는데, 중국과 나머지 유라시아 대륙을 이어주는 육로의 중개지였다. 동남아시아는 말레이반도에서 수마트라, 자와, 보르네오 등의 섬을 포괄하는 지역 명칭으로, 이곳에서는 다 같이 향신료나 의약품 등 특산물이 생산된다. 다른 지역에도 이를 대체할 상품이 없는 것은 아니지만, 그렇게 하려면 훨씬 더 비싼 값을 치러야 한다(그림 9-1). 그러나 동남아시아는 상품 생산과 소비의 양 측면에서 주요 엔

〔그림 9-1〕 앙코르의 바이온 사원 앞 시장 풍경

진 지역으로 거론될 만큼 큰 비중을 차지하지는 않았다. 7~8세기 믈라카 해협을 장악한 세력은 스리위자야(Srivijaya)였다. 스리위자야의 실체에 대해서는 의견이 분분하다. 탈라소크라시(thalassocracy, 해상 제국), 제국, 또는 부족장 도시 연맹 등으로 이해했으며, 중국인의 상상 속 나라일 뿐이라고 치부하는 경우도 있었다.[5] 스리위자야의 중심지는 수마트라섬 남동부 팔렘방(Palembang) 근처였다. 그곳에는 관청이 설치되어 관세를 징수했으며, 거래, 환적, 저장의 편리와 안전을 당국에서 보장해주었다. 또한 스리위자야는 원거리 네트워크로 팔려 나가는 동남아시아 상품을 통제하는 역할도 담당했다.

---

5 Kenneth R. Hall, *Maritime Trade and State Development in Early Southeast Asia* (Honolulu: University of Hawai'i Press, 1985): 78-93; Janet L. Abu-Lughod, *Before European Hegemony: The World System* A.D. 1250-1350 (New York: Oxford University Press, 1989): 304-15.

스리위자야 세력은 1025년부터 쇠락하기 시작했다. 그해에 인도 남부에 있는 촐라(Chola) 왕국의 함대가 팔렘방을 공격하고 스리위자야에 속한 도시들을 약탈하는 사건이 있었다. 대대적인 약탈이었을 뿐 다른 목적은 전혀 없었을 수도 있고, 아니면 기존에 스리위자야가 장악한 인도와 중국 사이 중개 무역의 이권을 빼앗기 위해 엄밀하게 계획된 도발이었을 수도 있다.[6] 당시 스리위자야는 멸망하지 않고 되살아났지만, 세력은 확연히 줄어들었다. 세력의 판도가 흔들리는 틈새를 비집고 자와섬 동부를 중심으로 경쟁 세력이 출현했다. 비록 그들에게 나름의 제약이 없지 않았지만, 그들은 수익성이 매우 높은 상업 시스템을 발전시켰다. 자와섬 동부와 중부는 아시아에서 매우 생산성이 높은 쌀 생산지에 속했다. 그러므로 막대한 잉여 식량을 생산할 능력이 있었다. 향신료 중에서 가장 귀한 대접을 받은 정향, 육두구, 메이스 등은 말루쿠 제도의 특산품이었다. 말루쿠 제도는 인도네시아 열도의 동단에 위치한 여러 작은 섬으로 구성되었으며, 수마트라섬보다 자와섬에 훨씬 더 가까웠다. 말루쿠 제도는 토질이 좋아서 식량 생산이 잘 되었다. 그래서 자와섬의 무역상들은 인도의 직물과 쌀을 가득 싣고 가서 향신료를 샀고, 그것을 다시 중국, 아랍, 인도의 상인들에게 팔아넘겼다. 이렇게 벌어들인 재산은 자와 사람들의 소비를 부추겨 많은 상품이 중국과 인도에서 자와섬으로 흘러 들어왔다. 13세기 후반 자와는 새로운 권력, 즉 마자파힛(Majapahit)의 중심지가 되었다. 마자파힛의 세력은 스리위자야의 전성

---

6 George W. Spencer, *The Politics of Expansion: The Chola Conquest of Sri Lanka and Sri Vajaya* (Madras: New Era Press, 1983): 136-45; André Wink, *Al-Hind: The Making of the Indo-Islamic World*, 1 (Leiden: Brill, 1990): 318-33.

기보다 더 멀리까지 확장되었다. 10~13세기는 남중국해에서 지중해에 이르는 해상 무역 체제가 떠오를 때였다. 자와의 무역은 그중에서 중요한 한 부분을 차지했다. 해상 무역의 번성은 북쪽에서 벌어진 불행한 사건의 결과였다. 즉 중국, 인도, 이슬람 중심지가 모두 튀르크와 몽골의 공격을 받은 뒤 해상 무역이 번성했다.

또 하나의 중간 통로 지역은 바로 중앙아시아였다. 그곳은 동남아시아와 같은 시기에 작동했지만 그 성격은 정반대였다. 중앙아시아는 내륙 깊숙한 곳, 인도의 북쪽, 중국의 서쪽, 카스피해의 동쪽, 시베리아 삼림 지대의 남쪽에 위치했다. 그곳의 기후는 춥고 건조했다. 토질은 대부분 스텝과 사막이었고, 그 사이에 거대한 산맥들이 놓여 있었다. 이슬람 중심 지역이나 유럽에서 중국으로 가려면 중앙아시아를 거치는 길 말고 달리 대안이 없었다. 인도에서 출발하여 육로로 가는 길은 아삼(Assam) 지역에서 시작된다. 거기서부터 강줄기를 따라 구불구불한 길을 가다가 어마어마하게 높은 산봉우리를 넘어 동남아시아 지역에서 도저히 건널 수 없을 것 같은 정글을 뚫고 지나가면, 운남(雲南, 윈난)을 거쳐 마침내 사천(四川, 쓰촨)에 도착한다. 이보다 짧은 길도 있었는데, 라다크와 티베트를 거쳐서 훨씬 넘기 어려운 고개를 지나야 했다. 이들과 비교하면 중앙아시아를 통하는 길도 어려움이 없지 않았지만, 그나마 중국으로 가는 가장 좋은 길이 그 길이었다.

중앙아시아에서는 일반적으로 농업과 목축을 통해 생계를 유지했다. 오아시스나 하천 계곡 주변에서는 농사를 지었고, 그 밖의 지역에서는 목축을 했다. 농민과 목축민이 공생 관계에 놓여 있었으므로 교역을 선호하는 편이었다. 유목민은 곡물, 옷감, 수공업 제품을 사기 위해 기르는 가축과 관련된 물품을 팔았다. 중앙아시아의 유목민은 대개 열정적인 무역상이었다. 그러나 정주민이 문을 닫으면 거래보다 약탈을 선택하는 경우도 많았다. 교역은 대개 중앙아시아의 모든 지역 혹은 일부 지역이 유목 제국의 치하에 놓였을 때 성장했다. 6세기 말엽에 튀르크인이 그러한 유목 제국을 발달시켰고, 이후로 축적된 성과가 마침내 13세기 몽골 제국의 탄생으로 이어졌다. 튀르크 제국의 뒤를 이은 위구르인은 특히 무역 친화적이었다. 유목민만 중앙아시아의 무역상으로 활동했던 것은 아니다. 더 큰 규모로, 전문화된 상인이 정주민 사이에 자리를 잡고 교통이 편리한 교차로에서 사업을 벌여 나갔다. 가장 많은 물량을 거래한 사람들은 소그드 상인이었다. 그들의 고향은 아무다리야강과 파미르 고원 사이에 있는 소그디아나였다. 소그드 상인은 비단 무역에 특히 집중했고, 동쪽으로 멀리는 중국의 수도 장안에까지 그들만의 상업 거점을 건설해두었다. 위구르 제국에서는 소그드 상인을 우대했으며, 위구르인 또한 소그드 문화의 요소를 많이 받아들였다. 위구르 제국이 멸망한 뒤에는 위구르인도 중요한 무역상으로 자리를 잡았다. 북중국 지역에서 장거리 무역을 위한 투자자로 그들의 명성이 높았다.

    중앙아시아의 주요 무역로는 대개 도시를 거쳐 갔다. 대부분의 도시가 상품 생산지였기 때문이다. 도시에서 생산된 수공업 제품 가운데 일부는 현지에서 소비되었고, 일부는 유목민 혹은 숲 지대 사람들에게 팔려 나갔으며, 또 일부는 장거리 무역 네트워크를 통해 다른 문화권으로 수출되었다. 도시에는 저마다 이름을 얻은 특산품이 있었다. 사마르칸트(Samarkand)는 종이와 직물(브로케이드), 타슈켄트(Tashkent, 페르시아어 Chach)는 가죽과 면직물과 의약품, 부하라(Bukhara)는 카펫과 와인이 유명했다. 중앙아시아는 중국과 인도의 군대에서 사용할 말과, 중앙아시아 육로 교통수단으로 이용되는 낙타의 주요 수출 지역이었다. 8세기 아랍의 정복 이후, 이슬람 문화권의 중심지와 중앙아시아의 경제는 서로가 워낙 긴밀히 연결되어 한동안 하나의 경제권으로 묶일 정도였다.

최종 종착 지역

중간천년기가 저물어갈 무렵, 세계 주요 문화권의 중심지는 어떤 식으로든 혼란을 겪었다. 그중에서도 유라시아의 서쪽 끝 지역이 가장 도전적인 상황은 놓여 있었다. 지중해 평원은 로마 제국 시기 중요한 엔진 지역으로 기능했다. 그러나 6세기에 이르러 상황은 바뀌었다. 슬로 모션처럼 서서히 변화되기는 했지만, 결국에는 제국 내의 각 권역별로, 그리고 나중에는 더 작은 구역별로 중심 세력권에서 떨어져 나가 각자 다른 길을 걸었다. 지역에 따라 일시적으로 경기의 부침을 보였으나 전반적 경향은 하락세였다. 그러다가 7세기에는 거의 바닥까지 내려갔다. 정치적 분열, 질서 유지를 방해하는 각종 문제, 고질적 전쟁, 도시의 해체, 시장을 전제로 한 농업의 쇠락 등이 모두 경기 하락의 원인이 되었다. 교역 인프라 붕괴로 상품 유통이 어려워지면서 지역 상품이 수입 상품을 대체하기도 했다.

로마 제국 쇠락의 여파로 유라시아의 상업 시스템에서 유럽의 지위가 하락하기는 했지만 원거리 교역이 완전히 소멸되지는 않았다. 특정 수요에 부응하기 위하여 독특한 시스템이 만들어지기 시작했는데, 그중 가장 주목할 만한 두 가지는 과거 로마 제국의 세력 범위를 훨씬 벗어나는 북쪽에서 시작되었다. 7~9세기 프리슬란트인은 상업 거점을 연결하는 새로운 교역 시스템을 만들어냈다. 당시 북해 해안과 라인강을 따라 내륙까지 연결되는 새로운 상업 거점이 곳곳에 설립되었다. 프리슬란트 상인은 프랑크 왕국의 직물, 무기, 유리 제품, 와인, 스칸디나비아의 모피와 호박(amber), 그리고 은과 동으로 제작된 귀금속 제품 등을 취급했다. 대개 왕, 귀족, 사원을 소비자로 하는 상품이었다. 프리슬란트 상인은 덴마크를 거치지 않았지만 발트해가 새로운 시스템의 원천으로 기능했다. 이 시스템은 8세기 말엽에 처음 만들어지기 시작해서 10세기에 전성기를 맞이했는데, 동유럽에서 러시아의 강 유역 평원들을 거쳐 남쪽으로 캅카스산맥으로 이어졌고, 이를 넘어 카스피해, 비잔티움 제국, 무슬림 제국, 중앙아시아까지 연결되었다. 이 시스템을 통해 거래된 품목은 노예, 밀랍, 꿀, 그리고 무엇보다 모피가 유명했다. 그중에서도 가장 비싼 상품은 흑담비(sable), 담비(marten), 족제비(miniver)의 모피였다. 모피는 모자의 재료나 옷의 안감으로 사용되었다. 이러한 상품을 판매한 대가로 동양의 사치품류와 특히 은화가 북방으로 흘러 들어갔다. 아프가니스탄의 차슈(Chach) 광산과 펜지르(Pendjir) 광산에서 채광된 원석으로 사마르칸트, 차슈, 메르브(Merv) 등지에서 주조된 은화가 스칸디나비아에서 무더기로 발견되었고, 멀리 잉글랜드와 아이슬란드에서도 개별적으로 동전 유물이 확인되었다. 이 시스템의 안전을 보장한 세력은 서로 경쟁 관계인 두 개의 튀르크계 칸국이었다. 하나는 볼가강 중류에 있는 불가르(Bulghars) 칸국, 또 하나는 그보다 훨씬 남쪽으로 내려가 있는 하자르(Khazars) 칸국이었다. 당시 하자르 세력은 북쪽으로 캅카스산맥과 카스피해에서 시작해서 볼가강 하류와 돈강 유역을 거쳐 서쪽으로 크림반도에까지 이르렀다. 하자르의 엘리트 계층은 8세기 중엽 느슨한 형태의 유대교로 개종했다. 그래서 유대인 라단 상인이 동서로 이동할 때 하자르의 땅을 편하게 왕래할 수 있었다. 하자르는 유대인 상인뿐만 아니라 누구라도 10퍼센트의 세금만 내면 언제든 환영이었다. 하자르는 당시 상거래 시스템에 상품을 거의 공급하지 않았고, 뚜렷하게 상인으로 활동하지도 않았다. 그럼에도 불구하고 당시 상거래 시스템은 결국 루스인(Rus)의 탐욕을 불러일으켰다. 루스인은 스칸디나비아인, 슬라브인, 핀인의 혼혈로, 당시 상거래 시스템의 북부 지역을 통제했고, 상업과 약탈을 병행하는 사람들로 알려져 있었다. 965년에 루스인이 불가르 칸국을 침략하자 상업 시스템은 서쪽으로 이동했다.

유라시아 서부 지역의 상업 경제가 바닥을 치고 더 이상 움직이지 않으면서 새로운 변화가 시작되었다. 9세기는 시장 중심의 경제가 발달하기 시작한 변곡점으로 알려져 있다. 시장 경제가 본격화된 시기는 10~11세기였다. 이는 앞으로 오랜 경제 성장을 알리는 서막과도 같았는데, 당시의 성장이 누적되어 오늘날 이른바 "상업 혁명"의 시기로 일컬어지는 13세기로 이어졌다. 지속적 성장을 가능케 한 원동력은 인구의 폭발적 성장이었다. 1100년에서 1300년 사이 유럽의 인구는 두 배로 불어났다.[7] 읍내는 도시가 되었고, 수요가 그리로 집중되었다. 그 결과 유통의 효율성도 높아졌다. 중앙 집권의 등장과 이전보다 큰 범위의 정치적 통합으로 유통의 안전성은 물론, 상인과 정치 조직 사이의 예측 가능성을 높여주었다. 사업 비용은 그만큼 더 낮아졌다.

---

7 Jean-Noël Biraben, "Essai sur l'évolution du nombre des hommes," *Population* 34 (1979): 13-25, 그리고 이 책 제1장 [표 1-1].

상업 경제가 발달하면서 화폐의 수요 또한 더욱 가중되었다. 은광이 10세기 말 작센 지역의 하르츠(Harz)산맥에서 발견되었고, 이후 중부 유럽에서도 몇 개 발견되었다. 마지막으로 발견된 최대의 은광은 보헤미아의 쿠트나호라(Kutná Hora) 지역에 있었다. 13세기 초부터 은을 채굴했는데, 채굴량이 충분하여 수백만 개의 동전을 주조할 수 있었다. 여기서 생산된 은은 대부분 유럽 내 상업의 팽창으로 흡수되었다. 그러나 잉곳 형태로 레반트, 이집트, 흑해 지역으로 팔려 나간 은괴도 무척 많았다. 강박적으로 아시아의 사치품을 수입한 데 따른 무역수지의 불균형을 맞추기 위해서였다. 그럼에도 불구하고 은 생산은 결국 팽창하는 시장의 수요를 충족하지 못했다. 대량 거래의 지불 수단으로는 금이 사용되었지만, 금만으로 시장의 수요를 모두 감당할 수 없었다. 은행의 환전 업무는 곧이어 신용장 발행으로 이어졌다. 계좌 간 이체가 가능해진 것이다. 새로 개발된 여러 신용 수단 가운데 가장 중요한 것은 환어음(bills of exchange)이었다. 북부 이탈리아 도시의 상인들이 이 방식을 사용했는데, 이들은 아시아의 상품을 유럽으로 넘기는 중개상으로서 대금 지급은 은으로 했다. 13세기 말경에 이르러 유럽은 아프리카-유라시아 상업의 엔진으로 다시 부상했다. 다만 아직 다른 엔진들만큼 규모가 크지 않았고, 잠재력 있는 혹은 경쟁 상대가 될 만한 유력한 선수로 떠오르는 중이었다.

아프리카-유라시아 상업 시스템과 연결되는 마지막 주요 지역은 서아프리카였다. 서아프리카에는 예컨대 식재료나 금속 등 그리 비싸지 않은 상품이 지역 범위 내에서 순환되는 유통망이 있었는데, 짧은 거리를 순환하는 유통망들이 서로 맞물리면서 마침내 지역 범위를 넘어서는 지역 간 교역 네트워크가 출현했다. 새로운 교역 네트워크는 사하라 남부 오아시스나 광산 지역에서부터 열대우림 지대의 가장자리까지 포괄하게 되었다. 서아프리카는 다양한 생태 지역(ecological zones)으로 구성되어 있다. 지도에서 보면 각각의 생태 지역이 띠처럼 층층이 서아프리카를 가로지르고 있다. 각각의 생태 지역에서 생산되는 독특한 상품이 지역 간 교역 네트워크로 흘러 들어간다. 생태 지역을 넘어가는 경계선에 해당하는 전이대(轉移帶)에는 화물 저장 창고(Entrepôt)가 건설되었다. 전이대를 기준으로 운송 수단이 바뀌기 때문이었다. 예를 들면 낙타에 싣고 온 화물을 당나귀로 옮겨 싣고, 당나귀에 싣고 온 화물을 사람의 머리 위로 옮겨 싣고, 육로로 가지고 온 화물을 배에 실어 강으로 운반하는 등이었다. 니제르강 중류와 여러 지류에는 배가 다닐 수 있는 수로가 수천 킬로미터나 뻗어 있었다.

서아프리카의 교역은 사하라 사막을 가로질러 아프리카-유라시아의 다른 지역과도 연결되었다. 사하라 사막 바깥에서 안으로 들어오거나, 혹은 사막 안에서 바깥으로 나가는 방향의 교역은 매우 오래전부터 있었다. 그러나 사막을 관통하는 시스템은 나중에야 등장했다. 이를 위해서는 두 가지 조건이 필요했다. 하나는 수요가 극도로 높은 상품, 예컨대 금 같은 상품의 출현이었다. 또 하나는 사막에서 운용할 운송 수단의 출현이었다. 단봉낙타를 이용한 뒤에야 효율적 운송 수단이 발달하게 되었다. 상당량의 서아프리카 금이 북아프리카로 유입된 시기는 이르면 4세기, 8세기에는 의심할 나위 없이 분명했다.[8] 또한 북아프리카에

---

8 Timothy F. Garrard, "Myth and Metrology: The Early Trans-Saharan Gold Trade," *Journal of African History* 23 (1982): 447-51; Walter E. Kaegi, "Byzantium and the Trans- Saharan Gold Trade: A Cautionary Note," *Graeco-Arabica* 3 (1984): 95-9.

서 낙타 카라반을 흔히 볼 수 있었던 시기는 중간천년기가 시작될 무렵이다. 사하라 관통 무역 시스템은 사막의 남쪽 가장자리에 도착하여 기존의 서아프리카 교역 시스템과 연결되었다. 금 이외에도 북쪽으로 팔려 가는 여러 가지 제품이 있었다. 특히 동물의 가죽, 사향과 상아, 용병이나 첩이나 내시로 사용될 노예 등이 유명했다. 남쪽으로 수입되는 상품으로는 직물과 기타 공산품, 군마, 화폐로 사용되는 개오지 조개껍데기 등이 있었고, 사하라 북부의 광산에서 채취한 소금이 무엇보다도 중요한 교역 상품이었다.

지리적으로 서아프리카는 최종 종착 지역이 될 수밖에 없었다. 그러나 그 외에도 다양한 요인이 결합되어 상업의 전반적인 잠재력이 제한되었다. 서아프리카에서는 너무 많은 원재료를 수출했고, 너무 많은 가공 상품을 수입했다. 이와 같은 수출-수입 관계는 파트너십이라기보다 의존 관계에 가까웠다. 서아프리카의 엘리트 계층은 다양한 전사 계급이었다. 그들의 관심은 경제적 발전보다 침략과 전쟁에 집중되었다. 한편 상인 계급은 왕가라(Wangara, 혹은 Juula)의 경우가 전형적으로 보여주듯이 고객으로부터 완전히 이방인 취급을 받았다. 은행이나 신용 시스템은 전혀 발달하지 않았고, 화폐 경제도 없었다. 서아프리카의 국가들은 자국에서 생산되는 금으로 화폐를 주조한 적이 없었다. 서아프리카의 도시들은 기본적으로 상업 중심지였지만, 중심지는 교역의 패턴에 따라 언제든 변할 수 있었다. 이런 점에서는 모든 도시가 마찬가지였다. 그럼에도 불구하고 서아프리카의 무역이 아프리카-유라시아 세계의 다른 지역에 미친 영향에 대해서는 아무리 강조해도 지나치지 않을 것이다. 14세기를 기준으로, 혹은 그 이전이라도 서아프리카는 세계의 다른 어느 지역보다 많은 금을 생산하고 수출했다.[9] 중부 유럽에서 생산된 은과 함께 서아프리카의 금으로 만든 화폐가 이슬람과 유럽 세계의 경제를 뒷받침했고, 또한 인도와 그 너머에까지 이르는 원거리 교역을 원활하게 하는 윤활유가 되어주었다.

대격변

중간천년기가 끝나갈 무렵, 아프리카-유라시아 세계는 두 차례의 대격변을 겪었다. 그 여파는 직접적 재앙으로 다가왔다. 장기 지속적 관점에서 볼 때 대격변은 복잡한 상호 작용이 누적된 결과였다. 그 여파로 어떤 지역에서는 상업의 흐름이 다른 곳으로 넘어갔고, 또 어떤 지역에서는 기존의 흐름이 강화되기도 했다. 첫 번째 대격변은 몽골 제국의 부상이었다. 칭기즈 칸과 그의 후손들이 제국을 세울 때 유라시아 세계는 끔찍한 비용을 치러야 했다. 도시는 깡그리 무너졌고, 수많은 지역이 황무지로 변했으며, 인구는 모두 사라졌다. 과거 유라시아 상업 경제를 이끈 두 곳의 거대 엔진 지역과 그 사이의 중간 통로 지역이 가장 큰 고통을 겪었다. 그중 하나가 북중국이었다. 북중국은 완전히 폐허로 변했고, 막대한 인구가 손실되었으며, 재산은 약탈당했다. 남중국은 북중국보다 오래 버텼고, 피해도 그리 크지 않았다. 남중국의 해안 지역은 몽골의 원나라 지배 아래 더욱 번성했다. 또 다른 곳은 이슬람 문화권의 중심지였다. 고대로부터 무역의 중심지였던 이라크와 페르시아도 궤멸적 타격을 입었다. 장소에 따라서는 여러 차례 반복해서 약탈을 당하기도 했고, 엄

---

9 Nehemia Levtzion, *Ancient Ghana and Mali* (London: Methuen, 1973): 132.

청난 크기의 농지가 황무지로 변하기도 했다. 바그다드는 1258년에 완전히 박살이 났다. 이후 원거리 무역 경로는 한때 세계 경제의 중심 허브였던 바그다드를 더 이상 거쳐 가지 않았다. 중앙아시아에서 거대 카라반 무역로의 중심지들은 몽골이 특히 주목하는 목표물이 되었다. 메르브, 헤라트, 사마르칸트, 니샤푸르가 모두 약탈당했고, 그곳의 주민도 학살당했다. 발흐는 워낙 철저히 파괴되어서 후대의 고고학자들이 정확한 위치를 확인하는 데도 애먹었다.[10]

정복이 어느 정도 마무리된 뒤 새로운 시스템이 자리 잡았다. 그러나 그 기반이 약탈에 있었으므로, 분야에 따라서 경제적 쇠락은 멈추지 않았다. 특히 농업 생산 분야가 그러했다. 그러나 무역은 다른 문제였다. 대부분의 다른 유목민과 마찬가지로 몽골인 또한 중장기적으로 안정적인 수입을 획득하는 방법을 잘 알고 있었다. 즉 카라반을 습격하여 물건을 빼앗는 것보다 세금을 거두는 편이 더 유리했다. 그래서 몽골의 정책은 최우선적으로 카라반의 안전을 보장했고, 이를 통해 원거리 무역을 활성화하고자 했다. 상인의 입장에서는 운송료보다 안전을 보장해줄 경호 비용이 더 많이 들었다. 동해에서부터 흑해에 이르기까지 뒤죽박죽 엉망이던 안전 보장 시스템이 몽골에 의해 한순간에 통일된 시스템으로 바뀌었다. 위험 비용과 수익성을 함께 고려해야 하는 상인에게 새로운 차원의 예측 가능성이 주어졌다. 몽골에 의해 파괴된, 카라반이 운집하던 거대 도시는 이런 상황에서 재건되었고, 무역로 가운데 중간 거점과

---

10 Luc Kwanten, *A History of Central Asia 500-1500* (Philadelphia: University of Pennsylvania Press, 1979): 120.

카라반세라이(카라반의 숙소)도 건설되었다.

과거로부터 전해져 내려오던 실크로드는, 타클라마칸 사막의 가장자리를 따라가다 파미르고원을 넘어 트란스옥시아나(Transoxiana)로 들어간 다음, 남서부로 방향을 틀어 페르시아를 거쳐 지중해까지 이르렀다. 몽골의 지배 아래 실크로드는 다시 활기를 되찾았다. 그러나 그로부터 북쪽으로 수백 킬로미터 떨어진 곳에 거대한 변화의 파도가 몰아쳤다. 몽골의 수도 카라코룸이 막대한 소비의 중심지로 부상했기 때문이다. 실크로드와 병행하여 또 하나의 길이 있었으니, 혹은 그 길을 스텝로드(Steppe Road)라고도 했는데, 아마도 헤로도토스의 책에 처음 등장했던 고대의 길인 듯하다.[11] 스텝로드는 광활한 초원을 가로지르며 고비사막의 북쪽 언저리를 따라가다가 알타이산맥과 우랄산맥을 넘어서, 러시아의 강줄기나 흑해로 연결되었다. 스텝로드는 실크로드에 비해 유리한 점이 많았다. 바퀴 달린 운송 수단을 사용할 수 있는 구간이 상당히 많은 점도 적지 않은 이점이었다. 그럼에도 불구하고 과거에는 도적 떼의 습격에 취약했기 때문에 실크로드보다 훨씬 위험한 길로 알려져 있었다. 그러므로 몽골의 지배 아래 평화의 시대가 찾아왔을 때 스텝로드를 이용하는 경우가 급격히 늘어났다. 그러나 몽골 제국은 오래 지속되지 못했다. 몽골의 권력 계승 관행은 개인의 재산을 나누는 데 적합했을지 모르지만 국가 권력을 승계하는 데 불리했다. 그래서 불과 몇 세대를 거치지 않은 상태에서 몽골 제국은 네 개의 칸국으로 갈라지고 말았다.

---

11 Herodotus, *The Histories*, *IV.13-32*, trans. Robin Waterfield (Oxford University Press, 1998): 239-45.

4칸국이 모두 무역을 장려했음에도 불구하고, 그들 사이에 가벼운 갈등이 갈수록 빈번해졌고, 각각의 내부에서도 내전의 횟수가 많아졌다. 4칸국은 얼마 못 가서 다시 더 많은 단위로 갈라졌고, 14세기 말경에 이르자 더 이상 대륙 횡단 여행의 안전을 보장할 수 없는 지경에 이르렀다.

무역이나 상업의 측면에서 몽골의 시기에는 상반된 가치가 혼재되어 있었다. 당나라 때부터 이미 실크로드의 쇠락이 시작되었다. 불안정한 상황은 물론, 인도양을 통한 해상 운송의 비중이 점차 커져갔기 때문이다. 이른바 "팍스 몽골리카(몽골의 평화)" 시기에 육로 무역이 어느 정도 회복되기는 했지만, 그것은 무시무시한 대가를 지불한 뒤였다. 그 과정에서 수많은 사람이 살해되었는데, 그것은 곧 생산 능력의 감소로 이어졌고, 무역을 장려한 몽골의 정책에도 불구하고 생산 손실을 만회하기는 어려웠다. 또한 몽골은 해상 운송에 비하여 육상 운송을 선호하지 않았다. 남중국을 장악한 뒤 몽골의 원나라는 과거 송나라의 정책을 이어받아 해상 무역을 장려했고, 그로부터 상당한 재정적 이득을 뽑아냈다. 이후 육상 무역이 쇠락할 때도 해상 무역은 계속해서 번영을 이어갔다.

티무르(Timur, 혹은 Tamerlane)의 정복 전쟁은 몽골 제국에 이은 비극적 역사의 속편과도 같았다. 그는 칭기즈 칸의 유라시아 제국을 재건하려는 허황된 시도를 했던 인물이다. 티무르는 아무런 비전도 없이 칭기즈 칸의 어두운 면만을 답습한 셈이었다. 1370~1405년 티무르는 무자비한 학살과 폐허의 흔적을 남겼다. 바그다드에서만 10만 명을 살해한 것으로 알려져 있고, 델리, 헤라트, 이스파한에서도 사람들의 머리를 잘라 탑을 쌓았다고 한다. 그가 건설한 제국은 시리아 북부에서 인도 북부에까지 이르렀다. 그의 수도는 사마르칸트였다. 사마르칸트에 재물과 치장이 집중되는 동안 다른 무역로들이 무너졌고, 상업 인프라 시설들도 심대한 타격을 입었다. 티무르의 제국 자체도 파괴와 약탈에 워낙 바빠서 통치 기반을 다질 시간이 없었다. 결국 티무르가 사망한 뒤 그의 제국도 붕괴되고 말았다.

두 번째 대격변은 어마어마한 전염병의 확산이었다. 바로 흑사병이었다. 치명적 병균의 기원지는 멀리 중앙아시아의 이식쿨호 근처였던 것으로 추정된다. 스텝로드나 실크로드에 모두 접근하기가 쉬운 곳이었다. 사람, 말, 운반용 동물은 알지 못하는 사이에 병균을 수송했다. 무역로를 따라 설치된 카라반세라이 네트워크를 거쳐 마침내 병균은 상업의 중심지로 확산되었다. 당시 전염병은 단지 "큰 죽음(Big Death)"으로 기록되었지만, 대부분의 역사학자나 역학연구자 들은 당시의 흑사병이 선페스트(bubonic plague)였던 것으로 추정하고 있다. 물론 일부 반론도 없지는 않다.[12] 병원균이 무엇이든 흑사병이 도시 지역에 막대한 영향을 끼친 사실은 변함이 없다. 특히 항구 도시들에 치명적이었는데, 그곳에서부터 내륙으로 병원균이 전파되어 들어갔다. 중국과 인도의 상당 지역이 여파에서 벗어난 반면, 지중해 권역에서는 궤멸적 혼란이 초래되었다. 이집트, 시리아, 이라크는 1347~1349년 폐허가 되었다. 이후에도 약 한 세기 반에 걸쳐 이집트에서는 16차례, 시리아에서는 15차례나 전염병이 반복해서 발생했다.[13] 전통적 설명에 따르면 1347년 흑해의 항

---

12 Samuel K. Cohn, Jr, *The Black Death Transformed: Disease and Culture in Early Renaissance Europe* (New York: Oxford University Press, 2003): 1, 247; David Herlihy, *The Black Death and the Transformation of the West* (Cambridge, MA: Harvard University Press, 1997): 6-7, 25-7.

구 카파(Caffa)에서 출발한 배가 제노바와 베네치아에 병원균을 전달했으며, 여기서부터 유럽 전역으로 흑사병이 전파되었다고 한다. 재앙의 결과는 인구통계학적으로도 확인이 된다. 학자들이 대개 인정하는 바로, 흑사병 이전 유럽 인구는 7000~8000만 명이었는데, 흑사병이 확산되면서 최초 4년 안에 인구의 3분의 1이 사망했다고 한다. 또한 흑사병은 되풀이되는 전염병이었기 때문에 이후로도 계속해서 인구에 영향을 미쳤다. 15세기 인구가 가장 적었던 시점의 유럽 인구는 흑사병 이전에 비해 40~50퍼센트가 줄어들었다.[14]

한 가지 전염병이 아무리 널리 확산되었다 하더라도 그 여파가 회복되는 데 그리 긴 시간이 필요하지 않을 수도 있다. 그러나 전염병이 한 세기를 넘도록 반복해서 발생했기 때문에 경제 질서는 혼란에 빠져버리고 말았다. 인구 감소는 생산량 저하, 수요 하락, 경제 전반의 급격한 쇠락을 가져왔다. 원거리 무역 규모도 크게 줄어들었다. 다만 노예 시장만은 예외적으로 호황이었다. 경제 체제가 튼튼하여 충격을 흡수할 준비가 되어 있었다면 전염병이 그토록 극심하지 않았을 수도 있다. 무려 5세기 이상 성장을 거듭했음에도 불구하고 아프리카-유라시아의 상업은 여전히 매우 위태로운 건물 같았다. 주변 여건이 악화되면 금세 혼돈으로 빠져들 만큼 구조가 취약했다. 흑사병이 등장하기 이전에 이미 그

---

13 Eliyahu Ashtor, *A Social and Economic History of the Near East in the Middle Ages* (Berkeley: University of California Press, 1976): 302; Michael Dols, "The General Mortality of the Black Death in the Mamluk Empire," in A. L. Udovitch (ed.), *The Islamic Middle East, 700-1900: Studies in Economic and Social History* (Princeton: Darwin Press, 1981): 411-17.
14 William H. McNeill, *Plagues and Peoples* (New York: Doubleday, 1976): 149-50.

와 같은 환경이 드러났었다. 대개 경제가 성장하면 인구도 성장하게 마련이다. 흔히 가용 자원이나 기술 수준에 비해 인구가 너무 많아져서 문제가 되었다. 그러나 유럽의 몇몇 지역에서는 흑사병이 발생하기 이전에 이미 인구 감소가 시작되었다. 불행한 음모에 곧이어 자연도 합류했다. 13세기에 이미 이전까지 온화하던 기후가 추워지기 시작해서 이른바 "소빙하기"가 시작되었다. 그 결과 14세기에 산발적으로 흉년이 들었고, 15세기에는 기온이 최저를 기록했다.

여러 나라의 정부에서 취한 대응 조치들은 문제를 더욱 복잡하게 만들었다. 예컨대 당시 이집트의 맘루크 왕조(1250~1517)는 착취의 강도를 높여갔다. 또한 오래도록 막대한 비용을 들여가며 파괴적 전쟁을 선택한 나라들도 있었다. 대표 사례가 바로 잉글랜드와 프랑스의 백년전쟁(1337~1453)이었다. 중국에서는 원나라가 무너졌고, 반란의 도가니에서 일어선 명나라가 그 뒤를 이었다. 중부 유럽에서는 은광의 은 생산이 중단되었다. 그 결과 14세기 중엽에서 15세기 중엽 사이 금괴 기근(Great Bullion Famine) 현상이 발생했다. 여러 조폐국에서 금화 내지 은화의 품질을 떨어뜨렸고, 이는 화폐 신용 하락으로 이어졌다. 심지어 화폐 생산을 중단하는 경우도 발생했다. 화폐를 구하지 못해 채권자는 대출금을 갚을 수 없었다. 이탈리아 최대 은행을 비롯해 수많은 은행이 파산했고, 신용은 바닥을 드러냈다. 사람들은 품질이 현저히 떨어지는 동전까지도 비축하고 내놓지 않았다. 유라시아의 고갈되지 않는 금속 광산으로 여겨진 인도는 금속 자원의 유출을 피할 수 없었다. 카이베르 고개를 넘어온 침략자들의 약탈과 그들에게 바칠 조공 때문이었다. 중국에서는 송나라부터 원나라 시기까지 종이 화폐가 사용되었지만, 점차 인플레이션을 감당하지 못해 결국 명나라 때 종이 화폐 인쇄를 전면 중단했다. 이 무렵 엔진 지역의 경제는 매우 심도 있는 화폐 경제 체제로 발달해 있었다. 그러나 정작 화폐는 구할 수가 없었던 것이다.

변화의 방향

14세기 말에서 15세기 초 무렵, 혼란의 도가니에서도 아프리카-유라시아 경제는 다시 일어서기 시작했다. 그러나 지역에 따라서는 워낙 타격이 심해서 회복이 불가능한 경우도 있었다. 예컨대 대규모 카라반의 육로 무역 시대는 다시 오지 않았다. 스텝로드 또한 완전히 파괴되었다. 실크로드는 잠시 중단되었던 오랜 쇠락의 역사를 다시 시작하고 있었다. 지역 단위를 연결하던 고유의 역할은 이제 다른 곳에 맡겨야 했다. 다만 실크로드와 중앙아시아의 연결망은 남아 있었지만, 그 길을 지나다니는 사람은 거의 없었다. 사하라 관통 무역로에서는 금 유통이 대부분 사라져버렸다. 금과 함께 국제 무역에서 중요했던 사하라 무역의 비중 또한 주저앉았다. 다만 지역 간 소금 무역은 명맥을 유지했다. 해상 운송 루트가 최종적으로 승리를 거두게 된 것은 오랜 경향성이 누적된 결과였다. 뿌리는 비용 대비 수익률과 기술의 혁신이었다. 덕분에 대형 선박이 예전에 비해 더 짧은 시간에 더 안전하게 운행이 가능해졌던 것이다. 과거 선박 건조 및 항해 기술의 발달은 아랍, 인도, 말레이 사람들의 성과였다. 그러나 적어도 12세기부터는 중국인이 이 분야를 선도하기 시작했다. 그들은 자기 나침반을 도입했고, 수밀격벽의 선구자였고, 종범장(縱帆裝, 삼각돛)을 이용했고, 다섯 개 혹은 그 이상의 주 돛대(mainmast)를 세웠고, 최대 50피트(약 15미터)에 달하는 방향타를 설치했고, 코이어(코코야자 열매로 만든 섬유) 대신 쇠로 만든 못을 이용하여 운항에 더욱 튼튼한 선박을 제작했다. 이와 같은 기술 혁신을 통하여 중국인은 당시까지 볼 수 없었던 역대 최대 규모의 선박을 건조했는데, 길이가 400피트(약 120미터) 이상이었고 300톤의 화물을 실을 수 있었다.

동남아시아의 거점 항구에서는 중국 상인이 중국 화물선에 화물을 선적하는 경우가 많았다. 그들이 남인도로 가는 항로를 주도했다. 남인도에 도착한 화물은 다른 배로 옮겨져 홍해와 페르시아만으로 향했다. 모두가 구간별로 나뉘어 운영되는 시스템이었다. 중국의 송-원나라 시기 원거리 무역은 주로 상인이 사적으로 수행했다. 그러나 명나라 시기에 이르러 관행에 변화가 있었다. 명나라는 북방 국경에서 몽골인의 접근을 차단했다. 그런데 당시 중국의 서쪽으로 가는 육로를 장악한 사람들이 바로 몽골인이었다. 그래서 명나라의 원거리 교역은 바다를 통할 수밖에 없었다. 명나라 초기, 특히 영락제(永樂帝, 재위 1402~1424) 때 해상 루트를 거치는 조공 무역을 정부에서 관장하기로 정책이 바뀌었다. 그 결과 방대한 물동량이 다른 길로 이동하게 되었지만, 그것이 가장 효율적인 방안이라고 할 수는 없었다. 실제로 중국의 입장에서는 공과 사 양쪽으로 손해를 보는 상황이었다. 사무역은 통로가 막혔으니 당연하고, 공무역에서도 종주국과 제후국의 관계를 유지하기 위하여 대개는 받는 것보다 주는 것이 더 많은 편이었다. 명나라 정부는 이익보다 권력과 체면을 더 중요시했다.

영락제의 정책은 정화(鄭和) 함대의 1405~1433년 항해에서 절정에 이르렀다. 목적은 인도양을 건너 장차 제후국이 될 나라를 찾아보고, 그들을 조공 시스템으로 편입시키려는 것이었다. 즉 조공-책봉 관계를 통해 세계 최고 주권자를 자처한 명나라의 지위를 확고히 하고자 했다. 함대의 규모는 어마어마했다. 제1차 항해에 참여한 선박은 62척으로, 한 척에 9개의 돛대가 설치되고 선원 500명이 탑승했으며, 255척의 작은 배가 그 뒤를 따랐다. 7차례의 항해에서 각각의 함대는 매번 비단과 도자기를 비롯한 여러 물품을 싣고 갔다. 한 번 항해에 몇 년씩 걸렸다. 초기에는 동남아시아, 인도, 스리랑카의 모든 주요 항구를 들렀으며, 나중에는 과감하게 페르시아만, 홍해, 동아프리카 해안까지 진출했다. 그런데 마지막 함대가 돌아온 뒤 항해는 갑자기 중단되었다. 함선은 모두 폐기되었고, 새로운 선박의 건조는 허가되지 않았으며, 모든 조선소 또한 폐쇄되었다. 대형 선박 건조 기술은 결국 잊히고 말았다.

명나라의 정책이 정반대로 뒤집어진 것은 주로 정치·경제적 문제 때문이었다. 정치적 설명에 따르면, 상업을 반대하는 유학자 관료들과 환관 집단의 대립으로 파벌 분쟁이 벌어졌다. 논점은 대외 무역과 해양 정책이었다. 결국 유학자 관료들이 승리했다. 경제적 설명에 따르면, 애초에 항해 비용이 너무 큰 데다 연이은 자연재해와 특히 홍수 때문에 중국의 사정이 좋지 못했고, 농민 반란, 해안을 따른 해적의 노략질, 베트남 전쟁 실패, 몽골과의 국경 분쟁 등은 상황을 더욱 악화시켰다. 황제는 더 이상 세계의 주권자로서 사치를 부릴 입장이 못 되었던 것이다.[15] 순전히 실용적 측면에서의 고려가 정책 결정에 어느 정도 역할을 했을

---

15 Louise Levathes, *When China Ruled the Seas: The Treasure Fleet of the Dragon Throne 1405-1433* (New York: Simon and Schuster, 1994): 174-9; F.W. Mote, *Imperial China 900-1800* (Cambridge, MA: Harvard University Press, 1999): 615-17.

수 있다. 거대한 중국의 함선은 원래 인도 남동부 말라바르 해안에서 후추를 거래할 목적으로 설계된 배였다. 후추는 당시 시장에서 인기가 급속도로 오르는 중이었다. 후추 재배가 그보다 훨씬 가까운 수마트라섬에서 발달하게 되자 중국인은 작은 배를 이용하는 쪽으로 선회했다. 수마트라를 운행하는 데에는 작은 배가 비용이 훨씬 저렴했기 때문이다.[16] 중국인이 인도양에서 빠져나가면서 공백이 생겨났고, 특히 인도의 무슬림 상인이 신속하게 그 틈으로 파고들었다. 지중해로 이어지는 항로에서 수요가 성장하는 중이었지만, 거대한 중국 시장이 축소되면서 부분적으로 상업적 혼란도 없지 않았을 것이다. 중국인은 세계 시장에서의 해양 패권 상실을 그리 오래도록 한탄했던 것 같지는 않다. 남중국해, 타이완(泰國灣), 자와해(Java Sea) 등지에서는 합법과 불법을 막론하고 어떤 식으로든 무역이 지속되었다. 아프리카-유라시아 동쪽의 거대 엔진이었던 중국은 결코 꺼지지 않았다. 중국의 상업 경제는 이후 되살아나 근대 초기까지도 지역 경제를 이끌어가는 원동력이 되었다.

인도양의 반대쪽, 과거 중국의 파트너이자 아프리카-유라시아 교역의 서쪽 엔진이었던 이슬람 중심부는 중국과 다른 방향으로 나아갔다. 아바스 칼리프국의 분열이 곧바로 무역의 붕괴로 이어지지는 않았다. 그러나 시간이 지날수록 악화된 시스템의 문제를 알리는 신호는 당시부터 존재했다. 아바스 칼리프국을 계승한 여러 왕조 사이의 주기적 전쟁에 중앙아시아에서 불어닥친 침략의 파도가 더해져 도시들이 파괴되었

---

16 Christopher Wake, "The Great Ocean-Going Ships of Southern China in the Age of Chinese Maritime Voyaging to India, Twelfth to Fifteenth Centuries," *International Journal of Maritime History* 9 (1997): 76-81.

고, 무역로가 혼란에 빠졌으며, 장인 혹은 기술자를 강제로 이주시키는 바람에 물품 생산에도 차질이 빚어졌다. 역병과 기근이 반복해서 일어났고, 빈곤 때문에 장기적 인구 감소 추세가 이어졌다. 상업적으로 가장 활발한 지역은 군인 계급의 지배를 받았다. 군인 계급은 대개 튀르크 출신의 노예 혹은 용병이었고, 그들이 통치하는 왕조가 성장에 도움이 될 만한 정부는 아니었다. 권력을 잡은 자들의 주요 목표는 되도록 빠른 시일 내에 자신의 부를 확대하고, 부를 이용하여 호화로운 생활을 즐기는 것이었다. 무거운 세금은 거의 강탈 수준이었다. 포식자는 탐욕스러운 권력자들이었다. 사업 비용은 갈수록 증가했고, 그에 따라 상품 가격이 올라갔으며, 국제 시장에서 경쟁력도 떨어졌다. 누군가 사적으로 재산을 가지고 있으면 대개 권력자들이 마음 놓고 노골적으로 빼앗아 갔다. 이집트의 맘루크 왕조는 원거리 무역을 계속 지원했다. 그러나 카리미(Karimi) 상인을 배제하고 스스로 무역을 독점했다. 몇몇 예외를 빼면 중간천년기 후기에는 이슬람 중심부 지역을 군부 정권이 통치했다. 그들은 압제적일 뿐만 아니라 무능하고 독단적이었다. 그들이 하는 사업은 예측이 불가능했다. 정치와 경제 사이에 시너지가 없었던 이유를 한 가지만 들자면, 상인 계급이 제도화된 정치적 권력에 접근하지 못했기 때문이다. 도시에서는 현지 문제를 해결하는 데 상당한 자치권을 확보한 경우가 많았다. 그러나 국가와 국사 사이에서 도시가 더 큰 문제를 두고 통치자와 협상을 할 정도는 결코 아니었다. 결과적으로 정부에서 정책을 선택하고 우선순위를 결정할 때 상인 계급의 의견을 들을 필요도 없었고, 일반적인 상업 관련 주제를 특별히 고려할 이유도 없었다.

경제적 기반과 관련해서 큰 문제에 섞여 있는 또 하나의 핵심적 요소가 바로 나쁜 정부였다. 이슬람 중심부 지역은 천연자원이 부족했기 때문에 다른 엔진 지역과의 교역에 더욱 의존할 수밖에 없었다. 모든 길이 통하는 궁극적 통로로서의 역할은 유럽이 회복되면서 더욱 강화되었다. 칼리프국의 멸망 이후 유럽 경제의 성장은 이슬람 중심부 지역의 무역을 유지하는 데 큰 힘이 되었다. 특히 이집트의 경우, 동방 무역에서는 오래도록 적자가 이어졌지만, 이집트의 상품을 서양에 팔아서 무역수지 균형을 맞춰갔다. 그런데 15세기 초엽에 이러한 상황에 변화가 있었다. 이집트와 시리아의 제조업이 전반적으로 무너졌다. 다른 지역에서는 이미 훨씬 오래전에 나타났던 현상이 이제야 나타난 것이다. 이는 무엇보다도 기술 혁신의 문제, 즉 혁신의 부족이 가져온 문제였다. 제조업은 새로운 기술과 더욱 복잡해진 교역망에 부응하지 못해 경쟁력이 약화되었다(부분적으로는 정부의 독점 정책 때문이기도 했다). 반면 민간 부문에서는 여전히 보수적 기업 문화가 주도적이었다. 즉 가문 기업이 최고 수준의 사업을 이어갔다. 그들은 변화에 저항했다. 유럽의 상품은 갈수록 저렴해졌다. 이탈리아 수출업자는 시리아와 이집트 시장으로 막대한 상품을 팔아넘겼다. 그 여파로 이집트의 산업은 폐허가 되었다. 제조업 쇠락을 농업 생산으로 상쇄하기도 어려웠다. 가난하고 생산력이 낮고 기술이 뒤처진 농민으로부터 뽑아낸 과도한 세금, 농업의 이익을 지키기 위해 지배 계급 출신에서 일부가 뛰어든 제조업의 실패로 생산성은 급전직하했다. 이집트는 약간의 밀을, 시리아는 약간의 목화솜 원료를 여전히 수출할 수 있었지만, 올리브유를 비롯한 많은 상품의 경우 이슬람 중심부는 순수입 지역으로 바뀌었다. 특히 올리브유는 상징적 상품으로, 3000년 전 페니키아 상인들이 이슬람 중심부 지역에서 원거리 교역을

통해 수출한 주요 상품 가운데 하나였기 때문이다.[17]

이슬람 중심부 지역과는 오래도록 정치 및 종교적 경쟁자인 동시에 밀접한 무역 파트너 관계였던 유럽은, 14세기의 폐허로부터 전혀 다른 길로 나아갔다. 서유럽은 몽골 정복의 직접적 피해를 겪지 않았다. 다만 몽골이 일시적이나마 여러 지역을 통합한 데 따른 혜택은 유럽도 고스란히 누렸다. 유럽이 흑사병과 그로 인한 침체 국면을 거치는 동안 결과적으로 정부의 전복보다는 방향의 수정이 있었다. 구조조정 덕분에 유럽은 향후 오랜 성장의 시대로 나아갈 수 있었다. 경제 회복의 징후는 이르면 15세기부터 확연하게 나타났다. 물론 지역별 편차는 적지 않았다. 인구가 줄어들면서 전반적으로 소비가 감소했지만, 노동력 부족이 임금 상승으로 이어졌다. 그 결과 1인당 구매력이 폭발적으로 증가했고, 새로운 방향의 소비 행태가 나타났다. 인구가 성장하고, 도시가 되살아나며, 생산량이 증가하고, 물가가 안정되고, 무역과 상업이 번성했다. 이러한 경향은 이탈리아로부터 시작해서 북쪽과 서쪽으로 확산되었다. 상인 계급의 정치 권력 강화, 상인 계급과 정부의 동맹은 자본의 축적과 투자를 보호 및 촉진했다. 중부 유럽에서 은광이 발견되자 이는 무역 회복을 뒷받침했다. 채광 기술의 발달로 과거 폐쇄되었던 광산이 다시 열리고, 부족했던 은화 공급을 보충했기 때문이다.

해상 교통의 발달은 유라시아 세계의 끄트머리에 위치한 유럽에게 상당히 유리한 경향이었다. 유럽의 해상 교통은 지중해에서 대서양

---

17 Eliyahu Ashtor, "The Economic Decline of the Middle East during the Later Middle Ages," *Asian and African Studies* 15 (1981): 253-86.

으로 중심을 옮길 태세를 갖추어갔다. 1434년 포르투갈의 질 이아느스(Gil Eannes)는 아프리카 서부 해안의 보자도르곶(Cape Bojador)을 돌아 리스본으로 무사히 돌아옴으로써, 그 아래로 내려가면 바닷물이 끓는다는 말이 헛소문임을 입증했다. 1471년 포르투갈인은 골드코스트(Gold Coast)까지 진출해서 상당량의 금을 가져오기 시작했다. 1487년 바르톨로메우 디아스(Bartolomeu Dias)는 아프리카의 남단 희망봉(Cape of Good Hope)까지 갔다가 되돌아왔으며, 1498년 바스쿠 다 가마(Vasco da Gama)는 인도 말라바르 해안의 항구 도시 캘리컷(오늘날 코지코드)에 도착했다. 바스쿠 다 가마는 애초에 조잡한 화물을 싣고 간 데다 현지 통치권자와 마찰까지 빚었고, 배 4척 중 2척을 잃었지만, 결국 항해 비용의 60배에 달하는 물건을 싣고 돌아왔다. 중무장한 포르투갈인은 인도양 무역을 독점하고자 곧바로 인도양으로 되돌아갔다. 이제 세상이 변하고 있었다.

그럼에도 불구하고 1500년의 시점에서 볼 때 유럽의 글로벌 헤게모니는 아직 먼 미래의 일이었다. 또한 상업의 세계는 제로섬 게임이 아니었다. 그러니 유럽이 부상한다고 해서 어딘가 다른 지역이 쇠락해야 하는 것은 아니었다. 인도와 동남아시아는 새로운 상업 팽창의 시기를 맞이했다. 그리고 중국은, 적어도 18세기 말까지는 세계 최대의 경제권으로 남아 있었다. 어떤 기준으로 보더라도 중국의 경제 규모는 여전히 막대했다. 1500년 이후 변화의 속도가 엄청나게 빨라졌지만, 어디까지나 중간천년기에 시작된 방향에서 움직인 것이었다. 적어도 산업혁명이 세계 경제의 모든 측면을 바꿀 때까지, 중간천년기의 방향은 변함이 없었다.

더 읽어보기

Primary sources

Benjamin of Tudela. *The Itinerary of Benjamin of Tudela: Travels in the Middle Ages.* Trans. Michael Singer, Marcus N. Adler, and A. Asher. Malibu, CA: Joseph Simon/Pangloss Press, 1987.

Chau Ju-Kua. *His Work on the Chinese and Arab Trade in the Twelfth and Thirteenth Centuries Entitled "Chu-Fan Chih."* Trans. Friedrich Hirth and W.W. Rockhill. New York: Paragon Book Reprint, 1966.

Goitein, S. D., trans. and ed. *Letters of Medieval Jewish Traders.* Princeton University Press, 1973.

Goitein, S. D. and M. A. Friedman. *India Traders of the Middle Ages: Documents from the Cairo Geniza (India book).* Leiden: Brill, 2008.

Hudūd al-'Ālam: *'The Regions of the World,' A Persian Geography 372 A.H.–982 A.D.* Trans. V. Minorsky. London: Luzac & Co., 1937.

Ibn Battuta. *The Travels of Ibn Battuta A.D. 1325–1354*, 5 vols. Trans. H. A. R. Gibb and C. F. Beckingham. London: Hakluyt Society, 1958–2000.

Ibn Hauqal. *Configuration de la Terre (Kitab Surat al-Ard)* 2 vols. Trans. J. H. Kramers and G. Wiet. Paris: Maisonneuve & Larose, 2001.

Ibn Khurdadhbih."Le Livre des Routes et des Provinces par Ibn Khordadbeh" (Kitab al-masalik wa'l mamalik). Trans. C. Barbier de Meynard, *Journal Asiatique* 6/5 (1865): 5–127, 227–80, 446–527.

Levtzion, N. and J. F. P. Hopkins, trans. and ed. *Corpus of Early Arabic Sources for West African History.* Princeton: Markus Wiener, 2000.

Ma Huan. *Ying-yai sheng-lan, The Overall Survey of the Ocean's Shores.* Trans. and ed. J. V. G. Mills. Cambridge: Hakluyt Society, 1970.

Marvazi, Sharaf al-Zaman Tahir. *China, the Turks and India.* Trans. V. Minorsky. London: The Royal Asiatic Society, 1942.

Al-Mas'udi, Abu'l'Hasan 'Ali b. al-Husayn. *Les prairies d'or (Muruj al-Dhahab wa-ma 'adin al-jawhar).* Trans. C. Barbier de Maynard and Pavet de Courteille, revised by Charles Pellat. Paris: Société asiatique, 1962.

Muqaddasi, Shams al-Din Abu Abd Allah Muhammad b. Ahmad. *The Best Divisions for Knowledge of the Regions (Ahsan al-Taqasim fi Ma'rifat al-Aqalim).* Trans. B.A. Colins. Reading: Garnet, 1994.

Polo, Marco. *The Book of Ser Marco Polo* 2 vols. 3rd edn. Trans. and ed. Henry Yule and Henri Cordier. New Delhi: Munshiram Manoharlal, 1993.

Xuanzang. *The Great Tang Dynasty Record of the Western Regions.* Trans. Li Rongxi. Berkeley, CA: Numata Center for Buddhist Translation and Research, 1996.

Yule, Henry and H. Cordier, trans. and ed. *Cathay and the Way Thither, Being a Collection of Medieval Notices of China* 4 vols. London: Hakluyt Society, 1937.

Secondary sources

Abu-Lughod, Janet L. *Before European Hegemony: The World System A.D. 1250-1350.* New York: Oxford University Press, 1989.

Bentley, Jerry H. *Old World Encounters: Cross Cultural Contacts and Exchanges in Pre-Modern Times.* New York: Oxford University Press, 1993.

Chaudhuri, K. N. *Asia Before Europe: Economy and Civilisation of the Indian Ocean from the Rise of Islam to 1750.* Cambridge University Press, 1991.

Curtin, Philip D. *Cross-Cultural Trade in World History.* Cambridge University Press, 1984.

Franck, Irene and David M. Brownstone. *The Silk Road: A History.* New York: Facts on File Publications, 1986.

Hodges, Richard and David Whitehouse. *Mohammed, Charlemagne, and the Origins of Europe: Archaeology and the Pirenne Thesis.* Ithaca, NY: Cornell University Press, 1983.

McCormick, Michael. *Origins of the European Economy: Communications and Commerce, A.D. 300-900.* Cambridge University Press, 2001.

McIntosh, Roderick James. *The Peoples of the Middle Niger: The Island of Gold.* Oxford: Blackwell, 1998.

Smith, Richard L. *Premodern Trade in World History.* New York, NY: Routledge, 2009.

Spufford, Peter. *Money and its Uses in Medieval Europe.* Cambridge University Press, 1988.

Thapar, Romila. *Early India: From the Origins to CE 1300.* Berkeley, CA: University of California Press, 2002.

Vaissière, Etienne de la. *Sogdian Traders. A History.* Trans. James Ward. Leiden: Brill, 2005.

Wickham, Chris. *Framing the Early Middle Ages: Europe and the Mediterranean, 400-800.* Oxford University Press, 2005.

Wicks, Robert S. *Money, Markets, and Trade in Early Southeast Asia: The Development of Indigenous Monetary Systems to CE 1400.* Ithaca, NY: Cornell University Press, 1992.

CHAPTER 10

유럽과 지중해 무역 네트워크

미셸 발라르Michel Balard
미셸 볼두크Michelle Bolduc 번역

중세 유럽과 인접 지역(마그레브, 근동, 극동)의 무역 네트워크에 관해서는 앙리 피렌(Henri Pirenne)부터[1] 마이클 맥코믹(Michael McCormick)까지,[2] 그리고 로버트 로페즈(Robert S. Lopez)부터[3] 페레그린 호든(Peregrine Horden)과 니콜라스 퍼셀(Nicholas Purcell)까지[4] 수많은 연구자에 의해 방대한 연구 결과가 생산된 바 있다.

앙리 피렌에 따르면 학자들의 관심은, 고대 로마 후기에서 중세번영기로 넘어가는 시기를 상업 경제의 측면에서 과연 단절로 보아야 할지, 아니면 연속으로 보아야 할지의 문제에 놓여 있었다. 7~8세기 아랍의 정복 때문에 과연 지중해 동부와 서부의 무역이 단절되었던 것일까? 또 하나의 논점은, 지중해 상업 네트워크가 다른 지역과 단절된 채 내해(內

---

[1] Henri Pirenne, *Mahomet et Charlemagne* (Paris: Alcan, 1937; new ed., Paris: Presses universitaires de France,1992). Pirenne의 논문에서 시작된 논의의 개요는 다음을 참조. Alfred E. Havighurst, *The Pirenne Thesis: Analysis, Criticism and Revision* (Boston: D. C. Heath, 1958). 또한 고고학 자료 분석 성과에 관해서는 다음을 참조. Richard Hodges and David Whitehouse, *Mohammed, Charlemagne and the Origins of Europe* (London: G. Duckworth, 1983).

[2] Michael McCormick, *Origins of the European Economy: Communications and Commerce, A.D. 300-900* (Cambridge University Press, 2001).

[3] Robert S. Lopez, *The Commercial Revolution of the Middle Ages, 950-1350* (Englewood Cliffs, NJ: Prentice-Hall, 1976).

[4] Peregrine Horden and Nicholas Purcell, *The Corrupting Sea. A Study of Mediterranean History* (Oxford: Blackwell, 2000).

海)의 성격만 가졌는지, 아니면 그 반대로 머나먼 중앙아시아나 극동까지, 또한 발트해, 북해, 대서양 등지와 연결되어 있었는지의 문제였다.

이와 같은 질문에 답하려면 무엇보다 상인과 그들의 조합에 주목해야 할 것이다. 또한 자본을 확보하는 기술, 다양한 화폐의 형태(어음과 동전), 무역에 필요한 무역선 투자, 정기적 회합·전시·시장 개최, 정부의 보호를 확보하는 방법 등을 연구해보아야 한다. 우리 논의는 북유럽에서 무슬림 세계에 이르는 노선에서 중세 무역의 가장 큰 비중을 차지했던 거점들에 초점을 맞출 것이다. 먼저 그 사이에 있었던 지중해 및 그와 연결되는 육로와 해로 네트워크를 살펴보고 나서 그들의 상품과 무역을 논의해보도록 하겠다.

상인과 상인 조합

중세 전기(Early Middle Ages) 서유럽의 문헌에서 상인(merchants, 혹은 negociatores)에 관한 기록은 거의 등장하지 않는다. 상인에 대한 언급이 워낙 없다 보니, "야만인(서유럽)"의 왕국에서 상업 경제가 아예 존재하지 않았다고 주장하는 경우도 많다. 그러나 상업 경제의 존재 자체를 부정할 수는 없다. 대규모 수도원의 대리인으로서 수도원의 초과 생산물을 대신 판매하거나 수도승이 필요로 하는 물품을 대신 사줄 사람이 필요했기 때문이다. 마을에서 열리는 시장은 전문 상인이 필요하지 않은 거래의 중심지였다. 특히 주교좌(episcopal) 도시나 귀족의 궁전이 있는 곳에서는 사회적 엘리트 계층이 동방의 사치품, 향신료, 값비싼 옷감을 구입하고자 하는 수요가 있었다. 그래서 루아르(Loire)강과 뫼즈(Meuse)강 사이의 수많은 도시에 시리(Syri)라고 하는 동방 상인들의 공동체가 존재했다. 시리 중에는 그리스인, 레반트인, 이집트인, 유대인이 포함되어 있었다.[5] 여기에 해당 지역별로 현지 출신 상인이 결합했다. 베르됭(Verdun)의 상인은 노예 무역을 통해 부를 축적했다. 프리슬란트(Friesland) 상인과 색슨(Saxon, Sachsen) 상인은 라인 지방에서 생산되는 농산물과 수공업품을 가지고 잉글랜드와 윌란반도로 가서 적극적으로 거래를 시도했다. 왕의 대리인이나 귀족들, 수도원장들, 행상들(pieds poudreux, 발이 먼지투성이라는 뜻의 프랑스어, 영어 piepowders)이 저마다 상품을 사고팔기 위해 프랑크 왕국의 각 지방을 부지런히 쏘다녔다.

8세기에 이르러 서유럽의 무역 활동은 규모가 상당히 거대해졌다. 시리(Syri) 상인과 관련된 언급은 줄어든 대신 유대인 상업 구역이 등장했다. 갈리아(Galia)의 미디(Midi) 지역에서부터 카롤루스 왕조의 궁전이 있는 곳에 이르기까지, 모든 도시의 유대인 구역에서 상업 활동이 번성했다. 9세기가 시작되면서 프리슬란트 상인은 최전성기를 맞이했다. 그들의 중심지는 오늘날 위트레흐트(Utrecht) 근처인 도레스타트(Dorestad)와, 윌란반도의 남부에 있는 헤데뷔(Hedeby, Haithabu)였다. 또한 기독교 상인도 문헌에 등장하는데, 곡물 무역에 전문화된 그들은 알자스(Alsace), 프랑켄(Franken, Franconia), 라인란트(Rhineland)에서 활동했다. 혹은 행상으로 시골의 장터를 떠도는 상인도 있었다.

10세기부터 주로 이탈리아에서 소규모 상인 조합이 출현하기 시작

---

5 Ferdinand Vercauteren, "La circulation des marchands en Europe occidentale du vie au xe siècle: aspects économiques et culturels," *Centri e vie di irradiazione della civiltà nell'alto Medioevo. 11° Settimana di Studio, 18-23 aprile 1963* (Spoleto: Centro Italiano di Studi sull'Alto Medioevo, 1964): 393-411.

했다. 당시 이탈리아는 부분적으로 비잔티움 제국의 영역으로 남아 있었다. 아말피(Amalfi) 상인들과 베네치아(Venetia) 상인들은 콘스탄티노폴리스에서 소규모 공동체를 결성하여 기존에 동방 상인들이 맡았던 역할을 대신했다. 즉 비단, 향신료, 고급 직물, 예술품 등을 수입하여 서양으로 가져갔다. 뒤이어 피사(Pisa)와 제노바(Genova)의 상인들도 이 대열에 합류했다. 십자군 전쟁의 시대가 시작면서 해군 조선소가 건설되고, 근동 지역에 이탈리아 무역 거점이 설치되면서 상인 공동체의 수도 늘어나게 되었다. 이탈리아 북부 지역에서 엘리트 상인 계층의 핵심 세력은, 주로 무역 관세 수납과 잉여 농산물 판매 업무를 담당한 하위 귀족이었다. 이외에도 도시 인구의 상당수가 무역 활동에 참여했다. 그 여파로 중세 초기 행상을 하던 사람들도 점차 한곳에 정착하는 경향을 보였다. 그들은 유럽의 주요 상업 지역에 자리를 잡고 도매상(중개상)과 무역 대행 업무를 담당했다.

그러한 상인 가운데 베네데토 자카리아(Benedetto Zaccaria) 같은 특출한 위인도 있었다. 1259년 콘스탄티노폴리스로 진출한 그는 황제 미카엘 8세 팔레올로고스(Palaiologos)로부터 포카이아(Phocaea) 광산의 명반(明礬, alum) 채굴권을 얻어냈다. 또한 선박을 건조하여 수입 상품을 실어 날랐다. 동방에서 구입한 곡물, 가죽, 생선 등의 상품이 지브롤터 해협을 거쳐 플랑드르 지방으로 수입되었다. 이외에도 서유럽에서 모직천과 직물을, 이탈리아에서 무기를, 서부 지중해에서 소금을 사들였다. 그는 친척들에게 요청하여 사업에 참여하도록 했으며, 이들을 통해 다른 가문과 계약을 맺거나 위탁한 사업을 감독하도록 했다. 또한 제노바 당국의 의뢰를 받아 외교 및 군사 임무도 수행했다. 그는 제노바 함대의 제독으로 멜로리아(Meloria) 해전(1284)에서 피사 공화국 함대를 격파하여 승리를 거두었고, 카스티야 왕국의 도움을 받아 메린(Merin) 술탄국과 싸웠으며, 1304년 할양받은 히오스(Chios)섬에서 매스틱(mastic, 관목으로 학명은 *Pistacia lentiscus*, 이 나무의 수액은 향내가 나며 향신료와 의약품으로 사용된다)을 재배하여 그 수확물을 가지고 제노바로 돌아갔다. 제노바에서 그는 상인 공동체의 대표로 지명되었으며, 1307년 환상적인 바닷가의 궁전에서 생을 마감했다.

이미 13세기에 대규모 상업 회사들이 출현했다. 목표는 불분명했지만 가문을 중심으로 하는 회사였다. 도시 아스티(Asti), 키에리(Chieri), 혹은 노바라(Novara) 등지에서 랑고바르드인이 카사네(casane)를 설립했다. 은행과 대출 업무를 취급한 카사네는 이후 서양의 수많은 도시로 확산되었다. 알베르토 스코토(Alberto Scotto, 혹은 Scotti) 같은 도시 피아첸차(Piacenza)의 상인들은 소매상과 고리대금업과 은행업을 겸했으며, 샹파뉴 지역의 시장과 지중해의 항구를 연결하는 중개상 역할을 했다. 본시뇨리(Bonsignori) 같은 시에나(Siena)의 상인도 대규모 회사를 설립하여 시장에서 은행가로 활동했고, 특히 교황의 재산을 관리하는 전문 관리인의 역할을 맡았다. 밀라노(Milano)의 상인은 직물과 금속 상품을 취급했으며, 피렌체(Firenze)의 상인은 수많은 상인 조합을 설립했고, 중개상과 협력하여 상거래, 은행, 모직물 산업에 뛰어들었다. 서양에서 금융 부문은 바르디(Bardi) 가문, 페루치(Peruzzi) 가문, 아차이우올리(Acciaiuoli) 가문, 프레스코발디(Frescobaldi) 가문 등이 주도했다. 그들은 1340년대에 대개 파산에 이르렀는데, 통치자들이 과도하게 대출해 간 뒤 제대로 상환하지 않았기 때문이다.

다른 상업 회사나 회사를 운영하는 개인도 이와 유사한 이유로 파산하는 경우가 많았다. 예를 들면 피사의 보로메오(Borromeo) 가문, 루카의 은행가 디노 라폰디(Dino Rapondi) 등이었다. 특히 프라토(Prato) 출신의 상인 프란체스코 디 마르코 다티니(Francesco di Marco Datini)는 피렌체, 피사, 제노바, 바르셀로나, 발렌시아, 이비사, 마요르카 등 여러 도시에 협력 회사를 설립하여 무역, 보험, 은행, 모직 산업 등 취급하지 않는 부문이 없을 정도로 다양한 사업을 펼쳤다. 수많은 사업가, 회사, 도매상이 그의 연합에 참여했고, 본사는 토스카나(Toscana)에 있었다. 그들은 국제적 네트워크를 형성하여 무역 기법을 발달시켰으며, 합리적 자본주의와 기독교 신앙의 윤리적 연결 고리를 만들어냈다. 15세기에 이르러 피렌체에서는 특정 분야에 국한되지 않는 강력한 가족 기반 회사가 만들어졌다. 대표적인 예가 메디치(Medici) 가문이었다. 메디치 가문은 코시모(Cosimo)의 지휘 아래 무역과 은행 및 제조 부문에서 성공을 거두었으나, 15세기 말엽에 이르러 로렌초(Lorenzo)가 이끌 당시 쇠퇴하고 말았다. 그는 기업 경영보다 정치에 더 큰 관심을 두었다.

이탈리아를 벗어나면 초기 무역업의 맹아를 보인 곳은 카탈루냐(Cataluña) 지역밖에 없었다. 중세 전문가인 피에르 보나시에(Pierre Bonnassie)는 특히 바르셀로나의 유대인에 주목했다. 그들은 11세기부터 상업, 금속 제련, 고리대금업을 했는데, 당시 신흥 부자로 비바스 데 프로벵칼스(Vivas de Provençals)와 그의 아들 페레 비바스(Pere Vivas)가 있었다. 그들은 풍부한 부동산을 기반으로 상거래에 뛰어들었다. 다른 지역의 사례와 마찬가지로 그들 자본의 원천은 풍부한 토지였다.[6] 최초의 상업 회사는 12세기 말에 등장했다. 그 뒤 13세기에 다른 여러 회사가 그 뒤를 따랐다. 예를 들면 바르셀로나의 캄프스(Camps)와 바니에레스(Banyeres), 타라고나(Tarragona)의 에스피에스(Espiells) 등이었다. 14세기의 상업 회사로는 페레 데 미트하빌라(Pere de Mitjavila), 베네트스(Benets), 카사사하스(Casasajas), 기옘 페레르(Guillem Ferrer) 등이 있었는데, 이들은 동방 무역에 참여했다. 발렌시아, 페르피냐, 헤로나, 타라고나 등지에서는 도시가 성장하면서 매주 시장이 열렸는데, 이를 메르카달(mercadal)이라 했다. 이곳을 오가며 무역하는 상인을 메르카도레스(mercadores)라 했는데, 이들은 급속히 규모가 성장하여 일반적인 상점 주인이나 행상과 뚜렷이 차별화되었다.

프랑스 왕국에서는 12세기 이전에 상업 회사가 등장하지 않았다. "아라스(Arras) 상인들과 플랑드르(Flanders) 상인들"은 1137년 프로뱅(Provins)의 시장에 처음 기록된 상업 회사의 명칭이었다. 이후 1164년 트루아(Troyes)의 시장에서 기록된 에스당(Hesdin) 상인들이 있었다. 이러한 기록들로 보아 당시에 상인 조합 같은 형태의 회사가 이 무렵 처음 시작되었던 것으로 추정된다. 프랑스 상인들은 오래도록 곡물과 와인 등 도시민의 생필품 교역에 집중했지만, 13세기부터 일부 상인들이 잉글랜드나 동방으로 수출하는 데 관심을 보였다(보르도의 상인들은 와인, 마르세유, 몽펠리에, 나르본의 상인들은 옷감, 직물, 금속). 그러나 중세 말기 프랑스 상인들의 회계 장부가 전혀 남아 있지 않아서 프랑스 왕국에서 누가 거대 상권을 장악했는지 파악하기가 어렵다. 유일한 예외라면 자크

---

6 Pierre Bonnassie, *La Catalogne du milieu du xe à la fin du xie siècle. Croissance et mutation d'une société*, 2 vols. (Toulouse: Association des publications de l'Université de Toulouse- le-Mirail, 1975-6).

쾨르(Jacques Coeur, 1395~1456)인데, 그는 국왕의 회계 담당관으로 프랑스의 큰 도시들과 플랑드르 및 브뤼허(Bruges)에 자회사를 거느렸고, 마르세유에 왕의 거대 갤리선을 위한 기항지를 만들었다. 그러나 궁정의 귀족과 왕으로부터 대출을 강요당했고, 그 여파로 사업이 쇠락했다.

다른 거대 경제권(플랑드르, 북유럽, 신성 로마 제국)에서는 프리기아 상인을 대신하여 스칸디나비아 상인, 플랑드르 상인, 위이(Huy, 벨기에)와 리에주(Liège) 및 디낭(Dinant)에 걸쳐 있었던 모산(Mosan, 리에주 교구의 다른 이름 – 옮긴이) 상인, 1130년부터 런던에 거점을 두었던 쾰른의 독일 상인이 활동했다. 1161년에 이르러 뤼베크(Lübeck)의 무역상이 발트해의 섬 "고틀란드(Gotland)에서 주기적으로 활동하는 독일 상인 공동체"를 건설했다. 그곳이 러시아 및 스칸디나비아 지역을 오가는 상품의 창고가 되었다. 고틀란드섬의 주요 도시 비스뷔(Visby)에서 출발한 독일 상인은 러시아의 노브고로드(Novgorod)까지 진출했다. 키예프 공국의 야로슬라프(Jaroslav) 대공은 그들에게, 1205~1207년 노브고로드에 특별 상업 구역인 페테르고프(Petergof, 혹은 Peterhof) 건설을 허가했다. 또한 독일 상인은 1229년 스몰렌스크(Smolensk)에서, 이후 폴라츠크(Polatsk, 벨라루스)에서도 상업 구역 건설 허가를 얻었다. 북해 주변으로 확장해 들어간 독일 상인은 동방(East)에서 온 사람들이었다. 그래서 그들을 에스테를린(Esterlin)이라 했다. 그들에게는 동방 못지않게 북방으로 확장하는 거래도 중요했다. 브뤼허에서 그들은 1252년 특권을 얻어냈다. 런던에서 그들은 출신 지역에 따라 세 개의 상인 조합(독일어 Hanse, 라틴어 Hansa)을 결성했다. 쾰른(Köln) 한자, 뤼베크(Lübeck) 한자, 함부르크(Hamburg) 한자가 그것이었다. 1281년에는 독일 전역의 상인을 포괄하는 한자 동맹(Hanseatic League)이 결성되었다. 목적은 해외 사업을 확장하고 상인을 보호하는 것이었다. 1250년경 한자 동맹은 런던과 노브고로드 사이의 교통을 독점하고 북해와 발트해를 오가는 정기 교통편을 설치했으며, 1252~1253년 플랑드르에서도 상거래 관련 특권을 획득했다. 그로부터 한 세기가 지난 뒤 한자 동맹은 상인 동맹에서 도시 동맹으로 변화했다. 여기에는 거의 150개 도시가 참여했다. 내부적으로 다시 세 개의 집단으로 나뉘었는데(Lübeck – Saxonian, Westphalian – Prussian, Gotland – Livonian), 각각의 집단이 소속 도시들의 방어 임무를 담당했다. 유력 상인들은 도시에서 귀족 계급을 형성했으며, 도시의 권력을 독점했다. 한자 동맹에 소속되지 않은 몇몇 기업은 이탈리아 모델을 따르고자 했다. 뉘른베르크(Nürnberg)의 상인들은 기본적으로 가문 단위로 묶여 있었으며, 리보니아(Livonia, 라트비아 북동부) 지역 출신의 베킨쿠센(Veckinchusen) 3형제도 마찬가지였다. 한편 "라벤스부르크(Ravensburg) 대기업"이 1380년 설립되었는데, 쾰른에서 밀라노까지, 또한 빈(Wien)에서 바르셀로나까지 유럽 전역에 걸쳐 지사를 거느렸다. 뒤이어 15세기 말에는 아우크스부르크(Augsburg)의 푸거(Fugger) 가문도 같은 모델을 따랐다.

플랑드르는 모직물 산업의 중심지였다. 그곳의 상인은 대개 행상으로, 아라스(Arras), 헨트(Gent), 이프르(Ypres), 두에(Douai), 릴(Lille), 캉브레(Cambrai) 등지를 돌며 거래했다. 헨트의 상인은 신성 로마 제국, 아라스의 상인은 샹파뉴(Champagne) 지역, 브뤼허의 상인은 잉글랜드 지역을 대상으로 거래했다. 13세기에 이르러서도 잉글랜드에는 강력한 상인 세력이 대두되지 않은 상태였다. 그러나 런던에서 포목, 금속(대장간), 장신구, 와인, 후추 등을 취급하는 상인들이 프랑스 남부의 카오르셍(Cahorsin, 랑고바르드인 은행가)이나 이탈리아 상인들과 접촉하여 금융 관계를 맺었다. 1363년 잉글랜드의 왕은 잉글랜드의 양모 수출을 통제했다. 특정 그룹의 상인에게 양모 수출을 독점하도록 했으며, 그에 따라 몇몇 사업가가 잉글랜드의 시골을 돌며 양모를 모아 도시 칼레(Calais)로 가져왔다. 당시 칼레에는 울스테이플(Wool Staple)이 지정되어 있었다(서양 중세의 관세 체제에 따라 특정 상품을 특정 시장에서만 거래하도록 규제했으며, 그에 따라 지정된 시장을 스테이플이라 했다. 프랑스의 étape, 독일의 stapeln도 모두 같은 의미다. – 옮긴이). 스테이플은 상업 구조인 동시에 금융 기관이었다. 여기서는 오직 이탈리아 상인만 예외를 인정받아 독점 규제를 피하여 이탈리아로 양모를 수출할 수 있었고, 나머지는 모두 잉글랜드의 독점 상인이 취급했다.

지중해 동부 지역 상인의 사정은 전혀 달랐다. 비잔티움 제국에서 그들은 체계적인 조직(systèmata)을 구성했다. 그곳에서 화물선 선주들은 곡물의 10분의 1을 운송료로 받았는데, 비잔티움 제국 초기부터 콘스탄티노폴리스에서 이집트의 밀을 수입하는 과정에서 생겨난 관행으로 619년까지도 그대로 유지되었다. 《주지사의 책(To eparchikon biblion)》은 레온 6세 황제의 재위 시기인 912년에 집성된 책으로, 상업 관련 주지사의 명령서 모음집이다. 그 내용을 보면 비잔티움 당국이 상거래에 어느 정도로 관심을 두었는지 알 수 있다. 즉 상품의 품질을 보장하고, 사기를 방지하며, 자유 경쟁을 방해하는 독과점을 규제하는 등의 내용이 담겨 있다. 예컨대 비잔티움 당국은 비단의 생산과 판매를 4개 조직에 나누어 분담하도록 했다. 콘스탄티노폴리스의 상인은 향신료, 목재, 고급 직물의 국제 거래에서 중요한 역할을 담당했다. 자본은 미타타(mitata)라는 특정 창고에서 환영받는 외국인 상인에게 폭넓게 개방되었다. 그중에는 시리아 상인이나 러시아 상인도 포함되어 있었다. 그러나 11세기 이후로는 이방인 상인 중에서 이탈리아 상인이 주도하게 되었다. 그들에게는 코메르키온(kommerkion, 판매에 따른 세금)을 면제해주었기 때문이다. 그것이 적어도 1350년경까지 비잔티움 제국의 기업이 성장하지 못하도록 가로막는 장애물이 되었다. 이후 귀족들은 토지 수익이 줄어든 뒤에야 비로소 라틴어 문화권과의 교역에 적극적으로 나섰다. 라틴어 문화권으로부터 기업 문화를 받아들인 비잔티움 제국의 기업 가문으로는 팔레올로고이(Palaiologoi) 가문, 앙겔로이(Angèloi) 가문, 노타라스(Notaras) 가문, 아르기로이(Argyroi) 가문, 칸타쿠제노이(Kantakouzenoi) 가문, 구델레스(Goudèles) 가문, 라스카리스(Lascaris) 가문 등이 있었고, 펠로폰네소스 동쪽 해안의 도시 모넴바시아(Monemvasia)에서 선주들도 기업가로 활동했다. 그들의 기업 활동은 1453년 오스만 제국의 정복 당시까지 지속되었다.

무슬림 세계는 비잔티움 제국과 사산 제국의 무역 전통을 이어받았다. 무슬림 상인 또한 길드에 묶여 있기도 하고 독점 시장의 폐해를 겪기도 했으며, 때로는 간첩 행위를 의심받아 고발을 당하기도 했지만, 대개는 개인적으로 자유롭게 무역 활동을 했으며, 공적 역할은 대체로 면제받았다. 무슬림 상인 중에는 라카드(rakkad)라고 하는 독특한 소규모 행상이 있었는데, 이들은 생산지로 직접 가서 물건을 떼다가 시장으로 가져가 팔았다. 또한 시장에서 주문을 받아 원거리를 여행하며 물품을 조달하는 상인도 있었다. 마지막으로 타지르(tajir)라고 하는 "정착" 상인이 있었는데, 이들이 우두머리가 되어 원거리 여행 상인을 지휘했고, 서신을 통해 멀리 떨어진 곳에 설치된 대리점과 연락하면서 사업을 운영했다. 몇 가지 사례를 통해 이와 같은 사업의 면모를 살펴보도록 하겠다.

페르시아의 외교관이자 지리학자인 이븐 후르다드비(Ibn Khurdadhbih, 혹은 Khordādhbeh)는 840년경 슬라브계 바랑기아인(Slavic Varangians) 상인의 활동을 기술했다. 그들은 하자르의 수도 이틸(Itil)을 거쳐 가죽과 무기를 바그다드로 가지고 왔다고 한다. 그러나 그의 책에 등장하는 무엇보다 중요한 내용은 유대인 라단 상인(Radhanites)이다(이라크 출신들로 추정된다). 라단 상인은 당시 세계 전역을 무대로 교역을 했다. 그들의 활동 영역은 이라크와 마그레브(아프리카 북부 지역)에서부터 프랑크 제국과 러시아 및 중국에까지 이르렀다. 그의 설명 가운데 몇 가지 믿기 어려운 내용도 없지 않지만, 연구자들이 대체로 인정하는 내용은 당시 유대인이 기독교 문화권과 무슬림 문화권 사이의 교역에서 주도적 역할을 했다는 사실이다. 경우에 따라 무슬림 치하의 스페인이나 "프랑크인의 땅"에서처럼 직접 교역을 하기도 했고, 이집트와 동유럽에서처럼 간접 교역을 하기도 했다. 그들이 취급한 상품 목록에는 서양에서 사들인 노예, 모피, 스페인 비단과 동양에서 사들은 향신료가 있었고, 소수의 사회 엘리트 계층이 요구한 희귀품도 있었다. 라단 상인은 바그다드 궁정에 사치품을 공급하는 데 중요한 역할을 했다. 그들의 사업에서 이미 다음 세기에 이어질 교역 시장 규모 확대의 전조를 충분히 엿볼 수 있었다.

이집트 푸스타트(Fustat)의 시너고그에서 발견된 게니자 고문서(Geniza documents, 9세기)는 무슬림 세계의 무역 네트워크와 그 위에서 활동한 사람들에 대한 근본적 단서를 제공한다. 그들은 바로 아랍어를 사용하는 유대인이었다. 그들은 튀니지의 카이르완(Qayrouwan, 혹은 Qayrawan), 수스(Sousse), 가베스(Gabès) 등지에서 활동하다가 969년 파티마 왕조가 이집트를 정복하자 그 뒤를 좇아 이집트로 진출했다. 그러나 그 뒤로도 마그레브 지역의 항구 및 시칠리아섬과 연계를 유지했다. 푸스타트(Old Cairo)에 거주한 상인은 여행을 많이 다녔고, 인도와의 무역을 주도했으며, 홍해를 극동 무역의 중심지로 발달시켰다. 게니자 고문서에서 대두되는 몇몇 개인의 이름이 있다. 그중 1045~1096년의 행적을 알 수 있는 카이르완 출신의 나라이 니심(Nahray b. Nissim)은 은행가이자 상인이었다. 그는 모든 상품을 거래했으며, 고향에서부터 시리아의 주요 시장까지 여행을 하며 긴밀한 관계를 유지했다. 한편 조셉 이븐 아우칼(Joseph Ibn 'Awkal)이라는 상인은 대리점과 협력사 체제를 구축하여 알렉산드리아로부터 이프리키야(Ifriqiya, 북아프리카 중서부)의 마디야(Mahdiya)까지, 혹은 시칠리아의 마자라(Mazzara)까지 사치품을 운송했다. 이와 같은 주요 상인과 그들을 보좌하는 중개인(simsar) 덕분에 올드 카이로(Old Cairo, 푸스타트)는 1050~1200년 지중해 서부와 인도양으로 연결되는 국제 무역의 주요 흐름이 모여드는 중심지가 되었다.

12세기 말엽에 이르러 유대인의 중개인 역할은 점차 사라져갔다. 당시 카리미(Karimi)라고 하는 향신료 상인이 부상하여 존재를 드러내었다. 11세기부터 인도에서 근동 지역으로 향신료를 수출하는 화물 선주나 상인을 일컫는 카리미라는 말이 등장했다. 그러나 아직 회사는 조직하지 않고 다만 화물 선주 여러 명이 선단을 이루어 운항했으며, 파티마 칼리프국의 해군 함대가 이들을 보호했다. 그러다가 14세기에 다양한 출신 지역의 상인, 즉 이집트뿐만 아니라 이라크, 예멘 혹은 에티오피아의 상인이 집단을 이루어 인도까지 진출했고, 때로는 중국까지도 나아갔다. 바흐리 술탄국의 보호를 받은 이븐 쿠와이크(Ibn Kuwayk) 가문, 알-카루비(al-Kharrubi) 가문, 무함마드 이븐 무살람(Muhammad ibn Mussallam) 가문이 막대한 재산을 모았다. 1375년 무함마드 이븐 무살람이 사망할 당시, 여러 아들에게 각각 20만 디나르의 유산을 남겼다고 한다. 그들 상인이 향신료의 가격을 결정했고, 알렉산드리아로 상품을 구입하러 온 서유럽의 상인을 대상으로 혹독한 거래를 전개했다. 그러나 14세기 마지막 10여 년 동안 술탄이 재정적 어려움을 겪게 되자 카리미에게 대출을 요구했다. 1426년 술탄 바르스바이(Barsbay)는 후추 무역을 술탄이 독점하겠다고 선언했고, 뒤이어 모든 향신료 무역을 독점 체제에 편입시켰다. 결국 카리미는 망하고 말았다. 일부는 인도로 달아났고, 또 일부는 개인 사업을 하기 위해 예컨대 1444년 사망한 무함마드 이븐 알-무잘리크(Muhammad ibn al-Muzallik)가 한 것처럼 계속하면서 "술탄국의 상인"으로 남아 있었다.

상거래 기법

혼자든 단체든 어떠한 경우에도 상인은 다양한 상거래 기법을 개발했다. 예를 들면 자본을 모으고 운영하는 기법의 발달, 새로운 형태의 종이 화폐나 금속 화폐 개발, 화물선이나 항로의 교체, 시장이나 박람회의 확대 등이었다. 군주나 교황도 명령을 내리거나 법을 제정하여 무역에 개입하고자 했고, 때로는 성공을 거두기도 했다.

자본

사업가에게는 반드시 자본이 필요한 법이다. 이익을 위해 상품을 팔기 전에 먼저 상품을 사들여야 하기 때문이다. 물론 유럽의 주변부 지역에서는 물물 교환(bartering)도 가능했다. 예컨대 몽골 상인과 거래할 때 유럽의 상인은 모직이나 기타 직물을 사용했다. 아시아의 카라반에게는 그것이 기본 상품이었다. 그러한 물물 교환을 바라타레(baratare)라 했는데, 이는 당시 널리 행해졌을 뿐만 아니라 심지어 이름 있는 큰 시장에서도 통용되는 관행이었다.

지중해 세계에서 자본을 모으려면 공증인의 중개가 반드시 필요했다. 공증인은 당시 필요한 계약에 적용되는 법령에 대해서 잘 알고 있는 사람들이었다. 최소한 12~13세기에는 아무리 작은 상업적 투자라 할지라도 공증인이 작성한 계약서에 따라 투자가 이루어졌다. 나중에는 아포독시아(apodoxia)라고 하는 증서가 사용되었는데, 이는 사인(私人) 간의 계약을 확인하는 증서였다. 수입과 지출을 기록한 회계 장부와 함께 아포독시아 작성 관행이 당시에 널리 퍼져 나갔다.

기독교와 무슬림을 막론하고 상거래가 행해지는 곳에서는 흔히 자본과 노동의 계약이 체결되었다. 그 기원은 로마의 소키에타스(societas)로, 이는 곧 노동과 자본을 결합한 회사 같은 것이었다(오늘날의 법인 개념과 유사하다. – 옮긴이). 중세의 회사 설립에는 대표적으로 두 가지 방식이 있었다. 첫 번째 회사의 방식은 비잔티움 제국에서 등장한 크레오코이노니아(chreokoinônia)였다. 무슬림 권역에서는 이를 키라드(kirâd)라 했고, 서유럽에서는 코멘다(commenda)라 했다. 이 방식에 따르면 자본가는 상인에게 단 한 차례의 여행과 단 한 곳의 목적지, 그리고 제한된 시간 범위를 전제로 자본을 투자했다. 투자의 위험과 손실은 투자자가 감수하고, 수익이 발생할 경우 비율에 따라 나누었다. 그러나 이슬람의 율법(fikh)에서는 판매 수익 이외에 지분 설정은 금지했다. 두 번째 회사의 방식은, 일정한 자본을 소유한 상인이 투자자로부터 더 많은 자본을 모은 뒤, 상인이 판단하기에 가장 유리하다고 생각되는 시간 및 장소에서 판매를 실행하는 것이다. 여기서도 일정한 시공간의 범위 제한은 미리 전제되어 있다(다만 일회성의 정해진 장소가 아니라는 점에서 첫 번째 방식과는 다르다. - 옮긴이). 위험 부담은 자본 투자 비율에 따라 나누되, 수익은 반반으로 나눈다. 무슬림 권역에서 시르카(shirka)라 일컬은 이런 방식은 제노바의 소키에타스 마리스(societas maris) 혹은 베네치아의 콜레간차(colleganza)와 매우 흡사했다. 위험을 최소화하기 위하여 "능동적 상인"이라면 투자자를 여럿 끌어들였으며, 투자자들 또한 여러 파트너에게 자본을 분산 투자했다. 결과적으로 계약과 자본이 점점이 분산되어 사업의 다양성은 매우 확대되었다. 그러나 14세기부터는 계약이 점차 수수료 방식으로 바뀌어갔다. 기업가는 일정한 장소에 정착하고, 일정 지역에 이미 설립되어 있는 대리점으로 상품을 보낸 다음, 판매 수익금으로 다른 상품을 사서 보내라고 주문했다.

몇몇 상인이 모여 유한회사를 설립했다. 특정 사업을 목표로 업무 능력이나 자본을 제공하는 방식이었다. 대개는 기한이 설정된 유한회사였다. 손실은 각자의 투입 자본만큼으로 한정했고, 수익은 기여분에 비례해서 분배했다. 앞에서 언급한 프라토(Prato) 출신의 상인 프란체스코 디 마르코 다티니(Francesco di Marco Datini)는 나중에 회계 장부로도 이름을 남기게 되는데, 위에서 언급한 방식으로 서유럽의 주요 시장에 설립된 9개의 회사를 하나로 묶었다. 이외에도 부가적 사업들을 겸했는데, 모직물 생산, 영국 양모 무역, 아비뇽에 거주하는 교황의 거처에 물품 공급, 론강에서 소금 무역, 플랑드르 지역에서 모직 벽걸이와 긴 양말 판매 등이었다. 이런 사업 방식은 나중에 14세기 바르셀로나에서 등장한 기업 혹은 동업 공동체와 매우 유사했다.

토스카나(Toscana)에서 번성한 기업들은 그와 같은 모델이 가장 완벽하게 실현된 사례를 보여준다. 한 사람의 지도자가 지휘하는 가운데 수많은 자본을 모집한다. 여기에다 회사에 축적된 기금이 더해지는데, 이는 회사 내외부에서 개인적으로 출자해서 연 단위로 이자를 받는 사람들에 의해 조성된 기금이다. 대부분의 기업은 상업, 은행, 보험, 제조 등 사업 분야를 가리는 법이 없었다. 이러한 기업은 수수료를 받는 조력자의 도움을 받았으며, 서유럽의 상업 중심지에 지점을 설치해두고 있었다. 이탈리아 내의 도시들뿐만 아니라 브뤼허, 아비뇽, 바르셀로나, 런던, 파리 등에도 지점이 있었다. 또한 이러한 기업은 소소하나마 국제 거래에도 참여했는데, 기반은 언제나 연약했다. 투자자들이 괜한 불안에 휩싸일 때나 대출자 가운데 지위가 높은 사람들이 망하면 기업도 즉시 위태로워졌다. 이탈리아의 경제학자 아르만도 사포리(Armando Sapori)는 그들을 "흙투성이 구두를 신은 영웅들"이라 했는데,[7] 그들이 바로 1340년대에 파산한 바르디(Bardi) 가문, 페루치(Peruzzi) 가문, 아차이우올리(Acciaiuoli) 가문의 사람들이었다. 그들을 대신하여 라벤스부르크(Ravensburg)에 지점을 거느린 다른 회사들, 혹은 피렌체의 메디치

---

7 Armando Sapori, *Le marchand italien du Moyen Age* (Paris: Armand Colin, 1952).

(Medici) 가문과 밀라노의 보로메오(Borromeo) 가문이 등장했다.

그들과 같은 거대 무역 회사들의 성장에는 기술적 혁신이 동반했다. 그 점에서는 이탈리아 상인이 가장 앞서 나가서 다른 지역의 기술들을 모아 혁신을 완성했다. 통용 화폐의 다양화로 환전상이 대체 불가능한 독보적 입지를 차지했다. 어느 지역이든 1200년대의 시장에서는 환전소가 영업을 하고 있었다. 환전 조건을 포함한 계약 방식(currency exchange contract, 이슬람에서는 hawāla)은 한 세기 뒤에야 등장했다. 교회는 어음 관행을 꺼렸지만, 그럼에도 불구하고 대규모 거래의 지불에는 주로 어음이 사용되었다. 그래서 서유럽이나 비잔티움 제국에서는 판매 가격에 이자(interest, 무슬림 권역에서는 'aqd)를 포함하여 거래했다. 무슬림 상인들은 샤크(shakk)라고 하는, 서명이 포함된 어음을 사용했다(영어로 어음을 의미하는 check가 여기서 파생된 말이다). 어음이 처음 등장한 곳은 14세기 말 이탈리아의 피사(Pisa)였다. 결제 관행(상인들 사이에서 일정 기간 비용과 보증금을 합산하여 지불을 정산하는 관행)은 11세기 바스라(Basra)에서 확인된 바 있는데, 한 세기가 지난 후에는 샹파뉴의 정기 시장에서 평범한 관행이 되어 있었다. 이런 측면에서는 그리스의 기업들만 뒤처져 있었다. 그들은 14~15세기에 가서야 서유럽의 관행을 따랐다. 라틴어 문화권에서는 해상 보험이 발달했다. 처음에는 투자 형식의 보험이었으나, 나중에는 알라 피오렌티나(alla fiorentina), 즉 보험료가 정해진 정액 보험으로 바뀌었다. 북유럽에는 이런 관행이 전해지지 않았다. 회계 장부의 변화도 나타났다. 중요 기업에서 복식 부기가 시행되었던 것이다. 그러나 뤼베크 한자 동맹과 함부르크 한자 동맹에서는 이를 받아들이기를 주저했다. 마지막으로 다양한 시장에서 통용 화폐뿐만 아니라 무게와 도량형도 다양했기 때문에 "상품 안내서(merchandise manuals)"가 필요했다. 그중에서 가장 유명한 책은 피렌체의 상인 프란체스코 발두치 페골로티(Francesco Balducci Pegolotti)의 저서였다(c. 1340). 신속한 정보의 이동 또한 기업의 주요 관심사였다. 게니자(Geniza) 고문서 가운데 프란체스코 디 마르코 다티니(Francesco di Marco Datini)의 편지에서도 이를 확인할 수 있다. 그리고 14세기에는 피렌체의 기업들이 연합하여 본격 우편 회사 스카르셀라(Scarsella)를 운영했다.

화폐

환어음(bill of exchange)은 현금이 부족했기 때문에 고안되었다. 날로 불어나는 무역량을 감당하기에는 시중에 유통 중인 금속 화폐의 양이 절대적으로 부족했다. 하르츠(Harz), 세르비아(Serbia), 사르데냐(Sardegna)의 이글레시아스(Iglesias)에서 은광이 운영되었음에도 불구하고 여전히 부족했다. 특히 서유럽과 몽골 카간국 사이의 교역에 막대한 양의 은이 필요했다. 금은 마그레브 지역과의 무역으로 충당했다. 서아프리카의 오로 디 파이올라(oro di paiola)에서 생산된 금이 마그레브를 거쳐 들어온 덕분에 서유럽에서는 다시 금화를 사용할 수 있게 되었다(피렌체의 금화 플로린florin은 1252년부터, 베네치아의 금화 두카트ducat는 1284년부터 유통되었다). 비잔티움 제국에서는 비티니아, 서부 아나톨리아, 아르메니아, 조지아 등지의 광산에서 충분한 양의 은을 생산했기에, 11~12세기에 은화가 화폐의 중심 역할을 맡고 있었다. 한편 과거 7세기에 시리아와 이집트를 상실한 후 비잔티움 제국은 사금 채취나 발칸반도에 있는 몇몇 금광의 개발로 돌아가야 했다. 그렇게 해서 11세기까지 그럭저럭 최고 품질의 금화(노미스마nomisma)를 발행했다. 무슬림 상인의 금속 화폐는 여러 가지가 있었다. 디나르(dinar) 금화는 누비아와 사하라 이남 아프리카의 광산에서 나온 금과, 사금 채취로 모은 금으로 만들었다. 디르함(dirham) 은화는 11~12세기에 흔치 않았지만 그 이후로 많은 양이 유통되었다. 일상생활에서 사용되는 구리 동전이나 주석 동전(팔스fals)도 있었다. 두 가지 금속 화폐, 즉 금화와 은화의 가치 변동은 무역 활동에 분명한 영향을 미쳤다. 환율 통제 또한 그에 못지않은 영향이 있었다. 프랑스 왕국에서는 14~15세기에 수차례에 걸쳐 환율을 조정했으며, 카스티야 왕국에서는 14세기 후반 내전 시기에, 비잔티움 제국에서는 11세기부터, 이집트의 맘루크 왕조에서는 15세기에 환율 정책을 실시했다.

선박과 항해

고대로부터 지중해를 항해한 선박은 크게 두 가지 유형, 곧 롱쉽(long ship, 긴 배)과 라운드쉽(round ship, 둥근 배)이 있었다. 롱쉽은 노를 젓는 배지만 돛도 설치되어 있었다. 이와 달리 라운드쉽은 오직 돛으로만 추진하는 배였다.

롱쉽의 전형은 갤리선(galley)이었다. 거의 평평한 갑판에 빼곡하게 노를 설치했다. 특히 항구로 진입하거나 빠져나올 때, 해협을 지날 때, 혹은 위험한 물길을 통과할 때 노를 사용해야 했다. 직선 구간을 항해할 때는 바람의 추진력을 이용했다. 그래서 삼각형의 돛(lateen)이 두 개 설치되어 있었다. 이탈리아의 함대는 롱쉽 중에서 쌍돛대 종범선(ketche)

과 2단 갤리선(bireme), 그리고 사이에테(saiète)라고 하는 다양한 형태의 가벼운 배들로 구성되었다. 13세기 말에 항해술의 혁신이 있었다. 중세 사학자 프레더릭 레인(Frederick Lane)은 이를 "중세 항해 혁명(medieval nautical revolution)"이라 일컬었다.[8] 당시의 기술 혁신을 통해 가벼운 갤리선이 등장했다. 이는 해적선이나 전함으로 사용되기도 했지만, 특히 무게가 비교적 가볍고 값비싼 상품을 운반하는 데 특화된 선박이었다. 교통 편의와 생산성 향상을 위해 1340년경 동양에서 더 큰 규모의 갤리선이 개발되었는데, 한번에 100~200톤의 화물을 적재할 수 있었다. 14세기 후반에는 오직 후자만이 상선으로 이용되었다. 예컨대 베네치아 상원 의회에서 운영했던 유명한 상선 호위 함대(muda)도 큰 규모의 갤리선으로 구성되어 있었다.

두 번째 유형인 라운드쉽은 거대한 삼각돛으로 추진력을 얻어 운항하는 배였다. 측면에 키를 내려서 방향을 조정했는데, 돛을 제대로 조작하려면 최소 100명 이상의 선원이 필요했기에 운영비 부담이 만만치 않았다. 라운드쉽은 곡물, 와인, 소금, 양모, 금속, 명반 등 주로 무거운 상품과 원재료를 운송하는 데 사용되었다. 또한 라운드쉽이라는 분류 아래 다양한 유형의 배를 포함시킬 수 있다(linhs, taridae, brigantines, pamphyloi, bucii, fuste, lembi, barks). 이들은 중소 규모의 화물을 적재할 수 있는 배였다. 대형 화물을 릴레이로 이어받아서 바다 건너편으로 운송하거나, 혹은 연안 항로를 따라 상품을 유통시킬 때 이런 배를 사용했

---

8 Frederick C. Lane, "Progrès technologiques et productivité dans les transports maritimes de la fin du Moyen Age au début des temps modernes," *Revue Historique* 510 (1974): 277-302.

다. 14세기에 이르러 삼각돛을 단 배는 대개 코그선(cogs, cochae)으로 대체되었다. 한자 동맹 상선으로 전형적인 코겐(koggen)이라는 형식의 배가 있었는데, 그 배를 모방하여 제작한 배를 코그선이라 했다. 중요한 특징을 열거하자면, 우선 돛이 삼각형이 아니라 사각형이었다. 그래서 뒤쪽에서 부는 바람을 통제하기가 더 쉬웠고, 그만큼 노동력이 덜 들었다. 또한 키를 측면이 아니라 뒷면(선미)에 설치하여 이 또한 조작하기가 더 쉬워졌다. 14세기 후반에 코그선은 최고의 상선으로 인정되었다. 바르셀로나를 제외하고 지중해 전역에서 코그선은 급속도로 확산되었다. 이탈리아 선단은 새로운 형식의 배를 이용하여 가는 곳마다 농축산물과 광물 등 무거운 화물을 실어 날랐다.

갤리선과 코그선이 운항했던 항로는 대개 비슷했다. 이는 고대로부터 사용되던 항로였다. 지중해 권역에서 사용된 교통 체계는 광대한 공간 범위를 망라했는데, 플랑드르와 잉글랜드부터 동쪽으로는 흑해의 끝까지 이어져 있었다. 이러한 교통 체계의 중앙에는 몇몇 거대 항구 도시가 자리 잡고 있었고, 이들 항구 도시는 중간천년기 동안 성공과 실패를 거듭했다. 이베리아반도의 도시 바르셀로나와 발렌시아는 점차 비잔티움 제국보다 알렉산드리아나 시리아와 밀접해졌다. 마르세유는 제노바, 피사, 피렌체, 앙코나, 라구사, 베네치아의 상인들 차지가 되었다. 이들 도시는 모두 지중해의 동부뿐만 아니라 서부와도 복합적 관계망을 구축하고자 노력했다. 항해사들은 모래톱과 남부 지중해 해안의 안개를 피하고자 했고, 가능하면 해안선 가까이 운항하고자 했다. 해안선이 곧 최고의 표지판이었던 셈이다. 먼바다를 가로지르는 직항로는 거의 없었다. 다만 정기적으로 운항하는 잘 알려진 항로는 있었다. 겨울에는 선원들이 주로 항구에서 시간을 보냈다. 강풍과 겨울 폭풍은 항해의 가장 위험한 요소였기 때문이다. 그러나 여름은 여행의 계절이었고, 위험은 그리 크지 않았다. 해적질은 발트해뿐만 아니라 지중해에서도 만연했다. 혼자 운항하거나 방어 수단이 없는 함대가 해적의 먹잇감이 되었다. 심지어 해적들은 같은 고향 사람이 운항하는 배들도 공격했다.

결국 상업 도시들은 아주 이른 시기부터 해적의 위협에 대응할 수 있는 대책을 마련했다. 선박의 소유권은 여러 부분으로 나뉘었고 양도 또한 가능했기 때문에, 사고가 나더라도 그만큼 손실을 줄일 수 있었다. 제노바에서는 13세기 초 최초로 해양법이 시행되었다. 제노바의 해양법에 따르면 시리아나 로마니아(즉 비잔티움 제국)로 가는 배, 그리고 마요르카(Majorca, 스페인)섬을 지나 더 멀리 가는 배는 단독 항해가 금지되었다. 제노바에서는 오피키움 로바리에(Officium Robarie)라는 관청을 설치하여, 만약 제노바인 해적에게 물건을 빼앗길 경우 배상을 해주도록 했다. 베네치아에서는 14세기 초부터 의회 차원에서 상선 보호를 위한 호위대 무다(muda, 복수형 mudae)를 설치했다. 전쟁이 발생한 해를 제외하고는 매년 무다를 운행했다. 무다는 미리 설정된 항로를 운항했는데, 이때 함께 갈 상선을 초청했다. 무다가 운행된 항로는 모두 8개였으며, 지중해 전역의 정기 항로에서 안전을 보장하도록 설계되었다. 로마니아 항로는 베네치아에서 콘스탄티노폴리스를 거쳐 흑해까지 연결되었다. 이외에도 키프로스, 알렉산드리아, 베이루트, 플랑드르, 에그-모르트(Aigues-Mortes, 프랑스 남부), 바르바리(Barbary, 북아프리카), 트라페고(Trafego) 항로가 더 있었다. 이들 항로가 동서 지중해를 모두 포괄했다.

8개의 무다 항로 덕분에 베네치아는 지중해 무역의 중심지가 되었다. 베네치아 의회는 무다와 함께 운항할 갤리선의 수, 출항 날짜, 여정, 기항지, 운송 상품 등을 미리 결정했다. 또한 무장 갤리선 이외에 의회에서 인증한 여분의 배와 코그선을 함께 띄웠는데, 상선에서 운송할 화물이 초과될 경우를 대비한 조처였다. 이러한 시스템 덕분에 형성된 15세기 베네치아 해상 무역의 우선권은 중세 말엽에 이르러 여러 가지 이유로 약화되었다. 우선 아르세날(Arsenal)이라고 하는 베네치아의 거대 조선소에서 당시 국가적으로 필요한 선박을 충분히 제작하지 못했다. 또한 베네치아 귀족 계급 가운데 일부가 무역업에서 떨어져 나갔다. 잇달아 벌어진 오스만-베네치아 전쟁의 결과로 수많은 해외 무역 거점을 빼앗겼기 때문이다. 기술 혁신도 원인 중 하나였다. 신기술 덕분에 라운드쉽이 갤리선보다 더 적은 비용으로 갤리선 못지않은 역할을 할 수 있게 되었다. 마지막으로 라구사(Ragusa, 오늘날 두브로브니크)와 아라곤(Aragon, 스페인)의 경쟁 문제가 있었다. 이런 여러 가지 이유로 15세기에는 무다 시스템이 점차 약화되었다.

비잔티움 제국에서는 무역선보다 전함이 더 유명했다. 드로몬(dromon)이라는 어휘는 6세기에 등장했는데, 비잔티움 제국의 마케도니아 왕조 시기(867~1056)에 주로 사용되던 선박이다. 드로몬은 모노레메(monoreme), 즉 1단 갤리선 형태로, 50개의 노와 삼각돛이 설치되었다. 12세기에 이르러 비레메(bireme, 2단 갤리선)가 모노레메를 대체했다. 비레메에는 2줄로 100개의 노가 달렸다. 켈란디아(chelandia)는 흔히 드로몬과 혼동되곤 하지만, 말을 운송하는 데 쓰이던 선박이다. 그리고 팜필로이(pamphyloi)라고 하는, 무기를 운송하는 배가 있었다. 우시아(ousia)는 해상 무역에 사용되는 배를, 아그라리온(agrarion)과 산달리

온(sandalion)은 어로나 연안 항해를 하는 소형 선박을 일컫는 말이었다. 비잔티움 제국은 해상 무역에 비교적 관심이 약했다. 아마도 그래서 문헌에 관련 기록이 잘 나오지 않는 편이다. 특히 619년 이후 곡물 운송이 중단된 이후로는 더욱 그랬다. 그러나 오늘날 터키 서부에 있는 도시 보드룸(Bodrum)에서 가까운 야시아다(Yassi Ada)섬 앞바다와, 최근에는 이스탄불 근처에서도 난파선이 발견되었는데, 이를 통해 비잔티움 제국에서의 무역선 활동을 확인할 수 있다. 1204년 이전까지는 비잔티움 제국의 시민이 흑해까지 진출했고, 그곳에서 그리스인 선주들이 밀, 생선, 소금 등을 운송해 왔다. 이와 같은 항해는 15세기에 재개되었다. 금장 칸국과 아나톨리아 북부 지역 사이를 오가는 항로였다.

아랍인은 사막의 사람들로서, 7세기까지 선원으로 활동하지 않았다. 정복의 과정을 거치면서 아랍인은 그리스와 이란의 전통을 흡수했다. 그래서 점령지에 건설된 조선소를 이용했는데, 예컨대 아드루무눈(adrumunun) 형식의 배가 그들이 만든 배였다. 이 배는 드로몬(dromon) 형식의 배를 기반으로 변형하여 만든 것이었다. 또한 찰란디(chalandi)라는 배도 있었는데, 이 또한 켈란디온(chelandion)에서 파생된 것이었다. 아랍인의 화물선은 그 기원을 보자면 비잔티움 제국의 전통으로 거슬러 올라간다. 카리브(qarib)라고 하는, 연안 항해에 사용된 작은 배는 그리스의 카라보스(karabos)가 그 기원이었다. 쿤바르(qunbar)라고 하는 배는 키가 측면에 달리고 삼각돛이 설치되었는데, 이 또한 고대 그리스 단어 코움파리아(koumparia)에서 유래한 명칭이었다. 정작 그리스에서는 이미 5세기 이전에 소멸된 어휘였지만, 비잔티움 제국의 저술가들이 아랍의 상선을 가리켜 이 어휘를 사용하면서 결국 쿤바르라는 명칭이 생겨났다. 한편 타리다(tharida)라는 단어는 원래 홍해에서 사용된 갈대로 만든 조각배를 가리키는 말이었는데, 비잔티움, 베네치아, 카탈루냐 등지에서는 값싸고 부피가 큰 화물을 운반하는 라운드쉽을 일컫는 어휘로 사용되었다. 카이로에서 발굴된 게니자 고문서에는 또한 킨지라(khinzira)라고 하는 배도 등장한다. 이는 튀니지, 트리폴리, 이집트, 시칠리아 등지에서 확인되는 라운드쉽을 가리키는 말이었다. 피사의 교회 바닥에는 무슬림 문화권에서 수입된 타일이 깔려 있는데, 타일로 장식한 그림에 두 척의 돛단배가 그려져 있다. 그중 한 배에는 삼각돛 하나가 설치되어 있고, 또 다른 배에는 세 개의 돛이 설치되어 있는데, 두 개는 삼각돛이고 하나는 사각돛이다. 무슬림 해군은 눈부신 발전을 거듭하여 심지어 콘스탄티노폴리스를 공격하기도 했다(677, 717~718). 또한 무슬림 파티마 왕조는 홍해에서 인도로 가는 무역로를 거의 독점했다. 그러나 12세기 말엽에 이르러 지중해 무역에서 이탈리아, 프랑스의 프로방스, 카탈루냐 함대가 파티마 왕조를 넘어섰다. 오스만 제국 시기에는 다시 한 번 무슬림 문화권이 지중해 무역의 강자로 떠올랐다. 해양 관련 용어로 수많은 아랍 어휘가 서유럽의 언어로 전파되었다. 대표적인 예만 들자면, 해군 사령관 혹은 상선 선단의 대장을 의미하는 애드머럴(admiral), 무기고 혹은 비축 창고를 의미하는 아스널(arsenal), 배의 틈을 막는다는 의미의 코크(caulk, calfater), 바지선을 의미하는 "마혼(mahone)"(프랑스어 mahonne) 등이다.

정기 시장과 상설 시장

역사학자들은 원거리 국제 무역에 깊은 관심을 표명해왔다. 그렇다고 해서 단거리 교역이 이루어지는 시골 장터 네트워크를 간과해서는 안 될 것이다. 라틴어 사용자든 그리스인이든 무슬림이든, 농민이라면 시골 장터에 잉여 생산물을 내다 팔아 약간의 돈을 마련해서, 지주나 귀족 혹은 국가 소유의 토지를 소작할 경우, 그 돈으로 토지 사용료를 납부하기도 했다. 도시 지역에 사는 수만 명의 인구는 식량을 필요로 했다. 필요한 식량의 일부는 도시 주변의 시골로부터 조달했고, 때로는 상당히 먼 거리에서 수입해 오는 경우도 있었다. 서유럽의 주요 도시들은 주로 강줄기 혹은 물길 옆에 위치했고, 강에서 그리 멀지 않은 곳에 도시의 시장이 있었다. 프랑스 파리(Paris)에서 지붕을 씌운 최초의 시장이 설치된 곳은 플라스 드 그레브(Place de Grève, 자갈 마당)로, 도시를 가로지르는 센강의 강둑에 위치해 있었다. 도시 안 소매점은 주로 물품 생산 작업장과 붙어 있었다. 차양을 치고 길가에 상품을 늘어놓았으며, 그 안쪽에 상품을 만드는 작업장이 있었다. 식량 거래가 핵심 상권을 형성했다. 소매상은 주로 특정 상품에 따라 같은 길거리 혹은 같은 구역에 무리 지어 있는 경우가 많았다(예를 들면 정육점 거리).

무슬림 세계에서 상업 거리(suq), 식료품 전문 시장, 무역 전용 건물(funduq, 그리스어 판도케이온pandokeion에서 유래한 아랍어)이 포함된 도시의 시장은 시골의 장터, 정기 시장, 카라반 상단이 들를 때 열리는 부정기 시장과 공존했다. 예컨대 카이로에서는 대규모의 여러 수크(suq)가 도시의 주요 남북 축을 따라 건설되었다. 한편 무슬림의 도시에서는 대부분 모스크 주위로 소매상이 몰려 있었다. 콘스탄티노폴리스에서는 성벽의 바로 바깥에서 금각만(金角灣, Haliç)을 따라 밀을 거래하는 도매시장이 열렸다. 금각만의 방파제 근처에는 거대한 중앙 시장(일종의 상가 건물)이 위치해 있었다. 소매점(ergasteria)은 특정 장소에 몰려 있었다. 다만 빵집(mangipeia)은 예외여서 도시의 모든 구역마다 흩어져 있었다.

지역 농산물의 특성과 관련하여 매년 정기 시장이 열렸고 수많은 해외의 상인이 몰려왔다. 그들 또한 출신지의 농산물 특성에 따라 특화되어 있었다. 잉글랜드의 와인 수입업자는 보르도(Bordeaux)로 몰렸고, 치즈를 사고자 하는 상인은 풀리아(Puglia, 이탈리아)의 정기 시장을 찾았다. 8세기부터 파리 근처 생드니(Saint-Denis)라는 도시에서 랑디페어(Lendit fair)가 열렸다. 랑디페어에는 와인과 가축을 파는 현지의 상인과, 프리슬란트의 상인과 색슨인 옷감 상인이 모였다. 트루아, 라니(Lagny), 프로방스 등지도 12~13세기에 본격적으로 시장이 확산되기 전에 최초의 정기 시장이 열렸던 지방으로, 모든 서유럽의 상인이 모이는 곳이었다. 잉글랜드에서는 윈체스터(Winchester), 노샘프턴(Northampton), 세인트아이브스(St Ives), 스탬퍼드(Stamford) 등지에 양모를 파는 정기 시장이 형성되었다가 나중에는 일종의 상설 시장으로 발전했다. 한편 플랑드르에서는 양모와 모직물의 유통 사이클에 따라 이프르(Ypres), 릴(Lille), 브뤼허(Bruges), 메시너스(Messines), 타우라우트(Thourout) 등지에 정기 시장이 형성되었다.

샹파뉴(Champagne)의 정기 시장은 12~13세기 유럽에서 가장 중요한 시장으로 자리 잡았다. 원래는 조그만 시골 장터가 있던 곳인데, 샹파뉴 백작의 뛰어난 정책 덕분에 유럽 전역을 포괄하는 시장으로 발전했다. 샹파뉴 백작은 "정기 시장 행정명령"을 발동하여 상인의 안전을 보장했다. 샹파뉴 지역 상인뿐만 아니라 샹파뉴에 오는 모든 상인이 보호의 대상이었다. 정기 시장 안에도 경비병을 확충하여 참여자의 안전을 강화했으며, 법적 판결의 범위는 서유럽의 기독교 문화권을 거의 포괄했다. 이런 과정을 거쳐 당시 발달했던 여섯 곳의 정기 시장 가운데 네 곳(Provins, Troyes, Lagny, Bar-sur-Aube)이 샹파뉴 백작 관할의 도시였다. 이곳 정기 시장에서는 플랑드르 상인이 가져온 북방의 모직물을 이탈리아 상인이 사서 지중해 전역에 유통시켰다. 한편 이탈리아 상인은 다른 곳에서 비단과 향신료를 사 가지고 왔다. 이탈리아 상인, 프로방스 지역 상인, 랑그도크 지역(프랑스 남부) 상인은 각각 샹파뉴의 정기 시장에 영사관을 설치했고, 플랑드르 상인은 모직물을 판매하는 "17개 도시 연합" 상관을 설치했다. 1250년 이후 샹파뉴의 도시들은 상업적 역할이 쇠락하는 대신 유럽 전역을 아우르는 화폐 교환의 중심지가 되었다. 그곳에서 새로운 신용 금융 기법들이 시도되었으며, 국제 무역의 결제 사무소가 그곳에 있었다.

샹파뉴 정기 시장이 보여준 12~13세기 정기 시장의 밑그림이 14~15세기에 이르러 상업과 금융 거래의 중심지들로 확산되었다. 지역별 도시를 열거하면 다음과 같다. 프랑스 왕국 주변(13세기 말부터 샬롱쉬르손Chalon-sur-Saône, 15세기부터 제네바, 1450년부터 리옹 등지에서 약식 외환 거래소 설치. 차후 서유럽 금융의 주요 중심지로 발전), 플랑드르(브뤼허Bruges, 안트베르펜Antwerpen, 베르헌옵좀Bergen op Zoom), 신성 로마 제국(프랑크푸르트, 라이프치히, 뇌르틀링겐Nördlingen), 스웨덴(셰노르Skånor, 이곳에서 염장 청어 전문 시장이 열렸다). 모든 한자 동맹 상인, 그리고 심지어 플랑드르 상인, 잉글랜드 상인, 프랑스 북부 지역 상인까지 신성 로마 제국과 발트해 지역의 정기 시장에 참여했다. 그곳 시장에서는 밀, 소금, 물고기 등이 네덜란드의 모직물, 지중해의 비단, 러시아의 모피 등과 거래되었다.

동부 지중해 지역 상인도 정기적으로 모이는 곳이 있었다. 이슬람 시대 이전부터 내려온 전통 방식의 시장이었다. 시장이 열리는 곳은 주로 순례길 주변이었고, 특히 메카(Mecca)에서 큰 시장이 열렸다. 알렉산드리아의 정기 시장은 2개월 동안 열려서 서유럽 상인이 참여하기가 좋았다. 비잔티움 제국의 경우 지방의 도시에서 정기 시장이 열렸다. 예를 들면 이오아니나(Ioannina), 코나이(Chonai, 오늘날 Honaz), 스코피아(Skopia, 오늘날 Skopje), 트라페준타(Trapezunta, 혹은 Trebizond), 테살로니키(Thessaloniki, 혹은 Thessalonica) 등이었다. 테살로니키는 비잔티움 제국에서 두 번째로 큰 도시였고, 비아 에그나티아(via Egnatia, 알바니아의 두러스Durrës까지 연결되는 도로)와 악시오스(Axios, 오늘날 Vardar)로 연결되는 도로가 교차하는 곳이었다. 테살로니키에서는 데메트리오스(Demetrios) 축제가 유명했는데, 13세기의 문학 작품 티마리온(Timarion, 대화 형식의 문학)에 따르면 마케도니아, 불가리아, 이탈리아, 이베리아(스페인), 프랑스, 그리스, 동방, 시리아, 키프로스 등지의 상인이 그곳에 모였다고 한다. 더욱이 도시 안에는 불가리아, 세르비아, 마케도니아 등지의 농산물을 판매하는 도매상이 있었다고 한다. 또한 테살로니키 시장에서는 보이오티아(Boeotia), 펠로폰네소스(Pelopónnēsos), 이집트, 이탈리아에서 수입된 직물, 플랑드르의 모직물이나 이탈리아 캄파니아(Campania) 지역의 캔버스 천, 동방의 향신료, 이탈리아의 와인, 베네치아의 비누 등이 판매되었다고 한다. 간단히 말해서 매년 10월이면 테살로니키는 남부 슬라브 상인, 그리스 상인, 서유럽 상인이 서로 만나는 회합의 장소가 되었다.

정기 시장을 고려할 때 간과해서는 안 될 중요한 요소가 바로 치외법권의 문제다. 비잔티움 제국과 무슬림 문화권에서 라틴계 상인은 자치권을 얻어냈다. 13세기를 거치는 동안 베네치아 상인과 제노바 상인은 에게해와 흑해의 주요 항로를 따라 방대한 외국 무역 거점의 네트워크를 구축했다. 이것이 나중에 상품 수출의 중심적 전진 기지가 되었다. 최초의 사례는 제4차 십자군 전쟁의 결과로 만들어졌고, 그 뒤에는 1261년 닌페오(Ninfeo, 혹은 Nymphaeum) 조약으로 확정되었다. 베네치아 상인의 도시는 이오니아해에서는 코르푸(Corfu)섬에 있었고, 에게해 서부에서는 코론(Coron)과 모돈(Modon), 펠로폰네소스 남부 지역에서는 나플리오(Nafplio)와 네그로폰테(Negroponte)에 있었고, 베네치아 출신들이 건설한 식민지 왕국 아치펠라고(Archipelago) 공국이 있었다. 특히 크레타섬은 최대의 농업 식민지였는데, 베네치아에서 소비할 밀과 와인의 상당 부분이 크레타섬에서 생산되었다. 제노바 상인도 1346년부터 키오스(Chios)섬과 항구 도시 포카이아(Phocaea)에 상업 거점을 설치했고, 미틸리니(Mytilíni, 혹은 Mytilene)와 에게해 북방의 섬들을 소유한 가틸루시오(Gattilusio) 가문을 후원했다. 콘스탄티노폴리스, 트라페준타(Trapezunta, 혹은 Trebizond)와 라타나(La Tana), 그리고 몽골의 비단 도매업과 향신료 무역의 특권은 베네치아와 제노바 상인이 공유했다. 그러나 크림반도에서는 제노바 상인이 특권을 가졌다. 예를 들면 카파(Caffa, 오늘날 Feodosia), 솔다이아(Soldaia, 오늘날 Sudak), 쳄발로(Cembalo, 오늘날 Balaklava) 등의 도시였다. 피사(Pisa)의 상인 또한 콘스탄티노폴리스에 외국 무역 거점을 설치했다. 이외에도 흑해 연안에 건설한 도시 포르토 피사노(Porto Pisano)가 있었다고 하는데, 여기에 대해서는 오늘날 알려진 바가 전혀 없다. 십자군 전쟁을 거치는 동안 (안티오케이아, 트리폴리, 베이루트, 아크레, 카이사레아 등지에) 재정적 특혜가 주어진 시리아-팔레스타인 지역에 중요한 무역 거점 설치가 허용되었다. 한편 이집트에서는 피사, 베네치아, 제노바의 상인이 13세기에 알렉산드리아에서 푼두크(funduq, 상관) 설치를 허가받았지만, 치외 법권의 특혜는 아니었다.

발트해 연안에서는 "고틀란드를 찾아온 독일 손님들"이 스칸디나비아 비스뷔(Visby) 출신 상인 조합을 축출하고, 그 섬에 물류 기지를 설치해서 러시아 및 북유럽 상품을 취급했다. 한자 동맹은 4개 도시, 즉 런던(Stahlhof), 브뤼허(Kontor), 베르겐, 노브고로트(Peterhof)에 무역 거점을 설치했고(괄호 안 명칭은 무역 거점 건물의 명칭), 이외에도 수많은 해외 지점을 개설했다. 이 모든 거점은 물동량이 풍부한 해상 루트로 연결되었다.

국가와 교황의 무역 개입

상인들에게 부과되던 관세를 축소 내지 면제하는 조약이 체결되었고, 그 결과 무역 거점과 식민지 설치가 승인되었다. 비잔티움 제국에서 크리소불(chrysobull, 황금 인장으로 봉인된 황제의 칙서)이 잇달아 내려와 라틴어권 상인의 거점 도시가 건설되었다. 처음에는 베네치아 상인(992, 1082)과 아말피(Amalfi) 상인에게, 그다음에는 피사 상인(1111)과 제노바 상인(1115)에게 황제의 칙서가 내려졌다. 중세의 마지막 세기가 다 가도록 황제의 조약은 계속해서 갱신되었다. 비잔티움 제국은 갈수록 약해졌고, 외부 세력에게 국방의 도움을 요청할 수밖에 없는 처지가 되었기 때문이다. 1082년 베네치아 상인은 제국 전역에서 자유무역권을 얻어냈고, 제노바 상인은 1261년 콤메르키온(kommerkion, 관세)을 면제받았으며, 곧이어 피사 상인도 같은 혜택을 얻었다. 그러나 자유 무역권을 왜곡하려는 세관 관리들(kommerkiarioi)과의 다툼이 지속되었고, 곡물의 자유무역권을 확보하기가 쉽지는 않았다. 이외에 다른 서유럽의 무역상은 다만 관세 축소 정도의 혜택이 전부였다. 비잔티움 제국의 백성은 10퍼센트의 관세를 물어야 했지만 카탈루냐(Cataluña), 안코나(Ancona), 라구사(Ragusa)의 상인은 2퍼센트, 나르본(Narbon, 프랑스)의 상인은 4퍼센트, 피렌체의 상인은 처음에 5퍼센트였다가 나중에는 2퍼센트의 관세만 내면 충분했다.

서유럽에서 관세는 통치자의 정치적 무기였다. 예컨대 잉글랜드의 경우 주요 수출 품목은 두 가지, 즉 양모와 주석이었다. 1275년 잉글랜드의 왕 에드워드(Edward) 1세는 수출세를 제정하여 양모 원재료 한 자루를 외국 상인에게 판매할 경우 0.5마르크(mark)의 관세를 매겼다(당시 양모 한 자루의 가격은 28마르크 – 옮긴이). 그런데 이 세금은 1303년 한 자루당 3마르크로 고정된 "말토트(maltote)"(프랑스 상인이 덧붙인 별칭으로, "사악한 죽음"이라는 의미 – 옮긴이) 세금으로 대체되었다. 1311년, 1322년, 그리고 특히 1342년에 다시금 세금 인상이 실시되었다. 프랑스와의 전쟁 비용을 충당하기 위한 조치였다. 직물 수출에 대해서는 세금이 비교적 가벼웠다. 그래야 영국의 직물 산업 성장을 촉진할 수 있었기 때문이다. 그리고 플랑드르 상인이 장악한 시장도 빼앗아야 했다. 그래서 플랑드르의 직공이 양모 원재료를 비싼 값에 공급받도록 했다. 항구도시 칼레(Calais)에는 잉글랜드 상인을 위해 울스테이플(Wool Staple), 즉 수출 독점 지구를 설정했다. 한 세기가 지나지 않아 잉글랜드 통치자의 무역 개입은 무역의 흐름에 심대한 변화를 가져왔다. 서유럽 전역에서 마찬가지 결과를 보였다.

무슬림 세계에서 통치자의 무역 개입으로 가장 유명한 사례는 이집트의 경우였다. 이집트에는 술탄 살라딘의 통치 첫해에 알 마크주미(al-Makhzūmī)가 저술한 세금 관련 정책서(Kitāb al-Minhāj)가 있었다. 이 책에 따르면 외국과의 무역 거래는 관세청(Diwān al-khums)의 지휘 아래 이루어져야 했고, 무역사무소(Matjar)에서 국가를 대신하여 상품을 매매하도록 했다. 수입 물품은 최종 물품 가격에 따라 세금을 매기는 종가세(從價稅, ad valorem) 원칙을 따랐으며, 물품에 따라 세금이 달랐다. 철, 양모, 역청, 그리고 이탈리아 상인이 가져오는 기타 금속류와 살라딘의 왕국(아이유브 술탄국)의 생필품에 대해서는 3분의 2에 해당하는 명반(alum)을 세금으로 물어야 했다. 이외에도 화물의 하역, 저장, 경비에 따른 세금이 추가되었다. 수출품에 대해서는 고정된 세금이 매겨졌는데, 당시 관리들은 상품 반출 때문에 나라가 가난해진다고 여기고 수출을 꺼렸다. 무슬림, 딤미(dhimmi, 무슬림이 아닌 국민), 이방인 등 신분에 따라 관세도 달랐다. 아이유브 왕국의 관리들은 외국 상인에게 푼두크(funduq, 상가 건물) 건설을 허락했다. 그러나 외국 상인이 홍해에 진입하는 것은 막았다. 홍해는 오직 무슬림 상인만 활동할 수 있는 공간이었다. 외국 세력과 맺은 조약 및 관세 정책으로 아이유브 왕국은 무역 활동을 성공적으로 통제할 수 있었다.

교황의 무역 개입은 무슬림의 경우와 사뭇 달랐다. 제3차 라테라노(Laterano) 공의회(1179)부터 15세기까지 이어진 교황의 개입은 무슬림 왕국들, 특히 이집트의 세력을 약화시키는 것이 목적이었다. 이와 같은 정책들이 누적되어 1291년 8월 23일의 결단이 내려졌다. 아크레(Acre, 이스라엘의 도시)가 함락된 뒤였다. 교황 마르티누스(Martinus) 4세는 사라센(무슬림)과의 무역을 전면 금지했다. 그러나 몇 년 지나지 않아서 교황 보니파키우스(Bonifacius) 8세는 약간의 벌금을 부과하는 정도로 만족했다. 이탈리아의 여러 해상 공화국은 이러한 교황의 규정을 좀 더 완화하여 적용했지만, 아라곤 왕국에서는 이를 전면 거부했다. 아라곤 왕국은 이집트와의 무역에 종사하는 백성을 보호하기 위해 이집트(아이유브 술탄국)의 술탄과 직접 협상했다. 서유럽의 모든 항구는 어떤 식으로든 편법을 썼다. 1344년 부유한 상인들이 교황에게 무역 금지 조치를 완화하도록 요청했다. 결국 관세와 항해 면허세가 모두 완화되었다. 교황의 무역 금지 조치는 서유럽과 이집트의 무역 관계를 늦추고 변형시켰지만 아예 막을 수는 없었다. 그나마 왜곡시킨 기간 또한 1291~1344년에 불과했다.

무역로와 네트워크

중세 유럽의 무역을 주도했던 권역은 두 개로 나뉜다. 하나는 지중해 권역과 그에 연결된 네트워크였고, 또 하나는 북쪽의 발트해 권역과 그에 연결된 내륙 네트워크였다.

지중해 권역은 당시로서는 논란의 여지 없는 최대 규모의 국제 무역 상권이었다. 초기 중세로부터 근대 여명기까지 그 지위에는 변함이 없었다. 초기 중세에는 유대인 라단 상인이 부정기적으로 혹은 정기적으로 프랑크 왕국, 바그다드, 중앙아시아 지역과의 교역을 주도했다. 10세기부터 올드카이로(Old Cairo)의 게니자(Geniza) 유대인 상인 활동 영역을 동쪽으로 시리아와 인도 및 인도네시아까지, 서쪽으로는 이베리아반도(Almeria), 마그레브 지역(Mahdiya), 시칠리아섬(Mazzara)까지 확장했다. 그중에서도 알안달루스(al-Andalus)와 마그레브 지역, 이프리키아(Ifriqqiya)와 시칠리아 지역 사이에는 정기적 무역 관계가 수립되었다. 12세기부터는 이탈리아와 카탈루냐의 무역 규모가 성장했다. 그리하여 세비야, 바르셀로나, 발렌시아, 마요르카, 몽펠리에, 마르세유, 제노바, 피사, 나폴리, 안코나, 베네치아, 라구사 등을 포함해서 지중해 전역을 잇는 무역 네트워크가 뱃길로 연결되었다. 동부 지중해의 주요 도시들, 알렉산드리아, 아크레(Acre), 베이루트, 칸디아(Candia, 즉 크레타섬), 파마구스타, 로도스, 콘스탄티노폴리스, 카파(Caffa, 오늘날 Feodosia), 라타나, 트라페준타 등도 하나의 무역권으로 연결되었고, 콘스탄티노폴리스에서 알렉산드리아까지, 카파에서 트라페준타까지 세로 방향의 무역로도 추가되었다. 원래는 단선적이었던 무역로가 중세 말엽에는 다각형의 형태로 그려지게 되었다. 호든과 퍼셀은 지중해 지역의 "연결성(connectivity)"을 폄하했지만, 현실은 그렇지 않았다(Peregrine Horden and Nicholas Purcell, *The Corrupting Sea: A Study of Mediterranean History*, Wiley-Blackwell, 2000).

북쪽의 발트해 권역에서는 중세 초기부터 프리슬란트 상인과 색슨 상인이 활약했다. 그들의 활동 무대는 코엔토비치(Quentovic)에서 도레스타트(Dorestad, 네덜란드)를 거쳐 하이타부(Haithabu, 덴마크어 Hedeby)까지였고, 이로부터 연장하여 잉글랜드, 스칸디나비아, 발트해, 신성 로마 제국, 러시아까지 연결되었으며, 스칸디나비아 상인과, 특히 1158년 한자 상인의 도시 뤼베크(Lübeck)가 건설된 이후로는 독일 상인이 여기에 결합했다. 그들이 취급한 상품은, 대규모 양모 시장이 있는 런던에서는 양모, 프랑스 대서양 연안에서는 부르뇌프(Bourgneuf)의 소금, 베르겐(Bergen)과 스코네(Skåne, 스웨덴)에서는 생선, 남부 독일에서는 소금과 뤼네부르크(Lüneburg)의 곡물, 노브고로드에서는 모피, 밀랍, 꿀, 가죽, 단치히(Danzig)에서는 곡물과 목재였다. 서유럽에서 잉글랜드 상인은 칼레(Calais, 프랑스)에 울스테이플(Wool Staple, 독점 양모 무역 거래소)을 설치하고 코번트리(Coventry)와 러들로(Ludlow)에서 생산된 모직물을 거래했다. 이들 모직물은 털이 긴 잉글랜드 양모로 직조한 것이 특징이었다(짧은 양모로 만든 직물보다 더 강하고 섬세하다). 모직물을 판 대가로 데번과 콘월에서 생산된 주석을 구입했는데, 그 결과 브리스톨(Bristol)의 사람들이 부유해졌다. 그들은 아이슬란드의 어업에 출자하는 투자자가 되었다. 프랑스는 국제 무역에서 다소 뒤처져 있었다. 가스코뉴(Gascogne, 프랑스 남서부 지방)의 상인이 보르도산 와인을, 한자 상인이 부르뇌프산 소금을 판매했다. 다만 루앙(Rouen), 라로셸(La Rochelle), 마르세유(Marseille) 같은 도시는 북부의 거대 항구였던 뷔르허나 안트베르펜에 필적할 만했다.

위의 두 가지 중심 네트워크에서 수많은 강줄기, 육로, 해로, 만남의 장소가 번성했다. 센(Seine)강에서는 이른바 "물의 상인들(marchands de l'eau)"이 루앙과 교역하는 물길을 독점했고, 포(Po)강과 브렌타(Brenta)강에서는 평저선을 운영하는 뱃사공이 베네치아의 수입품을 내륙으로 실어 날랐으며, 독일의 강에서는 한자 상인이 활동했다. 에브로(Ebro)강과 과달키비르(Guadalquivir)강을 통해 아라곤과 안달루시아에서 생산된 농산물이 바르셀로나와 세비야로 운송되었다. 그렇다고 육로 운송이 덜 중요했던 것은 아니다. 론(Rhône)강을 축으로 해서 샹파뉴의 정기 시장이 프로방스 지역과 이탈리아와 알프스 너머 지역을 연결하는 고타르 고갯길(Gotthardpass, 이탈리아어 Passo del San Gottardo)은 13세기에 개척되었다(지도 10-1). 베오그라드(Beograd, 세르비아)와 콘스탄티노폴리스를 연결하는 비아 에그나티아(via Egnatia) 루트와 트란스-발칸(trans-Balkan) 루트는 비잔티움 제국의 서쪽을 소통하는 중심축이었다. 한편 그에 대칭되는 동쪽의 축은 콘스탄티노폴리스-이코니온(Iconion, 터키어 Konya)-안티오케이아를 잇는 길이었다. 러시아의 강줄기를 따라 고고학적으로 발굴된 화폐 유물들을 종합해보면 스칸디나비아에서 콘스탄티노폴리스 및 중앙아시아로 연결되는 "북방의 아치(Nordic arc)"가 나타난다. 그것은 곧 몽골의 비단과 향신료를 교역한 무역로로서 돈강 입구의 라타나(La Tana)와 트라페준타가 모두 연결되는 길이었다. 무슬림 세계에서는 점점이 연달아 이어지는 우편 시스템이 있었고, 여러 칸국의 칸들과 베두인(Bedouin) 유목민의 감시 덕분에 여러 루트의 안전이 보장되었다. 이집트-소아시아-바그다드를 잇는 "모래의 길(sand route)"이 있었고, 다시 바그다드에서 호라산으로 이어지는 "왕의 길(royal route)"이 있었으며, 라도가(Ladoga) 호수를 거쳐 볼가강에 이르는 북방 루트(Nordic route)가 있었다. 9~10세기의 아랍 화폐가 북방 루트를 따라 발굴되기도 했다. 마그레브 지역의 동서 축은 메카의 순례 길이었다. 한편 남북을 연결하는 축을 통해 이프리키아와 이집트의 항구 도시가 수단(Sudan, 당시에는 니제리아Nigeria라 했다)에 연결되었다. 이 길은 금의 길, 소금의 길, 노예의 길이었다. 낙타 카라반이 이 길을 따라 움직였다.

해상 무역로는 그 수를 헤아리기 어려울 만큼 많았다. 그러나 연안

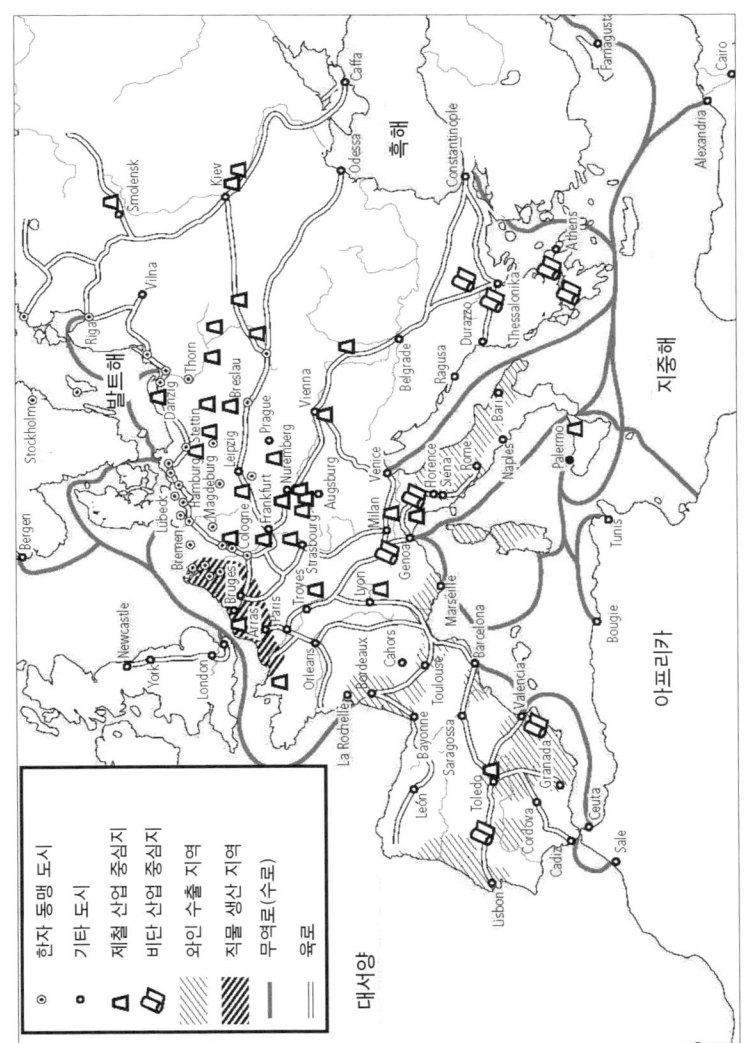

[지도 10-1] 13세기 유럽-지중해 무역

CHAPTER 10 · 유럽과 지중해 무역 네트워크

항로의 어려움을 결코 간과해서는 안 된다. 분위기가 우호적일 때도 그 것은 쉽지 않은 일이었다. 연안 항해는 육상 교통이 닿지 않는 곳을 연결할 수 있다는 장점이 있었다. 동서를 가로지르는 대표적 무역로는 카탈루냐인이 주도한 "섬 연결 루트(islands route)"와, 이탈리아인이 주도한 이탈리아-콘스탄티노폴리스-흑해 연결 루트가 있었다. 이 루트는 거점 항구와 멀리 떨어진 외국의 무역 거점들(Coron, Modon, Negroponte, Chios), 임시 저장 창고, 선박 수리소 등을 점점이 연결하는 길이었다. 에게해 남쪽에서 근동으로 가는 주요 루트는 크레타섬, 로도스섬, 키프로스섬에 연결되었는데, 아크레(Acre, 1291년까지) 및 베이루트 방향과 알렉산드리아 방향으로 나뉘어 있었다. 아이유브 술탄국 치하에서 홍해는 아랍인의 바다였다. 여기에도 막강한 연안 항로가 있었는데, 인도로 향하는 주요 무역로에 가려 오래도록 주목받지 못했다. 홍해 연안의 도시 아이다브('Aydhab, 1266년까지)와 아덴(Aden)에서 인도의 캘리컷(Calicut, 오늘날 Kozhikode)으로 가는 배가 출항했다. 극동 지역 화물을 옮겨 싣는 곳이 그곳이었다. 페르시아만에서는 쉬라즈(Shiraz)가 쇠락한 뒤에 인도 말라바르(Malabar) 해안 지역과의 교통은 호르무즈(Hormuz) 중심이었다. 그곳은 이슬람 문화권과 극동 지역이 서로 만나는 교차로였다. 서유럽의 경우, 제노바의 상선이 사우샘프턴(Southampton)과 브뤼허(Bruges)에 나타났다는 기록이 처음 등장하는 때가 1277년이었다. 이는 지중해와 대서양이 서로 만나는 상징적 사건이었다. 런던에서 노브고로드까지 이어지는 북방 루트(Nordic route)에서는 1250년부터 한자동맹의 상인이 베르겐이나 스코네로 이어지는 무역로를 독점했다.

 이들 무역로에서 주변 상황은 때로 상인에게 우호적이었지만 때로는 적대적이었다. 향신료 루트(spice route)는 11세기 중엽까지 페르시아 만과 비옥한 초승달 지대를 거쳐 갔다. 그러다가 1062~1266년에는 홍해, 아이다브, 쿠스(Qus)로 우회하게 되었다. 덕분에 알렉산드리아가 "동양과 서양을 중개하는 시장"이 되었다. 그 뒤에는 약 한 세기 가까이 무역로의 종착지가 흑해의 항구들이었는데, 1350년 이후로는 이집트와 시리아까지 연장되었다. 한편 알안달루스(al-Andalus)에서 이집트로 가는 무슬림 루트(Muslim route)는 12세기에 끊어졌고, 이탈리아 루트와 카탈루냐 루트가 이를 대신했다. 무슬림 무역상은 그라나다 왕국과 마그레브 지역의 여러 항구 사이에서만 활동했다. 북유럽에서는 프리슬란트 상인과 스칸디나비아 상인이 밀려나고 플랑드르, 독일, 잉글랜드의 상인이 세력을 얻었다. 지중해와 마찬가지로 발트해 지역에서도 전쟁 때문에 무역이 늦추어지거나 중단되기도 했다. 14세기 제노바와 베네치아의 "식민지" 쟁탈전 와중에는 베네치아의 무다(muda) 운행이 중단되었다. 14세기 후반에는 덴마크인, 플랑드르인, 한자 상인, 잉글랜드인의 분쟁으로 무역의 과정이 늦추어지기도 했다(지도 10-2).

무역의 목적

중세 상인들은 전문적으로 특정 품목을 취급하지는 않았다. 그들은 그야말로 모든 것을 거래했다. 역사가들은 중세 경제의 동력으로 여겨진 향신료 무역에 너무 많은 관심을 쏟아왔고, 일상 용품이나 특히 식량 같은 품목에는 별로 주목하지 않았다.

초기 중세 이후 도시의 성장으로 식량 수요가 늘어났지만, 지역에 따라서는 도시 주변의 시골에서 식량을 확보하지 못하는 경우도 있었

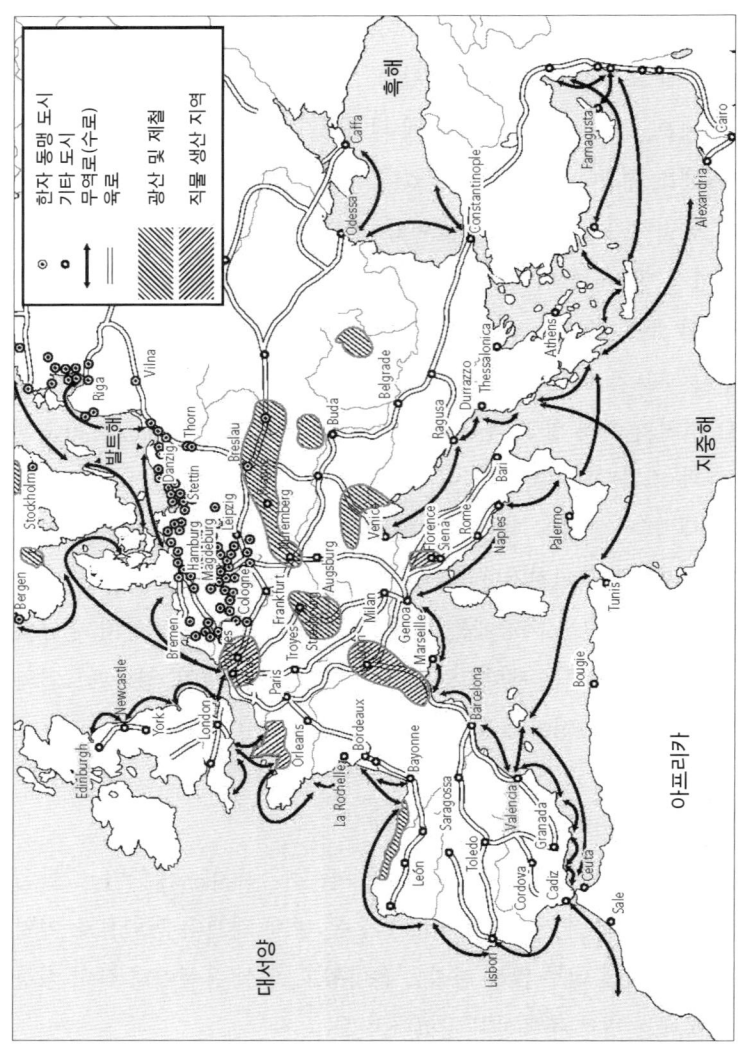

[지도 10-2] 15세기 유럽-지중해 무역

다. 마침내 모든 정부는 곡물 무역을 통제하고자 했다. 비잔티움 제국은 619년까지 이집트에서 생산 곡물 중 10퍼센트를 세금으로 거두었고, 그것으로 콘스탄티노폴리스의 인구를 먹여 살렸다. 이후 비잔티움 제국 정부는 다른 곡물 수급지를 확보해 나갔다. 트라키아(Thracia), 발칸 지역, 러시아의 공국들이 그 대상이 되었다. 이탈리아의 해양 공화국들은 식량을 전적으로 해외에 의존했다. 제노바는 마렘마(Maremma), 시칠리아섬, 흑해 등지에서, 베네치아는 롬바르디아(Lombardia) 평원, 크레타섬, 시칠리아섬 등지에서 식량을 확보했다. 시칠리아섬은 이탈리아 전체의 빵바구니였다. 바르셀로나와 발렌시아도 시칠리아, 아라곤, 랑그도크 등지에서 주로 곡물을 구했고, 부차적으로는 플랑드르의 배후지에서도 곡물을 수입했다. 주요 흐름은 지중해의 남쪽에서 북쪽으로 가는 방향이었다. 피카르디(Picardy), 아르투아(Artois), 에노(Hainaut), 캉브레(Cambrai) 등지에서 생산된 식량 자원이 플랑드르와 네덜란드 지역으로 흘러 들어갔다. 한자 동맹 도시의 경우, 동부 독일과 중부 독일 지역에서 곡물을 수급했다. 시장의 불안정은 언제나 일상적인 상황이었다.

와인은 막대한 교역 상품이었다. 보르도의 와인이 잉글랜드와 플랑드르로 수출되었고, 남부 이탈리아의 와인은 동양으로, 크레타섬의 와인은 베네치아로 팔려 나갔다. 기름은 안달루시아와 풀리아(Puglia)에서 생산되어 동양으로 수출되었다. 베네치아에서는 "지불 수단"으로도 사용되었다고 하는 소금은[9] 대개 국가 독점 품목이었다. 지중해 권역에서

---

9 Jean-Claude Hocquet, *Le sel et la fortune de Venise, vol 1 : Production et monopole* (Villeneuve-d'Ascq: Publications de l'Université de Lille, 1978).

중요한 소금 생산지는 아드리아해 연안 프로방스 지방에 있는 이비사(Ibiza)섬, 키프로스섬, 그리고 흑해의 북부 지역에 위치했다. 한자 동맹의 상인들은 소금을 사기 위해 게랑드(Guérande), 부르뇌프(Bourgneuf), 포르투갈, 뤼네부르크(Lüneburg) 등지로 가서 발트해 지역의 곡물과 교환했다. 소금은 고기와 생선을 보관하는 데 필수적이었다. 라타나, 노펵, 노르웨이 해안, 스코네 등지에서 주로 물고기를 많이 잡았다. 사탕수수 재배와 설탕 생산은 중세를 거치면서 서쪽으로 계속 확대되었다. 처음에는 메소포타미아 지역에서 생산되다가 시리아-팔레스타인, 키프로스섬, 크레타섬, 시칠리아섬으로 전해졌다. 나중에는 발렌시아 해안 지대를 거쳐 15세기에 마데이라(Madeira) 제도까지 전파되었다. 이외에도 대규모 무역 품목인 식량자원이 더 있었다. 치즈, 염장 고기, 건과일 등이었다. 그리고 키오스(Chios)섬(그리스)에서는 제노바 사람들이 건너와 매스틱(mastic)의 생산과 판매를 독점했다.

향신료와 비단은 중세번영기에 특정 엘리트 계층에게 국한된 사치품으로 여겨졌지만, 중세를 거치면서 점차 일반화되었다. 향신료는 요리, 약물 제조, 제품 생산에 사용되었다(예컨대 명반은 직물의 염색에 첨가제로). 비단은 처음에 비잔티움 제국(콘스탄티노폴리스, 그리스의 테베, 코린토스)에서만 생산되었지만 시칠리아, 루카, 제노바, 베네치아, 리옹 등지로 생산지가 확대되었다. 루이 11세(재위 1461~1483)는 투르(Tours)에 비단 생산 공장을 지으려 했다. 향신료는 14~15세기 제노바와 베네치아 상인이 운영하는 갤리선에서 가장 큰 비중을 차지하는 화물이었다. 그들이 향신료를 얻기 위해 이집트에 투자하는 금액은, 적어도 1498년 포르투갈이 인도에 도착하기 전까지는, 비교 대상이 없을 만큼 독보적이었다. 베네치아의 최우선적 지위는 완벽했다. 유일하게 제노바를 제외하면, 다른 어떤 나라의 상인도 훨씬 뒤처져 있는 상황이었다.

원자재 교역도 무역에서 큰 비중을 차지했다. 목재는 지중해 남부 및 동부 지역에서 워낙 귀한 품목이었다. 예외라면 레바논의 숲 지대가 있었는데, 얼마 못 가서 자원이 고갈되고 말았다. 그래서 목재는 서유럽과 무슬림 세계에 이르기까지 중요한 밀수 품목이었다. 그러나 발트해 연안에서는 목재가 흔했다. 잉글랜드에서 수출하는 긴털양모(long-fleeced wool)는 오래도록 플랑드르의 모직물 산업을 뒷받침했다. 그러나 14세기를 거치면서 잉글랜드에서도 품질 좋은 모직물을 생산하게 되었다. 메스타(Mesta, 이목移牧을 하는 스페인의 양 목축업자 연합)가 있는 카스티야(Castilla) 지역은 이탈리아와 북유럽으로 메리노울(merino wool)을 수출했다. 15세기 베네치아에서는 시리아로부터 면화를 수입 및 운송하기 위해 조직을 결성했다. 그중 일부가 베네치아에서 폰다코 데이 테데스키(Fondaco dei Tedeschi, 독일인 상업관)에 들러 퍼스티언(fustian)을 구매했다. 퍼스티언이란 남부 독일에서 생산되는 일종의 능직 무명천으로, 코튼과 리넨을 섞어서 짰다. 리넨은 이집트의 주요 수출품이었다. 모피는 스칸디나비아와 러시아의 공국들로부터 서유럽과 무슬림 세계로 널리 팔려 나갔다. 거기서 모피는 귀한 신분을 나타내는 신분재로 인식되었다. 염색을 위해 첨가되는 제품 중에서는 동양의 염료가 향신료로 분류되어 매우 비싼 값에 거래되었다(코치닐, 브라질나무, 그리고 포카이아와 후대의 톨파Tolfa에서 생산된 명반 등이 직물의 염료로 사용되었다). 동양의 염료를 이용하여 염색 과정을 거친 상품은 일반적인 서양의 상품, 예를 들면 프랑스의 미디(Midi), 이탈리아의 아브루초(Abruzzo), 스페인의 카탈루냐(Cataluña) 등지에서 생산된 사프란(saffron), 그리고 프랑스의 피카르디(Picardy)와 랑그도크(Languedoc), 이탈리아의 롬바르디아(Lombardia)에서 생산된 워드(woad, 大靑) 혹은 파스텔(pastel)보다 비싼 값에 팔렸다. 금속 무역은 훨씬 더 광범위했다. 스웨덴과 엘바(Elba)섬에서 강철, 콘월(Cornwall)과 보헤미아에서 주석(tin), 하르츠(Harz)에서 은, 스웨덴, 보헤미아, 헝가리, 카스타모누(Kastamonu, 터키)에서 구리를 수출했다. 다양한 교역망과 무기 제조업자 등 부유한 금속업자들이 수요를 뒷받침했다. 이탈리아의 밀라노는 일찍부터 무기 제조로 유명했다.

중세 교역에서 향신료 못지않게 현금처럼 거래된 품목이 바로 직물이었다. 플랑드르의 모직물은 12세기부터 지중해 세계에 널리 유통되었다. 제노바와 마르세유 상인의 활약 덕분이었다. 토스카나의 모직물은 높은 품질로 유명했다. 동양에서는 중세 말엽까지도 토스카나 모직물의 명성이 유지되었다. 나중에 잉글랜드의 모직물 산업이 발달하면서 경쟁 상대가 되었다. 상인 사업가들이 잉글랜드 모직물 산업을 주도했다. 노르망디와 카탈루냐의 가벼운 모직물도 유명했다. 이러한 상품은 근동 지역의 시장으로 파고 들어가 무슬림 세계의 생산 기반을 위협하는 지경에 이르렀다. 롬바르디아와 남부 독일(Augsburg, Ravensburg)에서 생산된 캔버스 천과 퍼스티언 천도 같은 흐름에 놓여 있었다.

노예 무역은 지중해 세계에서 널리 유행한 관행이었다. 그러나 그 경향은 매우 큰 편차를 보였다. 초기 중세에는 슬라브인과 이방인 노예가 무슬림의 왕국으로 팔려 나갔다. 스페인에서 레콩키스타(Reconquista)가 시작되면서 전투에서 포로가 된 사라센(Saracen, 즉 무슬림)을 주요 시장에 노예로 팔았다. 바르셀로나, 제노바, 베네치아, 피사, 나폴리 등지에 사라센 노예가 등장했다. 1270년대부터 흑해 주변 지역의 민족들(시르카시아인, 라즈인, 압하지야인, 특히 타타르인)이 이집트로 팔려 가서 맘루크 군대의 병사로 복무했다. 혹은 베네치아 같은 유럽의 대도시에 하인으로 팔려 가거나, 때로는 시칠리아나 발렌시아 등지에 농장 노예로 팔려 가기도 했다. 15세기에 이르러 노예 무역은 훨씬 다변화되었다. 오스만의 정복 전쟁 이후 흑해 지역으로부터 노예를 구하기가 어려워졌다. 그를 대신하여 키레나이카(Cyrenaica, 리비아 동부)의 베르베르인이나 카나리아(Canaria) 제도(북아프리카 서부)의 관체인(Guanches)이 노예로 팔려 갔다. "머릿수"를 채운 화물선의 수익은 풍성했다. 1351년 제노바인이 헤라클레이아(Heracleia)섬을 정복한 뒤 포로를 판매한 사례, 혹은 지아코모 바도에(Giacomo Badoer, 베네치아 출신)가 콘스탄티노폴리스에서 사업을 한 기록(1436~1439)에서도 노예 무역의 수익성은 충분히 확인된다. 14세기 말엽에 이르러서야 점차 노예 무역을 금지하는 분위기가 조성되었다. 기독교인이 노예로 팔려 나가는 사례를 방지하기 위해서였다.

향신료와 모직물, 이 두 가지 품목만 고려하다 보면 동서양의 다양했던 무역 상황을 축소해서 이해할 우려가 없지 않다. 그러나 적어도 이 두 품목을 비교하여 분명한 대차대조표를 만들어볼 수 있고, 이를 통해 중세 초기에 서구가 감당했던 무역 적자가 이후 점진적으로 감소했다는 사실은 확인할 수 있다. 중간천년기에 서양의 해상 무역 세력과 상품(모직물뿐만 아니라 유리, 비누, 금속 제련 포함)이 우월하다는 생각에 서양인은 동양의 시장으로 밀고 들어가 현지의 생산 기반을 훼손했다. 일부 역사학자들은 이 사태를 두고, 오늘날 중동 지역 저개발의 기원이 거기에서 비롯되었다고 확신하기도 한다.

앙리 피렌(Henri Pirenne)의 주장과 달리 지중해 무역이라는 주제에서 아랍의 정복 사건은 무시해도 좋을 정도로 영향이 미미했다. 쇠락은 그 이전에 이미 시작되었고, 카롤루스 왕조의 시대(7~8세기)까지 지속되었다. 8세기에 이르러 발생한 최초의 르네상스는 820년경 중단되었다. 이때 무너진 교역 네트워크는 10세기가 되어서야 복원되었다. 이는 지중해뿐만 아니라 북유럽도 마찬가지였다. 수많은 육로와 해로가 연결되는 네트워크의 회복은 강력한 경제 성장의 신호였다. 그러나 그 결과로 다양한 환경 변화로부터 영향을 받게 되었다. 13세기 말 최전성기에 이르렀다가 1340년대에 위기가 찾아왔고, 1420년 이후 서서히 회복되어 지중해 권역의 동방 무역에 투자가 확대되었다. 포르투갈인이 인도에 도착할 무렵 동방 무역의 수익은 최고조에 달해 있었다(향신료는 최소 25퍼센트, 면화는 최소 45~50퍼센트). 당시 북유럽에서는 뤼베크(Lübeck), 뉘른베르크(Nürnberg), 아우크스부르크(Augsburg) 등지로 막대한 재화가 집중되는 중이었고, 잉글랜드와 네덜란드 상인이 한자 동맹의 상인과 경쟁했다. 그들은 장차 지중해의 이탈리아 상인과 경쟁할 준비가 되어 있었다. 서유럽 무역의 발달은, 적어도 국제 무역의 관점에서 보자면, 비잔티움 제국과 무슬림 세계의 쇠락에 따른 반작용의 측면이 있었다. 중세 말엽, 최초로 글로벌한 세계 무역이 등장할 무렵, 무역 여건은 서유럽에 상당히 우호적인 상황이었다.

더 읽어보기

Ashtor, Eliyahu. *East-West Trade in the Medieval Mediterranean*, ed. Benjamin Z. Kedar, London: Variorum Reprints, 1986.

Ashtor, Eliyahu. *The Levant Trade in the Later Middle Ages*. Princeton University Press, 1983.

Ashtor, Eliyahu. *Technology, Industry and Trade. The Levant versus Europe, 1250-1500*, ed. Benjamin Z. Kedar. London: Variorum Reprints, 1992.

_____. *Studies on the Levantine Trade in the Middle Ages*. London: Variorum Reprints, 1978

_____. "The Volume of Mediaeval Spice Trade," *The Journal of European Economic History*, 9/3 (1980): 753-63.

Balard, Michel. *La Romanie génoise (xiie-début du xve siècle)*, BEFAR n° 235, 2 vols. Rome- Genoa: École française de Rome, 1978.

_____. "L'impact des produits du Levant sur les économies européennes (xiie-xve siècles)," in Simonetta Cavaciocchi (ed.), *Prodotti e Tecniche d'Oltremare nelle economie europee. Secoli xiii-xviii*, Settimana di Prato (aprile 1997), 1998: 31-57.

_____ et al. "Le transport des denrées alimentaires en Méditerranée au Moyen Age," in K. Friedland (ed.), *Maritime Food Transport*. Cologne: Böhlau, 1994: 91-175.

Bautier, Robert-Henri. "Points de vue sur les relations économiques des Occidentaux avec les pays d'Orient au Moyen Age," in Michel Mollat (ed.), *Sociétés et compagnies de commerce en Orient et dans l'océan Indien (Actes du 8e Congrès international d'Histoire maritime, Beyrouth 1966)*. Paris: SEVPEN, 1970: 263-331; reprinted in his *Commerce méditerranéen et banquiers italiens au Moyen Age*, London: Variorum Reprints, 1992, Study iv.

Borgard, Philippe, Jean-Pierre Brun and Maurice Picon. *L'alun de Méditerranée*. Naples and Aix en Provence: Centre Jean Bérard, 2005.

Carrère, Claude. *Barcelone centre économique à l'époque des difficultés (1380-1462)*, 2 vols. Paris - The Hague: Mouton et Cie, 1967.

Cavaciocchi, Simonetta (ed.). *I porti come impresa economica*. Istituto internazionale di storia economica "F. Datini," Prato. Atti delle Settimane di Studi 19. Florence: Le Monnier, 1988.

_____ (ed.). *Fiere e mercati nella integrazione delle economie europee. Secc. XIII-XVIII*. Istituto internazionale di storia economica "F. Datini," Prato. Atti delle Settimane di Studi 32. Florence: Le Monnier, 2001.

_____ (ed.). *Relazioni economiche tra Europa e mondo islamico.* Secc. XIII-XVIII. Istituto internazionale di storia economica "F. Datini," Prato. Atti delle Settimane di Studi 38. Florence: Le Monnier, 2007.

Coulon, Damien. *Barcelone et le grand commerce d'Orient au Moyen Age. Un siècle de relations avec l'Égypte et la Syrie-Palestine (ca 1330-ca 1430).* Madrid: Casa de Velázquez; Barcelona: Institut Europeu de la Mediterrània, 2004.

Delort, Robert. *Le commerce des fourrures en Occident à la fin du Moyen Age*, 2 vols. Rome: École française de Rome, 1978.

Del Treppo, Mario. *I mercanti catalani e l'espansione della Corona d'Aragona nel secolo xv.* Naples: Curial, 1972.

Favier, Jean. *Gold and Spices: The Rise of Commerce in the Middle Ages.* New York, NY: Holmes & Meier, 1998.

Goitein, Shelomo D. *A Mediterranean Society*, vol. I: *Economic Foundations.* Berkeley - Los Angeles, CA: University of California Press, 1967.

Heers, Jacques. "Types de navires et spécialisation des trafics en Méditerranée à la fin du Moyen Age," in Michel Mollat (ed.), 2e *colloque international d'Histoire maritime*. Paris: SEVPEN, 1958: 107-17.

_____. "Il commercio nel Mediterraneo alla fine del sec. xiv e nei primi anni del xv," *Archivio storico italiano* 113 (1955): 157-209, reprinted in his *Société et économie à Gênes (xive-xve siècles).* London: Variorum, 1979, Study i.

Heyd, Wilhelm. *Histoire du commerce du Levant au Moyen Age*, 2 vols. Leipzig: O. Harrassowitz, 1885-6.

Hocquet, Jean-Claude. *Le sel et la fortune de Venise*, vol. II: *Voiliers et commerce en Méditerranée (1200-1650).* Lille: Presses universitaires de Lille, 1979.

Horden, Peregrine and Nicholas Purcell. *The Corrupting Sea. A Study of Mediterranean History.* Oxford: Blackwell, 2000.

Jacoby, David. "Mercanti genovesi e veneziani e le loro merci nel Levante crociato," *Atti della Società ligure di Storia patria*, n.s. 41/1 (2001): 229-56.

_____. "Silk Economics and Cross-Cultural Artistic Interaction: Byzantium, the Islamic World and the Christian West," *Dumbarton Oaks Papers*, 58 (2004): 197-240.

Judde de la Rivière, Claire. *Naviguer, commercer, gouverner. Economie maritime et pouvoirs à Venise (XVe-XVIe siècles).* Leiden: Brill, 2008.

Kedar, Benjamin Z. *Merchants in Crisis: Genoese and Venetian Men of Affairs and the Fourteenth Century Depression.* New Haven and London: Yale University Press, 1976.

Lopez, Robert S. *The Commercial Revolution of the Middle Ages, 950-1350.* Englewood Cliffs, NJ: Prentice-Hall, 1971.

McCormick, Michael. *Origins of the European Economy. Communications and Commerce A.D. 300-900.* Cambridge University Press, 2001.

Nigro, Giampiero (ed.). *Francesco di Marco Datini. The man, the merchant.* Trans. Isabelle Johnson. Florence: Firenze University Press, 2010.

Oikonomidès, Nicolas. *Hommes d'affaires grecs et latins à Constantinople (xiiie-xve siècle).* Montréal: Institut d'études médiévales Albert-le-Grand; Paris: J. Vrin, 1979.

Pryor, John H. and Elizabeth M. Jeffreys, *The Age of the $\mathit{\Delta POM\Omega N}$. The Byzantine Navy ca 500-1204.* Leiden: Brill, 2006.

Renouard, Yves. *Les hommes d'affaires italiens du Moyen Age.* Paris: Colin, 1968.

Tangheroni, Marco. *Commercio e navigazione nel Medioevo.* Bari: Laterza, 1996.

Thiriet, Freddy. *La Romanie vénitienne. Le développement et l'exploitation du domaine colonial vénitien (xiie-xve siècle).* Paris: E. de Boccard, 1959.

Vallet, Eric. *Marchands vénitiens en Syrie à la fin du xve siècle.* Paris: Association pour le développement de l'histoire économique, 1999.

Verlinden, Charles. *L'esclavage dans l'Europe médiévale,* t. ii: *Italie-Colonies italiennes du Levant-Levant latin-Empire byzantine.* Bruges: De Tempel, 1977.

CHAPTER 11

인도양 너머의 무역 파트너:
해상 무역 공동체

히만슈 프라바 레이
Himanshu Prabha Ray

전통적 관점에서 고대 인도의 역사를 설명할 때는 무역이 어느 시기에 번성했다가 그다음 시기에 쇠락했다는 식으로 묘사하곤 한다. 이런 관점에는 일정한 선입견이 포함되어 있다. 즉 해상 무역의 수요가 국가 혹은 제국 체제에 종속되며, 국가 혹은 제국의 부침에 따라 무역도 나타났다 사라지곤 한다는 믿음이다. 전통적 관점으로 인도양 무역 네트워크를 설명할 때도, 현지 무역 공동체의 역할은 과소평가하는 경향이 있었다. 특히 서부 해안 지역은 더더욱 그러했다. 이방인(유럽인과 아랍인)의 사치품 수요가 그 지역의 무역을 촉발하는 계기였다고 보기 때문이다.

그러나 실제로 인도양 무역 네트워크를 통해 거래된 상품을 보면, 그러한 관점이 옳지 않다는 사실을 알 수 있다. 그곳에서 거래된 상품은 소금과 개오지 조개껍데기부터 금속, 약용 식물, 향료, 농산물, 값비싼 직물, 은그릇, 춤추는 소녀에 이르기까지 무척이나 다양했다. 이와 같은 상품은 매우 이른 시기의 문헌에 등장한다. 산스크리트어 문헌《아르타샤스트라(Arthaśāstra)》(마우리아 제국 국정 운영 지침서 – 옮긴이)는 정치·경제에 관련된 내용을 담고 있다.[1] 기원전 3세기에서 기원후 3세기 사이

---

1 R. P. Kangle (ed. and trans.), *The Kautiliya Arthaśāstra* (University of Bombay, 1965-72).

에 저술된 것으로 추정되는 이 책에는 상품을 획득할 수 있는 다양한 경로가 등장하는데, 그 내용이 자못 흥미롭다. 예를 들어 말(馬)을 얻을 수 있는 경로는 선물, 매매, 전리품 획득, 마구간에서 사육하기, 도움의 대가로 받기, 잠시 빌리기 등이 있다(ii.30.1).[2] 무역을 언급한 고대 문헌은 또 있다. 초기 불교 문헌과 비문(碑文)에 모두 등장하는 슈렌이(śreṇi)라는 어휘는 곧 무역 조합을 가리킨다. 18개의 조합이 있었다고 하지만 구체적으로 그 목록이 기록된 사례는 전혀 없다. 팔리어 장경에 나오는 자타카(Jataka) 이야기에서도 왕의 수행자 가운데 상인 조합의 수장이 자주 등장한다(Book ii: no. 154). 그들은 대개 부유하고 권세 있는 인물로서 존경받는다. 이런 자료들을 통해 볼 때 무역에서 현지인의 역할은 전통적 관점에서 말하는 것만큼 미미하지는 않았던 것 같다.

중세 시기 무역을 연구하는 안드레 윙크(André Wink) 또한 연속성을 강조했다. 그는 기원후 시기가 시작된 이래로 로마인의 인도양 무역이 쇠락했다는 견해에 반대한다. 왜냐하면 비잔티움 제국의 그리스인 무역상이 4세기부터 6세기까지 다시 활발한 활동을 이어갔기 때문이다.[3] 5~6세기에는 사산 제국의 부상과 동시에 페르시아의 상업이 부흥했고, 이슬람의 도래와 함께 인도양 무역 네트워크도 성장했다. 안드레 윙크에 따르면, 아랍인이 마크란(Makran, 이란), 신드(Sindh), 카치아와르반도

---

2 Himanshu Prabha Ray, 'Inscribed Pots, Emerging Identities: The Social Milieu of Trade', in Patrick Olivelle (ed.), *Between the Empires: Society in India 300 BCE to 400 CE* (New York: Oxford University Press, 2006): 113-43.
3 André Wink, *Al-Hind: The Making of an Indo-Islamic World* (New Delhi: Oxford University Press, 1990): 45-64

(Kathiawar 半島), 쿠치만(Kutch 灣) 지역을 정복한 것도 바로 무역을 장악하고자 하는 의지 때문이었다. 그 결과로 10세기에 이르러 세계적 규모의 무슬림 무역권이 출현하게 되었다. 안드레 윙크는 무역 신장에 있어 이슬람의 역할을 강조하는 맥락에서, 인도에서 불교가 사라진 것을 지적하기도 했다. 또한 법률 서적 《다르마샤스트라(Dharmaśātras)》에서 규정된 무역 규제 때문에 힌두교 신자들은 "농업에 종사하여 농산물을 생산했으며, 무역이나 해상 운송 같은 일과는 거리를 두었다"라고 주장했다.[4]

인도양 서부 지역 무역 활동의 지속성을 강조한 안드레 윙크의 주장은 타당하지만, 그렇다고 변화가 없었던 것은 아니다. 해안 지역의 무역 거점이 바뀌거나 새로운 정착지가 생겨나기도 했다. 예를 들어 인도 서부 해안의 바루치(Bharuch), 소파라(Sopara), 칼리얀(Kalyan) 등은 제1천년기 중엽 캄바트(Khambhat, 혹은 Cambay)만의 발라비(Valabhi)에 자리를 내줬다. 그러나 발라비는 그 뒤 8세기 후반에 아랍인의 공격으로 폐허가 되고 말았다.[5] 뒤이어 스탐바티르타(Stambhatirtha) 혹은 캄바트만 끄트머리에 있는 캄바트가 주요 무역 시장으로 부상했다. 또 한 군데 중요한 해안 정착지로는 구자라트(Gujarat) 해안의 솜나트(Somnath, 오늘날 Prabhas Patan)가 있었는데, 이곳은 해상 무역에서 지속적으로 중요한 역할을 담당했다(지도 11-1).

무역은 힌두교, 불교, 자이나교 등 종교적 장소에서 등장했다. 예컨

---

4 Wink, *Al-Hind*, 72.
5 V. K. Jain, *Trade and Traders in Western India, A.D. 100-1300* (New Delhi: Munshiram Manoharlal Publications, 1990): 73.

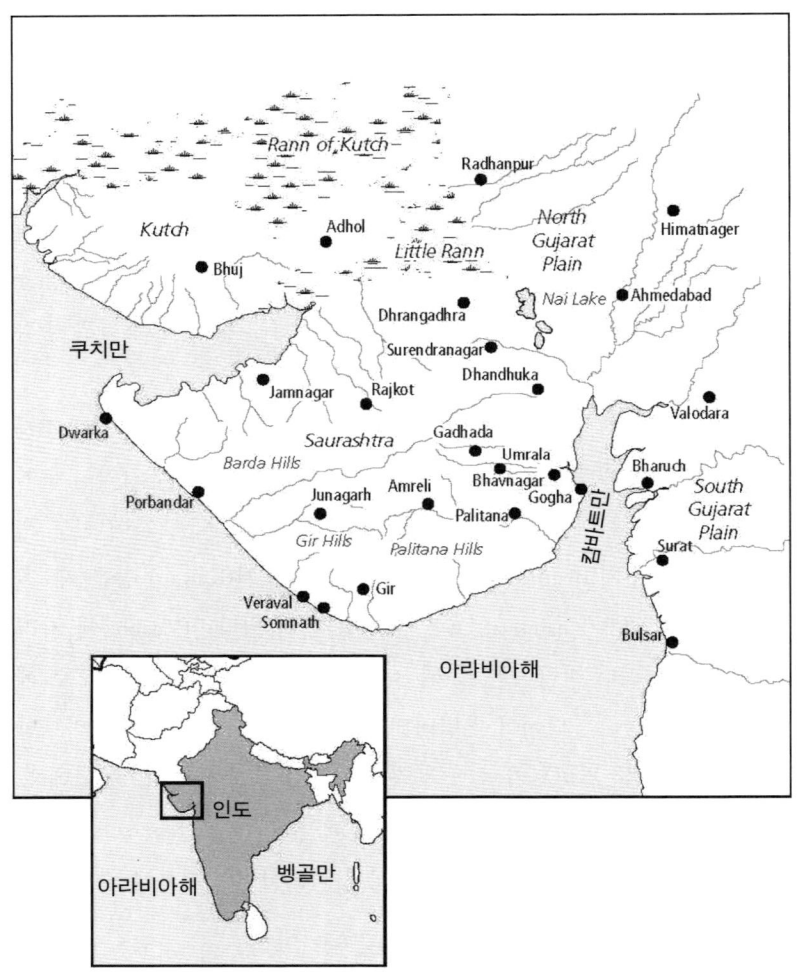

〔지도 11-1〕 구자라트 해안

대 솜나트는 중요한 힌두교 사원이 있는 순례지였다. 솜나트에서 고고학적으로 확인된 정착지 형성 시기는 기원전 4세기부터였으나, 사원 같은 종교적 건축물이 등장한 시기는 5~6세기에 이른 뒤였다. 10세기 이후로 가게와 시장이 사원 근처에 자리 잡았고, 의례나 축제가 거행될 때 필요한 물품을 공급했다. 예를 들어 표면을 매끈하게 다듬은 비석에 새겨진 13세기 기록이 솜나트의 한 사원에 보관되어 있는데, 여기에는 후원자가 가게를 사서 사원에 기부했다는 내용이 적혀 있다.

오늘날의 도시 뭄바이에서 가까운 칸헤리(Kanheri)는 기원후 1세기부터 11세기까지 인도 서부 해안에서 가장 규모가 큰 불교 사찰 복합 공간이 있던 곳이다. 상인과 무역상이 사찰의 주요 후원자였다. 11번 동굴에 6행의 기록이 새겨져 있는데, 조성 시기는 854년 9월 12일이다. 인도 동부 해안 가우다(Gauda, 즉 벵골) 지역 출신의 독실한 신도가 방문한 일을 내용으로 한다. 그는 은화 100드라마(drammas)를 기부했는데, 명상의 방 건축비와 사찰 거주 승려들의 옷을 짓는 비용이었다. 이 기록은 또한 두 개의 바다, 즉 아라비아해와 벵골만의 연결을 확인하는 내용이라서 더욱 주목할 만하다.

다양한 종교적 풍경 이외에 중세 해상 여행에서는 선박이 중요한 문제였다. 화물 운송은 무역업의 기본이었다. 경우에 따라 상인 혹은 무역상이 직접 선박을 소유하기도 했지만, 그들이 직접 선박을 운항하거나 관리하지는 않았다. 서인도 지역의 13세기 비문(1291년의 아나바다 Anavada 비문)에는 배를 소유한 선주가 사원에 시주한 내용이 기록되어 있다. 상품이나 화물을 선장에게 위탁하는 경우가 훨씬 더 많았다. 선장은 운항 및 수익을 책임졌다. 이처럼 해상 활동에는 선박의 소유주부터 관리인, 그리고 운항을 담당하는 선원까지 다양한 집단이 참여했다. 그러므로 무역 활동에 참여한 공동체를 단순히 카스트 체제로 설명하기는 어렵다. 더욱이 법전에 등재된 규범적 내용뿐 아니라 다양한 산스크리트어 문헌도 균형 있게 살펴보아야 한다. 문헌에 등장하는 이야기에는 상인, 수공업 기술자, 음악가를 비롯한 여러 사람의 해상 여행이 분명하게 기록되어 있다.

군주정이 지속되는 가운데 무역은 국가의 중요한 수입원이었다. 서인도 지역의 당시 기록에 따르면 도로, 선박, 항만 시설 이용에 따른 세금이 부과되었고, 이는 시장에서 부과되는 상품 거래에 따른 세금과는 별도였다. 5세기 이래로 일부 비문에서 카라반 무역세 징수 관리들이 언급되는 경우가 있었다. 거주지의 중심에 도시가 있었고, 도시의 관문에서 상품에 따라 세금을 징수했으며, 왕은 지역 내 무역 공동체를 보호해주는 대가로 수입을 얻었다.

이번 장에서 우리는 네 가지 주제에 초점을 맞추어보려 한다. 즉 무역 네트워크에 참여한 공동체, 해상 무역이 구자라트(Gujarat)를 비롯한 해안 지역에 미친 영향, 서부 인도양에서 대양을 횡단한 무역 조직, 인도양 두 바다(즉 아라비아해와 벵골만)의 연결이 그것이다. 각각의 주제에 대하여 특정 자료와 사례를 제시하고 해상 무역과 세계사에 미친 영향을 깊이 있게 통찰해보고자 한다.

시골 마을의 무역 공동체

최근 연구에 따르면 어로와 항해에 종사하는 사람들만의 공동체가 있었고, 그들이 인도양 항해에서 핵심적 역할을 수행했다.[6] 어로에 종사하는 사람들이 해안 지역에서 조그만 마을 집단을 형성한 것은 적잖이 오래된 일로, 적어도 기원전 제5천년기부터 확인이 된다.[7] 그들 공동체는 바다와 관련된 여러 직업에 특화되어 있었는데, 어로나 다른 해산물 채집, 소금 생산, 항해, 무역, 조선, 해적질 등의 일이었다.

어로와 항해에 종사하는 공동체들은 인도양 해상 활동의 밑바탕이 되었다. 그들은 역사 시기를 통틀어 언제나 지속적으로 항해 기술을 제공했다. 물론 그들의 운명은 시기에 따라 부침을 거듭했다. 예를 들어 인도양에서 운항한 봉합선(縫合船, sewn boat)은 코코야자 열매의 섬유로 천을 누비듯이 꿰매어 만드는 배였다. 코코야자 재배는 인도양 해안에서 특정 지역에 국한되어 있었기 때문에, 코코야자 섬유는 배를 건조하고자 하는 사람들에게 팔리는 상품이 되었다.[8] 그래서 다우선(dhow, 아랍의 돛단배)이나 전통적 수상 교통 수단을 제작하려면 인도양의 여러 지역을 연결하는 무역과 운송이 전제되어야 했다. 목재와 목재를 연결할 코코야자 섬유를 매매하고 운송해야 했기 때문이다. 다시 말해서 목재와 야자 섬유는 해상 교역망을 만들어내고 역동성을 유지하는 원동력이었다.

---

6 K. McPherson, 'Maritime Communities: An Overview', in Himanshu Prabha Ray and Edward A. Alpers (eds.), *Cross Currents and Community Networks: The History of the Indian Ocean World* (New Delhi: Oxford University Press, 2007): 34-49.
7 Himanshu Prabha Ray, *The Archaeology of Seafaring in Ancient South Asia* (Cambridge University Press, 2003), ch. 2.
8 Himanshu Prabha Ray and Jean-François Salles (eds.), *Tradition and Archaeology: Early Maritime Contacts in the Indian Ocean* (New Delhi: Manohar Publishers, 1996).

《에리트레아 항해기(Periplus Maris Erythraei)》는 기원후 1세기 이름을 알 수 없는 선원이 코이네(koine) 그리스어(헬레니즘 시대 지중해에서 인도양 연안까지 통용된 세계 공통어. 코이네는 보편 혹은 공통이라는 의미다. 헬라어라고도 한다. - 옮긴이)로 기술한 책인데,[9] 기원후 시기의 초엽에 인도양에서 운항한 시골 지역의 배를 최초로 상세히 묘사했다는 점에서 독보적 기록이다. 책에는 동아프리카 해안에서 인도양 서부 해안에 이르기까지 여러 지역에서 사용된 몇 가지 유형의 배가 등장한다. 바르바로이(Barbaroi) 지역에는 아발리테스(Avalites, 홍해 입구, 오늘날 소말리아 - 옮긴이)라고 하는 마을에 조그만 무역항이 있었는데, 이곳에는 뗏목과 작은 배들이 정박해 있었다고 한다(《항해기》 section 7). 메누티아스(Menuthias)섬이라는 곳은 오늘날 동아프리카 해안의 펨바(Pemba)섬으로 확인되었는데, 여기서는 봉합선(縫合船)과 통나무 카누를 이용하여 물고기와 거북을 잡았다고 한다(section 15). 아자니아(Azania) 지역(아프리카 대륙의 남부를 통칭)에 라프타(Rhapta)라는 곳이 있었는데, 이곳 지명은 봉합선의 일종으로 라프톤 플로이아리온(rhapton ploiarion)이라고 하는 배의 명칭에서 비롯되었다고 한다(section 16). 무자(Muza)는 아랍인이 우글거리는 항구로 묘사되었다. 그곳에서 스스로 장비를 갖추고 바다를 건너 인도 서부 해안의 바리가자(Barygaza, 혹은 Bharuch)와 해외 무역을 하는 선주 혹은 용선 계약자와 선원은 모두 아랍인이었다고 한다(section 21).

---

9 Lionel Casson (ed. and trans.), *The Periplus Maris Erythraei* (Princeton University Press, 1989).

인도양 해상 무역 네트워크를 이해하는 데 도움이 되는 또 한 가지 중요한 문헌으로 《기독교 지형학(Christian Topography)》이라는 저술이 있다. 저자는 6세기 이집트의 기독교 수도사 코스마스 인디코플레우스테스(Cosmas Indicopleustes)라 하는데, 인디코플레우스테스는 "인도 여행자"라는 의미다.[10] 그는 알렉산드리아 태생의 그리스인이었을 가능성이 농후하다. 초년에 그의 직업은 상인이었고, 그래서 인도양 서부를 널리 여행할 기회가 있었다. 나중에는 세속의 삶으로부터 물러나 수도원에 은둔하면서 지형학, 우주론, 성서 해설서 저술에 몰두했다.

《기독교 지형학》에서는 인도 서부 해안의 몇몇 중심지를 언급했는데(Book xi: 367-8), 그중 상당수가 《에리트레아 항해기》에도 등장했던 지역들이다. 인도의 문헌 《아르타샤스트라(Arthaśāstra)》에서는 나가라(nagara)와 파타나(pattana)를 구별했다. 나가라(nagara)는 내륙에 있는 요새화된 성벽 도시로서 지역 내 상거래 장소였고, 파타나(pattana)는 해안이나 내륙의 강가에 위치하여 멀리서 가져온 물품을 교환하는 장소였다. 이들 두 장소에는 서로 다른 상거래 조직이 설치되었으며, 행정 체계도 달랐다. 예컨대 떠돌이 행상 조직원은 오직 해안의 무역 거점에서만 활동할 수 있었다. 파타나(patana, 혹은 pattana)라고 하는 어휘를 사용한 것도 의미가 있다. 이 어휘는 이집트 카이로에서 발굴된 11~12세기의 게니자(Geniza) 고문서 가운데 인도 편지 부분에서도 그대로 사용되었다. 이 문제에 대해서는 뒤에서 다시 논의하기로 한다. 이처럼 파타나

---

10 *The Christian Topography of Cosmas, an Egyptian Monk*, trans. John Watson McCrindle (Cambridge University Press, 2010).

는 분명 무역 중심지로 세금을 징수하는 행정 조직을 분명하게 갖춘 곳이었다. 세금 징수는 기원후 초엽부터 제2천년기까지 변함없이 지속되었다.

이른바 이슬람의 도래는 해상 무역의 공간에 어떤 변화를 가져왔을까? 중세 연구 성과에 따르면, 이슬람의 확산과 함께 아람어, 페르시아어, 그리스어, 산스크리트어, 그리고 기타 여러 가지 인도 언어에 영향을 받아 아랍어가 풍성해졌다고 한다. 또한 종교와 민족적 정체성을 동일시하는 관점은 조심해야 한다고 주장하면서, 아랍어 문헌이라 해도 무조건 아랍인의 기록으로 보아서는 안 되며, 이슬람으로 개종한 모든 이방인이 민족적 출신과 상관없이 무슬림으로 기록되어 있다는 점을 지적했다.[11] 그럼에도 불구하고 예외가 없는 것은 아니다. 예를 들어 역사가이자 지리학자인 알-마수디(al-Mas'udi, 사망 956/7)에 따르면, 시라피인(Sirafis)과 오마니인(Omanis)이 당시 해상 운송을 주도했다고 하면서, 해안 지역의 지역 정체성을 강조했다.

한편 중국 당나라(618~907)의 역사서 《구당서(舊唐書)》에서는 종교적 연원과 상관없이 페르시아인 무역상과 아랍인 무역상을 구분하여 기록했다. 페르시아인은 파사(波斯), 아랍인은 대식(大食)이었다. 이와 달리 무슬림 여행가들, 예컨대 이븐 주바이르(Ibn Jubayr, 사망 1217)나 이븐 바투타(Ibn Battuta, 사망 1368/9 혹은 1377)는 종교적 관점에서 "무슬림"이라는 어휘를 사용했으며, 이슬람교를 신봉하지 않는 다른 사람들

---

11 Dionisius A. Agius, *Classic Ships of Islam: From Mesopotamia to the Indian Ocean* (Leiden: Brill, 2008): 10-11.

의 공동체, 즉 기독교인, 유대인, 힌두교인, 조로아스터교인 등과 이들을 구별했다. 이러한 차이는 단지 중세 무역에 종사한 사람들이 사용한 어휘 문제나, 해상 활동에 참여한 사람들의 종교적 내지 민족적 정체성에 관련된 문제에 그치는 것이 아니라, 더욱 중요하게는 인도양 연안 지역에서 종교적 정체성이 어떻게 출현했으며, 그것이 형성되고 서술되는 방식이 어떠했는지를 이해하는 문제와 관련이 있다.

8~9세기 이후로 인도양의 해상 활동 영역은 동아시아까지 확장되었다. 중국의 도자기가 인도양 무역 네트워크를 통해 유통되었기 때문이다.[12] 푸스타트(Fustat, 올드카이로)에서 발굴된 중국 도자기의 제작 연대는 9세기부터 15세기까지 이어져 있었다. 가장 집중된 시기는 10세기에서 14세기 사이였다.[13] 그러나 이를 근거로 무역 네트워크의 범위와 특성을 규정할 때 주의할 점이 있다. 예를 들어 페르시아만에 위치한 시라프(Siraf)에서 중국산 도자기 파편이 발굴되었는데, 아랍인의 이름(유수프Yūsuf와 만수르Mansūr, 혹은 마이문Maymūn)이 새겨져 있었다. 유약을 발라 도자기를 굽기 전에 새겨진 이름이었다. 이 도자기는 아마도 중국에 거주하는 상인이 발송했을 것이다.[14] 그러나 소유자는 과연 누구였을까? 어떤 목적에 사용되었을까? 더욱 범위를 넓혀 보자면, 중국산

12 A. Rougelle, 'Medieval Trade Networks in the Western Indian Ocean', in Ray and Salles (eds.), *Tradition and Archaeology*, 159-80.
13 Katherine Strange Burke and Donald Whitcomb, 'Quseir al-Qadim in the Thirteenth Century', *Ars Orientalis* 34 (2004): 92.
14 Moira Tampoe, *Maritime Trade between China and the West: An Archaeological Study of the Ceramics from Siraf (Persian Gulf), 8th to 15th centuries A.D.* (Oxford: BAR International Series 555, 1989).

도자기, 예컨대 장사요(長沙窯)나 요주요(耀州窯) 등의 발굴 성과를 통해 도자기 운송을 담당한 배가 중국인의 배였는지, 아랍인의 배였는지를 파악할 수 있을까? 어느 방향의 상인들이 서로 접촉하여 거래된 상품인지 알 수 있을까?

인도양 연안에서 발굴되는 중국산 도자기 유물은 주로 11세기 이후의 것이고, 대다수는 13~14세기의 것으로 타밀(Tamil) 해안(인도 남동부)과 말라바르(Malabar) 해안(인도 서부)에서 발견되었다.[15] 그런데 시라프 발굴 유물(period ii에 속함)은 조금 다른 정황을 보여준다. 9세기의 유물부터 발견되는데 유적지의 최대 범위 면적은 110헥타르를 넘어 해안 지역에서 산록 지역까지 이어져 있다. 당시는 또한 거대 건축 프로젝트가 진행되었던 때로, 시라프 대사원(Siraf Friday Mosque) 건축과 같은 시기였다. 중국산 수입 도자기는 그러나 현지에서 발굴된 도자기 가운데 1퍼센트 미만을 차지하며, 그중 3분의 1은 고급 도자기 혹은 청자(青磁)였고, 3분의 2는 그보다 품질이 낮은 석기(炻器, 토기와 자기 사이의 품질)였다. 수입 자기의 수량이 제한적이었던 9~10세기와 달리 13~14세기에는 수입이 증가했다. 1969년 이란 남부 지역을 조사한 결과 윌리엄슨(A. Williamson)은 해안 지역에서 약 1만 건의 중국산 도자기 파편을 발굴했다. 그러나 내륙 지역에서 발굴된 수량은 90건에 불과했다.[16]

이처럼 중국산 도자기 유물 분포가 인도양 서부 지역에서 시공간에 따라 불균형하게 나타나는 것은, 해당 지역의 무역 네트워크가 번성 혹

---

15 Noboru Karashima (ed.), *In Search of Chinese Ceramic-Sherds in South India and Sri Lanka* (Tokyo: Taisho University Press, 2004).
16 Rougelle, 'Medieval Trade Networks', 159-80.

은 쇠락했던 문제와 관련이 있다. 또한 발굴 지역이 해안에 치중된 것으로 보아 대외 접촉이 주로 해안 지역에서 이루어졌음을 알 수 있다.

구자라트: 연안 지역 공동체의 무역과 종교

해상 무역이 내륙 깊숙이 위치한 도심에는 어떤 영향을 미쳤을까? 인도 서부 구자라트(Gujarat) 지역은 무역과 종교가 결합된 연안 지역 공동체의 사례를 분명하게 보여준다. 이는 여러 문헌을 통해 확인되는 바와 일치했다. 인도 서부 지역에서는 고고 발굴을 통해 오래도록 지속된 해안 정착지에 관한 내용들이 알려졌다. 예를 들어 19세기 중엽 실시된 발굴 조사에서 만드비(Mandvi) 유적이 확인되었는데, 쿠치만(Gulf of Kutch)의 입구에 해당하는 루크마바티(Rukmavati)강 어귀에 위치하는 곳으로, 오만(Oman)과 동부 아프리카 해안으로 연결되는 항로의 출발지 항구로 알려져 있다. 드와르카(Dwarka) 유적은 사우라슈트라(Saurashtra, 구자라트 권역에 속하는 반도 지역 – 옮긴이)의 북쪽 해안에 위치하는데, 만드비와 같은 시기의 유적으로 기원전 1세기부터 거의 오늘날에 이르기까지 오래도록 정착지가 유지되었던 곳이다. 이들 지역은 해안이라는 위치도 중요하지만 그에 못지않게 종교적 의미도 큰 곳이어서, 사원과 성지가 있는 순례 여행의 중심지였다. 이외에도 구자라트 해안을 따라 오래도록 지속된 정착지가 많았다. 앞에서 언급한 캄바트만 입구의 포르반다르(Porbandar), 솜나트(Somnath), 발라비(Valabhi) 등이었다. 남쪽으로 더 내려오면 (서사 문학에서 캄파바티Campavati 혹은 레바티크세트라Revatiksetra로 언급된) 차울(Chaul)이라고 하는 정착지가 기원후 초엽부터 17세기까지 비석이나 문헌에서 언급된다. 1094년에 제작된 동판 기록(copper plate record)에서는 세 곳의 해안 중심지, 곧 차울(Chaul), 타네(Thane), 소파라(Sopara)가 확인되었는데, 모두 인도 서부 해안의 정착지였다. 10~11세기 비문에 따르면 이들 해안 정착지가 서로 연결되어 있었을 뿐만 아니라 내륙 지역의 정착지들과도 연계가 있었다고 한다.

캄바트만에 속하는 바브나가르만(Bhavnagar creek)에 위치한 발라비(Valabhi)는 기원후 5세기에 이르러 해상 무역의 전진 기지일 뿐만 아니라 마이트라카(Maitraka) 왕조(493~776)의 수도였으며, 종교적 통합의 구심점이 되었다고 한다.[17] 같은 시기 산스크리트 문학 작품, 예컨대 단딘(Dandin, 기원후 600년경 활동)이 저술한 《10명의 왕자 이야기(Daśakumāracaritam)》에서 발라비는 번성한 무역 중심지로 나온다. 그 책에 나오는 한 편의 이야기에 따르면, 사우라슈트라(Saurashtra)반도에 있는 도시 발라비에는 해상 무역을 담당하는 상인의 우두머리(nāvika-pati)들이 살았다. 그들은 막대한 부를 소유한 자들로, 마치 힌두교 재물의 신 쿠베라(Kubera)와 같다고 했다.[18] 발라비의 부유한 주민과 행상 공동체(vaniggrāma)의 여행에 관련된 내용이 동판 기록 유물에서도 확인되었다. 유물의 연대는 후나(Huna, 북인도로 진출한 중앙아시아 민족)의 왕 토라마나(Toramana)가 재위한 시기, 즉 5세기 말에서 6세기 초였다. 이들

---

17 K. J. Virji, *Ancient History of Saurashtra* (Bombay: Konkan Institute of Arts and Sciences, 1952): 245.
18 M. R. Kale (ed.), *Dasakumaracarita of Dandin* (Delhi: Motilal Banarsidass, 1986): 164, 332. An English translation by Isabelle Onians appeared under the title *What Ten Young Men Did* (New York University Press, 2005).

기록에는 바드라팔리(Vadrapalli)라는 마을의 무역 공동체가 자야스와미(Jayaswami) 혹은 나라야나(Narayana)를 섬기는 사원에 기부한 내용이 담겨 있다. 사원의 소유자는 왕의 어머니였다. 또한 지방 군주인 마하라자 부타(Maharaja Bhuta)와 마하라자 마트라다스(Maharaja Matrdas)가 몇몇 마을을 사원에 기부한 내용도 기록되어 있다. 동판에 기록된 주요 공물은 당밀(molasses, 사탕수수 시럽), 소금, 목화, 곡물 등이었고, 이외에도 세부적인 물품의 목록이 품목별로 적혀 있었다. 물품의 수량은 배에 싣는 짐, 당나귀에 싣는 짐, 수레에 싣는 짐의 단위로 계산되었다. 바드라팔리는 산젤리(Sanjeli)의 서쪽으로 약 8킬로미터 떨어져 있었는데, 기부자 명단에는 이외에도 내륙에 위치한 도시들, 즉 우자인(Ujjain), 카나우지(Kannauj), 마투라(Mathura), 그리고 아마도 만다소르(Mandasor) 출신 상인들의 이름도 있었다. 사원의 근처에는 금 세공인이 건설한 호수가 있었다고 한다.[19]

무역을 본업으로 자처하는, 자기 정체성을 가진 공동체의 존재는 명백하다. 이는 592년에 작성된 비슈누세나(Visnusena) 서약서를 통해서도 분명하게 확인된다. 카티아와르(Kathiawar) 지역 내 로하타(Lohata)라는 곳에서 작성된 이 문서는 당시 해당 지역의 통치자 비슈누세나(마이트라카 왕조)와 상인 공동체 사이의 서약서로, 상인 집단에 전해 내려오는 관습과 통치자가 이를 승인하는 내용을 기록했다. 마이트라카(Maitraka) 왕조의 기록물들이 으레 그러했듯이, 이 서약서에도 관리들의 목록이 첨

---

19 R. N. Mehta and A. M. Thakkar (eds.), *M. S. University Copper Plates of the Time of Toramana* (Vadodara: MS University of Baroda, 1978).

부되어 있다. 서약서는 지역 내에 설립된 상인 공동체(vaniggrāma)의 보호를 확인하고, 지속적 활동을 승인하는 내용을 담고 있다. 구체적으로는 72가지 세부 규칙 혹은 지켜야 할 관습법이 상세히 적혀 있다. 그중 일부 규칙들은 우리의 논의에서도 대단히 중요한데, 그것이 연안 무역에 관련될 뿐만 아니라 종교적 목적에 따른 세금 인하와 관련된 내용도 담고 있기 때문이다. 예를 들어 1년 동안 외국에 머문 상인은 다시 돌아올 때 입국세를 내지 않아도 된다고 명시되어 있다. 또 다른 조항에는 세금을 내야 하는 경우를 구체적으로 밝혔다. 한가득 물건을 싣고 들어오는 배는 은화 12냥을 내야 하지만, 내용물이 종교적 목적에 따른 것이라면 1과 4분의 1냥만 내면 그만이었다. 쌀을 실은 배는 정규 세금의 절반이었다. 이외에 흔히 선박을 통해 들여오는 물품에는 말린 생강, 대나무, 와인, 가죽, 물소, 낙타, 수소 등이 있었다.[20]

인디고(nīla)는 구자라트 지역에서 외부로 수출하는 품목 중 하나로 언급되었다. 비슈누세나 서약서에는 인디고 염료를 압착하는 데 따른 세금이 명시되어 있다. 인디고는 인도 서부에서 이집트로 수출되는 대표 상품 중 하나였다. 이집트 무역은 980~1030년 이븐 아우칼(Ibn 'Awkal) 가문이 주도했다.[21] 세 가지 종류의 인디고가 언급되는데, 그중 신다니(Sindani) 인디고가 포함되어 있다. 신단(Sindan, 혹은 Sandan)이란

---

20 D. C. Sircar, 'Charter of Visnusena Samvat 649', *Epigraphia Indica* 30 (1953-4): 163-81.
21 Norman A. Stillman, 'The Eleventh-Century Merchant House of Ibn 'Awkal (A Geniza Study)', *Journal of the Economic and Social History of the Orient* 16 (1973): 15-88.

콘칸 해안(Konkan coast, 인도 서부 해안)에 있던 도시로 확인되었다.

비슈누세나 서약서에 언급된 다양한 세금 부과 품목을 보더라도 그 지역 무역의 다양성을 짐작할 수 있다. 기름 짜는 기계, 사탕수수, 와인, 쿠민 씨, 흑겨자, 고수(coriander) 등도 포함되어 있다. 또한 서약서에는 직물을 염색하는 자, 직물을 짜는 자, 신발을 만드는 자, 걸어 다니며 행상을 하는 중개상의 세금도 언급되었다. 기타 대장장이, 목수, 이발사, 그릇 만드는 도공 등은 필요한 경우 관리의 감독 아래 노동력을 징발할 수 있도록 했다.[22]

정치 권력의 팽창과 함께 경제 활동이 안정화되고, 브라만교와 불교 사원 복합 공간이 증대하면서 이전 시대와는 확연히 다른 분위기가 조성되었다. 분명 마이트라카 왕조의 사람들은 자원의 기반을 확대하려 했다. 기록 유물에는 유용한 정보가 많이 남아 있다. 예를 들면 해상 운송으로 유통된 상품, 무역에 종사하는 공동체가 채택한 관습, 상품별로 부과되는 여러 가지 세금, 종교 기관에 필요하거나 기부하는 상품에 부과되는 여러 가지 세금 혜택 등을 알려주고 있다.

고고 발굴 성과와 도자기 파편의 분포를 통해 알 수 있는 지역 간 교류 혹은 해상을 통한 교류의 내용은 기원전 제3~2천년기부터 시작된다. 이와 달리 구자라트 지역에서 발굴된 기록 유물들은 대개 그로부터 훨씬 오랜 세월을 지나 기원후 5~6세기 이후의 무역 활동에 관한 내용을 담고 있다. 이때부터 거래 품목이나 상거래 행위의 성격 또한 점차 복잡성을 더해갔고, 기록 유물은 그러한 상황을 반영하고 있다.

---

22 Sircar, 'Charter of Visnusena', 178.

인도양 연안 지역에서 몇몇 곳에 모스크가 등장하고 무슬림 상인과 선주가 해상 무역에 활발히 참여하면서, 특히 구자라트 지역에서 다문화 관련 문제가 불거졌다. 구자라트 쿠치(Kutch) 해안의 도시 바드레스바라(Bhadresvara)는 유구한 역사를 지닌 유적지로, 12세기 자이나교 사원이 있었던 곳이기도 하다. 나중에는 무슬림 공동체가 있었는데, 무슬림 이스마일파인 그들은 자이나교 교단의 허락을 얻어 그곳에 모스크를 건설했다고 한다. 가장 주목할 만한 건축물은 이브라힘(Ibrāhīm) 사원이었다. 현지에서 발굴된 기록 유물을 근거로 건립 연대는 1159~1160년으로 보는데, 델리(Delhi)나 아지메르(Ajmer)에 이슬람 건축물이 들어선 시기보다 거의 반세기가 더 빨랐다.

바드레스바라와 구자라트 지역의 몇몇 다른 도시, 즉 캄바트, 솜나트, 파탄 등지에는 수많은 무슬림 무덤 건축물이 남아 있다. 조성 시기는 12세기 중엽부터 13세기 초엽까지다. 바드레스바라의 건축 양식에서 볼 수 있는 특징적 모습들은 대체로 주나가드(Junagadh)의 초기 정착지에 건설된 모스크에서도 확인된다. 그곳에서 발굴된 기록에 따르면 상인들의 우두머리이자 선주인 아불-카심(Abu'l-Qāsim b. 'Alī al-Idhājī)이 이슬람력 685년(1286~1287 CE)에 사원을 건축했다고 한다.[23] 주나가드는 고대 유적지로, 기원전 4~3세기 마우리아 왕조 시기의 비문이 남아 있고, 모스크 아래에 불교 사원 동굴이 있었는데, 지금은 무슬림 예배당으로 알려져 있다.

---

23 Mehrdad Shokoohy, *Muslim Architecture of South India: The Sultanate of Ma'bar and the Traditions of Maritime Settlers on the Malabar and Coromandel Coasts* (London: Routledge Curzon, 2003): 18.

종교 문화의 변화가 공동체의 상호 교류에서는 어떻게 나타났을까? 아랍어 비문이나 이중 언어로 기록된 비문을 보면, 이슬람의 도래 이후 공동체들 사이의 소통에 관한 중요한 통찰을 얻을 수 있다. 나쿠다(Nākhudā, 선박 운항 책임자)와 지역 공동체의 파트너십을 가장 잘 알 수 있는 사례가 바로 1264년의 소마나트-베라발(Somanath-Veraval) 비문이다. 두 장의 판석으로 구성된 비문은 먼저 산스크리트어로 새겨졌고, 그로부터 두 달 뒤 아랍어 비문이 추가로 새겨졌다. 구자라트 해안의 소마나타-파타나(Somanatha-Pattana)에 위치한 비문은 모스크(산스크리트어 dharmasthāna)의 유지 비용을 충당하기 위한 기부금 내역을 기록한 것이다. 이외에 나쿠다(Nākhudā Nūr al-Dawla wa-l-Dīn Fīrūz, Hurmuja-deśa 즉 페르시아만 입구에 있는 섬 호르무즈 출신의 Khoja Nākhudā Abu Ibrāhīm의 아들)와 함께 지역 공동체의 지도자(산스크리트어 thākura)가 사원에 봉사해야 할 내용이 적혀 있다. 당시 호르무자(Hormuja) 해안(velākūla)의 왕(rājā)은 아미르 슈리 루카나 디나(amir śri rukana dina), 즉 술탄 루큰 알딘(Rukn al-Dīn)이었다. 산스크리트어 비문에는 기부로 주어진 토지에 관한 상세한 내용이 적혀 있다. 해당 토지는 도시 가까이 위치했으며, 최소 네 사람의 주민이 토지를 희사한 것으로 되어 있다. 이와 더불어 누르 앗 딘(Nūr al-Dīn)은 기름방과 두 개의 상점(혹은 시장hattas)에서 상품을 구입해 기증했다. 만약 기부 목적을 초과하는 소득이 발생한다면, 그것은 메카와 메디나의 성소로 보내야 했다.[24] 기부의 증인은 모든 자

---

24 D. C. Sircar, 'Veraval Inscription of Chaulukya-Vaghela Arjuna, 1264 AD', *Epigraphia Indica*, 34 (1961): 141-50.

마타(jamātha), 즉 솜나트의 공동체들이었다. 그들 또한 사원 자산의 유지·관리에 책임이 있었다. 공동체의 명칭, 즉 나쿠다-나비카(Nākhudā-nāvika)는 다음과 같다.

감치카스(gamchikas): 기름 짜는 사람들과 그 기술을 전수하는 사람들
추나카라스(chūnakāras): 회반죽을 바르는 사람들
무샬라마나스(mushalamānas): 도시의 무슬림들

특이하게도 산스크리트어 비문은 43행이나 되지만 아랍어 비문은 28행에 불과하다. 산스크리트어 비문에는 몇 가지 세부 사항이 추가로 기록되어 있다. 예를 들면 기부의 혜택을 받는 이맘(imām, 이슬람 성직자)과 무아딘(mu'addin, 이슬람 사원에서 기도 시간을 알리는 사람)의 목록 같은 경우다. 아랍어 버전은 누르 알딘 피루즈(Nūr al-Dīn Fīrūz)의 아버지 아부 이브라힘 이븐 무함마드 알-이라키(Abū Ibrāhīm ibn Muhammad al-'Irāqī)가 모스크를 건설한 사람이라고 했으며, 아들 누르 알딘 피루즈는 말릭 물룩 알-투자르(malik mulūk al-tujjār), 즉 상단의 지도자라는 정보를 기록했다. 아랍어 비문에는 토지 기부에 관한 상세 내용이 누락되었으며, 초과 소득을 메카와 메디나로 보내야 한다는 내용도 없다. 다만 기부금으로 장난을 쳐서는 안 된다는 쿠란의 글귀를 인용하며 글을 마감했다. 산스크리트어로 비문을 새겨 공표하는 일은 인도에서 관행으로 전해져 오는 행정 절차의 일환이었다. 그러나 이슬람의 본토에서는 그런 절차가 없었다. 그곳에서는 종이 문서가 표준이었고, 비문이라 하면 기념을 목적으로 설립자의 기본 정보를 담아서 건물에 새기는 머릿

돌 정도가 있었다. 이슬람 율법에 따르면 모스크는 와크프(waqf), 즉 자비로운 기부로 간주되었고, 수탁자와 수혜자가 지정되어야 했다. 따라서 아랍어 비문에서는 서부 인도 지역에서 와크프 기관을 설립했다는 점이 가장 중요한 사실이었다. 소마나트-베라발 비문은 "무슬림과 비-무슬림 양자의 사업 관계에서 두 가지 서로 다른 문화 체계가 존재했음을 알려 준다. 하나는 엄격하게 규정된 제도적 규범으로서, 그 근간은 이슬람 율법이었다. 여기서는 추종자들이 상거래에서 해야 할 일과 하지 말아야 할 일을 규정했다. 다른 하나는 관행적 규범으로서, 역사적 문헌을 근거로 하는 것이었다."[25]

이상과 같이 인도 해안 지역에서 상인과 선주, 그리고 특히 중요했던 종교 기관 사이에 교류의 실상이 어떠했는지를 엿보기 위해 구자라트 해안의 역사를 간략히 살펴보았다. 이는 곧 연안 지역 공동체들이 서부 인도양이라는 더 큰 해상 네트워크의 일원으로 참여하게 되는 과정이었다.

홍해의 무역 중심지와 대양 횡단 여행

홍해의 무역 중심지들은 인도 서부 해안과 무역으로 긴밀히 연결되어 있었다. 이를 증언하는 흥미로운 증거가 무려 500건 이상의 고문서로 남아 있다. 아랍어로 기록된 이들 고문서는 수에즈(Suez)에서 남쪽으로 약 500킬로미터 떨어진 홍해 연안의 유적지 쿠세이르 알-카딤

---

25 Alka Patel, 'Transcending Religion', in Grant Parker and Carla Sinopoli (eds.), *Ancient India in its Wider World* (Ann Arbor: University of Michigan Press, 2008): 155-6. See also Z. A. Desai, 'Arabic Inscriptions of the Rajput Period from Gujarat', *Epigraphia Indica: Arabic and Persian Supplement* (1961): 2-24.

(Quseir al-Qadim)을 발굴하는 과정에서 발견되었다. 고고학적 맥락에서 출토되었다는 점에서 이들 고문서는 이집트 카이로의 게니자(Geniza) 고문서나 같은 시대의 다른 문헌과 다르다. 그런 점에서는 아마도 인도양 권역에서 유일한 사례에 속할 것이다. 쿠세이르 알-카딤 유적 안에 있는 샤이크(shaykh, 부족의 원로 혹은 현인 – 옮긴이)의 집을 발굴하는 과정에서 고문서가 발견되었기 때문에, 동반 출토된 다른 유물 자료를 통해 우리는 고문서의 문화적 맥락을 파악할 수 있다. 게니자 고문서에서 아이다브('Aydhab)나 쿠스(Qus) 같은 지명이 자주 언급된 반면 쿠세이르(Quseir)라는 지명은 전혀 등장하지 않는다는 사실도 의미심장하다.[26] 이는 어느 한 군데의 자료만 가지고 당시 무역의 전체 면모를 판단해서는 안 된다는 현실을 엄중히 경고하는 대목이다.

도시 중심부에서 발굴된 고문서 파편을 조사한 결과, 고문서의 대부분은 샤이크 아부 무파리지(Shaykh Abū Mufarrij)라는 상인과 그의 아들 샤이크 이브라힘(Shaykh Ibrāhīm)에게 온 편지 혹은 그들의 지시 아래 작성된 편지였다. 그 외에도 가족의 사업과 관련된 다른 사람들에게 온 편지도 조금 있었다. 시기는 13세기 전반기였다. 집의 내부에서 발견된 고문서는 수백 점에 달했다. 주로는 사적인 편지와 사업상의 편지였고 아랍어로 작성되어 있었다. 편지와 함께 소소한 유물들도 함께 발굴되었다. 고고학자 리 구오(Li Guo)가 이들 고문서를 연구하고 번역했는데, 이후 우리의 논의는 대체로 그의 연구 성과에 기대고 있다. 고문서는

---

26 Mordechai A. Friedman, 'Qusayr and Geniza Documents on the Indian Ocean Trade', *Journal of the American Oriental Society* 126 (2006): 402.

대부분 한쪽 면에 내용을 적고 그 뒷면에 수신자의 주소를 적는 패턴이었다.[27]

샤이크 아부 무파리지는 쿠세이르 항구에 엄청난 규모의 화물 창고를 소유하고 있었다. 그의 큰아들 샤이크 이브라힘은 상인이자 중개상으로 일하며 라이이스(rayyis, 무역상의 우두머리) 지위에 올랐고, 또한 카팁(khatīb, 모스크에서 설교를 담당)이라는 지위도 얻었다. 그러므로 샤이크와 그의 아들은 상인이지만 그들 스스로 여행을 하지는 않았고, 다른 사람들에게 맡겨 화물을 운송했다는 사실이 밝혀졌다. 라이이스와 카팁이라고 하는 두 가지 책임을 동시에 맡았다는 사실로부터, 경제 활동과 종교 활동의 밀접한 관계를 확인할 수 있다. 이집트 홍해 남부 루트를 거쳐 메카에 이르는 순례 길은 수많은 소비자가 선택하는 중요한 경로였다. 완성본의 형태로 남아 있는 편지는 몇 통 안 되는데, 그중 하나에는 예멘에서 좌초한 배에서 필요한 물품을 요청하는 내용이 담겨 있다. 그 내용을 분석해보면 "쿠세이르와 예멘 사이에는 해상 정기 왕복선이 운항되었으며, 이를 통해 일종의 정기 우편, 보급, 상거래, 심지어 현금이 오갔음을 짐작할 수 있다."[28] 배가 좌초된 곳은 연안의 중심지인 알-카스르 알-야마니(al-Qasr al-Yamani)로 나오는데, 정확히 어느 지점인지는 확인되지 않았다. 아마도 홍해의 예멘 쪽 연안일 가능성이 매우 높고, 예멘 해안을 따라 올라가 히자즈(Hijaz, 사우디아라비아 서부 홍해 연

---

27 Li Guo, *Commerce, Culture, and Community in a Red Sea Port in the Thirteenth Century: The Arabic Documents from Quseir* (Leiden: Brill, 2004).
28 Li Guo, 'Arabic Documents from the Red Sea Port of Quseir in the Seventh/Thirteenth Century', *Journal of Near Eastern Studies* 58 (1999): 181.

안) 지방을 운항하는 배였을 것이다.

　샤이크 아부 무파리지가 소유한 창고는 또한 상인들이 하룻밤 묵어 가는 카라반세라이(caravanserai) 기능도 하지 않았을까? 샤이크와 그의 아들은 상인, 중개상, 세금 징수 관리, 무역상의 우두머리, 시장 감시 등 여러 가지 업무를 처리했고, 이외에도 여러 가지 사회적인 일을 담당했는데, 예를 들면 장례식을 주관한다거나 의료 행위 혹은 마술적 주술 행위도 수행했다. 이런 점들로 미루어 보자면 그들이 카라반세라이를 운영했을 가능성은 충분하다. 뿐만 아니라 샤이크의 창고는 정부의 역할을 대리하는 기능도 했는데, 특히 메카 순례자를 위해 홍해와 인도양 무역에서 곡물을 유통하는 일이었다.

　쿠세이르에서 발굴된 아랍어 고문서들은 동반 출토된 고고 유물뿐만 아니라 이집트 카이로에서 발견된 게니자(Geniza) 고문서를 통해서도 상호 검증이 가능하다. 게니자 고문서는 히브리 문자로 아랍어를 기록한 문서로, 이집트 카이로의 게니자(Geniza, 유대인 예배당인 시너고그의 창고)에 보관되어 있었다. 시기는 11~12세기에 걸쳐 있었으며, 이 또한 홍해와 그 주변 지역의 무역에 관한 내용을 담고 있다. 그중에서 인도양 무역과 관련 있는 고문서가 459편, 해당 내용이 523건 확인되었다. 그러므로 인도양 무역 관련 내용은 게니자 고문서에서 상당한 비중을 차지하고 있는 셈이다. 아라비아반도 남부에 있는 예멘은 전체 인도양 무역 네트워크의 중심이었다. 예멘을 중심으로 왼쪽으로는 홍해, 오른쪽으로는 인도 서부 해안까지 네트워크가 이어졌다. 당시에는 예멘을 주로 디야르 알-야만 왈-힌드(diyār al-Yaman wal-Hind)라 일컬었는데, 직역하면 "예멘과 힌드의 땅"이라는 의미였다.[29] 게니자 고문서를 분류

해보면 편지, 법률 관련 문서, 선적에 따른 메모(예를 들면 특기 사항과 서부 인도의 놋쇠 공장에 지불해야 할 임금) 등이다.

위에서 법률 관련 문서라고 한 범주는 인증서 종류인데, "이슬람 율법에 의거한 파트너십"을 인증하는 내용으로, 상인이 여행을 떠나기에 앞서 발급받는 것이었다. 따라서 우리의 논의와 직접적으로 관련된 내용이다. 상인의 거래는 물론 본인의 이익을 위한 일이지만 타인에게도 도움이 되며, 여러 사람의 투자자를 대리하는 목적도 있었다. 상인은 여행에서 돌아온 뒤 지역 내의 랍비 법원(rabbinical)이나 무슬림 법원을 찾아가 진술하고, 거래 상대방이 애초에 발급받은 인증서의 내용에 따라 일이 마무리되었음을 증명하는 문서를 신고해야 했다. 당시의 상인은 금(화폐)을 보내는 것보다 상품을 보내는 것을 선호했으며, 비단이 지불 수단으로 사용되었다는 사실은 특히 강조해둘 필요가 있다.

거대 규모의 화물 운송은 대체로 파트너십을 활용했다. 상인은 자신의 자금을 한곳에 몰아서 위험을 무릅쓰기보다 몇몇 거래처에 분산하여 위험 부담을 줄이고자 했다. 인도와의 무역에서는 세 가지 유형의 파트너십이 확인되었다. 유대인과 유대교 신자 간의 파트너십, 상인과 해운업의 파트너십, 그리고 유대인과 비-유대인 무역 집단의 파트너십이다. 게니자 고문서에서는 주도적인 유대인 상인 가문의 이름이 몇 개 등장한다. (다음의 사례를 보자.) 트리폴리 출신의 상인 요셉 다윗 렙디(Joseph b. David Lebdi)는 1094/5~1097년 튀니지의 알-마흐디야(al-Mahdiya)

---

29 S. D. Goitein and Mordechai Akiva Friedman, *India Traders of the Middle Ages: Documents from the Cairo Geniza* (Leiden: Brill, 2008).

에서 출발해서 인도 구자라트의 나르와라(Nahrwāra, 혹은 Anahilavada)로 여행하여 천연염료(lac), 직물, 강철, 구슬을 사서 돌아왔다.

렙디는 구자라트의 나르와라에서 선적한 천연염료(lac) 80통과 후추 50통을 싣고 아이다브('Aydhāb)에 도착했다. 해외 무역은 다른 두 상인, 곧 아부 나스르(Abū Nasr)와 파라(Farah)를 통해 거래했고, 거래 금액은 800디나르(dinar)였다. 렙디는 먼저 푸스타트(Fustat)로 돌아와 외국인과 비-무슬림의 안전한 여행을 보장하는 "정부의 허가서"를 발급받았다. 그러는 동안 두 명의 파트너는 아이다브에 남겨두었는데, 나중에 천연염료를 푸스타트로 운송하는 일을 맡기기 위해서였다. 그런데 불행하게도 두 사람이 살해당했고, 그리하여 복잡한 소송이 제기되었다.[30] 재판이 마무리된 뒤 요셉 렙디는 1099~1101년 두 번째 여행을 했다. 이번에도 렙디는 하산 분다르(Hasan b. Bundār)라는 다른 상인과 거래했는데, 아덴 지역의 대표적 상인이었다. 그의 아들 마드문 하산 분다르(Madmun b. Hasan b. Bundār)는 화물선을 소유한 선주이자 아덴의 대표적 상인이었고, 예멘 지역 유대인 공동체의 나기드(Nagid, 지도자)였다.

렙디 가문은 인도를 오가며 무역에 종사한 반면, 아브라함 벤 이주(Abraham Ben Yijū)는 인도의 카나라(Kanara) 해안 남부에 있는 망갈로르(Mangalore)에 거주했다. 벤 이주와 관련된 문서에서는 대부분 그의 거주지가 만자루르(Manjarūr, 즉 망갈로르)라고 나온다. 그러나 그도 또한 판다라이나(Fandaraynā, Pantalāyini)에서 아덴으로 배를 보냈다. 아마도 한때는 판다라이나와 다바탄(Dahbattan, Valarapattanam)에서도 거주했던

---

30 Goitein and Friedman, *India Traders*, 241-7.

모양이다. 또한 그는 파크누르(Fāknūr)에서도 거래에 참여한 적이 있었다. 이들 도시는 모두 인도 서부 해안의 말라바르 해안에 위치했다. 그의 가족이 주르바탄(Jurbatan)에 있다는 기록도 한 건이 있다.

벤 이주는 아덴의 상인과 거래하는 무역상이었으며, 더 중요하게는 인도에서 놋쇠(brass) 공장을 소유한 사업가였다. 게니자 고문서는 11~12세기의 생필품 제조에 관한 중요한 내용을 담고 있다. 아덴에서는 주문자가 원재료, 즉 구리와 주석의 조각을 제공하고, 제조 기술자(작업공)에게 완제품의 무게 단위로 비용을 지급했다. 아랍어 용어로 나하스(nahās)와 수프르(sufr)는 서로 호환되는 단어였는데, 모두 구리와 주석 합금을 의미했다. 주석의 비율이 높은 합금은 "황동(fellow copper)"이라 했다. 작업공 중에는 노예와 예멘 출신 유대인이 포함되어 있었다. 그들 중 몇 사람의 이름이 남아 있는데, 한 사람은 아브람(Abram)이고, 또 한 사람은 이야르('Iyār)였다. 그들은 시금과 무게 측정 담당이었다. 통상 경영자는 작업장과 도구를 제공하고 완제품을 구입할 손님을 확보했다. 작업공은 연료비를 자신의 돈으로 지출해야 했다. 주로 사용되는 연료는 쌀겨였다. 작업을 완료한 작업공에게는 생산품의 무게에 따라 임금이 지급되었다. 이는 예멘에서 사용된 방식과 동일했다.[31]

벤 이주가 인도에서 거주한 점과 관련해서 좀 더 살펴봐야 할 문제들이 남아 있다. 벤 이주의 거점은 망갈로르이고 고객은 아덴에 있었는데, 물품의 운송 문제는 어떻게 처리했을까? 게니자 고문서에서 언급되는 인도 해안의 지명은 20개가 넘는다. 각각의 화물선은 먼저 도착 예

---

31 Goitein and Friedman, *India Traders*, 644-5.

정지를 정하고, 그에 따라 화물선에 이름을 붙였다. 예를 들면 바루치(Bharuch, 혹은 Broach)행, 또는 타나(Tana, Kulam)행 등이었다.[32] 인도의 선주들은 PTN SWMY라고 기록되어 있는데, 다른 기록에 따르면 파타나 사미(pattana sami)와 같은 의미라고 한다.[33] 번역하면 시장의 주인이라는 뜻으로, 아랍어로는 샤이크 알-수크(shaykh al-sūq)가 된다.[34] 카나라 해안에서는 다바탄(Dahbattan, Valarapattanam)이 언급되는데, 벤 이주의 황동 생산 공장이 그곳에 있었다. 몇 차례 언급된 인도의 선주 가운데 PDYĀR이라고 표기된 사람이 있는데, 그는 배를 여러 척 소유했으며 그중 한 척의 선장이 무슬림이었다고 한다.

이상에서 우리는 인도양 서부 지역의 다양한 무역 관습을 살펴보았다. 샤이크 아부 무파리지나 그의 아들 샤이크 이브라힘은 직접 상거래를 위한 여행을 하지 않았지만 홍해의 항구 쿠세이르(Quseir)에서 거대한 창고를 소유한 채 이를 근거로 무역 네트워크에 깊숙이 참여했다. 이외에도 그들 부자는 상인, 도매상, 관리인, 세금 징수 등 다양한 역할을 수행했고, 무역의 우두머리와 시장 감독관부터 예배당에서 설교를 하는 직책까지 맡았다. 게니자 고문서에서는 이와 대비되는 다른 사례가 확인되었다. 무역업에 종사한 몇몇 가문이 고문서에 등장하는데, 예를 들면 아덴 현지 법원에서 외국 상인을 대리해 소송에 참여한 마드문 하산 분다르, 인도까지 여행한 렙디 가문, 인도 카나라 해안 남부의 망갈로르

---

32 Ibid., 24.
33 Arjun Appadurai, *Economic Conditions in South India, 1000-1500 AD*, 2 vols. (Madras University, 1936), vol. I, 385.
34 Goitein and Friedman, *India Traders*, 24.

에서 주로 거주한 상인 아브라함 벤 이주 등이 있었다.

　게니자 고문서에는 거래 상대방과 그들의 상호 관계가 잘 나타나, 인도의 지방관 혹은 정치 엘리트가 등장하는 사례는 전혀 없었다. 이로 보아 아마도 해안의 무역 거점에서는 상당한 자율성이 확보되어 있었고, 주로 해안 정착지들끼리 교류를 했을 뿐 내륙의 중심지와는 별다른 관계가 없었던 것 같다.

　우리의 논의와 관련해서 또 한 가지 지적해야 할 중요한 변화는 경제 활동과 관련된 법률 체계의 문제다. 구자라트 지역에서는 9세기부터 14세기 초까지 관련 법률이 시행되고 있었다. 산스크리트어로 작성된 문서 〈레카파다티(Lekhapaddhati)〉에는 744-5년부터 1475-6년까지의 기록으로, 그 내용은 서신 표본집으로서 다양한 문서를 작성하는 법을 담고 있다. 예를 들면 토지 사용 허가를 신청하는 문서, 통치자들 사이의 조약 문서, 행정 규칙과 사적 서신의 샘플 등이다. 여기에는 무역 및 상거래와 관련된 다섯 개의 행정 관청이 등장한다.

　　비야파라카라나(vyāpāra karaṇa): 무역과 상거래 담당
　　벨라쿨라카라나(velākūla karaṇa): 항구 관리 담당
　　잘라파타카라나(jalapatha karaṇa): 수로 관리 담당
　　만다피카카라나(maṇḍapikā karaṇa): 세관 담당
　　탕카살라카라나(tanka śālā karaṇa): 금화 주조 담당[35]

35　Pushpa Prasad (ed.), *Lekhapaddhati. Documents of State and Everyday Life from Ancient and Medieval Gujarat* (New Delhi: Oxford University Press, 2007): 1-22.

〈레카파다티〉의 가치가 높은 이유 중 하나는, 그 내용이 996~1241년 구자라트 지역을 지배한 차울루키아(Chaulukya) 왕국 왕들의 비문 내용과 거의 일치하기 때문이다(차울루키아 왕국은 이전 시기 인도 중부의 거대 왕국 찰루키아Chalukya와 명칭이 비슷하지만 서로 다른 왕조다. – 옮긴이).

노예 중개상 혹은 노예 무역 관련 자료들을 보면, 여러 공동체 사이에 종교적 연대가 어떠했는지를 좀 더 구체적으로 알 수 있다. 게니자 고문서 가운데 한 건(II, 48)에서, 문서 작성자가 아덴으로 데려온 노예(wasīf) 무리 중에서 한 명의 노예를 구매하려다 실패한 내용이 등장한다. 유대인의 축제인 초막절(Sukkot)에 즈음하여 빌라드 알-잔지(bilād al-Zanj), 즉 동아프리카에서 데려온 노예들이었다. 노예를 거래한 또 다른 자료도 있는데, 집안에서 하인으로 쓸 노예였다(II, 56–7). 벤 이주의 집에서 부리는 노예는 잔지(즉 동아프리카) 출신이 아니라 바마(Bama)라는 이름의 인도 사람이었다. 바마는 벤 이주의 사업을 도왔으며, 편지의 내용으로 보건대 어느 정도 존중을 받는 위치에 있었다. 망갈로르(Mangalore)에서 남동쪽으로 약 200마일 떨어진 마을에서 1126년 6월 15일자로 기록된 비문이 발견되었는데, 여기서 전사들의 하인으로 마살레야 바마(Māsaleya Bamma)라는 이름이 언급되었고, 같은 지역에서 발견된 또 다른 기록에서 상인 가문에 속한 세티(setti, 즉 무역상)의 이름으로 바마가 언급되었다.[36]

벤 이주 고문서 가운데 시기가 가장 앞서는 문건은 그가 인도에 도

---

36 R. S. Panchamukhi (ed.), *Karnataka Inscriptions* (Dharwad: Kannada Research Institute, 1951), vol. II, 71-3.

착한 직후에 작성되었다. 내용은 그가 망갈로르에서 행한 노예 해방의 공적을 기록한 것으로, 어느 노예 소녀를 사들인 후 자유를 주었다고 한다. 노예 신분에서 해방된 소녀는 유대교로 개종했고, 베라카(Berakhā, 은총을 뜻하는 히브리어)라는 성씨를 얻었다. 직물에 쓰인 법정 기록은 상당 부분이 지워졌지만, 여기에는 예멘의 유대인 고문서에서만 확인되는 독특한 문구가 몇 가지 등장한다. 따라서 바루치(Bharuch, 혹은 Broach)와 망갈로르의 유대인 공동체가 일종의 자율적 재판 관할에 속해 있었음을 알 수 있다. 해당 법원은 위계 구조상으로는 아덴에 위치한 유대교 법원(rabbinical court)에 속해 있었다.[37]

인도에서 18년을 지낸 뒤 벤 이주는 1140년경 가족과 함께 예멘으로 돌아왔다. 아내의 이름은 아슈(Ashu)였고, 아들 둘과 딸 하나가 있었다. 아들 하나는 어렸을 때 인도에서 사망했다(iii, 41, line 14).[38] 벤 이주가 예멘으로 돌아오는 것을 현지의 유대인 공동체에서는 그리 반기지 않았던 것 같다. 특히 노예 신분에서 해방되어 자유민이 된 여인과 결혼한 그의 전력 때문이었다. 유대인 공동체에서는 벤 이주 부부관계의 정당성에 심각한 의문을 제기했고, 부부가 낳은 아들에게 재산을 상속하는 것도 문제가 되었다. 벤 이주가 손으로 작성한 네 통의 편지는, 결혼의 법적 정당성을 획득하지 못한 유대인 남성이 어떤 처분을 받게 되는지 잘 알려주고 있다. 벤 이주가 결혼할 당시 그의 아내가 아직 노예 해방의 법적 절차를 마치지 못한 상태였기 때문이다.

---

37 Goitein and Friedman, *India Traders*, 723.
38 Ibid., p. 727.

위의 사례가 유대인 법률과 여성 노예의 법적 지위를 알려주는 것이었다면, 다음에 보게 될 사례는 인도 서부 지역에서 노예의 지위를 잘 알려주는 것이다. 집안에서 온갖 허드렛일을 담당한 노예는 여러 문헌에서 확인되는데, 그들을 일컬어 다사(dāsa)라고도 하고 다시(dāsī)라고도 했다. 마우리아의 황제 아소카 대왕(재위 269~232 BCE)의 석주에는 그가 독실한 불교 신자였다는 점을 강조하는 맥락에서 그가 브라흐마나, 스라마나, 노예, 하인 들에게 올바르게 행동했다는 글이 새겨져 있다. 한편 이야기 문학 장르인 자타가(Jātaka)에는 네 종류의 노예가 등장한다. 태생이 노예인 자, 매매에 의해 노예가 된 자, 자기 의지로 노예가 된 자, 두려움에 사로잡혀 노예가 된 자 등이다. 인도 지역에서 지중해권으로 노예가 수입된 사례도 산발적으로 확인된다. 《에리트레아 항해기》에는 노래하는 소년과 여성 첩실을 인도의 서해안 바리가자 혹은 바루치에서 수입했다는 내용이 등장한다. 소코트라(Socotra)섬에 노예 시장이 존재했다는 기록도 있는데, 그곳에 노예를 싣고 온 선원은 인도의 서해안에서 온 사람들이었다.[39]

문서 서식집 〈레카파다티(Lekhapaddhati)〉에 수록된 문서도 이 문제와 관련이 있다. 여성 노예 매매를 인증하는 1230년 4월 30일 혹은 1231년 4월 19일자 문서가 있는데, 그 내용인즉 라나 프라탑 싱(Rana Pratap Singh)이라는 왕이 다른 왕국을 공격한 뒤 파누티(Panuti)라는 16세 소녀를 데려왔다고 한다. 소녀는 네거리에서 여성 노예로 팔렸는데, 도시의 주도적인 인물에 속하는 다섯 명의 남성이 입찰해서 상인 아사

---

39 Casson, *The Periplus Maris Erythraei*, sections 31 and 49.

다라(Asadhara)가 504 비사라프리야 드라마(Visalapriya dramma)를 지불하고 낙찰받은 뒤 집안일을 시킬 목적으로 데려갔다고 한다. 인증서에는 도시의 다른 사람들이 증인으로 서명을 했다.[40] 또 다른 사례로, 스스로 노예가 되기로 선택한 어느 여인의 매매와 관련된 증서가 남아 있다. 그녀는 극심한 기근과 믈레차(mleccha), 즉 베다의 규범을 따르지 않는 자들의 희롱에서 벗어나기 위해 그런 선택을 했다고 한다. 그녀의 의무는 집안일을 하는 용도로 특정되어 있었다.

인도양의 연결

9세기부터 14세기 중엽까지 남아시아 상거래를 주도한 두 개의 상인 협회는 마니그라맘(Manigramam)과 아이야볼레(Ayyavole)였다. 여기에는 수공업자 공동체도 소속되어 있었다. 직물, 바구니, 토기, 가죽 제품 등을 만드는 수공업자들이었다. 17세기에 이르러 아이야볼레는 인도 동부 해안의 안드라프라데시(Andhra Pradesh) 지역을 기반으로 면화 생산에 주력했던 것으로 추정된다. 이들 두 협회는 각기 독립적으로 발생했지만, 13세기 중엽 이후 아이야볼레가 강력해지자 마니그라맘은 그에 소속된 일부로 기능하게 되었다. 이들 상인 협회는 강력한 경제적 네트워크를 발전시켰을 뿐만 아니라 별도의 군대도 고용했다.[41] 그 군대의 작전 범위도 인도아대륙을 넘어 동남아시아까지 확대되었다.

버마에서 수마트라까지 인도양 동부 변경 지역에서 타밀어 비문들

---

40 Prasad, *Lekhapaddhati*, 158-9.
41 Meera Abraham, *Two Medieval Merchant Guilds of South India* (New Delhi: Manohar Publications, 1988).

이 발견되었다. 지금까지 동남아시아에서 발견된 9세기 중엽부터 13세기 말엽까지의 비문은 일곱 개로, 사용된 언어는 타밀어 혹은 부분적으로 타밀어였다. 버마의 바간(Bagan) 유적에서 하나, 말레이반도 끄라 지협(Isthmus of Kra)의 바로 남쪽에서 둘, 그리고 자와섬 북부와 서부에서 네 개가 발견되었다. 아마도 동쪽으로 가장 먼 곳에서 발견된 기록은 남중국 천주(泉州, Quanzhou)에 있는 두 곳의 시바 사원 유적 중 한 곳과 관련된 이중 언어 타밀어와 중국어 비문일 것이다. 이러한 비문들은 인도 남부에서 활동한 상인 협회와 관련이 있다. 인도 상인 공동체 소속 인원들이 숙박할 수 있는 사원 혹은 그와 비슷한 시설을 건립하거나 그곳에 기부를 했기 때문이다. 1060년대와 1070년대의 중국 기록에 따르면, 수마트라섬의 스리위자야 왕국뿐만 아니라 남인도 촐라(Chola) 왕국의 사절도 중국 궁정을 방문했다고 한다. 그러다가 11세기 말엽에 이르러 중국 정부도 중국 무역상이 바다로 진출하도록 권장했다.

아마도 가장 분명한 사례는 7~19세기 타밀 해안 지역의 주요 랜드마크였던, 나가파티남(Nagapattinam)에 위치한 불교 사찰일 것이다. 팔라바(Pallava)의 왕 나라심하바르만(Narasimhavarman) 2세의 재위 시기(c. 695~722)에 중국 통치자가 파견한 중국인 불교 승려들이 머물 수 있는 사찰이 나가파티남에 건립되었다. 스리위자야의 왕 마라비자요퉁가-바르만(Maravijayottunga-varman)이 사찰을 건립했으며, 촐라의 왕 라자라자(Rajaraja) 1세가 1006년에 아나이만갈람(Anaimangalam)이라고 하는 규모가 큰 마을의 세금 수입을 기부하여 사찰을 유지하도록 했다.

10세기에 이르러 상인 조합의 지역 버전이 등장했는데, 그것을 바니그라마(banigrāma)라 했다. 자와섬과 발리섬 북쪽 해안 항구, 특히 발리 해안의 줄라(Julah) 지역에서 이러한 지역 조합들이 나타났다. 902~1053년 자와어로 기록된 비문이 일곱 건 발견되었는데, 여기에도 바니그라마라고 하는 상인 조합과 그들에게 주어진 다양한 세금 혜택이 언급되어 있다. 이들 조합에는 외국인 상인도 일부 포함될 수 있었겠지만 대개는 현지 상인이 회원이었고, 세금 징수와 관련해서 현지의 경제 네트워크와도 연결되어 있었다.[42]

여기서 우리는 어느 정도 결론을 이끌어낼 수 있겠다. 첫째, 역사 및 고고학적으로 확인된 해상 활동 공동체 관련 정보를 종합해 보건대 그들은 민족적 경계를 넘어서 있었다. 둘째, 불교, 힌두교, 이슬람교 같은 종교에서 인정받고자 하는, 혹은 그에 소속되고자 하는 의지가 해상 활동의 동기 및 지원 근거가 되었다. 셋째, 현지의 수요는 중요하면서도 꾸준히 역할을 했고, 해안 지역의 중심지가 대개 다른 연안 정착지와 교류했다. 마지막으로, 바다를 통한 문화 교류는 다양한 의사소통의 통로를 밝혀주는데, 그중에는 성직자와 순례자, 무역상, 이야기꾼, 기타 순회 공연을 하는 예술가의 구두 전파도 포함되어 있었다. 따라서 우리는 총체적인 문화 교류의 이해를 통해서만이 해상 네트워크 세계의 출현을 이해할 수 있는 것이다.

---

42 Jan Wisseman Christie, 'Asian Sea Trade Between the Tenth and Thirteenth Centuries and its Impact on the States of Java and Bali', in Himanshu Prabha Ray (ed.), *Archaeology of Seafaring: The Indian Ocean in the Ancient Period* (New Delhi: Pragati Publications, 1999): 242-5.

더 읽어보기

Abraham, Meera. *Two Medieval Merchant Guilds of South India*. New Delhi: Manohar Publications, 1988.

Abu-Lughod, Janet L. *Before European Hegemony: The World System A.D. 1250-1350*. New York, NY: Oxford University Press, 1989.

Agius, Dionisius A. *Classic Ships of Islam: From Mesopotamia to the Indian Ocean*. Leiden: Brill, 2008.

Appadurai, Arjun. *Economic Conditions in South India, 1000-1500 A.D.* Madras University, 1936.

Barnett, L. D. 'Bhamodra Mohota Plate of Dronasimha: The Year 183', *Epigraphia Indica* 16 (1921-2): 17-19.

Burke, Katherine Strange and Donald Whitcomb. 'Quseir al-Qadim in the Thirteenth Century: A Community and its Textiles', *Ars Orientalis* 34 (2004): 83-97.

Casson, Lionel. 'P. Vindob. G 40822 and the Shipping Goods from India', *Bulletin of the American Society of Papyrologists* 23 (1986): 73-9.

_____ (ed. and trans.) *The Periplus Maris Erythraei*. Princeton University Press, 1989.

Christie, Jan Wisseman. 'Asian Sea Trade Between the Tenth and Thirteenth Centuries and its Impact on the States of Java and Bali', in Himanshu Prabha Ray (ed.), *Archaeology of Seafaring: The Indian Ocean in the Ancient Period*. New Delhi: Pragati Publications, 1999: 221-70.

Desai, Z. A. 'Arabic Inscriptions of the Rajput Period from Gujarat', *Epigraphia Indica: Arabic and Persian Supplement* (1961): 2-24.

Fleet, J. F. 'Junagadh Rock Inscription of Skandagupta', *Corpus Inscriptionum Indicarum* 3 (1886): 56-67.

Friedman, Mordechai A. 'Qusayr and Geniza Documents on the Indian Ocean Trade', *Journal of the American Oriental Society* 126 (2006): 401-10.

Goitein S. D. and Mordechai A. Friedman. *India Traders of the Middle Ages: Documents from the Cairo Geniza*. Leiden: Brill, 2008.

Guo, Li. 'Arabic Documents from the Red Sea Port of Quseir in the Seventh/Thirteenth Century', *Journal of Near Eastern Studies* 58 (1999): 161-90.

_____. *Commerce, Culture, and Community in a Red Sea Port in the Thirteenth Century: The Arabic Documents from Quseir*. Leiden: Brill, 2004.

Hultzsch, E. 'Palitana Plates of Simhaditya: The Year 255', *Epigraphia Indica* II (1911-12): 16-20.

Jain, V. K. *Trade and Traders in Western India*, A.D. 100-1300. New Delhi: Munshiram Manoharlal Publishers, 1990.

Kale, M. R. (ed.). *Dasakumaracarita of Dandin*. New Delhi: Motilal Banarsidass, 1986.

Karashima, Noboru, ed. *In Search of Chinese Ceramic-sherds in South India and Sri Lanka*. Tokyo: Taisho University Press, 2004.

McPherson, K. 'Maritime Communities: an Overview', in Himanshu Prabha Ray and Edward A. Alpers (eds.), *Cross Currents and Community Networks: The History of the Indian Ocean World*. New Delhi: Oxford University Press, 2007: 34-49.

Mehta, R. N. and A. M. Thakkar (eds.). *M. S. University Copper Plates of the Time of Toramana*. Vadodara: M. S. University of Baroda, 1978.

Panchamukhi, R. S., ed. *Karnataka Inscriptions*. Dharwad: Kannada Research Institute, 1951.

Patel, Alka. 'Transcending Religion', in Grant Parker and Carla Sinopoli (eds.), *Ancient India in its Wider World*. Ann Arbor, MI: University of Michigan Press, 2008: 143-64.

Prasad, Pushpa, ed. *Lekhapaddhati. Documents of State and Everyday Life from Ancient and Medieval Gujarat*. New Delhi: Oxford University Press, 2007.

Ray, Himanshu Prabha. *The Archaeology of Seafaring in Ancient South Asia*. Cambridge University Press, 2003.

_____. 'Inscribed Pots, Emerging Identities: The Social Milieu of Trade', in Patrick Olivelle (ed.), *Between the Empires: Society in India 300 BCE to 400 CE*. New York, NY: Oxford University Press, 2006:113-43.

_____. *Monastery and Guild: Commerce under the Sātāvahanas*. New Delhi: Oxford University Press, 1986.

_____. 'The Western Indian Ocean and the Early Maritime Links of the Indian Subcontinent', *Indian Economic and Social History Review* 31 (1994): 65-88.

Ray, Himanshu Prabha and Jean-François Salles (eds.). *Tradition and Archaeology: Early Maritime Contacts in the Indian Ocean*. New Delhi: Manohar Publishers, 1996.

Rougelle, A. 'Medieval Trade Networks in the Western Indian Ocean', in Ray and Salles (eds.), *Tradition and Archaeology*, 159-80.

Shokoohy, Mehrdad. *Muslim Architecture of South India: The Sultanate of Ma'bar and the Traditions of Maritime Settlers on the Malabar and Coromandel Coasts*. London: Routledge Curzon, 2003.

Sircar, D. C. 'Charter of Visnusena Samvat 649', *Epigraphia Indica* 30 (1953-4):163-

81.
_____. 'Veraval Inscription of Chaulukya-Vaghela Arjuna, 1264 CE', *Epigraphia Indica* 34 (1961): 141-50.

Stillman, Norman A. 'The Eleventh Century Merchant House of Ibn 'Awkal (A Geniza Study)', *Journal of the Economic and Social History of the Orient* 16 (1973): 15-88.

Tampoe, Moira. *Maritime Trade between China and the West: An Archaeological Study of the Ceramics from Siraf (Persian Gulf), 8th to 15th centuries CE*. Oxford: BAR International Series 555, 1989.

Vasa, P. N. 'Find of a Late Byzantine Solidus and an Arab Umayyad Dinar from Kutch', *Numismatic Digest* 14 (1990): 30-3.

Virji, K. J. *Ancient History of Saurashtra*. Bombay: Konkan Institute of Arts and Sciences, 1952.

Wink, André. *Al-Hind: The Making of an Indo-Islamic World*. New Delhi: Oxford University Press, 1990.

CHAPTER 12

교환 경제 네트워크의 확장 속 기술 혁신

다그마르 셰퍼 Dagmar Schäfer
마르쿠스 포플로브 Marcus Popplow

중간천년기 제국의 성장과 몰락에는, 그리고 당시의 사회와 문화에는 분명 기술 혁신의 기여가 있었다. 기술 혁신의 실체는 군사력 내지 농업 기술의 발달로 드러났다. 뿐만 아니라 문화적 관습, 의례, 사회 관습으로 구체화되기도 했다. 그러나 당시를 살아간 사람들이 그러한 사실을 스스로 분명하게 밝혀낸 경우는 거의 없었다.

중간천년기 기술과 사회 변화를 글로벌 차원에서 해석하려는 연구는 오늘날에도 굉장히 드문 편이다. 중간천년기 전공자들은 대개 문화권별 혹은 지역권별 연구에 치우쳐 있다.[1] 기존 연구에 따르면 기술은

---

1 특정 문화에 대한 종합적 연구 사례는 다음을 참조. Joseph Needham, *Science and Civilisation in China*, vols. i-vii (Cambridge University Press, 1954-2008); Francesca Bray, *Technology and Society in Ming China* (1368-1644) (American Historical Association: Washington DC, 1997); Donald Hill, *Medieval Islamic Technology. From Philo to Al-Jazari-From Alexandria to Diyar Bakr* (Aldershot: Ashgate, 1998); Abdhur Rahman, *History of Indian Science, Technology and Culture AD 1000-1800* (Oxford University Press, 1998); Frances Gies and Joseph Gies, *Cathedral, Forge, and Waterwheel. Technology and Invention in the Middle Ages* (New York: HarperCollins, 1994); Marcus Popplow, *Technik im Mittelalter* (Munich: C. H. Beck, 2010); for studies covering several cultures see Pamela O. Long, *Technology and Society in the Medieval Centuries: Byzantium, Islam, and the West, 500-1300* (Washington DC: American Historical Association, Society for the History of Technology, 2003); James E. McClellan III and Harold Dorn, *Science and Technology in World History. An Introduction* (Baltimore: Johns Hopkins University Press, 2006): 97-201; Thomas Glick, Steven J. Livesey and

시공간에 따라 굉장히 이질적으로 표현되는 현상이었다. 변수가 끊임없이 작용했고, 기술을 규정하는 혹은 그 배경이 되는 욕망과 욕구가 끊임없이 변했으며, 주변 환경과 인간의 상호 작용 또한 시공간에 따라 달랐기 때문이다. 그래서 글로벌한 관점의 중간천년기 기술 연구가 거의 없었고, 연구 방법론에 대한 의문도 여전히 남아 있다.

이번 장에서는 기술 혁신을 사회-역사적 관점에서 바라볼 때 대두되는 주요 주제와 방법론을 논의해보고자 한다. 그래서 먼저 중간천년기 세계 여러 지역에서 나타났던 "하이라이트" 중 일부를 살펴볼 것이다. 이를 통해 중국, 인도, 이슬람, 유럽 등 이른바 지역적 특성이 무엇인지 확인하고, 그것이 해당 지역의 독특한 이상과 전통을 이어받은 지역 기반 엘리트 집단의 공동 성과를 반영한다는 사실을 보여주려 한다. 그 다음으로 기술 혁신의 문화적 틀을 살펴볼 것이다. (지역의 특성을 세계 무대에 동시에 올려놓고 보면) 분명하게 드러나는 구조적 요인이 있었기 때문이다. 또한 기술 혁신의 전파 과정 및 통치 권력과 기술의 관계도 검토해보고자 한다.

기술 관련 기존의 연구 성과

중간천년기 기술, 교류, 혁신의 역사를 조망한 기존의 연구는 대개 유라시아 대륙에 초점을 맞추었다. 유라시아 대륙에서는 수많은 제국과 문화, 그리고 영웅이 서로 영향을 주고받았고, 다양한 접촉면을 만들

Faith Wallis, *Medieval Science, Technology and Medicine. An Encyclopedia* (New York, London: Routledge, 2005).

어내며 그들만의 세계를 구축했다. 그에 비해 아프리카나 동남아시아의 여러 섬 지역 혹은 북유럽의 반도 지역은 대개 주변부로 취급되었고, 아메리카나 오스트레일리아는 아예 무시되는 경우가 대부분이었다. 중세 연구자 린 화이트 주니어(Lynn White Jr)는 1960~1970년대에 기술사 연구 방법론의 기초를 만든 인물로, 유럽을 기준 틀로 삼아 글로벌 비교 연구를 시도했다는 것이 그의 특징이다.² 그 과정에서 때로는 이슬람 문화나 중국의 전통이 전면에 대두되기도 했지만, 그것은 어디까지나 "타자(other)"로서 유럽의 비교 대상에 불과했다.

린 화이트 이후 세대에서는 역사학, 고고학, 언어학, 인류학 등 여러 분야의 연구자들이 기술사를 연구했다. 그들은 유럽의 중세를 분명한 기술 발전의 시대로 강조했다. 즉 중세는 근대를 예비한 시대이며, 그 덕분에 근대에 수많은 혁신과 발명을 통해 기술 혁신이 이루어졌다는 해석이다. 이와 같은 기조에서 경제사학자 조엘 모키르(Joel Mokyr)는, 중세 유럽 기술은 근대 서구 경제의 진보라는 보다 큰 역사적 맥락의 한 부분으로 보아야 한다는 주장을 내놓았다.³ 데이비드 랜즈(David Landes)

---

2 Lynn White, Jr, *Medieval Technology and Social Change* (Oxford University Press, 1962); Lynn White, Jr, *Medieval Religion and Technology* (Berkeley: University of California Press, 1978); For recent critics of White's theses see B. S. Hall, 'Lynn White's Medieval Technology and Social Change after Thirty Years', in Robert Fox (ed.), *Technological Change: Methods and Themes in the History of Technology* (Amsterdam: Harwood Academic, 1996): 85-101; Alex Roland, 'Once More into the Stirrups: Lynn White, Jr, Medieval Technology and Social Change', *Technology and Culture* 44 (2003): 574-85. For White's Eurocentrism see James M. Blaut, *Eight Eurocentric Historians* (New York, London: The Guilford Press, 2000): 31-44.
3 Joel Mokyr, *The Lever of Riches: Technological Creativity and Economic Progress* (Oxford University Press, 1990): 31-56 and 201-8; see also Avner Greif, *Institutions and the Path to the Modern Economy: Lessons from Medieval*

또한 최근 천년기 동안 서유럽 문화의 우월성과 헤게모니를 설명하면서 근대 시기 경제적 불균형과 정치 권력 편중의 기원을 추적하여 중세까지 거슬러 올라갔다.[4] 랜즈와 모키르의 저서에서는 유럽의 발전에서 연속성을 강조했다. 그러나 그와 견해를 달리하는 연구자들은 유럽이 세계의 다른 지역에 비해 두각을 나타낸 것이 1500년대 이후였다는 사실을 지적했다.[5] 아놀드 패시(Arnold Pacey)가 강조한 바에 따르면, 1800년까지도 아시아의 기술이 유럽의 기술 발전을 능가하는 상황이었다.[6]

중세 기술을 세계적 차원으로 설명할 때는 대개 직접적으로 드러나는 현상에 주목하는 경우가 많다. 쟁기 같은 기계 장치, 종이 같은 기술적 생산품, 혹은 물 같은 자원 연구가 대부분이다. 좀 더 구체적으로 연구 성과를 살펴보자면, 기계 공학, 직조 기술, 커뮤니케이션 수단 등이 연구 성과에 포함된다. 그리고 여러 지역에 걸쳐 성과, 영향, 규모, 생산 과정, 기원 시기 등을 비교해본다. 농업, 건축, 수자원 관리, 무기, 직물, 제철 등을 이른바 "기술"이라고 하는 하나의 분야로 묶어서 연구한 다음, 그 결과적 양상이나 규모를 서로 비교하는 것이다. 세계적 차원에 접근하는 대부분의 연구는 규모가 큰 "산업적" 생산 연구를 지향한다. 그

Trade (Cambridge University Press, 2006). Michael Mitterauer, *Warum Europa? Mittelalterliche Grundlagen eines Sonderwegs* (Munich: C. H. Beck, 2003). 여기서는 기술 수준을 포함하여 중세 유럽의 여러 가지 특수성을 세계의 다른 지역과 비교했다.

4 David Landes, *The Wealth and Poverty of Nations: Why Some are so Rich and Some so Poor* (New York: W.W. Norton, 1999) see esp. Chapter 4.
5 K. N. Chaudhuri, *Asia before Europe: Economy and Civilisation of the Indian Ocean from the Rise of Islam to 1750* (Cambridge University Press, 1990): 297-337.
6 Arnold Pacey, *Technology in World Civilization: A Thousand-Year History* (Boston: The MIT Press, 1990), VIII, 51.

래서 거대한 공학적 성과를 가능케 한 측량 수단의 발달과 함께 도구와 기계의 사용에 주목한다. 반대로 일상생활의 기술은 세계적 차원의 연구에서 별로 주목받지 못한다. 예를 들어 신발을 만드는 기술이나 난방 기술, 요리, 바느질, 혹은 가죽 다듬는 기술 등은 지역에 한정된, 평이한, 대체 가능한 기술로 취급되므로, 세계적 차원의 영향을 깊이 새겨보지 않는다. 사실 일상적 기술의 전파 경로를 파악하는 일은 쉽지 않다. 그런 기술은 국가나 엘리트 계층의 시선에서 벗어나 있어, 문헌으로 남겨지기가 어렵기 때문이다. 그러나 정밀한 고고학 연구가 누적된다면, 언젠가 편중된 시선이 극복될 수 있을지도 모르겠다.[7]

세계적 차원으로 기술사를 살펴본 결과, 유럽의 산업화와 "현대적" 세계 구조의 발달에 기여한 많은 요소가 사실은 유럽이 아닌 다른 지역에서 먼저 기원했다는 사실이 밝혀졌다. 예컨대 중국의 송(宋)나라(960~1279)와 명(明)나라(1368~1644)에서는 모두 국가 소유 공장에서 도자기와 직물을 대량 생산한 사례가 있었으며, 복잡한 노동 분업화 과정이 포함되어 있었다(분업 과정은 국가 소유가 아닌 개인 공방에서도 비슷하게 전개되었다).[8] 예컨대 경덕진(景德鎭, Jingdezhen)은 도자기 생산 중심 도시로, 늦어도 13세기부터 국제 무역망에 긴밀히 연결되어 있었다.[9]

---

7 For Europe, see James Graham-Campbell and Magdalena Valor (eds.), *The Archaeology of Medieval Europe, Eighth to Twelfth Centuries AD* (Aarhus University Press, 2007); Martin Carver and Jan Klápste (eds.), *The Archaeology of Medieval Europe, Twelfth to Sixteenth Centuries* (Aarhus University Press, 2011).
8 분업화 과정의 설계에 관해서는 다음을 참조. Lothar Ledderose, *Ten Thousand Things: Module and Mass Production in Chinese Art* (Princeton University Press, 2001).
9 Anne Gerritsen, 'Ceramics for Local and Global Markets: Jingdezhen's Agora of Technologies', in Dagmar Schäfer (ed.), *Cultures of Knowledge: Technology in*

여러 제조업자와 공장의 규모 및 복잡한 생산 구조로 볼 때, 영국은 물론 유럽에 속하는 어느 나라에서도 18세기까지는 그에 필적할 만한 상대가 나타난 적이 없었다. 이처럼 기술의 발달을 세계적 관점에서 보면 결코 단선적이지 않았던 변화의 과정이 잘 드러난다.

아시아 중세사 연구자들이 기술 혁신의 주제에 접근할 때는 주로 기술의 사용과 소비 측면을 강조하는 경향이 있다. 이는 지식의 전파가 역사적으로는 국가와 엘리트 계층의 관심이나 무역 등을 통해 가장 잘 드러나기 때문이다. 예컨대 당(唐)나라(618~907) 시기의 엘리트 계층 사람들은 말(馬), 향신료, 약초에 관심이 많았고, 외국의 금속 세공인이 생산한 귀중품이 무역과 문화 교류를 통해 풍부하게 유통되었다.[10] 이와 달리 송나라 지식인들은 지역성을 세련되게 다듬는 방향으로 문화적 소양을 강화하려는 경향을 보였다. 소비 패턴이나 도구 사용법은, 단순한 취향의 변화도 있겠지만, 활용 가능한 원자재의 변화 혹은 가공 방식의 학습 내용에 따라 영향을 받는다는 사실도 확인되었다. 예를 들어 당나라 후기 운남(雲南, Yunnan) 지역에서 은(銀) 채굴량이 증가하고 벵골 지역과의 교역이 증가함에 따라, 당시 중국의 엘리트 계층은 도자기보다 은식기 사용을 선호하게 되었다.[11] 송나라 때에도 은 공방이 번성했다. 동시에 도자기 생산자들은 가마 운영 기술을 발달시켜, 더 높은 온도에

Chinese History (Leiden: Brill, 2012): 161-84.
10 Edward H. Schafer, *The Golden Peaches of Samarkand: A Study of T'ang Exotics* (Berkeley and Los Angeles: University of California Press, 1985).
11 Yang Bin, 'Horses, Silver, and Cowries: Yunnan in Global Perspective', *Journal of World History* 15,3 (2004): 281-322.

서 도자기를 굽는 방식이 개발되었다. 남중국에서 도자기 생산이 가속화되기 전까지 중국산 도자기라고 하면 주로 북중국 도자기가 유명했다.[12]

취향이나 디자인의 변화를 역사적으로 추적해보면 통치 계층 혹은 사회 주도층이 기술 발전을 이끌어갔음을 알 수 있다. 그러나 직접 권력을 행사하기보다는 대개 지속적이고 암묵적으로 재정적 및 사회적 지원을 하는 방식이었다. 소비의 역사를 들여다보면, 도덕적·정치적·사회적 문제가 실제로는 경제 문제 혹은 원재료의 가치 평가 문제와 불가분의 관계에 놓여 있는 경우가 많다. 그래서 더 큰 역사적 맥락이 모습을 드러내게 된다. 그러나 과거 유럽의 기술사 연구자들은 그보다는 생산의 문제에 더 큰 관심을 두어, 주로 기술 자원의 변화에 노동과 원자재가 미친 영향을 보여주고자 했다.

변화와 연속성

르네상스 시기 유럽의 인문주의자들은 획기적 도약의 핵심에 기술의 발전이 놓여 있다는 관점을 확립했다. 그들이 보기에는 유럽인이 화약, 인쇄, 나침반을 발명했고, 후대의 신대륙 탐험(그리고 식민지 개척)이 새로운 세대에게 도전을 촉진했다. 그 결과 지역성에 국한되었던 중세의 "암흑기"와는 정반대로 세계적 범위의 시대를 열었다고 설명했다. 오늘날 중국사 연구자들이 밝혀낸 바에 따르면, 과학 기술의 최전성기는 송나라 때였다. 송나라의 학자들은 이전 시기와 당시의 기술 혁신에 대

---

12 Nigel Wood, *Chinese Glazes: Their Origins, Chemistry and Recreation* (Philadelphia: University of Pennsylvania Press, 1999).

해 점점 더 많이 논의하고 기록을 남겼다. 그리하여 그림 자료집(圖會)이나 국가 기록 문헌의 형태로 관개시설, 농업, 천문, 군사 기술의 변화를 기록했다. 또한 당시에 직조, 인쇄, 염색, 운송, 건축 기술의 혁신이 있었다.

최근의 역사 연구에서 강조하는 바는, 기술 발전이란 어느 날 갑자기 전례 없이 등장하는 것이 아니라 그 본성상 진화의 과정을 내포하고 있다는 점이다. 조지 바살라(George Basalla)는 "기술이 발전하는 것이라면, 새로운 성과는 반드시 연속성 위에서 나온다"라고 말했다. 이러한 주장이 함축하는 바는, 오래된 기술도 새로운 기술 못지않게 깊이 연구할 필요가 있다는 것이다.[13] 예컨대 한국에서 수자원 관리 시설, 천문학, 의학 등의 과학 기술은 고려(918~1392)와 조선(1392~1897)을 거쳐 급격한 단절 없이 오늘날 대한민국까지 이어지고 있다는 주장이다.[14] 이런 관점에서 보자면 혁신이란 장기 지속적인 지식 축적 과정에서 잠시 일어나는 변화의 순간에 불과하다. 새로운 기술은 오직 사라져가는 옛 기술에 뿌리를 둔 후라야 출현할 수 있다. 독창적 발명 못지않게 기존 기술을 유지하고 수정하는 가운데서도 수많은 기술 혁신이 이루어진다.

수많은 연구를 통해 밝혀졌듯이, 기원후 500년을 기준으로 그 이후에 등장한 기술들은 사실 그 이전의 경험과 긴밀히 연관되어 있었다. 근대 초기 기술의 성과 또한 중세의 발달에 그 뿌리를 두고 있었다. 예를

---

13 George Basalla, *The Evolution of Technology* (Cambridge University Press, 1988), viii.
14 See John B. Duncan, *The Origins of the Chosŏn Dynasty* (University of Washington Press, 2000): 204-28. 여기서는 지속, 변화, 개혁 등의 주제를 다루었다.

들어 깊게 파는 쟁기(heavy plow, 또는 심경深耕 쟁기)와 물레방아는 유럽을 서서히 발전시켰는데, 이러한 발전은 고대 로마 이후로 지속되어왔던 것이다.[15] 중국에서 물레방아 기술의 발달에 관한 문헌을 보더라도, 기원후 500년 전과 후에 다 같이 기술의 발전이 있었다는 사실이 기록되어 있다. 송나라 때에 사탕수수 짜는 기술과 목판 인쇄술이 발달했는데, 이는 남아시아에서 그 이전부터 이어져오던 기술 지식이 중국으로 전파되어 들어온 뒤 그를 바탕으로 발달한 기술이었다.

기본적인 곡물 제분 기술은 오래도록 다양하게 발달해왔는데, 그 기술이 이어져 제철의 풀무 기술과 물을 끌어 올리는 기술로도 사용되었다. 연구자들 사이에서는 중세 유럽 혹은 아시아에서 이 기술이 실제로 그러한 목적에 사용되었는지 여부를 두고 뜨거운 논쟁이 있었다. 과거에는 만약 그와 같은 기술이 사용되었다면 유럽 중세에도 "산업혁명"이라는 이름을 붙일 수 있다는 주장이 있었는데, 이러한 견해는 어느 정도 과장된 것으로 밝혀졌다.[16] 예를 들어 잉글랜드에서는 1300년경 1만 개 남짓의 물레방아가 있었으나, 그 정도 규모로는 당시 필요로 한 운동 에너지 가운데 고작 6퍼센트를 감당했을 뿐이다. 이외에 필요한 에너지의 75퍼센트는 축력으로 충당했으며, 그 나머지는 인력에 의존했다.[17]

---

15 John Langdon, *Mills in the Medieval Economy: England 1300-1540* (Oxford University Press, 2004); Adam Lucas, *Wind, Water, Work: Ancient and Medieval Milling Technology* (Leiden: Brill, 2006).
16 Jean Gimpel, *La Révolution industrielle du Moyen Age* (Paris: Éditions du Seuil, 1975).
17 John Langdon, *Horses, Oxen, and Technological Innovation: The Use of Draught Animals in English Farming from 1066 to 1500* (Cambridge University

중국에서 물레방아 기술이 지역별로 다르게 발달한 이유는 기계에 대한 인식의 차이 때문이 아니었다. 인구 밀도가 가장 높은 남부 지역에서는 주로 쌀을 먹었기 때문에 제분을 할 필요가 없었다. 그러나 크고 복잡한 구조의 다른 기계는 많았다. 비단실을 잣거나 직조하는 기계, 수력을 이용한 풀무 기계 등이었다. 11세기 송나라 학자들은 이에 관한 상세한 자료를 많이 남겼다. 풀무 기계를 이용하여 용광로에 바람을 불어넣으면 용광로 온도가 상당히 높이 올라갔다. 그래서 연철을 만드는 단계를 거치지 않고도 곧바로 강철을 제련할 수 있었다.[18] 더욱이 같은 기계를 이용하여 다른 변화를 만들어낼 수도 있었다. 왕작(王灼, 1081~1161)에 따르면 중국의 사찰과 농가에서는 양바퀴 압착기(edge runner mill)를 사용하여 기름을 짰다고 하는데, 이는 후대에 사탕수수 압착기로 사용된 기계와 같은 방식의 기계였다.[19]

이런 사례에 비추어 본다면, 기술 혁신을 대하는 시대적 경향은 복잡한 사회·문화적 과정의 결과였다. 사람들이 기술을 인식할 때는 실제 사용 경험뿐만 아니라 자신이 속한 사회·정치적 권력의 체제 안에서 그것을 바라보게 된다. 오늘날의 연구자들은 대개 기술 혁신이라 하면 무엇보다도 군사 분야의 변화 요인을 가장 먼저 떠올린다. 예컨대 중세 유

    Press, 1986): 117-18.
18 Donald B. Wagner, *The Traditional Chinese Iron Industry and Its Modern Fate* (Richmond: Curzon Press, 1997): 12-14.
19 Wang Zhuo (twelfth century), *Tang shuang pu* [Tract on sugar frosting, +1145]. Wenyuan ge siku quanshu edition-online database, preface, 1a; see also Sucheta Mazumdar, *Sugar and Society in China: Peasants, Technology, and the World Market* (Boston: Harvard Yenching Institute, 1998): 172-6.

럽에서 쇠뇌(弩)와 장궁(長弓)의 차이 같은 것이다. 이런 차이는 분명 군사 전략에 영향을 미쳤다. 그러나 이와 같은 단순한 기술의 변화가 효과를 발휘하려면 다른 수많은 요인이 결합되어야 한다. 화약 무기도 마찬가지다. 화약 무기는 유라시아 전역으로 금세 퍼져 나갔지만, 이와 같은 신무기가 실제로 효과를 발휘하려면 막대한 예산이 투입되는 훈련이 동반되어야 한다.[20] 깊이 파는 쟁기, 물레방아, 말 목사리 같은 도구가 중세 유럽의 농업을 부흥시키는 데 기여할 수 있었던 이유는, 삼포식(三圃式) 농업이나 특정 종자(호밀이나 기장)의 도입 등과 결합될 수 있었고, 또한 농부의 연중 노동 사이클에 적용될 수 있었기 때문이다.[21] 어떤 발전이 질적 도약으로 나아가는 과정에서 기술은 다른 요인들과 상호 의존적 관계에 놓여 있다. 그런데도 오늘날의 연구자들은 그런 복잡한 함의에 주목하기보다 해당 지역과 제한된 범위 안에서만 기술 혁신을 논하는 경향이 강하다.

구기술과 신기술의 엄격한 균형 때문에 평화의 시기에는 문화가 정체되는 경향이 있고, 전쟁이나 질병 혹은 환경 재앙이 발생했을 때는 신구 기술의 균형이 깨지면서 일상적 기술이 재조명되는 경우가 흔하다. 전쟁의 시기든 평화의 시기든 기술은 잊힐 수 있고 재활용되거나 변형될 수도 있다. 동남아시아 크메르(Khmer) 제국의 복잡한 관개시설 관리

---

20 Peter Lorge, 'Development and Spread of Firearms in Medieval and Early Modern Eurasia', *History Compass* 9,10 (2011): 818-26.
21 Grenville Astill and John Langdon (eds.), *Medieval Farming and Technology: The Impact of Agricultural Change in Northwest Europe*, Technology and Change in History, vol. I (Leiden: Brill, 1997).

기술은, 14세기 전쟁을 거치면서 사라져버렸다. 중부 유럽의 광산은 중세번영기에 상당한 성장을 이룩했지만 흑사병 시기(c. 1347~1351)를 거치면서 무너져버렸다. 15세기에는 지역 통치자들이 광산 운영을 직접 관장했는데, 신기술 덕분에 지난날 가치가 없는 것으로 평가된 광산에서도 은 채굴이 가능해졌다. 로마 제국이 멸망하면서 로마가 구축한 장거리 인프라 시설도 황폐화되었다. 그러나 중세 각 지역의 여러 통치자가 서로 경쟁하는 상황에서, 로마가 건설한 도로나 수로는 해당 지역에서 계속해서 사용되었다.

새로운 사회정치적 구조가 기술 변화를 촉진하는 경우도 흔히 있었다. 중국에서는 송나라 시기 양잠 기술을 가정 생산에서 새로운 경제적 수준으로 끌어올린 여성들이, 이후 명나라 때 국가 주도의 직조 및 염색 작업장 네트워크가 구축되면서 기술을 잃고 사적 영역으로 밀려났다.[22] 정치적 변화가 새로운 방어 기술, 의사소통 방식, 중앙아시아까지 이어지는 교류의 통로를 더욱 발달시켰다.[23] 북방 민족들의 압박 때문에 송나라 주민은 12세기에 남쪽으로 이주해야 했다. 그들은 북쪽에서 가져온 동식물을 남쪽에서 길렀고, 또한 새로운 작물을 재배하기도 했다. 전혀 다른 환경에 놓였던 사람들이 만나 서로 지식을 교류하게 되자 폭넓은 영역에서 그 효과가 드러났다. 문화적 자극에 힘입어 새로운 농업 구상과 새로운 도구 생산 기술을 탐구하게 되었고, 그것이 결과적으로 새

---

22 Francesca Bray, *Technology and Gender: Fabrics of Power in Late Imperial China* (Berkeley and Los Angeles: University of California Press, 1997): 248.
23 Kenneth Chase, *Firearms: A Global History to 1700* (Cambridge University Press, 2003).

로운 인프라 및 정치·사회 구조의 형성에 박차를 가했다. 오늘날의 연구자들은 그와 같은 복합적 의미를 충분히 인식하고 있으며, 지역별 자료와 방법론에 관한 충분한 연구를 통해 이를 밝혀내고 있다.

더 많은 양의 에너지를 모으는 방법을 찾고자, 식량 자원을 확충하고자, 혹은 예술품이나 공예품 생산을 위해 더 많은 원재료를 확보하고자 분투할 때, 사람들은 대개 오늘날 우리가 기술이라고 부르는 것에 특별히 더 많은 관심을 기울이게 된다.[24] 인구 밀도 상승, 도시화 진행, 물품 제조 작업량의 증가는 에너지, 식량, 수자원, 건축 수요를 낳았고, 그에 따른 결핍을 극복하지 않을 수 없었다.[25] 유럽에서는 중세 시대에 서서히 진행된 기계화가 18~19세기에 산업화의 바람을 불러일으켰다. 이와 달리 중국과 인도의 직물 생산과 농업 발달은 노동 집약, 소규모 가족 단위 생산, 다원화의 방식으로 이루어졌다. 인도아대륙에서 면화 산업은 오래도록 번영을 구가했지만, 생산성 향상은 대체로 소규모 조직의 수를 늘리고 관리를 혁신하는 정도로 이루어졌다. 이는 근대 산업화 시기 노동의 기계화와는 다른 방향이었다.[26]

작업장 주인이나 국가의 관리는 자원, 자금, 기술 등 가능한 부문별로 개혁을 시행했다. 그러나 그들이 염두에 둔 발전 전략이란 단순히 자

---

24 Elizabeth B. Smith and Michael Wolfe (eds.), *Technology and Resource-Use in Medieval Europe: Cathedrals, Mills, and Mines* (Aldershot: Ashgate, 2004); Mark Elvin, *The Retreat of the Elephants: An Environmental History of China* (New Haven: Yale University Press, 2004).
25 Paolo Malanima, *Pre-modern European Economy: One Thousand Years (10th-19th Centuries)* (Leiden: Brill 2009): 49-94.
26 Giorgio Riello and Prasannan Parthasarathi (eds.), *The Spinning World: A Global History of Cotton Textiles* (Oxford University Press, 2009): 360-6.

원을 절약하는 대책이었을 뿐, 새로운 장비나 복잡한 기계를 들여놓는 일은 선호하지 않았다. 예컨대 근동 지역에 건설된 카나트(qanat), 즉 지하 수로는 몇 킬로미터 떨어진 곳의 물을 끌어왔지만 추가적으로 물을 퍼 올리는 기계 장치 같은 것은 필요치 않았고, 자연 경사를 이용해서 충분히 물을 공급할 수 있었다.[27]

혁신의 동기는 다양했고, 그래서 구조 또한 근본적으로 다르거나 미묘한 차이가 있었다. 예컨대 명나라의 표준 비단 생산 방식은 품질 향상과 패턴 및 질감의 다양화를 목표로 한 것이었다. 결과적으로 비단 직조 기술은 후대에 발달한 면화 직조 기술과 달랐다. 19세기의 면화 생산 기술은 생산량 증대와 대량생산에 따른 표준화에 중점을 두었고, 이는 나중에 생산의 기계화에 박차를 가하는 요인이 되었다.[28]

기술 혁신은 지역별로 다양한 효과를 가져왔다. 예컨대 화약, 인쇄, 나침반은 유럽에 전래되기 오래전부터 이미 아시아 문화권에서 사용되고 있었다. 인쇄 기술이 유럽의 사회, 국가, 자아 개념에 미친 영향에 관해서는 폭넓은 연구 성과가 제출되었다. 그에 비하면 인쇄 기술이 유럽에 전파되기 이전 아시아에서, 특히 왕조 시대 중국에 미친 상당한 사회·정치적 변화에 관한 연구는 매우 드문 편이었다. 중국에서는 7세기에 불교가 전파되는 과정에서 목판 인쇄가 등장하여 번성했다. 그 무렵의 사회 발전은 물론 종교, 학문, 역사를 대하는 태도의 전반적 변화를

---

27 Edmund Burke III, 'Islam at the Center: Technological Complexes and the Roots of Modernity', *Journal of World History* 20,2 (2009): 165-86.
28 Dagmar Schäfer, *Des Kaisers Seidene Kleider: Staatliche Seidenmanufakturen in der Ming- Zeit (1368-1644)* (Heidelberg: edition forum, 1997): 20-3.

설명해줄 요인은 무수히 많다. 인쇄물의 증가는 그러한 요인 가운데 하나일 뿐이다. 당시의 변화는 더욱 근본적으로는 "사물(物)"의 사용, 소비, 생산에 대한 태도의 변화에서 비롯된 것이었다. 중국에서 물(物)이라는 개념에는 인간, 자연, 초자연, 생산 과정, 원재료 등이 모두 포함된다. 인쇄술이 발달한 결과 같은 대상의 재현(再現, 복제)이 증가했고, 그것이 관료 및 엘리트 문화에서 지식과 지식 전파의 안정성(정체성)을 가져왔다. 개인의 독특한 기술이나 지식은 지역별 조건에 따라 유연하게 개량되었다. 미디어 기반의 표준화된 지식 시스템이 자리 잡은 상황에서는 이런 사적인 기술이 특별히 주목받기 어려웠다.

경우에 따라 기술 혁신이 정치적 사건과 직접적으로 연결되기도 했다. 중간천년기 한족의 송나라는 거란족의 요나라(907~1125)와 여진족의 금나라(1115~1234)의 압박에 남쪽 지방으로 밀려나야 했다. 이를 계기로 아시아의 선박 설계가 진일보했고, 중간 거점을 거치지 않고도 원거리 항해가 가능해졌다. 그 결과 이른바 "아시아의 지중해"에서 지역별 세력의 네트워크와 무역 관계가 새롭게 재편되었다.[29] 11~12세기 동아시아와 이슬람 세계를 연결했던 해상 네트워크를 떠올려본다면, 15세기 유럽인의 신대륙 발견은 그리 드라마틱한 장면이 못 될 것이다.

정치적 변화에도 불구하고 기술은 지속적으로 발전하거나 번영하는 경우가 많았다. 1258년 몽골이 바그다드를 점령했지만, 수공업자의 고급 기술이나 농업 생산성에 계속적인 타격을 주지는 않았고, 이후로도

---

29 Sally K. Church, 'The Colossal Ships of Zheng He: Image or Reality?' In Claudine Salmon and Roderich Ptak (eds.), *Zheng He: Images and Perceptions/ Bilder und Wahrnehmungen* (Wiesbaden: Harrassowitz, 2005): 155-76.

침체는커녕 번영이 지속되었다.[30] 1453년 비잔티움 제국이 무너졌지만 전문 기술자들은 살아남았고, 그들이 오스만 제국의 경제와 군사력 성장에 도움을 주었다. 1500년을 기준으로 세계에서 기술의 단절이 확인된 문명은 아메리카의 아즈텍과 잉카뿐이었다. 그곳이 식민지화되는 바람에 그들의 도시 설계, 관개시설 관리, 운송, 광산 등의 기술이 붕괴되고 말았다. 유럽인을 통해 전파된 병원균과 전쟁 등으로 원주민 인구는 겨우 열에 하나만 살아남았고, 기술과 지식 전수의 맥락이 단절되었다.

중간천년기 기술의 발전을 전체적으로 조망하자면, 수많은 지식이 잇달아 명멸했고, 퇴보하는 지식 못지않게 결정적 진보를 이룬 주요 기술의 성과도 있었다. 그럼에도 변화는 분명했다. 16세기 유럽, 아시아, 아프리카의 대부분 지역에서 사용된 기술적 수준의 양상은, 기원후 500년경의 기술적 수준과는 확연히 달랐다.

기술 담론

어느 분야에서든 오늘날의 범주와 과거 역사 시대의 범주가 같을 수는 없다. 양자의 간극은 역사학자들이 일상적으로 마주치는 문제다. 기술 분야에서는 기술에 대한 "태도"와 "이데올로기"가 시대마다 다르다는 데서 문제가 출발한다. 전통 시대의 기술 유물은 대개 그것을 만든 사람과 분리된 채로 논의되는 경우가 많았다. 반면 오늘날의 기술 개념에는 전문가와 물건이 모두 포함되어 있다. 전근대 문화에서 기술 전문 용어

---

30 Denise Aigle, 'Loi mongole vs loi islamique: entre mythe et réalité', *Annales. Histoire, Sciences Sociales* 59, 5/6 (2004): 971-96.

와 담론을 연구한 성과는 세계 어디를 막론하고 매우 드문 편이다. 실제로 "현대와 전근대 기술 담론의 차이"라는 주제가 기술사 연구자들 사이에서 이론적으로 논의조차 되지 않았다. 내부자적 관점(emic perspective)에서 본 기술 혁신 담론도 아직은 연구된 바가 없다.[31] 전통 시대 문헌에서는 대개 기술자의 능력과 기술 혁신(발명)의 내용이 서로 다른 맥락에서 서술되는 문화가 있었다. 전자(기술자의 능력)는 사람을 평가하거나 다양한 전문가를 비교하는 맥락에서 언급되는 반면, 후자(기술 혁신과 발명)의 경우 해당 문화권에 새롭게 등장하는 물건을 언급하는 맥락에서 언급되는 경향을 보였다. 중간천년기 문헌은 정치·종교적 중심 지역 위주로 생산되었고, 우리가 이해하는 기술 혁신의 개념과 시각적 이미지는 그러한 기록에 의거하여 만들어졌다.

실제 기술 혁신 그 자체와 그에 관한 문헌 내용의 관계는 복잡하고 모호하다. 과거에는 아무도 오늘날 우리가 이해하는 바와 같은 의미로 "기술 혁신"이나 "발명"이나 "기술"의 범주를 서술하지 않았다. 그보다는 기술 혁신이 인간의 심성에 미친 영향, 노동의 도덕적 가치, 사적으로 혹은 의례 행위에서 사치품 소비 등의 차원에서 기술을 언급했다.[32]

당시의 사람들은 의도적으로 무언가를 특별히 새롭다거나, 혹은 반대로 특별히 오래되었다고 주장했다. 이는 어떤 도구, 무기, 기계 등을

---

31 Marcus Popplow, *Neu, nützlich und erfindungsreich: Die Idealisierung von Technik in der frühen Neuzeit* (Münster, New York: Waxmann, 1998).
32 노동의 가치 등의 주제는 중국 고전 《예기(禮記)》나 《고공기(考工記)》 등에 수록되어 있다. 유럽의 경우 다음을 참조. George Ovitt, *The Restoration of Perfection: Labor and Technology in Medieval Culture* (New Brunswick: Rutgers University Press, 1987).

대규모 기술 사업의 일환으로 자리매김하고자, 혹은 실용적 관리의 방법론을 복잡한 윤리적·사회적·개인적 관심사와 연결시키고자 하는 의도 때문이었다. 예를 들어 증공량(曾公亮, 998~1078), 정도(丁度), 양유덕(楊惟德) 등이 편집한 기술 서적 《무경총요(武經總要)》(가장 중요한 군사 기술 모음집이라는 의미)는 고전 자료를 참조하여 이상화된 주(周)나라의 고대 군사 전략을 모아두었으나, 새롭게 개량된 무기 사용을 권장하는 내용도 포함되어 있다. 문관(文官)은 과거의 사례를 근거로 이론상 우월한 군사 지식을 주장했지만, 실제 전투에 투입되는 병사는 어디서든 최고의 기술 혁신이 구현된 최신 무기를 사용하기 마련이었다.

동서양을 막론하고 전통 시대에는 과거를 참조하면 새로운 사상이나 물건에 위엄을 더해줄 수 있었다. 물원(物原), 즉 "사물의 기원"에 관한 철학적 논쟁에서 중국 학자들은 새로운 것에 과거의 연원을 덧붙이곤 했다. 문화적 관련성을 입증하기 위해서였다. 17세기 여비(呂毖)가 저술한 《사물초략(事物初略)》에서는 지남차(指南車, 수레 위에 인형을 세워 수레가 어느 방향을 향하든지 인형은 남쪽을 가리키도록 만든 기계 장치)가 오랜 지식 축적의 결과물이라고 설명했다. 그 이전에도 바퀴, 수레, 바늘 등 현자들의 심묘(深妙)한 개발이 이어져왔다. 그들은 다시 그보다 더 오래된 옥벽(玉璧)이나 옥창(玉槍)을 만드는 기술에 바탕을 둔 것이었다. 신구 기술의 연관 관계를 고려할 때, 지남차 기술의 원천을 완전히 망각해버린 현실을 제대로 이해하는 것은, 저자가 보기에는 정의롭고 윤리적인 통치의 중요성을 일깨우는 일과 다르지 않았다.[33]

---

33 Lü Bi (seventeenth century), *Shiwu chulüe* (Preliminary Summary of Things and

"사물의 기원"에 관한 논의에서 중국의 학자들은 기술 혁신을 교훈이나 인간의 품성 개발과 연계하고자 노력했다.[34] 공식 역사서에서는 정치·문화적 우월성을 입증하는 근거로 기술 혁신을 언급하는 경우가 많았다. 황제 헌원씨(黃帝軒轅氏) 같은 신화적 인물은 중국 민중에게 문명의 혜택을 주었다고 전한다. 필기 및 인쇄, 건축, 배나 수레 만드는 기술과 도구를 모두 그가 가르쳐주었다고 하며, 반대로 그의 혜택을 받지 못한 야만인은 가죽과 깃털로 옷을 삼으며 사냥을 하고 야생 열매를 따서 배를 채웠다고 한다. 유럽의 학자들도 비슷한 태도를 보였다. 인간의 노력에 따른 지적 성취의 맥락에서 장인(匠人)의 지식을 설명했다.[35]

중국의 역사적 문헌에서는 학자의 역할을 특히 중시했지만, 그럼에도 불구하고 장인(匠人)의 기술적 담론이 기록으로 남겨졌다. 일반적으로 장인들은 높은 자리에 올라가면 출신을 숨기려는 경향을 보였다. 그러나 장인으로서 학자의 반열에 들거나 학문적 사상에 영향을 미친 사람들도 있었다. 자연철학자들은 관습을 깊이 들여다보고 새로운 도구의 가치를 보여줌으로써 기술의 발달과 새로운 사상의 패턴을 주류의 자리로 이끌어냈다.

Affairs). Siku quanshu cunmu congshu, zibu 98 (Ji'nan: Qi lu shushi chubanshe 1995 [reprint of 1637 edition]), ch. 33, 13a.
34 Martina Siebert, 'Making Technology History', in Schäfer, *Cultures of Knowledge*, 253-81, here 268.
35 Elspeth Whitney, Paradise Restored: *The Mechanical Arts from Antiquity Through the Thirteenth Century* (Transactions of the American Philosophical Society, 80[1]; Philadelphia: American Philosophical Society, 1990).

기술 관련 문헌, 시각적 표상, 축소 모형

마이클 폴라니(Michael Polanyi)의 시대 이후로 관습의 역할을 규명하기 위한 많은 연구 성과가 있었다. 이는 기술 발전의 이해와 그에 대한 역사적 평가에 "암묵적" 지식이 어떻게 개입하는지를 보여주려는 시도였다. 전통 시대 장인의 전문 지식은 여러 형태를 띠고 있었다. 역사 연구자들이 그 다양한 양상을 모두 체계적으로 연구할 수는 없었다. 지역에 따라 가족 공동체 혹은 전문 장인 공동체를 중심으로 다양한 전통과 결부된 일상적 관습이 전해 내려왔다. 이러한 일상은 텍스트나 이미지로 기록된 체계적 지식처럼 보이지 않을지는 몰라도, 분명한 것은 세계의 여러 지역에서 기술의 응용과 전수가 안정적으로 이어져왔다는 사실이다. 금속, 돌, 유리, 목재, 토기 등 온갖 재료를 이용하여 만든 놀라운 공예품은 전문가의 손길을 거쳐 완성된 것들이었다. 기술의 전수는 기본적으로 언어보다 행위의 모방에 기초한 교육이었다. 이러한 교육 제도는, 당사자만 동의한다면 언어의 장벽도 뛰어넘을 수 있었다.

중간천년기(500~1500 CE) 물품을 제조한 장인이나 신기술을 창안한 사람들은 협력의 네트워크를 통해 자신이 가진 지식을 전수했다. 그들은 서로 소통하며 기술을 익혔고, 견본이나 도구 혹은 물품을 교환했으며, 그들만의 의례와 사회·문화적 관습에 따라 상호 관계를 안정적으로 유지했다. 물론 유라시아 전역에 걸쳐 텍스트와 이미지를 통한 지식의 공유 과정도 없지 않았다. 중간천년기에 종이 제조 기술이 중국에서 이슬람으로, 그리고 다시 이슬람에서 유럽으로 소개된 이후 문헌이 발달했고, 이는 의사소통 방식에 심오한 변화를 가져왔다. 학자 혹은 엘리트 계층은 문헌을 이용하여 실용적 지식을 보존 및 전파하고자 했다. 그러나 텍스트와 이미지가 과연 어느 정도로 교육 목적에, 혹은 실제 기술의 구현에 도움이 되었는지는 아직 논쟁의 주제로 남아 있다.

문화권을 막론하고 엘리트 계층은 농업 전문 기술의 보급에 깊은 관심을 보였다. 중국에서 통치자들은 농업 기술과 함께 실잣기와 천 짜기 기술을 기록하는 데 몰두했다. 이러한 기술은 국가적 차원의 문제인 동시에 철학적 주제로, 개인과 사회의 윤리 계발과 관련되었다. 그래서 중국에서 농학은 곧 "국가의 학문"이 되었다.[36] 이슬람 문화권에서 칼리프 왕조의 관료들 또한 중국에 못지않게 새로운 농법을 개발하는 데 몰두했다.[37] 이와 달리 유럽의 농학 관련 저술은 고대 로마와 긴밀히 연결되어 있었고, 이상을 추구할 뿐 실용적 측면에 그다지 주의를 기울이지 않았다.

9세기부터 아랍어권의 학자들도 그림 자료를 포함하여 기계 장치나 아우토마타(automata), 양수기 관련 전문 서적을 저술했다. 이런 자료가 확산되자 이를 저술한 전문가 개인 혹은 그의 기술에 이목이 집중되었다. 통치자들은 기술 관련 자료의 집성을 후원하고, 하늘로부터 받은 명령(天命)을 지식의 세계로 구현한다는 명분을 구축하고자 했다. 15세기 이탈리아의 저술가들은 건축이나 토목 및 군사 기술 관련 논문에서 기

---

36 농업 관련 서적과 그 내용에 관한 논의는 다음을 참조. Francesca Bray, *Science and Civilisation in China, vol. VI, Part 2: Agriculture*, ed. Joseph Needham (Cambridge University Press, 1984).

37 Karl W. Butzer, 'The Islamic Traditions of Agroecology: Crosscultural Experience, Ideas and Innovations', *Cultural Geographies* (January 1994): 7-50; Michael Decker, 'Plants and Progress. Rethinking the Islamic Agricultural Revolution', *Journal of Global History* 20 (2009): 187-206.

술 엘리트 계층에 주목했다. 유럽의 수도사들은 물질의 속성, 형태, 제작 과정을 상세히 서술했다. 부자지간 혹은 사제지간에 구전이나 그림으로만 전해온 내용이 문헌으로 기록된 것이다. 12세기에 테오필루스(Theophilus)라는 필명으로만 알려진 독일 베네딕도회 수도사가 있었는데, 그는 《다양한 기술 목록(Diversarum artium schedula)》이라는 저술을 남겼다. 여기에는 회화, 금속 공예, 스테인드글라스, 오르간 제작, 종 주조 등을 포함하여 종교적 장식에 필요한 기술적 내용이 포함되어 있다. 저자는 자신의 관심사가 곧 신을 경배하는 방식의 일종이라고 믿었다. 아마도 그와 같은 사치 품목에 탐닉한다는 당시 속세의 비판을 방어하기 위한 논리였을 것이다. 중국에서는 그와 같은 저서를 남긴 학자 혹은 기술자 들이 관직에 참여하는 경우가 많았다. 유기(劉基, 1311~1375)의 저서 《다능비사(多能鄙事)》(시골의 잡다한 기술을 일컫는 표현으로, 《논어》〈자한편〉에 등장하는 문구를 차용하여 책 제목을 삼았다. – 옮긴이)는 염색 과정, 의약 처방, 조리법 등에 관련된 기술을 개괄적으로 서술하고, 덧붙여 점 보는 법, 농사 기술, 도구의 사용법 등에 대한 내용도 수록했다.

기술 정보 확산의 방편으로 기록을 권장한 학자는 물론 당국에서도 누가 그 문서를 보려 하는지 잘 알고 있었다. 그들의 표현에는 공개를 꺼리는 의도가 강하게 드러나 있었고, 때로는 이념적 이유나 홍보의 목적으로 비밀을 지나치게 강조하기도 했다. 공개를 천명한 저작들조차, 독자가 책을 보고 그 기술을 실행에 옮기려면 꼭 필요한 핵심 정보는 알려주지 않았다.[38] 지방 통치 권력이 발명(대부분 기계 관련)에 따른 특권

---

38 Pamela O. Long, *Openness, Secrecy, Authorship: Technical Arts and the Culture*

을 부여한 사례는 15세기 알프스 북부 광산 지역이나 이탈리아의 여러 도시국가에서 확인할 수 있다. 이는 기술 혁신에서 법적 문제 때문에 문서의 중요성이 얼마나 커졌는지를 단적으로 보여주는 것으로, 학자들은 대개 그 시기를 초기 근대로 보고 있다.[39]

그러나 기술 교육은 여전히 수공업에 확고히 뿌리내리고 있었고, 수학적으로 자연법칙을 연구하거나 고급 기술 교육 기관의 커리큘럼에 의존하지 않았다.[40] 실용적인 산수의 개념을 도입한 문화권은 많았다. 대개는 밧줄이나 간단한 도구를 이용하여 건물이나 물건의 크기를 측정하는 정도의 용도로 산수를 사용했다. 어느 문화권에서든 기계 장치에 주목한 연구자는 소규모 집단에 불과했다. 그들은 대부분 지렛대나 저울 같은 간단한 기계적 원리를 적용할 때의 무게, 시간, 힘의 관계에 주목했다. 기계 이론의 발달은 아랍어 문헌에서 가장 두드러졌다. 그들은 과거 그리스와 헬레니즘 문화의 기계 지식 전통을 받아들여 확장했다. 중세 후기에 이르러 몇몇 유럽 학자가 아랍어 문헌을 알아보았다. 그것을 기초로 하여 16세기에 고전 기계 이론이 등장하게 되었다. 그러나 중세의 기술 혁신이 그러한 이론적 바탕이나 학문적 성찰을 통해 등장한 사례는 어디에도 없었다.

---

    of Knowledge from Antiquity to the Renaissance (Baltimore: Johns Hopkins Press, 2001).
39 Carlo Belfanti, 'Guilds, Patents, and the Circulation of Technical Knowledge', *Technology & Culture* 45 (2004): 569-89.
40 Bert De Munck, Steven L. Kaplan and Hugo Soly (eds.), *Learning on the Shop Floor: Historical Perspectives on Apprenticeship* (New York, Oxford: Berghahn, 2007).

광범위한 시공간의 범위에서 기술 지식이 전파되는 시대에 즈음하여 전문 기술자들 혹은 엘리트 학자들은 문서를 효율적으로 구축하고자 했다. 스케치, 모델링, 평면도 등 다양한 표현 방식이 동원되었다. 때로는 기술 전파를 목적으로 엘리트 계층이 개입했다. 도면을 활용하거나 기술자가 직접 이동하는 편이 단순한 텍스트 전파보다 더 효과적이었기 때문이다. 예컨대 송나라의 관리들은 발로 밟는 쟁기 같은 매우 간단한 도구를 널리 보급하고자 텍스트 기록에 도면(樣)을 첨부했다. 명 태조 주원장(朱元璋, 1328~1398)은 인적 전파를 중시했고, 그래서 기술자들이 국가 소유 공장을 순회하면서 직접 기술을 가르치도록 명했다.[41] 이와는 상당히 다른 환경이었지만, 중세 후기 유럽의 길드에서는 외국의 기술을 획득하기 위해 여행하는 일이 유행이었다.[42]

모듈이나 모형의 사례에 관해서는 유럽의 범위를 넘어서면 거의 연구된 바가 없다. 기술자들이 모듈 혹은 모형을 제작하는 경우는 기술을 적용해야 하는 범위가 확장될 때 혹은 궁정의 요구에 부응할 때였다. 예컨대 유럽의 석공들은 건물에 사용할 석재에 바로 평면도나 재단선을 그려 석재를 재단할 때 참조하도록 했으며, 개별 구성 요소의 위치도 표시했다. 중앙아시아의 돈황 석굴에서 기술자들은 모형을 활용했다. 벽화와 석고 조각상을 복제하기 위해 모형과 평면도를 제작했던 것이다.

---

41 예컨대 국영 실크 공장에 관해서는 다음을 참조. Schäfer, *Des Kaisers Seidene Kleider*, esp. chs. 2 and 3.
42 Reinhold Reith, 'Circulation of Skilled Labour in Late Medieval and Early Modern Central Europe', in Stephan R. Epstein and Maarten Prak (eds.), *Guilds, Innovation, and the European Economy* (Leiden: Brill, 2008): 114-42.

15~16세기 오스만 제국의 건축가들은 매우 복잡한 수학적·기하학적 구조의 건물 장식을 홍보하고 또한 실제 작업에서 참조할 목적으로 샘플북을 이용했다.

중국, 유럽, 이슬람 문화권에서는 기술 전문가들이 축소 모형을 도입하여 수리 시설, 건물 건축, 혹은 천문 관측에 사용했다.[43] 투자 규모가 크고 반드시 안정적인 결과를 도출해야 할 필요가 있을 때면 정부 당국자들이 실제 생산에 앞서 모형 제작을 요구했다. 박학다식한 고위 관료 심괄(沈括, 1031~1095)이 확인해준 바에 따르면, "황궁의 관원들이 목조 혼천의(渾天儀) 모형 제작을 감독했다." 같은 기록에 《천문지(天文志)》에 따라 나무로 모형을 만들어 실수를 바로잡았다"라는 내용도 있다.[44] 남송(南宋)의 지방관을 역임하고 여진족의 금(金)나라에 복무하기도 한 장중언(張中彦)은 1158년경 "배를 만들기 시작했다. 그러나 장인(匠人)들에게 물어보아도 방법을 알 수 없다고 했다. 그래서 장중언은 접착제나 칠을 사용하지 않고 뱃머리에서 선미까지 완벽하게 맞춘, 손가락 몇 마디 크기의 작은 배를 직접 만들어서 모형이라 하고 보여주었다. 크게 놀란 장인들은 그를 대단히 우러러보았다."[45] 이탈리아에서는 1400년경부터 건물 혹은 기계의 모형에 관한 기록이 증가했다. 이는 르네상스 시기 궁정 문화 및 새로운 대규모 건축 기획의 발달과 밀접한 관련이 있었

---

43 Klaas Ruitenbeek, *Carpentry and Building in Late Imperial China: A Study of the Carpenter's Manual Luban Jing* (New York: Brill, 1993): 49-67.
44 Tuo Tuo, *The History of the Song*, ch. 162, 952.
45 Tuo Tuo, *Jin shi* (History of the Jin [Dynasty 1125-1234]) (Beijing: Zhonghua shuju, 1975 [1343]), ch. 79, 9a.

다.⁴⁶ 같은 시기 오스만 제국의 건축가들도 그림과 모형을 이용하여 전통적 설계 방식을 만들어냈다.

송나라 시기에 이르러 중국의 학자-관료들은 흔히 그림을 그리거나 모형을 만들라는 지시를 받았다. 북송의 재상을 지낸 박학다식한 학자 소송(蘇頌, 1020~1101)은 《신의상법요(新儀象法要, 1094)》에 새로운 시계탑을 만들 때 들어간 모든 부품 목록을 기록했다(그림 12-1). 후대에 출간된 판본에는 톱니바퀴와 회전축을 상세히 수록했는데, 전문가들이 설계를 제대로 파악하고 막대한 제작비의 투자 타당성을 검토할 목적이었다. 결국 소송이 설계한 기계는 건설되었지만 머지않아 여진족이 송나라 수도를 정복했고, 시계탑을 해체하여 그들의 수도 개봉(開封, Kaifeng)으로 가져갔다. 그러나 자리를 옮겨 재조립한 시계는 다시 작동하지 않았다.⁴⁷

송나라에서 인쇄가 대거 유행하면서 의사소통, 건축, 지식의 기록 등과 관련하여 그림과 텍스트의 관계가 학자들 사이에 논쟁의 주제가 되었다.⁴⁸ 이 시대에 물품 제조나 기술 관련 자료를 국가 차원에서 집성한 방식은 후대에 모범이 되었다. 대표적 사례는 송나라 시기에 저술된 《영

---

46 Marcus Popplow, *Models of Machines: A 'Missing Link' between Early Modern Engineering and Mechanics* (Berlin: Max Planck Institute for the History of Science, Preprint 225, 2002).
47 소송의 업적에 관해서는 다음을 참조. Joseph Needham, *Heavenly Clockwork: The Great Astronomical Clocks of Medieval China* (Cambridge: Published in association with the Antiquarian Horological Society at the University Press, 1960).
48 Francesca Bray, Vera Dorofeeva-Lichtmann and Georges Métailié (eds.), *Graphics and Text in the Production of Technical Knowledge in China: The Warp and the Weft* (Leiden: Brill, 2007).

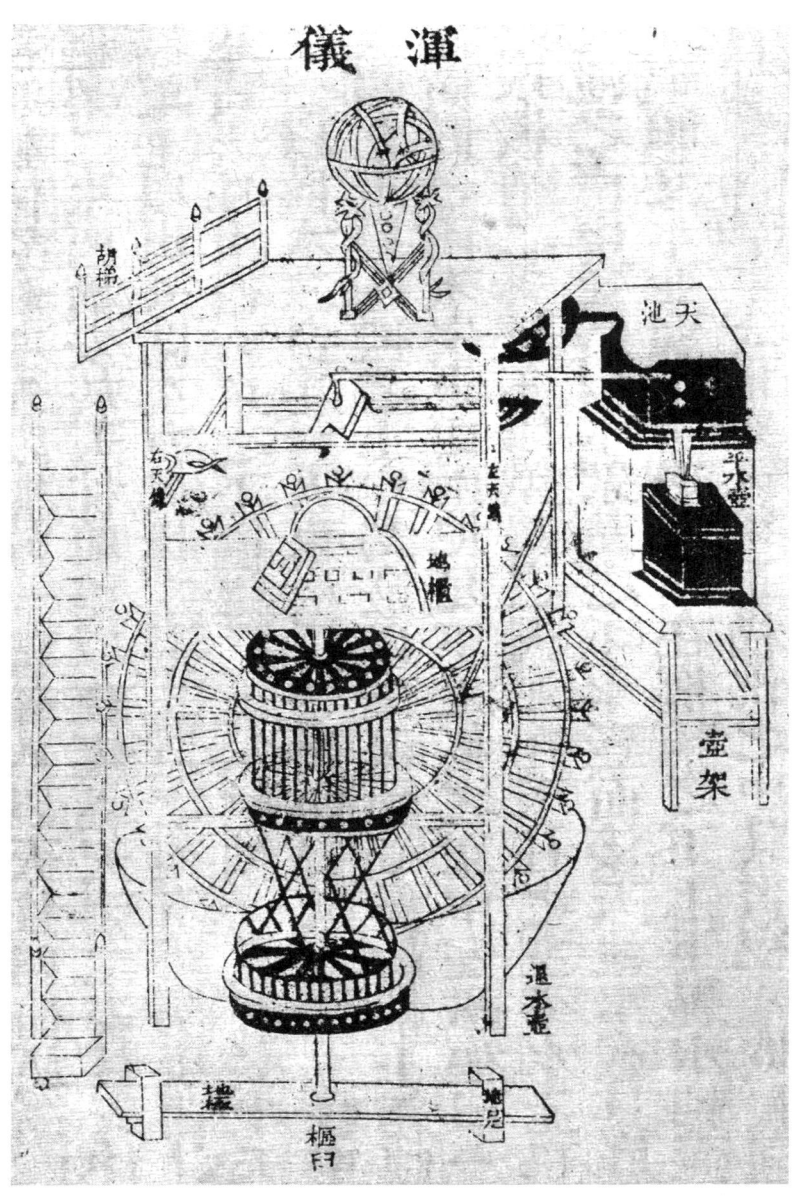

〔그림 12-1〕 중국의 물시계, 소송(蘇頌) 작, 1088년

조법식(營造法式)》으로, 건축 관련 중국 고전이다. 이 책은 과거의 기록물(예컨대《木經》)에 근거하여 건축 기술, 용어, 황실 건축물의 구성 요소 등을 집성한 문헌이다.[49]《영조법식》은 실제 제작보다는 관리에 중점을 두었으며, 그림과 텍스트가 함께 수록되어 있다. 장인의 기술을 시적 언어와 문인 문화의 개념으로 서술한 이 책을 통해 건축 과정에서 지식인과 비지식인 문화가 어떻게 섞이는지를 엿볼 수 있다. 비슷한 시기 유럽에서는 빌라르 드 온느쿠르(Villard de Honnecourt)의 유명한 노트(c. 1220)가 있었다. 이 노트는 여러 프랑스 성당의 건축 세부 사항이 포함된 스케치북으로, 중국의 사례에 비추어 볼 때 사적인 관심사의 성격이 강했다(그림 12-2).[50] 로마의 건축가 비트루비우스(Vitruvius)를 모범으로 삼는 상당히 정교한 수준의 건축 관련 연구서는 유럽에서 15세기가 되어서야 나타났다.

 우리가 알고 있는 기술 대부분은 기술적 과정을 거친 물건, 즉 예술 작품, 종교 의례용 소품, 일상생활 용품 등을 통해 파악된 것들이다. 고고학자들은 주택 건축, 오븐 제작, 제철, 직물 생산 등 기술적 변화가 일어났던 현장을 발굴한다. 그러나 그 결과는 해당 시기의 텍스트나 그림처럼 분명하지 않았다. 발굴 유물은 비록 해석하기가 쉽지 않지만 기술사에 접근하는 또 다른 통로다. 유물은 우리에게 유럽 중세의 다양한 베틀 제작 기술을 보여준다. 유럽의 베틀은 수직 형태에서 수평 형태로 바

---

49 Feng Jiren, *Chinese Architecture and Metaphor: Song Culture in the Yingzao fashi Building Manual* (Honolulu: University of Hawai'i Press, 2012).
50 Carl F. Barnes (ed.), *The Portfolio of Villard de Honnecourt* (Aldershot: Ashgate, 2009).

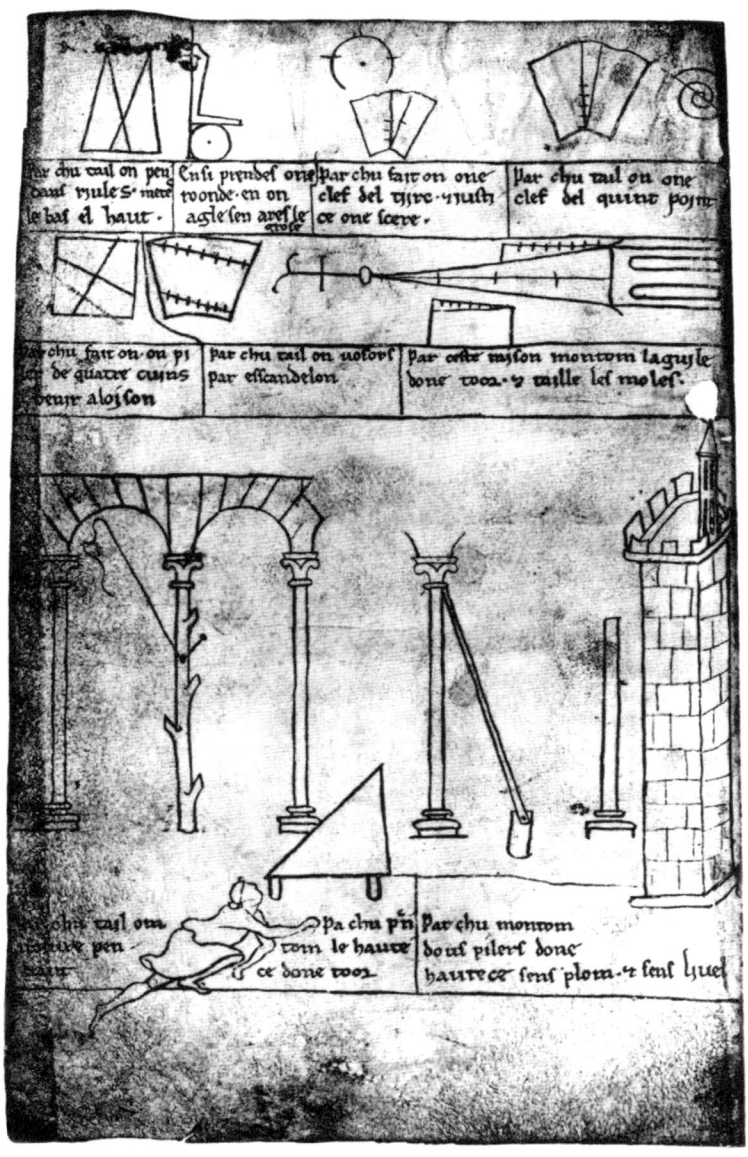

〔그림 12-2〕 건축의 기하학적 형태, 아치 구조, 탑의 높이를 측정하는 사람(종이에 펜과 잉크), 빌라르 드 온느쿠르(활동 1190~1235)

뀌고 틀의 크기가 확장되었는데, 아마도 알안달루스와 시칠리아에서 아랍 기술자들이 비단 직조용 베틀을 도입한 뒤 이를 모방한 결과였을 것이다. 오늘날 남아 있는 유물은 발명가를 알 수 없는 기술적 성취의 흔적이다. 예를 들어 마추픽추의 관개시설이나 쇠사슬이 부착된 중국의 유명한 8세기 교량은 모두 대단히 높게 평가할 만한 유물이다. 이와 같은 유물은, 비록 당시 기술 변화의 맥락을 파악하기는 어렵지만 기술과 관련하여 새로운 관점을 제시해준다. 이와 반대로 발명가의 이름이 알려져 주목을 충분히 받았음에도 업적 내용을 구체적으로 확인하기가 어려운 경우도 있다. 엔지니어이자 저술가인 무사 형제(Banu Musa)나 알-자자리(al-Jazari)는 이슬람 문화권과 그 너머에서도 유명했지만, 그들이 만든 기계는 남아 있지 않다.

요컨대 기록은 실용 지식과 기술자의 사회적 지위를 강화해주었다. 또한 실용 지식과 기술자들은 기록의 가치를 높이는 데 기여했다. 장인들은 학자로 자처했고, 학자들은 기술에 관한 글을 통해 그들의 실용적 능력을 재확인해주었다. 1500년 이전에는 기술 교육이 모방에 기초했을 뿐 공식적 교육 기관이 없었다. 실용 지식 문화는 사회적 기억 체계와 결부되었고, 여러 가지 기록 매체가 동원되었다. 기록된 문서는 여러 가지 기능을 담당했다.

전파 과정

지식과 기술의 역사를 논하면서 중심부와 주변부 모델, 기술의 전파와 저항에 관한 문제 등이 제기되기도 했지만, 전 세계적 차원의 지식(기술)사는 아직 규명되지 못했다. 다만 여전히 문화권 단위로 분리된 개별 지역 범위에 근거를 두고 있을 뿐이며, 덧붙이자면 교류 지역, 즉 하나의 문화권을 대표하는 개인 혹은 집단이 서로 만나고 연결되는 사회적 공간 정도가 있다. 권력 관계, 신뢰의 메커니즘, 신앙과 도덕이 지식(기술)의 교류, 적응, 거부에 영향을 미치게 마련이다. 정치적·종교적·사회적 권력이 교류의 주요 방향을 결정했던 것이다.

기술 교류의 측면에서 중간천년기 세계는 여전히 하나의 대륙에 불과했다. 육로나 해안선을 따른 교통이 연결의 전부였다. 1500년 이전 아메리카 대륙의 사람들이 사용한 도구, 기술, 전문 지식은 아프리카-유라시아 지역과 별개였다. 물론 오스트레일리아 사람들도 마찬가지였다. 그 시대는 1500년 이후의 시대와 뚜렷이 대비되었다. 이후의 시대에는 해상 활동과 식민지 개척을 통해 전 세계적 차원의 기술 전파가 이루어졌다.

기술사 연구자들은 오래도록 기술 전파의 과정과 16세기 유럽 패권의 등장을 동일시해왔다. 비교적 최근에는 교류의 상호성을 인정하고 기술의 전파보다 상호 교류, 중개, 적응, 번역의 과정으로 연구의 주안점이 이동했다. 중간천년기 유라시아 전역에 걸쳐 대단위 상품 교역과 기술 및 사상의 원거리 전파가 뚜렷했지만, 대개의 교역은 이웃한 권력 집단 사이에서 이루어졌다. 각 지역은 다양한 사상과 상품을 통해 서로의 관계를 돈독히 했고, 이로써 지역적 기술 문화가 더욱 발달했다. 북유럽, 지중해, 근동, 동아시아 혹은 동남아시아, 아프리카, 남북 아메리카의 문화는 저마다 독특한 형태의 연안 운행 선박을 건조했으며, 다른 지역에서는 전혀 볼 수 없는 나름의 독특한 특징들이 있었다. 중국에서 거대 선박을 건조한 비결은 물이 스며들지 않는, 수밀격벽을 갖춘 내실을 만들줄 알았다는 데 있다. 그들이 만든 배로는 아라비아와 동아프리카 해안까지 원거리 교역과 탐험이 가능했다. 그러나 중국의 교류는 특이한 사례에 속했을 뿐, 중국의 기술이 전파되기도 했지만 대부분의 조선소에서는 여전히 지역별 목적과 상황에 맞는 나름의 독특한 배를 계속해서 제작했기 때문에 지역별 스타일이 그대로 유지되었다. 중간천년기가 끝나갈 무렵, 포르투갈인이 유럽의 조선 전통을 뒤섞어 카라벨라(Caravela)선과 갈레앙(Galeão)선을 제작하기 시작했다. 이 배를 이용하여 인도양을 건널 수 있었고, 마침내 아메리카에 도착하게 되었던 것이다.

기술의 전파는 교역의 맥락에서 우연히 이루어졌다. 개인적으로 이루어지기도 하고, 정치적 이유가 개입되기도 했다.[51] 지역 패권을 가진 자들은 통치나 군사적 목적에서 외국의 전문가를 모집하거나 우대했다. 궁정과 행정 기관에서는 필요한 기술을 소지한 장인에게 특권을 부여했다. 예컨대 팍스 몽골리카 같은 정치적 통합의 시대에는 화약 무기 전문가의 이동이 훨씬 더 쉬웠다. 쿠빌라이 칸(Qubilai Khan, 1215~1294)은 때로는 후원으로, 또 때로는 노예 정책으로 유라시아 전역의 전문가를 동원했다. 칼리프는 관개시설 전문가를 등용하여 이들을 멀게는 레반트 지역으로부터 알안달루스 지역까지 이동시켰다.[52] 중세 지중해 세계는 다양한 문화가 접촉하는 교류의 현장이었다. 남부 유럽 문화, 비잔티움

---

51 Liliane Hilaire-Perez and Catherine Verna, 'Dissemination of Technical Knowledge in the Middle Ages and the Early Modern Era', *Technology & Culture* 47 (2006): 536-65.
52 Yassir Benhima and Pierre Guichard, 'Quelques aspects des échanges techniques en Méditerranée occidentale à la fin du Moyen Âge', in *Mélanges Halima Ferhat* (Rabat: Institut des Études Africaines, 2005): 73-112.

문화, 이슬람 문화가 이곳에서 서로 만났다. 이들은 나름대로 로마, 헬레니즘, 이집트의 물질 및 문화적 유산을 이어받았다. 스페인의 관개시설 건축 기술은 로마의 유산과 과거 북아프리카 지역과의 교류 결과였다.[53] 기술 전파의 방향은 한 방향이 아니라 여러 방향이었고, 사치품에서 일상용품, 예술 작품, 비단이나 쌀 같은 교역 상품에 이르기까지 다양한 물질문화에 결부되어 다채로운 양상을 띠었다. 전쟁의 시대에는 지식 전파의 통로에 혼란이 초래되었지만, 또한 전쟁 때문에 새로운 가능성이 열리기도 했다. 십자군 전쟁 같은 정치적 단절은 문화권 사이 지식 교류의 중요한 장애로 평가되기도 했으나, 근동 지역에서 유럽으로 축성 기술을 가져온 계기도 십자군이었다.

대개 기술은 그 기술을 사용하는 사람들과 함께 이전되었다. 그들이 정치적 혹은 종교적 이유로 문화·지리적 경계를 넘어갔던 것이다. 그들은 시공간의 벽을 넘어서 일관성과 연속성을 유지하고자 했지만, 현지 재원이나 기술 등의 형편에 따라 적절히 타협할 수밖에 없었다. 예컨대 종교적 공동체를 통하여 그러한 기술 전문가들이 양성되기도 했다. 유럽의 시토 수도회(Ordo Cisterciensis)에서는 수도승에게 관개 기술, 선진 농법, 제철 기술 등을 가르쳤고, 수도회 네트워크를 통해 기술을 전파했다. 종교 기관은 재정 확충을 목적으로 기술을 권장하기도 했다. 예를 들어 당나라 시기 불교 사찰에서는 기름이나 비단을 체계적으로 생산했

---

53 Andrew I. Wilson, 'Classical Water Technology in the Early Islamic World', in Christer Bruun and Ari Saastamoinen (eds.), *Technology, Ideology, Water: From Frontinus to the Renaissance and Beyond* (Rome: Institutum Romanum Finlandiae, 2003): 115-41.

다.[54] 중국에 새로운 그림자 그림(등불에 물체를 비추어 그림자로 그림을 만드는 기법)이나 장명등(長明燈) 같은 기술이 유통되었고, 등받이 의자(chair)가 수입된 이후 한국의 고구려와 헤이안 시대 일본(794~1185)으로 전파되었다. 그로부터 극적인 결과가 나타났다. 아시아에서는 바닥에 쪼그려 앉는 자세부터 높은 위치에 이르기까지 좌석의 질서가 곧 사회적 신분 질서의 표현이 되었다.[55] 인간의 신체를 높은 곳에 두는 것은 육체뿐만 아니라 세계와 우주의 질서를 표현하는 데 영향을 미쳤다. 이와 같은 문화적 변화가 이후 거꾸로 기술적 문제에 어떻게 영향을 미쳤는가 하는 주제는 거의 연구된 적이 없다.

통치 권력과 기술 혁신

중간천년기의 통치 세력과 그들의 행정 조직에서는 기술, 물품, 도구 등에 관한 기록을 생산, 선별, 보존했다. 그리하여 기술의 발전이 사회 하층에서 시작해서 상층으로 확산된 경우라 할지라도, 기술과 그 기술을 창안했다고 알려진 인물에 관해 정치적 수사법에 따라 기록이 생산된 경우가 많았다. 이런 경우에는 실질적 관행이나 생산 관련 내용이 아니라 그 기술을 창안하거나 발견했다고, 혹은 혁신적 효과를 가져왔다

---

54 Jacques Gernet, *Buddhism in Chinese Society: An Economic History from the Fifth to the Tenth Centuries*, trans. Franciscus Verellen (New York: Columbia University Press, 1995): 192-3.
55 당나라 시기 의자와 일상 문화에 관해서는 다음을 참조. Charles D. Benn, *Daily Life in Traditional China: The Tang Dynasty* (Westport, CT: Greenwood Press, 2002): 85. 당 문화의 일본 전파에 관해서는 다음을 참조. Fabio Rambelli, *Buddhist Materiality: A Cultural History of Objects in Japanese Buddhism* (Stanford University Press, 2007).

고 알려진 인물을 내세웠다. 유럽 역사학에서는 오래도록 창의적 천재를 강조해왔다. 아시아에서 생산된 기록에는 공동체의 업적 혹은 국가의 정책이 강조되어 있다. 유럽과 아시아 모두, 궁정과 궁정의 인물들이 주인공이었다. 그들은 권력 구조나 재정 능력을 활용하거나 정착 특권을 부여하거나, 혹은 사회적 안정과 신분을 보장함으로써 기술의 변화를 촉진했다고 전한다. 엘리트 계층의 유행이나 욕구는 지역 내에서뿐만 아니라 멀리 떨어진 곳에까지 영향을 미쳤다. 예컨대 무슬림 문화권의 엘리트 계층은 정밀 기계의 발전을 촉진했을 뿐만 아니라 물시계, 분수, 장난감, 아우토마타 등 섬세한 기계 조정 방식을 만들어냈으며, 같은 맥락에서 아스트롤라베 같은 천문 도구도 발명했다. 유럽 사람들도 그로부터 비슷한 영감을 얻었다.[56] 유럽 통치 계층 사이의 금 수요와 무슬림 문화권의 구리 수요는 멀리 아프리카의 광산 활동까지 촉진했다.

근동, 아프리카, 유럽, 아시아 등지에서 모두 제국과 종교의 후원 체계가 존재했다. 이를 통하여 물질문화의 심대한 변화뿐만 아니라 과감한 기술 개발 계획도 실현되었다. 7세기의 종교 지도자들은 비하르(Bihar)의 청동기 작업장을 후원했고, 날란다(Nalanda)나 안티착(Antichak) 같은 사원 중심지에서는 대규모 청동상을 건립하는 것이 유행이었다.[57] 오늘날 나이지리아에서 발굴된 14세기 유물로 보건대 당시에 대규모 구리 광산 채굴이 시행되었으며, 청동 주조와 제련 기술이 발달하여 동전과 의례 장식 물품이 생산되었고, 자원 교역이 이루어졌

---

56 전반적인 자료 개관은 다음을 참조. Hill, *Medieval Islamic Technology*, 167-86.
57 Niharranjan Ray, Karl J. Khandalavala and Sadashiv Gorakshkar, *Eastern Indian Bronzes* (New Delhi: Lalit Kala Akademi, 1986): 96.

다.[58] 고딕 양식의 성당,[59] 인도의 마우솔레움(mausoleums, 영을 모시는 사당), 사원, 무덤, 통치자의 궁전, 의례 장소(메소아메리카, 캄보디아, 중국 등)는 물품과 물품의 특성이 새로운 맥락과 만나 재탄생하는 곳이었다. 궁전과 수도원은 건립된 후에도 끊임없이 수리 및 변형되었다. 무기 공방, 부두의 선창, 광산, 건설 현장 등은 기술 혁신의 중심지로서 귀족, 종교나 군사 엘리트, 학자, 무역상, 그리고 장인 등이 서로 교류하며 옛 기술과 새로운 기술을 토론하는 장이 되었다.[60]

국가나 엘리트 계층이 관심을 둔 신기술은 행정력을 바탕으로 실현될 수 있었다. 무슬림 통치자들은 지중해 연안과 근동 지역에서 국가적 사업으로 관개시설을 건설했다. 중국에서는 당, 송, 요, 금, 원, 명 등 왕조를 거치면서 운하와 강둑을 설계했다. 때로는 지방 정부에서 추진했지만 결국 중앙 국가 기관에서 사업을 관장했다. 정치 권력이 파편화된 중세 유럽으로서는 상상하기 어려운 대규모 사업이었다.[61] 대운하 중에서 가장 오래된 구간은 7세기까지 거슬러 올라가는데, 항주(杭州, Hangzhou)에서 수도인 개봉(開封, Kaifeng)까지 매년 세금으로 거두어들

---

58 P. R. Schmidt, *Iron Technology in East Africa: Symbolism, Science, and Archaeology* (Bloomington: Indiana University Press, 1997).
59 Lynn T. Courtenay (ed.), *The Engineering of Medieval Cathedrals* (Aldershot: Ashgate, 1997).
60 See Pamela O. Long, *Artisan/Practitioners and the Rise of the New Sciences, 1400-1600* (Corvallis: Oregon State University Press, 2011), ch. 4.
61 중세 유럽의 수리 관리는 다음을 참조. P. Squatriti (ed.), *Working with Water in Medieval Europe: Technology and Resource-Use* (Leiden: Brill, 2000); R. Magnusson, *Water Technology in the Middle Ages: Cities, Monasteries, and Waterworks after the Roman Empire* (Baltimore: Johns Hopkins University Press, 2001).

인 곡식을 운반하는 데 사용되었다. 10세기에는 갑문 시설이 추가되기도 했다. 송나라의 경우 해상 무역을 방해하는 해적을 퇴치하기 위해 반복적으로 군대를 파견했는데, 해로가 아닌 대운하 운송은 값비싼 군비 지출에 대한 장기적 대책의 일환이었다.[62] 이처럼 기술의 선택에는 수많은 고려 사항이 개입되었다.

중국의 대운하처럼 거대 기술이 소요되는 프로젝트를 추진하는 가운데 반란이 일어나기도 했다. 식량, 주거, 생활에 대한 불안 때문에 엘리트 계층은 스스로 실용적 문제에 관심을 가지거나 새로운 방안을 찾고자 했다. 송나라가 분열된 뒤 중국의 왕조는 약화되었고, 북방 민족의 위협에 노출되었다. 실용주의적 엘리트 계층은 점차 기술 변화에 관심을 가졌고, 이를 문헌으로 남겼다. 중세 후기 이탈리아 도시와 도시국가들 사이에 벌어진 혹독한 분쟁의 핵심에는 사회·정치적 압박이 자리 잡고 있었다. 이러한 환경에서 군사 및 생활 기술에 대한 관심이 증폭되었고, 그 결과 화려하고 혁신적인 건축물이 건설될 수 있었다.

중간천년기 국가 주도 기술 프로젝트는 이를 촉발한 사회적·정치적·이념적 동기를 검토해야만 제대로 이해할 수 있다. 송-원 왕조 시기 대규모 관개시설 건설 공사를 통해 늪지대나 황무지가 농지로 개간되었다. 그러나 제방이나 운하 건설은 끊임없는 노동력을 필요로 했으며, 동시에 이민자나 떠돌이 농민 등 유동층에 의해 사회 불안이 야기될 수 있

---

62 육유(陸游)는 《입촉기(入蜀記)》에서 대운하와 장강을 따라 157일을 여행했는데, 그중 153일의 기록을 남겼다고 한다. 영어 번역본은 다음을 참조 Philip Watson, *Grand Canal, Great River: The Travel Diary of a Twelfth- Century Chinese Poet* (London: Frances Lincoln, 2007).

었다. 송나라의 재상 정위(丁謂, 962~1033)는 군사적 의미에서 관개시설을 서술했는데, 정치적 안정을 가져다준다는 의미에서 북방 세력의 침략을 막아내는 성벽과도 같다고 했다.[63]

문헌과 유물을 통해 보자면 엘리트 계층은 대개 유행 기술의 현지화 내지 확장을 과장하는 경향이 있었다. 중국의 경우 실제 유적지를 조사해본 결과, 국가 권력이 도처에 미쳤다는 상식은 신화에 불과하다는 사실이 밝혀졌다. 즉 지역이 제국의 스타일과 엘리트 계층의 이념 혹은 방식을 고수하기보다는 자신의 목적에 맞게끔 기술을 수정한 흔적들이 발견되었다. 현지의 목적은 일이 돌아가게끔 하는 것이었다. 수사학적 표현에도 불구하고 송-명 시기의 엘리트 계층은 실제로 지역 발전에 별로 신경을 쓰지 않았다.[64] 정치적 통일과 중앙 집권 행정이 펼쳐친 시기에도 중국 기술의 환경은 아마도 산발적이고 다양했을 것이다. 그런 점에서는 정치적 분열 상황이었던 유럽의 경우와 크게 다르지 않았다. 메소아메리카와 남아메리카의 통치자들은 기술 영역에서 지역을 넘어서는 표준화 정책을 시행하지 않았다. 이슬람 문화권에서는 끊임없이 변화하는 다수의 현지인 혹은 중개인의 협력에 의존했다.

지역 내 실권자들 가운데 다양한 주체가 수자원 관리나 쓰레기 처리

---

63 Christian Lamouroux, 'From the Yellow River to the Huai: New Representations of a River Network and the Hydraulic Crisis of 1128', in Mark Elvin and Liu Ts'ui-jung, *Sediments of Time: Environment and Society in Chinese History* (Cambridge University Press, 1998): 554.
64 Peter Bol, 'The Rise of Local History: History, Geography, and Culture in Southern Song and Yuan Wuzhou', *Harvard Journal of Asiatic Studies* 61,1 (2001): 37-76.

등의 과정에서 기술 혁신을 선보였다. 그리고 물질적 투자를 통해 문화적 우월성을 획득했다. 유럽에서 기계 장치로 작동하는 시계는 14세기에 확산되는데, 주된 이유는 수도사나 상인 등 보다 정확한 시간을 알아야 하는 사람들의 수요가 아니었다. 그보다는 오히려 청각 효과를 동반하는 시각 효과를 통해 대중에게 알릴 수 있는 기계 장치를 열망하는 도시가 많았기 때문이다. 당시 시계는 짧은 기간 안에 상징적 존재로 부각되었다. 성직자 공동체는 신에 의해 창조된 우주의 규칙성을 시각적으로 멋지게 표현할 수 있다는 측면에서 천문 시계 개발에 투자했다.[65] 그보다 훨씬 앞선 1088년 중국 송나라의 재상 소송(蘇頌)은 기념비적 기계 장치로 천문 시계를 건설했는데, 이는 중국 통치자의 정당성을 과시하기 위한 왕조 차원의 사업이었다. 기존에 단순히 소리를 크게 낼 수 있는 종(鍾)을 제작한 전통에 비하자면, 소송이 개발한 기계 장치는 우주의 보이는 부분과 보이지 않는 부분의 조화, 우주적 질서를 드러내 보여주는 메커니즘이었다. 시계는 대중이 볼 수 있는 곳에 설치되었고, 누구나 눈으로 보고 그 소리를 들을 수 있었다. 이는 그들의 통치자가 시간을 관장하며 하늘이 어떻게 인간 세상을 조율하는지 알고 있는 사람이라는 의미를 나타냈다.

　엘리트 계층이 아닌 마을 주민 등 일반인 공동체가 대규모 공사를 수행했다는 기록은 매우 드물다. 중세 후기 네덜란드 정착민이 지역 차원에서 개간 사업을 추진했던 것은 그와 같은 드문 사례 중 하나다.[66] 그

65　Gerhard Dohrn van Rossum, *History of the Hour: Clocks and Modern Temporal Orders*, trans. Thomas Dunlap (University of Chicago Press, 1996).

러나 엘리트 계층이 아닌 사람들이 수행한 업적은 복잡한 구도의 조직 차원에서 이해해야 한다. 예컨대 중부 유럽 광산 지역의 경우 지방 권력, 현지의 기업가, 선도적 기술 전문가 들이 긴밀히 연관되어 있었다. 결국 역사적으로 기술 혁신과 관련하여 이름난 위인들은 스스로 그 기술을 개발한 사람이 아니라 이미 다른 사람들이 개발해둔 기술을 선택한 사람, 혹은 개인적 판단에 따라 사회·정치적 의미를 부여함으로써 혁신 기술을 실효성 있게 만들거나 특정 지역 및 장소에서 그것을 표준으로 제정한 사람을 일컫는 경우가 많다.

엘리트 계층이 기술 혁신을 촉진하는 역할을 맡는 경우가 흔했으나, 그것을 실제 구현하는 사람들은 따로 있었다. 대부분의 판단에는 경제적 이익에 대한 고려가 중요했다. 예를 들면 중세 잉글랜드 농민이 말(馬)의 노동력을 활용했던 것 같은 사례다. 그런 측면에서 산업화 이전 유럽에서는 고학력층이 아니라고 해서 기술 혁신에 반드시 적대적이지는 않았다는 연구 결과가 보고되기도 했다. 중세번영기 이후로는 수공업 길드가 사실상 기술 발전을 이끌고 유지하는 기능을 맡았다.[67] 공동체의 질서에 의거했든 왕의 명령에 따랐든, 어느 문명권을 막론하고 장인의 세계에서는 신구 기술과 상품을 실용적 관점에서 평가했고, 교역과 생계에 가장 유리한 쪽으로 선택했다. 중간천년기의 신기술은 분명 "글로벌"한 현상이 아니라 지역적이며 파편적인 현상이었다. 한동안 새로운 발전이 지속된 후에, 심지어 여러 차례에 걸쳐 반복적으로 발명이 이루

---

66 William TeBrake, 'Hydraulic Engineering in the Netherlands during the Middle Ages', in Squatriti, *Working with Water in Medieval Europe*, 101-27.
67 Epstein and Prak, *Guilds*, Introduction.

어진 뒤에야 뿌리내렸고, 다시 그것이 전통이 될 수 있었다. 마침내 역사적으로 주목받게 된 성과들은 대개 그러한 과정을 거쳐 이루어졌다.

환경 요인

기술사 연구자들이 기술의 사회적 차원을 탐구했던 것과 마찬가지로, 환경사 연구자들은 기술 개발에 영향을 미치는 물질적·자연적 조건에 관심을 기울였다. 주변 환경의 변화, 혹은 전혀 다른 도구가 필요한 지역으로의 이주는 기술 혁신에서 정치적·제도적 틀만큼 중요한 요인이었다. 예컨대 도자기 산업, 도시화, 선박 건조, 가축 사육 등에 필요한 에너지를 조달하면서 지역 전체가 황폐화되는 경우도 있었다. 소나 말은 교역과 의사소통의 경로를 더욱 가속화했다. 그러나 동시에 많은 농지가 작물 재배를 포기하고 목초지로 전용되거나 사료 작물을 재배하는 데 사용되었다.

중간천년기는 토지 이용, 식량 생산 방식, 에너지 패턴, 자원 소비 등의 변화가 서서히 가속화되었던 시기로 평가된다. 당시 사람들에게는 이중적 측면이 있었다. 즉 자연에서 영향을 받고 물리적 환경 조건에 대응 혹은 순응하는가 하면, 동시에 물리적 환경에 개입하여 변화시키는 역할도 했다. 기술과 환경은 직접적으로 연결되어 있었다. 서로의 영향 관계는 대개 직접적이었으며, 전 세계적 차원보다는 지역 범위에 국한되었다. 당시 자연환경의 가장 주목할 만한 사건은 중세온난기(Medieval Climate Optimum)였다. 10~13세기 북반구 일부 지역에서는 농업에 최적화된 자연 조건이 주어졌다. 유럽과 아시아의 송나라 같은 경우 식량 생산의 증가가 인구 증가로 이어졌다. 그러나 14세기에 이르러 평균 기온이 다시 떨어졌고, 전염병이 유라시아의 대부분을 휩쓸었으며, 인구 성장의 속도가 확연히 늦추어졌다.

이 시기의 환경 변화, 위기, 기술의 관계는 아직 제대로 파악되지 못했다. 과연 무엇이 원인이고 무엇이 결과였을까? 우리 책에서 요아힘 라트카우(Joachim Radkau)는 당시 사람들이 세계적 기후 변화가 아니라 지역별 날씨 변화에 반응했다는 점에 주목했다. 그들은 자기 지역의 흉작과 가뭄 문제에 몰두했을 뿐, 멀리 떨어진 곳의 사막화나 삼림 파괴에 관해서는 별다른 관심이 없었다. 오늘날 우리가 기술 혁신으로 평가하는 사례는 대체로 당시 사람들이 더 많은 양의 에너지를 조직화하기 위해 노력했던 과정, 그리고 식량 자원의 확장 혹은 예술품이나 물품 생산에 소용되는 재료의 확대를 추구했던 과정을 일컫는 경우가 많다.[68] 에너지, 식량, 수자원, 주거지의 한계는 곧 인구 성장, 도시화, 전문 기술의 확대를 가로막는 제한 조건이었다.[69] 이런 경우 때로는 의례적·사회적 규범으로 한계를 설정하거나, 혹은 사람들이 떠나갔다. 그러나 때로는 한계를 부수기 위하여 기술의 변화가 일어났다. 세계 대부분의 문화권에서는 18세기나 그보다 한참 뒤까지도 목재나 분변 혹은 토탄 같은 비-화석 연료를 사용하여 불을 피우고 난방을 했다. 그런 점에서 철제 무기를 제작하는 데 석탄을 사용한 중국의 송나라는 하나의 예외로서, 석탄에서 불순물을 제거하여 에너지 효율을 높이려 하면서 골탄(코크스) 생산이 발달했다. 13세기 몽골의 침략 이후 석탄 채광이 멈추었고,

---

68 Smith and Wolfe (eds.), *Technology and Resource-Use*, 464.
69 Malanima, *Pre-modern European Economy*, 49-94.

대규모 생산이 재개된 시기는 19세기 이후였다.

역사학에서 환경은 기술 변화의 한계를 설정하는 틀 같은 역할을 맡고 있다. 몬순 계절풍, 해류, 계곡, 산 등은 인류 이동의 방향을 결정하는 요인이었다. 강줄기는 주요 교통로였는데, 사람과 상품이 이동할 때 대개는 수상 교통이 가장 저렴하고 신속한 방식이었기 때문이다. 인류는 기술적 수단을 활용하여 환경의 한계를 밀어냈다. 강에 수로를 연결하여 흐름을 바꾸거나 다른 물줄기와 연결시켰다. 왕의 명령에 따라 물줄기를 막기 위해 둑을 건설하기도 하고, 건조 지역에 농사를 짓기 위해 관개시설을 이용하여 물을 끌어오는 공동체도 있었다. 그런 지역에서 사람들의 삶은 자연 자원의 환경 조건과 긴밀히 얽혀 있었다. 건축 관습은 지역에서 구할 수 있는 건축 재료에 따라 진화했지만, 사람들이 이주하게 되면 새로운 지역에 맞는 재료와 식물과 기술을 선택했다. 이와 같은 방식으로 도자기가 확산되었고, 붉은색 염료로 사용되는 소목(蘇木, sappanwood)이 인도-말레이반도에서 아시아를 거쳐 북유럽까지 전해졌다.[70]

토양 또한 기술의 변화로부터 영향을 받았다. 새로운 작물, 예컨대 생육 기간이 짧은 점성도(占城稻, Champa rice)의 베트남 변종이 11세기에 중국으로 전해진 뒤 식량 생산과 소비뿐만 아니라 자연환경에 큰 영향을 미쳐 극적인 변화를 초래했다. 중세온난기 인구 압력에 직면하여 중국과 유럽의 조직적 대응은 전혀 달랐다. 환경사 연구자들은 그 원인

---

70 Regula Schorta and A. D. H. Bivar, *Central Asian Textiles and their Contexts in the Early Middle Ages* (Riggisberg: Abegg-Stiftung, 2006): 44.

과 결과를 두고 많은 논쟁을 이어왔다. 중국은 관개시설 개선을 통한 노동 집약적 농법을, 유럽은 자본 집약적인 "건조(dry)" 농법을 발달시켰다. 그럼에도 불구하고 사뭇 다른 환경에서 비슷한 도구와 기계 장치가 사용되기도 했다. 볏쟁기(mouldboard plough)는 무거운 토질의 유럽에서뿐만 아니라 중국 논에서 수면 아래 흙을 갈 때도 사용되었다. 일단 그러한 기술이 도입되고 나면 독특한 형태의 사회적 협력을 촉진하게 된다. 예를 들어 무거운 토질의 땅은 쟁기로 갈아엎기가 쉽지 않기 때문에 유럽에서는 중간에 울타리를 제거하고 고랑을 길게 내는 식으로 농지를 조성했고, 거기에 심을 작물은 마을 사람들이 공동으로 결정했다.

기술사 연구자나 환경사 연구자에게 원인과 결과를 밝히는 것은 쉽지 않은 문제였다. 전 세계적으로 여러 문화끼리 비교를 해보면 환경 요인이 기술의 선택에 미친 영향을 밝혀낼 수도 있을 것이다. 낙타는 아프리카, 아라비아, 중앙아시아의 건조 지대와 반건조 지대에서 유용한 운송 수단으로 확인되었다. 물이 부족한 상황에서도 생존이 가능한 동물이었고, 낙타의 운용을 위해서 특별히 인프라를 구축할 필요도 없었다. 기원후 500년경부터 낙타에 안장을 얹게 되자 무거운 짐을 운반할 뿐만 아니라 전투용으로도 사용되었다. 북아프리카와 중앙아시아에서는 낙타가 변화의 속도와 커뮤니케이션의 범위에 영향을 미쳤다. 특수한 환경을 고려한다면 낙타가 반드시 수레에 비하여 열등한 기술이었다고 판단하기는 어렵다.

결론

기술 혁신은 중간천년기(500~1500 CE) 세계 어디서나 나타난 현상이었다. 그러나 드러난 양태와 파급력은 지역과 지식 문화권에 따라 크게 달랐다. 대부분의 세계사 연구자들은 특히 유럽의 산업화 이후 근대에 확연히 벌어진 격차, 즉 "대분기(great divergence)"가 기원후 1500년경에는 아직 나타나지 않았다는 사실을 인정하는 편이다. 당시에는 지역에 따라서 기술 역량이 다양하게 나타났으며, 주로 토목 공사의 성과, 수공업 기술의 지식, 농업 생산력을 두고 이웃 지역과 경쟁했다. 세계의 지역 간 교류는 직접적 관계보다 이웃 간의 매개를 거쳐 이루어졌다. 자세히 들여다보면 많은 변화가 점진적으로 이어졌다. 유라시아 전역에서 1500년경의 기술 수준은 500년경에 비해 확연히 달라져 있었다. 1500년경에 이르러 기술은 몇몇 지역 전통을 기반으로 발달하는 경우가 많았다. 또한 지역별 경제, 사회, 환경 조건에 맞게 적응하거나 적용되는 과정을 거쳤다.[71] 정치적 구조나 종교적 구조는 활동 범위를 제한했다. 그러나 기술 전문가와 견습생은 기술 지식의 기초를 보유하고 그 순환을 안정화시켰다. 그러므로 미래의 연구자가 기술 지식의 역사를 서술할 때는 다양한 문화적 담론, 즉 지식의 표현 양상, 혁신의 주도적 사상, 기술의 역사적 선택 등을 포괄해야 할 것이다.

    기술과 기술 혁신은 역사적 우연에 의거하며, 문화에 따라 그것을 받아들이는 방식 또한 다양했다는 사실을 인정한다면, 어떤 문화가 기술에 적대적이라고 평가하는 견해는 유지하기 어려울 것이다. 예컨대 중

---

71 Feza Günergun and Dhruv Raina, *Science between Europe and Asia: Historical Studies on the Transmission, Adoption and Adaptation of Knowledge* (New York: Springer, 2011).

간천년기 기독교에서 가끔 아시아나 아프리카 문화에 대하여 그런 견해를 표방한 적이 있었다. 기술적 측면에서 중간천년기의 세계는 활발하며 다채로웠다. 사람들은 기술과 기술 혁신에 기꺼이 능숙하게 대응했다. 때로는 새로운 기술을 칭송했지만, 때로는 과거의 이상향에 기대기도 했다. 그러므로 중간천년기는 전통을 개혁하는 동시에 전통을 유지하고자 했던, 모순을 내포한 시대였다고 말할 수 있겠다. 사람들은 기술 발전을 그 자체의 가치로 판단하기보다 일상생활이나 사상을 담아내는 방편으로 생각할 따름이었다.

더 읽어보기

Adas, Michael. *Machines as the Measure of Men: Science, Technology, and Ideologies of Western Dominance*. Ithaca and London: Cornell University Press, 1989.

Astill, Grenville and John Langdon, eds. *Medieval Farming and Technology: The Impact of Agricultural Change in Northwest Europe. Technology and Change in History*, vol. I. Leiden: Brill, 1997.

Basalla, George. *The Evolution of Technology*. Cambridge University Press, 1988.

Benn, Charles D. *Daily Life in Traditional China: The Tang Dynasty*. Westport, CT: Greenwood Press, 2002.

Bray, Francesca. *Technology and Gender: Fabrics of Power in Late Imperial China*. Berkeley and Los Angeles, CA: University of California Press, 1997.

Bray, Francesca, Vera Dorofeeva-Lichtmann and Georges Métailié, eds. *Graphics and Text in the Production of Technical Knowledge in China: The Warp and the Weft*. Leiden: Brill, 2007.

Burke, Edmund, III. 'Islam at the Center: Technological Complexes and the Roots of Modernity', *Journal of World History* 20.2 (2009): 165-86.

Chaudhuri, K. N. *Asia before Europe: Economy and Civilisation of the Indian Ocean from the Rise of Islam to 1750*. Cambridge University Press, 1990.

De Vries, Kelly. *Guns and Men in Medieval Europe, 1200-1500*. Aldershot: Ashgate, 2002.

Feng Jiren. *Chinese Architecture and Metaphor: Song Culture in the Yingzao Fashi Building Manual*. Honolulu, HI: University of Hawai'i Press, 2012.

Gernet, Jacques. *Buddhism in Chinese Society: An Economic History from the Fifth to the Tenth Centuries*, trans. Franciscus Verellen. New York, NY: Columbia Press, 1995.

Gies, Frances and Joseph Gies. *Cathedral, Forge, and Waterwheel: Technology and Invention in the Middle Ages*. New York, NY: HarperCollins, 1994.

Glick, Thomas, Steven J. Livesey and Faith Wallis. *Medieval Science, Technology and Medicine: An Encyclopedia*. New York and London: Routledge, 2005.

Han Qi, Zhang Xiumin. *Zhongguo yinshua shi*, 2 vols. Hangzhou: Zhejiang guji chubanshe, 2006. Translated into English by Chen Jiehua et al. *The History of Chinese Printing*. Paramus: Homa & Sekey, 2009.

Hill, Donald. *Medieval Islamic Technology: From Philo to Al-Jazari-From Alexandria to Diyar Bakr*. Collected Studies Series, 555. Aldershot: Ashgate, 1998.

Khan, Iqtidar Alam. *Gunpowder and Firearms: Warfare in Medieval India*. Oxford

University Press, 2004.
Lucas, Adam. *Wind, Water, Work: Ancient and Medieval Milling Technology*. Leiden: Brill, 2006.
Ledderose, Lothar. *Ten Thousand Things: Module and Mass Production in Chinese Art*. Princeton University Press, 2001.
Long, Pamela O. *Technology and Society in the Medieval Centuries: Byzantium, Islam, and the West, 500-1300*. Washington DC: American Historical Association; Society for the History of Technology, 2003.
Needham, Joseph. *Heavenly Clockwork: The Great Astronomical Clocks of Medieval China*. Cambridge: Published in association with the Antiquarian Horological Society at the University Press, 1960.
Pacey, Arnold. *Technology in World Civilization: A Thousand-Year History*. Boston: The MIT Press, 1990.
Popplow, Marcus. *Technik im Mittelalter*. Munich: C. H. Beck, 2010.
Rahman, Abdhur. *History of Indian Science, Technology and Culture CE 1000-1800*. Oxford University Press, 1998.
Schäfer, Dagmar, ed. *Cultures of Knowledge: Technology in Chinese History*. Leiden: Brill, 2012.
Schmidt, P. R. *Iron Technology in East Africa: Symbolism, Science, and Archaeology*. Bloomington, IN: Indiana University Press, 1997.
Siebert, Martina. *Pulu: Abhandlungen und Auflistungen: zu materieller Kultur und Naturkunde im traditionellen China*. Wiesbaden: Harrassowitz, 2006.
Sivin, Nathan. *Granting the Season: The Chinese Astronomical Reform of 1280. With a Study of its Many Dimensions and an Annotated Translation of its Records*. Sources and Studies in the History of Mathematics and Physical Science. New York, NY: Springer, 2009.
White, Lynn Jr. *Medieval Technology and Social Change*. Oxford University Press, 1962.

CHAPTER 13

과학과 철학의 전파

찰스 버넷
Charles Burnett

이번 장에서는 과학의 이론적 측면에 논의의 초점을 맞춰보려 한다. 이론적 측면이란 다시 말하면 인간이 스스로가 살고 있는 세상을, 보이는 것이든 보이지 않는 것이든, 그 원인과 기원을 논리적으로 이해해보려는 시도다. 과학은 물론 실생활에 응용되기도 하지만, 반드시 어떤 실용적 목적을 염두에 두지 않고 정신적 차원만으로 추구할 수도 있는 것이다. 서양의 경우 과학은 아리스토텔레스에 따르면 자연과학(natural science)과 형이상학(metaphysics)으로 나뉘며, 더불어 수학에 기반한 주요 네 과목(산술, 기하, 천문, 음악)도 포함된다. 이 모든 과목은 필로소피아(philosophia)와 스키엔티아(scientia)라는 이름으로 아우를 수 있다. 아랍어로는 팔사파(falsafa, 철학)와 일름('ilm, 지식)이라 한다. (인도와 중국에서 "철학"이라 하면 신격이 배제된 종교학을 의미한다. 예를 들면 불교학, 유교학, 도교학 등이다.) 서양의 전통은 《지혜서(Book of Wisdom)》라고 하는 구약성경의 외경 중 하나에서 그 연원을 확인할 수 있다. 그에 따르면 신이 모든 사물을 크기(measure), 수량(number), 무게(weight)에 의거하여 배열해두었다고 한다(《지혜서》 11:21). 그러므로 그 배열의 규칙을 발견하는 것이 곧 인간에게 주어진 의무가 된다. 갈릴레오(Galileo)는 그의 저서 《분석자(Il Saggiatore, 1623)》에서 이를 다음과 같이 강조한 바 있다.

철학(philosophy)은 위대한 책에 기록되어 있고, 그 책은 이미 우리의 눈앞에 놓여 있었다. 그것이 바로 우주(universe)다. 그러나 우리가 우주라는 책을 이해하려면 먼저 그 책에 사용된 언어를 배우고 상징 기호를 파악해야 한다. 그 책은 수학의 언어로 기록되어 있으며, 상징 기호는 삼각형과 원을 비롯한 여러 기하학적 도형이다. 그것을 배우지 않고서는 우리는 그 책에서 한 단어도 이해할 수 없고, 그저 어두운 미로를 헤매는 것과 다르지 않을 것이다.[1]

원천으로부터 확산인가, 독립적 발견인가

이와 같은 과학의 확산을 세계적 차원에서 고려하고자 한다면 가장 기본적으로 마주치는 질문이 있다. 즉 그것이 하나의 중심으로부터 확산된 것인가, 아니면 여러 다양한 기원지에서 파생된 전통인가 하는 문제다. 조지프 니덤(Joseph Needham)이나 나이프 알-로드한(Nayef al-Rodhan)을 비롯한 일부 학자들은 과학적 발명이 여러 물줄기로 확산되다가 근대 과학이라는 하나의 저수지로 모여들었다고 이해한다. 예컨대 연금술(alchemy)에 관한 조지프 니덤의 견해가 그랬다. "중국도, 혹은 다른 어느 문화권도 완전히 고립된 채로 의미 있는 결과를 도출했다고 보기는 어렵다. 예컨대 여러 가지 전근대적 화학 지식들(alchemy, aurifiction, aurifaction, the elixir)이 비록 과거 3000년 동안 서로 다른 기원에서 각각 출발했지만, 이들 모두는 하나의 거대한 흐름 속에 있었다.

---

1 Galileo, *Il Saggiatore* (The Assayer), translated by Stillman Drake, *Discoveries and Opinions of Galileo* (New York: Doubleday & Company, 1957): 237-8.

다만 오늘날의 우리가 이러한 사실을 충분히 설명하기는커녕 그 단서도 제시하지 못하고 있을 따름이다."[2] 또한 로렌스 피컨(Lawrence Picken)은 음악에 관해서 이런 글을 남겼다.

> 우리가 보기에 아시아와 유럽의 음악은 단일한 역사적 연속선상에 놓여 있다. 유럽 음악의 진화는 아시아 음악을 제외하면 이해하기 어렵다. 또한 동아시아 음악의 발달은 중앙아시아 혹은 서아시아의 역사를 제외하고는 더욱 이해하기 어렵다. 고대 중동 지역도 마찬가지고, 근대 유럽은 더더욱 그러하다. 유라시아 전역을 통틀어 음악사회학, 즉 음악의 사회적 맥락 연구는 초국가적 틀에 의거하지 않고서 논의할 수 없다.[3]

한편 문명권에 따라 과학의 정의(혹은 과학적 견해)가 서로 다르다고 해서 어느 한쪽이 반드시 다른 한쪽에 비해 "우월"하다고 말할 수 없다는 입장을 피력한 학자들도 있었다. 세예드 호세인 나스르(Seyyed Hossein Nasr)는 그러한 학자의 대표적인 예다.[4]

때로는 비슷한 사상이나 기술이 역사적 전파를 근거로 설명되기도 하고, 때로는 그것이 비록 오늘날에 그 과정을 상세히 추적하기 어렵다

---

2 Joseph Needham, *Science and Civilisation in China* (Cambridge University Press, 1954-2008), vol. V, pt. 4 (1980): 323. For Nayef al-Rodhan, see his *The Role of the Arab-Islamic World in the Rise of the West* (London: Palgrave Macmillan, 2012).
3 Laurence Picken, Foreword to the first volume of *Musica Asiatica* (London: Oxford University Press, 1977), v.
4 Seyyed Hossein Nasr, *An Introduction to Islamic Cosmological Doctrines* (Cambridge, MA: Belknap Press of Harvard University, 1964).

고 하더라도 교류가 있었다는 근거로 이해되기도 한다. 유럽의 북방 혹은 서방 끝자락에서 아시아의 동단 혹은 남단에 이르기까지, 브리튼섬이나 아이슬란드의 해안에서 그 반대편 일본이나 말루쿠 제도의 해안에 이르기까지, 유라시아 대륙의 범위에서는 이주나 교역이나 여행을 통한 사상과 기술의 확산을 설명할 수 있다. 아프리카 대륙의 지중해 해안은 유럽과 거의 맞닿아 있고, 유럽의 동쪽으로 나가 바다를 건너면 서아시아, 인도, 극동 지역과 접촉할 수 있다. 이러한 환경에서 글로벌한 네트워크가 만들어졌다. 그러나 신대륙, 오스트레일리아, 뉴질랜드 등지에서는 15세기 항해가들의 발견이 있기 전까지 어떤 식으로 진행되었는지 말하기가 대단히 어렵다.[5]

중앙아메리카에서 확인된 사람들은 같은 시대 동반구 사람들과 접촉이 없는 상태에서 독립적으로 수학적 원리에 의거하여 우주의 질서를 파악했다. 마야 문명은 복잡한 문자(음절을 나타내는 상형문자) 체계와 숫자 및 상징 체계를 만들어냈다.[6] 또한 유라시아와 분리되었던 덕분에 나름의 독특한 우주관을 발달시킬 수 있었다. 아즈텍과 마야를 비롯한 아메리카 문명권에서는 하나의 중심을 지닌 동심원적 우주보다는 여러 층위로 중첩된 우주 관념이 있었고, 금성(Venus)을 귀하게 여겼다(금성의

---

5 그러한 시도 자체가 없었다는 의미는 아니다. 다음을 참조. R. A. Jairazbhoy, *Ancient Egyptians and Chinese in America* (London: George Prior, 1974), 중앙아시아와 북아메리카에 관해서는 다음을 참조. Peter Kingsley, *A Story Waiting to Pierce You: Mongolia, Tibet and the Destiny of the Western World* (Point Reyes, CA: Golden Sufi Center Publishing, 2010).
6 Stephen Chrisomalis, *Numerical Notation: A Comparative History* (Cambridge University Press, 2010): 마야의 시스템에 관해서는 다음을 참조. Chapter 9, 284-308.

공전 주기 260일은 인간의 임신 기간과 비슷하다).[7]

유라시아에서는 역사적으로 모든 지식이 동양에서 시작되어 서양으로 흘러 들어갔다고 생각하는, 전통적인 하나의 이론이 존재했다. 이는 이슬람 문화권이나 유럽의 학계를 막론하고 반복해서 되풀이되는 주장으로, 월터 롤리 경(Sir Walter Raleigh)이 쓴《세계의 역사(History of the World, 1614)》에도 그런 내용이 포함되어 있다.

> 해가 뜨는 동방으로 말하자면, 또한 파울루스 베네투스(Paulus Venetus, 1368~1428)가 앵글족의 땅끝과 그곳의 섬들에 관하여 보고한 바를 들어 보자면, 동방의 나라들은 서방으로 지식을 발신할 뿐 수신하지 않았고, 빌려줄지언정 빌린 적은 없다는 사실을 깨닫게 된다. 그 당시에는 동쪽으로 가면 갈수록 문명이 발달했고, 서쪽으로 갈수록 야만의 땅이었다.[8]

이러한 사상의 여파는 근대까지 이어져, 19세기 유럽 식민주의를 통한 국가 체제 및 사회 구조의 확산, 20세기 미국의 세계 주도, 이후 그에 따른 유럽 중심주의 세계관에 대립하는 경향을 낳았다. 그러한 맥락에서 등장한 출간 성과로는 예컨대 조지프 니덤(Joseph Needham)의《중국의 과학과 문명(Science and Civilisation in China)》, 로슈디 라셰드(Roshdi

---

7 서반구의 우주론을 세계적 맥락에서 분석한 연구 성과는 다음을 참조. John North in *Cosmos: An Illustrated History of Astronomy and Cosmology* (Chicago and London: The University of Chicago Press, 2008): 161-70.
8 Sir Walter Raleigh, *History of the World* (London, 1652; first edition, 1614), pt. 1, bk. 1, ch. 7, paragraph 10, section 4, 98. Quoted in Needham, *Science and Civilisation in China* (1980): vol. V, pt. 4 III.

Rashed)와 레지 모렐롱(Régis Morelon)의 《아랍 과학사 백과(Encyclopedia of the History of Arabic Science)》, 헬레인 셀린(Helaine Selin)의 《비서구 문명의 과학, 기술, 의학사 백과(Encyclopaedia of the History of Science, Technology and Medicine in Non-Western Cultures)》 등이 있다. 에드먼드 버크 3세(Edmund Burke III)는 우리가 논의하는 중간천년기의 경우 이슬람이 중심이었고, 유라시아 대륙의 다른 지역들도 그런 관점에서 보아야 한다고 주장했다.[9] 비교적 최근에는 아프리카로부터 문명이 확산되었다고 주장하는 견해도 등장했다.[10] 그러나 이는 문화의 기원을 고려하는 것이 얼마나 중요한지를 보여주고자 하는 열정을 드러낼 따름이었다.

전설이 말해주는 과학 지식의 확산

우리가 논의하는 역사 시대의 범위에서 보자면, 어느 나라 혹은 어느 민족이 과학 지식을 어떻게 획득했는지를 전해주는 몇 가지 설명 방식이 존재했다. 대개는 국가적 자존심 내지 정치적 이유가 동기가 되었고, 역사적 뿌리에 근거를 두는 경우가 많았다. 중국의 경우가 정확히 그러했는데, 그들의 과학적 성과는 모두 역사적 여명기에 황제(皇帝)가 만든 것이라 믿었다. 우리 책의 제12장에서 설명했듯이, 17세기 중국의 과학자 여비(呂慹)는 언제나 남쪽을 가리키는 도구인 지남차(指南車)를 설

---

9 Cf. Edmund Burke III, 'Islam at the Center: Technological Complexes and the Roots of Modernity', *Journal of World History* 20 (2009): 165-86.
10 Martin Bernal, *Black Athena: The Afroasiatic Roots of Classical Civilization*, 3 vols (New Brunswick: Rutgers University Press, 1987-2006); for the reaction, see Mary Lefkowitz and Guy M. Rogers (eds.), *Black Athena Revisited* (Chapel Hill: University of North Carolina Press, 1996).

명하면서, 고대 성현의 지혜를 재발견했을 따름이라고 주장했다.[11] 그리스의 경우, 또한 그리스로부터 파생된 서양 중세의 많은 전통에서는 과학적 창조자로 헤르메스(Hermes)를 언급한다. 이시도루스 히스팔렌시스(Isidorus Hispalensis)는 과학적 창조 신화를 모아 《에티몰로기아에(Etymologiae, "단어의 파생에 관한 진정한 설명")》라고 하는, 그야말로 적절한 제목을 붙여두었다. 수많은 기술과 과학 저술은 서문에서 계보를 설명하곤 했다. 이슬람에서는 이를 이스나드(isnad)라 하는데, "전통의 사슬"이라는 의미다. 대개는 예언자의 말씀에 연결되는 이스나드를 통해 과학에 권위가 부여되는 것이다. 알리 이븐 알-아바스 알-마주시(Ali ibn al-'Abbas al-Majusi)의 저서 《키탑 알-말라키(Kitab al-malaki)》의 서문에 권위적 전통의 퍼레이드를 연대순으로 적어두거나,[12] 아랍의 흙점(geomancy, 흙이나 돌을 던져서 그 모양을 보고 점을 치는 방식 - 옮긴이)의 파생 과정을 베르베르인 권위자들을 통해 설명하는 방식이 그러한 사례에 속한다.[13] 이런 방식은 라틴어 문헌에도 그대로 나타난다. 12세기 초 기독교로 개종한 안달루시아(Andalucía)의 유대인 페트루스 알폰시(Petrus Alfonsi)는 자신이 제작한 〈천문표(天文表, astronomical tables)〉가

---

11 이 책 570쪽 참조.
12 Danielle Jacquart, 'Le sense donné par Constantin l'Africain à son oeuvre: les chapitres introductifs en arabe et en latin', in Charles Burnett and Danielle Jacquart (eds.), *Constantine the African and 'Ali ibn al-'Abbas al-Maǧusi: the Pantegni and Related Texts* (Leiden: Brill, 1994): 71-89 (특히 콘스탄티누스 아프리카누스는 번역서에서 이슬람의 이스나드isnad를 누락하고, 고대 학자들로부터 자신의 저서를 곧바로 연결시켰다.)
13 Carra de Vaux, 'La géomancie chez les arabes', in Paul Tannery, *Mémoires scientifiques*, ed. Johan Ludvig Heiberg (Toulouse and Paris: Edouard Privat and Gauthier-Villars, 1920), IV, 299-317 (at 300-1).

아랍, 페르시아, 이집트의 〈천문표〉를 "차용한" 것이라고 말했다.[14] 과학의 권위는 그것이 유래한 기원지 나라의 권위로부터 파생되었다. 사이드 알-안달루시(Sa'id al-Andalusi)는 11세기 말 톨레도(Toledo)에서 저술한《민족의 범주(Categories of Nations)》에서, 과학 연구에 심취하는 기본적 성향을 가진 민족들이 따로 있다고 말했다. 예를 들면 인도인, 페르시아인, 칼데아인, 이집트인, 그리스인, 비잔티움인, 유대인 등이며, 자신이 속한 서부 아랍인도 포함되었다.[15]

대표적 사례로 (10세기 말에 저술된) 이븐 알-나딤(Ibn al-Nadim)의 《피흐리스트(Fihrist)》를 들 수 있는데, 여기에 수록된 내용은 페르시아인 아부 살 알-파들 이븐 나우바크트(Abu Sahl al-Fadl ibn Nawbakht, c. 800 CE)의 글을 옮겨놓은 것으로, 과학이 알렉산드로스 대왕 시절부터 이란을 거쳐 형성되었다는 주장이다. 요약하자면 내용은 다음과 같다.

수많은 과학이 바빌론으로부터 전해 내려와 이집트와 인도에 도달했다. 천문학과 점성술은 특히 아완지한(Awanjhan, 성서에 등장하는 아담의 손자로 알려진 전설상의 인물. Avanjihan이라고도 한다. – 옮긴이)의 아들 잠 이븐 아완지한(Jam ibn Awanjhan)과 관련이 있다. 이후 목성의 시대에 다하크 이븐 카이(Dahhak ibn Qay)가 나라를 다스렸다. 그는 목성의 이름을

---

14 페트루스 알폰시가 알콰리즈미(al-Khwarizmi)의 〈천문표〉에 수록했던 서문을 다음 연구에서 확인할 수 있다. Charles Burnett, 'The Works of Petrus Alfonsi: Questions of Authenticity', *Medium Aevum* 66 (1997): 42-79 (66-7).
15 *Science in the Medieval World: 'Book of the Categories of Nations' by Said al-Andalusi*, transl. Semaan I. Salem and Alok Kumar (Austin: University of Texas Press, 1991).

따서 도시를 건설했다. 목성의 도시에는 황도 12궁을 따라 열두 개의 궁전이 건설되었고, 각각의 궁전에는 도서관이 설치되고 학자 무리가 배정되었다. 그런데 나중에 그들 중 가장 위대한 과학자인 헤르메스(Hermes)가 도시를 떠나 이집트로 갔고, 그곳에서 왕이 되었다. 도시의 지혜는 대부분 그대로 남아 있었지만, 그럼에도 헤르메스와 함께 방대한 양의 학문이 이집트로 건너갔다. 알렉산드로스 대왕이 페르시아를 침공했을 당시 거대 도시 알-마다인(al-Mada'in)을 건설하는 과정에서 글이 새겨진 목판과 석판의 기록을 파괴해버렸다. 그러나 페르시아의 문헌은 가져가서 보물 창고와 페르세폴리스(Persepolis)의 수장고에 보관했다. 거기에는 천문학, 약학 서적과 《알-카쉬타지(al-Kashtaj)》라는 제목의 의학 서적도 포함되어 있었다. 이들은 그리스어와 콥트어로 번역되었는데, 나중에는 불에 타 없어졌다. 번역본은 이집트에도 전달되었다. 일찍이 예언자 자라두슈트(Zaradusht, 자라투스트라)와 자마습(Jamasb)의 권고에 따라, 페르시아의 왕들은 주요 문헌을 왕국의 경계인 인도와 중국 변경에 숨겨두었다. 알렉산드로스의 약탈의 손길이 그 문헌에는 미치지 못했다. 나중에 이라크는 아르다쉬르 이븐 바바크(Ardashir ibn Babak, 180~242 CE)가 재위할 때까지 학문을 갖추지 못했는데, 그가 인도, 중국, 룸(Rum, 비잔티움)으로 사신을 보내 잃어버린 문헌의 복사본을 요청했고, 그것을 받아 다시 페르시아어로 번역했다. 아르다쉬르의 아들 사부르(Sabur) 또한 부친의 업적을 계승했다. 바빌로니아에서 기원한 문헌 가운데 이때 번역된 책으로는 나중에 이집트를 다스린 바빌로니아인 헤르메스(Hermes)의 저서, 시리아인 도로테우스(Dorotheus)의 저서, 과학적 성과로 유명한 아테네 그리스인 케드로스(Cedros)의 저서, 알렉산드리아인 프톨레마이오스(Ptolemaios)

의 저서, 인도인 파르마습(Farmasb)의 저서가 있었다. 후대의 호스로 1세(Khosro Anushirwan, 512/514~579)는 이러한 번역본들을 기초로 작업을 이어갔다.[16]

이븐 나우바크트는 이란인으로, 과학을 전수하는 이란의 전통을 지지하고자 했을 것이다. 이 글이 전혀 허무맹랑하다고 볼 수는 없다. 알렉산드로스 대왕의 정복 덕분에 그리스의 과학이 셀레우코스 제국 학문의 일부로 들어와 있었고, 그것이 호스로 1세 재위 기간에 다시 부흥하게 된 것은 사실이었다.[17] 실제로 오스타네스(Ostanes) 같은, 이집트에 살았던 페르시아인 학자의 저술도 포함되어 있었다.

그러나 유대인은 오직 유대인만이 진리의 담지자라는 주장을 펼쳤다. 예를 들어 12세기 말경 노르망디의 유대인이었던 베라키아 하-나크단(Berakhya ha-Naqdan)은 애덜라드(Adelard of Bath)의 저서 《자연과학의 제 문제(Questiones Naturales)》를 라틴어에서 히브리어로 번역하면서 다음과 같은 글을 서문에 남겼다. "내가 이 내용을 번역하면서 걱정하는 이유는, 그것이 유대인이 아닌 이방인의 저술이기 때문이다. 그러나 이방인의 저술은 애초에 히브리어를 번역한 것이었다. 그래서 나는

---

16 이는 요약으로 출처는 다음과 같다. David Pingree, *The Thousands of Abu Ma'shar* (London: The Warburg Institute, 1968): 9-10. 유용한 주석과 함께 전문을 다음에서 확인할 수 있다. Kevin van Bladel, 'The Arabic History of Science of Abû Sahl ibn Nawbaht (fl. c. 770-809) and its Middle Persian Sources', in Felicitas Opwis and David Reisman (eds.), *Islamic Philosophy, Science, Culture, and Religion: Studies in Honor of Dimitri Gutas* (Leiden: Brill, 2012): 41-62.
17 이 책 614~615쪽 참조.

이방인의 오염으로부터 그 내용을 깨끗이 세척하여 성스러운 언어(히브리어)로 복원하고자 했다."[18] 중국에서도 이와 유사한 사례가 많았다. 중국인은 불교, 그리고 후대에 예수회 신부들이 중국으로 가지고 들어간 서구의 학문에 대하여 먼 과거에는 원래 중국어로 되어 있었다고 주장했다.[19]

심지어 세속적 내용이라 할지라도 존엄한 전통과 결부되면 그 중요도가 올라갈 수도 있었다. 초기 중세 아일랜드에서 유래한, 번개를 보고 예언하는 내용의 문헌이 있었는데, 그 서문에서 각각의 예언에 성현의 권위를 부여하고 상상력을 동원하여 다양한 방식으로 설명을 덧붙였다. 예를 들면 "넘쳐나는 지혜를 바탕으로 한 풍부한 지식에 따라 거의 예언자 같은 어조로 세상을 통찰한 철학자들이 사물이 신비로운 방식으로 드러내는 예언을 선포했다"거나, 혹은 "지성이 매우 뛰어난 저자들이 밤새 사물을 관찰한 뒤 세상 만물의 원형과 모든 신비로운 사물을, 인간의 지적 능력을 통해 설명했다"는 등이다.[20]

과학 지식의 중심지

과학 지식의 확산을 말해주는 전설은, 물론 전설에 불과하지만 현실

---

18 Hermann Gollancz, *Dodi ve-Nechdi (Uncle and Nephew) of Berachya Hanakdan* (London: Humphrey Milford and Oxford University Press, 1920), iv.
19 See the broad chronological survey of Michael Lackner, 'Ex Oriente Scientia? Reconsidering the Ideology of a Chinese Origin of Western Knowledge', *Asia Major*, 3rd series, 21 (2008): 183-200.
20 These are phrases from a text edited by David Juste and Hilbert Chiu, 'The *De tonitruis* Attributed to Bede: An Early Medieval Treatise on Divination by Thunder Translated from Irish', *Traditio* 68 (2013): 97-124. Here p. 115.

을 반영하기도 한다. 중간천년기의 역사를 돌이켜보건대 특정 궁정이나 도시가 학문과 지적 교류의 중심지로 기능했음을 알 수 있다.

1. 6세기 초의 알렉산드리아(Alexandria). 당시 알렉산드리아는 과거의 영광을 상당 부분 그대로 유지하고 있었다. 지적 활동의 중심지로서 유대교, 기독교, 영지주의 철학자와 신학자는 물론 헤르메스 트리스메기스투스(Hermes Trismegistus)의 추종자, 불교와 조로아스터교 신자 들도 그곳으로 모여들었다. 당시의 주도적인 지식인상으로 존 필로포누스(John Philoponus, 490~570)를 들 수 있는데, 그는 기독교도의 입장에서 아리스토텔레스의 저작을 논평했고, 640년대에 알렉산드리아가 아랍인의 손에 넘어간 뒤에는 아랍의 철학자들이 그의 학설을 지지했다.

2. 사산 제국의 황제 호스로 1세(Khosro I Anushirwan, 재위 531~579)의 궁전. 유스티니아누스(Iustinianus) 황제가 529년 아테네의 아카데미아를 폐쇄하자, 호스로 1세는 그곳에서 강의하던 그리스 철학자들을 환영했다. 그리하여 호스로 1세의 궁전으로 건너간 철학자 중에는 프리스키아노스 리도스(Priscianos Lydos, 자연과학의 제 문제에 관하여 호스로 1세의 질문에 대답해준 내용을 기록한 책이 바로《호스로를 위한 답변 Solutiones ad Chosroem》이다)가 있었다. 또한 심플리키오스(Simplicios)와 다마스키오스(Damascios)도 있었는데, 이들 두 사람은 모두 아리스토텔레스 연구자였다. 그리스어 문헌과 산스크리트어 문헌이 모두 중세 페르시아어(Pahlavi)로 번역되었다. 인도의 이야기 모음집《판차탄트라(Panchatantra)》번역은 이후 다시 아랍어로 번역되었고, 아랍어본을 저본으로 지중해 지역 대부분의 언어로 번역되었다.[21] 중세 페르시아어 번

역은 호스로 궁중의 의사인 부르조이(Burzoy)가 맡았다. 한편 또 다른 궁중 관료인 부주르지미흐르(Buzurjmihr)는 점성술 관련 몇몇 저술을 번역하는 데 기여했다.²²

3. 당(唐)나라 황제들의 궁전. 당나라는 618년 성립했고, 무함마드가 이슬람을 일으켜 세운 시기에 전성기에 접어들었다. 당나라의 수도 장안(長安)은 세계에서 인구가 가장 많은 도시였고, 실크로드의 동쪽 끝이자 최종 목적지였으며, 실크로드의 상당 부분이 당나라의 통제 아래 있었다("제1차" 실크로드의 시대). 그래서 장안으로 모여든 다양한 민족의 풍성한 아이디어가 당나라를 살찌웠다. 페르시아의 천문학자와 음악가들이 당나라 궁정에 도착했다. 인도 출신의 천문학자 구담라(瞿曇羅, Qutan Luo)와 그의 아들 구담실달(瞿曇悉達, Gautama Siddhartha)은 당나라 천문 기관의 책임자가 되었다.²³

4. 토하리스탄(Tokharistan, 박트리아)의 수도 발흐(Balkh). 발흐는 중요한 문화 교류 중심지였다. 아랍어 고문헌은 그곳을 "도시의 어머니(umm al-bilad)"라고 일컬었다. 그곳에는 나바 비하라(Nava Vihara, "새로 설립된 대학교"라는 의미)라는 교육 기관이 있었는데, 아랍어로는 나우바하르(Nawbahar)라 했다. 교육 기관의 책임자는 바르마크(Barmak)였다.

---

21 Regina Forster, 'Fabel und Exempel, Sprichwort und Gnome. Das Prozesskapitel von, Kalīla wa-Dimna', in Hugo O. Bizzarri and Martin Rohde (eds.), *Tradition des proverbes et des exempla dans l'Occident médiéval/Die Tradition der Sprichwörter und exempla im Mittelalter* (Berlin: de Gruyter, 2009 = Scrinium Friburgense 24): 191-218.
22 François de Blois, *Burzōy's Voyage to India and the Origin of the Book of Kalīlah wa Dimnah* (London: Royal Asiatic Society, 1990).
23 North, *Cosmos*, 149-50.

그의 아들 칼리드(Khalid)는 나중에 아바스 혁명의 주역으로 참여했다. 그 여파로 주변 지역(즉 호라산Khorasan. 이는 토하리스탄을 포함하는 광역 지역 명칭인데, 아랍어로는 토하리스탄을 그대로 호라산이라 했다)에서 교육 기관의 세력이 더욱 강화되었다. 그의 손자 야히야 이븐 바르마크(Yahya ibn Barmak)는 칼리프 하룬 알-라시드(Harun al-Rashid, 재위 786~809)의 개인 교사였고, 산스크리트어 문헌의 아랍어 번역 사업을 주관했다. 그때 번역된 문헌에는 인도의 의학 고전 가운데 수쉬루타(Susruta)의 저서, 바그바타(Vagbhata)의 저서 《아쉬탕가 흐리다야 삼히타(Ashtanga Hridaya samhita)》, 라비굽타(Ravigupta)의 저서 《싯다사라(Siddhasara)》 등이 있었다. 미국의 역사학자 벡위드(Beckwith)의 견해에 따르면, 아랍 세계에 논증의 방식이 분명하게 도입된 계기는 나우바하르의 영향이었다고 한다.[24] 발흐를 찾아온 중국인도 있었는데, 불교를 연구하는 학자들이었다(우리 책의 다른 장에 더 자세한 논의가 있을 것이다). 7세기 중엽 발흐를 여행한 불교 승려 현장(玄奘) 법사가 그들을 보았던 기록을 남겨두었다.

5. 9세기 아바스 왕조 치하의 바그다드(Baghdad). 아바스 칼리프국이 성립되고(749/50) 바그다드에 새로운 수도가 건설되자(762) 아랍어는 전체 이슬람 문화권의 공식 언어가 되었다. 그리하여 이슬람 권역 내 문화적 유산(페르시아어, 시리아어, 그리스어 문헌)을 아랍어로 번역하려는

---

24 See Kevin van Bladel, 'The Bactrian Background of the Barmakids', in Anna Akasoy, Charles Burnett and Ronit Yoeli-Tlalim (eds.), *Islam and Tibet. Interactions along the Musk Routes* (Farnham: Ashgate, 2011): 43-88, and Christopher Beckwith, *Warriors of the Cloisters: The Central Asian Origins of Science in the Medieval World* (Princeton University Press, 2012).

종합적 시도가 이루어졌다. 이후 아랍어는 관료 체제의 언어인 동시에 학문의 언어가 되어 지중해의 동쪽 끝에서 서쪽 끝까지 모든 권역을 아우르게 되었다.[25] 9세기에는 그리스의 철학, 수학, 의학 문헌을 아랍어로 번역하는 사업이 대대적인 후원을 받았다.

6. 10세기의 모술(Mosul). 모술은 티그리스강을 건너는 다리의 한쪽 끝에 위치했다. 그 맞은편이 고대 도시 니네베(Nineveh)가 있던 자리다. 모술은 페르시아와 인도로 향하는 동서 교역로를 관장하는 도시였다. 함단(Hamdan) 왕조 치하에서 도시 모술의 중요성은 특히 심대했다. 함단은 890~1004년 이슬람 권역의 중심부를 실질적으로 통치했던 왕조다. 뿐만 아니라 13세기 초엽 카말 알-딘 이븐 유누스(Kamal al-Din ibn Yunus, 1156~1242)는 모술에서 과학과 철학을 가르쳤으며, 유대인에게 모세5경(Torah)을, 기독교인에게 복음서(Gospels)를 해석해주었다.

7. 10세기의 코르도바(Cordova). 압드 알-라흐만(Abd al-Rahman) 3세는 915~961년 스페인 지역 이슬람 왕조의 통치자로서, 스스로를 칼리프로 선포하고(929) 바그다드의 칼리프국에 직접 맞섰다. 당시 스페인에서 인구의 융합은 문화 교류를 더욱 촉진했다. 순수 아랍인(그들은 스스로를 다시 예멘인과 무다르Mudar인, 즉 시리아인으로 구분했다) 이외에도 베르베르인이 있었고, 아랍의 관습과 언어를 받아들였지만 기독교

---

[25] Dimitri Gutas, *Greek Thought, Arabic Culture: The Graeco-Arabic Translation Movement in Baghdad and Early 'Abbasid Society (2nd-4th/8th-10th centuries)* (London and New York: Routledge, 1988). 아랍어가 어떻게 과학의 공식 언어가 되었는지를 설명한 다른 연구 성과도 있다. 다음을 참조. George Saliba, *Islamic Science and the Making of the European Renaissance* (Cambridge, MA: MIT Press, 2007).

신앙을 유지하는 사람들(Mozarabs), 이슬람으로 개종한 스페인 사람들(Muwalladun), 유대인, 아프리카 흑인, 슬라브인(saqalabun, 북유럽과 슬라브 지역에서 넘어온 노예) 인구가 있었다. 코르도바는 탈무드 연구와 히브리 시문학이 번성하는 학문의 중심지가 되었다. 성서도 아랍어로 번역되었다(〈시편〉은 두 차례 번역). 코르도바는 인구가 50만, 모스크가 700개, 대중목욕탕이 300개에 달했다. 당시 코르도바는 유럽에서 가장 문명화된 도시였으며, 거리를 비추는 횃불과 하수 시설이 충분히 설치되어 있었다.

8. 12세기의 톨레도(Toledo). 시칠리아, 이탈리아 남부, 십자군 국가들과 마찬가지로 스페인 곳곳에서도 아랍어와 라틴어 문화 교류의 중심지가 형성되었다(시칠리아와 십자군 국가들에서는 그리스어 문화까지 더해졌다). 톨레도가 12세기 중엽부터 13세기 중엽까지 아랍어-라틴어 번역의 중심지였다는 사실에는 이견이 없다. 기독교 통치자 혹은 교회 당국의 권위자들이 공식적으로 정책을 펼쳤는지는 확인이 되지 않는다. 그보다는 실력 있는 학자들이 모여 있었던 것이 비결이었다. 도시에는 아랍어 도서관이 있었고, 유대인 학자들과 아랍어를 구사하는 현지 기독교인 학자들의 언어 능력이 도움이 되었던 것 같다.

9. 12세기 중후반 마누일 1세 콤니노스(Manouíl Komnenos, 1118~1180) 재위 시기(1143~1180)의 콘스탄티노폴리스(Constantinopolis). 12세기 중엽 이미 황제의 딸인 안나 콤니나(Anna Comnena, 1083~1153)는 학계에서 두각을 드러냈다.[26] 1136년 콘스탄티노폴리스의 피사(Pisa) 구

---

26 Robert Browning, 'An Unpublished Funeral Oration on Anna Comnena', in

역에서 니코메디아(Nikomedia) 교구의 주교인 니케타스(Niketas)와, 역시 주교인 안젤름 폰 하펠베르크(Anselm von Havelberg)가 주도한 토론이 있었다. 당시 지아코모 다 베네치아(Giacomo da Venezia), 부르군디오 다 피사(Burgundio da Pisa), 모세 델 브롤로(Mosè del Brolo) 등은 모두 통역가로 참여했으며, 그리스어 철학 및 신학 문헌을 라틴어로 번역했다. 프톨레마이오스의 저서 《알마게스트(Almagest)》가 콘스탄티노폴리스에서 팔레르모(Palermo, 시칠리아섬의 도시 - 옮긴이)로 전해진 것은 당시 외교관이자 학자인 헨리쿠스 아리스티푸스(Henricus Aristippus) 덕분이었다. 또한 이탈리아의 도시 피사(Pisa)에 거주한 형제 우고 에테리아노(Ugo Eteriano, 사망 1182)와 레오 투스쿠스(Leo Tuscus)는 콘스탄티노폴리스와 토스카나 지역의 접촉을 가능케 해준 "무적의 왕자의 훌륭한 통역사(invicti principis egregius interpres)"였다.[27]

10. 13세기 말에서 14세기 초의 타브리즈(Tabriz). 몽골이 중국에서부터 유럽의 변경까지 모두 정복한 뒤 팍스 몽골리카의 시대가 찾아왔고, 실크로드는 제2차 번영기를 맞이했다. 이후 타브리즈는 강력한 문화의 중심지가 되었다. 일 칸국의 재상 라시드 앗 딘(Rashīd al-Dīn, 1247~1318)은 이런 글을 남겼다.

이 시대에는 — 알라의 은총으로! — 지상의 여러 지방과 경역이 칭기즈

R. Sorabji (ed.), *Aristotle Transformed: The Ancient Commentators and Their Influence* (London: Duckworth, 1990): 393-406.
27 Charles Homer Haskins, *Studies in the History of Mediaeval Science*, 2nd edn. (Cambridge, MA: Harvard University Press, 1927): 213-18.

칸 일족의 칙령을 받들고 있고, 키타이(Khitai, 북중국), 마친(Machin, 남중국), 인디아(Hind), 카슈미르(Kashmir), 티베트, 위구르와 여타 튀르크 종족, 아랍, 프랑크 같은 각종 종교와 민족에 속하는 현자와 점성가와 학자와 역사가가 하늘 같은 위용을 지닌 어전에 무리 지어 모여 있다. 그들은 각각 자기 족속의 역사와 설화와 신앙에 관한 글들을 갖고 있다.[28] (인용문의 번역은 존경하는 김호동 선생님의 《집사》 번역을 참조했다. – 옮긴이)

당시의 학자 중에는 도교의 도사로 알려진 중국인 천문학자 부목재(博穆齋)도 있었다. 일 칸국의 칸 훌라구(Hulagu)는 그에게 명하여 중국 역법과 점성학을 나시르 알딘 알투시(Nasir al-Din al-Tusi)에게 설명하도록 했으며, 그 또한 나시르 알딘으로부터 천문학을 배우도록 했다. 나시르 알딘은 이틀 만에 부목재의 지식을 모두 습득하여 자신이 기존에 제작한 일 칸국 〈천문표(Zij i-Ilkhani)〉의 내용에 포함시켰다고 한다.

11. 15세기 말의 가오(Gao)와 팀북투(Timbuktu). 손니 알리(Sonni Ali) 황제(재위 1468~1492) 치하의 송가이 제국은 아프리카 역대 최대 규모의 왕국으로 성장했다. 황금, 소금, 상아, 노예를 무역하여 부를 쌓았다. 아스키아 무함마드 황제(Askia Muhammad the Great, 재위 1493~1529)는 수도를 팀북투로 옮기고, 이슬람과 과학의 발달을 장려해 이집트와 모로코에서 학자들을 불러들였다.

---

28 Rashīd al-Dīn, *Rashiduddin Fazlullah's Jami'u't-tawarikh: Compendium of Chronicles. A History of the Mongols,* trans. Wheeler M. Thackston, vol. I (Cambridge, MA: Harvard University Press, 1998): 6.

과학 전파의 방법

책과 도구(기계)를 통해 과학이 확산되었지만 무엇보다 중요한 것은 과학자의 이동이었다. 아랍 천문학 이론은 인도에서 파견된 외교관(대사)으로부터 시작되었다. 그가 754~755년 칼리프 알-만수르(al-Mansur)의 궁정에 파견되어 바그다드로 갔을 때 산스크리트어 〈천문표〉를 가지고 있었다. 아랍의 궁정 점성술가 알-파자리(al-Fazari)가 그것을 아랍어로 번역해 "지즈 알-신드힌드 알-카비르(Zij al-Sindhind al-kabir)"라는 제목을 붙였다. 제목에 포함된 신드(Sindh, 오늘날 파키스탄 남부)와 힌드(Hind, 인도)는 책의 내용이 어디서 비롯되었는지를 알려준다.[29] 서유럽 전파에 관해서도 외교 관계를 통한 책의 편찬 사례를 확인할 수 있다. 디오스코리데스(Dioscorides)의 《약물에 대하여(De materia medica)》는 서구 약리학의 기본서로, 9세기 초 콘스탄티노폴리스에서 코르도바의 무슬림 궁정으로 전해졌다.[30] 프톨레마이오스의 《알마게스트(Almagest)》도 유사한 사례에 해당한다. 이 책은 서구 천문학의 기본서로, 1160년보다 조금 앞서는 어느 시점에 헨리쿠스 아리스티푸스(Henricus Aristippus)가 콘스탄티노폴리스에서 시칠리아 팔레르모(Palermo)의 왕 윌리엄 1세(William I of Sicily)의 궁정에 대사로 파견될 당시에 가져갔다.[31]

---

29 Van Bladel, 'The Bactrian Background', 83.
30 Juan Vernet and Julio Samsó, 'The Development of Arabic Science in Andalusia', in Roshdi Rashed and Régis Morelon (eds.), *Encyclopedia of the History of Arabic Science*, 3 vols (London: Routledge, 1996), I, 243-75 (at 251-2).
31 Haskins, *Studies*, 143.

책이 전해지더라도 책의 내용이나 도구의 사용법 등이 해당 언어로 번역되어야 했다. 디오스코리데스의 책이 코르도바에 처음 전해질 당시 궁정에는 그리스어를 해석할 수 있는 인물이 전혀 없었다. 그래서 칼리프 압드 알-라흐만('Abd al-Rahman) 3세는 비잔티움 제국 황제에게 그리스어 사용자를 보내달라고 요청했고, 그래서 니콜라스(Nicolas)라는 이름의 수도사가 코르도바로 파견되었다. 니콜라스는 스페인 안달루시아(알-안달루스) 지역의 학자들과 협력하여 개정판을 출간했다. 이 책의 출간은 이후 알-안달루스 지역에서 약학 연구를 촉진하는 계기가 되었다. 아일랜드에는 콤푸투스(computus)라고 하는 독특한 역법(曆法) 전통이 있었다. 기독교 의례 날짜를 계산하는 역법으로, 이를 창안한 사람은 뱅고어(Bangor)의 수도원장 모-시누 모쿠 민(Mo-Sinnu moccu Min)이라 전한다. 그가 콤푸투스를 처음 기록한 시기는 7세기 말이었는데, 당시 어느 그리스인에게서 구두로 전해 들은 내용이라고 한다. 그들이 어디서 만나게 되었는지는 불분명하다. 그러나 당시 아일랜드와 지중해 동부 지역 사이에 교류가 있었다는 사실을 뒷받침하는 근거는 드물지 않다.[32] 구전으로 역법이 전해진 사례는 이뿐만이 아니다. 샴스 알-부하리(Shams al-Bukhari)가 〈천문표〉를 해석한 내용을 그레고리오스 키오니아데스(Gregorios Chioniades, 사망 1302)가 받아 적은 사례가 있다. 샴스 알-부하리는 아랍어 내용을 페르시아어로 구두로 번역했고, 키오니아데스는 페르시아어를 그리스어로 번역하여 기록으로 남겼다. 기독교

---

32 See Daibhi Ó Cróinín, 'Mo-Sinnu Moccu Min and the Computus of Bangor', *Peritia* 1 (1982): 281-9.

로 개종한 유대인 페트루스 알폰시(Petrus Alfonsi)는 그레이트몰번(Great Malvern) 지역의 조그만 수도원 원장인 월처(Walcher)에게 천문학을 전수했다고 하는데, 월처가 영국 해협을 건너가서 남긴 저술의 내용에 따르면, 전수 과정은 오직 구전으로 이루어졌다.[33]

페트루스 알폰시가 책의 내용을 전해주었다면, 월처는 아스트롤라베(astrolabe)를 전해주었다. 이미 10세기 말엽에 제르베르 도리악(Gerbert d'Aurillac)은 랭스(Rheims) 지역 성당 학교에서 새로운 커리큘럼으로 자유7과(septem artes liberales)를 교육할 때 도구와 모형을 사용한 것으로 유명했다(3학과 4과를 합쳐 7과라 한다. 3학 곧 트리비움trivium은 문법, 수사학, 변증법적 추론이고, 4과 곧 콰드리비움quadrivium은 음악, 천문학, 기하학, 수학이다. - 옮긴이).[34] 12세기 잉글랜드에서는 리드모마키아(Rithmomachia) 게임과 체스 게임이 각각 산수와 기하학 학습 도구로 활

---

33 In 'Sententia Petri Ebrei, cognomento Anphus, de dracone quam dominus Walcerus prior Malvernensis ecclesie in Latinam transtulit linguam', edited in José Maria Millás- Vallicrosa, 'La aportación astronómica de Pedro Alfonso', *Sefarad* 3 (1943): 87-97. 아랍어에서 라틴어로 번역하는 과정에서는 대개 유대인이 의미를 해석하여 유대어로 구술하고 그것을 기독교 학자들이 정제된 라틴어로 받아 적었다. 후대에는 매개가 된 유대어도 기록으로 남겼다. 이와 같은 번역 성과의 종합적 목록은 다음에서 확인할 수 있다. Mauro Zonta, 'The Jewish Mediation in the Transmission of Arabo-Islamic Science and Philosophy in the Latin Middle Ages. Historical Overview and Perspectives of Research', in Andreas Speer and Lydia Wegener (eds.), *Wissen über Grenzen: Arabisches Wissen und lateinisches Mittelalter*, Miscellanea Mediaevalia 33 (Berlin and New York: De Gruyter, 2006): 89-105.
34 Richer, *Histoire de France*, ed. and trans. Robert Latouche (Paris: Les Belles Lettres, 1964), 2 vols.; Book iii, chapters 43-54, 50-65. Arianna Borrelli, in her *Aspects of the Astrolabe: 'architectonica ratio' in tenth- and eleventh-century Europe*, Sudhoffs Archiv 57 (Stuttgart: Franz Steiner Verlag, 2008), 이 연구에서는 아스트롤라베가 어떻게 도구로 사용되었는지에 관한 초기 문헌 증거를 분명하게 제시하고 있다.

용되었다.[35]

　서유럽에서 대학교 체제가 시작되면서 정해진 교재를 바탕으로 교육이 이루어지고, 또한 변증법적 추론을 통해 논지의 타당성을 검증하기 시작했다. 이러한 방식이 "스콜라 방식(Scholastic method)"으로 자리를 잡았다(스콜라는 대학교를 의미 - 옮긴이). 미국의 역사학자 크리스토퍼 벡위드(Christopher Beckwith)에 따르면, 스콜라 방식은 중앙아시아의 불교 교육 기관 비하라(vihara)에서 발달한 것으로, 티베트 불교에 남아 있는 독특한 논쟁의 방식 또한 그것이 전파된 결과라 한다. 또한 이슬람의 교육 기관 마드라사(madrasa)에도 같은 방법이 전해졌다. 마드라사의 기원도 중앙아시아인데, 비하라의 건물을 그대로 차지한 경우가 많았다.[36] 아마도 이슬람을 통해 서유럽으로 교육 방식이 전해졌을 것으로 추정되는데, 아랍어 문헌에 그러한 방식이 그대로 담겨 있기 때문이다. 아랍 문헌 전파와 유럽의 대학교 설립은 시기적으로 겹친다.[37]

---

[35] Charles Burnett, 'The Instruments which are the Proper Delights of the Quadrivium: Rhythmomachy and Chess in the Teaching of Arithmetic in Twelfth-Century England', *Viator 28* (1997): 175-201. 유럽 체스의 기원이 된 페르시아 문헌과, 체스가 별의 움직임과 군사적 전술의 내용을 담고 있다는 해석에 관해서는 다음을 참조. Antonio Panaino, *La novella degli scacchi e della tavola reale: un antico fonte orientale sui due giochi da tavoliere più diffusi nel mondo euroasiatico tra Tardoantico e Medioevo e sulla loro simbologia militare e astrale* (Milan: Associazione Culturale Mimesis, 1999).

[36] Beckwith, *Warriors of the Cloisters*.

[37] 유럽 대학교의 컬리지 시스템이 아랍의 와크프(waqf) 시스템을 그대로 수용했다는 논제에 관해서는 다음을 참조. George Makdisi, *The Rise of Colleges: Institutions of Learning in Islam and the West* (Edinburgh University Press, 1981). Makdisi와 Beckwith의 논문은 서양의 제도와 동양의 제도에서 부정할 수 없는 유사성을 근거로 제시해 충격을 주었지만, 아직 보편적으로 인정받지는 못하고 있다.

커리큘럼 개발은 교육 제도와 함께 가는 문제였다. 12세기 유럽의 상황에서 아랍어 번역본을 교재로 채택한 이유는, 한편으로는 새로운 커리큘럼 개발 때문이었고(먼저 자유7과가 채택되었고, 나중에 아리스토텔레스학파의 커리큘럼, 즉 자연과학, 형이상학, 윤리학이 추가되었다) 다른 한편으로는 해당 언어로 활용 가능한 교재의 존재 여부에 달려 있었다.[38] 그러나 교재의 번역본이 있다고 해서 바로 수용이 보장되는 것은 아니었다.[39] 번역본이 있다는 사실이 알려진다 하더라도 현실에서 쓸모가 없을 수도 있었는데, 10세기의 약리학자 이븐 줄줄(Ibn Juljul)은 바로 이 점을 지적했다. "약물에 관해서 디오스코리데스(Dioscorides)의 책에 언급되지 않은 내용도 있지만, 실제 의학에 사용되는 유익한 내용과, 실제로 사용되지 않고 단지 기록으로 남겨진 내용은 구분해야 한다."[40] 그렇

---

[38] The first is emphasized in Charles Burnett, 'The Coherence of the Arabic-Latin Translation Programme in Toledo in the Twelfth Century', *Science in Context*, 14 (2001): 249-88, reprinted with corrections in *Arabic into Latin in the Middle Ages: The Translators and their Intellectual and Social Context* (Farnham: Ashgate, 2009), Article vii; the second in Dimitri Gutas, 'What was there in Arabic for the Latins to Receive? Remarks on the Modalities of the Twelfth-Century Translation Movement in Spain', in Speer and Wegener, *Wissen über Grenzen*, 3-21.
[39] 한 편의 번역 원고에 여러 문헌이 인용된 경우가 있는데(대개 저술 연도와 번역 연도가 근접해 있다) 번역문이 독자에게까지 전달되었다는 흔적은 없다. 다음의 사례를 참조. Ibn al-Haytham's *On the Configuration of the World* included in the *Liber Mamonis* of 'Stephen, the disciple of philosophy' (fl. 1127), and the earliest Arabic-Latin translation of Ptolemy's *Almagest* ('the Dresden *Almagest*'), both works being the subject of Dirk Grupe, 'The Latin Reception of Arabic Astronomy and Cosmology in Mid-twelfthcentury Antioch: The Liber Mamonis and the Dresden Almagest', unpublished PhD thesis, University of London, 2013.
[40] Joan Vernet in Charles C. Gillispie (ed.), *Dictionary of Scientific Biography* (New York: Charles Scribner's Sons, 1973), vii, 187.

다면 이런 의문을 제기해볼 수 있겠다. 문화권을 넘어서 확산된 지식과 그렇지 않은 지식의 차이는 무엇일까? 예를 들면 플라톤과 아리스토텔레스의 경우다. 둘 다 후기 고대의 철학으로, 아리스토텔레스에 우호적인 분위기에 힘입어 플라톤의 저서 또한 이슬람 문화권으로 전해졌고, 중세에 둘 다 (아랍어 및 그리스어에서) 라틴어로 번역되었다.[41] 그러나 플라톤은 철학자라기보다 시인(문학가)으로 인식되었다. 그의 논변이 충분히 체계적인 지식으로 보이지 않았기 때문이다.

학문적 소통의 정치

과학 지식이 무언가 특별한 것이었다면, 그것이 나쁜 사람들의 손에 들어가지 않도록 조심할 필요가 있었다. 이븐 압둔(Ibn 'Abdun)이 바로 그런 말을 남겼다. 그는 12세기 세비야(Sevilla)에서 무역 시장을 감독한 사람으로, 과학 관련 서적을 유대인이나 기독교인에게 팔지 못하도록 했다. 그들이 책을 사서 번역한 뒤 자신의 종교 신자 혹은 주교에게 넘겨줄 가능성이 다분하기 때문이었다.[42] 13세기 말엽 비잔티움 제국의 학자인 그레고리오스 키오니아데스(Gregorios Chioniades)가 학술 자료

---

41 For the first see Dimitri Gutas, 'The Absence of Plato in the Medieval Graeco-Arabic Transmission: Mechanisms of Non-Transfer of Knowledge', in the *Proceedings of the Conference on the Globalization of Knowledge in the Mediterranean World*, October 26-27, 2012, Berlin-Dahlem, forthcoming; for the latter see Charles Burnett, 'Plato Amongst the Arabic-Latin Translators of the Twelfth Century', in Francesco Celia and Angela Ulacco (eds.), *Il Timeo, Esegesi greche, arabe, latine* (Pisa: Studi, 2012): 269-306.

42 Alejandro García-Sanjuán, 'Jews and Christians in Almoravid Seville Through the Hisba Treatise by Ibn 'Abdun', *Medieval Encounters* 14 (2008): 78-98 (at 98).

를 찾기 위해 타브리즈(Tabriz)를 방문한 적이 있었다. 그의 증언에 따르면 천문학 서적을 제외하고는 아무 책이나 볼 수 있었으며, 페르시아인은 비잔티움 제국에 페르시아 천문학 자료가 넘어가면 그들이 천문학을 이용하여 자신의 왕국을 뒤엎을까 두려워했다고 한다.[43] 중국 당나라에서는 인도의 어느 천문학자가 일행(一行)이라는 이름의 중국인 천문학자를 고발한 적이 있었다. 그가 국가적 사무로 중요한 역법(曆法)을 새로 만들면서 인도의 자료를 훔쳐다 썼다는 이유였다.[44]

어느 민족이 다른 민족의 지식을 훔쳐 가려면 무언가 그럴듯한 핑계가 있어야 했다. 키오니아데스(Chioniades)는 페르시아어를 완벽하게 배운 뒤 신분을 속이고 일 칸국의 궁정에 잠입하는 데 성공했고, 결국 페르시아인이 보유한 특별 자료에 접근할 권한을 얻게 되었다. 그는 페르시아의 〈천문표〉와 그것을 그리스어로 번역해둔 자료를 직접 보았다. 우고 데 산타야(Hugo de Santalla)의 후원자 미구엘(Miguel)은 12세기 중엽 타라소나(Tarazona) 지역의 주교로, 이슬람 군소 왕국 바누 후드(Banu Hud)의 궁정 "도서관 속 깊숙한 비밀의 공간까지(secreta bibliotece penetralia)" 접근해 천문학 문헌을 가지고 나왔고, 우고는 그것을 라틴어로 번역했다.[45]

---

43 Raymond Mercier, 'The Greek-Persian *Syntaxis and the Zij-i Ilkhani*', *Archives internationales d'histoire des sciences* 34 (1984): 35-6 (at 35): the prologue is edited in Joseph Gerard Leichter, 'The *Zij al-Sanjari* of Gregory Chioniades: Text, Translation and Greek to Arabic Glossary', PhD dissertation, Brown University, 2004.
44 North, *Cosmos*, 150.
45 Haskins, *Studies*, 73.

이방인이 지식을 획득하는 것은 누구에게나 두려운 일이었을 것이다. 그렇게 되면 본인에게 손해를 끼칠지도 모를 일이었다. 이븐 압둔은 다른 글에서도 기독교인과 유대인을 상대로 서적 판매를 금지한다는 내용을 남겼다. 유대인 의사와 기독교인 의사는 고의로 이슬람 환자에게 해를 끼칠 가능성이 있으므로 신뢰해서는 안 된다는 의미였다.[46]

그러나 우려할 대상은 적뿐만이 아니었다. 지식 때문에 자신이 속한 민족에게도 의심을 살 수 있었다. 누군가가 특히 "이방인의 과학"을 너무 많이 알고 있다면, 그 자체로 의심의 대상이 되었다. 무슬림 세계에서 그런 사람은 진디크(zindiq), 즉 자유사상가라는 명목으로 고발당했다.[47] 아랍의 아스트롤라베와 수판을 유럽에 처음 소개한 학자는 악마로부터 가르침을 받았다는 죄목으로 고발당하기도 했다.[48] 톨레도(Toledo)는 아랍의 과학과 철학이 서구로 전파되는 길목에 놓인 요충지였는데, 또한 마술의 중심지로도 명성이 높았다.[49] 대학교가 전성기를 구가한 시기 서구의 모든 새로운 분야(ars notaria)는, 학생들에게 믿을 수 없을 만큼 짧은 시간 안에 대학교 전공 지식을 습득할 수 있도록 가르쳤다. 이 때문에라도 외부에서 보기에는 교육과 신비로운 마술이 겹쳐 보이는 이미

---

46 García-Sanjuán, 'Jews and Christians', 98.
47 Sara Stroumsa, *Freethinkers of Medieval Islam: Ibn al-Rawandi, Abu Bakr al-Razi, and their Impact on Islamic Thought*, Islamic Philosophy and Theology 35 (Leiden: Brill, 1999).
48 마이클 스콧(Michael Scot, 13세기 초엽의 인물)에 따르면, 제르베르 도리악(Gerbert d'Aurillac)은 프랑스 최고의 마법사로, 공기 중에 떠다니는 악령들이 밤낮으로 그의 요구에 복종한 것은 그가 푸짐한 제물을 제공했기 때문이라고 한다: quoted in Lynn Thorndike, *Michael Scot* (London: Nelson, 1965): 93-4.
49 Jaime Ferreiro Alemparte, 'La escuela de nigromancia de Toledo', *Anuario de Estudios Medievales* 13 (1983): 205-67.

지가 점차 강화되었다.[50] 중국에서도 당나라의 위대한 천문학자 일행(一行) 선사는 마술로 명성이 높았다. 천문 관련 기관에서 큰곰자리가 보이지 않는다는 보고를 올려 황제가 걱정하자, 일행 선사는 재앙을 피하려면 황제가 직접 대사면령을 내리는 수밖에 없다고 건의했다. 과연 대사면령이 내려진 뒤 큰곰자리의 별들이 제자리로 돌아왔다.[51]

새로운 사상은 의심의 눈초리를 받게 마련이다. 그러므로 새로운 학문을 소개하는 학자는 처신을 신중히 해야 한다. 애덜라드(Adelard of Bath)는《자연과학의 제 문제(Questiones Naturales)》서문에서, 같은 시대를 살아가는 사람들이 "현대적" 발견은 무엇이든 받아들이려 하지 않는다는 불만을 털어놓았다.[52] 그래서 그의 사상은 오히려 아랍인에 의해 받아들여졌다. 중국에서와 마찬가지로 유럽에서도 혁신은 사기 비슷한 일로 인식되었다.[53]

과학 지식은 누구와 공유해야 하는가?

지식이 제대로 된 사람들의 손에 들어가는 것은 중요한 문제였다. 아흐마드 이븐 유수프(Ahmad ibn Yusuf, 9세기 말~10세기 초 카이로 거주)는 새로 편찬되는 기하학 서적의 서문에서, 과학의 내용을 아무 학생에게나 혹은 아무에게나 드러내 보여주어서는 안 되고 이성의 힘이 영

---

50 Julien Véronèse, *L'Ars notaria au moyen âge* (Florence: Edizioni del Galluzzo, 2007).
51 North, *Cosmos*, 144.
52 *Quaestiones naturales*, in Adelard of Bath, *Conversations with his Nephew*, ed. Charles Burnett et al. (Cambridge University Press, 1998): 82-3.
53 이 책 제12장 570쪽 참조(여비 관련).

혼을 주도할 수 있는 지적인 학생이라야 적당하다고 말하면서 플라톤의 권위를 강조했다.[54] 우고 데 산타야(Hugo de Santalla) 또한 자신이 아랍인에게서 배운 은밀한 학문은 지적 엘리트에 한해서만 도움이 될 것이라고 주장했다. 프톨레마이오스의 이름으로 전해지는 《켄틸로퀴움(Centiloquium)》이라는 책의 서문에서, 우고 데 산타야는 자신의 후원자인 미구엘(Miguel) 주교에게 "이와 같은 지혜의 비밀이 가치 없는 놈들의 수중에 넘어가지 않도록 해야 할 것입니다. 단지 소장한 책의 권수보다 배움의 내용으로 기뻐하는 사람에게 이 책이 은밀하게 공유되도록 해야 할 것입니다"라고 말했다.[55] 그와 같은 시대 인물인 헤르만 폰 카린티아(Hermann von Carinthia)는 아랍 학문을 전파하는 문제에서 그와 비슷한 우려를 가지고 있었다. 그와 그의 동료 로버트(Robert of Ketton)가 아랍인에게서 배운 비밀스러운 지식을 누설하는 것으로 미스터리의 세계가 시작될까 두려웠던 것이다.

그대[로버트]도 기억하겠지만, 비록 우리가 기나긴 날들의 밤을 지새우고 가장 혹독한 노동을 바친 뒤에야 아랍 보물의 깊이를 터득했음에도 불구하고, 우리가 미네르바 축제 때 성전을 벗어나 대중이 모여 있는 곳으로 갔을 때, 혼잡하게 떼 지어 몰려다니던 사람들은 놀라서 입을 벌린 채로

---

54 MS Paris, BnF, lat. 9335, fol. 64rb. 모범생 관련 내용의 전문은 다음을 참조. Charles Burnett, 'Dialectic and Mathematics According to Ahmad ibn Yusuf: a Model for Gerard of Cremona's Programme of Translation and Teaching?' in Joel Biard (ed.), *Langage, sciences, philosophie au xiie siècle* (Paris: Librairie Philosophique J. Vrin, 1999): 82-92 (at 87-8).
55 Haskins, *Studies*, 70.

우리에게 거리를 두었고, 멋진 예복을 입고 장신구를 걸친 사람들을 대할 때와는 정반대로 우리를 경멸했었지.

그러나 그의 꿈속에 지혜의 여신 미네르바가 나타나 그의 지식을 학생들에게 전해야 한다고 설득하며, "그것이 자유롭게 전해질 때 공동체의 자산이 풍성해질 것"이라 했다.[56]

지식의 전파가 어긋나지 않고 제대로 되도록 하기 위해서 공권력이 개입될 수도 있었다. 11세기 중국 송나라에서 학자이자 재상이고, 천문시계탑 같은 선진 기계를 개발하기도 한 소송(蘇頌)이라는 인물은 "고대 의학 고전 필사본과 판본을 모두 통합할 거대한 국가적 계획"을 지휘했다.[57] 이슬람 문화권에서는 임티한(imtihan, 시험)이라는 체제로 전문직 의사, 기술자, 천문학자를 통제했다. 예를 들어 알-카비시(al-Qabisi)는 자신의 후원자인 사이프 알-다울라(Sayf al-Dawla, 945~967년 함단 왕조 치하 알레포Aleppo의 토후)에게 "점성술가를 자처하는 사람들을 검증하는 시험지"를 편지로 보내주었다. 진정으로 내용을 아는 사람과 허풍쟁이와 사기꾼을 분별하기 위한 질문들이었다.[58]

중국의 과거 시험 제도는 공직자를 선발하는 제도로 유교 경전에 기초를 두고 있었다. 이 제도를 통해 세대를 거듭하여 공적 지식이 통일

---

56 Hermann of Carinthia, *De essentiis*, ed. Charles Burnett (Leiden: Brill, 1982): 71-3.
57 North, *Cosmos*, 141.
58 Anne Regourd, 'L'Epître ayant pour objet la mise à l'épreuve de ceux qui n'ont d'astrologue que le nom d'al-Qabisi (ive/xe s.)', *Politica Hermetica* 17 (2003): 24-53.

적으로 전수될 수 있었다. 그와 동시에 한편으로 불교 대장경(Tripitaka)도 있었는데, 인도를 통해 전해진 그리스 천문학을 비롯해 과학적 주제에 대한 내용도 포함되어 있었다.[59] 그러나 과학의 보존과 전파는 "당국"의 권한이었다. 관리들은 다양한 전통을 별도로 보존했다. 예컨대 이슬람 천문학을 관장하는 부서가 몽골 치하 원나라 시기인 1271년에 설립되어, 이슬람 천문학과 점성술 서적의 번역을 후원했다. 예컨대《회회력(回回曆)》(이슬람 천문표)과《천문서(天文書)》(천문학 개론의 내용을 바탕으로 하는 Kushyar ibn Labban의 저서)는 모두 1383년 무슬림 이름이 포함된 번역진에 의해 번역되었다. 이러한 이슬람 천문학 담당 부서는 중국 천문학 담당 부서와 나란히 400년 동안 존속되다가 예수회 선교사들이 들어온 뒤로 서양 천문학 담당 부서로 개편되었다.[60] 중국에서는 두 개의 천문 이론이 공존했는데, 이는 두 개의 종교가 공존하는 것과 같은 양상이었다. 하나는 황도 중심의 천구좌표계(天球座標系)였고, 또 하나는 적도 중심의 천구좌표계였다. 천문학은 그 특성상 "정확성"을 중시하는 과학임에도 불구하고 서양과 동양에서 서로 다른 전통이 존재했다. 의학의 전통에서도 이와 같은 공존의 현상이 있었다.

근대 인도와 남아시아에서는 우나니(Unani, 문자 그대로의 의미는 "그리스") 의학 전통이 있었는데, 그 기원은 아랍인의 중개를 거쳐 고대 그

---

59 Kristina Buhrman, 'The Stars and the State: Astronomy, Astrology and the Politics of Natural Knowledge in Early Medieval Japan'; PhD diss., University of Southern California, 2012.
60 Michio Yano, *Kusyar Ibn Labban's Introduction to Astrology* (Arabic and Chinese versions, with an English translation) (Tokyo: Institute for the Study of Languages and Cultures of Asia and Africa, 1997).

리스 의학까지 거슬러 올라간다.[61] 그러나 인도에서는 불교 의학과 산스크리트어 문헌을 기반으로 한 힌두교 의학(아유르베다에 근거)이 동시에 발달했다. 두 의학은 근본적인 차이에도 불구하고 공존했는데, 가령 그리스-이슬람 의학은 인간을 4체질로 구분하는 데 반해 아유르베다 의학은 3체질로 나눈다.[62] 불교 전통과 그리스-이슬람 전통(티베트를 방문했다고 전해지는 그리스 의사 갈렌Galen의 전설이 이 전통을 대표한다)이 모두 티베트까지 전해졌고,[63] (양자가 합해진) 티베트 의학이 다시 중국으로 전파되었다.[64]

과학과 종교

과학과 철학의 전파가 초월적 종교의 테두리 안에서 이루어진 일이라고 짐작하는 사람도 있을 것이다. 아랍 과학 서적을 번역한 번역자 헤르마누스 데 카린티아(Hermannus de Carinthia)는 그리스도의 신성성을 믿지 않는다며 무슬림을 업신여겼다. 그러나 한편으로는 과학적 근거를 중시하는 아랍의 학문적 권위자들을 칭송했다. 그들이 신봉하는 과학적

---

61 '우나니'라는 이름은 고대 그리스인을 가리키는 아랍어에서 유래한 것으로, 그리스어의 iônios를 아랍어로 음역한 것이었다.
62 Dominik Wujastyk, *The Roots of Ayurveda* (London: Penguin Books, 1998).
63 See Dan Martin, 'Greek and Islamic Medicine's Historical Contact with Tibet: A Reassessment in View of Recently Available but Relatively Early Sources on Tibetan Medical Eclecticism', in Akasoy et al., *Islam and Tibet*, 117-43.
64 Paul D. Buell, 'Tibetans, Mongols and the Fusion of Eurasian Cultures', in Akasoy et al., *Islam and Tibet*, 189-208. 이 논문에서는 중국의 《회회약방(回回藥方)》에 나타난 티베트의 영향과, 몽골 시기 중국 황실의 식단 매뉴얼 《음선정요(飮膳正要)》를 연구했다.

근거는 종교로부터 독립적이며 언제나 재확인이 가능한 것이었다(예를 들면 처녀자리의 별 배열 같은 것으로, 처녀로부터 아이가 태어나는 것을 의미하는 징후로 이해되었다).[65] 아리스토텔레스를 주석한 이븐 루시드(Ibn Rushd, 혹은 Averroes)의 저술을 1550년 베네치아에서 라틴어로 번역 출간한 톰마소 기운타(Tommaso Giunta)는, 해롭고 기만적인 오스만 튀르크인와 이븐 루시드의 순수한 지혜를 대비시켰다. 이븐 루시드의 무슬림 신앙은 아예 언급조차 하지 않았다.[66]

과학의 변화

지식의 전파는 교육 과정 혹은 번역 과정을 거쳐 이루어졌다. 어느 경로든 그 과정에서 사상적 변화, 내지는 현지 상황이나 문화에 적응하는 양태가 나타났다.[67] 경우에 따라 어떤 지식은 언제나 이방인의 것으로 간주된 반면, 어떤 지식은 새로운 문화에 동화되어 스며들었다.[68] 이

---

65 Hermann, *De essentiis*, 80-3.
66 *Aristotelis Stagiritae omnia quae extant opera. . . Averrois Cordubensis in ea opera omnes. . .commentarii. . .* (Venice: Giunta, 1550-2).
67 This is the subject of Abdelhamid I. Sabra's 'The Appropriation and Subsequent Nationalization of Greek Sciences in Medieval Islam: a Preliminary Statement', *History of Science* 25 (1987): 223-43, reprinted in F. Jamil Ragep, Sally Ragep and Steven Livesey, *Tradition, Transmission, Transformation. Proceedings of Two Conferences on Pre-Modern Science Held at the University of Oklahoma* (Leiden: Brill, 1996): 3-27.
68 외국의 과학에 대한 인도의 수용 태도는 다음을 참조. Kim Plofker in '"Yavana" and "Indian": Transmission and Foreign Identity in the Exact Sciences', *Annals of Science* 68 (2011): 467-76, and by David Pingree in 'Indian Reception of Muslim Versions of Ptolemaic Astronomy', in Ragep et al.,*Tradition, Transmission, Transformation*, 471-85 (see 471: "몇몇 인도인은 무슬림의 프톨레마이오스 번역을 소

슬람 전통과 지중해 전통 아래 같은 지식이 어떻게 달리 변형되었는가 하는 문제는 최근의 연구 프로젝트나 학회의 주제로 잇달아 등장하고 있다.[69] 글로벌 차원에서, 아니면 적어도 유라시아와 아프리카 전체 차원에서 중간천년기 지식의 유통 문제는 앞으로도 오래도록 연구해야 할 과제로 남을 것이다.

개하려 했으나, 주변에서는 그것을 이방인의 쓰레기로 취급했다고 한다.").
69 최근 연구 성과의 요약은 다음을 참조. Benno van Dalen in 'Between Orient and Occident: transformation of knowledge', *Annals of Science* 68 (2011): 467-76.

더 읽어보기

Akasoy, Anna, Charles Burnett and Ronit Yoeli-Tlalim, eds. *Islam and Tibet: Interactions along the Musk Routes.* Farnham: Ashgate, 2011.

al-Rodhan, Nayef. *The Role of the Arab-Islamic World in the Rise of the West.* London: Palgrave Macmillan, 2012.

Beckwith, Christopher. *Warriors of the Cloisters: The Central Asian Origins of Science in the Medieval World.* Princeton University Press, 2012.

Burke, Edmund, III. 'Islam at the Center: Technological Complexes and the Roots of Modernity', *Journal of World History* 20 (2009): 165-86.

Burnett, Charles. *Arabic into Latin in the Middle Ages: The Translators and their Intellectual and Social Context.* Farnham: Ashgate, 2009.

Chrisomalis, Stephen. *Numerical Notation: A Comparative History.* Cambridge University Press, 2010.

Gutas, Dimitri. *Greek Thought, Arabic Culture: The Graeco-Arabic Translation Movement in Baghdad and Early 'Abbasid Society (2nd-4th/8th-10th Centuries).* London and New York: Routledge, 1988.

Haskins, Charles Homer. *Studies in the History of Mediaeval Science*, 2nd edn. Cambridge, MA: Harvard University Press, 1927.

Kingsley, Peter. *A Story Waiting to Pierce You: Mongolia, Tibet and the Destiny of the Western World.* Point Reyes, CA: Golden Sufi Center Publishing, 2010.

Lackner, Michael. 'Ex Oriente Scientia? Reconsidering the Ideology of a Chinese Origin of Western Knowledge', *Asia Major*, 3rd series, 21 (2008): 183-200.

Makdisi, George. *The Rise of Colleges: Institutions of Learning in Islam and the West.* Edinburgh University Press, 1981.

Nasr, Seyyed Hossein. *An Introduction to Islamic Cosmological Doctrines.* Cambridge, MA: Belknap Press of Harvard University Press, 1964.

Needham, Joseph. *Science and Civilisation in China.* Cambridge University Press, 1954-2008.

North, John. *Cosmos: An Illustrated History of Astronomy and Cosmology.* The University of Chicago Press, 2008.

Picken, Laurence. *Foreword to the first volume* of Musica Asiatica. London: Oxford University Press, 1977.

Ragep, F. Jamil, Sally Ragep and Steven Livesey, eds. *Tradition, Transmission, Transformation. Proceedings of Two Conferences on Pre-Modern Science Held at the University of Oklahoma.* Leiden: Brill, 1996.

Rashed, Roshdi and Régis Morelon, eds. *Encyclopedia of the History of Arabic Science*, 3 vols. London: Routledge, 1996.

Saliba, George. *Islamic Science and the Making of the European Renaissance*. Cambridge, MA: MIT Press, 2007.

Selin, Helaine, ed. *Encyclopaedia of the History of Science, Technology and Medicine in Non- Western Cultures*. Dordrecht and Boston: Kluwer Academic Press, 1997.

_____. *Science in the Medieval World: 'Book of the Categories of nations' by Said al-Andalusi*. Trans. Semaan I. Salem and Alok Kumar. Austin, TX: University of Texas Press, 1991.

Speer, Andreas and Lydia Wegener, eds. *Wissen über Grenzen: Arabisches Wissen und lateinisches Mittelalter*. Miscellanea Mediaevalia 33. Berlin and New York: De Gruyter, 2006.

Tischler, Matthias M. and Alexander Fidora, eds. *Christlicher Norden - Muslimischer Süden: Ansprüche und Wirklichkeiten von Christen, Juden und Muslimen auf der Iberischen Halbinsel im Hoch- und Spätmittelalter*. Frankfurt: Aschendorff, 2011.

van Dalen, Benno and Charles Burnett, eds. 'Between Orient and Occident: Transformation of Knowledge', *Annals of Science* 68 (2011), Special Issue.

Wujastyk, Dominik. *The Roots of Ayurveda*. London: Penguin Books, 1998.

CHAPTER 14

초원 유목민의 이주와 정복

아나톨리 하자노프
Anatoly M. Khazanov

우리가 논의하는 중간천년기 동안 초원 유목민의 이주, 침략, 정복의 과정이 대규모로 펼쳐졌다. 이전 혹은 이후 시대에 비해 중간천년기에는 그런 일이 훨씬 더 보편적으로 일어났다. 이번 장의 목적은 당시의 이주가 "편도 여행"이었다는 점을 밝히려는 것이다. "수많은 사람의 이동이 동시에, 그리고 끊임없이" 이어졌다.[1] 이주는 초원 안에서의 이동과 구별되어야 한다. 정기적 이동은 특정 목초지 안에서 혹은 목초지와 목초지 사이를 오가는 이동으로, 1년 내내 자연 목초지에서 가축 무리를 먹이기 위한 방편이었다. 그러므로 정기적 이동은 기본적으로 목축 경제의 생산 주기와 관련된 문제였다.

역사·문화적 맥락과 상관없이 언제나 들어맞는 이주의 본질 같은 것은 없다. 이것이 누구나 인정할 만한 학계의 중론이다.[2] 근현대 이주 이론이나 모델 가운데 "푸쉬(push)"(떠나도록 만드는 부정적 주변 환경)와

---

1 W. Adams, D. van Gerven and R. Levy, "The Retreat from Migrationism," *Annual Review of Anthropology* 7 (1978): 486.
2 Leslie Page Moch, *Moving Europeans: Migration in Western Europe since 1650* (Bloomington: Indiana University Press, 1992): 58-9; John Chapman and Helena Hamerow, "On the Move Again: Migrations and Invasions in Archaeological Explanation," in John Chapman and Helena Hamerow (eds.), *Migrations and Invasions in Archaeological Explanation* (Oxford: BAR International Series 664, 1997): 2.

"풀(pull)"(다른 지역의 매력적 조건) 개념 정도를 제외하면, 과거 유목민의 이주에는 적용할 것이 없다.[3] 그러나 한편으로 당시에 일반적 측면도 없지 않았다. 개별 유목민의 이주나 정복은 언제나 역사적으로 내외부의 특정한 상황에서 일어난 일이지만, 주된 이유는 유목 경제와 특유의 사회정치적 조직이라는 특수성, 유목민과 유목민뿐만 아니라 유목민과 정주민 사이의 독특한 대외 관계와 관련이 있었다.[4]

이번 장에서는 먼저 중간천년기 초원 유목민 이주의 일반적 원인을 분석하고, 아프리카-유라시아 지역을 세 부분으로 나누어 검토할 것이다. 유라시아 스텝 반사막 및 사막 지역, 근동 및 중동과 북아프리카 지역, 인도 지역이 그것이다. 논의의 목표는 유목민의 이주와 정복이 미친 경제적·사회정치적·제도적 효과를 검토하는 것이다.

원인

초원 유목민 생활 경제의 특성은 바로 항구적 이동성이다. 유목 경제는 세 가지 변수에 따라 역동적으로 변화한다. 세 가지 변수란 식물이나 식수 등 천연자원의 이용 가능성, 가축의 개체 수, 인구의 규모를 말한다. 이들 변수는 언제나 유동적이다. 그런데 이들 변수가 동시에 나타나지 않기 때문에 문제는 더욱 복잡해진다. 각각의 변수는 또한 일시적

---

3 E. S. Lee, "A Theory of Migration," *Demography* 3 (1966): 47-57; G. J. Lewis, *Human Migration: A Geographical Perspective* (New York: St Martin's Press, 1982): 100.
4 Anatoly M. Khazanov, *Nomads and the Outside World*, 2nd edn. (Madison: The University of Wisconsin Press, 1994): 15.

요인과 항구적 요인, 규칙적 요인과 불규칙 요인 등 수많은 요인에 따라 결정된다. 그래서 목축 생산 결과는 국지적 기후 변화와 환경 요인에 결부되기 때문에 해마다 편차가 심대할 수밖에 없다. 가장 단순하면서도 흔히 알려진 일시적 불균형의 경우는, 주기적 가축의 손실과 그에 따른 기근이다. 각종 다양한 자연재해와 유행성 질병이 그러한 사태를 초래한 원인이다. 또 다른 경우로 간혹 가축의 개체 수와 인구가 급증할 때가 있었는데, 이때는 기존의 목축 경제 생산력으로 이를 뒷받침하기가 어렵다. 이런 환경에 직면하면 유목민은 목초지를 확장하여 변화를 꾀하게 된다.

그러나 기원전 제1천년기 중엽이면 이미 유라시아 지역에서 버려진 목초지 혹은 주인 없는 목초지가 거의 없었다. 그러므로 새로운 목초지 획득을 목표로 하는 유목민의 이주는 대부분 다른 사람들을 내쫓아야만 가능했다(때로 농경 지역과의 경계 지대로 들어갔는데, 그런 곳은 농경과 목축 경제가 둘 다 가능한 지역이었다). 더욱이 그와 같은 인구 대체는 도미노 현상을 불러일으켜 연쇄적 이주를 촉발한다. 그러한 과정에서는 반드시 군사적 충돌이 동반되기 마련이었다.

유목민이 정주 국가 혹은 정주민을 정복하고 복속시키는 주된 이유는 경제적 특성과 관련이 있었다. 목축 경제는 그 자체로 자립적이지 못했기 때문에 정주민의 세계에서 획득한 농작물이나 수공업품으로 보충해야 했다. 그리고 또 한 가지 이유로 유목민의 독특한 사회정치적 조직 문제도 관련이 있었다. 먼저 경제적 측면을 살펴보자면, 유목민의 경제는 정주민의 경제에 의존했다. 농업 사회와 도시 사회가 유목민에 의존한 것에 비하면 유목민의 의존성이 훨씬 더 컸다. 그래서 유목민은 가능한 모든 수단을 동원하여 정주민 세계의 물품을 획득하고자 노력했다. 이븐 할둔(Ibn Khaldun, 1332~1406)도 일찍이 이런 문제를 지적한 바 있었다. 북아프리카 유목민에 대하여 그가 남긴 글은 다음과 같다.

> 사막 문명은 도시 문명에 비해 열등하다. 왜냐하면 그들은 스스로 문명에 필요한 모든 것을 갖추지 못했기 때문이다. … 그 사람들[베두인족]은 도시 사람들로부터 생필품을 얻고자 하고, 도시 사람들은 그들[베두인족]로부터 편리함이나 사치품을 얻고자 한다. 그러므로 베두인족은, 그들이 계속해서 사막에서 살며 도시 왕실의 권위 아래 통제를 받지 않는 한, 적어도 도시 주민의 도움을 받아야 한다.[5]

다음으로 유목민의 사회정치적 조직 문제를 살펴보자면, 우선 유목 사회의 권력이 매우 광범위하게 흩어져 있었다는 점에 주목할 필요가 있다. 따라서 그들이 만든 정치 단위는 상당히 유동적이었고, 오래 지속되지 못했다. 여러 가지 이유로 유목민 사이에서 견고하고 항구적인 사회적 위계가 제대로 발달하지 못했다. 외부 세계, 즉 정주 사회와 특수 관계를 맺고 사회적 위계를 갖추는 문화적 변화를 경험하기도 했지만, 그것은 어디까지나 예외에 지나지 않았다. 다른 말로 하자면, 유목민 내부적으로 정치적 통합의 필요성이 워낙 약했다. 그 정도를 가지고 구조적 변화를 가져오기는 역부족이었다. 유목 사회 내부에는 강력한 응집

---

5 Ibn Khaldun, *An Introduction to History: The Muqaddimah*, trans. Franz Rosental, abridged and ed. N. I. Dawood (London: Routledge and Kegan Paul, Secker andWarburg, 1967): 122.

의 기제(機制)가 없었다. 결론적으로 말하자면, 정주 사회로부터 약탈하는 이익 말고는 유목 세계 정치 엘리트의 지위를 강화할 만한 근거가 별로 없었다.

결국 유목민은 그들의 특수한 자연환경뿐만 아니라 외부의 사회정치적·경제적·문화적 환경에도 적응해야 했다. 그들과 정주 사회의 관계 방식은 다양했다. 교역, 무역, 중개 무역, 용병을 비롯한 기타 용역 제공 등 직접 관계를 맺는 경우도 있었고, 협박, 습격, 약탈을 자행하고 정기적으로 보상을 뜯어내는 경우도 있었으며, 어느 정도 제도적 관계로 나아가 보조금이나 정기적 조공을 받는 경우도 있었다. 그리고 마지막으로 직접 정복에 나서 절대적 복종을 요구하는 경우도 적지 않았다. 경제적 방식이 아닌, 특히 정주민 집단이나 사회 혹은 국가를 다양한 방식으로 복속시키는 것이, 유목민 스스로는 생산하지 못하는 물품을 획득할 수 있는 가장 유리한 방식이었다. 유목 국가의 특성 가운데 특히 충격적인 사실 한 가지는, 유목 국가가 등장하고 유지된 시기는 오직 그들이 정주 사회나 정주 국가와 비대칭적 관계를 유지할 수 있을 때, 즉 어떤 식으로든 수탈을 자행할 수 있을 때뿐이었다.[6]

그리하여 유목민의 이주 내지 침략과 정복에는 주로 두 가지 이유, 즉 정치적 이유와 경제적 이유가 있었으며 대개는 서로 긴밀하게 얽혀 있었다. 이른바 "연쇄 이론(push-pull theory)"에 따르면, 이동 비용이 적당해야 하고 경로와 목적지에 대한 정보가 충분해야 한다. 이런 점에서

---

6 Khazanov, *Nomads and the Outside World*, 228; Nicola Di Cosmo, "State Formation and Periodization in Inner Asian History," *Journal of World History* 10 (1999): 1-40.

유목민은 이미 유리한 점을 갖추었는데, 이동식 생활양식과 충분한 수의 승용 및 운송용 가축 덕분이다. 기원전 제1천년기 이후로 유라시아 스텝 지대의 모든 유목민이 공유한 수많은 문화적 특성을 살펴보면, 그들은 이동 지역에 관해 깊이 있는 정보를 가지고 있었으며 인적 교류도 충분했다. 아라비아반도의 유목민도 이런 점에서는 다를 바가 없었다. 만약 이주 지역 혹은 정복 대상 지역의 자연환경 및 사회정치 환경에 대한 정보가 부족할 경우, 미리 정찰 탐색을 하거나 기습하고 빠져나오는 식으로 정보를 보충했다.

수 세기 동안 인적 자원이 부족하고[7] 복합 구조의 문화나 사회정치적 조직이 상대적으로 뒤처져 있던 유목민이 어떻게 정주민 세계에 비해 군사적으로 더 우월했는지 누구나 의문을 가질 법하다. 이에 대한 가장 일반적인 해답으로 세 가지 주요 요인을 꼽는다.[8] 첫째, 정주 국가에서 군인은 거의 예외 없이 특수한 직업에 속했다. 즉 군인은 전체 인구 대비 소규모 집단에만 특화된 직업이었다. 전근대 국가에서 대규모 군사를 모집, 훈련, 유지하기란 재정적으로 쉽지 않았다. 이와 달리 유목 사회에서는 상대적으로 노동 분화의 정도가 낮고 사회적 참여의 비중이 높았으며, 일반인도 대개는 평시에 목축민이었다가 전시에 전사가 될

---

7 예를 들어 오늘날의 몽골에 해당하는 지역에서 초기 중세 시기 튀르크 카간국 당시나, 혹은 13세기 초엽 칭기즈 칸의 후손들이 권력을 잡았을 당시의 유목민 인구는 100만가량이었다. 한편 중국의 인구는 족히 수천만에 달했다.

8 Anatoly M. Khazanov, "Nomads of the Eurasian Steppes in Historical Retrospective," in N. N. Kradin, D. M. Bondarenko and T. J. Barfield (eds.), *Nomadic Pathways in Social Evolution* (Moscow: Center for Civilizational and Regional Studies, 2003): 31-2.

수 있는 물질적 자원을 갖추고 있었다. 유목 사회에서 전사와 일반 인구의 비율은 1:5, 때로는 1:4까지 올라갔다. 그리하여 대규모 군대를 편성하기가 비교적 용이했고, 최소한 그들이 상대한 정주 사회에 비해서는 군사 면에서 수적 우위를 점할 수 있었다.

둘째, 유목민의 생활양식에 승마와 군사 훈련이 포함되어 있었다. 대개 아주 어릴 때부터 가족, 친족, 부족 단위로 훈련했으며, 훈련을 위해 사회적으로 큰 비용을 별도로 지출할 필요도 없었다. 유목민 성인 남성은 대부분 준비된 기마 전사였다. 병사 개인의 기술적 측면에서 유목민 기마 전사에 필적할 상대는 중세 유럽의 기사나 중동의 맘루크 정도밖에 없었다. 그러나 유럽의 기사들은 초기에 의무 기간이 끝나면 훈련된 집단행동을 제대로 수행하기 어려웠고, 맘루크의 경우 훈련 방식과 군사 장비는 대개 유목민의 전통을 답습했다.[9]

셋째, 유라시아의 유목민은 승용 가축의 부족을 경험한 적이 거의 없었다. 말과 단봉낙타 덕분이었다. 이런 점에서 유라시아 초원 유목민은 정주민은 물론 다른 지역의 유목민에 비해서도 뚜렷한 우위를 점하고 있었다. 그들은 말을 충분히 소유했으며, 말은 군사 작전에 가장 알맞은 가축이었다. 이런 측면에서 낙타는 말보다 효율성이 낮았다. 중국이나 인도를 비롯한 많은 정주 국가에서는 군사용 말 공급에 차질을 빚는 경우가 많았다. 유지 비용이 막대했기 때문이다. 유라시아 스텝 지역의 유

---

9 J. D. Latham, "Notes on Mamluk Horse-archers," *Bulletin of the School of Oriental and African Studies* 32 (1969): 257; Reuven Amitai-Preiss, *Mongols and Mamluks: The Mamluk- Ilkhanid War, 1260-1281* (Cambridge University Press, 1995): 218.

목민 사회에서는 사정이 전혀 달랐다. 그들은 1년 내내 자연 목초지에서 말을 길렀고, 유목민 전사는 대개 말고삐를 잡고 생업을 하는 사람들이었다.

유라시아 유목민은 대개 경제적·사회적 배경과 이동식 생활양식 덕분에 그들이 상대한 정주민에 비해 군사적 우위를 점하고 있었다. 근대에 이르기까지 그들은 이러한 이점을 발판으로 경제적 혹은 문화적 관계를 정치적 관계로 활용하기도 했다. 군사적 우위는 정치적 우위의 지렛대였다. 근동과 중동의 유목민도 그랬고, 특히 유라시아 스텝 지역의 유목민이 그랬다. 중세 역사상 그들의 대규모 침략 및 정복 사례는 대단히 빈번했다.

지역별 발전

유라시아의 스텝, 반사막 및 사막 지역

유라시아 스텝 지역에서 가장 흔히 나타난 이주의 방향은 서쪽이었다. 스텝 지대는 헝가리의 푸스타(puszta, 초원)에서 북중국까지 이어져 있었는데, 동쪽보다는 서쪽 폰틱-카스피해 지역의 초원이 더 비옥했기 때문이다. 주요 정복 전쟁의 대상은 중국, 중앙아시아의 정주 국가들, 중동 지역이었고, 이보다 덜하지만 슬라브 지역도 포함되었다.

이론적 차원에서는 이주와 복속을 구분할 필요가 있다. 물론 정복도 후자에 포함된다. 특히 스텝 지역에서 유목민의 이주는 유목민 사이의 내전이나 지역 내 유목 국가의 부침과 관련된 경우가 많았다. 그러므로 대규모 이주가 발생했다면 그 이전에 반드시 정치적·군사적 사건이 선행했다. 이와 달리 복속 내지 정복은 주로 유목민 사회와 정주민 사회

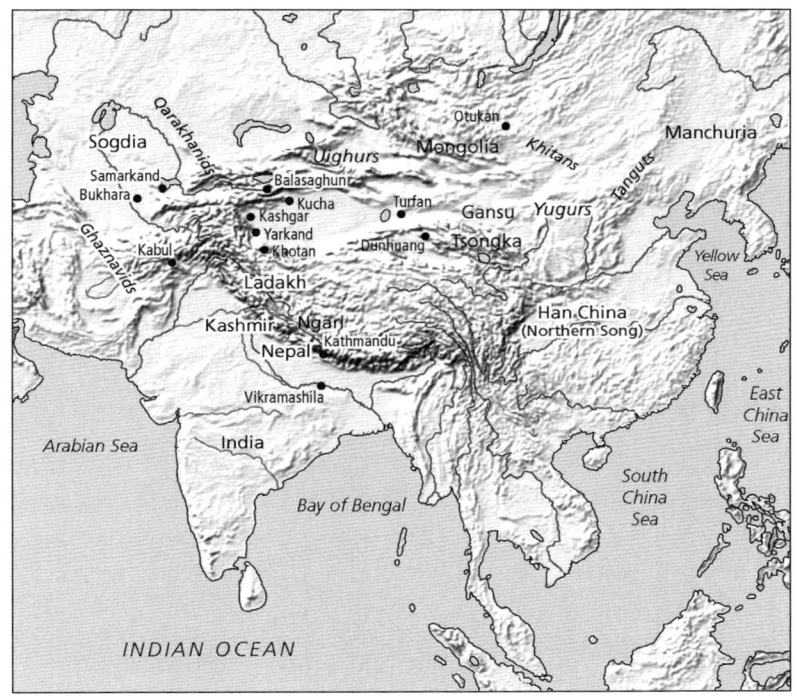

[지도 14-1] 중앙아시아, 기원후 1000년경

사이에서 일어나는 일이었다. 또한 유목민이 정주민 인구를 복속시키는 경우, 대개는 군사적 행동이나 위협이 동원되었지만, 반드시 대규모 이주가 뒤따르지는 않았다. 정주민 사회의 환경이 초원 유목에 적절하지 않을 경우는 특히 더 그랬다. 이런 경우 종속 정주민과 그들의 정치 체제는 그대로 존속되었다.

괵튀르크 카간국(突厥)이라고 하는 유목 제국의 시대(552~742)에 튀르크는 중앙아시아의 여러 오아시스 왕국을 복속시켰다. 그러나 이후에도 오아시스에서 멀리 떨어진 스텝 지대에서 활약을 계속했다. 9세기에서 10세기 전반 사이 동부 슬라브인과 볼가강 불가리아(Volga Bulgaria) 왕국은 하자르 카간국(Khazar khaqanate)에 조공을 바쳤다. 그때도 하자르인의 거주지는 스텝 지대를 벗어나지 않았다. 마찬가지로 러시아의 여러 공국도 금장 칸국(金帳汗國, Golden Horde)에 조공을 바쳤으나, 유목민은 삼림 및 삼림 스텝 지대에 위치한 공국들의 땅으로 이주해 들어오지 않았다. 여러 공국 가운데 모스크바 공국이 금장 칸국에 바칠 세금을 대신 수납하는 재정 대리인의 역할을 했는데, 모스크바 대공이 칸의 충성스러운 제후였기 때문이다. 무엇보다도 금장 칸국에 대한 모스크바 대공의 적극적 협력과 충성 덕분에 결국에는 모스크바 공국이 러시아 여러 공국을 장악할 수 있었다.

유목민의 침략과 정복이 심각한 정치적 변화를 초래하는 경우도 있었다. 기존의 국가 체제가 파괴되고 새로운 정치 구조가 들어서는 등의 사건이었다. 이런 사건은 주로 정복 대상 지역으로 유목민이 대거 이주하는 것과, 혹은 그 후속 조치와 관련된 일이었다. 중간천년기 유라시아 스텝 및 주변 지역에서는 유목민의 이주와 관련하여 세 가지 주요 흐름이 있었다.[10] 모든 사건은 내륙아시아(Inner Asia)의 정치적 사건과 관련이 있었다는 사실에 주목할 필요가 있는데, 오늘날 몽골 지역에서 유목 국가들이 잇달아 성립하고 또한 사라져갔다. 최초의 주요 사건은 유목 국가 흉노가 해체되고 그 지역에 새로운 유목민 정치 단위들이 성립하

---

10 Peter B. Golden, *An Introduction to the History of the Turkic Peoples: Ethnogenesis and State-formation in Medieval and Early Modern Eurasia and the Middle East* (Wiesbaden: Otto Harrassowitz, 1992): 57.

면서 일어났다. 이 사건으로 유라시아 스텝 지역에서 연쇄적 이주가 뒤따랐고, 이주의 물결은 수 세기 동안 계속되었다. 그 결과 중 하나가 훈족의 동유럽 스텝 진입, 이후 판노니아(Pannonia) 평원 진입이었다.[11] 당시 이주의 대부분은 기원후 1세기에 집중되었기 때문에 이번 장에서 상세히 논의하지 않는다. 다만 5세기 중엽에 이르러, 혹은 아마도 그 이전부터 일부 튀르크어 사용 유목민 집단이 이미 폰틱 스텝(우크라이나 대초원) 지역에 진출해 있었다는 사실만 기억해두고자 한다. 유목민의 두 번째 이주 행렬은 괵튀르크 카간국 및 그 계승 국가들의 멸망과 관련이 있었다.[12] 기원후 552년 튀르크인은 유연(柔然)이라고 하는 유목 국가에 종속되어 있다가 반란을 일으켜 스스로 국가를 세웠다. 그것이 괵튀르크 카간국(돌궐제1제국, 동부 스텝 지역에서는 630년까지, 서부 스텝 지역에서는 659년까지 존속)이다. 이후 수십 년 동안 그들은 유라시아 스텝 지역과, 아무다리야(Amu-Darya)강 이북 정주 지역의 유목민 대부분을 장악했다. 579년 무렵에는 잠시나마 크림반도의 보스포루스 해협까지 정복했다. 결국 튀르크인은 유라시아 전역에 걸친 유목 제국을 건설했다. 이와 같은 전례 없는 팽창의 배경에는 분명 경제적 동기가 놓여 있었다. 광범위한 실크로드 전체를 장악하면 상당한 수익을 기대할 만했다. 튀

---

11 O. Mänchen-Helfen, *The World of the Huns* (Berkeley, CA: University of California Press, 1973); D. Sinor, "The Hun period," in D. Sinor (ed.), *The Cambridge History of Early Inner Asia* (Cambridge University Press, 1990): 177-205.
12 S. G. Kliashtornyi and D. G. Savinov, *Stepnye imperii drevnei Evrazii (The Steppe Empires of Ancient Eurasia)* (St Petersburg: St Petersburg State University, 2005): 73.

르크 통치자들은 외교 활동을 통해 실크로드를 알고 있었지만, 그뿐만 아니라 새로 정복한 정주민 가운데 소그드인의 영향으로 경제적 관심은 더욱 커졌다. 소그드인은 실크로드 국제 무역에 깊이 참여했으며, 튀르크 제국의 영역에서 상업 및 문화적으로 중요한 역할을 수행했다.

6세기 후반 아바르인의 판노니아 평원 진출 사건도 머나먼 내륙아시아에서 일어난 정치적 변화의 여파였다. 아바르인과 유연의 관계는 명확하지 않다. 그러나 체질인류학적으로 그들은, 적어도 지배 계층은 기원지가 내륙아시아였다. 동쪽에서부터 전투를 치르며 서쪽으로 진출한 아바르인은 튀르크인 집단을 비롯하여 여러 유목민 집단을 휘하로 끌어들였던 것으로 추정된다. 판노니아 평원을 정복한 뒤 아바르인은 일부 슬라브인 정주민도 복속시켰다. 그러나 그들의 국가 체제는 여러 측면에서 내륙아시아 유목 국가의 전통을 그대로 따랐다. 지배 종족, 혹은 복수의 지배 종족이 종속 유목민 종족을 거느렸다. 흉노를 비롯한 내륙아시아의 유목 국가들이 중국을 약탈하고 선물과 지원금, 심지어 정복 활동 없이도 정기적 조공을 요구했던 것과 마찬가지로, 아바르인 또한 비잔티움 제국을 상대로 비슷한 정책을 실시했다. 아바르인의 나라는 8세기 말까지 유지되다가 프랑크인에 의해 멸망했다.

유라시아 동부 지역에서 괵튀르크 카간국은 분열 상태로 유약했던 중국을 침략하여 약탈하고 막대한 선물과 조공을 요구했다. 중앙아시아에서 그들의 종주권은 현지 왕국들에게 조공을 받아내는 정도로 그쳤다. 다만 일부 중앙아시아 국가들은 튀르크 출신 왕조가 직접 통치하기도 했다. 이후 중국에서는 오래되지 않아 수나라(581~618)와 그 뒤를 이은 당나라(618~907)에 의해 통일 제국이 성립되었다. 지나치게 팽창해 있던 괵튀르크 카간국은 분열되기 시작했고, 종속 부족들이 반란을 일으켰다. 후계 승계 규칙이 엄격하지 못했던 유목 국가 특유의 문제 때문에 왕실의 불안정성도 커졌다. 결국 괵튀르크 카간국은 서튀르크 및 동튀르크 카간국으로 갈라졌다. 이후에도 반란과 분열과 내전이 계속 일어났고, 중국과의 전쟁에서도 실패를 거듭했다. 동튀르크인 일부가 중국으로 이주하여 당나라 군대에 배속되기도 했는데, 이들에게는 국경에서 다른 유목민의 공격을 막는 경비대의 역할이 주어졌다. 이후 튀르크인은 다시 반란을 일으켜 돌궐제2제국(後突厥, 682~742)이 성립했으나, 742년 마침내 과거의 제후였던 바스밀인(Basmils), 카를루크인(Qarluks), 위구르인(Uighurs) 연합에 의해 종말을 맞이했다.

이후 위구르인이 내륙아시아에서 패권을 장악했고, 744년에서 840년까지 그들의 패권이 유지되었다.[13] 당시 상황의 전개에 따라 새로운 이주의 행렬이 잇달았다. 카를루크는 중앙아시아로 밀려나서 서튀르크의 땅인 세미레치예(Semirechie) 지역의 주인이 되었다. 840년에 이르러 위구르 카간국은 과거 자신의 제후였던 키르기즈(Qirghiz)에 의해 멸망했다. 키르기즈의 땅은 예니세이강 상류에 위치해 있었다. 패배한 위구르인은 여러 방향으로 달아났고, 그중 일부가 동투르키스탄으로 들어갔다.[14] 그곳에는 이란인 혹은 토하라인이 정착해 있었는데, 이들은 시간

---

13 Colin Mackerras, *The Uighur Empire According to the T'ang Dynastic Histories: A Study in Sino-Uighur Relations, 744-840* (Canberra: Australian National University Press, 1972).
14 G. Maliavkin, "K voprosu o rasselenii uigurov posle gibeli Uigurskogo kaganata" ("On the Settling of the Uighurs after the Downfall of Uighur Khaqanate"), *Izvestiia Sibirskogo otdeleniia Akademii Nauk SSSR*, No 1. Seriia

이 지나면서 튀르크에 동화되었다. 그러나 동투르키스탄에서는 초원 유목민의 생활 방식을 유지하기가 쉽지 않았다. 그래서 위구르인은 도시에 정착하고 농사를 짓게 되었다.[15]

일련의 사건에서 비롯된 중요한 하나의 결과가 또 있었다. 수 세기 동안 몽골 지역은 튀르크인 유목민의 중심지였다. 그러나 제1천년기 후반기, 아마도 그 이전부터 많은 사람이 중앙아시아로 이주했고, 혹은 더욱 멀리 나아가 동유럽 스텝 지역까지 진출했다. 10세기에 이르러 몽골어 계통의 거란인이 몽골 지역에 남아 있는 튀르크인 집단을 모두 몰아냈다. 그들의 빈자리는 만주 지역에서 이주해 온 몽골 유목민이 차지했다. 그때 이후로 오늘날에 이르기까지 몽골은 그들의 고향이 되어버렸다.

9세기 말경에 이르러 튀르크는 유라시아 스텝 지대 유목민의 대부분을 장악했다. 그들의 세력권은 판노니아 평원에서 몽골과 티베트까지 이르렀다. 서쪽 끝에서는 불가르인(Bulghar) 부족 집단 중 하나가 하자르인(Khazars)에 패하여 발칸 지역으로 이주했다(c. 679). 그들은 슬라브인 정착민 일부를 복속시켜 나라를 세웠지만, 시간이 지나면서 백성의 다수를 차지한 슬라브인에 동화되었다.[16] 북쪽으로 물러난 불가르인의 또 다른 집단이 하나 있었는데, 이들은 볼가(Volga)강 중류 지역에 정착했

---

obshchestvennykh nauk, vyp. 1 (1972): 27-35.
15 A. von Gabain, *Das Leben im uigurischen Königreich von Qočo (850-1250)* (Wiesbaden: Otto Harrassowitz, 1973), vol. I.
16 G. G. Litavrin, "Formirovanie i razvitie bolgarskogo rannefeodal'nogo gosudarstva" ("Formation and Development of the Early Feudal Bulghar State"), in G. G. Litavrin (ed.), *Rannefeodal'nye gosudarstva na Balkanakh VI-XII VV.* (Moscow: Nauka, 1985): 144.

다. 그곳에는 원래 핀어(Finnic)를 사용하는 사람들이 거주했는데, 이주민은 그들과 함께 새로운 국가를 설립했다.[17] 여기서는 튀르크어가 주류가 되었다.

기원후 제1천년기 후반 동부 유럽 스텝 지대에서는 튀르크 유목민의 주도가 완연했다. 유일한 예외가 있다면 마자르인(Magyars, 헝가리인)이었다. 그들의 언어는 핀우그리아어족(Finno-Ugric) 가운데 우그리아어파(Ugorian branch)에 속했다. 그들의 고향이 어디인지는 전혀 알려진 바가 없다.[18] 그러나 8~9세기 그들은 폰틱(폰토스) 스텝에 살았고, 정치적으로는 하자르인의 영향권 아래 놓인 속국이었다. 그들은 동쪽으로부터 넘어오는 페체네그인(Pechenegs)의 압박에 밀려 895년 카르파티아산맥을 넘었다. 그리고 도나우강 유역 평원을 정복하여 새로운 고향을 건설했는데, 그곳이 나중에 헝가리(Hungary)라는 이름으로 알려지게 된다. 그들은 유럽 지역으로 접어든 이후에도 처음에는 선조들의 유목 생활 방식을 그대로 답습했다. 즉 60여 년 동안 그들은 침략과 "선물" 혹은 조공을 강요했다. 그러다가 955년에 아우크스부르크(Augsburg) 근처의 레히펠트(Lechfeld)에서 독일 왕국의 오토(Otto) 1세가 이끄는 연합군에 의해 궤멸적 타격을 입었다. 결국 헝가리인은 기독교로 개종하고 정착 생활을 하는 정주민이 되었고, 그들의 왕국 또한 일반적인 유럽의 맥락으로 편입되었다. 같은 지역의 일부 튀르크인과 슬라브인 집단도 그

---

17 V. F. Genning and A. Kh. Khalikov, *Rannie bolgary na Volge (The Early Bulghars in the Volga Region)* (Moscow: Nauka, 1964): 100.
18 I. Fodor, *In Search of a New Homeland: The Prehistory of the Hungarian People and the Conquest* (Budapest: Corvina Kiadó, 1982).

들에 동화되었다. 우여곡절에도 불구하고 그들의 독특한 언어는 그대로 유지되어 오늘날 게르만어, 로망스어, 슬라브어에 둘러싸인 언어적 섬이 형성되어 있다.[19]

650년경 등장한 하자르 카간국은 이후 수 세기 동안 동유럽의 주도적 세력이 되었고, 폰토스-카스피 스텝과 캅카스산맥 북쪽까지 모두 그들의 세력권에 들어갔다. 하자르 카간국의 역사적 의의로는 세 가지 측면을 언급할 수 있다. 첫째, 642~737년 기간에 오래도록 이어진 아랍-하자르 전쟁을 거치면서 하자르는, 때로 위축되기도 했지만 결국에는 아랍인의 침입을 막아내고 폰틱 스텝과 동부 유럽을 지켰다. 그 시기는 아랍의 서유럽 공략이 중단된 시점과 대략 일치했다. 즉 투르(Tours) 전투에서 프랑크 왕국의 카롤루스 마르텔루스(Carolus Martellus)가 아랍의 공략을 막아낸 때가 732년이었다. 하자르가 아랍을 막아내지 못했더라면 유럽의 역사는 전혀 다른 방향으로 흘러갔을 것이다. 당시 동유럽에는 아랍 세력을 막아낼 다른 정치 세력이 전무한 상태였다. 둘째, 8세기에서 10세기 중엽 사이 하자르의 평화(Pax Khazarica)는 유목민의 침략으로부터 비잔티움을 보호하는 보루였다. 셋째, 하자르에 의해 드네프르강-흑해 사이, 볼가강-카스피해 사이 무역 네트워크 발달이 촉진되었다. 8세기 말에서 10세기까지 하자르인이 장악한 무역로는 아바스 제국과 동유럽 교역의 중요한 통로였다. 또한 하자르가 유대교로 개종했다는 사실도 주목할 만하다. 이는 중세 유라시아 역사에서 매우 독특한 사

---

19 Fodor, *In Search of a New Homeland;* András Róna-Tas, *Hungarians and Europe in the Early Middle Ages* (Budapest: Central European University Press, 1999).

례였다.

정주민의 시각에서 보자면, 중세 초기 하자르 카간국은 다른 유목 국가와 별반 다를 바가 없었다. 하자르는 정주 국가를 직접 정복하려 하지 않았고, 그럴 능력도 없었다. 침략을 일삼는 가운데 그들은 제후 관계 혹은 다양한 조공 수입에 만족하고 있었다. 하자르 카간국은 965년 루스(Rus)인과 오구즈(Oghuz) 튀르크 유목민 연합 세력에 의해 멸망했다.[20] 하자르 카간국 이후로는 동유럽에서 성립한 유목 국가가 없었다. 그러다가 칭기즈 칸의 정복 이후에야 금장 칸국(Golden Horde)이 다시 그 지역을 지배하게 되었다.

튀르크 유목민이 스텝 지대를 따라 서쪽으로 진출한 사건은 몽골의 시대까지 거의 끊임없이 계속되었다. 어떤 유목민 집단에 밀려 다른 유목민 집단이 서쪽으로 이주하는 일이 드물지 않게 발생했다. 새로운 집단이 들어와 기존의 집단을 대체하거나, 혹은 새로 이주해 들어온 사람들이 정치적 공동체로 흡수되어 동화되는 일종의 연쇄 반응이 이어졌다. 9세기 말경에 이르러 오구즈 튀르크인은 키멕인(Kimeks)과 킵차크인(Qipchaqs)에 밀려 서쪽으로 이주했고, 다시 오구즈 튀르크에 밀려난 페체네그인(Pechenegs)은 우랄산맥 인근의 볼가강 유역과 시르다리야 인근의 스텝 지역을 떠나 폰틱 스텝으로 이주했다. 페체네그인이 폰틱

---

20 On the Khazars see D. M. Dunlop, *The History of the Jewish Khazars* (Princeton University Press, 1954); M. I. Artamonov, *Istoriia khazar (A History of the Khazars)* (Leningrad: Izdatel'stvo Gosudarstvennogo Ermitazha, 1962); Peter B. Golden, *Khazar Studies: An Historico-Philological Inquiry into the Origins of the Khazars* (Budapest: Akadémiai Kiadó, 1980), vol. I.

스텝에 있던 헝가리인을 대체했다. 11세기에 이르러 페체네그인은 서부 오구즈인에 밀려났고, 킵차크인에 의해 세력이 더욱 약화되었다. 곧이어 킵차크인은 서부 스텝 지역, 즉 호레즘(Khorezm)에서 도나우강에 이르는 지역의 주도 세력이 되었다.[21]

한편 새로운 유형의 국가 체제가 성립했는데, 바로 이슬람의 튀르크-이란인의 국가들이었다. 중앙아시아 및 중동 지역에서 이러한 유형의 국가들이 출현했다. 그들은 말하자면 정복 국가 유형이었다. 유목민 혹은 유목민 후손이 이슬람으로 개종하고 이란의 행정 체제를 활용하여 정주민 정복민을 통치하는 방식이었다. 이런 유형의 시초는 카라한 칸국(Kara-Khanid Khanate)이었는데, 지배 가문 칸의 성씨(Kara)를 따른 명칭으로, 992년부터 1214년까지 존속했다.

카라한 칸국은 트란스옥시아나(Transoxiana, 아무다리야강과 시르다리야강 사이)를 정복했으며, 10세기 말에는 이란의 사만(Saman) 왕조를 무너뜨렸다. 그러나 그 과정에서 파괴 행위도 없었고 정복민의 저항도 없었다. 정복자들이 이전에 이미 이슬람으로 개종한 것도 순조로운 정복 사업에 도움이 되었다.[22] 카라한 칸국에 속하는 많은 칸이 반(半)유목민적 생활을 이어갔지만,[23] 사만 왕조의 행정 및 관료 체제 또한 그대로 존속했다. 그리하여 도시가 번성했고, 때로 농경민이 유목민에게 불만을

---

21 Golden, *Introduction to the History of the Turkic Peoples*, 264.
22 O. Pritsak, "Die Karachaniden," *Der Islam* 31 (1953-4): 16-68.
23 V. V. Barthold, *Sochineniia, vol. I: Turkestan v epokhu mongol'skogo nashestviia (Turkestan in the Times of the Mongol Invasion)*. (Moscow: Izdatel'stvo vostochnoi literatury, 1963), vol. I, 378.

품는 경우도 없지 않았지만, 전반적으로 유목민이 농경민에게 아무런 해가 되지 않는다는 사실을 경험하게 되었다.[24] 그러나 새로 성립한 국가의 지배 계급에서는 유목민 출신의 군사 귀족들이 중요한 역할을 맡았다. 카라한 칸국의 통치자들은 과거 정주 왕국에서 가장 막강한 귀족들이 소유했던 토지를 몰수하여 군사적으로 칸을 옹위한 측근들에게 재분배했다.

　새로운 정복 왕조는 같은 시기 내륙아시아(Inner Asia)에서도 등장했다. 앞서 내륙아시아를 장악한 튀르크인은 중국을 직접 정복하지는 않고 침략과 약탈을 일삼으며 조공을 강요했다. 그러나 유목민인 거란인(Khitans)은 중국의 중앙 권력에 공백이 생기자 기회를 놓치지 않았다. 거란 왕조의 중국식 명칭은 요(遼, 907~1125)였다. 만주와 북중국 일부 지역을 차지하고 내몽골은 물론 외몽골의 상당 부분까지 장악했다. 거란의 뒤를 이어 세력을 차지한 여진(女眞, Jurchens)도 유목 성격이 강한 혼합형 경제를 운용했다. 12세기 초 여진은 요를 몰아냈고, 일부 거란인이 중앙아시아로 이주했다.[25] 여진은 금(金, 1115~1234)을 세웠고, 북중국 전역을 통치했다. 요나라에서 중국인과 거란인의 비율이 3:1이었던 데 비해, 금나라에서는 중국인과 여진인의 비율이 10:1 이상이었다.[26]

24　A. M. Belenitsky, I. M. Bentovich and O. G. Bol'shakov, *Srednevekovyi gorod Srednei Azii (The Medieval Town in Central Asia)* (Leningrad: Nauka, 1973): 348-9.
25　Michal Biran, *The Empire of the Qara Khitai in Eurasian History: Between China and the Islamic World* (Cambridge University Press, 2005).
26　Thomas J. Barfield, *The Perilous Frontier: Nomadic Empires and China* (Cambridge, MA: Basil Blackwell, 1989): 180.

거란과 여진의 중국 정복 및 국가 건설 문제를 논할 때[27] 간과해서는 안 될 중요한 한 가지 주제가 있다. 그것은 바로 10세기에 중국 경제의 중심은 남중국 지역으로 이동했다는 사실이다. 당시 남중국을 통치한 왕조는 송(宋)나라였다. 거란과 여진은 모두 남송으로부터 상당한 금액의 조공을 받아냈지만 남중국까지 정복하지는 못했고, 다만 국경을 압박할 뿐이었다.

유라시아 유목민의 세 번째 중요한 물결은 몽골 제국의 성립과 그들의 정복 활동에서 비롯되었다. 몽골의 정복은 놀랄 만한 속도로 진행되었다. 1205~1227년 서하(西夏, Tangut)를 파괴했고, 1211~1234년 북중국을 정복하고 금(金)나라를 멸망시켰고, 1218년 동투르키스탄의 종주권을 획득했고, 1219~1224년 중앙아시아를 정복했고, 1236~1238년 캅카스 남부 지역의 나라들을 손에 넣었고, 1237~1240년 볼가강 불가리아와 러시아 공국들을 병합했고, 1243년 셀주크 튀르크의 룸(Rum) 술탄국을 제후로 삼았고, 1258년 이란 지역을 병합하고 바그다드를 차지했고, 1276년 송나라의 마지막 황제를 항복시켰다.[28]

몽골은 정주 국가를 정복하는 동시에 유라시아 스텝 지역의 모든 유

---

27 Karl A. Wittfogel and Chia-sheng Feng, *The History of Chinese Society: Liao, 907-1125* (Philadelphia: American Philosophical Society, 1949); Barfield, *The Perilous Frontier*, 164; Denis Twitchett and Klaus-Peter Tietze, "The Liao," in Herbert Franke and Denis Twitchett (eds.), *The Cambridge History of China* (Cambridge University Press, 1994), vol. VI, 43-153; Franke, "The Chin Dynasty," in Franke and Twitchett (eds.), *The Cambridge History of China*, vol. VI, 215-320.
28 S. L. Tikhvinsky (ed.), *Tataro-mongoly v Azii i Evrope (The Tataro-Mongols in Asia and Europe)* 2nd edn. (Moscow: Nauka, 1977).

목민을 군대로 편입시켰다. 튀르크인이 가장 많았지만, 거란인, 퉁구스인, 탕구트인 등도 포함되었다. 13세기 중엽에 이르러 통합의 과정이 모두 완성되었다. 칭기즈 칸과 그의 직계 후계자들은 전통적인 유목민의 연대를 차단하고, 그들을 서로 다른 군대와 섞어서 제국의 여러 지역으로 파견했다. 몽골인에 대해서도 마찬가지였다. 현실적으로 튀르크인 유목민은 몽골인보다 훨씬 먼 지역에 배치되었다.

통일된 몽골 제국이 해체된 이후 대부분의 유목민은 금장 칸국(Golden Horde)의 스텝 지역에서 유목 생활을 이어갔다.[29] 이외에 중앙아시아의 차가타이(Chagatay) 칸국으로 이주한 유목민도 많았다. 1269년 탈라스강 변에서 개최된 쿠릴타이(칭기즈 칸의 왕자들과 귀족들의 회합)에서, 유목민은 스텝 및 산림 지대에서 살아야 한다는 결의가 이루어졌다. 그들은 특정 도로를 따라 이동해야 하며, 가축 떼를 몰고 농지를 가로지르는 일은 금지되었다.[30] 그러나 현실적으로 농지의 훼손은 1370년경 티무르가 권좌에 오를 때까지 지속되고 있었다.

중국에서는 상황이 달랐다. 원(元)나라를 통치하기 위하여 쿠빌라이 칸(재위 1260~1294)과 그의 후계자들은 수많은 몽골 유목민을 중국으로 데리고 갔다. 중국으로 데려가지 않은 인원도 나중에 군대에 배속시키거나 국경 주둔지에서 지속적으로 복무할 의무를 부과했다. 그들은

---

29 G. A. Fedorov-Davydov, *Kochevniki Vostochnoi Evropy pod vlast'iu zolotoordynskikh khanov (The Nomads of Eastern Europe under the Rule of the Khans of the Golden Horde)* (Moscow: Izdatel'stvo MGU, 1966).
30 V. V. Barthold, *Dvenadtsat' lektsii po istorii turetskikh narodov Srednei Azii (Twelve Lectures on the History of Central Asia)* (Moscow: Izdatel'stvo vostochnoi literatury, 1963), vol. II, 69.

대체로 전통적인 유목 생활 방식을 포기했다. 몽골인의 지배가 끝나갈 무렵, 중국에는 40만 명 이상의 몽골인이 거주하고 있었다.[31] 그들은 대부분 몽골로 돌아가지 않았다.

몽골 시기 유목민의 이동은 중대한 결과를 초래했다. 중동, 중앙아시아, 유라시아 스텝 지역(몽골 지역 제외)에서 수적으로 열세였던 몽골인은 모두 어쩔 수 없이 튀르크인에 동화되었다. 민족 이동과 몽골의 재편 이후 티무르 제국의 시대에는 예전에 없던 새로운 민족 단위들이 출현했다. 그중 일부가 결국 오늘날의 튀르크인으로 확정되었다.[32]

근동, 중동, 북아프리카

이슬람 중심 권역의 유목민과 정주민 관계는 다른 지역, 예컨대 중국이나 인도 혹은 동유럽과 달랐다. 자연환경의 특수성과 역사적 이유가 어우러진 결과 이슬람 문화권에서는 유목민과 정주민이 서로 반목하지 않았고 긴밀히 연결되어 있었다. 그러므로 이슬람 중심 권역 내부에서 일어난 유목민의 이주와, 유라시아 스텝 지역에서 넘어온 유목민의 이주는 구분해서 이해할 필요가 있다. 예컨대 베두인족(아라비아 유목민)은 결코 그들의 제국을 건설한 적이 없었다. 북아프리카의 베르베르인도 크게 다르지 않았다(무라비트 술탄국의 사례는 극히 드문 예외에 속한다. 베르베르인의 일파인 제나타Zenata 그룹과 경쟁한 산하자Sanhaja 그룹이 개혁

---

31 Lubsan Danzan (trans.), *Altan Tobchi ("Zolotoe skazanie" (Altan Tobchi (The Golden Legend))* (Moscow: Nauka, 1973): 252.
32 Golden, *An Introduction to the History of the Turkic Peoples*, 292; Peter B. Golden, *Ethnicity and State Formation in Pre-Činggisid Eurasia* (Bloomington: Indiana University Press, 2001): 45-6.

이슬람을 기치로 잠시나마 통일을 이룬 적이 있었지만, 그 형태가 완전하지 않았고 존속 기간도 매우 짧았다). 무라비트 술탄국의 성립 이후에도 베르베르인이 그들의 정복지로 대거 이주하는 일은 없었다. 이는 상당히 흥미로운 사실이다. 이런 점은 특히 튀르크나 몽골의 경우와 전혀 달랐다.

아라비아에서는 이슬람 칼리프국의 성립에 따라 베두인족의 이주가 시작되었고, 이후 그들의 이주가 계속되었다. 7세기에 이미 상당수의 베두인족이 메소포타미아 지역으로 이주한 사례가 있었다. 베두인족의 대규모 이주 사건 중 가장 마지막 사례는, 아랍인 부족 연합인 바누 힐랄(Banu Hilal)의 북아프리카 침공 당시의 일이었다. 그러나 그들은 승리를 거둔 뒤에도 자신의 나라를 건설하려 하지 않았다. 바누 힐랄에 속한 여러 부족은 현지 왕조와 연대를 맺고 특권적 지위를 얻는 것으로 만족했다. 이외에도 북아프리카에서는 내부적으로 베두인족의 이주가 여러 차례 있었다. 그러나 유라시아 스텝 지역 유목민의 이주와 베두인족의 이주는 확연히 다른 점이 있었다. 이슬람 초기부터 아라비아의 고향에서 출발하여 다른 지역으로 이주한 베두인족은 대개 조직적으로 움직였고, 정주 세력 중앙 권력의 초청 혹은 지휘에 따라 움직이는 경우가 많았다.[33] 베두인족 이주자는 대부분 국경 도시나 마을의 군사 주둔지에 정착하도록 강제 혹은 권장되었다. 한편 계속해서 유목 생활을 이어가는 사람들도 있었다.

중간천년기에는 아라비아 유목민과 특히 유라시아 스텝 유목민의

---

33 Fred McGraf Donner, *The Early Islamic Conquests* (Princeton University Press, 1981): 228, 248.

대규모 침략 및 이주 사건이 있었다. 그 결과 유목민의 영역이 확장되었으며 아나톨리아, 이란, 아프가니스탄에서 유목민 인구가 상당 규모로 확대되었다. 그 과정에서 가장 중요한 역할을 한 사람들은 유라시아 스텝 유목민이었다. 아라비아의 베두인족은 아나톨리아고원으로 뚫고 들어갈 수 없었다. 그들의 단봉낙타가 추위를 견디지 못했기 때문이다. 이란에서 베두인족은 유목 생활을 지속했다. 그들이 차지한 영역은 파르스(Fars) 지역의 남부 지방과 후제스탄(Khuzestan) 지역의 일부에 국한되어 있었다.[34]

튀르크어 사용 유목민이 중동 지역의 여러 나라로 대거 이주한 사건은 셀주크 튀르크의 정복 이후에 일어난 일이었다.[35] 셀주크 제국은 또 다른 튀르크-이란인의 나라로, 셀주크인 스스로도 예기치 못한 결과였

---

34 Xavier de Planhol, *Les fondements géographiques de l'histoire de l'Islam* (Paris: Flammarion, 1968): 73; Claude Cahen, "Tribes, Cities and Social Organization," in R. N. Frye (ed.), *The Cambridge History of Iran* (Cambridge University Press, 1975), vol. IV, 310.

35 On the Seljuks and their state see V. . Gordlevsky, *Gozudarstvo Sel'dzhukidov Maloi Azii (The State of the Seljuks in Asia Minor)* (Moscow: Izdastel'stvo vostochnoi literatury, 1960), vol. I; Barthold, *Turkestan*; Ann K. S. Lambton, "The Internal Structure of the Saljuq Empire," in J. A. Boyle (ed.), *The Cambridge History of Iran* (Cambridge University Press, 1968), vol. V; C. E. Bosworth, "The Political and Dynastic History of the Iranian World (A.D. 1000-1217)," in Boyle (ed.), *The Cambridge History of Iran* (Cambridge University Press, 1968), vol. V, 1-202; S. G. Agadzhanov, *Ocherki istorii oguzov i turkmen Srednei Azii IX-XII VV. (Essays on the History of the Oghuz and Turkmen in Central Asia in the ix-xii Centuries)* (Ashkhabad: Ylym, 1969); S. G. Agadzhanov, *Der Staat der Seldschukiden und Mittelasien im 11.-12. Jahrhundert* (Berlin: Reinhold Schletzer Verlag, 1994); Andrew C. S Peacock, *Early Seljūk History: A New Interpretation* (London: Routledge, 2010); C. Lange and S. Mecit (eds.), *The Seljuks: Politics, Society and Culture* (Edinburgh University Press, 2011).

다. 11세기 전반기에 시르다리야 유역 출신의 오구즈 튀르크 일파가 반란을 일으켰다. 그들은 셀주크 왕조의 지휘 아래 호라산 지역으로 들어가 그곳을 약탈하기 시작했다. 가즈나 왕조의 왕 마수드(Mas'ud)가 그들을 진압하려 했으나 성공하지 못했고, 1040년 단다나칸(Dandanqan) 전투에서 결정적 패배를 맛보았다. 그로부터 얼마 지나지 않아서 셀주크인은 이란의 중부와 서부 지역 및 남캅카스 지역의 주인이 되었다. 1055년 셀주크의 통치자 토그룰(Toghrul, 혹은 토그릴)이 바그다드에 입성했고, 칼리프는 그를 수니파 이슬람의 최고 주권자로 인정했다. 1071년 만지케르트(Manzikert) 전투는 또 한 차례 역사의 분기점이 되었다. 여기서 셀주크는 비잔티움을 격파했다. 이후 튀르크 유목민이 소아시아, 특히 이란 지역으로 밀고 들어갔고, 이때부터 바야흐로 셀주크의 시대가 이어졌다.[36]

셀주크 제국의 통치 계급은 주로 왕실 가문과 유목민 귀족들로 구성되었다. 유목민 귀족들은 대개 이크타(iqtā') 제도를 따랐다. 즉 군대 복무의 대가로 토지를 할당받는 것이었는데, 토지 상속권은 주어지지 않았다. 새로운 통치 계급으로서 유목민 귀족들은 할당받은 토지를 근거로 세금과 임대료를 거둘 권리가 있었다. 그래서 그들은 유목 생활 문화를 포기하지 않더라도 이란의 농민보다 우월한 지위를 유지할 수 있었다. 그러나 유목 문화 전통은 대다수 피지배 계층이 농민인 나라를 통치하는 데 적합하지 않았다. 셀주크 제국의 술탄은 이란의 관료들에게 의

---

36 Ann K. S. Lambton, *Landlord and Peasant in Persia: A Study in Land Tenure and Land Revenue Administration* (London: Oxford University Press, 1953): 59; Bosworth, "The Political and Dynastic History of the Iranian World," 79.

존해야 했고, 일부 변형이 없지 않았지만, 과거 중동 제국의 정부 체제를 답습할 수밖에 없었다. 과거 사회 기반에 의존하기 시작한 뒤로 통치자들은 유목민 평민을 정주민과 같은 계층에 귀속시키고자 했다. 그러나 유목민 평민의 생각은 달랐다. 그들의 참여로 일어선 국가에서 그들은 특권적 지위를 누릴 자격이 있다고 믿었다. 그래서 그들은 이란인 관료가 부과하는 세금을 거부하거나 행정 명령을 따르지 않으려 했다. 11세기에 이르러 유목민은 여전히 군대에서 중요한 역할을 수행하고 있었다. 그러나 그들을 국경 지역으로 파견하거나, 혹은 기독교 정주 국가들과의 전쟁에 동원하려는 시도가 이어졌다. 12세기에 이르러 호전적인 유목민의 잔혹한 내전이 벌어졌다. 그들은 갈수록 중앙 권력에 반기를 들었으며, 때로는 정면으로 대항하기도 했다. 결국 셀주크 제국의 분열은 피할 수 없었다.

13세기에는 몽골이 이란 지역을 정복했다. 그리하여 유라시아 스텝 지역에서 훨씬 더 많은 유목민이 이란 지역으로 들어가게 되었다.[37] 결국 12세기에서 14세기를 거치는 사이 유목민은 이란 지역 인구의 약 4분의 1을 차지하게 되었는데,[38] 이전 시대와 비교하면 엄청나게 큰 비중이었다.

---

37 John Mason Smith, "Mongol Manpower and Persian Population," *Journal of the Economic and Social History of the Orient* 18 (1975): 271; Thomas T. Allsen, *Mongol Imperialism: The Policies of the Grand Qan Möngke in China, Russia, and the Islamic Lands, 1251-1259* (Berkeley: University of California Press, 1987): 203-7.
38 Leonard M. Helfgott, "Tribalism as a Socioeconomic Formation in Iranian History," *Iranian Studies* 9 (1977): 36.

셀주크 제국 시기, 그리고 특히 그 뒤로 이어진 유라시아 스텝 지역 유목민의 침략 기간 동안 유목민 인구는 점차 현지 인구에 섞여 들었고, 현지 인구도 그 영향을 받아 목축을 하게 되었다. 어떤 유목민은 다른 유목민에 의해 쫓겨나기도 했다. 호라산과 키르만(Kirman) 지역에 살던 발루치(Baluch)인은 셀주크에 쫓겨 마크란(Makran)까지, 그리고 그보다 동쪽으로 더 멀리까지 이주해야 했다.[39] 13~14세기에는 또 다른 유목민, 즉 하자라인(Hazaras)과 노고다리인(Nögödaris)이라는 이름으로 알려진 튀르크-몽골어 사용자들이 카불 서쪽 지역으로 이주해 들어갔다.[40] 아프가니스탄에서 오늘날과 같은 전통이 처음 시작된 때는 바로 그 무렵이었다.

인도

인도아대륙으로 유목민이 이주해 들어간 역사는 수 세기 동안, 길게는 1000년 이상 지속되었다. 기원후 5세기에 유목 국가 유연(柔然, Rouran)이 몽골에서 세력을 얻은 뒤 곧이어 내륙아시아 곳곳을 장악했다. 유연의 압박에 밀려난 유목민 가운데, 비잔티움의 기록에 키다르 훈족(Kidar Huns)으로 알려진 집단이 있었다. 여러 민족으로 구성된 집단이었을 것으로 추정되는 키다르 훈족은 인도의 북부 및 중부 지역으로

---

39 André Wink, "On the Road to Failure: The Afghans in Mughal India," *Cracow Indological Studies* 9 (2009): 277-81.
40 Herbert Franz Schurmann, *The Mongols of Afghanistan: An Ethnography of the Moghôls and Related Peoples of Afghanistan* (s'-Gravenhage: Mouton, 1962): 45-6.

이주해 들어갔고, 6세기 전반기에 굽타 제국을 무너뜨렸다.

같은 시기 여러 민족으로 구성된 또 다른 유목민 집단 에프탈(Heftal)이 있었는데, 에프탈은 그들의 왕조 명칭을 따른 것으로 보인다. 그들은 아프가니스탄에 근거지를 두고, 인도 북서부 방대한 지역의 정주민을 장악했다. 557년 사산조 페르시아와 튀르크 연합군에 의해 몰락할 때까지 그들의 세력은 지속되었다. 그들의 통치 체제에서 공식 언어가 이란어족에 속하는 박트리아어였다는 점은 특히 주목할 만하다. 정주민을 통제할 때 전문 직업 관료에 의존하는 방식은 이후 수많은 유목 국가가 채택했던 정책이다.

그러나 인도 지역에 남은 유목민은 기후 조건 때문에 목축을 포기할 수밖에 없었다. 10세기 말엽에 튀르크의 영향력이 확대되면서 유목민의 대규모 이주와 정복 전쟁이 시작되었다. 13세기 몽골의 시대가 그러한 움직임의 절정이었고, 14세기 말엽 티무르(Timur) 제국이 델리(Delhi)를 약탈한 때가 마지막이었다. 짧았던 티무르 제국은 사실 유목 국가라 하기도 어려울 정도였다. 인도에서 튀르크-몽골인은 이전의 유목민 선조들이 그랬던 것처럼 목축 생활을 포기했다. 그러나 그들이 가져온 새로운 전쟁 및 군사 기술은 정치적 동원과 자원 배분의 새로운 패턴을 만들어냈다. 미국의 역사학자 안드레 윙크(André Wink)는 이러한 발전을 접경 지역 유목민의 요소와 정주 사회의 성공적인 "융합(fusion)"이라고 평가했다.[41]

---

41 André Wink, "India and the Turko-Mongol Frontier," in Anatoly M. Khazanov and André Wink (eds.), *Nomads in the Sedentary World* (Richmond, Surrey: Curzon Press, 2001): 219-23.

영향

유목민의 이주와 정복이 정주민 세계의 역사 발전에 가져온 영향은 매우 다양하고 때로는 모순되는 면도 있었다. 또한 지역에 따른 편차도 매우 컸다. 그러므로 이 주제에 관해서는 학자들에 따라 의견도 다양할 수밖에 없다.[42] 그렇지만 극단적 의견은 되도록 피하는 것이 좋겠다.

패자가 기록한 역사는 승자가 기록한 역사와 비교하면 일면만 보거나 왜곡된 경우도 있을 것이다. 유목민은 언제나 냉혈한 포식자, 약탈자, 학살자였다거나, 그들이 상대한 정주민에 비해 더욱 적극적으로 파괴와 살상을 즐겼다는 식의 해석은 지금도 널리 퍼져 있다.[43] 그러나 이러한 편견은 대체로 근거가 없다. 유목민의 정주 국가 정복이, 전부는 아니더라도 대다수가 파괴적이었다는 것은 사실이다. 그러나 그들이 자행했던 파괴가 당시 정주 국가의 역사가들이나 근대의 그 후손들에 의해 과장된 면 또한 없지 않다.

모든 유목민의 침략과 정복이 파괴적 결과를 가져왔다고 하는 가설은 신중히 접근할 필요가 있다. 더욱이 장기 지속적 경제 과정을 논의할 때는 더욱 그러하다. 유목민을 어느 나라 혹은 지역의 일시적 퇴보나 경기 침체의 희생양으로 삼는 경우가 워낙 많았다. 그래서 호라즘 같은 중앙아시아의 일부 지역이 황폐화한 데 대해, 소련의 학자들은 유목민이 침략하여 관개시설을 파괴했기 때문이라고 해석했다. 그러나 사실은 유목민보다 토양의 염류 축적(salinization)이 이 점진적 과정에 훨씬 더 큰

---

42 Khazanov and Wink (eds.), *Nomads in the Sedentary World*.
43 가장 최근의 사례 중 하나는 다음을 참조. Thomas Sowell, *Conquests and Cultures: An International History* (New York: Basic Books, 1998): 3-4.

영향을 미쳤다.

오늘날 널리 알려진 상식과 다른 또 하나의 사례는, 이라크의 관개 시설이 몽골의 침략 훨씬 이전인 10세기에 이미 쇠락했다는 사실이다.[44] 베두인족이 7~10세기 시리아 북부와 이라크에서 농업의 퇴보에 영향을 미치기는 했지만, 과도한 세금 수탈은 유목민의 압박 못지않게 정주민의 전반적 쇠락에 중요한 역할을 했다.[45]

이븐 할둔(Ibn Khaldun)이 이른바 "메뚜기 떼" 같다고 한 바누 힐랄(Banu Hilal)의 북아프리카 침략에 의한 파괴와 몰락은, 무슬림인 이븐 할둔 자신뿐만 아니라 그의 기록을 추종한 프랑스 역사가들에 의해 과장되었다.[46] 튀니지 경제의 쇠락은 많은 요인이 작용한 결과였고, 유목민의 침략은 그중 한 가지 조건에 불과했다. 더군다나 당시 유목민의 파괴는 전면적이지도 않았다. 해안 지역은 안전했고, 북아프리카의 여러 지역에서 농업은 여전히 번성하고 있었다.[47] 일단 정복전이 마무리되고 나면 유목민 통치자들도 정복지 농촌과 도시 생활의 회복을 위하여 상당한 노력을 기울였다는 사실을 간과해서는 안 된다.

몇 가지 부정하기 어려운 명백한 사실이 있다. 중간천년기 구대륙의

---

44 Robert M. Adams, *Land behind Baghdad. A History of Settlement on the Diyala Plains* (Chicago University Press, 1965): 71-89; Dominique Sourdel and Janine Sourdel, *La civilisation de l'Islam classique* (Paris: Arthaud, 1968): 272 ff.
45 Ira M. Lapidus, *A History of the Islamic Societies* (Cambridge University Press, 1988): 136.
46 J. Poncet, "Le mythe de la catastrophe hilalienne," *Annales. Économies, Sociétés, Civilisations* 22 (1967): 1099-120; H. J. Fisher, "The Eastern Maghrib and Central Sudan," in Roland Olivier (ed.), *The Cambridge History of Africa* (Cambridge University Press, 1977), vol. III, 244-5.
47 Lapidus, *A History of the Islamic Societies*, 371-2.

언어 및 민족사에 미친 유목민의 영향은 매우 뚜렷하다. 특히 시베리아 동부(야쿠티아)에서부터 볼가강 중류 및 발칸반도 지역까지 언어 변동과 튀르크어 확산은 유목민의 이주, 정복, 정치적 주종 관계와 직접 연결된 사안이었다.[48] 적어도 6세기 이전, 그러니까 서튀르크 카간국(西突厥, Onoq Khaganate)의 시대에 튀르크어 사용 유목민과 이란어 사용자들의 민족 융합 과정이 시작되었고, 그와 함께 점차적으로 이란어의 튀르크화(Turkicization)가 진행되었다.[49] 이 과정은 수 세기 동안 지속되었으며, 11~12세기(카라한 칸국 시기)에 더욱 가속화되었다. 당시에는 이전 시기에 비해 훨씬 더 많은 수의 유목민이 중앙아시아의 농업 지역으로 이주하여 정착했다.[50] 셀주크의 정복에 이은 유목민의 정복지 이주로 아나톨리아에서도 점차 튀르크화가 진행되었다. 아제르바이잔은 이 시기에 이미 튀르크 인구가 대다수를 차지했다. 13세기에 이르러 오구즈 튀르크와 킵차크 유목민이 호라즘으로 이주하자, 이란어족에 속하는 호라즘어는 거의 소멸되고 튀르크어로 대체되었다.[51] 지배 계층 엘리트의 언어가 튀르크어였고, 당시의 공용어로 튀르크어가 사용되었으므로, 튀르크어가 곳곳으로 확산될 수밖에 없었다.

아시아의 이란 지역에서부터 아프리카의 수단 지역에 이르기까지

---

48 Golden, *An Introduction to the History of the Turkic Peoples*, 15.
49 S. G. Kliashtornyi, *Drevnetiurkskie runicheskie pamiatniki kak istochnik po istorii Srednei Azii (Ancient Turkic Runic Inscriptions as a Source in the Study of the History of Central Asia)*. (Moscow: Nauka, 1964): 174.
50 V. V. Barthold, *Ocherk istorii Semirechia (An Essay on the History of Semirechie)* (Frunze: Kirgizgosizdat, 1943): 213.
51 Barthold, *Dvenadtsat' lektsii*, 77.

아랍어가 확산된 사건은, 적어도 부분적으로는 수차례에 걸쳐 다양하게 이루어진 베두인족의 이주와 관련이 있었다. 세속 아랍어가 북아프리카 시골 지역까지 확산되고 베르베르어가 산악 지역으로 후퇴한 것은 바누 힐랄의 영향이었다.[52] 중세 문헌학자들은 아랍어가 베두인족의 유산과 밀접한 관련이 있는 것으로 이해하고 있었다.[53]

이는 언제 어디서나 일어났던 일이 아니다. 예컨대 몽골과 만주에서 북중국으로 이주한 수많은 목축민은 결국 이주 지역 현지인에 동화되고 말았다. 이란에서도 아랍인은 대개 페르시아 문화에 동화되었다.

대륙 간 정보 및 지식의 유통과 문화 교류에 미친 유목민의 역할은, 흔히 원거리 대륙 간 무역과 관련된 경우가 많았고, 양적으로도 상당한 규모였다. 무엇보다도 그러한 무역은 언제나 정치적 상황과 가장 밀접한 관련이 있었고, 때로는 그와 같은 정치적 상황이 방대한 영역에 걸쳐 있었다. 중간천년기 육로 무역이 번성한 때가 유목 국가들이 안전과 통행을 보장한 시기와 겹치는 것은 우연이 아니었다. 위대한 실크로드의 시대는 우리에게 가장 잘 알려진 사례일 것이다. 중국에서 몽골의 지배가 붕괴한 뒤 육로 무역은 정체되었고, 유럽에서 중국 비단과 특정 향신료의 가격은 두 배로 뛰었다.[54] 이외에도 유목 국가에서는 사치품과 상

---

52 M. Brett, "The Central Lands of North Africa and Sicily, Until the Beginning of the Almohad Period," in Maribel Fierro (ed.), *The New Cambridge History of Islam* (Cambridge University Press, 2010), vol. II: 56.
53 Stefan Leder, "Nomadic and Sedentary Peoples – A Misleading Dichotomy? The Bedouin and Bedouinism in the Arab Past," in Stefan Leder and Bernhard Streck (eds.), *Shifts and Drifts in Nomad-Sedentary Relations* (Wiesbaden: Ludwig Reichert Verlag, 2005): 401.

징적 의미를 지니는 귀중품 수요가 증가하여 그 자체로 무역을 촉진하는 기능이 있었다.[55] 또한 유목 국가는 정주 국가에 노예와 말을 공급하는 주요 공급자로서의 역할도 했다. 무역, 정보의 유통, 문화의 교류 측면에서 어떤 유목 국가도 몽골 제국을 능가하지 못했다.[56] 몽골의 보호 아래 인력과 동식물은 물론 다양한 상품과 기술과 지식이 유라시아 대륙의 곳곳으로 확산되었다. 부정적 사례로는 14세기 전염병의 확산을 들 수 있다. 이는 분명 지역 간 원거리 무역의 강화와 연결된 문제였을 것이다.[57]

아시아, 유럽, 심지어 아프리카의 정치사에서 유목민의 정복이 엄청난 역할을 했다는 사실은 매우 뚜렷하다. 그들 때문에 근본적으로 국경이 이동하거나, 국가가 통째로 소멸하거나 출현한 사례는 결코 드물지 않았다. 그러나 장기 지속적 관점에서 볼 때 모든 유목민의 정복이 심대한 문화적·사회경제적·정치적 변화를 초래했던 것은 아니다. 그들이 역사지리적으로 돌이킬 수 없는 정치적 구도의 재편을 이끈 사례는 몇 차례에 불과했다는 사실을 간과해서는 안 된다. 셀주크의 아나톨리아 정복과 그에 따른 이주, 혹은 아랍의 정복은 해당 지역에 전혀 다른 정치적 구도를 가져온 것이 사실이다. 그러나 몽골의 정복이 일으킨 먼지가 가라앉은 뒤, 예컨대 중국, 인도, 중앙아시아, 이란, 오스만 제국의

---

54 Jack Goody, *The East in the West* (Cambridge University Press, 1996): 57.
55 Thomas T. Allsen, *Commodity and Exchange in the Mongol Empire: A Cultural History of Islamic Textiles* (Cambridge University Press, 1997): 103-4.
56 Thomas T. Allsen, *Culture and Conquest in Mongol Eurasia* (Cambridge University Press, 2001).
57 William H. McNeill, *Plagues and Peoples* (New York: Anchor Press, 1976).

핵심부인 튀르크의 아나톨리아, 러시아 등지에서는 과거의 정치 단위가 되살아났다.

유목민 정복 활동의 결과는 주로 왕조의 교체로 끝나는 경우가 많았고, 그에 따라 크든 작든 지배 계층의 변화가 이어졌다.[58] 이븐 할둔은 북아프리카에서 유목민에 의한 정치 엘리트의 교체에 대해 자세한 글을 남긴 바 있다. 유목민의 정복이 성공한 많은 나라에서, 또한 여러 역사 시기에 걸쳐 유목민 귀족은 결국 지주 계층이 되었다. 이란, 중앙아시아, 중국에서도 흔히 일어난 일이었다.

그러나 통치 계층 및 엘리트 특권 계층의 변화가 완전히 이루어진 적은 거의 없었다. 이 문제와 관련해서 야율초재(耶律楚材, Yelü Chucai)는 유명한 말을 남겼다(야율초재는 거란족 출신의 중국화된 인물로서, 칭기즈 칸의 아들이자 후계자인 우구데이Ögödei 수하의 재상이었다). "말 등에서 중화 제국을 물려받을 수는 있지만, 통치를 하려면 말에서 내려와야 합니다."[59] 과거 군사 엘리트 계층을 대체하기란, 정복자의 입장에서 비교적 쉬운 일이었다. 그러나 정복한 나라를 효율적으로 통치하려면 관료가 필요했고, 관료는 피정복 정주민 가운데 선발할 수밖에 없었다. 중국의 경우 어느 정복자를 막론하고 지식인 관료를 필요로 하지 않는 경우가 없었다. 심지어 원(元)나라조차 결국 유교식 과거 제도를 부활시킬

---

58 Anatoly M. Khazanov, "Nomads in the History of the Sedentary World," in Khazanov and Wink, *Nomads in the Sedentary World*, 3.
59 N. Munkuev, *Kitaiskii istochnik o pervykh mongol'skikh khanakh. Nadgrobnaia nadpis' na mogile Eliui Chu-tsaia (A Chinese Source about the First Mongol Khans. The Epitaph on the Tomb of Yehlü Ch'uts'ai)*. (Moscow: Nauka, 1965).

수밖에 없었다.

무슬림 국가에서 종교 귀족 계층은 유목민의 정복과 상관없이 살아남았다. 유목민이 정복에 나설 무렵, 이미 그들도 이슬람을 신봉하고 있었기 때문이다. 중앙아시아와 이란에서 정복 전쟁이 잇달아 일어나면서 디칸(dihqan)이라고 하는 이란의 토지 소유 귀족 계층이 무너졌다. 그러나 카라한 칸국이든 셀주크 제국이든, 어느 정복자를 막론하고 울라마('ulama, 이슬람 성직자)나 수피교 샤이크(shaykh, 종교 지도자)의 특권에는 손댈 생각조차 하지 못했다.

유목민 통치자가 정복한 정주 국가의 구조를 근본적으로 바꾸어 자신의 사회정치적 규범을 이식하려 시도한 사례가 없지 않았지만, 특별히 성공한 적이 없었고, 그리 오래가지도 못했다. 예컨대 칭기즈 칸의 제국에서 토지 분배 체제를 바꾸자 지역별 토지 소유 관행에 혼란이 일어났고, 몽골의 지배가 끝나면서 그러한 체제도 곧바로 막을 내렸다.[60]

유라시아 스텝 지역의 유목민은 수 세기 동안 관행으로 이어져온, 상당히 복잡한 다민족 정치 문화를 보유하고 있었다.[61] 그러나 정복한 정주 국가를 통치하려다 보니 유목민 통치자들은 새로 획득한 백성을 보살필 방안을 찾아야 했고, 필요할 경우 유목민의 통치를 정당화하기 위해 정주민의 언어로 설득을 해야 했다. 북아프리카에서 인도에 이르기

---

60 Thomas T. Allsen, "Sharing Out the Empire: Apportioned Lands Under the Mongols," in Khazanov and Wink, *Nomads in the Sedentary World*, 172-90.
61 Igor de Rachewiltz, "Some Remarks on the Ideological Foundations of Chingiz Khan's Empire," *Papers on Far Eastern History* 7 (1973): 21-36; Peter B. Golden, "Imperial Ideology and the Sources of Political Unity Amongst the Pre-Chinggisid Nomads in Western Eurasia," *Archivum Eurasiae Medii Aevi* 2 (1982): 37-76.

까지, 무슬림으로 개종한 사람들은 진정으로 이슬람의 승인을 얻고자 했다. 몽골이 중앙아시아와 이란을 정복했을 때까지 그들은 여전히 이교도였다. 그러나 그들이 이슬람으로 개종한 뒤에는 사정이 달라졌고, 1295~1335년 이란을 통치한 몽골의 통치자들이 스스로를 이상적인 이슬람 통치자, 즉 진리의 수호자이자 보급자로 알리고자 했다.[62] 같은 시기 중국을 통치한 몽골 엘리트 계층은 불교로 개종했다. 그들은 오래 지나지 않아 자신의 관습으로 중국을 다스릴 수 없다는 사실을 깨달았다. 그래서 스스로가 중국식 법제의 개념과 제도에 적응해야 했다.[63] 거란(遼), 여진(金), 몽골(元)의 황제들은 중국식 궁중 의례를 받아들였다. 다만 그중에서는 여진이 가장 적극적이었다.[64]

역사 문화가 유구한 지역에서는 유목민이 사회정치적 구조를 바꾸어놓은 사회가 거의 혹은 전혀 없었다고 결론을 내릴 수도 있다. 유목민 통치자들은 기존의 제도적 기반, 행정 관리 모델, 종교적 상황, 피정복 국가의 정당성 확보 패턴을 답습하거나 약간의 변형을 가하는 정도에

---

62 Thomas T. Allsen, "Changing Forms of Legitimation in Mongol Iran," in Gary Seaman and Daniel Marks (eds.), *Rulers from the Steppe: State Formation on the Eurasian Periphery* (Los Angeles: Ethnographics Press, University of Southern California, 1991): 235.
63 Paul Heng-chao Ch'en, *Chinese Legal Tradition under the Mongols: The Code of 1291 as Reconstructed* (Princeton University Press, 1979).
64 Herbert Franke, *From Tribal Chieftain to Universal Emperor and God: The Legitimation of the Yüan Dynasty* (Munich: Bayerische Akademie der Wissenschaften, philosophischhistorische Klasse. Sitzungsberichte, fasc. 2, 1978); Peter K. Bol, "Seeking Common Ground: Han Literati under Jurchen Rule," *Harvard Journal of Asiatic Studies* 47 (1987): 461-538; Elizabeth Endicott-West, "Aspects of Khitan Liao and Mongolian Yüan Imperial Rule: A Comparative Perspective," in Seaman and Marks, *Rulers from the Steppe*, 199-222.

불과했다. 기존 사회 질서 내부에서의 치환이었고, 그나마 일시적인 경우가 많았다. 회복 불가능한 정도의 변화는 없었다. 장기 지속적 역사 발전을 규정하는 수많은 요인 가운데 유목민적 요소가 유일한, 혹은 심지어 가장 중요한 요인이 된 경우는 없었던 것 같다.

어쨌든 16세기에 이르러 근대 사회가 도래했고, 대규모 유목민의 이주와 정복은 막을 내렸다. 대대적인 지리적 발견과 무역로의 이동은 원거리 육로 교역에 심대한 타격을 안겨주었다. 카라벨(Caravels, 스페인의 소형 돛배)이 카라반을 물리친 것이다. 러시아, 오스만튀르크, 중국 등 중앙 집권적 제국 체제 아래 대규모 상비군이 조성되었고, 점차 화약 무기로 무장하여 막강한 화력을 갖추어 나갔다. 유목민의 비정규 기마 전사는 이와 같은 군대에 맞서 더 이상 힘을 쓸 수가 없었다.

더 읽어보기

Agadzhanow, S. G. *Der Staat der Seldschukiden und Mittelasien im 11.-12. Jahrhundert.* Berlin: Reinhold Schletzer Verlag, 1994.

Allsen, Thomas T. *Culture and Conquest in Mongol Eurasia.* Cambridge University Press, 2001.

_____. *Mongol Imperialism: The Policies of the Grand Qan Möngke in China, Russia, and the Islamic Lands, 1251-1259.* Berkeley, CA: University of California Press, 1987.

Amitai-Preiss, Reuven. *Mongols and Mamluks: The Mamluk-Ilkhanid War, 1260-1281.* Cambridge University Press, 1995.

Barfield, Thomas J. *The Perilous Frontier: Nomadic Empires and China.* Cambridge, MA: Basil Blackwell, 1989.

Barthold, V. V. *Turkestan v epokhu mongol'skogo nashestviia (Turkestan in the Times of the Mongol Invasion).* Moscow: Izdatel'stvo vostochnoi literatury, 1963.

Biran, Michal. *The Empire of the Qara Khitai in Eurasian History: Between China and the Islamic World.* Cambridge University Press, 2005.

Bosworth, C. E. "The Political and Dynastic History of the Iranian World (A.D. 1000-1217)," in J. A Boyle (ed.), *The Cambridge History of Iran*, vol. V. Cambridge University Press, 1968: 1-202.

Brett, M. "The Central Lands of North Africa and Sicily, Until the Beginning of the Almohad Period," in Maribel Fierro (ed.), *The New Cambridge History of Islam*, vol. II. Cambridge University Press, 2010: 48-65.

Cohen, Claude. *Pre-Ottoman Turkey.* New York: Taplinger Publishing Company, 1968.

Donner, Fred McGraf. *The Early Islamic Conquests.* Princeton University Press, 1981.

Dunlop, D. M. *The History of the Jewish Khazars.* Princeton University Press, 1954.

Endicott-West, Elizabeth. "Aspects of Khitan Liao and Mongolian Yüan Imperial Rule: A Comparative Perspective," in Gary Seaman and Daniel Marks (eds.), *Rulers from the Steppe: State Formation on the Eurasian Periphery.* Los Angeles, CA: Ethnographics Press, University of Southern California, 1991: 199-222.

Fisher, H. J. "The Eastern Maghrib and Central Sudan," in Roland Olivier (ed.), *The Cambridge History of Africa*, vol. III. Cambridge University Press, 1977: 232-330.

Golden, Peter B. "Imperial Ideology and the Sources of Political Unity amongst the Pre-Chinggisid Nomads in Western Eurasia," *Archivum Eurasiae Medii Aevi* 2(1982): 37-76.

_____. *An Introduction to the History of the Turkic Peoples: Ethnogenesis and State-formation in Medieval and Early Modern Eurasia and the Middle East.* Wiesbaden: Otto Harrassowitz, 1992.

_____. *Khazar Studies: An Historico-Philological Inquiry into the Origins of the Khazars.* Budapest: Akadémiai Kiadó, 1980.

Khazanov, Anatoly M. *Nomads and the Outside World*, 2nd edn. Madison, WI: The University of Wisconsin Press, 1994.

_____. "Nomads in the History of the Sedentary World," in Khazanov and Wink (eds.), *Nomads in the Sedentary World*, 1-23.

Khazanov, Anatoly M. and Wink, André, eds. *Nomads in the Sedentary World*. Richmond, Surrey: Curzon Press, 2001.

Kliashtornyi, S. G. *Drevnetiurkskie runicheskie pamiatniki kak istochnik po istorii Srednei Azii (Ancient Turkic Runic Inscriptions as a Source in Study of the History of Central Asia)*. Moscow: Nauka, 1964.

Kliashtornyi, S. G. and D. G. Savinov. *Stepnye imperii drevnei Evrazii (The Steppe Empires of Ancient Eurasia)*. St Petersburg State University, 2005.

Mackerras, Colin. *The Uighur Empire According to the T'ang Dynastic Histories: A Study in Sino-Uighur Relations, 744-840.* Canberra: Australian National University Press, 1972.

Peacock, Andrew C. S. *Early Seljūk History: A New Interpretation.* London: Routledge, 2010.

Poncet, J. "Le mythe de la catastrophe hilalienne" ("The Myth of the Hilalian Catastrophy"), *Annales. Économies, Sociétés, Civilisations* 22 (1967): 1099-120.

Róna-Tas, András. *Hungarians and Europe in the Early Middle Ages*. Budapest: Central European University Press, 1999.

Tikhvinsky, S. L. (ed). *Tataro-mongoly v Azii i Evrope (The Tataro-Mongols in Asia and Europe)*, 2nd edn. Moscow: Nauka, 1977.

Wink, André. "India and the Turko-Mongol Frontier," in Khazanov and Wink (eds.), *Nomads in the Sedentary World*, 211-33.

케임브리지 세계사 09
교역과 분쟁 1
글로벌 세계와 유라시아 문화

2024년 5월 10일 1판 1쇄

벤야민 케다르·메리 위스너-행크스 편집
류충기 옮김

펴낸곳 : (주)소와당笑臥堂 | 신고 번호 : 제313-2008-5호
주소 : (03994) 서울시 마포구 연남로 13(영상빌딩 3층)
전화 : (02)325-9813
팩스 : (02)6280-9185
전자우편 : sowadang@gmail.com

저작권자와 맺은 협의에 따라 인지를 생략합니다.
값은 뒤표지에 적혀 있습니다.
잘못 만든 책은 서점에서 바꾸어 드립니다.

ISBN 978-89-6722-037-2 94900
ISBN 978-89-6722-028-0 94900 (세트)